MARY SHELLEY

Der letzte Mensch

Mary Shelley, eine der berühmtesten Autorinnen des 19. Jahrhunderts, erzählt in ihrer apokalyptischen Vision einer Pandemie von einer gar nicht allzu weit entfernten Zukunft: Im Jahre 2089 ist England soeben eine Republik geworden. Die Kinder des abgedankten Königs, Adrian und Idris, freunden sich mit dem Geschwisterpaar Lionel und Perdita an. Es entsteht eine verschworene Gemeinschaft, doch dann sucht eine neue, ausnahmslos tödliche Form der Pest die Erde heim. Auch die Gesellschaft der englischen Republik verändert sich drastisch, und Adrian und Lionel müssen politische Verantwortung übernehmen. Bald ist jedoch klar, dass keine Maßnahme gegen die Pandemie fruchtet – das Aussterben der Menschheit scheint unausweichlich. Die Freunde entschließen sich, mit den letzten Überlebenden nach einer neuen Heimat zu suchen …

MARY SHELLEY

Der letzte Mensch

Aus dem Englischen übersetzt und
mit Anmerkungen von Irina Philippi

Durchgesehen und mit einem Nachwort
von Rebekka Rohleder

Mit einem Essay von Dietmar Dath

RECLAM

Lass nicht den Menschen im Voraus erfahren,
Was ihn und seine Kinder einst bedrohen soll.

Milton, *Das verlorene Paradies.*

Erster Band

Einleitung

Ich besuchte Neapel im Jahre 1818. Am 8. Dezember jenes Jahres überquerten meine Begleitung und ich den Seebusen, um die Sehenswürdigkeiten zu besichtigen, die verstreut an den Ufern von Baiae liegen. Die klaren und glänzenden Wasser der stillen See bedeckten mit Seetang verflochtene Fragmente alter römischer Villen und funkelten in den Sonnenstrahlen, als wären sie mit Diamanten bestreut; das glasklare blaue Element sah aus, als hätte Galatea es in ihrem perlmutternen Gefährt überflogen oder Kleopatra es für passender als den Nil befunden und als eine Straße für ihr zauberhaftes Schiff gewählt. Obschon es Winter war, schienen die Temperaturen dem ersten Frühlingserwachen angemessener zu sein; und ihre freundliche Wärme trug dazu bei, jene Empfindungen des friedlichen Entzückens zu wecken, die jedem verweilenden Reisenden eigen sind, der sich kaum überwinden kann, die stillen Buchten und sonnenbeschienenen Vorgebirge von Baiae zu verlassen.

Wir besuchten die sogenannten Elysischen Felder und den Lago d'Averno und wanderten durch verschiedene zerstörte Tempel, Bäder und andere klassische Orte, danach betraten wir die düstere Höhle der Sibylle von Cumae. Unsere Lazzaroni trugen flackernde Fackeln, die rot und trübe in den düsteren unterirdischen Gängen leuchteten, deren Dunkelheit sie durstig umgab und immer mehr vom Element des Lichts zu trinken schien. Wir passierten einen natürlichen Torbogen, der zu einem zweiten Gang führte, und erkundigten uns, ob wir diesen nicht ebenfalls besichtigen könnten. Die Führer deuteten auf den Widerschein ihrer Fackeln im Wasser, das dort den Boden bedeckte, und ließen uns unsere eigenen Schlussfolgerungen ziehen, fügten jedoch hinzu, wie schade es sei, da er zur Höhle der Sibylle führe. Unsere Neugierde und Begeisterung wurden von diesem Umstand geweckt, und wir bestanden darauf, die Passage zu versuchen. Wie bei der Verfolgung solcher Pläne üblich, nahmen die Schwierigkeiten bei genauerer Prüfung ab. Wir fanden auf jeder Seite des feuchten Weges genügend »trockenen Boden für die Fußsohle«.

Schließlich gelangten wir in eine große, trostlose dunkle

Höhle, welche, wie uns die Lazzaroni versicherten, die Höhle der Sibylle sei. Wir waren äußerst enttäuscht – doch wir untersuchten sie sorgfältig, als ob ihre leeren, felsigen Wände noch immer Spuren eines himmlischen Geschöpfes tragen könnten. Auf einer Seite befand sich eine kleine Öffnung. »Wohin führt sie?«, fragten wir, und: »Dürfen wir hier eintreten?«

»*Questo poi, no*«, sagte der grimmig und wild aussehende Mann, der die Fackel hielt; »man kann nur eine kurze Strecke vorrücken, und niemand geht dort hinein.«

»Ich will es dennoch versuchen«, sagte meine Begleitung; »sie könnte zu der richtigen Höhle führen. Soll ich alleine gehen, oder willst du mich begleiten?«

Ich signalisierte meine Bereitschaft, weiter vorzudringen, aber unsere Führer protestierten gegen eine solche Maßnahme. In ihrem neapolitanischen Dialekt, mit dem wir nicht sehr vertraut waren, erzählten sie uns, dass es dort Gespenster gebe, dass die Decke einstürzen werde, dass es zu eng sei, um hineinzugelangen, dass es ein tiefes Loch darin gebe, das mit Wasser gefüllt sei, und in welchem wir ertrinken könnten. Meine Begleitung verkürzte den Redeschwall, indem sie dem Mann die Fackel abnahm und wir gingen alleine weiter.

Der kleine Durchgang wurde bald enger und niedriger, und wir mussten ganz gebeugt gehen; dennoch beharrten wir darauf, den Weg weiterzuverfolgen. Endlich betraten wir einen größeren Raum, und die niedrige Decke wurde höher; aber gerade, als wir uns deswegen beglückwünschten, löschte ein Luftwirbel unsere Fackel, und wir wurden in völliger Dunkelheit zurückgelassen. Die Führer haben stets Material für die Erneuerung des Lichts bei sich, wir jedoch hatten nichts – unsere einzige Möglichkeit war, den Weg zurückzugehen, den wir gekommen waren. Wir tasteten uns durch den weiten Raum, um den Eingang zu finden, und nach einiger Zeit hatten wir den Eindruck, dass es uns gelungen sei. Dies erwies sich jedoch als ein zweiter Gang, der offensichtlich anstieg. Er endete wie der erstere, wenngleich in diesem Raum durch ein schwaches Licht, wir konnten nicht sagen, woher es kam, ein düsteres Zwielicht herrschte. Nach und nach gewöhnten sich unsere Augen an diese Düsternis, und wir bemerkten, dass es keinen direkten Weg gab, der uns weiterführte; doch es war möglich, auf einer Seite der Höhle zu einem niedrigen Bogen an der Spitze zu klettern, der einen leichteren Weg versprach und von dem, wie wir nun bemerkten, jenes Licht ausging. Unter beträchtlichen Schwierigkeiten erklommen wir ihn und kamen zu einem weiteren Gang, in dem eine größere Helligkeit herrschte, und dieser führte wie der vorige zu einem weiteren Aufstieg.

Nach einer Abfolge weiterer Aufstiege, die wir allein durch unsere Willenskraft überwinden konnten, erreichten wir eine geräumige Höhle mit einer gewölbten, kuppelähnlichen Decke. Eine Öffnung in der Mitte ließ Tageslicht herein, doch sie war mit Brombeersträuchern und Unterholz überwachsen, die wie ein Schleier den Tag verdunkelten und dem Raum eine sakrale Feierlichkeit verliehen. Sie war geräumig und nahezu kreisförmig, mit einem erhöhten Sitz aus Stein, etwa so groß wie eine griechische Liege, an einem Ende. Das einzige Zeichen dafür, dass hier einmal Leben gewesen war, war das makellose schneeweiße Skelett einer Ziege, die vermutlich beim Grasen die Öffnung auf dem Hügel nicht wahrgenommen hatte und kopfüber hineingefallen war. Seit diesem Unglück waren möglicherweise ganze Zeitalter vergangen; und die Beschädigung, die oben entstanden war, hatte der Wuchs der Vegetation während vieler hundert Sommer ausgebessert.

Die übrige Einrichtung der Höhle bestand aus Haufen von Blättern, Rindenstücken und einer feinen weißen Substanz, die dem inneren Teil der grünen Haube ähnelte, die das Korn des unreifen Maiskorns schützt. Wir waren erschöpft von unseren Anstrengungen, diesen Punkt zu erreichen, und ließen uns auf der felsigen Bank nieder, während uns von oben das Geräusch von klirrenden Schafglocken und der Ruf eines Hirtenknaben erreichten.

Endlich rief meine Begleitung, die einige der verstreuten Blätter aufgenommen hatte, aus: »*Dies* ist die Höhle der Sibylle; das sind sibyllinische Blätter!« Bei der Untersuchung stellten wir fest, dass alle Blätter und Rindenstücke mit Buchstaben beschriftet waren. Was uns noch mehr erstaunte, war, dass diese Schriften in verschiedenen Sprachen geschrieben waren, von denen meine Begleitung einige nicht erkannte, andere waren altchaldäische und ägyptische Hieroglyphen, so alt wie die Pyramiden. Noch befremdlicher war, dass einige in modernen Sprachen, Englisch und Italienisch, geschrieben waren. Wir konnten in dem schwachen Licht wenig erkennen, doch sie schienen Prophezeiungen zu enthalten, ausführliche Berichte von Ereignissen, die unlängst verstrichen waren, und Namen, die jetzt gut bekannt sind. An vielen Stellen der dünnen, dürftigen Seiten standen Ausrufe des Jubels oder des Wehs, des Sieges oder der Niederlage. Dies war gewiss die Höhle der Sibylle; zwar war sie nicht ganz genau, wie Vergil sie beschreibt, aber das ganze Land war durch Erdbeben und Vulkanausbrüche so erschüttert worden, dass die Veränderung nicht verwunderlich war, obschon die Spuren des Zerfalls durch die Zeit ausgelöscht wurden. Wir verdankten die Erhaltung dieser Blätter wahrscheinlich dem Zufall, der die Mündung der Höhle verschlossen hatte, und der schnell wachsenden Vegetation, die ihre einzige Öffnung dem Sturm unzugänglich gemacht hatte. Wir trafen eine hastige Auswahl derjenigen Blätter, deren Schrift wenigstens einer von uns verstehen konnte; und dann, beladen mit unserem Schatz, verabschiedeten wir uns von der düsteren Höhle und gelangten nach vielen Schwierigkeiten wieder zu unseren Führern.

Während unseres Aufenthalts in Neapel kehrten wir oft, zuweilen allein, in diese Höhle zurück, überflogen die sonnenbeschienene See und fügten jedes Mal unserer Sammlung etwas hinzu. Von dieser Zeit an, wann immer die weltlichen Pflichten mich nicht gebieterisch abberiefen oder meine Gemütsstimmung ein solches Studium verhinderte, befasste ich mich damit, diese heiligen Altertümer zu entziffern. Ihre Bedeutung, wundersam und voller Ausdruck, lohnte mir oft meine Mühe, linderte meine Sorgen und ließ meine Einbildungskraft sich zu waghalsigen Flügen durch die Unermesslichkeit der Natur und des menschlichen Geistes emporschwingen. Für eine Weile war ich während meiner Arbeit nicht einsam; aber diese Zeit ist nun vorüber; und mit der auserkorenen und unnachahmlichen Begleitung in meiner Mühsal ist auch ihr größter Lohn für mich verloren –

Von meinen zarten Zweigen wollte ich
Andere Früchte dir noch zeigen; doch welcher böse Stern
Neidete uns unser Glück, mein teurer Schatz?

Ich lege der Öffentlichkeit meine jüngsten Entdeckungen aus den dünnen sibyllinischen Seiten vor. Da sie verstreut und zusammenhanglos waren, sah ich mich genötigt, Bindeglieder hinzuzufügen und die Arbeit in eine einheitliche Form zu modellieren. Aber die Hauptsubstanz besteht aus den Wahrheiten, die in diesen poetischen Rhapsodien enthalten sind, und aus der göttlichen Intuition, die die cumäische Jungfrau vom Himmel erhielt.

Ich habe mich oft über den Gegenstand ihrer Verse und über das englische Gewand des lateinischen Dichters gewundert. Sie sind so unklar und ungeordnet, dass ich zuweilen dachte, sie verdankten ihre gegenwärtige Form mir und meiner Entschlüsselung. Als würden wir einem anderen Künstler die gemalten Fragmente geben, die das Mosaik von Raffaels *Verklärung* im Petersdom bilden; er würde sie in einer Form zusammensetzen, deren Art durch seinen eigenen Geist und sein eigenes Talent bestimmt würde. Zweifellos haben die Blätter der cumäischen Sibylle in meinen Händen eine Verzerrung und Verminderung ihrer Güte und Bedeutung erlitten. Meine einzige Entschuldigung dafür, sie so umgewandelt zu haben, ist, dass sie in ihrem ursprünglichen Zustand unverständlich waren.

Meine Arbeit hat lange Stunden der Einsamkeit erhellt und mich aus einer Welt, die ihr einst gütiges Gesicht von mir abgewandt hat, herausgeführt in eine andere, die vor Einbildungskraft und Stärke glüht. Werden meine Leser fragen, wie ich Trost in der Erzählung von Elend und beklagenswerten Wandel finden konnte? Dies ist eines der Geheimnisse unserer Natur, die mich beherrscht und deren Einfluss ich mich nicht entziehen kann. Ich gestehe, dass mich die Entwicklung der Geschichte nicht unberührt gelassen hat und dass ich bei einigen Teilen der Erzählung, die ich getreulich von meinen Materialien übernommen habe, niedergeschlagen, ja sogar gemartert war. Doch solcherart ist die menschliche Natur, dass die Aufregung des Geistes mir lieb war und dass die Einbildungskraft, die Malerin von Stürmen und

Erdbeben, oder, noch schlimmer, der stürmischen und zerstörerischen Leidenschaften des Menschen, mein wahres Leiden und endloses Reuen milderte, indem sie diese fiktiven Leiden mit jener Scheinhaftigkeit umhüllte, die dem Schmerz die tödliche Schärfe nimmt.

Ich weiß nicht, ob diese Entschuldigung notwendig ist. Letztlich müssen die Vorzüge meiner Bearbeitung und Übersetzung entscheiden, ob ich meine Zeit und meine unvollkommenen Kräfte wohl angewandt habe, indem ich den zarten und brüchigen Blättern der Sibylle Form und Inhalt gab.

Kapitel 1

Ich stamme aus einer vom Meer umgebenen Gegend, einem wolkenverhangenen Land, das, wenn ich mir die Oberfläche des Globus vorstelle, mit seinem grenzenlosen Ozean und den riesigen Kontinenten, nur als ein unbedeutender Fleck im gewaltigen Ganzen erscheint; und doch übertraf es, was die Geisteskraft anbelangt, Länder von größerer Ausdehnung und Bevölkerung bei Weitem. So wahr ist es, dass der Mensch allein mit seinem Verstand alles Gute und Große für sich schuf und dass selbst die Natur nur seine oberste Dienerin war. England, das weit im Norden des trüben Meeres liegt, sucht mich jetzt in meinen Träumen heim, in Gestalt eines großen und wohlbemannten Schiffes, das die Winde beherrscht und stolz über die Wellen reitet. In meinen Knabenjahren war es für mich die ganze Welt. Wenn ich auf meinen heimatlichen Hügeln stand und sah, wie Ebenen und Berge sich bis zu den äußersten Grenzen meiner Sicht erstreckten, mit den Behausungen meiner Landsleute gesprenkelt und durch ihre Arbeit der Fruchtbarkeit unterworfen, war dieser Ort für mich das Zentrum der Erde, und der Rest ihrer Kugel glich einer Fabel, welche zu vergessen weder meine Vorstellungskraft noch meinen Verstand Mühe gekostet hätte.

Meine Geschicke waren von Beginn an ein Exempel für die Macht, die Wandelbarkeit über den Verlauf eines Menschenlebens ausüben kann. In meinem Falle fiel mir alles beinahe wie eine Erbschaft zu. Mein Vater war einer jener Männer, denen die Natur die beneidenswerten Gaben des Witzes und der Einbildungskraft verliehen hatte und deren Lebensbarke sie dann dem Einfluss der Winde überließ, ohne den Verstand als Steuerruder oder die Urteilskraft als Lotsen für die Reise hinzuzufügen. Er war von unklarer Herkunft; aber die Umstände machten ihn bald in der Gesellschaft bekannt, und sein kleiner väterlicher Besitz wurde bald in der großartigen modischen und luxuriösen Gesellschaft verbraucht, in der er sich bewegte. Während der kurzen Jahre gedankenloser Jugend wurde er von den Beliebtesten aus gutem Hause, und nicht weniger vom jungen Souverän, der sich den Intrigen der Partei und den mühsamen Aufgaben königlicher Geschäfte entzog, verehrt, die in seiner Gesellschaft nie versagende Erheiterung und Aufhellung des Gemütes fanden. Die Impulse meines Vaters, die nie unter seiner eigenen Kontrolle standen, brachten ihn fortwährend in Schwierigkeiten, aus denen ihn allein sein Einfallsreichtum befreien konnte; und der sich anhäufende Berg von Schulden der Ehre und des Handels, der jeden anderen zur Erde gebeugt haben würde, wurde von ihm mit leichtem Sinn und unbezwinglicher Heiterkeit geschultert; während seine Gesellschaft an den Tischen und Versammlungen der Reichen so notwendig war, dass man seine Verfehlungen als lässlich betrachtete und er selbst mit berauschender Schmeichelei empfangen wurde.

Diese Art von Popularität ist, wie jede andere auch, flüchtig: und die Schwierigkeiten jeder Art, mit denen er zu kämpfen hatte, stiegen in einem fürchterlichen Ausmaß verglichen mit seinen geringen Mitteln, sich daraus zu befreien. Zu solchen Zeiten sprang ihm der König bei, der ihm sehr zugetan war, und stellte dann seinen Kameraden freundlich zur Rede. Mein Vater gelobte eifrig Besserung, aber seine gesellige Veranlagung, sein Verlangen nach dem üblichen Maß an Bewunderung und, mehr als alles andere, der Teufel des Glücksspiels, der ihn völlig beherrschte, machten seine guten Vorsätze vergänglich und seine Versprechungen vergeblich. Mit der raschen Auffassungsgabe, die seinem Gemüt eigentümlich war, nahm er wahr, dass seine Macht im strahlenden Kreise im Schwinden begriffen war. Der König heiratete; und die hochmütige Prinzessin von Österreich, die als Königin von England bald die neuesten Moden anführte, sah mit scharfen Augen seine Mängel und mit Verachtung die Zuneigung, die ihr königlicher Ehemann für ihn empfand. Mein Vater fühlte, dass sein Fall nahe war; aber weit davon entfernt, diese letzte Ruhe vor dem Sturm zu nutzen, um sich selbst zu retten, suchte er das vorausgeahnte Übel zu vergessen, indem er dem Gott des Vergnügens, dem betrügerischen und grausamen Schiedsrichter seines Schicksals, noch größere Opfer darbrachte.

Der König, der ein Mann von ausgezeichneten Anlagen war, sich aber leicht führen ließ, war jetzt ein williger Schüler seiner herrischen Gemahlin geworden. Er wurde veranlasst, mit äußerster Missbilligung und schließlich mit Widerwillen auf die Unklugheit und die Torheiten meines Vaters zu blicken. Dessen

Anwesenheit konnte diese Wolken zwar zerstreuen; seine warmherzige Offenheit, sein glänzender Witz und sein vertrauensvolles Betragen waren unwiderstehlich: in einiger Entfernung jedoch, während immer neue Geschichten über seine Verfehlungen ins Ohr seines königlichen Freundes gegossen wurden, verlor er seinen Einfluss. Der Königin gelang es mit Geschick, diese Abwesenheiten zu verlängern und Beschuldigungen zusammenzutragen. Endlich wurde der König dazu gebracht, in ihm eine Quelle ständiger Unruhe zu sehen, und kam zu dem Schluss, dass ihm das kurzlebige Vergnügen seiner Gesellschaft langweilige Predigten und peinvolle Erzählungen von Exzessen, deren Wahrheit er nicht widerlegen konnte, einbrachte. Das Ergebnis war, dass er, um ihn zur Vernunft zu bringen, noch einen Versuch wagen und ihn im Falle des Misserfolges für immer abweisen wollte.

Eine solche Szene muss von äußerstem Interesse und angespannter Leidenschaft gewesen sein. Ein mächtiger König, bekannt für eine herausragende Güte, die ihn bis dahin milde gestimmt hatte, und jetzt erhaben in seinen Ermahnungen, die mal als Bitten, mal als Rügen geäußert wurden, bat seinen Freund, sich seinen wahren Interessen zu widmen und sich zu entschließen, jenen Belustigungen zu entsagen, die ihn ohnehin bald verlassen würden, und seine großen Talente auf ein würdigeres Feld zu verlegen, in dem er, sein Souverän, ihm Stütze, Halt und Wegbereiter sein würde. Meinen Vater rührte diese Gewogenheit; für einen Moment schwebten ihm ehrgeizige Träume vor; und er dachte, dass es gut wäre, seine gegenwärtigen Beschäftigungen gegen edlere Aufgaben zu tauschen. Mit Aufrichtigkeit und Eifer leistete er das verlangte Versprechen: Als Unterpfand der fortwährenden Gunst erhielt er von seinem königlichen Herrn eine Geldsumme, um dringende Schulden zu begleichen und ihm zu ermöglichen, unter guter Aufsicht seine neue Laufbahn zu beginnen. In derselben Nacht, noch voller Dankbarkeit und guter Entschlüsse, ging diese Summe, und noch einmal so viel, am Spieltisch verloren. In seinem Bestreben, seine ersten Verluste wiedergutzumachen, riskierte mein Vater den doppelten Einsatz und zog damit eine Ehrenschuld auf sich, die er nicht begleichen konnte. Zu beschämt, um sich wieder an den König zu wenden, kehrte er London, seinen falschen Freuden und dem anhaftenden Elend den Rücken zu und vergrub sich, mit der Armut als seiner einzigen Begleiterin, in der Einsamkeit zwischen den Hügeln und Seen Cumberlands. Sein Witz, seine geistreichen Bemerkungen, der Ruf seiner persönlichen Reize, faszinierenden Manieren und gesellschaftlichen Talente wurden lange in Erinnerung behalten und weitererzählt. Wenn man fragte, wo dieser Liebling der Gesellschaft nun sei, dieser Gefährte der Edlen, dieser helle Lichtstrahl, der die Versammlungen des Hofes und der Heiterkeit mit unerhörter Pracht vergoldete, – hörte man, dass er ein verlorener Mann sei, der in Misskredit geraten sei; nicht einer dachte, dass es ihm zustehe, das anderen gewährte Vergnügen durch echte Dienstleistungen zurückgezahlt zu bekommen, oder dass sein langes Wirken als genialer Unterhalter die Auszahlung einer Pension verdiene. Der König beklagte seine Abwesenheit; er liebte es, seine Sprüche zu wiederholen, die Abenteuer, die sie miteinander erlebt hatten, zu erzählen und seine Talente zu erhöhen – hier aber endete seine Erinnerung.

Derweil konnte mein vergessener Vater nicht vergessen. Er trauerte um den Verlust dessen, was ihm notwendiger war als Luft oder Nahrung – die Aufregung des Vergnügens, die Bewunderung der Edlen, das luxuriöse und geschliffene Leben der Großen. Ein Nervenfieber war die Folge, während dem er von der Tochter eines armen Häuslers gepflegt wurde, unter dessen Dach er wohnte. Sie war lieblich, sanft und außerdem freundlich zu ihm; auch kann es nicht verwundern, dass das frühere Idol der adligen Schönheit, selbst in seinem gefallenen Stande, dem niederen Häusler-Mädchen als ein Wesen von höherer und bewunderungswürdiger Art erscheinen sollte. Die Verbindung zwischen ihnen führte zu der unglückseligen Ehe, deren Spross ich war.

Trotz der Zärtlichkeit und Sanftheit meiner Mutter beklagte ihr Ehemann noch immer seinen herabgewürdigten Stand. Nicht an körperliche Arbeit gewöhnt, wusste er nicht, auf welche Weise er zum Unterhalt seiner wachsenden Familie beitragen könnte. Zuweilen dachte er daran, sich an den König zu wenden; Stolz und Scham hielten ihn für eine Weile zurück;

und ehe seine Bedürfnisse so dringlich wurden, dass sie ihn zu irgendeiner Betätigung zwangen, starb er. Für eine kurze Zeitspanne vor diesem Unglück blickte er in die Zukunft und betrachtete voller Angst die verzweifelte Lage, in der er seine Frau und seine Kinder zurücklassen würde. Seine letzte Bemühung war ein Brief an den König, voll berührender Beredsamkeit und gelegentlichem Aufblitzen jenes brillanten Geistes, der ein wesentlicher Teil von ihm war. Er überantwortete seine Witwe und Waisen der Freundschaft seines königlichen Gebieters und war es zufrieden, dass auf diese Weise ihr Wohlstand nach seinem Tode besser gesichert war als in seinem Leben. Dieser Brief wurde der Fürsorge eines Adligen anvertraut, der ohne Zweifel dieses letzte leichte Amt auf sich nehmen würde, ihn dem König in die Hand zu legen.

Er starb verschuldet, und sein geringes Vermögen wurde sogleich von seinen Gläubigern beschlagnahmt. Meine Mutter, mittellos und mit der Bürde zweier Kinder belastet, harrte Woche für Woche und Monat für Monat in gespannter Erwartung auf eine Antwort, die nie kam. Sie hatte nie etwas anderes gekannt als die Hütte ihres Vaters; und das Herrenhaus des Gutsherrn war die vornehmste Art von Großartigkeit, die sie sich vorstellen konnte. Während mein Vater noch am Leben gewesen war, hatte er sie mit den Namen der Königsfamilie und des höfischen Kreises vertraut gemacht; aber solche Dinge, die nicht mit ihrer persönlichen Erfahrung übereinstimmten, erschienen ihr nach dem Verlust dessen, der ihnen Inhalt und Wirklichkeit eingehaucht hatte, vage und phantastisch. Wenn sie unter den gegebenen Umständen auch genügend Mut aufgebracht hätte, sich an die von ihrem Ehemann erwähnten adligen Personen zu wenden, so brachte sie doch der Misserfolg seines eigenen Ansuchens dazu, die Idee zu verbannen. Sie sah daher keinen Ausweg aus der bitteren Not: Ihre fortwährende Sorge, verbunden mit der Trauer um den Verlust des außergewöhnlichen Wesens, das sie weiterhin mit feuriger Bewunderung betrachtete, die harte Arbeit und ihre von Natur aus empfindliche Gesundheit erlösten sie schließlich von der traurigen Endlosigkeit des Mangels und Elends.

Die Lage ihrer verwaisten Kinder war besonders trostlos. Ihr eigener Vater war Emigrant aus einem anderen Landesteil gewesen und schon lange gestorben; sie hatten keinen einzigen Verwandten, der sich ihrer angenommen hätte; sie waren Ausgestoßene, Arme, freundlose Wesen, denen nur das dürftigste Almosen zugestanden wurde, und die nicht einmal als Kinder von Bauern behandelt wurden, sondern als ärmer noch als jener Ärmste galten, der sie im Sterben der knauserigen Wohltätigkeit des Landes als ein undankbares Vermächtnis hinterlassen hatte.

Ich, der Ältere der beiden, war fünf Jahre alt, als meine Mutter starb. Eine Erinnerung an die Reden meiner Eltern und die Botschaften, die meine Mutter mir in Bezug auf die Freunde meines Vaters mitzuteilen versuchte, in der vagen Hoffnung, dass ich eines Tages von dem Wissen profitieren könnte, schwebte wie ein undeutlicher Traum durch meinen Verstand. Ich stellte mir vor, dass ich anders und meinen Beschützern und Gefährten überlegen sei, aber ich wusste nicht, inwiefern oder weswegen. Das Gefühl der Verletzung, verbunden mit dem Namen des Königs und der Adligen, hing mir an; aber ich konnte aus jenen Gefühlen keine Schlüsse ziehen, die mir als Anleitung zum Handeln hätten dienen können. Mein erstes wirkliches Wissen über mich selbst besagte, dass ich ein schutzloses Waisenkind in den Tälern und Bergen Cumberlands war. Ich stand im Dienste eines Bauern; und mit einem Stab in der Hand und meinem Hund an meiner Seite hütete ich eine große Schafherde im nahen Hochland. Ich kann nicht viel Gutes über ein solches Leben sagen, und seine Qualen überstiegen bei Weitem seine Freuden. Es lag Freiheit darin, eine Gemeinschaft mit der Natur und eine sorglose Einsamkeit; aber diese, so romantisch sie waren, stimmten nicht mit dem Tätigkeitsdrang und dem Verlangen nach menschlicher Zuneigung überein, die charakteristisch für die Jugend sind. Weder die Aufsicht über meine Herde noch der Wechsel der Jahreszeiten genügten, um meinen regen Geist zu zähmen; mein Leben im Freien und die beschäftigungslose Zeit waren die Versuchungen, die mich früh zu gesetzlosen Gewohnheiten führten. Ich verband mich mit anderen, die wie ich ohne Freunde waren; ich formte sie zu einer Bande, ich war ihr Anführer und Hauptmann. Wir waren alle Hirtenknaben, und während unsere Herden über die Weiden verteilt waren, planten und verübten wir so manchen Schelmenstreich, der uns die Wut und die Rache der Bauern zuzog. Ich war der Anführer und Beschützer meiner Kameraden, und da ich ihnen vorstand, wurden ihre Missetaten gewöhnlich mir angelastet. Doch indem ich heldenmütig Bestrafung und Schmerz in ihrer Verteidigung ertrug, beanspruchte ich als Belohnung Lob und Gehorsam.

In einer solchen Schule erhielt ich einen rauen, aber standhaften Charakter. Der Hunger nach Bewunderung und die geringe Fähigkeit zur Selbstbeherrschung – Eigenschaften, die ich von meinem Vater geerbt hatte, und welche von den Widrigkeiten genährt wurden –, machten mich wagemutig und leichtsinnig. Ich war roh wie die Elemente und ungebildet wie die Tiere, die ich hütete. Ich verglich mich oft mit ihnen, und als ich feststellte, dass meine Hauptüberlegenheit in der Macht bestand, überzeugte ich mich bald, dass es nur die Machtfülle war, bezüglich derer ich den größten Potentaten der Erde unterlegen war. So unbeleckt von hoher Philosophie und von dem unruhigen Gefühl verfolgt, unter meine wahre gesellschaftliche Stellung erniedrigt zu sein, wanderte ich in den Hügeln des zivilisierten Englands umher, ein ebenso ungeschliffener Wilder wie der wolfsgesäugte Gründer des alten Roms. Ich kannte nur ein Gesetz, und zwar das des Stärkeren, und meine größte Tugend bestand darin, mich niemals zu unterwerfen.

Doch man lasse mich ein wenig von diesem Urteil abweichen, das ich über mich selbst gegeben habe. Als meine Mutter starb, übergab sie, zusätzlich zu ihren anderen halbvergessenen und falsch angewandten Lektionen, ihr anderes Kind mit feierlicher Ermahnung meiner brüderlichen Vormundschaft; und diese eine Pflicht erfüllte ich nach besten Kräften, mit all dem Eifer und der Zuneigung, zu der meine Natur fähig war. Meine Schwester war drei Jahre jünger als ich; ich hatte sie als Kleinkind gehütet, und selbst als der Unterschied unserer Geschlechter uns durch verschiedene Beschäftigungen in großem Maße voneinander trennte, blieb sie doch der Gegenstand meiner sorgsamen Liebe. Als Waisen, im vollsten Sinne des Wortes, waren wir die Ärmsten unter den Armen und die Verachteten unter den Unwürdigen. Wo man mir wegen meiner Kühnheit und meines Mutes eine Art von respektvoller Abneigung entgegenbrachte, waren ihre Jugend und ihr Geschlecht, die keine Zärtlichkeit weckten, weil sie ihr als Schwäche ausgelegt wurden, ihr hinderlich und Ursache zahlloser Demütigungen; und ihre eigene Veranlagung war nicht so beschaffen, dass sie die schädlichen Auswirkungen ihres niedrigen Standes hätte mindern können.

Sie war ein einzigartiges Wesen und hatte, gleich mir, viele Eigenarten unseres Vaters geerbt. Ihr Antlitz war voller Ausdruck; ihre Augen waren nicht dunkel, aber undurchdringlich tief; man vermeinte, in ihrem klugen Blick Raum um Raum zu entdecken und empfand, dass ihre Seele ein Universum des Denkens in sich barg. Sie war blass und blond, ihr goldenes Haar kräuselte sich an ihren Schläfen und seine satte Farbe kontrastierte mit dem hellen Marmor darunter. Ihr grobes Bauernkleid, das wenig zu der Kultiviertheit, die ihr Gesicht ausdrückte, passen wollte, harmonierte dennoch auf eine seltsame Weise damit. Sie glich einer von Guidos Heiligen, himmlisch in ihrem Herzen wie in ihrem Äußeren, und Kleidung und sogar Gestalt traten hinter dem Verstand zurück, der aus ihrem Antlitz blitzte.

Obschon sie so liebreizend und voller edler Gefühle war, war das Wesen meiner armen Perdita (denn das war der phantasievolle Name, den meine Schwester von ihrem sterbenden Vater erhalten hatte) nicht gänzlich frei von Fehlern. Ihr Betragen war kalt und abweisend. Wäre sie von Menschen aufgezogen worden, die sie mit Zuneigung behandelt hätten, wäre sie vielleicht anders gewesen; doch ungeliebt und vernachlässigt zahlte sie den Mangel an Güte mit Misstrauen und Schweigen zurück. Sie unterwarf sich denen, die Autorität über sie hatten, doch ihre Brauen waren stets düster zusammengezogen; sie schien von jedem, der sich ihr näherte, Feindschaft zu erwarten, und ihre Handlungen wurden von demselben Gefühl geleitet. Sämtliche Zeit, über die sie frei verfügen konnte, verbrachte sie in der Abgeschiedenheit. Sie wanderte zu den am wenigsten besuchten Orten und erklomm gefährliche Höhen, damit sie sich an diesen entlegenen Stellen in die Einsamkeit zurückziehen konnte. Oft verbrachte sie ganze Stunden damit, auf den Pfaden im Walde auf und ab zu gehen; sie wob Girlanden aus Blumen und Efeu oder betrachtete den flackernden Schatten und die glänzenden Blätter; zuweilen saß sie neben einem Rinnsal und warf, wenn ihre Gedanken zur Ruhe kamen, Blumen oder Kieselsteine ins

Wasser, um zu beobachten, wie diese schwammen und jene sanken; oder sie setzte Boote aus Baumrinde oder Blättern ins Wasser, mit einer Feder als Segel, und verfolgte den Kurs ihres Gefährts zwischen den Stromschnellen und Untiefen des Baches. Indessen ersann ihre rege Phantasie tausend Möglichkeiten; sie träumte »von schreckender Gefahr zu See und Land« – sie verlor sich verzückt in diesen selbstgeschaffenen Wanderungen und kehrte mit unwilligem Geist in die trübe Enge des gewöhnlichen Lebens zurück.

Die Armut war die Wolke, die ihre Vorzüge verhüllte, und alles, was in ihr gut war, erstarb aus Mangel am freundlichen Tau der Zuneigung. Sie hatte nicht einmal den gleichen Vorteil wie ich, der ich eine Erinnerung an unsere Eltern hatte; sie klammerte sich an mich, ihren Bruder, als ihren einzigen Freund, doch ihre Verwandtschaft mit mir vergrößerte nur die Abneigung, die ihre Pflegeeltern für sie empfanden; und jeder begangene Fehler wurde von ihnen zu Verbrechen erhöht. Wäre sie in jenem Lebensumfeld aufgewachsen, das die Natur ihr durch die ererbte Zartheit ihres Geistes und ihrer Person eigentlich zugedacht hatte, wäre sie vielleicht ein Gegenstand der Anbetung gewesen, denn ihre Tugenden waren ebenso herausragend wie ihre Fehler. All das Genie, das das Blut ihres Vaters geadelt hatte, entflammte das ihrige; eine großzügige Flut floss in ihren Adern. List, Neid oder Niedertracht liefen ihrer Natur zuwider, ihr Antlitz könnte, wenn es von einem liebenswürdigen Gefühl erleuchtet wurde, einer Königin der Nationen angehört haben, ihre Augen waren strahlend, ihr Auftreten furchtlos.

Obschon wir durch unsere Lage und Gemütsanlagen fast gleichermaßen von den üblichen Formen des sozialen Umgangs abgeschnitten waren, bildeten wir einen starken Gegensatz zueinander. Ich benötigte stets die Anregung durch Gesellschaft und Beifall. Perdita war sich selbst genug. Ungeachtet meiner gesetzlosen Gewohnheiten war ich im Grunde gesellig, wohingegen sie die Abgeschiedenheit suchte. Ich verbrachte mein Leben unter greifbaren Realitäten, sie erlebte das ihre wie einen Traum. Man könnte sagen, ich würde sogar meine Feinde lieben, denn indem sie mich reizten, schenkten sie mir Befriedigung. Perdita mochte ihre Freunde im Grunde nicht, denn sie störten sie in ihren träumerischen Stimmungen. Alle meine Gefühle, selbst die der Freude und des Triumphes, wurden in Bitterkeit verwandelt, wenn ich sie nicht teilen konnte. Perdita nahm noch in der Freude ihre Zuflucht zur Einsamkeit und konnte von Tag zu Tag existieren, ohne je ihre Gefühle auszudrücken oder freundschaftliche Zuneigung in einem anderen zu suchen. Ja, sie konnte lieben und Zärtlichkeit für den Anblick und die Stimme eines Freundes empfinden, während ihr Verhalten doch die kälteste Zurückhaltung ausdrückte. Ihre Empfindung wandelte sich zum Gefühl, und sie sprach erst, wenn sich ihre Wahrnehmung äußerer Gegenstände mit anderen vermischt hatte, die die eigentliche Frucht ihres Geistes waren. Sie war wie ein fruchtbarer Boden, der die Lüfte und Taue des Himmels aufnahm, um sie in den schönsten Formen von Früchten und Blumen wieder ans Licht hervorzubringen; doch dann wieder war sie oft ebenso düster und zerklüftet wie dieser Boden, wurde aufgewühlt und im Verborgenen neu bestellt.

Sie wohnte in einem Häuschen, von dem eine niedrige Grasböschung zu den Wassern des Sees von Ullswater abfiel; ein Buchenwald erstreckte sich den Hügel hinauf, und ein von der Anhöhe sanft hinabfließender, plätschernder Bach lief durch mit Pappeln beschattete Uferwiesen in den See. Ich lebte bei einem Bauern, dessen Haus höher in den Hügeln erbaut war: dahinter erhob sich ein dunkler Fels, in dessen Spalten auf der Nordseite den ganzen Sommer hindurch Schnee lag. Vor Morgengrauen führte ich meine Herde zu den Schafweiden und hütete sie den Tag hindurch. Es war ein mühevolles Leben; denn Regen und Kälte waren häufiger als Sonnenschein; doch ich trotzte den Elementen voller Stolz. Mein treuer Hund bewachte die Schafe, während ich zum Treffpunkt meiner Kameraden und von dort zur Ausführung unserer Pläne schlich. Gegen Mittag trafen wir uns wieder, und wir warfen unsere Bauernkost verächtlich fort, wenn wir Holz für unser Feuer aufschichteten und es zu lodernden Flammen entfachten, die dazu bestimmt waren, das aus den nahe gelegenen Gehegen gestohlene Wild zuzubereiten. Es folgten die Geschichten von haarsträubenden Verfolgungsjagden, Kämpfen mit Hunden, Hinterhalt und Flucht, während wir auf Zigeunerart unseren Kessel umringten. Die Suche nach einem verirrten Lamm oder die Maßnahmen, mit deren Hilfe es uns gelang oder wir bestrebt waren, der Bestrafung zu entgehen, füllten die Stunden des Nachmittags. Am Abend trottete meine Herde in ihren Pferch und ich zu meiner Schwester.

Es geschah in der Tat selten, dass wir, um einen altmodischen Ausdruck zu gebrauchen, ungeschoren davonkamen. Unsere karge Kost wurde oft durch Schläge und Einkerkerung ersetzt. Einmal, als ich dreizehn Jahre alt war, wurde ich für einen Monat ins Bezirksgefängnis geschickt. Als ich herauskam, hatte sich meine Moral nicht verbessert, sondern mein Hass auf meine Unterdrücker verzehnfacht. Brot und Wasser zähmten mein Blut nicht, auch Einzelarrest inspirierte mich nicht mit sanften Gedanken. Ich empfand Wut, Ungeduld und Elend. Meine einzigen glücklichen Stunden waren jene, in denen ich Rachepläne ersann. Diese wurden in meiner erzwungenen Einsamkeit vervollkommnet, so dass ich während der ganzen folgenden Saison, und ich wurde Anfang September aus der Haft entlassen, nie versäumte, mir und meinen Kameraden ausgezeichnete und reichliche Kost zu beschaffen. Das war ein herrlicher Winter. Der scharfe Frost und der schwere Schnee zähmten die Tiere und hielten die Gutsherren an ihren Kaminen. Wir bekamen mehr Wild, als wir essen konnten, und mein treuer Hund bekam durch den Genuss unserer Abfälle ein glänzendes Fell.

So verstrichen die Jahre, und die Jahre vergrößerten nur noch meinen Durst auf die Freiheit und meine Verachtung für alles, was nicht so wild und verwegen war wie ich. Im Alter von sechzehn Jahren war ich zu einem stattlichen Mann herangewachsen; ich war groß und kräftig, darin geübt, meine Stärke zu beweisen und an die Unbilden der Elemente gewöhnt. Meine Haut war sonnengebräunt, meine Schritte waren voll selbstbewusster Kraft. Ich fürchtete niemanden und liebte niemanden. Im Nachhinein blickte ich verwundert darauf zurück, wie ich damals war, wie vollkommen wertlos ich geworden wäre, wenn ich meine gesetzlose Karriere weiterverfolgt hätte. Mein Leben war wie das eines Tieres, und mein Verstand drohte, zu dem eines wilden Tieres zu verkommen. Bis jetzt hatten meine wilden Gewohnheiten mich noch keine üblen Untaten ausüben lassen; vielmehr waren meine körperlichen Kräfte unter ihrem Einfluss gewachsen und aufgeblüht, und mein Geist, der derselben Disziplin unterworfen war, war von allen abhärtenden Tugenden durchdrungen. Aber jetzt stiftete mich meine Unabhängigkeit, auf die ich so stolz war, täglich dazu an, Akte der Tyrannei zu begehen, und die Freiheit wurde zur Zügellosigkeit. Ich stand am Rande der Männlichkeit; Leidenschaften, so stark wie die Bäume eines Waldes, hatten bereits in mir Wurzeln geschlagen und begannen nun, meinen Lebensweg mit ihrem schädlichen Überwuchern zu beschatten.

Ich dürstete nach Unternehmungen jenseits meiner kindlichen Heldentaten und erdachte ungetrübte Träume von zukünftigem Handeln. Ich mied meine alten Kameraden, und so verlor ich sie bald. Sie erreichten das Alter, in dem sie ins Leben entlassen wurden, um den ihnen vorherbestimmten Lebenszweck zu erfüllen; während ich, ein Ausgestoßener, ohne jemanden, der mich führte oder vorantrieb, innehielt. Die Alten begannen, auf mich als ein schlechtes Beispiel zu zeigen, die Jungen, mich als ein Wesen zu betrachten, das von ihnen selbst verschieden war. Ich hasste sie und begann, als die letzte und schlimmste Erniedrigung, mich selbst zu hassen. Ich hielt an meinen wilden Gewohnheiten fest, verachtete sie jedoch zugleich; ich setzte meinen Krieg gegen die Gesellschaft fort und hegte dennoch den Wunsch, dazuzugehören.

Ich rief mir wieder und wieder alles ins Gedächtnis, was meine Mutter mir vom früheren Leben meines Vaters erzählt hatte, ich betrachtete die wenigen Reliquien, die ich von ihm besaß, und sie sprachen von einer größeren Kultiviertheit als dem, was unter den Berghütten zu finden war. Doch nichts von alledem diente mir als Wegweiser zu einer anderen und angenehmeren Lebensweise. Mein Vater war mit Adligen befreundet gewesen, aber alles, was ich von solchen Verbindungen kannte, war die letztendliche Verstoßung. Der Name des Königs – des Mannes, an den mein sterbender Vater seine letzten Bitten gerichtet hatte und der sie grob zurückgewiesen hatte – war nur mit der Vorstellung von Lieblosigkeit, Ungerechtigkeit und äußerster Erbitterung verbunden. Ich war zu etwas Größerem geboren worden, als ich war – und größer würde ich werden; aber Größe ging, zumindest in meiner verzerrten Wahrnehmung, nicht notwendig mit dem Guten einher, und meine wilden Gedanken wurden nicht durch moralische Betrachtungen gezügelt, wenn ich von Rang und Namen träumte. So stand ich auf einem Gipfel, ein Meer des Bösen wogte zu meinen Füßen; ich wollte mich hineinstürzen und mit den Wassern über alle Hindernisse hinweg zum Gegenstand meiner Wünsche eilen – als ein merkwürdiger Einfluss auf die Strömung meines Schicksals einwirkte und ihren ungestümen Lauf zu dem änderte, was im Vergleich dazu den sanften Windungen eines in Wiesen gebetteten Bächleins glich.

Kapitel 2

Ich lebte fernab von den geschäftigen Städten, und der Lärm von Kriegen oder politischen Veränderungen drang nur als ein leiser Nachhall zu unseren Berghütten. England war in meiner frühen Kindheit der Schauplatz bedeutender Kämpfe gewesen. Im Jahre 2073 hatte der Letzte seiner Könige, der alte Freund meines Vaters, aufgrund der sanften Proteste seiner Untertanen abgedankt, und es wurde eine Republik ausgerufen. Dem entthronten Monarchen und seiner Familie wurden große Güter gesichert; er erhielt den Titel Graf von Windsor, und Schloss Windsor, eine alte Residenz mit ausgedehnten Ländereien, gehörte zum ihm zugeteilten Reichtum. Er starb bald darauf und hinterließ zwei Kinder, einen Sohn und eine Tochter.

Die ehemalige Königin, eine Prinzessin des Hauses Österreich, hatte ihren Gatten lange gedrängt, sich dem Unvermeidlichen zu widersetzen. Sie war hochmütig und furchtlos; sie hegte eine Liebe zur Macht und eine bittere Verachtung für ihn, der so leicht sein Königreich aus der Hand gab. Allein um ihrer Kinder willen war sie bereit, der Königswürde beraubt, eine Bürgerin der englischen Republik zu bleiben. Als sie Witwe wurde, widmete sie sich gänzlich der Erziehung ihres Sohnes Adrian, des zweiten Grafen von Windsor, um ihre ehrgeizigen Ziele zu erreichen; und er, der die Milch seiner Mutter eingesogen hatte, sollte mit dem ständigen Ziel vor Augen heranwachsen, eines Tages seine verlorene Krone wiederzuerlangen. Adrian war jetzt fünfzehn Jahre alt. Er war süchtig nach dem Studium und weit über sein Alter hinaus von Gelehrtheit und Talent durchdrungen: Man sagte, dass er bereits begonnen habe, die Ansichten seiner Mutter zu durchkreuzen und republikanische Grundsätze zu hegen. Dem sei, wie ihm wolle, die hochmütige Gräfin vertraute niemandem die Geheimnisse ihres Familienunterrichts an. Adrian wuchs in der Abgeschiedenheit heran und wurde von den natürlichen Gefährten seines Alters und Standes ferngehalten. Einige unbekannte Umstände veranlassten nun seine Mutter, ihn aus ihrer unmittelbaren Obhut fortzusenden; und wir hörten, dass er Cumberland besuchen wollte. Es gingen tausend Geschichten um, welche das Verhalten der Gräfin von Windsor erklärten – keine davon war wahrscheinlich –, aber jeden Tag wurde es gewisser, dass wir den edlen Spross des früheren königlichen Hauses von England unter uns sehen sollten.

Am Ullswater befand sich ein großes Landgut mit einem Herrenhaus, das dieser Familie gehörte. Ein großer Park, geschmackvoll angelegt und reichlich mit Wild bestückt, schloss daran an. Ich hatte oft dieses Gehege geplündert; und der vernachlässigte Zustand des Gutes erleichterte meine Besuche. Als beschlossen wurde, dass der junge Graf von Windsor Cumberland besuchen sollte, kamen Arbeiter, um das Haus und das Grundstück für seinen Empfang vorzubereiten. Die Wohnungen wurden in ihrer ursprünglichen Pracht wiederhergestellt, und der Park, dessen Schäden beseitigt wurden, wurde mit besonderer Sorgfalt bewacht.

Mir war diese Nachricht äußerst unangenehm. Sie weckte all meine ruhenden Erinnerungen, meine verdrängten Gefühle der Verletzung, und gab neuer Rachsucht Auftrieb. Ich konnte meinen Beschäftigungen nicht mehr nachgehen, all meine Pläne und Ideen waren vergessen. Ich schien im Begriff zu sein, mein Leben von Neuem zu beginnen, und das unter keinen guten Vorzeichen. Das Tauziehen, dachte ich, sollte jetzt beginnen. Er würde triumphierend dorthin kommen, wo mein Vater gebrochen Zuflucht gesucht hatte; er würde den unglückseligen Sprössling vorfinden, der seinem königlichen Vater mit solch vergeblichem Vertrauen von elenden Armen anvertraut wurde. Dass er von unserer Existenz wusste und uns aus der Nähe mit derselben Verächtlichkeit behandeln würde, die sein Vater aus der Entfernung und in Abwesenheit geübt hatte, erschien mir als die sichere Folge dessen, was zuvor geschehen war. So sollte ich denn diesen edlen Jüngling treffen – den Sohn des Freundes meines Vaters. Er würde von Dienern abgeschirmt werden. Adlige und deren Söhne waren seine Begleiter. Ganz England war entzückt beim Klange seines Namens, und sein Herannahen war wie ein Gewitter bereits von fern zu vernehmen. Ich hingegen, der ich ungebildet und unbeliebt war, sollte im Urteil seiner höfischen Anhänger als lebender Beweis für die Richtigkeit jener Undankbarkeit dienen, die mich zu dem degradierten Wesen gemacht hatte, als das ich erschien.

Man könnte sagen, dass ich, während ich ganz von jenen Gedanken erfüllt war, wie unter einem Bann stehend den künftigen Wohnsitz des jungen Grafen aufsuchte. Ich beobachtete den Fortschritt der Arbeiten und stand bei den Packwagen, aus denen verschiedene Londoner Luxusartikel hervorgebracht und ins Herrenhaus befördert wurden. Es war Teil des Plans der ehemaligen Königin, ihren Sohn mit fürstlicher Pracht zu umgeben. Ich sah reiche Teppiche und seidene Behänge, goldenen Tand, reich verzierte Gegenstände aus Metall, prunkvolle Möbel und allerlei Beiwerk von hohem Rang, so dass dem Abkömmling eines Königs nichts als königliche Pracht ins Auge fallen sollte. Ich schaute auf diese und wandte meinen Blick meiner eigenen gewöhnlichen Kleidung zu. Woher kam dieser Unterschied? Woher, wenn nicht von Undankbarkeit und Falschheit, von einer Verderbtheit des Vaters des Prinzen, einer Abwendung von jeglichem edlen, mitfühlenden und großzügigen Gefühl. Zweifellos war auch er, dessen Blut eine Beimischung von seiner stolzen Mutter erhalten hatte – war er, der anerkannte Mittelpunkt des Reichtums und des Adels des Königreichs, gelehrt worden, den Namen meines Vaters mit Verachtung auszusprechen und über meine gerechten Ansprüche auf Schutz zu spotten. Ich bemühte mich zu glauben, dass all dieser Prunk nichts als eine blendende Ehrlosigkeit sei und dass er, indem er seine goldgewebte Fahne neben meiner befleckten und zerfetzten aufpflanzte, nicht seine Überlegenheit verkündete, sondern seine Erniedrigung. Und doch beneidete ich ihn. Sein Stall voll schöner Pferde, seine edlen und kostbaren Waffen, das Lob, das ihn überallhin begleitete, die Anbetung, die stets bereiten Diener, der hohe Rang und die hohe Wertschätzung – ich betrachtete sie als mir gewaltsam entwunden und neidete sie ihm alle mit neuer und quälender Bitterkeit.

Um meinem Ärger die Krone aufzusetzen, schien Perdita, die weltabgewandte Perdita, wie zu neuem Leben erwacht zu sein, als sie mir erzählte, dass der Graf von Windsor bald eintreffen würde.

»Und das freut dich?«, bemerkte ich mürrisch.

»In der Tat, Lionel«, antwortete sie. »Ich freue mich sehr darauf, ihn zu sehen. Er ist der Abkömmling unserer Könige, der oberste Adlige des Landes: jeder bewundert und liebt ihn, und man sagt, dass sein Rang sein geringstes Verdienst ist. Er ist großzügig, wacker und gütig.«

»Du hast eine hübsche Lektion gelernt, Perdita«, sagte ich, »und wiederholst sie so wörtlich, dass du indessen vergisst, welche Beweise wir von den Tugenden des Grafen haben. Seine Großzügigkeit uns gegenüber offenbart sich in der Fülle, die wir besitzen, seine Tapferkeit im Schutz, den er uns gewährt, seine Freundlichkeit darin, wie er von uns Notiz nimmt. Sein Rang ist sein geringstes Verdienst, sagst du? Nun, alle seine Tugenden sind nur von seinem Stand abgeleitet. Weil er reich ist, wird er großzügig genannt, weil er mächtig ist, wacker, weil ihm gut gedient wird, heißt es, er sei gütig. Lass sie ihn so nennen, lass ganz England glauben, er sei so – doch wir kennen ihn – er ist unser Feind – unser geiziger, tückischer, ungerechter Feind. Wenn er auch nur mit einem geringen Teil der Tugenden begabt wäre, die du sein Eigen nennst, würde er uns Gerechtigkeit widerfahren lassen. Sein Vater verletzte meinen Vater – sein Vater, unangreifbar auf seinem Thron, wagte es, ihn zu verachten – ihn, der erst so tief sank, nachdem er sich dazu herabgelassen hatte, mit dem undankbaren König in Verbindung zu treten. Wir, Abkömmlinge des einen und des andern, müssen gleichfalls Feinde sein. Er soll merken, dass ich meine Verletzungen fühlen kann, er soll lernen, meine Rache zu fürchten!«

Ein paar Tage darauf traf er ein. Jeder Bewohner selbst der elendsten Hütte ging aus, um sich zum Volk zu gesellen, das ausströmte, um ihn zu sehen. Selbst Perdita schlich sich, trotz meiner kürzlichen Strafrede, nahe an die Straße heran, um dieses Idol aller Herzen zu sehen. Ich, halb wahnsinnig, nachdem ich etlichen Gruppen Landvolk in ihrem besten Sonntagsstaat, welche die Hügel hinabstiegen, begegnet war, floh zu den wolkenverhangenen Gipfeln und rief aus, indem ich auf die kahlen Felsen um mich her blickte: »*Sie* rufen nicht, lang lebe der Graf!« Auch als die Nacht anbrach, begleitet von Nieselregen und Kälte, wollte ich nicht nach Hause zurückkehren, denn ich wusste, dass jedes Haus voll des Lobes für Adrian sein würde. Als ich fühlte, wie meine Glieder taub und kalt wurden, diente mein Schmerz als Nahrung für meine wahnsinnige Abneigung; ja, ich triumphierte beinahe darin, weil er mir Grund und Entschuldigung für meinen Hass auf meinen sorglosen Gegner bot. Alles schrieb ich ihm zu, denn ich brachte die Vorstellung von Vater und Sohn so vollständig durcheinander, dass ich vergaß, dass dieser sich unserer Vernachlässigung durch seinen Vater völlig unbewusst sein könnte, und ich rief, indem ich mit der Hand an meinen schmerzenden Kopf schlug: »Er wird davon hören! Ich werde gerächt werden! Ich werde nicht wie ein Hund leiden! Er soll wissen, dass ich, bettelarm und freundlos, wie ich bin, mich nicht zahm der Schmähung beugen werde!«

Jeder Tag und jede Stunde vermehrte und vergrößerte diese eingebildeten Fehler. Die Loblieder, die auf ihn gesungen wurden, waren gleich Natternbissen, die sich tief in meine verletzliche Brust bohrten. Wenn ich ihn aus einiger Entfernung sah, auf einem schönen Pferd reitend, geriet mein Blut vor Wut in Wallung. Die Luft schien von seiner Gegenwart vergiftet zu sein, und meine Muttersprache wurde in einen widerlichen Jargon verwandelt, da jeder Satz, den ich hörte, mit seinem Namen und seinem Lob verbunden war. Ich war darauf versessen, dieses schmerzhafte Herzbrennen durch irgendeine Untat zu lindern, die ihm meine Abneigung beweisen sollte. Es war der Gipfel seiner Beleidigung, dass er mir solche unerträglichen Empfindungen bescheren, und sich gleichzeitig nicht dazu herablassen sollte, auf irgendeine Art zu zeigen, dass er sich überhaupt meiner Existenz bewusst war.

Es wurde bald bekannt, dass Adrian große Freude an seinem Park und dem darin lebenden Wild hatte. Er ging nie zur Jagd, sondern verbrachte Stunden damit, die Herden von schönen und fast zahmen Tieren zu beobachten, mit denen der Park bestückt war, und befahl, dass auf sie mehr Sorge als zuvor angewandt werden sollte. Hier war ein Einfallstor für meine Pläne, ihn zu beleidigen, und ich nutzte es mit allem rohen Ungestüm meiner wilden Lebensweise. Ich schlug meinen wenigen verbliebenen Kameraden, die die entschlossensten und gesetzlosesten der Bande waren, das Unternehmen vor, Wilderei auf seinen Ländereien zu betreiben, aber sie alle schraken vor der Gefahr zurück. Ich musste die Rache also alleine wagen. Zuerst wurden meine Raubzüge nicht bemerkt, so dass ich wagemutiger wurde. Fußabdrücke im taubenetzten Grase, abgebrochene Zweige und Blutspuren erregten endlich die Aufmerksamkeit der Wildhüter. Sie hielten besser Ausschau – ich wurde gefasst und ins Gefängnis geschickt. Ich betrat die düsteren Wände in einem Anfall triumphierender Ekstase: »Jetzt fühlt er mich«, rief ich, »und wird es wieder und wieder tun!« – Ich wurde aber nur für einen Tag in Haft genommen, am Abend wurde ich, wie mir gesagt wurde, auf Geheiß des Grafen selbst, wieder in die Freiheit entlassen. Diese Nachricht schleuderte mich von meinem selbst errichteten Gipfel der Ehre herab. Er verachtet mich, dachte ich, aber er wird noch lernen, dass auch ich ihn verachte, und seine Bestrafungen und seine Milde gleichermaßen. In der zweiten Nacht nach meiner Entlassung wurde ich wieder von den Wildhütern gefangen genommen – wieder eingesperrt und wieder freigelassen, und in der vierten Nacht, so hartnäckig war ich, fand ich mich wieder im verbotenen Park. Die Wildhüter waren wegen meiner Hartnäckigkeit wütender als ihr Herr. Sie hatten Befehl erhalten, mich, wenn ich wieder aufgegriffen werden würde, vor den Grafen zu bringen, und angesichts seiner Milde erwarteten sie ein Urteil, das sie für mein Verbrechen als unpassend ansahen. Einer von ihnen, der von Anfang an der Anführer unter denen gewesen war, die mich ergriffen hatten, entschloss sich, zuerst seinen eigenen Groll zu befriedigen, ehe er mich den höheren Mächten übergab.

Der späte Untergang des Mondes und die äußerste Vorsicht, die ich bei diesem dritten Feldzug wahren musste, kosteten mich so viel Zeit, dass mich ein gewisses Angstgefühl erfasste, als ich den Übergang der dunklen Nacht in die Dämmerung wahrnahm. Ich kroch auf Händen und Knien durch den Farn und suchte mich im Schatten des Unterholzes zu verbergen, während die Vögel über mir mit unwillkommenem Gesang erwachten und der frische Morgenwind, der zwischen den Ästen spielte, mich bei jeder Biegung den Schall von Fußtritten vermuten ließ. Mein Herz schlug rasch, als ich mich der Umzäunung näherte; meine Hand legte sich darauf, ein Sprung nur würde mich auf die andere Seite bringen, als zwei Wächter aus einem Hinterhalt auf mich losgingen. Einer schlug mich nieder und fuhr fort, mich mit der Pferdepeitsche zu schlagen. Ich sprang auf – ein

Messer lag in meiner Hand; ich fuhr damit auf seinen erhobenen rechten Arm los und fügte ihm eine tiefe, klaffende Wunde in der Hand zu. Die Wut und die Schreie des verwundeten Mannes, die lauten Verwünschungen seines Kameraden, die ich mit gleicher Bitterkeit und Wut beantwortete, hallten durch das Tal. Der Morgen brach mehr und mehr an und wollte mit seiner himmlischen Schönheit so gar nicht mit unserem brutalen und lautstarken Kampf harmonieren. Ich und mein Gegner kämpften immer noch, als der Verwundete ausrief: »Der Graf!« Ich wand mich keuchend vor Anstrengung aus dem herkulischen Griff des Wächters; dann warf ich wütende Blicke auf meine Verfolger und stellte mich mit meinem Rücken an einen Baum, entschlossen, mich bis zum Letzten zu verteidigen. Meine Kleider waren zerrissen, und sie waren, wie auch meine Hände, mit dem Blut des Mannes, den ich verwundet hatte, befleckt; eine Hand hielt die toten Vögel – meine hart verdiente Beute, die andere das Messer. Meine Haare waren verfilzt, mein Gesicht war mit den gleichen Zeichen der Schuld beschmiert, die auf dem tropfenden Werkzeug, das ich umklammerte, gegen mich sprachen, meine ganze Erscheinung war wild und schmutzig. Mit meiner großen und muskulösen Gestalt musste ich wie das ausgesehen haben, was ich wirklich war: der übelste Rohling, der jemals auf Erden wandelte.

Der Name des Grafen erschreckte mich und ließ all das empörte Blut, das mein Herz erhitzte, in meine Wangen schießen. Ich hatte ihn noch nie zuvor gesehen und einen hochmütigen, anmaßenden Jüngling erwartet, der, wenn er sich dazu entschlösse, mich zur Rede stellen, mit der ganzen Arroganz der Überlegenheit zu mir sprechen würde. Ich hatte meine Antwort bereits vorbereitet, einen Vorwurf, von dem ich glaubte, dass er ihn ins Herz treffen würde. Er kam unterdessen heran, und sein Aussehen blies, wie mit einem sanften Windhauch, meinen bewölkten Zorn zur Seite: ein großer, schlanker, schöner Jüngling, mit einer Physiognomie, die ein Übermaß an Empfindsamkeit und Kultiviertheit ausdrückte, stand vor mir. Die Strahlen der Morgensonne tönten sein seidiges Haar mit einem goldenen Schimmer und verbreiteten Licht und Herrlichkeit über sein leuchtendes Antlitz. »Was geht hier vor?«, rief er. Die Männer hoben sogleich zu ihrer Verteidigung an; er unterbrach sie und sagte: »Zwei von euch auf einmal gegen einen bloßen Knaben – was für eine Schande!« Er kam auf mich zu: »Verney«, rief er, »Lionel Verney, begegnen wir uns so zum ersten Mal? Wir wurden geboren, um miteinander befreundet zu sein. Willst du nicht, wenngleich uns das Schicksal getrennt hat, die ererbten Freundschaftsbande anerkennen, die uns, wie ich überzeugt bin, zukünftig vereinigen werden?«

Während er sprach, schienen seine ernsten Augen, die auf mich gerichtet waren, direkt in meiner Seele zu lesen: mein Herz, mein wildes rachsüchtiges Herz, fühlte den Einfluss des süßen Wohlwollens in sich sinken, während seine wohlklingende Stimme wie die süßeste Melodie ein stummes Echo in mir weckte, welches das Lebensblut in meinem Körper bis ins Innerste anrührte. Ich wollte antworten, seine Güte anerkennen, seine angebotene Freundschaft annehmen – aber Worte, passende Worte, wurden dem rauen Bergbewohner nicht gewährt. Ich wollte meine Hand ausstrecken, doch ihre Schmutzigkeit hielt mich zurück. Adrian hatte Mitleid mit meiner unsicheren Miene:

»Komm mit mir«, sagte er, »ich habe dir viel zu sagen. Komm mit mir nach Hause – du weißt, wer ich bin?«

»Ja«, rief ich aus, »ich glaube, dass ich dich jetzt kenne und dass du mir meine Fehler verzeihst – mein Verbrechen.«

Adrian lächelte sanft, und nachdem er den Wildhütern seine Befehle gegeben hatte, ging er auf mich zu; er nahm meinen Arm, und wir gingen zusammen zum Herrenhaus.

Es war nicht sein Rang – nach allem, was ich gesagt habe, wird man sicherlich nicht vermuten, dass es Adrians Rang war, der von Anfang an mein Herz unterwarf und mich meine ganze Seele vor ihm niederlegen ließ. Ich war es auch nicht allein, der seine Vollkommenheit so sehr empfand. Seine Empfindsamkeit und Höflichkeit faszinierten jeden. Seine Lebendigkeit, Intelligenz und seine tätige Güte nahmen alle Welt gänzlich für ihn ein. Schon in diesem jungen Alter war er sehr belesen und durchdrungen vom Geist der hohen Philosophie. Dieser Geist verlieh ihm in seinem Umgang mit anderen einen unwiderstehlichen Ton, so dass er wie ein begabter Musiker wirkte, der mit unfehlbarer Geschicklichkeit die »Leier der Seele« schlug und darauf göttliche Harmonie erzeugte. Körperlich schien er kaum von dieser Welt zu sein; sein schmaler Bau wurde von der Seele, die in ihm wohnte, überlagert; er war ganz Geist. »Man zücke nur ein Schilfrohr« gegen seine Brust, und es hätte seine Stärke bezwungen; aber die Macht seines Lächelns hätte einen hungrigen Löwen gezähmt oder eine Legion bewaffneter Männer dazu gebracht, ihre Waffen zu seinen Füßen zu legen.

Ich verbrachte den Tag mit ihm. Anfangs kam er nicht auf die Vergangenheit oder gar auf irgendwelche persönlichen Vorfälle zurück. Er wollte mich wahrscheinlich Fassung gewinnen lassen und mir Zeit geben, meine zerstreuten Gedanken zu sammeln. Er sprach von allgemeinen Gegenständen und brachte mich auf Gedanken, die ich nie zuvor gedacht hatte. Wir saßen in seiner Bibliothek, und er sprach von den alten griechischen Weisen und von der Macht, die sie über den Geist des Menschen erlangt hätten, und dies nur durch Weisheit und die Kraft der Liebe. Der Raum war mit den Büsten vieler von ihnen geschmückt, und er beschrieb mir ihre Charaktere. Während er sprach, fühlte ich mich ihm ergeben; und all mein vielgerühmter Stolz und meine Kraft wurden durch die honigsüßen Reden dieses blauäugigen Jünglings unterdrückt. Das schmucke und vergitterte Reich der Zivilisation, das ich zuvor aus meinem wilden Dschungel als unerreichbar angesehen hatte, hatte sein Tor von ihm öffnen lassen; ich trat ein, und dabei fühlte ich, dass ich auf heimischem Boden stand.

Als es Abend wurde, kam er auf die Vergangenheit zu sprechen. »Ich habe eine Geschichte zu erzählen«, sagte er, »und muss, die Vergangenheit betreffend, viel erklären. Vielleicht kannst du mir helfen, sie zu verkürzen. Erinnerst du dich an deinen Vater? Ich hatte nie das Glück, ihn kennenzulernen, doch sein Name ist eine meiner frühesten Erinnerungen: Er steht geschrieben in den Tafeln meines Geistes als ein Beispiel für alles, was galant, liebenswürdig und faszinierend im Menschen war. Sein Witz war ebenso berühmt wie die überfließende Güte seines Herzens, welche er in so vollem Maße seinen Freunden einschenkte, dass ach! nur wenig für ihn selbst übrig blieb.«

Ermutigt durch diese Lobrede begann ich, als Antwort auf seine Nachfragen, zu berichten, was ich von meinen Eltern in

Erinnerung hatte; und er erklärte jene Umstände, die die Vernachlässigung des testamentarischen Briefes meines Vaters verursacht hatten. Als Adrians Vater, der damalige König von England, in späteren Zeiten spürte, dass seine Lage ernster wurde, beschämte ihn sein Betragen mehr und mehr, immer wieder wünschte er sich seinen früheren Freund, der ihm als Bollwerk gegen den ungestümen Zorn seiner Königin beistehen könnte, als einen Vermittler zwischen ihm und dem Parlament. Seit der Zeit, in der er London in der verhängnisvollen Nacht seiner Niederlage am Spieltisch verlassen hatte, hatte der König keine Nachrichten über ihn erhalten; und als er sich nach Jahren bemühte, ihn aufzuspüren, war jede Spur verwischt. Mit mehr Bedauern als je zuvor klammerte er sich an seine Erinnerung und überantwortete es seinem Sohn, wenn er jemals diesen geschätzten Freund treffen sollte, ihm in seinem Namen jeden Beistand zu leisten und ihm zu versichern, dass seine Zuneigung bis zuletzt Trennung und Schweigen überdauert habe.

Kurze Zeit vor Adrians Besuch in Cumberland legte der Erbe des Edelmannes, dem mein Vater seinen letzten Appell an seinen königlichen Herrn anvertraut hatte, diesen Brief, mit ungebrochenem Siegel, in die Hände des jungen Grafen. Man hatte festgestellt, dass er mit einer Masse alter Papiere beiseitegeschoben worden war, und der Zufall brachte ihn ans Licht. Adrian las ihn mit tiefem Interesse; und fand dort den lebendigen Geist des Genies und des Witzes, über den er so oft reden gehört hatte. Er entdeckte den Namen des Ortes, an den mein Vater sich zurückgezogen hatte, und an dem er starb; er erfuhr von der Existenz von dessen Waisenkindern; und während der kurzen Zeit zwischen seiner Ankunft in Ullswater und unserem Zusammentreffen im Park war er damit beschäftigt gewesen, Nachforschungen über uns anzustellen und eine Reihe von Plänen zu unserem Vorteil zu arrangieren, bevor er sich uns bemerkbar machen wollte.

Die Art, wie er von meinem Vater sprach, schmeichelte meiner Eitelkeit sehr. Der Schleier, den er zart über seine Güte warf, indem er sich auf eine pflichtbewusste Erfüllung des letzten Willens des Königs berief, beruhigte meinen Stolz. Andere, weniger zweideutige Gefühle wurden durch seine versöhnliche Art und die großzügige Wärme seines Ausdrucks ausgelöst. Respekt, wie ich ihn zuvor selten empfunden hatte, Bewunderung und Liebe – er hatte mein versteinertes Herz mit seiner magischen Kraft berührt, und ein Strom der Zuneigung brach unvergänglich und rein daraus hervor. Am Abend trennten wir uns, er drückte meine Hand: »Wir werden uns wiedersehen, komm morgen zu mir.« Ich umklammerte diese gütige Hand; ich versuchte zu antworten; ein eifriges »Gott segne dich!«, war alles, was ich in meinem Unvermögen aussprechen konnte, ehe ich, aufgewühlt von meinen neuen Emotionen, davonstob.

Ich fand keine Ruhe. Es trieb mich in die Hügel; ein Westwind umbrauste sie, und über mir funkelten die Sterne. Ich lief weiter, sorgte mich nicht um äußerliche Gegenstände, sondern versuchte, meinen ringenden Geist durch körperliche Erschöpfung zu ermüden. »Dies«, dachte ich, »ist Macht! Nicht stark in den Gliedern, nicht hart im Herzen und wagemutig sein, sondern gütig und mitfühlend.« – Ich blieb stehen, faltete meine Hände und rief mit der Inbrunst eines Neubekehrten: »Zweifle nicht an mir, Adrian, auch ich werde weise und gut werden!«, und dann, von meinen Empfindungen überwältigt, weinte ich laut.

Als dieser leidenschaftliche Ausbruch vorüber war, fühlte ich mich gelassener. Ich legte mich auf die Erde und begann, indem ich meinen Gedanken freien Lauf ließ, Schicht um Schicht die vielen Fehler meines Herzens aufzudecken, und ich erkannte, wie viehisch, wild und wertlos ich bisher gewesen war. Ich konnte damals jedoch keine Reue empfinden, denn ich dünkte mich neu geboren; meine Seele warf die Bürde vergangener Sünde ab, um ein neues Leben in Unschuld und Liebe zu beginnen. Nichts Schroffes oder Grobes blieb übrig, das es vermocht hätte, die sanften Gefühle, welche die Erlebnisse des Tages ausgelöst hatten, zu erschüttern. Ich war wie ein Kind, das seiner Mutter die Gebete nachlispelte, und meine nachgiebige Seele wurde von einer Meisterhand neu geformt, nach der ich weder verlangte noch ihr widerstehen konnte.

Dies war der erste Beginn meiner Freundschaft mit Adrian, und ich muss dieses Tages als des glücklichsten meines Lebens gedenken. Ich begann jetzt, ein Mensch zu sein. Mir wurde das

Überschreiten jener heiligen Grenze gewährt, die die intellektuelle und moralische Natur des Menschen von dem trennt, was Tiere charakterisiert. Meine besten Gefühle waren gefordert, um die Großzügigkeit, die Weisheit und die Geschenke meines neuen Freundes angemessen zu erwidern. Ihm, mit seiner ganz eigenen edlen Güte, bereitete es unendliche Freude, dem lange vernachlässigten Sohn des Freundes seines Vaters, dem Abkömmling jenes begabten Wesens, von dessen Vorzügen und Talenten er von seiner Kindheit an hatte erzählen hören, die Schätze seines Verstandes und seines Vermögens zu schenken.

Nach seiner Abdankung hatte sich der verstorbene König aus der Politik zurückgezogen, doch sein häuslicher Kreis verschaffte ihm wenig Zufriedenheit. Die vormalige Königin verfügte über keine Tugenden des häuslichen Lebens, und jene des Mutes und der Verwegenheit, die sie besaß, verloren durch die Absetzung ihres Mannes ihren Wert: Sie verachtete ihn und war nicht darauf bedacht, ihre Gefühle zu verbergen. Der König hatte, in Übereinstimmung mit ihren Forderungen, seine alten Freunde verstoßen, aber unter ihrer Führung keine neuen gewonnen. In diesem Mangel an Zuneigung griff er auf seinen noch sehr kleinen Sohn zurück; und die frühe Entwicklung seines Talents und seiner Sensibilität machte Adrian zu einer geeigneten Person für das Vertrauen seines Vaters. Er wurde es nie müde, den oft wiederholten Berichten aus alten Zeiten zu folgen, in denen mein Vater eine herausragende Rolle gespielt hatte. Seine kühnen Bemerkungen wurden dem Knaben wiederholt und von ihm in Erinnerung behalten, sein Witz, sein Zauber, seine Fehler wurden durch reuevolle Zuneigung geheiligt, sein Verlust wurde aufrichtig bedauert. Selbst die Abneigung der Königin gegenüber dem Liebling konnte ihn nicht der Bewunderung ihres Sohnes berauben: Sie war bitter, sarkastisch, verächtlich – doch indem sie ihre Tadel gleichermaßen über seine Tugenden wie seine Fehler ergoss, über seine hingebungsvolle Freundschaft und seine unguten Leidenschaften, über seine Uneigennützigkeit und seine Verschwendungssucht, über seine einnehmenden Manieren und die Leichtigkeit, mit der er der Versuchung nachgab, erwies sich ihr Doppelschuss als zu schwer und verfehlte das Ziel. Auch verhinderte ihre zornige Abneigung nicht, dass Adrian sich meinen Vater, wie er gesagt hatte, als ein

Sinnbild alles Galanten, Liebenswürdigen und Faszinierenden im Menschen vorstellte. Es war daher nicht verwunderlich, dass er, als er von der Existenz der Nachkommen dieses gefeierten Mannes hörte, den Entschluss fasste, ihnen alle Vorteile zu gewähren, die ihm sein Rang ermöglichte. Auch als er mich als einen vagabundierenden Hirten der Hügel, einen Wilderer, einen ungebildeten Wilden fand, versagte seine Freundlichkeit nicht. Er vertrat nicht nur die Ansicht, dass sein Vater sich in gewissem Grade der Vernachlässigung uns gegenüber schuldig gemacht habe und ihm jede mögliche Wiedergutmachung obliege, sondern freute sich überdies, sagen zu können, dass unter all meiner Grobheit eine Kultiviertheit des Geistes hervorschimmerte, die sich vom bloßen viehischen Mut unterschied, und dass ich eine äußere Ähnlichkeit mit meinem Vater aufwies, die bezeugte, dass nicht alle seine Tugenden und Begabungen mit ihm gestorben waren. Was auch immer auf mich gekommen sein mochte, beschloss mein edler junger Freund, sollte nicht aus Mangel an Kultur zugrunde gehen.

Indem er diesen Gedanken bei unseren folgenden Zusammentreffen verfolgte, weckte er in mir den Wunsch, an der Verfeinerung teilzuhaben, die seinen eigenen Intellekt zierte. Einmal dieses neuen Gedankens bemächtigt, haftete mein reger Geist mit äußerster Begierde daran. Zuerst war es das große Ziel meines Ehrgeizes, mit den Verdiensten meines Vaters zu konkurrieren und mich der Freundschaft Adrians würdig zu erweisen. Aber bald erwachten die Neugier und die ernsthafte Liebe zum Wissen, die mich Tag und Nacht zum Lesen und Studieren antrieb. Ich kannte bereits, was ich als Panorama der Natur bezeichnen möchte, den Wechsel der Jahreszeiten und die verschiedenen Erscheinungen von Himmel und Erde. Aber ich war erschrocken und verzaubert von der plötzlichen Erweiterung meiner Sicht, als der Vorhang, der vor der geistigen Welt herabhing, zurückgezogen wurde und ich das Universum sah, nicht nur, wie es sich meinen äußeren Sinnen präsentierte, sondern wie es den Weisesten unter den Menschen erschienen war. Die Poesie und ihre Schöpfungen, die Philosophie und ihre Forschungen und Klassifikationen weckten die in mir ruhenden Gedanken und hauchten mir neue ein.

Ich fühlte mich wie der Seemann, der vom Mastkorb aus als Erster die Küste Amerikas entdeckte; und wie er beeilte ich mich, meinen Gefährten von meinen Entdeckungen in unbekannten Gebieten zu erzählen. Doch ich war nicht in der Lage, in der Brust anderer den gleichen Appetit auf Wissen zu erregen, der in meiner bestand. Selbst Perdita konnte mich nicht verstehen. Ich hatte in einer Welt gelebt, die gemeinhin als die reale Welt bezeichnet wird, und erwachte nun in einem neuen Land, in dem ich entdeckte, dass es in allem, was ich sah, eine tiefere Bedeutung gab, abgesehen von dem, was meine Augen mir vermittelten. Die träumerische Perdita sah darin nur einen neuen Glanz einer alten Lektüre, und ihre eigene war unerschöpflich genug, um sie zufriedenzustellen. Sie hörte mir zu, wie sie es bei der Erzählung meiner Abenteuer getan hatte, und interessierte sich zuweilen für diese Art von Wissen, doch sie sah es nicht als einen integralen Teil ihres Wesens an, so wie ich es tat, der ich es, nachdem ich es gewonnen hatte, ebenso wenig ablegen konnte wie den Tastsinn.

Wir beide liebten Adrian einmütig, wenngleich sie, die sie der Kindheit noch nicht ganz entwachsen war, weder das Ausmaß seiner Verdienste wie ich schätzen noch die gleiche Übereinstimmung mit seinen Beschäftigungen und Meinungen fühlen konnte. Ich war stets bei ihm. Da war eine Empfindsamkeit und Sanftheit in seiner Art, die unserem Gespräch einen zarten und überirdischen Ton gab. Dann war er heiter wie eine Lerche, die von ihrem himmlischen Turm herab sang und in Gedanken wie ein Adler aufstieg, unschuldig wie die sanftäugige Taube. Er konnte den Ernst Perditas zerstreuen und der quälenden Umtriebigkeit meiner Natur den Stachel nehmen. Ich blickte auf meine rastlosen Wünsche und schmerzhaften Kämpfe mit meinen Mitmenschen wie auf einen unruhigen Traum zurück und fühlte mich so verändert, als wäre ich in eine andere Daseinsform übergegangen, deren neues Empfinden das Abbild des scheinbaren Universums im Spiegel des Geistes verändert hatte. Aber dem war nicht so; ich war noch immer ebenso kräftig, empfand das starke Bedürfnis nach Zuneigung und sehnte mich nach aktiver Betätigung. Meine männlichen Tugenden verließen mich nicht, denn die Hexe Urania verschonte Samsons Locken, während er zu ihren Füßen ruhte; doch es wurde alles gemildert und menschlicher gemacht. Adrian unterrichtete mich nicht allein in den Tatsachen der Geschichte und Philosophie. Zu gleicher Zeit, als er mich auf seine Weise lehrte, meinen leichtsinnigen und unkultivierten Geist zu beherrschen, öffnete er meinem Auge die wahre Seite seines eigenen Herzens und ließ mich seinen bewunderungswürdigen Charakter erkennen und verstehen.

Die ehemalige Königin von England hatte sich schon in der Kindheit ihres Sohnes bemüht, ihm verwegene und ehrgeizige Pläne einzupflanzen. Sie sah, dass er mit hohen Geisteskräften und überragendem Talent ausgestattet war; diese kultivierte sie, um sie später zur Förderung ihrer eigenen Ansichten zu verwenden. Sie bestärkte sein Verlangen nach Wissen und seinen ungestümen Mut; sie tolerierte sogar seine unbezähmbare Freiheitsliebe, in der Hoffnung, dass diese, wie dies allzu oft geschieht, in eine Liebe zur Macht münden würde. Sie bemühte sich, in ihm ein Gefühl des Grolls und des Verlangens zu erwecken, sich an denjenigen zu rächen, die dazu beigetragen hatten, die Abdankung seines Vaters herbeizuführen. Dies gelang ihr nicht. Die ihm übermittelten Berichte, so verzerrt sie auch sein mochten, einer großen und klugen Nation, die ihr Recht geltend machte, sich selbst zu regieren, erregte seine Bewunderung: Er wurde bereits in jungen Jahren durch und durch republikanisch. Dennoch verzweifelte seine Mutter nicht. Der Liebe zur Herrschaft und dem hochmütigen Standesbewusstsein fügte sie entschlossenen Ehrgeiz, Geduld und Selbstbeherrschung hinzu. Sie widmete sich dem Studium des Charakters ihres Sohnes. Durch Lob, Tadel und Ermahnung versuchte sie die passenden Akkorde zu finden und zu treffen; und obschon die Melodie, die ihrer Berührung folgte, ihr unharmonisch erschien, baute sie ihre Hoffnungen auf seine Talente und war sich sicher, dass sie ihn schließlich gewinnen würde. Die Verbannung, die er jetzt erlebte, hatte eine andere Ursache.

Die einstige Königin hatte auch eine Tochter, die jetzt zwölf Jahre alt war; seine feenhafte Schwester, wie Adrian sie zu nennen pflegte; ein reizendes, lebhaftes, kleines Ding, empfindsam und freiheraus. Mit diesen ihren Kindern wohnte die adlige

Witwe ständig in Windsor; und sie ließ außer ihren Gefolgsleuten, Reisenden aus ihrer Heimat Deutschland und einigen Gesandten keine Besucher zu. Unter jenen, und von ihr hochgeschätzt, befand sich Prinz Zaimi, Botschafter der freien Staaten von Griechenland in England; und seine Tochter, die junge Prinzessin Evadne, die einen Großteil ihrer Zeit auf Schloss Windsor verbrachte. In der Gesellschaft dieses lebhaften und klugen griechischen Mädchens fand die Gräfin Zerstreuung von ihrem gewöhnlichen Zustand. Ihrer Ansichten in Bezug auf ihre eigenen Kinder wegen, erlegte sie sich in allen ihren Worten und Handlungen in Bezug auf *sie* Zurückhaltung auf. Aber Evadne war ein Spielzeug, das sie in keiner Weise fürchten musste; auch boten ihre Begabungen und ihre Lebhaftigkeit der Gräfin eine Abwechslung in der ewigen Gleichförmigkeit ihres Lebens.

Evadne war achtzehn Jahre alt. Obschon sie viel Zeit gemeinsam in Windsor verbracht hatten, hatte die Jugend Adrians jeden Verdacht im Hinblick auf die Natur ihres Umgangs gehemmt. Doch sein überaus glühendes und zärtliches Herz hatte bereits gelernt zu lieben, während die schöne Griechin den Jüngling noch freundlich belächelte. Es war seltsam für mich, der ich, obschon älter als Adrian, noch nie geliebt hatte, Zeuge des ganz hingegebenen Herzens meines Freundes zu sein. Es lag weder Eifersucht, Unruhe noch Misstrauen in seinem Gefühl; es war Hingabe und Treue. Sein Leben wurde von der Existenz seiner Geliebten vereinnahmt, und sein Herz schlug nur im Einklang mit dem Takt, der das ihre belebte. Dies war das geheime Gesetz seines Lebens – er liebte und wurde wiedergeliebt. Das Universum war für ihn eine Wohnstatt, in der er mit seiner Auserwählten lebte, und kein vorgegebener Entwurf der Gesellschaft oder eine Verkettung von Ereignissen, die ihm Glück oder Elend vermitteln könnten. Und das, obwohl das Leben mit den Regeln des gesellschaftlichen Umgangs eine Wildnis, ein von Tigern heimgesuchter Dschungel war! Inmitten seiner Irrwege, in den Tiefen seiner wildesten Winkel, gab es einen begehbaren und blumenbekränzten Pfad, auf dem sie sicher und vergnügt wandeln könnten. Ihr Weg würde wie die Passage durch das Rote Meer sein, das sie trockenen Fußes durchqueren mochten, obschon eine Mauer der Zerstörung zu beiden Seiten drohte.

Ach! Weshalb obliegt es mir, die unglückselige Verirrung dieses unvergleichlichen Exemplars der Menschheit aufzuzeichnen? Was liegt nur in unserer Natur, das uns immer wieder zu Schmerz und Elend drängt? Wir sind nicht zum Vergnügen geformt; und sosehr wir auch auf den Genuss angenehmer Empfindungen eingestimmt sein mögen, so ist doch die Enttäuschung der nie versagende Steuermann unserer Lebensbarke, der uns unbarmherzig in die Untiefen lenkt. Wer wäre besser als dieser begabte Jüngling dazu geeignet gewesen, zu lieben und wiedergeliebt zu werden und die grenzenlose Freude einer untadeligen Liebe zu ernten? Hätte sein Herz nur ein paar Jahre länger geschlafen, wäre er vielleicht verschont worden; doch es erwachte in seiner Jugend; es hatte Kraft, aber kein Wissen; und es wurde ebenso abgetötet, wie eine zu früh austreibende Knospe im beißenden Frost erfriert.

Ich warf Evadne weder Heuchelei noch den Wunsch vor, ihren Verehrer zu täuschen; doch der erste Brief, den ich von ihr sah, überzeugte mich, dass sie ihn nicht liebte. Er war mit Eleganz geschrieben und dafür, dass sie eine Ausländerin war, mit einem guten Sprachvermögen. Die Handschrift selbst war ausgesprochen schön, es war etwas in jenem Papier und in seinen Falten, das sogar ich, der ich nicht liebte und in solchen Dingen unerfahren war, als geschmackvoll erkennen konnte. Es lag viel Freundlichkeit, Dankbarkeit und Anmut in ihrem Ausdruck, aber keine Liebe. Evadne war zwei Jahre älter als Adrian – und wer liebte jemals mit achtzehn einen so viel Jüngeren? Ich verglich ihre milden Briefe mit den flammenden Adrians. Seine Seele schien sich in die Worte zu verwandeln, die er schrieb, und sie atmeten auf dem Papier und übertrugen einen Teil des liebeserfüllten Inneren, das sein Leben war. Das bloße Schreiben genügte bereits, um ihn zu erschöpfen, und er vergoss wegen der Überfülle von Gefühlen, die es in seinem Herzen erweckte, Tränen darüber.

Adrians Seele spiegelte sich in seinem Antlitz wider, und Verschleierung oder Täuschung standen der furchtlosen Offenheit seiner Natur entgegen. Evadne bat ihn ernstlich darum, dass die Geschichte ihrer Liebe nicht seiner Mutter offenbart werden möge; und nachdem er eine Weile mit sich gerungen hatte, gab er ihrem Wunsch nach. Ein eitles Zugeständnis, denn sein Verhalten verriet sein Geheimnis bald den scharfen Augen der einstigen Königin. Mit derselben Vorsicht, die ihr ganzes Verhalten kennzeichnete, verbarg sie ihre Entdeckung, beeilte sich jedoch, ihren Sohn aus der Umgebung der schönen Griechin zu entfernen. Er wurde nach Cumberland geschickt, doch der von Evadne erdachte Plan der Korrespondenz zwischen den Liebenden wurde wirksam vor ihr verborgen. So verband die zum Zwecke der Trennung veranlasste Abwesenheit Adrians sie fester als je zuvor. Zu mir sprach er unaufhörlich von seiner geliebten Griechin. Ihr Heimatland, seine alte Geschichte, seine jüngeren denkwürdigen Kämpfe existierten nur, um an ihrem Ruhm und ihrer Größe teilzuhaben. Er fügte sich darein, von ihr entfernt zu sein, weil sie diese Unterwerfung von ihm verlangte; doch ohne ihre Beeinflussung hätte er seine Zuneigung vor ganz England erklärt und sich mit unerschütterlicher Festigkeit dem Widerstand seiner Mutter entgegengestellt. Evadnes weibliche Klugheit merkte wohl, wie nutzlos jede Behauptung seiner Entschlusskraft sein würde, ehe zusätzliche Jahre seiner Macht mehr Gewicht verliehen. Vielleicht hegte sie außerdem eine gewisse Abneigung, sich vor aller Welt an jemanden zu binden, den sie nicht liebte – zumindest nicht mit jener leidenschaftlichen Begeisterung liebte, die sie, wie ihr Herz ihr versprach, eines Tages einem anderen gegenüber empfinden könnte. Er befolgte ihre Anordnungen und verbrachte ein Jahr im Exil in Cumberland.

Kapitel 3

Glück, dreifaches Glück, brachten die Monate, Wochen und Stunden jenes Jahres. Freundschaft, Hand in Hand mit Bewunderung, Zärtlichkeit und Respekt, erbaute eine Laube der Freude in meinem Herzen, das unlängst noch roh wie eine unbetretene Wildnis in Amerika, wie der heimatlose Wind oder das öde Meer gewesen war. Unersättlicher Wissensdurst und grenzenlose Zuneigung zu Adrian vereinten sich, um mein Herz und meinen Verstand zu beschäftigen, und ich war durchaus glücklich. Welches Glück ist so rein und ungetrübt, wie das überschwängliche und redselige Entzücken junger Menschen? In unserem Boot auf meinem heimatlichen See, neben den Bächen und den blassen Pappeln am Ufer, im Tal und über dem Hügel – meinen Hirtenstab beiseitegeworfen, da ich eine edlere Herde zu hüten hatte als törichte Schafe: eine Herde neugeborener Ideen – las ich oder lauschte Adrian; und seine Worte, ob sie seine Liebe oder seine Theorien für die Verbesserung des Menschen betrafen, verzauberten mich gleichermaßen. Zuweilen kehrte meine gesetzlose Stimmung zurück, meine Liebe zur Gefahr, mein Widerstand gegen die Autorität; aber das geschah in seiner Abwesenheit; unter dem milden Einfluss seiner freundlichen Augen war ich gehorsam und brav wie ein fünfjähriger Knabe, der die Gebote seiner Mutter erfüllt.

Nachdem er sich etwa ein Jahr am Ullswater aufgehalten hatte, besuchte Adrian London und kam voller Pläne für uns zurück. »Du musst das Leben beginnen«, sagte er. »Du bist siebzehn, und eine längere Verzögerung würde die notwendige Ausbildung immer verdrießlicher machen.« Er sah voraus, dass sein eigenes Leben mühevoll sein würde und ich seine Anstrengungen mit ihm teilen müsste. Um mich besser tauglich zu dieser Aufgabe zu machen, müssten wir uns nun trennen. Er fand heraus, dass ich durch meinen Namen bevorzugt wurde, und hatte mir die Stelle eines Privatsekretärs beim Botschafter in Wien besorgt, wo ich unter besten Bedingungen meine Laufbahn beginnen sollte. In zwei Jahren sollte ich mit einem bekannten Namen und einem guten Ruf in mein Land zurückkehren.

Und Perdita? – Perdita sollte die Schülerin, Freundin und jüngere Schwester von Evadne werden. Mit seiner üblichen Bedachtsamkeit hatte er in dieser Lage für ihre Unabhängigkeit gesorgt. Wie hätte ich die Angebote dieses großzügigen Freundes abschlagen können? – Ich wollte sie nicht ablehnen; doch in meinem innersten Herzen legte ich das Gelübde ab, mein Leben, mein Wissen und meine Kraft – alles, was davon von irgendeinem Wert war, hatte er mir geschenkt – alles, all meine Fähigkeiten und Hoffnungen, ihm allein zu widmen.

Dieses Versprechen gab ich mir selbst, als ich mit geweckter feuriger Erwartung auf mein Ziel zusteuerte: Erwartung der Erfüllung all dessen, was wir uns in jungen Jahren an Macht und Vergnügen in der Reife versprechen. Mich dünkte, dass nun die Zeit gekommen sei, in welcher ich, aller kindlichen Beschäftigungen entledigt, ins Leben eintreten sollte. Selbst auf den elysischen Feldern, schreibt Vergil, dürsteten die Seelen der Glücklichen danach, von den Wassern zu trinken, die ihre sterbliche Hülle wiederherstellen sollten. Die Jungen sind selten im Elysium, denn ihre Begierden, die alles Mögliche überflügeln, lassen sie so arm wie einen mittellosen Schuldner zurück. Wir werden von den weisesten Philosophen über die Gefahren der Welt, die Täuschungen der Menschen und den Verrat unserer eigenen Herzen unterrichtet. Doch nicht weniger furchtlos legt jeder mit seiner zerbrechlichen Barke vom Hafen ab, hisst das Segel und legt sich ins Ruder, um in die mannigfaltigen Strömungen im Ozean des Lebens zu gelangen. Wie wenige legen in den besten Jahren der Jugend mit ihren Booten an den »goldenen Stränden« an und sammeln die bunten Muscheln, mit denen sie bestreut sind. Doch sie alle machen sich am Ende des Tages mit zerbrochenen Planken und zerrissener Leinwand zum Ufer auf und gehen entweder leck, bevor sie es erreichen, oder finden einen wellengepeitschten Hafen, einen verlassenen Strand, worauf sie geworfen werden und unbetrauert sterben.

Ein Waffenstillstand mit der Philosophie! – Das Leben liegt vor mir, und ich stürze mich darauf, um von ihm Besitz zu ergreifen. Hoffnung, Ruhm, Liebe und untadeliger Ehrgeiz sind meine Führer, und meine Seele kennt keine Furcht. Das Vergangene, wenn es auch süß war, ist vorbei; die Gegenwart ist nur gut, weil sie in der Veränderung begriffen ist, und das Kommende gehört mir allein. Fürchte ich mich, weil mein Herz klopft? Hohe Bestrebungen bewirken den Fluss meines Blutes; meine Augen scheinen in das trübe Zwielicht der Zeit einzudringen und in den Tiefen ihrer Dunkelheit die Erfüllung all meiner Seelenwünsche zu erkennen.

Nun still! – Während meiner Reise möchte ich träumen und mit kräftigen Schwingen den Gipfel des höchsten Gebäudes des Lebens erreichen. Nun, wo ich an seinem Fundament angelangt bin, sind meine Flügel gefaltet, die mächtige Treppe liegt vor mir, und Schritt für Schritt muss ich den wundersamen Bau erklimmen –

Sprich! – Welche Tür wird geöffnet?

Seht mich in einer neuen Funktion. Ein Diplomat: einer unter den Vergnügungssüchtigen einer munteren Stadt; ein verheißungsvoller Jüngling; der Liebling des Botschafters. Alles war seltsam und großartig für den Hirten aus Cumberland. Mit atemlosem Erstaunen trat ich in die heitere Gesellschaft ein, deren Akteure wie

– die Lilien waren, prächtig wie Salomon,
und weder werkten, noch spannen.

Bald, viel zu bald, betrat ich den wirbelnden Strudel; vergessen waren meine Stunden des Studiums und der Gesellschaft Adrians. Leidenschaftliches Verlangen nach Zugehörigkeit und heißes Streben nach einem ersehnten Gegenstand zeichneten mich noch immer aus. Der Anblick von Schönheit bezauberte mich, und anziehendes Betragen in Mann oder Frau gewannen meine ganze Aufmerksamkeit. Ich hielt es für Verzückung, wenn ein Lächeln mein Herz erbeben ließ; und ich spürte, wie das Blut des Lebens durch meinen Körper brauste, wenn ich mich der Person näherte, die ich für eine Weile verehrte. Die vorbeiströmenden triebhaften Geister waren das Paradies, und am Ende der Nacht sehnte ich mich schon nach einer Erneuerung der berauschenden Täuschung. Das blendende Licht geschmückter Räume, reizende Gestalten in prächtigen Kleidern, die Bewegungen eines Tanzes, die schwelgerischen Töne exquisiter Musik umhüllten meine Sinne in einem nicht enden wollenden herrlichen Traum.

Und ist dies nicht auf seine Weise Glück? Ich wende mich an die Moralisten und Weisen. Ich frage, ob sie in der Ruhe ihrer gemessenen Träumereien, wenn sie tief in Meditationen versunken ihre Stunden füllen, die Ekstase eines jungen Neulings in der Schule des Vergnügens fühlen? Können die ruhigen Blicke ihrer himmelsuchenden Augen den Blitzen verschiedenartiger Leidenschaft entsprechen, die ihn blenden? Oder stürzt der Einfluss trockener Philosophie ihre Seele in ein Entzücken, das dem seinen gleicht, wenn er

In diesem Akt jugendlichen Vergnügens

begriffen ist?

Doch in Wahrheit vermögen weder das einsame Nachsinnen des Einsiedlers noch die berauschten Verzückungen des Nachtschwärmers, das Herz des Menschen zu befriedigen. Durch das eine sammeln wir rastlose Mutmaßungen, durch die anderen Übersättigung. Der Geist erbebt unter dem Gewicht des Gedankens und versinkt in der herzlosen Gesellschaft jener, deren einziges Ziel die Belustigung ist. Es liegt keine Erfüllung in ihrer hohlen Gefälligkeit, und unter den lächelnden Wellen dieser seichten Gewässer lauern schroffe Felsen.

So empfand ich es, als Enttäuschung, Ermüdung und Einsamkeit mich dazu zwangen, die verlorene Freude wieder in meinem ausgedorrten Herzen zu suchen. Meine ermattenden Lebensgeister verlangten nach etwas Zuneigung, und da ich sie nicht fand, ließ ich mich fallen. So ist der Eindruck, den ich von meinem Leben in Wien habe, trotz der gedankenlosen Freude, die mich zu Beginn erwartete, ein schwermütiger. Goethe hat gesagt, dass wir in der Jugend nicht glücklich sein können, wenn wir nicht lieben. Ich liebte nicht; doch zehrte an mir der rastlose Wunsch, anderen etwas zu bedeuten. Ich wurde zum Opfer der Undankbarkeit und der kalten Koketterie – dann verzagte ich und gelangte zur Überzeugung, dass meine Unzufriedenheit mir das Recht gebe, die Welt zu hassen. Ich zog mich in die Einsamkeit zurück; ich las wieder in meinen Büchern, und meine Sehnsucht nach der Gesellschaft Adrians wurde zu einem brennenden Durst.

Begeisterung, die in ihrem Übermaß fast die giftigen Eigenschaften von Neid annahm, versetzte diesen Gefühlen einen Stich. Zu dieser Zeit erfüllten der Name und die Heldentaten eines meiner Landsleute die Welt mit Bewunderung. Berichte dessen, was er getan hatte, und Vermutungen bezüglich seiner zukünftigen Handlungen waren die nie versagenden Themen der Stunde. Ich ärgerte mich nicht für mich selbst, sondern empfand es so, als ob das Lob, das dieses Idol erhielt, Blätter seien, die den für Adrian bestimmten Lorbeerkränzen entrissen wurden. Doch zuvorderst muss ich etwas über diesen Liebling der Gesellschaft berichten – diesen Günstling der wunderliebenden Welt.

Lord Raymond war der einzige Überlebende einer adligen, aber verarmten Familie. Seit frühester Jugend war er über die Maßen stolz auf seinen Stammbaum gewesen und hatte bitter seinen Mangel an Vermögen beklagt. Sein größter Wunsch war eine Erhöhung, und welche Mittel zu diesem Zweck führten, waren zweitrangige Erwägungen. Er war hochmütig und erzitterte doch davor, den ihm gebührenden Respekt einzufordern, ehrgeizig, aber zu stolz, um seinen Ehrgeiz zu zeigen, willens, Ehre zu erlangen, aber ein Liebhaber des Vergnügens. So trat er in die Gesellschaft ein. An der Schwelle wurde er von einer Beleidigung getroffen, ob es nun eine wirkliche oder eine eingebildete war; eine gewisse Ablehnung, wo er sie am wenigsten erwartete; eine gewisse Enttäuschung, die für seinen Stolz schwer zu ertragen war. Er krümmte sich unter einer Verletzung, die er nicht rächen konnte; er verließ England und schwor, erst zurückzukehren, wenn es die Macht dessen fühlen könnte, den es jetzt verachtete.

Er wurde ein Abenteurer in den griechischen Kriegen. Sein waghalsiger Mut und seine großen Begabungen brachten ihm Ruhm ein; er wurde der Lieblingsheld dieses aufstrebenden Volkes. Allein seine ausländische Geburt, denn er weigerte sich, seine Loyalität zu seinem Heimatland aufzugeben, verhinderte, dass er die obersten Posten im Staat besetzte. Doch obgleich andere in Titel und Zeremoniell höher rangierten, stand Lord Raymond über ihnen. Er führte die griechischen Armeen zum Sieg, all ihre Triumphe waren die seinen. Wo er erschien, schwärmten ganze Stadtbevölkerungen aus, um ihn zu sehen, ihren Nationalhymnen wurden neue Liedtexte gegeben, die von seinem Ruhm, seiner Tapferkeit und Freigebigkeit sangen.

Ein Waffenstillstand wurde zwischen den Griechen und Türken geschlossen. Zur gleichen Zeit wurde Lord Raymond durch einen unerwarteten Zufall der Besitzer eines ungeheuren Vermögens in England, wohin er mit Ruhm gekrönt zurückkehrte, um den Ehrenlohn und die Auszeichnung zu erhalten, die ihm zuvor verweigert worden waren. Sein stolzes Herz rebellierte gegen die geänderte Behandlung. War er nicht noch immer derselbe, der einst verachtete Raymond? Wenn der Erwerb von Macht in der Gestalt von Reichtum diese Veränderung verursachte, sollten sie diese Macht als ein eisernes Joch fühlen. Macht war daher das Ziel all seiner Bestrebungen; die Erhöhung des Stands war das, worauf er stets abgezielt hatte. In offenem Ehrgeiz oder heimlicher Intrige war sein Ziel dasselbe: die oberste Stellung in seinem eigenen Land zu erreichen.

Diese Sache hatte meine Neugier erregt. Die Ereignisse, die auf seine Rückkehr nach England folgten, verschärften meine Gefühle. Abgesehen von seinen anderen Vorzügen war Lord Raymond äußerst gut aussehend, jeder bewunderte ihn, Frauen liebten ihn. Er war höflich, konnte in süßen Worten sprechen – er war ein Meister der Verführungskunst. Was konnte dieser Mann in der geschäftigen englischen Gesellschaft nicht alles erreichen! Der Veränderung folgten weitere Veränderungen; die ganze Geschichte hat mich allerdings nicht erreicht, denn Adrian hatte aufgehört zu schreiben, und Perdita schickte stets nur kurze Nachrichten. Es ging das Gerücht, Adrian sei – wie das fatale Wort niederschreiben? – geisteskrank; dass Lord Raymond der Liebling der einstigen Königin sei und der von ihr für ihre Tochter bestimmte Ehemann. Mehr noch, dass dieser aufstrebende Adlige den Anspruch des Hauses Windsor auf die Krone wiederbelebe und dass die Stirn des ehrgeizigen Raymond, im Falle der Unheilbarkeit von Adrians Krankheit und seiner Ehe mit dessen Schwester, mit dem magischen Reif des Königtums bekränzt werden könnte.

Jene ruhmvolle Geschichte erscholl überall; jene Geschichte machte meinen weiteren Aufenthalt in Wien, fern von dem Freund meiner Jugend, unerträglich. Jetzt musste ich meinen Schwur erfüllen, jetzt mich ihm zur Seite stellen und sein Verbündeter und Unterstützer sein bis zum Tode. Leb wohl, höfisches Vergnügen, auf zur politischen Intrige, auf ins Labyrinth der Leidenschaft und Torheit! Sei gegrüßt, England! Heimisches England, empfange dein Kind! Du bist der Schauplatz all meiner Hoffnungen, die gewaltige Bühne, auf der das einzige Drama gespielt wird, das mich fesseln kann. Eine unwiderstehliche Stimme, eine allgewaltige Macht zog mich dorthin. Nach einer Abwesenheit von zwei Jahren landete ich an seinen Ufern und wagte nicht, irgendwelche Fragen zu stellen, so sehr fürchtete ich mich vor den Antworten. Meinen ersten Besuch würde ich meiner Schwester abstatten, die ein kleines Häuschen, auch dies war Adrians Geschenk, am Rande des Waldes von Windsor bewohnte. Von ihr sollte ich die Wahrheit über unseren Gönner erfahren; ich sollte hören, warum sie sich aus dem Schutz Prinzessin Evadnes zurückgezogen hatte, und über den Einfluss unterrichtet werden, den dieser gewaltig emporragende Raymond auf die Geschicke meines Freundes ausübte.

Ich war noch nie zuvor in der Nähe von Windsor gewesen; die Fruchtbarkeit und Schönheit des Landes um mich herum flößten mir jetzt Bewunderung ein, die sich vertiefte, als ich mich dem altehrwürdigen Wald näherte. Die Stümpfe majestätischer Eichen, die im Laufe der Jahrhunderte gewachsen, gediehen und verfallen waren, markierten die einstige Grenze des Waldes, während die zerbrochenen Umzäunungen und das verfilzte Unterholz anzeigten, dass dieser Teil zugunsten der jüngeren Anpflanzungen verlassen worden war, die zu Beginn des neunzehnten Jahrhunderts angelegt wurden und jetzt in voller Reife standen. Perditas bescheidene Behausung lag an den Rändern des ältesten Teils; vor ihr lag Bishopsgate Heath, das sich, so weit das Auge reichte, nach Osten erstreckte, und im Westen von Chapel Wood und dem Hain von Virginia Water begrenzt wurde. Dahinter wurde die Hütte von den ehrwürdigen Riesen des Waldes beschattet, unter denen Hirsche grasten, und welche, größtenteils hohl und zerfallen, phantastische Gruppierungen bildeten, die mit der gewöhnlichen Schönheit der jüngeren Bäume kontrastierten. Diese, die Nachkommen einer späteren Periode, standen aufrecht und schienen bereit, furchtlos in die kommende Zeit vorzustoßen; während jene abgekämpften Gerippe sich ausgedörrt und zerschmettert aneinanderklammerten und ihre schwachen Äste im sie schüttelnden Wind seufzten – eine wettergegerbte Truppe.

Eine zierliche Umzäunung umgab den Garten der Hütte, welche mit ihrem niedrigen Dach der Majestät der Natur zu unterliegen und sich inmitten der ehrwürdigen Überreste vergangener Zeit niederzukauern schien. Blumen, die Kinder des Frühlings, schmückten Garten und Fenster; inmitten der Einfachheit herrschte ein Hauch von Eleganz, der auf den anmutigen Geschmack der Bewohnerin hindeutete. Mit pochendem Herzen betrat ich den Garten; als ich am Eingang der Hütte stand, hörte ich ihre Stimme, die so melodisch klang wie in meiner Erinnerung und die mich, noch ehe ich sie sah, ihres Wohlergehens versicherte.

Einen Augenblick darauf erschien Perdita; sie stand vor mir in der frischen Blüte jugendlicher Fraulichkeit, anders als das Bergbauernmädchen, das ich verlassen hatte, und doch dieselbe. Ihre Augen konnten nicht tiefsinniger sein als in der Kindheit und ihr Antlitz nicht ausdrucksvoller; aber der Ausdruck war verändert und verfeinert; Intelligenz sprach daraus. Als sie lächelte, wurde ihr Gesicht von der sanftesten Empfindsamkeit versüßt, und ihre leise, wohlklingende Stimme schien von der Liebe gestimmt. Ihre Gestalt hatte äußerst weibliche Formen erhalten. Sie war nicht groß, doch das Leben in den Bergen hatte ihre Bewegungen beflügelt, so dass ihr leichter Schritt ihre Fußtritte kaum hörbar machte, als sie mir durch den Flur entgegenging. Als wir uns getrennt hatten, hatte ich sie voller Wärme an meine Brust gezogen; wir trafen uns wieder, und neue Gefühle wurden erweckt. Als wir einander erblickten, verging die Kindheit, nun begegneten wir uns als Erwachsene in dieser wechselvollen Szene. Dies Innehalten dauerte nur einen Augenblick; die Flut von Zuneigung stürzte wieder mit voller Kraft in unsere Herzen, und wir umarmten uns mit den zärtlichsten Empfindungen.

Als dieser Ausbruch leidenschaftlichen Gefühls vorüber war,

saßen wir mit wieder beruhigten Gedanken beisammen und redeten von Vergangenheit und Gegenwart. Ich spielte auf den kühlen Ton ihrer Briefe an, aber die wenigen Minuten, die wir zusammen verbracht hatten, erklärten die Ursache dafür hinreichend. In ihr waren neue Gefühle entstanden, die sie einem Menschen, den sie nur in der Kindheit gekannt hatte, nicht schriftlich ausdrücken konnte; doch nun, da wir uns wiedersahen, wurde unsere Nähe erneuert, als ob nichts sie je unterbrochen hätte. Ich berichtete ausführlich über die Geschehnisse während meines Aufenthalts im Ausland und fragte sie dann nach den Veränderungen, die zu Hause stattgefunden hatten, nach den Ursachen für Adrians Abwesenheit und ihr zurückgezogenes Leben.

Die Tränen, die meiner Schwester in die Augen strömten, als ich unseren Freund erwähnte, und ihre geröteten Wangen schienen für die Wahrheit der Berichte zu bürgen, die mich erreicht hatten. Doch ihre Bedeutung war zu schrecklich für mich, um meine Ahnung sofort zur Wahrheit werden zu lassen. Gab es wirklich eine Unordnung im erhabenen Universum von Adrians Gedanken, brachte der Wahnsinn die wohlgeordneten Legionen durcheinander und war er nicht mehr der Herr seiner eigenen Seele? Geliebter Freund, das Klima dieser unseligen Welt war schädlich für deinen sanften Geist; du gabst seine Herrschaft zugunsten falscher Menschlichkeit auf, die ihn vor der Winterzeit seiner Blätter beraubte und sein nacktes Leben dem unheilvollen Einfluss rauer Winde preisgab. Haben diese sanften Augen, diese »Kanäle zur Seele«, ihre Sinnhaftigkeit verloren, oder offenbaren sie in ihrem Blick nurmehr die schreckliche Geschichte ihrer Verirrungen? Sollte diese Stimme nicht mehr die »beredteste Musik sprechen«? Schrecklich, überaus schrecklich! Ich bedecke meine Augen vor Entsetzen über die Veränderung, und die strömenden Tränen bezeugen mein Mitleid für diesen unvorstellbaren Untergang.

Auf meine Bitte hin führte Perdita die traurigen Umstände auf, die zu diesem Ereignis geführt hatten.

Adrian, dessen aufrichtiger und argloser Geist mit aller natürlichen Anmut begabt war, mit transzendenten Geisteskräften ausgestattet, die durch keinen Mangel überschattet waren (sofern seine furchtlose Unabhängigkeit des Denkens nicht zu einem solchen erklärt werden sollte), hatte sich, bis zur völligen Selbstaufopferung, ganz seiner Liebe zu Evadne hingegeben. Er vertraute ihr die Schätze seiner Seele an, sein Streben nach dem Guten und seine Pläne zur Verbesserung der Menschheit. Als die Männlichkeit in ihm erwachte, erlangten seine Pläne und Theorien, weit davon entfernt, durch persönliche und berechnende Motive beeinflusst zu werden, neue Stärke von der Kraft, die er in sich aufsteigen fühlte; und seine Liebe zu Evadne schlug tiefere Wurzeln, als er mehr und mehr zur Gewissheit gelangte, dass der Weg, den er verfolgte, voller Schwierigkeiten war und dass er seine Belohnung nicht im Beifall oder der Dankbarkeit seiner Mitgeschöpfe, und kaum im Erfolg seiner Pläne, erwarten durfte, sondern in der Billigung seines eigenen Herzens und in ihrer Liebe und Zuneigung, die jede Mühe erleichtern und jedes Opfer entschädigen sollte.

In der Abgeschiedenheit und auf vielen einsamen Wanderungen fernab aller Zivilisation reiften seine Ideen für die Reform der englischen Regierung und die Verbesserungen für das Volk heran. Es wäre besser gewesen, wenn er seine Gedanken verborgen hätte, bis er in den Besitz der Macht gekommen wäre, die für ihre praktische Ausführung sorgen würde. Doch aufrichtig und furchtlos wie er war, plagte ihn eine Ungeduld bezüglich der Jahre, die zuvor verstreichen müssten. Er lehnte nicht nur die Pläne seiner Mutter kurzerhand ab, sondern gab seine Absicht bekannt, seinen Einfluss darauf zu verwenden, die Macht des Adels zu verringern, einen besseren Ausgleich von Reichtum und Privilegien zu bewirken und ein ausgeklügeltes System der Republik in England einzuführen. Zuerst behandelte seine Mutter seine Theorien als wilde Ausbrüche, die seiner Unerfahrenheit geschuldet waren. Aber sie waren so systematisch geordnet und seine Argumente so gut begründet, dass sie, wenngleich sie immer noch ungläubig wirkte, begann, ihn zu fürchten. Sie versuchte, ihn umzustimmen, und als ihr dies nicht gelang, lernte sie ihn zu hassen.

Seltsamerweise war dieses Gefühl ansteckend. Seine Begeisterung für das Gute, das es nicht gab, seine Verachtung für die Unantastbarkeit der Autorität, sein Eifer und seine Unbesonnenheit standen alle im völligen Gegensatz zum üblichen Lebensalltag. Die Weltlichen fürchteten ihn, die Jungen und Unerfahrenen verstanden weder die hohe Strenge seiner moralischen Ansichten, noch mochten sie ihn, da er sich so von ihnen unterschied. Evadne konnte sich nicht recht für seine Pläne erwärmen. Sie hielt es für gut, dass er seinen Willen durchsetzte, aber sie wünschte, dass dieser Wille für die Masse verständlicher wäre. Sie hatte nichts vom Geist eines Märtyrers an sich und war nicht geneigt, die Schande und Niederlage eines gefallenen Patrioten zu teilen. Sie war sich der Reinheit seiner Motive, der Großzügigkeit seiner Veranlagung, seiner aufrichtigen und glühenden Liebe zu ihr bewusst, und sie empfand eine große Zuneigung für ihn. Er erwiderte diesen Geist der Güte mit liebevoller Dankbarkeit und machte sie zur Schatzkammer all seiner Hoffnungen.

Zu dieser Zeit kehrte Lord Raymond aus Griechenland zurück. Keine zwei Personen könnten gegensätzlicher sein als Adrian und er. Trotz all der Widersprüchlichkeiten seines Charakters war Raymond eindeutig ein Mann von Welt. Er neigte zur Unbeherrschtheit; da seine Leidenschaften oft die Kontrolle über ihn erlangten, konnte er sein Verhalten nicht immer zu seinen Gunsten steuern, doch er handelte stets voller Selbstsucht. Er betrachtete die Struktur der Gesellschaft als einen Teil der Maschinerie, die das Netz, auf dem sein Leben beruhte, stützte. Die Erde breitete sich vor ihm aus wie eine Straße, der Himmel türmte sich über ihm als ein Baldachin auf.

Adrian fühlte, dass er Teil eines großen Ganzen war. Er empfand nicht nur eine Verbundenheit mit den Menschen, sondern zur ganzen Natur; die Berge und der Himmel waren seine Freunde, die Winde des Himmels und der Bewuchs der Erde seine Spielkameraden. Während er sich nur auf diesen mächtigen Spiegel konzentrierte, spürte er, wie sich sein Leben mit dem Universum der Existenz vermischte. Seine Seele war voller Zuneigung und ganz dem Schönen und Guten gewidmet. Adrian und Raymond kamen nun in Kontakt, und es entwickelte sich eine Abneigung zwischen ihnen. Adrian lehnte die engstirnigen Ansichten des Politikers ab, Raymond wiederum verachtete die wohltätigen Visionen des Philanthropen zutiefst.

Mit der Ankunft Raymonds kam der Sturm auf, der auf einen Schlag die Gärten der Freude und der lauschigen Pfade verwüstete, die Adrian sich als eine Zuflucht vor Niederlage und

Schmach gesichert zu haben glaubte. Raymond, der Befreier Griechenlands, der elegante Soldat, der in seiner Miene einen Hauch von allem, was ihrer Heimat zugehörig war, trug, wurde von Evadne verehrt – er wurde von Evadne geliebt. Überwältigt von ihren neuen Empfindungen, hielt sie nicht inne, um sie zu bedenken oder ihr Verhalten durch irgendwelche anderen Gefühle zu steuern außer dem unwiderstehlichen, das plötzlich Besitz von ihrem Herzen ergriff. Sie gab seinem Einfluss nach, und die nur zu natürliche Konsequenz eines Geistes, der sanfte Gefühle nicht gewohnt ist, war, dass die Aufmerksamkeit Adrians ihr unangenehm wurde. Sie wurde launisch; ihr zärtliches Verhalten ihm gegenüber wich Schroffheit und zurückweisender Kälte. Wenn sie den gefühlvollen Ausdruck seines Gesichtes wahrnahm, gab sie zuweilen nach und nahm für eine Weile wieder ihre alte Freundlichkeit an. Aber diese Schwankungen erschütterten die Seele des empfindsamen Jünglings bis ins Mark; er glaubte nicht mehr, dass die Welt ihm gehörte, weil er Evadnes Liebe besaß; er fühlte in jedem Nerv, dass die schrecklichen Stürme des geistigen Universums seine zerbrechliche Seele angreifen würden, die in der Erwartung ihres Erscheinens zitterte.

Perdita, die damals bei Evadne lebte, sah die Marter, die Adrian erduldete. Sie liebte ihn als einen freundlichen älteren Bruder; einen Verwandten, der sie führte, schützte und unterrichtete, ohne die allzu häufige Tyrannei der elterlichen Autorität. Sie verehrte seine Tugenden und sah mit gemischter Verachtung und Entrüstung, wie Evadne wegen eines andern, der sie kaum beachtete, düstere Trauer über ihn brachte. In seiner einsamen Verzweiflung besuchte Adrian oft meine Schwester und drückte in verdeckten Begriffen sein Elend aus, während Stärke und Pein um den Thron seines Geistes rangen. Bald, ach! würde einer besiegt sein. Wut machte keinen Teil seiner Gefühle aus. Auf wen sollte er wütend sein? Nicht auf Raymond, der von dem Elend, das er verursachte, nichts wusste; nicht auf Evadne, für sie weinte seine Seele blutige Tränen – das arme, fehlgeleitete Mädchen, das Sklavin, nicht Tyrannin war, und unter seiner eigenen Qual betrauerte er ihr zukünftiges Schicksal. Einmal fiel Perdita ein Schreiben von ihm in die Hände; es war mit Tränen befleckt – möge ein jeder es damit beflecken –

»Das Leben« – so begann es – »ist nicht das, als was Romanschreiber es beschreiben; die Schritte eines Tanzes machen und nach verschiedenen Drehungen zu einem Abschluss kommen, worauf die Tänzer sich setzen und ausruhen können. Im wahren Leben gibt es Handlungen und Veränderungen. Wir gehen voran, in Gedanken stets mit unserm Ursprung verbunden, jede Handlung folgt einer früheren Handlung. Keine Freude oder Trauer stirbt ohne Nachkommenschaft, welche, stets hervorgebracht und selbst Neues hervorbringend, die Kette flicht, die unser Leben ist:

Tage rufen andre Tage
Und verketten je und je
Klag um Klage, Weh um Weh.

Wahrhafte Enttäuschung ist die Schutzgöttin des menschlichen Lebens; sie sitzt an der Schwelle der ungeborenen Zeit und ordnet die zukünftigen Ereignisse. Einst hüpfte mein Herz leicht in meiner Brust; die ganze Schönheit der Welt war doppelt schön, bestrahlt von dem aus meiner eigenen Seele gegossenen Sonnenlicht. O warum verbindet sich die Liebe in unserem sterblichen Traum stets mit dem Untergang? So dass, wenn wir unser Herz zu einem Lager für dies sanft anmutende Geschöpf machen, stets sein Gefährte mit ihm eintritt und erbarmungslos in Schutt und Asche legt, was ein Zuhause und eine Zuflucht hätten sein können.«

Nach und nach wurde seine Gesundheit durch sein Elend erschüttert, und dann gab auch sein Verstand der Marter nach. Sein Benehmen wurde wild; er war zuweilen rasend, zuweilen in stumme Melancholie versunken. Plötzlich verließ Evadne London und reiste nach Paris; er folgte ihr und holte sie ein, als das Schiff im Begriff war abzusegeln; niemand wusste, was zwischen ihnen vorfiel, doch Perdita hatte ihn seitdem nicht mehr gesehen; er lebte in Abgeschiedenheit, niemand wusste, wo, in der Begleitung von Personen, die seine Mutter für diesen Zweck ausgewählt hatte.

Kapitel 4

Am nächsten Tag sprach Lord Raymond auf dem Weg nach Schloss Windsor bei Perditas Hütte vor. Die roten Wangen und die funkelnden Augen meiner Schwester verrieten mir halb ihr Geheimnis. Er war vollkommen selbstbeherrscht; er sprach uns beide mit Höflichkeit an, schien sofort unsere Gefühle zu verstehen und mit uns übereinzustimmen. Ich musterte den Ausdruck seines Gesichts, das sich veränderte, während er sprach, aber in jeder Veränderung schön war. Der übliche Ausdruck seiner Augen war weich, obschon sie zuweilen vor Wildheit blitzten; seine Hautfarbe war hell; und aus jedem seiner Gesichtszüge sprach vorherrschend Eigenwille; sein Lächeln war angenehm, obschon er zu häufig verächtlich seine Lippen kräuselte – Lippen, die für weibliche Augen das Höchste an Schönheit und Liebe waren. Seine für gewöhnlich sanfte Stimme erschreckte oft durch einen hohen, misstönenden Klang, welcher zeigte, dass sein üblicher tiefer Ton eher das Werk der Übung als der Natur war. So voller Widersprüche, unbeugsam, doch hochmütig, sanft und doch wild, zärtlich und wiederum nachlässig, fand er durch eine seltsame Kunst einen leichten Zugang zur Bewunderung und Zuneigung der Frauen; sie erst liebkosend und dann tyrannisierend, je nach seiner Stimmung, aber in jeder Veränderung ein Despot.

Bei jener Gelegenheit wollte Raymond offensichtlich liebenswürdig erscheinen. Witz, Heiterkeit und tiefsinnige Betrachtungen vermischten sich in seiner Rede und verwandelten jeden Satz, den er äußerte, in einen Lichtblitz. Er überwand bald meine heimliche Abneigung; ich bemühte mich, ihn und Perdita zu beobachten und mich an alles zu erinnern, was ich zu seinem Nachteil gehört hatte. Doch alles erschien so aufrichtig, und alles war so faszinierend, dass ich bald nur noch an das Vergnügen dachte, das seine Gesellschaft mir bereitete. Um mich mit der Bühne der englischen Politik und Gesellschaft, von der ich bald ein Teil werden sollte, vertraut zu machen, erzählte er eine Reihe von Anekdoten und skizzierte viele Charaktere; seine Worte flossen reich und vielfältig dahin und erfüllten alle meine Sinne mit Vergnügen. Wäre da nicht eine Sache gewesen, hätte er vollkommen triumphiert. Er kam auf Adrian zu sprechen und sprach von ihm mit jener Herabsetzung, mit der die weltlichen Weisen den Enthusiasmus stets bedenken. Er nahm die aufziehende Wolke wahr und versuchte sie zu zerstreuen; aber die Stärke meiner Gefühle erlaubte mir nicht, so leicht über diesen Gegenstand hinwegzugehen; so sagte ich mit Nachdruck: »Gestatten Sie mir zu bemerken, dass ich dem Graf von Windsor treu ergeben bin; er ist mein bester Freund und Wohltäter. Ich verehre seine Güte, ich stimme seinen Meinungen zu und beklage bitter seine gegenwärtige und, wie ich vertraue, vorübergehende Unpässlichkeit. Diese Krankheit macht es mir wegen ihrer Eigentümlichkeit über die Maßen schmerzlich, von ihm anders sprechen zu hören als in Worten der Achtung und Zuneigung.«

Raymond antwortete, aber in seiner Antwort lag nichts Versöhnliches. Ich sah, dass er in seinem Herzen diejenigen verachtete, die aus anderen als weltlichen Motiven handelten. »Jeder Mann«, sagte er, »träumt von etwas, von Liebe, Ehre und Vergnügen. Sie träumen von Freundschaft und opfern sich für einen Wahnsinnigen auf, nun, wenn das Ihre Berufung ist, dann haben Sie zweifellos das Recht, ihr Folge zu leisten.«

Eine Erinnerung schien ihn zu peinigen, und der Schmerz, der für einen Moment sein Gesicht erschütterte, gebot meiner Empörung Einhalt. »Glücklich sind die Träumer«, fuhr er fort, »so sie nicht erweckt werden! Könnte ich nur träumen! Doch der ›helle und grelle Tag‹ ist die Wirklichkeit, in der ich lebe; ihr blendender Schein kehrt die Szene für mich um. Selbst der Geist der Freundschaft ist von mir gewichen, und ebenso die Liebe.« Er brach ab; ich konnte nicht erraten, ob die Verachtung, die seine Lippen kräuselte, gegen die Leidenschaft oder gegen sich selbst gerichtet war, weil er ihr Sklave war.

Dieser Bericht kann als ein Beispiel meiner Unterredungen mit Lord Raymond genommen werden. Ich wurde vertraut mit ihm, und jeder Tag bot mir Gelegenheit, mehr und mehr seine starken und vielseitigen Begabungen zu bewundern, die zusammen mit seiner Beredsamkeit, die elegant und gewitzt war, und seinem jetzt gewaltigen Reichtum, dafür sorgten, dass er gefürchtet, geliebt und verhasster als jeder andere Mann in England wurde.

Meine Abstammung, die Interesse weckte, wenn sie nicht gar Respekt erheischte, meine frühere Verbindung mit Adrian, die Gunst des Botschafters, dessen Sekretär ich gewesen war, und jetzt meine Vertrautheit mit Lord Raymond ermöglichten mir leichten Zugang zu den eleganten und politischen Kreisen Englands. In meiner Unerfahrenheit erschien es mir zunächst, als stünden wir am Vorabend eines Aufstands; jede Partei war aufgebracht, erbittert und unnachgiebig. Das Parlament war in drei Fraktionen unterteilt, Aristokraten, Demokraten und Royalisten. Nach Adrians erklärter Vorliebe für die republikanische Regierungsform war die letztere Partei fast führerlos gewesen, doch als Lord Raymond als ihr Führer hervortrat, belebte sie sich wieder mit doppelter Kraft. Einige waren Royalisten aus Prinzip und alter Neigung, und es gab viele Gemäßigte, welche die launische Tyrannei der Volkspartei und den unbeugsamen Despotismus der Aristokraten gleichermaßen fürchteten. Mehr als ein Drittel der Mitglieder reihte sich unter Raymond ein, und ihre Zahl nahm ständig zu. Die Aristokraten bauten ihre Hoffnungen auf ihren überwiegenden Reichtum und Einfluss; die Reformer auf die Macht der Nation selbst. Die Debatten waren aufgebracht, und noch aufgebrachter waren die Reden der einzelnen Politiker, als sie sich versammelten, um ihre Maßnahmen zu organisieren. Schmähreden wurden verbreitet, Widerstand sogar mit dem Tod bedroht, Versammlungen der Bevölkerung störten die stille Ordnung des Landes; wo außer im Krieg sollte dies alles enden? Gerade als die zerstörerischen Flammen bereit waren auszubrechen, sah ich sie einlenken, beschwichtigt durch die Abwesenheit des Militärs, durch die Abneigung, die alle gegenüber jeder Gewalt empfanden, außer in der Sprache, und durch die herzliche Höflichkeit und sogar Freundschaft der feindlichen Führer, wenn sie sich in privater Gesellschaft trafen. Ich sah mich aus tausend Gründen dazu veranlasst, dem Verlauf der Ereignisse minutiös zu folgen und jede Wendung mit großer Neugierde zu beobachten.

Ich konnte nicht umhin zu bemerken, dass Perdita Raymond liebte; mich dünkte auch, dass er die schöne Tochter Verneys mit Bewunderung und Zärtlichkeit betrachtete. Doch ich wusste, dass er seine Ehe mit der mutmaßlichen Erbin der Grafschaft

Windsor vorantrieb, kühn die Vorteile erwartend, die ihm daraus erwachsen würden. Die Freunde der einstigen Königin waren alle auch seine Freunde; keine Woche verging, in der er nicht in Windsor Beratungen mit ihr abhielt.

Ich hatte die Schwester Adrians nie gesehen. Ich hatte gehört, dass sie reizend, liebenswert und faszinierend sei. Warum sollte ich sie sehen? Es gibt Zeiten, in denen wir ein unbestimmtes Gefühl der bevorstehenden Veränderung zum Guten oder Schlechten haben, die aus einem Ereignis entstehen wird; und sei es nun zum Guten oder Schlechten, wir fürchten die Veränderung und versuchen das Ereignis zu verhindern. Aus diesem Grund mied ich diese hochgeborene Jungfrau. Für mich war sie alles und nichts; ihr Name, der von einem andern erwähnt wurde, ließ mich zusammenfahren und zittern; die endlosen Gespräche über ihre Verbindung mit Lord Raymond empfand ich als eine wahre Qual. Mich dünkte, dass ich nun, da Adrian sich aus dem aktiven Leben zurückgezogen hatte und diese schöne Idris wahrscheinlich ein Opfer der ehrgeizigen Pläne ihrer Mutter wurde, vortreten sollte, um sie vor übermäßigem Einfluss zu bewahren, sie vor Unglück zu beschützen und ihr die Entscheidungsfreiheit zu sichern, das Recht eines jeden Menschen. Doch wie sollte ich dies bewerkstelligen? Sie selbst würde meine Einmischung ablehnen. Darum musste ich ihr gegenüber gleichgültig oder verächtlich sein und sie besser, am allerbesten meiden, statt mich vor ihr und der höhnischen Welt der Möglichkeit auszusetzen, das verrückte Spiel eines närrischen, törichten Ikarus zu spielen.

Eines Tages, einige Monate nach meiner Rückkehr nach England, verließ ich London, um meine Schwester zu besuchen. Ihre Gesellschaft war mein wichtigster Trost und meine Freude; und meine Stimmung hob sich immer in der Erwartung, sie zu sehen. Ihre Unterhaltung war voller kluger Bemerkungen und Einsichten; in ihrer angenehmen Laube, die mit schönen Blumen verziert und mit prunkvollen Statuen, antiken Vasen und Kopien der feinsten Bilder von Raffael, Correggio und Claude, die sie selbst gemalt hatte, geschmückt war, fühlte ich mich wie in einem märchenhaften Schlupfwinkel, der unberührt von und unzugänglich für die lauten Streitigkeiten von Politikern und die frivole Beschäftigung mit der Mode war. Bei dieser Gelegenheit war meine Schwester nicht allein, noch konnte ich umhin, ihre Gefährtin zu erkennen: Es war Idris, der bis jetzt unsichtbare Gegenstand meiner närrischen Schwärmerei.

In welchen passenden Begriffen der Bewunderung und des Entzückens, in welchen gewählten Ausdrücken und sanftem Fluss der Sprache kann ich die Schönste, Weiseste, Beste beschreiben? Wie mit der ärmlichen Auswahl von Worten den Glorienschein, die tausend anmutigen Reize, die sie umgaben, vermitteln? Das Erste, was einen beim Anblick dieses bezaubernden Antlitzes beeindruckte, war seine vollkommene Tugendhaftigkeit und Offenheit. Freimut sprach aus ihrem Gesicht, Schlichtheit aus ihren Augen, himmlische Güte aus ihrem Lächeln. Ihre große, schlanke Gestalt war anmutig wie eine Pappel in der Brise, und ihr göttlicher Gang war wie der eines geflügelten Engels, der soeben von der Höhe des Himmels herabgestiegen war. Die perlengleiche Makellosigkeit ihres Antlitzes war mit einer zarten Röte überhaucht, ihre Stimme ähnelte dem leisen, gedämpften Ton einer Flöte. Am einfachsten ist es vielleicht, dies im Gegensatz zu beschreiben. Ich habe die Vollkommenheit meiner Schwester ausführlich beschrieben; und doch war sie Idris völlig unähnlich. Perdita war, selbst wo sie liebte, zurückhaltend und schüchtern; Idris war offen und vertrauensvoll. Die eine schreckte in die Einsamkeit zurück, um sich dort vor Enttäuschung und Verletzung zu verschanzen; die andere ging frei heraus und glaubte, dass ihr niemand etwas antun würde. Wordsworth hat eine geliebte Frau mit zwei schönen Gegenständen in der Natur verglichen; doch seine Zeilen schienen mir stets eher ein Gegensatz als eine Ähnlichkeit zu sein:

Ein Veilchen bei dem moosgen Stein
Vom Auge kaum gesehn,
Schön wie ein Sternlein, das allein
Am Himmelsdom darf stehn.

Solch ein Veilchen war die süße Perdita, die selbst davor erzitterte, sich der Luft auszusetzen, die vor der Betrachtung zurückschrak, aber von ihren Vorzügen verraten wurde; und denen, die sie auf ihrem einsamen Pfad aufsuchten, mit tausendfacher Anmut die Mühe vergalt. Idris war wie der Stern, in einzigartiger Pracht in der trüben Dämmerung des milden Abends strahlend; bereit, die Welt zu erleuchten und zu erfreuen, jeden Makel verhütend durch ihre unendliche Entfernung von allem, was nicht wie sie dem Himmel gleich war.

Ich fand diese Vision von Schönheit vor Perditas Hütte, in ernsthafte Unterhaltung mit deren Bewohnerin vertieft. Als meine Schwester mich sah, erhob sie sich, nahm meine Hand und sagte: »Er ist hier, gerade auf unseren Wunsch; dies ist Lionel, mein Bruder.«

Idris erhob sich ebenfalls, wandte mir ihre himmlisch blauen Augen zu und sagte anmutig: »Sie brauchen kaum vorgestellt zu werden; wir haben ein von meinem Vater hoch geschätztes Bild, das Ihren Namen sofort erklärt. Sie werden diese Verbindung anerkennen, Verney, und ich fühle, dass ich Ihnen als Freund meines Bruders vertrauen darf.«

Dann, mit einer unter den Lidern zitternden Träne und bebender Stimme, fuhr sie fort: »Liebe Freunde, haltet es nicht für merkwürdig, dass ich jetzt, wo ich euch zum ersten Mal besuche, eure Hilfe erbitte und euch meine Wünsche und Ängste anvertraue. Allein zu euch wage ich zu sprechen, ich habe euch von unparteiischen Zuschauern loben hören, ihr seid die Freunde meines Bruders, deshalb müsst ihr auch die meinen sein. Was kann ich sagen? Wenn ihr euch weigert, mir zu helfen, bin ich in der Tat verloren!« Sie richtete die Augen gen Himmel, während ihr verwundertes Publikum schweigend lauschte; dann rief sie, wie von ihren Gefühlen übermannt: »Mein Bruder! Geliebter, unglückseliger Adrian! Was sagst du zu deinen üblen Geschicken? Zweifellos habt ihr beide die gegenwärtige Geschichte gehört; glaubt der Verleumdung womöglich; doch er ist nicht von Sinnen! Selbst wenn ein Engel vom Fuße des Thrones Gottes dies behaupten würde, so würde ich es doch niemals, niemals glauben. Er wird betrogen, verraten, eingekerkert – rettet ihn! Verney, Sie müssen es tun, suchen Sie ihn, in welchem Teil der Insel auch immer er verborgen wird, finden Sie ihn, retten Sie ihn vor seinen Verfolgern, stellen Sie ihn für sich selbst wieder her, für mich – auf der ganzen Erde kann ich niemanden lieben als nur ihn allein!«

Ihr ernsthafter Appell, so süß und leidenschaftlich ausgedrückt, erfüllte mich mit Verwunderung und Mitgefühl; und, als sie mit aufgeregter Stimme und Blick hinzufügte, »Sind Sie bereit, dieses Unternehmen zu wagen?«, schwor ich voller Tatkraft und Aufrichtigkeit, mich der Wiederherstellung und dem Wohlergehen Adrians in Leben und Tod zu widmen. Dann besprachen wir den Plan, den ich verfolgen sollte, und die wahrscheinlichsten Mittel, um seinen Aufenthaltsort zu entdecken. Während wir uns ernst unterhielten, kam Lord Raymond unangekündigt herein. Ich sah Perdita zittern und erbleichen und die Wangen Idris' hoch erröten. Er hätte erstaunt über unsere Versammlung gewesen sein müssen, sogar bestürzt; doch er war weder das eine noch das andere; er grüßte meine Gefährtinnen und sprach mich mit einem herzlichen Wort an. Idris verstummte für einen Augenblick und sagte dann mit äußerster Liebenswürdigkeit: »Lord Raymond, ich vertraue auf Ihre Güte und Ehre.«

Er lächelte hochmütig, neigte sein Haupt und fragte eindringlich: »Vertrauen Sie wirklich, Lady Idris?«

Sie bemühte sich, seine Gedanken zu lesen, und antwortete dann mit Würde: »Wie es Ihnen beliebt. Es ist gewiss am besten, sich nicht durch irgendeine Verschleierung zu kompromittieren.«

»Verzeihen Sie mir«, antwortete er, »falls ich Sie beleidigt habe. Ob Sie mir vertrauen oder nicht, Sie können sich stets darauf verlassen, dass ich mein Äußerstes tun werde, um Ihre Wünsche zu erfüllen, worin auch immer diese bestehen mögen.«

Idris lächelte zum Dank und erhob sich, um zu gehen. Lord Raymond bat um die Erlaubnis, sie nach Schloss Windsor zu begleiten, was sie ihm bewilligte, und sie verließen die Hütte gemeinsam. Meine Schwester und ich blieben zurück – wahrhaft wie zwei Narren, die glaubten, sie hätten einen goldenen Schatz erhalten, bis er sich im Tageslicht als Blei erwies – zwei dumme, glücklose Fliegen, die in den Sonnenstrahlen gespielt hatten und sich dabei im Spinnennetz verfingen. Ich lehnte mich gegen den Fensterflügel, beobachtete diese beiden herrlichen Wesen, bis sie in den Waldlichtungen verschwanden, und wandte mich dann um. Perdita hatte sich nicht bewegt; ihre Augen waren auf den Boden gerichtet, ihre Wangen blass, ihre Lippen weiß. Regungslos und steif, jeder Zug in ihrem Antlitz von Kummer gezeichnet, saß sie da. Erschrocken ergriff ich ihre Hand, doch sie zog sie zitternd zurück und rang um Fassung. Ich bat sie, mit mir zu sprechen: »Nicht jetzt«, antwortete sie, »und sprich auch du jetzt nicht mit mir, mein lieber Lionel; du *kannst* nichts sagen, denn du weißt nichts. Ich werde dich morgen sehen.« Sie erhob sich und ging aus dem Zimmer; sie hielt jedoch an der Tür inne, lehnte sich dagegen, als hätten ihre schwermütigen Gedanken ihr die Kraft genommen, sich aufrecht zu halten, und sagte: »Lord Raymond wird wahrscheinlich zurückkehren. Wirst du ihm sagen, dass er mich heute entschuldigen muss? Denn es geht mir nicht gut, ich werde ihn morgen sehen, wenn er es wünscht, und dich ebenfalls. Du solltest besser mit ihm nach London zurückkehren, dort kannst du die vereinbarten Erkundigungen über den Graf von Windsor einholen und mich morgen wieder besuchen, bevor du weiterreist – bis dahin, leb wohl!«

Sie sprach stockend und schloss mit einem schweren Seufzer. Ich gewährte ihr die Bitte, und sie verließ mich. Ich fühlte mich, als sei ich aus der Ordnung der systematischen Welt ins Chaos gestürzt, ins Finstere, Widersprüchliche, Unverständliche. Dass Raymond Idris heiraten sollte, war unerträglicher denn je; doch war meine Leidenschaft, obwohl sie von Geburt an stark war, zu roh und ungeübt, als dass ich das Elend, das ich in Perdita wahrgenommen hatte, sofort gespürt hätte. Was sollte ich tun? Sie hatte sich mir nicht anvertraut; ich konnte von Raymond keine Erklärung verlangen, ohne die Gefahr einzugehen, ihr vielleicht am sorgfältigsten gehütetes Geheimnis zu verraten. Ich würde die Wahrheit am nächsten Tag von ihr erhalten – in der Zwischenzeit – aber während ich damit beschäftigt war, mir immer mehr Gedanken zu machen, kehrte Lord Raymond zurück. Er fragte nach meiner Schwester, und ich übermittelte ihre Nachricht. Nachdem er einen Augenblick darüber nachgedacht hatte, fragte er mich, ob ich nach London zurückkehren würde und ob ich ihn begleiten wolle. Ich stimmte zu. Er war gedankenverloren und blieb während eines beträchtlichen Teils unseres Ritts still; endlich sagte er: »Ich muss mich bei Ihnen für meine Abwesenheit entschuldigen, die Wahrheit ist, Rylands Antrag kommt heute Abend an die Reihe und ich denke über meine Antwort nach.«

Ryland war der Führer der Volkspartei, ein dickköpfiger und auf seine Weise fähiger Mann. Er hatte die Erlaubnis erhalten, einen Gesetzentwurf einzubringen, der darauf abzielte, den Versuch, den gegenwärtigen Stand der englischen Regierung und die geltenden Gesetze der Republik zu ändern, zum Verrat zu erklären. Dieser Angriff richtete sich gegen Raymond und seine Pläne zur Wiederherstellung der Monarchie.

Raymond fragte mich, ob ich ihn an diesem Abend ins Parlament begleiten würde. Ich erinnerte mich an meine Suche nach Informationen über Adrian; und in dem Wissen, dass meine Zeit voll beansprucht sein würde, entschuldigte ich mich. »Nun«, sagte mein Begleiter, »ich kann Sie von Ihrem gegenwärtigen Hinderungsgrund befreien. Sie haben vor, Erkundigungen bezüglich des Grafen von Windsor einzuziehen. Ich kann sie Ihnen sofort beantworten, er ist auf dem Gut des Herzogs von Athol in Dunkeld. Beim ersten Auftreten seiner Erkrankung reiste er von einem Ort zum andern, bis er, als er in diese romantische Abgeschiedenheit kam, sich weigerte, sie zu verlassen, und wir Vereinbarungen mit dem Herzog trafen, damit er dort bleiben konnte.«

Ich war von dem achtlosen Ton verletzt, mit dem er mir diese Nachricht überbrachte, und antwortete kalt: »Ich bin Ihnen für Ihre Auskunft verpflichtet und werde davon Gebrauch machen.«

»Tun Sie das, Verney«, sagte er, »und wenn Sie an Ihrem Vorhaben festhalten, werde ich es Ihnen erleichtern. Aber bitte bezeugen Sie zuerst das Ergebnis des Disputs dieser Nacht, und den Triumph, den ich im Begriff bin zu erreichen, wenn ich es so nennen darf, während ich fürchte, dass der Sieg für mich in Wahrheit eine Niederlage ist. Was kann ich tun? Meine größten Hoffnungen scheinen ihrer Erfüllung nahe zu sein. Die vormalige Königin gibt mir Idris, Adrian ist völlig unfähig, das Erbe eines Grafen anzutreten, und dieser Titel wird in meinen Händen zum Königreich. Bei Gott, der kümmerliche Titel eines Grafen von Windsor wird denjenigen, der die Rechte erwirbt – die dem, der sie besitzt, auf ewig zustehen müssen –, nicht mehr zufriedenstellen. Die Gräfin wird niemals vergessen, dass sie eine Königin war, und sie wird sich nicht dazu herablassen, ihren Kindern ein vermindertes Erbe zu hinterlassen; ihre Macht und meine Klugheit werden den Thron wiedererrichten, und diese Stirn wird von einem königlichen Diadem geschmückt werden. – Ich kann dies bewirken – ich kann Idris heiraten.« –

Er verstummte jählings, sein Antlitz verdunkelte sich und sein Ausdruck veränderte sich immer wieder unter dem Einfluss in ihm kämpfender Leidenschaften. Ich fragte: »Liebt Lady Idris Sie?«

»Was für eine Frage«, antwortete er lachend. »Sie wird mich natürlich ebenso lieben wie ich sie, wenn wir verheiratet sind.«

»Sie fangen es verkehrt an«, sagte ich spöttisch, »die Ehe wird gewöhnlich als das Grab und nicht als die Wiege der Liebe betrachtet. Also werden Sie sie lieben, aber Sie tun es noch nicht?«

»Verhören Sie mich nicht, Lionel, seien Sie versichert, dass ich meine Pflicht ihr gegenüber erfüllen werde. Liebe! Ich muss mein Herz dagegen stählen, sie von ihrem starken Turm vertreiben, mich verbarrikadieren: die Quelle der Liebe muss aufhören zu sprudeln, ihre Wasser ausgetrocknet werden, und alle leidenschaftlichen Gedanken, die damit einhergehen, sterben – das heißt die Liebe, die mich regieren will, nicht jene, die ich regiere. Idris ist ein sanftes, hübsches, süßes kleines Mädchen, es ist unmöglich, keine Zuneigung zu ihr zu empfinden, und meine Zuneigung zu ihr ist eine sehr aufrichtige, nur sprechen Sie nicht von Liebe – Liebe, die Tyrannin und die Tyrannenbezwingerin, Liebe, bislang meine Erobererin, jetzt meine Sklavin, das hungrige Feuer, das unzähmbare Tier, die giftspeiende Schlange – nein – nein – ich will nichts mit dieser Liebe zu tun haben. Sagen Sie mir, Lionel, stimmen Sie darin zu, dass ich diese junge Frau heiraten sollte?«

Er richtete seine scharfen Augen auf mich, und mein unkontrollierbares Herz schwoll in meiner Brust. Ich antwortete mit ruhiger Stimme – aber wie weit von der Ruhe entfernt war der Gedanke, der aus meinen ruhigen Worten sprach – »Niemals! Ich kann niemals zustimmen, dass Lady Idris mit jemandem vereint sein sollte, der sie nicht liebt.«

»Weil Sie selbst sie lieben.«

»Eure Lordschaft hätten diese Neckerei unterlassen können: ich liebe sie nicht, wage nicht, sie zu lieben.«

»Zumindest«, fuhr er hochmütig fort, »liebt sie Sie nicht. Ich würde keine regierende Herrscherin heiraten, wenn ich nicht sicher wäre, dass ihr Herz frei ist. Aber, o Lionel! ein Königreich ist ein mächtiges Wort, und wohlklingend sind die Begriffe, die das Königtum beschreiben. Waren nicht die mächtigsten Männer alter Zeiten Könige? Alexander war ein König, Salomo, der weiseste aller Menschen, war ein König, Napoleon war ein König, Cäsar starb in seinem Versuch, einer zu werden, und Cromwell, der Puritaner und Königsmörder, strebte nach der Königswürde. Der Vater Adrians gab das schon zerbrochene Zepter Englands auf, ich aber werde die gefallene Pflanze aufrichten, ihre zerstückelten Glieder wieder verbinden und sie über alle Blumen des Feldes erheben. Wundern Sie sich nicht, dass ich Adrians Schlupfwinkel bereitwillig verriet. Glauben Sie nicht, dass ich bösartig oder töricht genug wäre, meine beabsichtigte Oberhoheit auf einen Betrug zu gründen, und noch dazu einen, der so leicht als die Wahrheit oder Unwahrheit erkannt werden könnte wie der Wahnsinn des Grafen. Ich bin gerade von einem Besuch bei ihm zurückgekommen. Ehe ich bezüglich meiner Ehe mit Idris eine Entscheidung fällen wollte, entschloss ich mich, ihn noch einmal zu besuchen und über die Wahrscheinlichkeit seiner Genesung zu urteilen. Er ist unwiederbringlich wahnsinnig.«

Ich rang nach Luft –

»Ich werde Ihnen«, fuhr Raymond fort, »die traurigen Einzelheiten ersparen. Sie sollen ihn sehen und selbst zu einem Urteil kommen, obwohl ich fürchte, dass dieser für ihn nutzlose Besuch unerträglich schmerzhaft für Sie sein wird. Es lastet seit jeher auf mir. Gut und sanftmütig, wie er selbst in der Zerrüttung seines Verstands ist, verehre ich ihn nicht wie Sie, sondern würde alle meine Hoffnungen auf eine Krone und meine rechte Hand dazu hingeben, um ihn wieder ganz bei sich zu finden.«

Seine Stimme drückte das tiefste Mitgefühl aus: »Sie höchst unerklärliches Wesen«, rief ich, »wohin werden Ihre Taten Sie führen, in diesem ganzen Labyrinth von Absichten, in dem Sie verloren scheinen?«

»Wohin? Zu einer Krone, einer goldenen, mit Edelsteinen besetzten Krone, wie ich hoffe, und doch wage ich nicht, darauf zu vertrauen, und obgleich ich von einer Krone träume und auf eine hoffe, flüstert mir immer wieder ein geschäftiger Teufel zu, dass das, wonach ich strebe, nichts als eine Narrenkappe sei und dass ich, wenn ich weise wäre, sie sein lassen und an ihrer statt nehmen sollte, was alle Kronen des Ostens und Präsidenten des Westens wert ist.«

»Und das wäre?«

»Wenn ich mich entschieden habe, sollen Sie es erfahren; zurzeit wage ich nicht davon zu sprechen, nicht einmal daran zu denken.«

Wieder schwieg er, und nach einer Weile wandte er sich mir lachend zu. Wenn nicht Spott seine Freude inspirierte, wenn es echte Fröhlichkeit war, die seine Gesichtszüge mit einem freudigen Ausdruck überzog, wurde seine Schönheit überirdisch, göttlich. »Verney«, sagte er, »mein erster Akt, wenn ich König von England werde, wird sein, sich mit den Griechen zu vereinigen, Konstantinopel einzunehmen und ganz Asien zu unterwerfen. Ich beabsichtige, ein Krieger, ein Eroberer zu sein; Napoleons Name soll hinter meinem verblassen; und die Schwärmer sollen, anstatt sein felsiges Grab zu besuchen und die Verdienste der Gefallenen zu würdigen, meine Majestät verehren und meine berühmten Errungenschaften preisen.«

Ich hörte Raymond mit großem Interesse zu. Wie hätte ich anders als ganz Ohr für jemanden sein können, der die ganze Erde in seiner mitreißenden Phantasie zu regieren schien und der nur versagte, wenn er versuchte, sich selbst zu beherrschen. Denn von seinem Wort und seinem Willen würde mein eigenes Glück abhängen – das Schicksal all jener, die mir lieb und teuer waren. Ich bemühte mich, die verborgene Bedeutung seiner Worte zu entziffern. Perditas Name wurde nicht erwähnt; dennoch konnte ich nicht bezweifeln, dass die Liebe zu ihr das Zaudern verursachte, das er gezeigt hatte. Und wer war der Liebe würdiger als meine edle Schwester? Wer verdiente die Hand dieses sich selbst einsetzenden Königs mehr als sie, deren Blick der einer Königin der Nationen war? Wer liebte ihn, wie er sie liebte; obgleich ihre Leidenschaft von Enttäuschung gehemmt wurde und seine in hartem Kampf mit seinem Ehrgeiz lag.

Am Abend gingen wir gemeinsam ins Parlament. Raymond war, obschon er wusste, dass seine Pläne und Aussichten während der erwarteten Debatte diskutiert und entschieden werden sollten, heiter und unbeschwert. Ein Summen wie von aus zehntausend Bienenstöcken schwärmenden Bienen betäubte uns, als wir den Kaffeeraum betraten. Die Politiker versammelten sich mit besorgten Mienen und lauten oder tiefen Stimmen. Die Adelspartei, die reichsten und einflussreichsten Männer in England, schien weniger aufgeregt als die anderen, denn die Frage sollte ohne ihre Einmischung erörtert werden. In der Nähe des Kamins standen Ryland und seine Anhänger. Ryland war ein Mann von unbedeutender Geburt und von immensem Reichtum, geerbt von seinem Vater, der ein Fabrikant gewesen war. Er hatte als junger Mann die Abdankung des Königs und die Verschmelzung des Unter- und des Oberhauses miterlebt; er hatte mit diesen vom Volk ausgehenden Übergriffen sympathisiert, und es war das Geschäft seines Lebens gewesen, sie zu vereinen und zu vergrößern. Seitdem hatte sich der Einfluss der Grundbesitzer verstärkt; und zuerst machte es Ryland nichts aus, die Werke Lord Raymonds zu beobachten, der viele Anhänger seines Gegners ausschaltete. Aber die Sache ging nun zu weit. Der ärmere Adel begrüßte die Rückkehr des Königtums als ein Ereignis, das ihnen ihre nunmehr verlorene Macht und Rechte wiederherstellen sollte. Der halb erloschene Geist des Königtums erwachte wieder in den Köpfen der Menschen; und sie, als willige Sklaven und selbstgeschaffene Untertanen, waren bereit, ihren Hals dem Joch zu beugen. Einige aufrechte und mannhafte Geister blieben noch als Säulen des Staates aufrecht stehen, aber das Wort Republik war dem gewöhnlichen Ohr schal geworden, und viele – das Ereignis würde beweisen, ob es eine Mehrheit war – sehnten sich nach dem Flitter und der Pracht des Königtums zurück. Ryland wurde zum Widerstand aufgerüttelt. Er behauptete, dass seine stillschweigende Duldung allein die Vergrößerung dieser Partei ermöglicht hätte; doch die Zeit für Nachsicht wäre vorüber, und mit einer Bewegung seines Armes würde er die Spinnweben hinwegfegen, die seine Landsleute blendeten.

Als Raymond den Kaffeeraum betrat, wurde seine Anwesenheit von seinen Freunden mit freudigen Rufen begrüßt. Sie versammelten sich um ihn, zählten ihre Stimmen und schilderten ausführlich die Gründe, warum sie jetzt Unterstützung dieser und jener Mitglieder erhalten sollten, die sich noch nicht erklärt hatten. Einige unbedeutende Geschäfte des Parlaments wurden erledigt, die Anführer nahmen ihre Plätze in der Kammer ein; das Geschrei der Stimmen fuhr fort, bis Ryland aufstand, um zu sprechen, und dann war die geringste geflüsterte Bemerkung hörbar. Alle Augen waren auf ihn gerichtet, wie er dastand – schwerfällig von Gestalt, klangvoll in der Stimme und mit einer Art, die, wenngleich nicht elegant, beeindruckend war. Ich wandte mich von seinem markanten, steinernen Gesicht zu Raymond, dessen Gesicht, von einem Lächeln verhüllt, seine Sorge nicht verraten wollte; dennoch zitterten seine Lippen ein wenig, und seine Hand umklammerte die Bank, auf der er saß, mit einem so festen Griff, dass er die Muskeln verkrampfen ließ.

Ryland begann damit, den gegenwärtigen Zustand des britischen Imperiums zu loben. Er rief ihnen die früheren Jahre in Erinnerung; die elenden Auseinandersetzungen, die zur Zeit unserer Väter beinahe zum Bürgerkrieg geführt hätten, die Abdankung des verstorbenen Königs und die Gründung der Republik. Er beschrieb diese Republik, legte dar, dass sie jeder Person im Staat die Möglichkeit bot, Bedeutung zu erlangen, und sogar vorübergehende Souveränität. Er verglich den royalistischen und den republikanischen Geist, zeigte auf, dass der eine dazu neigte, den Verstand der Menschen zu versklaven, während alle Einrichtungen des anderen dazu dienten, auch die Gemeinsten unter uns zu etwas Großem und Gutem zu erheben. Er legte dar, dass durch die Freiheit, die sie genossen, England mächtig und dessen Bewohner tapfer und weise geworden seien. Während er sprach, schwoll jedes Herz vor Stolz, und jede Wange glühte vor Freude bei dem Gedanken, dass jeder Anwesende Engländer war und dass jeder etwas zu dem glücklichen Zustand der Dinge beigetragen hatte, dessen jetzt gedacht wurde. Rylands Inbrunst verstärkte sich – seine Augen leuchteten auf – seine Stimme nahm einen leidenschaftlichen Ton an. Es gebe einen Mann, fuhr er fort, der all das ändern und uns zu unseren Tagen der Machtlosigkeit und der Auseinandersetzungen zurückbringen wolle – einen Mann, der es wagen würde, sich die Ehre anzumaßen, die allen zukam, die England als ihren Geburtsort beanspruchten, und der seinen Namen und seinen Titel über den Namen und den Titel seines Landes setze. Ich sah an dieser Stelle, wie Raymond erblasste; seine Augen wandten sich vom Redner ab, er blickte zu Boden; die Zuhörer schauten von einem zum anderen; aber in der Zwischenzeit füllte die Stimme des Redners ihre Ohren – der Donner seiner Denunziationen trübte ihre Sinne. Die Kühnheit seiner Sprache gab ihm Gewicht; jeder wusste, dass er die Wahrheit sprach – eine bekannte, aber nicht anerkannte Wahrheit. Er riss der Wirklichkeit die Maske herunter, mit der sie verkleidet gewesen war, und die Absichten Raymonds, die sich bisher im Verborgenen gehalten hatten, wurden jetzt wie ein gejagter Hirsch in die Enge getrieben – wie jeder wahrnahm, der die unkontrollierbaren Veränderungen seiner Miene bemerkte. Ryland schloss damit, dass jeder Versuch, die königliche Macht wiederherzustellen, zum Verrat erklärt werden sollte und derjenige zum Verräter, der versuchen sollte, die gegenwärtige Form der Regierung zu ändern. Jubel und laute Zurufe folgten dem Abschluss seiner Rede.

Nachdem er sich wieder unter Kontrolle hatte, erhob sich Lord Raymond – sein Gesichtsausdruck war mild, seine Stimme sanft und melodisch, sein Betragen ruhig, seine Eleganz und Sanftheit erschienen nach der laut tosenden Stimme seines Gegners wie ein leiser Flötenhauch. Er erhebe sich, sagte er, um zugunsten des Antrages des Herrn Abgeordneten zu sprechen, mit nur einem kleinen Zusatz. Er sei bereit, in alte Zeiten zurückzukehren und an die Kämpfe unserer Väter und die Abdankung des Monarchen zu erinnern. Voller Edelmut und Größe, sagte er, habe der berühmte letzte Herrscher Englands sich selbst dem scheinbaren Wohl seines Landes geopfert und sich einer Macht entledigt, die nur durch das Blut seiner Untertanen aufrechterhalten werden konnte – jener Untertanen, die nicht mehr solche genannt werden, diese, seine Freunde und Gleichgestellten, hätten ihm und seiner Familie aus Dankbarkeit stets gewisse Gefälligkeiten und Auszeichnungen erwiesen. Ihnen sei ein großes Gut zugeteilt worden, und sie hätten den ersten Rang unter Großbritanniens Adligen eingenommen. Doch könne man annehmen, dass sie ihr altes Erbe nicht vergessen hätten; und es sei schmerzvoll, dass ihr rechtmäßiger Erbe auf gleiche Weise leiden sollte wie jeder andere Bewerber um den Thron, wenn er versuchte, das wiederzugewinnen, was durch altes Recht und Erbschaft ihm gehörte. Er meine damit nicht, dass er solch einen Versuch gutheißen sollte; aber er sage, dass ein solcher Versuch lässlich wäre und dass, wenn der Bewerber nicht so weit gehe, den Krieg zu erklären und eine Fahne im Königreich zu hissen, seine Schuld mit einem nachsichtigen Auge betrachtet werden sollte. In seinem Änderungsantrag schlug er vor, dass in dem Gesetz eine Ausnahme zugunsten jeder Person gemacht werden sollte, die die Hoheitsgewalt im Namen des Grafen von Windsor geltend machte.

Raymond kam auch nicht zum Ende, ohne den Glanz eines Königreiches im Gegensatz zum wirtschaftlichen Geist des Republikanismus in lebhaften und leuchtenden Farben zu zeichnen. Er behauptete, dass jeder Einzelne unter der englischen Monarchie damals wie heute in der Lage sei, einen hohen Rang und eine hohe Macht zu erlangen – mit einer einzigen Ausnahme, jener der Funktion des obersten Richters; ein höherer und edlerer Rang, als ein Tauschhandel treibender, furchtsamer Staatenbund anbieten könnte. Und worauf, bis auf diese eine Ausnahme, liefe es hinaus? Die Natur des Reichtums und des Einflusses beschränke die Liste der Kandidaten zwangsläufig auf einige der Reichsten; und es stehe sehr zu befürchten, dass der durch diesen dreijährigen Kampf erzeugte Unmut und Streit einen ungerechten Ausgang haben würde. Ich kann den Fluss der Sprache und die anmutigen Wendungen des Ausdrucks, die Klugheit und den sanften Spott, die seiner Rede Kraft und Einfluss verliehen, nicht wiedergeben. Seine Redeweise, anfangs zaghaft, wurde fest – sein wandelbares Gesicht begann übermenschlich zu strahlen; seine Stimme, so variantenreich wie Musik, war bezaubernd.

Es wäre überflüssig, die Debatte aufzuzeichnen, die auf diese Ansprache folgte. Es wurden Parteireden gehalten, die die Frage in ihren Worten so sehr verzerrten, dass ihre einfache Bedeutung in einem aus Worten gewobenen Wind verschleiert wurde. Der Antrag scheiterte; Ryland zog sich in Wut und Verzweiflung zurück; und Raymond tat es ihm jubelnd und heiter nach, um von seinem zukünftigen Königreich zu träumen.

Kapitel 4[a]

Existiert ein solches Gefühl wie die Liebe auf den ersten Blick? Und falls dem so wäre, worin unterscheidet sich ihre Natur von der Liebe, die sich auf eingehende Beobachtung und langsames Wachstum gründet? Vielleicht sind ihre Auswirkungen nicht so dauerhaft; doch sie sind, solange sie bestehen, heftig und intensiv. Wir wandeln freudlos durch die unwegsamsten Irrgärten des Lebens, bis wir jenen Schlüssel in Händen halten, der uns durch dieses Labyrinth ins Paradies führt. Unsere trübe Natur schlummert wie eine unentzündete Fackel in formloser Leere, bis das Feuer sie erreicht; diese Essenz des Lebens, dieses Licht des Mondes und die Herrlichkeit der Sonne. Was spielt es für eine Rolle, ob dieses Feuer aus Feuerstein und Stahl geschlagen, vorsichtig zu einer Flamme genährt und langsam dem dunklen Docht mitgeteilt wird, oder ob die strahlende Kraft von Licht und Wärme rasch von einer verwandten Seele ausgeht und zugleich das Leuchtfeuer und die Hoffnung entzündet. In der tiefsten Quelle meines Herzens wurden die Takte gerührt; um mich herum, über und unter mir umfing mich die anhaftende Erinnerung wie ein Umhang. In keinem einzigen Augenblick der zukünftigen Zeit empfand ich wie damals. Der Geist von Idris schwebte in der Luft, die ich atmete; ihre Augen waren immer und ewig auf die meinen gerichtet; ihr Lächeln, an das ich mich erinnerte, blendete mich und ließ mich als einen Blinden zurück, nicht in die Finsternis, nicht in Dunkelheit und Leere – sondern in ein nie gekanntes, strahlendes Licht eingehend, das zu neu, zu gleißend für meine menschlichen Sinne war. Jedem Blatt, jedem kleinen Teil des Universums (wie auf der Hyazinthe ein Ai eingraviert ist) war der Talisman meiner Existenz aufgeprägt – SIE LEBT! SIE EXISTIERT! – Ich hatte noch nicht die Zeit gefunden, mein Gefühl zu untersuchen, mich selbst zur Vernunft zu rufen und in der unbezwinglichen Leidenschaft anzuleiten; alles war ein Gedanke, ein Gefühl, ein Wissen – es war mein Leben!

Doch die Würfel waren gefallen – Raymond würde Idris heiraten. Die Hochzeitsglocken läuteten fröhlich in meinen Ohren; ich hörte die Gratulationen des Volks, das dem Brautpaar folgte, sah den ehrgeizigen Adligen mit raschem Adlerflug sich vom untersten Rang zum Königtum erheben – und zur Liebe Idris'. Doch halt, dies nicht! Sie liebte ihn nicht; sie hatte mich ihren Freund genannt; mich hatte sie angelächelt; mir hatte sie die größte Hoffnung ihres Herzens, das Wohlergehen Adrians, anvertraut. Diese Erinnerung erwärmte mein erstarrendes Blut, und wieder strömte die Flut des Lebens und der Liebe ungestüm heran und verebbte wieder, als sich meine geschäftigen Gedanken veränderten.

Die Debatte endete um drei Uhr morgens. Meine Seele war in Aufruhr; ich überquerte die Straßen mit eifriger Hast. Wahrlich, ich war in dieser Nacht verrückt – die Liebe, welche ich von Geburt an als eine Riesin bezeichnet habe, rang mit der Verzweiflung! Mein Herz, das Schlachtfeld, wurde von der eisernen Ferse des einen verwundet, von den Tränen der anderen getränkt. Der mir verhasste Tag dämmerte heran; ich zog mich in mein Quartier zurück – ich warf mich auf eine Liege – ich schlief – war es Schlaf? –, denn meine Gedanken waren noch wach – Liebe und Verzweiflung kämpften noch immer, und ich krümmte mich unter unerträglicher Pein.

Ich erwachte halb betäubt; ich fühlte eine schwere Last auf mir, wusste aber nicht woher; ich trat gewissermaßen in das Kabinett meines Geistes ein und befragte die verschiedenen Minister, die darin versammelt waren. Nur zu bald erinnerte ich mich an alles, nur zu bald zitterten meine Glieder unter der Marter, nur zu bald erkannte ich, dass ich ein Sklave war!

Plötzlich betrat Lord Raymond unangekündigt meine Unterkunft. Er kam fröhlich herein und sang das Tiroler Freiheitslied, bedachte mich mit einem gnädigen Nicken und warf sich auf ein Sofa gegenüber der Kopie einer Büste des Apollo von Belvedere. Nach einer oder zwei trivialen Bemerkungen, auf die ich mürrisch antwortete, rief er plötzlich, indem er die Büste betrachtete, aus:

»Ich werde nach diesem Sieger benannt! Kein übler Gedanke; der Kopf soll auf meinen neu geprägten Münzen prangen und allen pflichtbewussten Untertanen ein Wahrzeichen meines zukünftigen Erfolges sein.«

Er sagte das auf seine heitere, aber wohlwollende Art, und

lächelte nicht verächtlich, sondern in spielerischem Spott über sich selbst. Dann verdüsterte sich sein Antlitz jäh, und er rief in jenem ihm eigenen schrillen Ton: »Ich habe gestern Abend eine gute Schlacht geschlagen; eine größere Eroberung sah mich Griechenland nie erzielen. Jetzt bin ich der erste Mann in diesem Staat, Teil jeder Ballade und Gegenstand der gemurmelten Andachten alter Weiber. Was sind Ihre Gedanken dazu? Sie, der Sie sich vorstellen, dass Sie die menschliche Seele lesen können, wie Ihr heimatlicher See jeden Felsspalt und jede Vertiefung der ihn umgebenden Hügel widerspiegelt – sagen Sie, was Sie von mir denken: Königsanwärter, Engel oder Teufel, was davon bin ich?«

Dieser ironische Ton erhitzte mein berstendes, überkochendes Herz über die Maßen; ich war von seiner Unverschämtheit überwältigt und antwortete mit Bitterkeit: »Es gibt einen Geist, der weder Engel noch Teufel ist, sondern nur auf ewig zum Limbus verdammt ist.« Ich sah seine Wangen erblassen und seine Lippen beben. Sein Zorn diente jedoch nur dazu, meinen zu entflammen, und ich antwortete mit einem entschlossenen Blick in seine Augen, die mich anfunkelten. Plötzlich wurden sie abgewandt, niedergeschlagen, eine Träne, dachte ich, benetzte die dunklen Wimpern. Ich wurde milder und fügte mit unwillkürlichem Mitleid hinzu: »Nicht, dass Sie ein solcher wären, mein lieber Lord.«

Ich hielt inne, selbst von der Bewegung betroffen, die er zeigte.

»Ja«, sagte er endlich, erhob sich und biss sich auf die Lippen, als er sich bemühte, seine Leidenschaft zu zügeln; »Sie kennen mich nicht, Verney; weder Sie noch unser Publikum von letzter Nacht noch ganz England wissen etwas von mir. Ich stehe hier als ein, wie es scheint, auserwählter König, diese Hand ist im Begriff, ein Zepter zu ergreifen, diese Stirn fühlt in jedem Nerv die sie bald drückende Krone. Ich wirke, als verfügte ich über Stärke, Macht und Sieg, und stände so fest wie ein Kuppelpfeiler, und ich bin – ein Schilfrohr! Ich habe Ehrgeiz und erreiche damit mein Ziel, meine nächtlichen Träume werden wahr, meine wachenden Hoffnungen erfüllt, ein Königreich erwartet mich, meine Feinde werden gestürzt. Doch hier«, und er schlug sich auf die Brust, »hier sitzt der Aufrührer, das ist der Stolperstein, dieses beherrschende Herz, das ich seines heißen Blutes berauben will; doch solange noch ein flatterndes Pulsieren bestehen bleibt, bin ich sein Sklave.«

Er sprach mit gebrochener Stimme, dann senkte er den Kopf und weinte, während er sein Gesicht mit seinen Händen bedeckte. Meine eigene Enttäuschung schmerzte mich noch immer; doch diese Szene versetzte mir einen außerordentlichen Schrecken, auch konnte ich seinen leidenschaftlichen Ausbruch nicht unterbrechen. Dieser ließ nach einer Weile nach, und er lag, nachdem er sich auf das Sofa geworfen hatte, stumm und bis auf sein Mienenspiel, das auf einen starken inneren Konflikt hindeutete, regungslos da. Endlich erhob er sich und sagte in seinem üblichen Tonfall: »Die Zeit drängt, Verney, ich muss fort. Lassen Sie mich meinen größten Auftrag hier nicht vergessen. Wollen Sie mich morgen nach Windsor begleiten? Sie werden durch meine Gesellschaft nicht entehrt sein, und da dies wahrscheinlich der letzte Dienst ist, den Sie mir leisten können, werden Sie meine Bitte erfüllen?«

Er streckte seine Hand mit einer beinahe schüchternen Geste aus. Rasch dachte ich – ja, ich will die letzte Szene des Dramas erleben. Nebenbei ließ ich mich von seiner Miene erweichen, und ein liebevolles Gefühl ihm gegenüber erfüllte wieder mein Herz – ich bat ihn, über mich zu verfügen.

»Gut, das werde ich«, sagte er fröhlich, »das ist jetzt mein Stichwort; seien Sie morgen um sieben bei mir; seien Sie diskret und treu; und Sie sollen bald mein Vertrauter bei Hofe sein.«

So sprach er, eilte davon, sprang auf sein Pferd und sagte, mit einer Geste, als ob er erwartete, dass ich seine Hand küsste, ein weiteres Mal lachend Adieu. Mir selbst überlassen, bemühte ich mich unter quälender Anspannung, das Motiv seiner Bitte zu erahnen und die Ereignisse des kommenden Tages vorauszusehen. Die Stunden vergingen unbemerkt; mein Kopf schmerzte vom Nachdenken, und die Nerven schienen überlastet zu sein. Ich griff an meine brennende Stirn, als könnte meine fiebrige Hand ihren Schmerz lindern.

Ich erschien pünktlich zur verabredeten Stunde des folgenden Tages und fand Lord Raymond vor, der bereits auf mich wartete. Wir stiegen in seinen Wagen und fuhren nach Windsor. Ich hatte mich gewappnet und war entschlossen, meine innere Unruhe durch kein äußeres Zeichen zu offenbaren.

»Was für einen Fehler Ryland begangen hat«, sagte Raymond, »als er dachte, mich vergangenen Abend zu überwältigen. Er sprach gut, sehr gut; eine solche Ansprache wäre besser an mich allein gerichtet gewesen als an die Dummköpfe und Schurken, die dort versammelt waren. Wäre ich allein gewesen, hätte ich vielleicht auf ihn gehört, doch als er versuchte, mich in meinem eigenen Territorium mit meinen eigenen Waffen zu schlagen, forderte er mich heraus, und das Ergebnis war ganz so, wie zu erwarten stand.«

Ich lächelte ungläubig und antwortete: »Ich hege dieselben Ansichten wie Ryland und werde, wenn Sie möchten, alle seine Argumente wiederholen; wir werden sehen, inwieweit Sie von ihnen veranlasst werden, sich vom Thron ab und dem Patriotismus zuzuwenden.«

»Die Wiederholung würde nutzlos sein«, sagte Raymond, »da ich mich gut an sie erinnere und viele andere kenne, die ich mir selbst nennen kann und die von unwiderleglicher Überzeugungskraft sind.«

Er erklärte sich nicht weiter, und ich machte ebenfalls keine Bemerkung zu seiner Antwort. Unser Schweigen dauerte einige Meilen an, bis die Landschaft uns mit offenen Feldern, schattigen Wäldern und Parks angenehme Ausblicke bescherte. Nach einigen Bemerkungen über die Landschaft und Herrensitze sagte Raymond: »Philosophen haben den Menschen einen Mikrokosmos der Natur genannt und finden eine Reflexion im inneren Bewusstsein für all diese Gegenstände, die um uns herum sichtbar sind. Diese Theorie war oft ein Quell der Belustigung für mich; und ich habe so manche Mußestunde damit verbracht, derlei Ähnlichkeiten zu suchen. Sagt nicht Lord Bacon, dass ›der Wechsel von einem Missklang zur Harmonie, der in der Musik große Schönheit verursacht, eine Übereinstimmung mit den Gefühlen hat, die nach einigen Abneigungen wieder zum Besseren gestimmt werden‹? Welch Ozean ist die Flut der Leidenschaft, deren Quellen in unserer eigenen Natur liegen! Unsere Tugenden sind die Treibsande, die sich bei ruhigem und niedrigem Wasser zeigen, aber wenn die Wellen sie ansteigen lassen und die Winde sie auftürmen, sieht sich der arme Teufel, der seine Hoffnung in ihre Beständigkeit gelegt hatte, in ihnen versinken. Die Moden der Welt, Drangsale, Erziehung und Streben, sind Winde, die unseren Willen wie Wolken alle in eine Richtung treiben; aber wenn ein Gewitter in Form von Liebe, Hass oder Ehrgeiz aufzieht, wird das Gewölk zurückgeweht und zermalmt die gegnerische Luft im Triumph.«

»Und doch«, antwortete ich, »stellt sich die Natur unseren Augen immer als Erduldende dar, während es im Menschen ein aktives Prinzip gibt, das fähig ist, das Geschick zu beeinflussen und wenigstens gegen den Sturm anzukämpfen, ehe dieser ihn auf irgendeine Weise überwindet.«

»Es liegt mehr Trügerisches als Wahrheit in Ihrer Unterscheidung«, sagte mein Begleiter. »Haben wir uns selbst geformt, unsere Veranlagungen und unsere Kräfte gewählt? Ich jedenfalls empfinde mich als Saiteninstrument mit Akkorden und Anschlägen – doch ich habe keine Macht, die Saiten zu spannen oder meine Gedanken in eine höhere oder tiefere Tonlage zu stimmen.«

»Andere Männer«, bemerkte ich, »mögen bessere Musiker sein.«

»Ich spreche nicht von anderen, sondern von mir selbst«, erwiderte Raymond, »und ich kann ein ebenso schönes Beispiel abgeben als jeder andere. Ich kann mein Herz nicht auf einen bestimmten Ton stimmen oder willkürliche Änderungen nach meinem Gutdünken ausführen. Wir werden geboren; wir wählen weder unsere Eltern noch unseren Stand; wir werden von anderen erzogen oder von den Umständen der Welt; und diese Kultivierung, die sich mit unserer angeborenen Veranlagung vermischt, ist der Boden, auf dem unsere Wünsche, Leidenschaften und Beweggründe wachsen.«

»Es liegt viel Wahres in dem, was Sie sagen«, sagte ich, »und dennoch handelt kein Mensch jemals nach dieser Theorie. Wer sagt denn, wenn er eine Wahl trifft: So wähle ich, weil ich dazu getrieben werde? Fühlt er nicht im Gegenteil eine Willensfreiheit in sich, welche, wenngleich Sie sie trügerisch nennen mögen, ihn zu seinen Entscheidungen drängt?«

»Eben jene«, antwortete Raymond, »ist ein weiteres Glied der unzerreißbaren Kette. Würde ich nun eine Tat begehen, die meine Hoffnungen zunichtemacht, das Königsgewand von meinen sterblichen Gliedern reißt und sie in eine gewöhnliche Tracht kleidet; würde dies, glauben Sie, ein Akt des freien Willens meinerseits sein?«

Während wir so sprachen, bemerkte ich, dass wir nicht die gewöhnliche Straße nach Windsor, sondern über Englefield Green in Richtung Bishopsgate Heath fuhren. Mir begann zu dämmern, dass nicht Idris das Ziel unserer Reise war, sondern dass ich Zeuge der Szene sein sollte, die das Schicksal Raymonds – und Perditas entscheiden sollte. Raymond war offensichtlich während seiner Reise schwankend gewesen, und Unentschlossenheit zeigte sich in jeder Geste, als wir Perditas Hütte betraten. Ich beobachtete ihn aufmerksam und war entschlossen, dass ich, sollte dieses Zögern anhalten, Perdita helfen würde, sich zu fassen, und sie lehren würde, seine wankelmütige Liebe zu verachten, die zwischen dem Besitz einer Krone und ihr schwankte, deren Vortrefflichkeit und Gefühl den Wert eines Königreiches um ein Vielfaches übertraf.

Wir fanden sie in ihrer blumengeschmückten Laube; sie las den Zeitungsbericht über die Debatte im Parlament, der sie offenbar bis zur Hoffnungslosigkeit bedrückte. Dieses niedergeschlagene Gefühl spiegelte sich in ihren matten Augen und ihrer kraftlosen Haltung; eine Wolke überschattete ihre Schönheit, und häufige Seufzer waren Zeichen ihrer Bedrängnis. Dieser Anblick übte eine unmittelbare Wirkung auf Raymond aus; seine Augen strahlten voll Zärtlichkeit, und Reue machte sein Betragen zu einem ernsten und aufrichtigen. Er setzte sich neben sie und sagte, indem er das Papier von ihrer Hand nahm: »Kein Wort mehr soll meine süße Perdita von dieser Auseinandersetzung zwischen Wahnsinnigen und Dummköpfen lesen. Ich darf Ihnen nicht gestatten, das Ausmaß meiner Verblendung zu erfahren, damit Sie mich nicht verachten; obgleich, glauben Sie mir, der Wunsch, nicht besiegt, sondern als Eroberer vor Ihnen zu erscheinen, mich während meines Wortgefechts inspirierte.«

Perdita sah ihn erstaunt an; ihr ausdrucksvolles Antlitz leuchtete für einen Augenblick voller Zärtlichkeit; ihn nur zu sehen war Glück. Aber ein bitterer Gedanke überschattete bald ihre

Freude; sie wandte ihre Augen zu Boden und bemühte sich, die Tränen zurückzudrängen, die sie zu überwältigen drohten. Raymond fuhr fort: »Ich will nicht mit Ihnen spielen, liebes Mädchen, oder als etwas anderes erscheinen als ich bin, schwach und unwürdig, und eher dazu tauglich, Ihre Verachtung zu erregen als Ihre Liebe. Und doch lieben Sie mich, ich fühle und weiß, dass Sie es tun, und daraus ziehe ich meine teuersten Hoffnungen. Wenn Stolz Sie leiten würde oder auch Vernunft, könnten Sie mich wohl zurückweisen. Tun Sie es, wenn Ihr hohes Herz sich meiner Niedrigkeit nicht beugen will. Wenden Sie sich von mir ab, wenn Sie möchten – wenn Sie es können. Wenn nicht Ihre ganze Seele Sie dazu auffordert, mir zu vergeben – wenn nicht Ihr ganzes Herz seine Tür weit öffnet, um mich in sein Innerstes einzulassen, so vergessen Sie mich, sprechen Sie nie wieder mit mir. Ich bin, obschon ich gegen Sie sündigte, fast über die Vergebung hinaus sündigte, dennoch stolz, denn es darf keine Zurückhaltung in Ihrer Vergebung geben – keinen Hinderungsgrund für das Geschenk Ihrer Zuneigung.«

Perdita blickte verwirrt und doch erfreut zu Boden. Meine Anwesenheit hatte sie in Verlegenheit gebracht; so dass sie nicht wagte, sich umzuwenden, um dem Auge ihres Geliebten zu begegnen, oder ihrer Stimme zu vertrauen, um ihn ihrer Zuneigung zu versichern; während Röte ihre Wange überzog und ihre traurige Miene einer anderen wich, die von tief empfundener Freude zeugte. Raymond legte einen Arm um ihre Taille und fuhr fort: »Ich leugne nicht, dass ich zwischen Ihnen und der höchsten Hoffnung, die sterbliche Männer haben können, schwankte, aber dies tue ich nicht mehr. Nehmen Sie mich an – formen Sie mich nach Ihrem Willen, besitzen Sie mein Herz und meine Seele für alle Ewigkeit. Wenn Sie sich weigern, zu meinem Glück beizutragen, werde ich heute Abend England verlassen und es nie wieder betreten.

Lionel, Sie hören zu. Seien Sie mein Zeuge: Überreden Sie Ihre Schwester, die Verletzung zu vergeben, die ich ihr angetan habe; überreden Sie sie, die Meine zu sein.«

»Es bedarf keiner Überredung«, sagte die errötende Perdita, »außer Ihren eigenen lieben Versprechen und meinem bereitwilligen Herzen, das mir zuflüstert, dass sie wahr sind.«

An jenem Abend gingen wir alle drei zusammen im Walde spazieren, und mit der von der Glückseligkeit inspirierten Schwatzhaftigkeit schilderten sie mir die Geschichte ihrer Liebe. Es war angenehm zu sehen, wie sich der hochmütige Raymond und die zurückhaltende Perdita durch glückliche Liebe in plappernde, verspielte Kinder verwandelten, die ihre sie auszeichnende Beherrschtheit in der Fülle der gegenseitigen Zufriedenheit ablegten. Vor ein, zwei Nächten hatte Lord Raymond, mit besorgter Stirn und einem von Gedanken bedrängten Herzen, alle seine Kräfte aufgewandt, um die Gesetzgeber Englands zum Schweigen zu bringen oder davon zu überzeugen, dass ein Zepter für seine Hand nicht zu schwer sei, während Visionen von Herrschaft, Krieg und Triumph vor ihm schwebten. Jetzt, ausgelassen wie ein lebhafter Knabe, der unter dem beifälligen Auge seiner Mutter herumtobte, waren die Hoffnungen seines Ehrgeizes zu einem Ende gekommen, als er die kleine zarte Hand Perditas an seine Lippen drückte; während sie strahlend vor Entzücken auf den stillen Teich blickte, sich nicht selbst bewundernd, sondern entzückt das Spiegelbild der Gestalten von sich und ihrem Geliebten betrachtend, das sie zum ersten Mal in liebevoller Verbindung zeigte.

Ich entfernte mich ein wenig von ihnen. Wo die Verzückung gegenseitiger Zuneigung ihnen gehörte, genoss ich die der wiederhergestellten Hoffnung. Ich blickte auf die königlichen Türme von Windsor. Hoch ist die Mauer und stark die Barriere, die mich von meinem Stern der Schönheit trennt. Aber nicht unüberwindlich. Sie wird nicht die Seine sein. Verweile noch ein paar Jahre in deinem heimatlichen Garten, süße Blume, bis ich durch Mühsal und Zeit das Recht erwerbe, dich zu pflücken. Verzweifle nicht, noch lass mich verzweifeln! Was ist nun zu tun? Zuerst muss ich Adrian suchen und ihn ihr wiederherstellen. Geduld, Sanftmut und unermüdliche Zuneigung sollen ihn wieder zu sich bringen, wenn es wahr ist, wie Raymond sagt, dass er von Sinnen ist. Kraft und Mut werden ihn retten, wenn er zu Unrecht festgehalten wird.

Nachdem die Liebenden sich mir wieder angeschlossen hatten, aßen wir zusammen in der Laube. Wahrlich, es war ein märchenhaftes Mahl, denn obwohl die Luft den Wohlgeruch von

Früchten und Wein atmete, aß oder trank keiner von uns – selbst die Schönheit der Nacht blieb unbemerkt; ihr Glück konnte nicht durch äußere Gegenstände erhöht werden, und ich war in Träumerei versunken. Gegen Mitternacht verabschiedeten sich Raymond und ich von meiner Schwester, um in die Stadt zurückzukehren. Er war ganz Heiterkeit. Liedverse perlten von seinen Lippen, jeder Gedanke seines Geistes, jeder Gegenstand um uns her leuchtete unter dem Sonnenschein seiner Fröhlichkeit. Er beschuldigte mich der Melancholie, der Missgunst und des Neides.

»Ganz und gar nicht«, sagte ich, »wenngleich ich gestehe, dass meine Gedanken nicht so angenehm beschäftigt sind wie die Ihren. Sie haben versprochen, meinen Besuch bei Adrian zu erleichtern; ich bitte Sie nun, Ihr Versprechen einzulösen. Ich kann hier nicht verweilen; ich sehne mich danach, die Krankheit meines ersten und besten Freundes zu lindern – vielleicht zu heilen. Ich will sofort nach Dunkeld aufbrechen.«

»Sie Nachtvogel«, antwortete Raymond, »was für einen Schatten werfen Sie nur über meine strahlend hellen Gedanken, indem Sie mich zwingen, dieser trübsinnigen Ruine zu gedenken, die in geistiger Zerrüttung steht, irreparabler als ein Fragment einer behauenen Säule in einem von Unkraut überwucherten Feld. Sie träumen davon, dass Sie ihn wiederherstellen können? Daedalus hat niemals ein so unentwirrbares Labyrinth um Minotaurus erbaut wie der Wahnsinn um Adrians gefangenen Verstand. Weder Sie noch irgendein anderer Theseus kann das Labyrinth entwirren, zu dem vielleicht eine lieblose Ariadne den Schlüssel hat.«

»Sie beziehen sich auf Evadne Zaimi; doch sie weilt nicht in England.«

»Und würde sie es«, sagte Raymond, »so würde ich nicht empfehlen, dass sie ihn besucht. Es ist besser, im völligen Delirium zu verfallen, als ein bewusstes Opfer unerwiderter Liebe zu sein. Die lange Dauer seiner Krankheit hat wahrscheinlich alle Erinnerungen an sie aus seinem Gedächtnis getilgt, und es wäre besser, wenn sie nicht wieder erneuert würden. Sie werden ihn bei Dunkeld finden; sanft und fügsam wandert er die Hügel hinauf und durch den Wald oder sitzt lauschend neben dem Wasserfall. Sie mögen ihn sehen – mit Wildblumen in seinem Haar – seine Augen gänzlich bedeutungsleer – seine Stimme gebrochen – seine Person zu einem Schatten vergangen. Er pflückt Blumen und Unkraut, webt sich Kränze daraus oder lässt welke Blätter und Rindenstücke auf dem Strom segeln, erfreut sich an ihrer Fahrt oder beweint ihren Schiffbruch. Die bloße Erinnerung bricht mir schier das Herz. Bei Gott! Die ersten Tränen, die ich seit meiner Kindheit vergossen habe, schossen mir in die Augen, als ich ihn sah.«

Es hätte dieses letzten Berichtes nicht bedurft, um mich anzutreiben, ihn zu besuchen. Ich überlegte nur, ob ich versuchen sollte, Idris wiederzusehen, ehe ich abreiste. Diese Frage wurde am folgenden Tage entschieden. Früh am Morgen kam Raymond zu mir; es war die Nachricht eingetroffen, dass Adrian gefährlich erkrankt war, und es schien wenig wahrscheinlich, dass seine abnehmende Kraft die Erkrankung überwinden sollte. »Morgen«, sagte Raymond, »reisen seine Mutter und seine Schwester nach Schottland, um ihn noch einmal zu sehen.«

»Und ich reise heute ab«, rief ich; »noch in dieser Stunde werde ich einen Segelballon dingen, ich werde in höchstens achtundvierzig Stunden dort sein, vielleicht in weniger, wenn der Wind günstig weht. Leben Sie wohl, Raymond, freuen Sie sich, den besseren Teil des Lebens gewählt zu haben. Dieser Wandel des Geschicks belebt mich. Ich fürchtete Wahnsinn, nicht Krankheit – ich ahne, dass Adrian nicht sterben wird; vielleicht ist diese Krankheit eine Krise, und er wird sich erholen.«

Jeder Umstand begünstigte meine Reise. Der Ballon stieg etwa eine halbe Meile weit in die Höhe und eilte bei günstigem Wind durch die Lüfte, seine gefiederten Wagen spalteten die widerstandslose Atmosphäre. Trotz des melancholischen Gegenstandes meiner Reise wurde mein Geist durch die wiedererwachte Hoffnung, durch die schnelle Bewegung des luftigen Gefährts und durch den lauschigen Aufenthalt an der sonnigen Luft belebt. Der Pilot bewegte kaum das gefiederte Ruder, und der schlanke Mechanismus der Flügel, weit entfaltet, ließ ein murmelndes Geräusch ertönen, das den Sinn beruhigte. Ebene und Hügel, Strom und Kornfeld, waren unten zu sehen, während wir ungehindert schnell und sicher davoneilten, wie ein wilder Schwan in seinem Flug. Die Maschine gehorchte der geringsten Bewegung des Steuerruders; und der Wind wehte stetig, es gab kein Hindernis in unserem Kurs. Solcherart war die Macht des Menschen über die Elemente; eine Macht, die, lange gesucht und kürzlich gewonnen, doch in der Vergangenheit von dem Dichterfürsten vorhergesagt worden war, dessen Verse ich zitierte, sehr zum Erstaunen meines Piloten, da ich ihm erzählte, wie viele hundert Jahre zuvor sie geschrieben worden waren:

> Oh! menschlicher Verstand, was magst du für Gedanken weben,
> Dass ein schwerer Mann wie ein leichter Vogel sollt schweben,
> Welch seltsame Künste forschst du aus: wer könnte ahnen,
> Dass Menschen durch den off'nen Himmel einst einen Weg sich bahnen?

Ich ging in Perth von Bord; und obwohl ich durch die ständige frische Luft über viele Stunden erschöpft war, wollte ich mich nicht ausruhen, sondern nur meine Beförderungsart ändern. Ich fuhr auf dem Landweg nach Dunkeld weiter. Die Sonne ging gerade auf, als ich die ersten Hügel erreichte. Nach der Revolution der Zeitalter war Birnam Hill wieder mit einem jungen Wald bedeckt, während die älteren Kiefern, die zu Beginn des neunzehnten Jahrhunderts vom damaligen Herzog von Athol gepflanzt worden waren, der Szene Feierlichkeit und Schönheit verliehen. Die aufgehende Sonne färbte zuerst die Spitzen der Kiefern; und meine Seele, durch meine Kindheit in den Bergen tief empfänglich für die Reize der Natur, wurde jetzt am Vorabend des Wiedersehens mit meinem geliebten und vielleicht sterbenden Freund auf eigenartige Weise durch den Anblick jener fernen Strahlen berührt. Gewiss waren sie Zeichen, und als solche betrachtete ich sie, gute Vorzeichen für Adrian, von dessen Leben mein Glück abhing.

Der arme Kerl! Er lag ausgestreckt auf seinem Krankenbett, seine Wangen glühten im Fieber, seine Augen waren halb geschlossen, sein Atem ging unregelmäßig und schwer. Und doch war es weniger schmerzlich, ihn in diesem Zustand zu sehen, als ihn geisteskrank und sich wie ein Tier benehmend vorzufinden. Ich richtete mich an seinem Bett ein und verließ es Tag und Nacht nicht. Es war eine bittere Aufgabe, zuzusehen, wie sein Geist zwischen Tod und Leben schwankte, seine gerötete Wange zu sehen und zu wissen, dass das Feuer, das dort zu heftig brannte, den lebensnotwendigen Brennstoff verzehrte; seine stöhnende Stimme zu hören, die vielleicht nie wieder Worte der Liebe und Weisheit äußern würde; die schwachen Bewegungen seiner Glieder zu sehen, die bald in ihr Leichentuch eingehüllt sein könnten. Dieser Zustand hielt drei Tage und Nächte an, und ich wurde durch die Angst und die Beobachtung des Kranken hager und erschöpft. Endlich öffneten sich schwach seine Lider, doch sein Blick verriet das zurückkehrende Leben; er war blass und kraftlos geworden, aber die Erstarrung seiner Züge wurde durch die bevorstehende Genesung gemildert. Er erkannte mich. Was für eine freudige Qual war es zu sehen, wie sein Gesicht sich erhellte, als er mich erkannte – als er meine Hand drückte, die jetzt fiebriger war als seine eigene, und als er meinen Namen aussprach! Keine Spur von seinem vergangenen Wahnsinn war übrig geblieben, die meiner Freude Kummer hätte beimengen können.

Am selben Abend kamen seine Mutter und seine Schwester an. Die Gräfin von Windsor war von Natur aus temperamentvoll; doch sie hatte den starken Gefühlen ihres Herzens sehr selten in ihrem Leben erlaubt, sich auf ihren Zügen zu zeigen. Die einstudierte Unbeweglichkeit ihres Antlitzes, ihre ruhige, gleichmütige Art und ihre sanfte, aber unmelodische Stimme waren eine Maske, die ihre feurigen Leidenschaften und die Ungeduld ihrer Veranlagung verbargen. Sie ähnelte keinem ihrer Kinder auch nur im Geringsten; ihr schwarzes und funkelndes Auge, aus dem der Stolz leuchtete, war völlig verschieden von dem blauen Glanz und dem aufrichtigen, gütigen Ausdruck von Adrians oder Idris' Blick. Es lag etwas Großartiges und Majestätisches in ihren Bewegungen, aber nichts Anziehendes, nichts Liebenswertes. Hochgewachsen, schlank und aufrecht, ihr Gesicht noch immer gut aussehend, ihr rabenschwarzes Haar kaum von Grau durchsetzt, ihre Stirn gewölbt und schön geformt, wären die Augenbrauen nicht etwas zu dünn gewesen – war es unmöglich, nicht von ihr beeindruckt zu sein, sie beinahe zu fürchten. Idris schien das einzige Wesen zu sein, das, trotz der äußersten Milde ihres Charakters, ihrer Mutter widerstehen konnte. Jene strahlte eine Furchtlosigkeit und Offenheit aus, die sagte, dass sie die Freiheit eines anderen nicht beschneiden wollte, aber ihre eigene für heilig und unantastbar hielt.

Die Gräfin warf einen ungnädigen Blick auf meine erschöpfte Erscheinung, obgleich sie sich später kalt für meine Aufmerksamkeit bedankte. Nicht so Idris. Ihr erster Blick galt ihrem Bruder, sie nahm seine Hand, küsste seine Augenlider und beugte sich mit einem Ausdruck von Zärtlichkeit und Liebe über ihn. Ihre Augen glitzerten von Tränen, als sie sich bei mir bedankte, und die Anmut ihres Ausdrucks wurde durch die Inbrunst verstärkt, nicht vermindert, was ihre Zunge beinahe zum Stolpern brachte, während sie sprach. Ihre Mutter, ganz Auge und Ohr, unterbrach uns bald, und ich sah, dass sie mich in aller Stille entlassen wollte als jemanden, dessen Dienste ihrem Sohn keinerlei Nutzen mehr brächten, jetzt, wo seine Verwandten angekommen waren. Ich war beunruhigt und missgelaunt, entschlossen, meinen Posten nicht aufzugeben, wusste jedoch nicht, auf welche Weise ich ihn behaupten sollte, als Adrian nach mir rief, meine Hand umklammerte und mich bat, ihn nicht zu verlassen. Seine Mutter, die zuvor scheinbar unaufmerksam gewesen war, verstand den Wink sogleich, und als sie sah, dass wir sie überstimmt hatten, ließ sie uns unseren Willen.

Die folgenden Tage waren für mich voller Schmerz, so dass ich es zuweilen bedauerte, der hochmütigen Dame, die alle meine Bewegungen beobachtete und meinen Herzenswunsch, meinen Freund zu pflegen, zu einer qualvollen Arbeit machte, nicht sofort nachgegeben zu haben. Niemals war eine Frau so völlig kontrolliert gewesen wie die Gräfin von Windsor. Ihr Wille hatte ihren Appetit unterdrückt, sogar ihre natürlichen Bedürfnisse; sie schlief wenig und aß kaum; ihr Körper wurde von ihr offenbar als eine bloße Maschine betrachtet, deren Gesundheit für die Durchführung ihrer Pläne notwendig war, deren Wohlgefühl aber keinen notwendigen Teil ihrer Funktion ausmachte. Es liegt etwas Furchtbares darin, wenn jemand solcherart den triebhaften Teil seiner Natur überwinden kann und dies nicht der Vollendung seiner Tugend dient; zumindest empfand ich ein wenig Furcht, wenn ich bemerkte, dass die Gräfin wachte, während andere schliefen, und fastete, während ich, von Natur aus maßvoll, oder zumindest durch das an mir zehrende Fieber zurückhaltender geworden, gezwungen war, mich mit Essen zu versorgen. Sie beschloss, meine Möglichkeiten, Einfluss auf ihre Kinder zu gewinnen, wo nicht zu verhindern, doch zumindest zu beschneiden, und bekämpfte meine Pläne mit einer kalten, ruhigen, hartnäckigen Entschlossenheit, die nicht menschlich zu sein schien. Der Krieg zwischen uns wurde endlich stillschweigend anerkannt. Wir kämpften viele Schlachten, in denen kein Wort gesprochen, kaum ein Blick gewechselt wurde, aber doch jeder entschlossen war, sich dem anderen nicht zu ergeben. Die Gräfin hatte dabei einen Vorteil durch ihre bessere Position; ich war besiegt, wenngleich ich nicht nachgeben wollte.

Ich wurde äußerst niedergeschlagen. Mein Gesicht war von schlechter Gesundheit und Verdruss gezeichnet. Adrian und Idris sahen dies; sie schrieben es meiner langen Krankenwache und der Sorge zu. Sie drängten mich, mir Ruhe zu gönnen und auf meine Gesundheit zu achten, während ich ihnen aufrichtig versicherte, dass meine beste Medizin ihre guten Wünsche seien; diese und die gesicherte Wiederherstellung meines Freundes, die jetzt täglich offenkundiger wurde. Die blasse Rosenfarbe erblühte auf seiner Wange wieder zu einem kräftigeren Rot, seine Stirn und Lippen verloren die aschgraue Blässe des drohenden Todes; solcherart war der liebliche Lohn meiner unablässigen Aufmerksamkeit – und der mächtige Himmel fügte als überfließende Belohnung hinzu, dass sie mir auch den Dank und das Lächeln Idris' einbrachte.

Nach einigen Wochen verließen wir Dunkeld. Idris und ihre Mutter kehrten umgehend nach Windsor zurück, während Adrian und ich in langsamen Etappen und mit häufigen Unterbrechungen, die durch seine anhaltende Schwäche veranlasst wurden, folgten. Die verschiedenen Grafschaften des fruchtbaren Englands, die wir durchquerten, übten eine berauschende Wirkung auf meinen Gefährten aus, der durch seine Krankheit so lange von den Genüssen des Wetters und der Landschaft abgehalten worden war. Wir fuhren durch belebte Städte und bebaute Flächen. Die Landwirte holten ihre reichlichen Ernten ein, und die Frauen und Kinder, die leichte, bäuerliche Arbeiten verrichteten, bildeten Gruppen von glücklichen, gesunden Menschen, deren Anblick uns von Herzen erfreute. Eines Abends, als wir unser Gasthaus verließen, schlenderten wir eine schattige Gasse hinunter, dann einen grasbewachsenen Hang hinauf, bis wir zu einer Anhöhe kamen, die einen weiten Blick auf Hügel und Tal, sich schlängelnde Flüsse, dunkle Wälder und leuchtende Dörfer bot. Die Sonne ging unter; und die Wolken, die wie frisch geschorene Schafe durch die weiten Himmelsfelder strichen, nahmen die goldene Farbe ihrer schräg fallenden Strahlen an; das ferne Hochland leuchtete auf, und das geschäftige Summen des Abends drang, durch die Entfernung sich zu einem Ton vermischend, an unser Ohr. Adrian, der in sich die Frische wiederkehrender Gesundheit fühlte, faltete voller Freude die Hände und rief mit viel Gefühl aus:

»O glückliche Erde und glückliche Erdenbewohner! Einen stattlichen Palast hat Gott für dich erbaut, o Mensch, und du bist deiner Wohnstatt würdig! Sieh den grünen Teppich, der zu unseren Füßen ausgebreitet ist, und das azurblaue Blätterdach darüber; die Felder, die alles Mögliche erzeugen und nähren, und das Blau des Himmels, der alle Dinge enthält und umschließt. Jetzt, in dieser Abendstunde, in der Zeit der Ruhe und der Erfrischung, atmen, dünkt mich, alle Herzen einen Hymnus der Liebe und des Dankes, und wir verleihen, wie die Priester der Alten auf den Bergspitzen, ihrem Gefühle Ausdruck.

Gewiss baute eine wohlwollende Kraft dies majestätische Gebilde, das wir bewohnen, und formte die Gesetze, durch die es besteht. Wenn bloße Existenz, und nicht Glück, der Zweck unseres Daseins wäre, was bräuchte es den reichen Überfluss, den wir genießen? Warum sollte unsere Wohnstatt so lieblich sein, warum die Natur so angenehme Empfindungen vermitteln? Die Erhaltung unserer triebhaften Körper bereitet uns Freude, und unsere Nahrungsmittel, die Früchte des Feldes, sind mit wunderbaren Farben überhaucht, mit köstlichen Wohlgerüchen angereichert, und schmackhaft für unsere Gaumen. Warum sollte dies so sein, wenn ER nicht gut wäre? Wir brauchen Häuser, um uns vor den Jahreszeiten zu schützen, und siehe die Werkstoffe, mit denen wir versorgt werden, den Wuchs der Bäume mit ihrer

Zierde von Blättern; während Gesteinsbrocken, die sich über den Ebenen türmen, die Aussicht mit ihrer angenehmen Unregelmäßigkeit verändern.

Auch sind es nicht die äußeren Gegenstände allein, die dieser gute Geist geprägt hat. Sieh in die Seele des Menschen, wo die Weisheit thront, wo die Phantasie, die Malerin mit ihrem Pinsel, sitzt, die mit lieblichen Farben, schöner noch als die des Sonnenuntergangs, das vertraute Leben in glühenden Tönungen malt. Welch edle Gabe, des Gebers würdig, ist die Einbildungskraft! Sie nimmt der Wirklichkeit ihren bleiernen Hauch, sie umhüllt alle Gedanken und Empfindungen mit einem strahlenden Schleier und lockt uns aus den kalten Ozeanen des Lebens in ihre Gärten, in die Lauben und Lichtungen der Glückseligkeit. Und ist nicht die Liebe ein Geschenk Gottes? Die Liebe und ihr Kind, die Hoffnung, die der Armut Reichtum verleihen kann, den Schwachen Kraft und den Leidenden Glück.

Mein Los war nicht glücklich. Ich habe lange in Kummer geschwelgt, bin in den düsteren Irrgarten des Wahnsinns eingetreten und nurmehr halb lebendig aufgetaucht. Doch ich danke Gott, dass ich überlebt habe! Ich danke Gott, dass ich seinen Thron, den Himmel, und die Erde, seinen Fußschemel gesehen habe. Ich bin froh, dass ich die Veränderungen seines Tages gesehen habe, die Sonne, die Quelle des Lichts, und den sanften Mond; dass ich das Licht Blumen am Himmel und die blumigen Sterne auf der Erde hervorbringen sah; dass ich Zeuge der Aussaat und der Ernte werden durfte. Ich bin froh, dass ich geliebt habe und dass ich mitfühlende Freude und Leid mit meinen Mitgeschöpfen erlebt habe. Ich bin froh, jetzt den Fluss meiner Gedanken durch meinen Geist und des Blutes durch die Adern meines Körpers zu fühlen; die bloße Existenz ist Vergnügen, und ich danke Gott, dass ich lebe!

Und all ihr fröhlichen Sprösslinge von Mutter Erde, hört ihr nicht meine Worte? Ihr seid miteinander verbunden durch die zärtlichen Bande der Natur, Gefährten, Freunde, Liebende! Väter, die freudig für ihre Nachkommenschaft arbeiten; Frauen, die, indem sie ihren Kindern beim Wachsen zusehen, die Schmerzen der Mutterschaft vergessen, Kinder, die weder arbeiten noch spinnen, sondern lieben und geliebt werden!

Oh, dass Tod und Krankheit aus unserer irdischen Heimat verbannt würden! Dass Hass, Tyrannei und Furcht nicht länger ihre Zuflucht im menschlichen Herzen fänden! Dass jeder Mann einen Bruder in seinem Gefährten finden würde und einen Hort der Ruhe inmitten der weiten Ebenen seiner Heimat, dass die Quelle der Tränen versiegte und die Lippen nicht mehr Worte der Trauer aussprechen könnten. Wenn du so unter dem gütigen Auge des Himmels schläfst, o Erde, kann da das Böse dich besuchen oder Leid deine glücklosen Kinder in ihre Gräber wiegen? Flüstere es nicht, damit die Dämonen es nicht hören und sich freuen. Die Wahl liegt bei uns, lasst es uns wollen, und unsere Wohnstatt wird zum Paradies. Denn der Wille des Menschen ist allmächtig, stumpft die Pfeile des Todes ab, beruhigt das Krankenlager und trocknet die Tränen des Leids. Und was ist ein menschliches Wesen wert, wenn es nicht seine Kraft verwendet, um seinen Mitgeschöpfen zu helfen? Meine Seele ist ein verblassender Funke, mein Körper erschöpft wie eine verebbte Welle; doch ich widme alle Klugheit und Stärke, die mir verbleibt, diesem einen Werk und nehme die Aufgabe auf mich, meinen Mitmenschen, soweit es mir möglich ist, Segen zu bringen!«

Seine Stimme zitterte, seine Augen waren gen Himmel gewandt, seine Hände gefaltet, und sein zerbrechlicher Körper krümmte sich in einem Übermaß an Gefühl. Der Geist des Lebens schien in seinem Körper zu verweilen, wie die sterbende Flamme einer Altarkerze auf der Glut eines dargebrachten Opfers flackert.

Kapitel 5

Als wir in Windsor ankamen, erfuhr ich, dass Raymond und Perdita nach dem Kontinent aufgebrochen waren. Ich bezog das Haus meiner Schwester und freute mich darüber, in Sichtweite von Schloss Windsor zu wohnen. Es war eine merkwürdige Tatsache, dass ich zu dieser Zeit, als ich seit der Hochzeit Perditas mit einem der reichsten Männer Englands verwandt und durch innige Freundschaft mit dem vornehmsten Adligen des Landes verbunden war, ein größeres Ausmaß an Armut erfuhr, als ich bis dahin je gekannt hatte. Mein Wissen um die weltlichen Grundsätze Lord Raymonds hätte mich stets davon abgehalten, mich an ihn zu wenden, so tief meine Not auch sein sollte. Umsonst wiederholte ich mir in Bezug auf Adrian, dessen Börse mir stets offenstand, dass, da wir eins in der Seele waren, wir auch unser Vermögen teilen sollten. Ich konnte niemals an seine Großzügigkeit als Heilmittel für meine Armut denken, wenn wir beisammen waren; ja ich wehrte sogar seine Angebote zur Unterstützung ab und behauptete, dass ich ihrer nicht bedürfe. Wie könnte ich zu diesem großzügigen Wesen sagen: »Lass mich nur weiter im Müßiggang leben. Wie solltest du, der du deine Geisteskräfte und dein Vermögen zum Nutzen deiner Mitmenschen eingesetzt hast, deine Bemühungen fehlleiten, indem du die Nutzlosigkeit des Starken, Gesunden und Fähigen unterstützt?«

Und doch wagte ich nicht, ihn zu bitten, seinen Einfluss geltend zu machen, damit ich eine ehrenwerte Möglichkeit erhalten könnte, mich selbst zu versorgen – denn dann wäre ich gezwungen gewesen, Windsor zu verlassen. Ich wandelte unaufhörlich unterhalb seiner schattigen Dickichte um die Mauern des Schlosses; meine einzigen Begleiter waren meine Bücher und meine zärtlichen Gedanken. Ich studierte die Weisheit der Alten und blickte auf die glücklichen Mauern, die die Geliebte meiner Seele beschirmten. Mein Verstand war dennoch müßig. Ich brütete über der Poesie alter Zeiten; ich studierte die Metaphysik von Platon und Berkeley. Ich las die Geschichten von Griechenland und Rom und Englands früheren Epochen und beobachtete die Bewegungen meiner Herzensdame. Des Nachts konnte ich ihren Schatten an den Wänden ihres Zimmers sehen; bei Tag erblickte ich sie in ihrem Blumengarten oder wie sie mit ihren Gefährtinnen im Park ausritt. Mich dünkte, der Zauber sei gebrochen, wenn ich gesehen würde, dann aber hörte ich die Melodie ihrer Stimme und war glücklich. Ich verlieh jeder Heldin, von der ich las, ihre Schönheit und unvergleichliche Vorzüglichkeit – sie war Antigone, wie sie den blinden Ödipus zum Hain der Eumeniden führte und die Bestattungszeremonien Polyneikes' leitete; sie war Miranda in der einsamen Höhle Prosperos; sie war Haidée am Strand der Ionischen Insel. Ich war beinahe von Sinnen in meinem Übermaß an leidenschaftlicher Hingabe; doch der Stolz, unbezähmbar wie das Feuer, zügelte meine Natur und bewahrte mich davor, mich durch Wort oder Blick zu verraten.

In der Zwischenzeit, während ich mich so mit reichhaltiger geistiger Nahrung verwöhnte, hätte ein Bauer meine dürftige Kost verschmäht, die ich zuweilen den Eichhörnchen des Waldes raubte. Ich war, wie ich gestehen muss, oft versucht, zu den gesetzlosen Heldentaten meiner Jugend zurückzukehren und die beinahe zahmen Fasane, die auf den Bäumen saßen und ihre hellen Augen auf mich richteten, zu erlegen. Doch sie waren das Eigentum Adrians, die Zöglinge Idris'; und obgleich meine durch die Entbehrungen reizbar gemachte Phantasie mich denken ließ, dass sie sich besser in meiner Küche ausnehmen würden als zwischen den grünen Blättern des Waldes, gebot ich

Nichtsdestotrotz
Meinem Willen Einhalt, und aß sie nicht;

ich aß sie jedoch in meinen Gedanken und träumte vergeblich von solchen Leckerbissen, in deren Genuss ich im wachen Zustande vielleicht nicht gelangen würde.

Zu dieser Zeit jedoch stand mein Leben vor einer entscheidenden Änderung. Der verwaiste und vernachlässigte Sohn Verneys sollte bald durch eine goldene Kette mit dem Mechanismus der Gesellschaft verbunden werden und in alle Pflichten und Gewohnheiten des Lebens eintreten. Wunder sollten zu meinen Gunsten bewirkt werden, die Maschine des gesellschaftlichen Lebens drängte mit großer Anstrengung zurück. Lausche, o Leser, während ich diese Wundergeschichte erzähle!

Eines Tages, als Adrian und Idris mit ihrer Mutter und ihren gewohnten Gefährten durch den Wald ritten, zog Idris plötzlich ihren Bruder beiseite und fragte ihn: »Was ist aus deinem Freund Lionel Verney geworden?«

»Sogar von dieser Stelle«, antwortete Adrian, auf die Hütte meiner Schwester zeigend, »kannst du seine Behausung sehen.«

»Tatsächlich!«, sagte Idris, »und warum, wenn er so nahe ist, kommt er uns nicht besuchen und leistet uns Gesellschaft?«

»Ich besuche ihn oft«, antwortete Adrian; »aber du kannst leicht die Motive erraten, die ihn davon abhalten, dorthin zu kommen, wo seine Anwesenheit jemandem unter uns zur Last fallen könnte.«

»Ich kann sie erraten«, sagte Idris, »und solcherart, wie sie sind, würde ich nicht wagen, sie zu bekämpfen. Sage mir doch, auf welche Weise er sich die Zeit vertreibt; was tut und denkt er in seinem Rückzugsort?«

»Nun, meine liebe Schwester«, antwortete Adrian, »du fragst mich mehr, als ich beantworten kann; aber wenn du dich für ihn interessierst, warum besuchst du ihn dann nicht? Er wird sich sehr geehrt fühlen, und du kannst auf solche Weise einen Teil dessen zurückzahlen, was ich ihm schulde, und ihn für die Verletzungen entschädigen, die das Schicksal ihm zugefügt hat.«

»Ich werde dich sehr gern zu seiner Unterkunft begleiten«, sagte die Dame, »nicht, dass ich wünschte, dass einer von uns sich unserer Schuld entledigen sollte, die, da sie in nichts weniger als deinem Leben besteht, auf ewig unbezahlbar bleiben muss. Aber lass uns hingehen; morgen werden wir zusammen ausreiten, in diesen Teil des Waldes vordringen und ihn von hier aus besuchen.«

Am nächsten Abend, obwohl der launenhafte Herbst Kälte und Regen gebracht hatte, betraten Adrian und Idris meine Hütte. Sie fanden mich als einen Curius vor, da ich eben mein ärmliches Abendbrot aus Früchten genoss, aber sie brachten Geschenke, die reicher waren als die goldenen Bestechungsgelder der Sabiner, auch konnte ich den kostbaren Schatz der Freundschaft und des Entzückens, den sie mir überbrachten, nicht ablehnen.

Gewiss waren selbst die glorreichen Zwillinge von Latona nicht willkommener gewesen, als sie in der noch jungen Welt dazu gebracht wurden, dieses »kahle Vorgebirge« zu verschönern und zu erleuchten, als dieses engelsgleiche Paar meiner bescheidenen Hütte und meinem dankbaren Herzen. Wir saßen wie eine Familie um meinen Herd. Wir sprachen über Themen, die nichts mit den Empfindungen zu tun hatten, die offensichtlich beide Seiten beschäftigten; aber jeder von uns erriet die Gedanken des anderen, und während unsere Stimmen von gleichgültigen Gegenständen sprachen, erzählten unsere Augen in stummer Sprache tausend Dinge, die keine Zunge hätte äußern können.

Sie verließen mich nach einer Stunde. Sie ließen mich glücklich zurück – unaussprechlich glücklich. Die gemessenen Laute der menschlichen Sprache reichen nicht aus, um das Ausmaß meiner Freude auszudrücken. Idris hatte mich besucht; Idris, die ich immer vor mir sehen sollte – meine Vorstellung wanderte nicht über die Vollständigkeit dieses Wissens hinaus. Ich schwebte in der Luft; zweifellos, keine Angst, keine Hoffnung störte mich; meine Seele war von Zufriedenheit erfüllt, wunschlos glücklich, beseligt.

Viele Tage lang fuhren Adrian und Idris fort, mir Besuche abzustatten. In diesen teuren Verkehr brachte, unter dem Deckmantel einer guten Freundschaft, die Liebe immer mehr von ihrem allgewaltigen Geist ein. Idris fühlte es. Ja, Göttlichkeit der Welt, ich las deine Zeichen in ihrem Blick und ihrer Geste; ich hörte deine melodiöse Stimme aus ihr erklingen – du bereitetest uns einen weichen und blumigen Pfad, alle sanften Gedanken schmückten ihn – dein Name, o Liebe, wurde nicht ausgesprochen, doch du warst stets verschleiert bei uns, und nur die Zeit, aber keine sterbliche Hand hätte es vermocht, den Vorhang zu heben. Keine Orgeln mit klarem Klang verkündeten die Vereinigung unserer Herzen; denn ungünstige Umstände boten dem Ausdruck, der auf unseren Lippen schwebte, keine Gelegenheit.

O mein Stift! Schreibe rasch nieder, was war, bevor der Gedanke an das, was ist, die Hand, die dich führt, innehalten lässt! Wenn ich meine Augen öffne und die verödete Erde sehe und erkenne, dass diese lieben Augen ihren sterblichen Glanz verloren haben und dass diese schönen Lippen schweigen, ihre »karmesinroten Blätter« verblasst sind, verstumme ich auf ewig!

Doch du lebst, meine Idris, gerade jetzt bewegst du dich vor mir! Da war eine Lichtung, o Leser! eine grasbewachsene Öffnung im Wald; die zurückweichenden Bäume verwandelten ihre samtene Weite in einen Tempel der Liebe; die silberne Themse begrenzte sie auf der einen Seite, und eine sich herabbeugende Weide, von der unsichtbaren Hand des Windes zerzaust, tunkte ihr Najadenhaar ins Wasser. Die darumgruppierten Eichen waren die Heimat einer Familie von Nachtigallen – hier bin ich nun; Idris, im besten Jugendalter, ist an meiner Seite – bedenke, ich zähle erst zweiundzwanzig, und die Geliebte meines Herzens kaum siebzehn Sommer. Der Fluss, der durch den herbstlichen Regen angeschwollen ist, hat die niedrigen Ebenen überflutet, und Adrian in seinem Lieblingsboot ist mit dem gefährlichen Zeitvertreib des Herumzupfens an einer untergegangenen Eiche beschäftigt, um den obersten Ast zu entfernen. Bist du des Lebens müde, o Adrian, dass du so mit der Gefahr spielst?

Er errang seine Trophäe und steuerte sein Boot durch die Flut; unsere Augen waren ängstlich auf ihn gerichtet, aber der Strom trug ihn von uns weg; er war gezwungen, weiter unten zu landen und einen beträchtlichen Umweg zu machen, bevor er sich uns anschließen konnte. »Er ist in Sicherheit!«, sagte Idris, als er an Land sprang, und den Ast als Zeichen des Erfolges über seinem Kopf schwang; »Wir werden hier auf ihn warten.«

Wir waren miteinander alleine. Die Sonne war untergegangen, das Lied der Nachtigallen begann, der Abendstern leuchtete fern in der Lichtflut, die im Westen noch nicht gänzlich verblasst war. Die blauen Augen meines engelsgleichen Mädchens waren auf dieses süße Emblem ihrer selbst gerichtet: »Das pulsierende Licht«, sagte sie, »ist das Leben dieses Sterns. Sein blinkendes Strahlen scheint zu sagen, dass sein Zustand, wie unserer auf der Erde, schwankend und unbeständig ist; er fürchtet sich, dünkt mich, und er liebt.«

»Sieh nicht auf den Stern, liebe, großzügige Freundin«, rief ich, »lies nicht Liebe in seinen zitternden Strahlen, sieh nicht auf entfernte Welten, sprich nicht von der bloßen Vorstellung eines

Gefühls. Ich habe lange geschwiegen, so lange schon habe ich mir gewünscht, mich dir zu offenbaren und dir meine Seele, mein Leben, mein ganzes Dasein zu schenken. Sieh nicht auf den Stern, Geliebte; oder tue es doch und lasse diesen ewigen Funken für mich plädieren. Lass ihn mein Zeuge und mein Fürsprecher sein, so still, wie er scheint – Liebe ist für mich wie das Licht für den Stern; ebenso lange, wie jenes strahlt, so lange will ich dich lieben.«

Das Gefühl dieses Augenblicks muss für immer vor dem gleichgültigen Auge der Welt verschleiert bleiben. Ich spüre noch immer, wie sich ihre anmutige Gestalt gegen mein volles Herz presste – noch immer flattern Augen, Puls und Atem und versagen bei der Erinnerung an diesen ersten Kuss. Langsam und schweigend gingen wir Adrian entgegen, den wir herannahen hörten.

Ich bat Adrian, zu mir zurückzukehren, nachdem er seine Schwester nach Hause geführt hatte. Und am selben Abend, während wir auf den mondbeschienenen Waldpfaden wandelten, schüttete ich mein ganzes Herz, meine Gefühle und meine Hoffnung meinem Freunde aus. Für einen Augenblick sah er verstört aus – »Ich hätte es voraussehen können«, sagte er. »Welchen Streit dies auslösen wird! Verzeih mir, Lionel, und wundere dich nicht, dass die Erwartung des Streites mit meiner Mutter mich aufregt, wo ich doch entzückt bekennen sollte, dass meine besten Hoffnungen sich damit erfüllen, meine Schwester deinem Schutz anvertrauen zu können. Wenn du noch nicht davon weißt, wirst du bald den tiefen Hass erfahren, den meine Mutter gegenüber dem Namen Verney hegt. Ich werde mich mit Idris unterhalten; dann werde ich all das tun, was ein Freund tun kann; es liegt an ihr, die Rolle der Liebenden zu übernehmen, wenn sie dazu in der Lage ist.«

Während Bruder und Schwester noch zögerten, auf welche Weise sie am besten versuchen könnten, ihre Mutter auf ihre Seite zu bringen, hatte diese, unseren Treffen misstrauend, ihre Kinder mit ihrem Verdacht konfrontiert; sie klagte ihre schöne Tochter der Täuschung an und einer unbegründeten Anhänglichkeit für jemanden, dessen einziges Verdienst es sei, der Sohn des verschwenderischen Günstlings ihres unvorsichtigen Vaters zu sein, und der zweifellos ebenso wertlos sei wie jener, von dem er abstammte. Die Augen Idris' blitzten bei dieser Anklage auf; sie antwortete: »Ich leugne nicht, dass ich Verney liebe; beweist mir, dass er wertlos ist; und ich werde ihn nie mehr sehen.«

»Verehrte Dame«, sagte Adrian, »ich bitte Sie, ihn zu empfangen und eine Freundschaft zu ihm anzuknüpfen. Sie werden sich dann wie ich über das Ausmaß seiner Leistungen und seiner Talente wundern.« (Verzeih mir, lieber Leser, das ist keine nutzlose Eitelkeit; – nicht nutzlos, denn zu wissen, dass Adrian solcherart empfand, bringt noch jetzt Freude in mein einsames Herz.)

»Närrischer dummer Junge!«, rief die zornige Lady aus, »du hast dich dazu entschieden, meine Pläne für deine eigene Erhöhung mit Träumen und Theorien zunichtezumachen; aber dir soll nicht dasselbe mit meinen Entwürfen für deine Schwester gelingen. Ich verstehe die Faszination, der ihr beide erlegen seid, nur zu gut; denn ich focht den gleichen Kampf mit eurem Vater aus, um ihn dazu zu bringen, dem Vater dieses jungen Mannes zu entsagen, der seine bösen Neigungen mit der Sanftheit und Hinterlist einer Viper verbarg. Wie oft habe ich in jenen Tagen von seinen Reizen gehört, seiner allseitigen Beliebtheit, seiner Gewitztheit, seinen kultivierten Manieren: Es ist schön und gut, solange bloß Fliegen in solchen Spinnennetzen gefangen werden, aber sollten die Hochgeborenen und die Mächtigen ihre Nacken dem schwachen Joch dieser unaussprechlichen Ansprüche beugen? Wäre deine Schwester wirklich die unbedeutende Person, die sie zu sein verdiente, ich würde sie bereitwillig dem Schicksal überlassen, dem elenden Schicksal, die Frau eines Mannes zu sein, dessen ganzes Wesen, das seinem elenden Vater gleicht, sie an die Torheit und Bösartigkeit erinnert, die er darstellt – aber denke daran, Lady Idris, es ist nicht allein das einst königliche Blut Englands, das deine Adern färbt, du bist auch eine Prinzessin von Österreich, und jeder Lebenstropfen ist verwandt mit Kaisern und Königen. Bist du denn eine passende Gefährtin für einen ungebildeten Hirtenknaben, dessen einziges Erbe der angeschlagene Name seines Vaters ist?«

»Ich kann nur eine Verteidigung wagen«, antwortete Idris,

»und dies ist die gleiche, die auch mein Bruder anbot; lade Lionel ein, sprich mit meinem Hirtenknaben –«

Die Gräfin unterbrach sie empört.

»Du!« – rief sie, und dann, mit einem verächtlichen Lächeln ihre verzerrten Gesichtszüge glättend, fuhr sie fort – »Wir werden hiervon zu gegebener Zeit sprechen. Alles, worum ich dich nun bitte, alles, was deine Mutter erbittet, Idris, ist, dass du diesen Emporkömmling während eines Monats nicht sehen wirst.«

»Ich wage nicht, einzuwilligen«, sagte Idris, »es würde ihn zu sehr schmerzen. Ich habe kein Recht, mit seinen Gefühlen zu spielen, seine angebotene Liebe zu akzeptieren und ihn dann mit Vernachlässigung zu bestrafen.«

»Das geht zu weit«, antwortete ihre Mutter mit zitternden Lippen und wieder vor Wut blitzenden Augen.

»Nun, gnädige Frau«, sagte Adrian, »wenn meine Schwester nicht einwilligt, ihn niemals wieder zu sehen, ist es gewiss eine nutzlose Qual, sie für einen Monat zu trennen.«

»Gewiss«, antwortete die einstige Königin mit bitterer Verachtung, »sollen seine Liebe, ihre Liebe und ihrer beider kindliche Flatterhaftigkeit meine Jahre voller Hoffnung und Angst aufwiegen, die ich mit der Erziehung der königlichen Nachkommen verbracht habe, um ihnen das hohe und würdevolle Betragen beizubringen, das jemand ihrer Abstammung wahren sollte. Aber es ist meiner unwürdig, zu streiten und mich zu beklagen. Vielleicht wirst du die Güte haben, mir zu versprechen, während dieses Zeitraums nicht zu heiraten?«

Dies wurde nur halb ironisch gefragt; und Idris wunderte sich, warum ihre Mutter einen feierlichen Eid von ihr erpressen sollte, etwas nicht zu tun, von dem sie nie geträumt hätte – aber das Versprechen wurde verlangt und gegeben.

Alles ging nun fröhlich weiter; wir trafen uns wie gewohnt und sprachen ohne Angst von unseren Zukunftsplänen. Die Gräfin war so höflich und entgegen ihrer Gewohnheit sogar liebenswürdig zu ihren Kindern, dass sie begannen, auf ihre letztliche Zustimmung zu hoffen. Sie war ihnen zu unähnlich, ihrem Geschmack zu sehr fremd, als dass sie ihre Gesellschaft genossen oder sie gesucht hätten, aber es bereitete ihnen Freude, sie versöhnlich und freundlich zu sehen. Einmal sogar wagte Adrian, ihr vorzuschlagen, mich zu empfangen. Sie lehnte mit einem Lächeln ab und erinnerte ihn, dass seine Schwester vorläufig versprochen hatte, geduldig zu sein.

Eines Tages, nach Ablauf beinahe eines Monats, erhielt Adrian einen Brief von einem Freund in London, in dem jener seine sofortige Anwesenheit für die Unterstützung einer wichtigen Sache forderte. Selbst ohne Arg, fürchtete Adrian keine Täuschung. Ich ritt mit ihm bis nach Staines. Er war in guter Stimmung; und da ich Idris während seiner Abwesenheit nicht sehen konnte, versprach er seine baldige Rückkehr. Seine ausgelassene Heiterkeit hatte die seltsame Wirkung, in mir entgegengesetzte Gefühle zu erwecken; eine Ahnung des Bösen hing über mir. Nach meiner Rückkehr trieb ich mich herum und zählte die Stunden, die verstreichen müssten, bis ich Idris wiedersehen würde. Wo sollte dies hinführen? Was könnte nicht alles an Üblem in der Zwischenzeit passieren? Könnte ihre Mutter Adrians Abwesenheit nicht ausnutzen, um sie über die Maßen zu bedrängen, vielleicht um ihr eine Falle zu stellen? Ich beschloss, komme was wolle, sie am nächsten Tag zu sehen und mit ihr zu sprechen. Diese Entscheidung beruhigte mich. Morgen, du Schönste und Beste, du Hoffnung und Freude meines Lebens, morgen werde ich dich sehen – ich Dummkopf träumte von einem Moment der Verzögerung!

Ich ging zu Bett. Um Mitternacht wurde ich von einem stürmischen Klopfen geweckt. Es war jetzt tiefer Winter; es hatte geschneit und schneite noch immer; der Wind pfiff in den blattlosen Bäumen und beraubte sie der weißen Flocken, während sie fielen; sein trostloses Seufzen und das fortgesetzte Klopfen vermischten sich wild mit meinen Träumen – endlich war ich hellwach; hastig kleidete ich mich an und beeilte mich, die Ursache dieser Störung zu entdecken und dem unerwarteten Besucher meine Tür zu öffnen. Bleich wie der Schnee, der sie bedeckte, mit gefalteten Händen, stand Idris vor mir. »Rette mich!«, rief sie und wäre zu Boden gesunken, hätte ich sie nicht aufgefangen. Nach einem Augenblick aber erwachte sie wieder und bat mich energisch, fast gewaltsam, Pferde zu satteln, sie nach London zu bringen – zu ihrem Bruder – sie auf irgendeine Weise zu retten. Ich hatte keine Pferde – sie rang ihre Hände. »Was kann ich tun?«, rief sie, »Ich bin verloren – wir beide sind auf ewig verloren! Aber komm – komm mit mir, Lionel; hier kann ich nicht bleiben – wir können uns in der nächsten Poststation eine Kutsche besorgen, noch haben wir vielleicht Zeit! Komm mit mir, um mich zu retten und zu beschützen!«

Als ich ihre kläglichen Forderungen hörte und sah, wie sie mit ungeordnetem Kleid, zerzausten Haaren und ängstlichen Blicken ihre Hände rang – schoss mir der Gedanke durch den Kopf, ist auch sie verrückt? – »Mein Liebling«, und ich zog sie an meine Brust, »ruhe dich besser aus, als weiterzuwandern – setze dich – meine Geliebte, ich werde ein Feuer machen – du frierst.«

»Mich ausruhen!«, rief sie, »hinsetzen! Du redest irre, Lionel! Wenn du zögerst, sind wir verloren; ich bitte dich, komm, es sei denn, du willst mich für immer vertreiben.«

Dass Idris, die fürstlich Geborene, die in Reichtum und Luxus aufgewachsen war, durch die stürmische Winternacht von ihrer königlichen Behausung gekommen sein, an meiner niedrigen Tür stehen und mich durch Dunkelheit und Sturm mit sich zur Flucht bewegen sollte – war gewiss ein Traum – doch ihre klagenden Töne, ihr liebreizender Anblick überzeugten mich, dass es keine Vision war. Sie sah sich ängstlich um, als fürchte sie, belauscht zu werden, und flüsterte: »Ich habe entdeckt, dass morgen – das heißt, heute, denn Mitternacht ist bereits vorüber – noch vor dem Morgengrauen Ausländer, von meiner Mutter angeheuerte Österreicher, hier sein werden, um mich nach Deutschland zu bringen, ins Gefängnis, in eine Ehe – überallhin, nur fort von dir und meinem Bruder – bring mich fort, denn sie werden bald hier sein!«

Ich war erschrocken von ihrer Heftigkeit und glaubte an irgendeinen Fehler in ihrer unzusammenhängenden Geschichte; doch ich zögerte nicht länger, ihr zu gehorchen. Sie war allein vom Schloss gekommen, drei lange Meilen, um Mitternacht, durch den schweren Schnee; wir mussten Englefield Green, eineinhalb Meilen weiter, erreichen, ehe wir eine Kutsche bekommen konnten. Sie sagte mir, dass sie ihre Kraft und ihren Mut bis zu ihrer Ankunft in meiner Hütte aufrechterhalten hatte und dann beide versagten. Jetzt konnte sie kaum mehr gehen. Obgleich ich sie stützte, so gut ich konnte, blieb sie zurück; und nach einer halben Meile Entfernung, nach vielen Unterbrechungen, Zittern und halben Ohnmachten, rutschte sie von meinem stützenden Arm in den Schnee und beteuerte unter einem Strom von Tränen, dass sie getragen werden müsse, da sie nicht weitergehen könne. Ich hob sie in meine Arme, ihre zarte Gestalt ruhte an meiner Brust. – Ich fühlte keine Last, abgesehen von der inneren Belastung der gegensätzlichen und widerstreitenden Gefühle. Reines Entzücken überkam mich jetzt. Wiederum berührten mich ihre kalten Glieder, so dass es mich wie ein Blitz durchfuhr; und ich schauderte vor Mitgefühl mit ihrer Pein und ihrer Angst. Ihr Kopf lag auf meiner Schulter, ihr Atem hauchte in meine Haare, ihr Herz schlug nahe dem meinen, die Gefühle ließen mich erzittern, blendeten mich, peinigten mich – bis ein gedämpftes Stöhnen, das ihren Lippen entkam, das Klappern ihrer Zähne, das sie vergeblich zu unterdrücken versuchte, und alle Zeichen des Leidens, die sie zeigte, mich an die Notwendigkeit von Eile und Hilfe erinnerten. Endlich sagte ich zu ihr: »Da ist Englefield Green, dort das Wirtshaus. Aber wenn man dich in einem solch merkwürdigen Zustand sieht, liebe Idris, könnten deine Feinde dadurch zu früh von deiner Flucht erfahren. Wäre es nicht besser, wenn ich allein die Kutsche besorgte? Ich werde dich inzwischen in Sicherheit bringen und sofort zu dir zurückkehren.«

Sie antwortete, dass ich recht habe und mit ihr verfahren könne, wie es mir gefiele. Ich bemerkte die nur angelehnte Tür eines kleinen Nebengebäudes. Ich stieß sie auf; formte aus etwas verstreut umherliegendem Heu ein Bett für sie, legte ihre erschöpfte Gestalt darauf und bedeckte sie mit meinem Umhang. Ich fürchtete, sie zu verlassen, sie sah so schwach und blass aus – aber plötzlich erwachte sie wieder zum Bewusstsein und damit zum Zustand der Angst, und wieder flehte sie mich an, nicht zu zögern. Die Leute vom Gasthaus zu wecken und einen Wagen und Pferde zu erhalten, war, obwohl ich sie selbst anspannte, die Arbeit von vielen Minuten; Minuten, deren jede ein ganzes Zeitalter zu sein schien. Ich ließ den Wagen ein wenig vorrücken, wartete, bis die Leute vom Gasthaus sich zurückgezogen hatten, und ließ dann den Postjungen die Kutsche zu der Stelle lenken, wo Idris, ungeduldig und jetzt etwas erholt, auf mich wartete. Ich hob sie in die Kutsche und versicherte ihr, dass wir mit unseren vier Pferden vor fünf Uhr in London ankommen sollten, zu der Stunde, in der sie gesucht und vermisst werden würde. Ich bat sie, sich zu beruhigen; ein dankbarer Tränenschauer erleichterte sie, und nach und nach erzählte sie ihre Geschichte von Angst und Gefahr.

Sofort nach Adrians Abreise hatte ihre Mutter sie in einem peinlichen Verhör um ihre Verbundenheit mit mir befragt. Jedes Argument, jede Drohung, jeder zornige Spott war vergebens. Sie schien zu glauben, dass sie durch mich Raymond verloren hätte; dass ich der böse Einfluss in ihrem Leben sei; ich wurde sogar beschuldigt, die übergroße und grundlegende Abneigung Adrians vor allen Aussichten auf Erhöhung und Verbesserung zu vergrößern und zu bestätigen; und nun sollte dieser elende Bergbewohner auch noch ihre Tochter stehlen. Niemals, so erzählte Idris, kehrte die zornige Dame zu Sanftmut und Überredung zurück; wenn sie es getan hätte, wäre es außerordentlich peinvoll gewesen zu widerstehen. So wie es war, wurde die großzügige Natur des lieben Mädchens dazu erweckt, mich zu verteidigen und sich mit mir zu verbünden. Ihre Mutter endete mit einem halb verächtlichen und halb triumphierenden Blick, der für einen Augenblick Idris' Verdacht erweckte. Als sie sich für die Nacht trennten, sagte die Gräfin: »Ich vertraue darauf, dass sich morgen dein Ton ändern wird. Fasse dich, ich habe dich erregt, geh zu Bett, und ich werde dir eine Medizin schicken, die ich immer nehme, wenn ich unruhig bin – sie wird dir eine ruhige Nacht schenken.«

Sobald sie mit beklommenen Gedanken ihre Wange auf ihr Kissen gelegt hatte, brachte ihr die Dienerin ihrer Mutter einen Trank. Ein Verdacht durchfuhr sie bei dieser neuen Entwicklung, der erschreckend genug war, um sie zu überzeugen, den Trank nicht einzunehmen; doch die Abneigung gegen Streitigkeiten und der Wunsch, herauszufinden, ob es einen berechtigten Grund für ihre Vermutungen gab, brachten sie dazu, sagte sie, beinahe instinktiv und im Gegensatz zu ihrer üblichen Offenheit vorzugeben, die Medizin zu schlucken. Unruhig, wie sie es durch die Gewalt ihrer Mutter gewesen war, und jetzt aufgrund neuer Ängste, lag sie bei jedem Laut zusammenfahrend und unfähig zu schlafen da. Bald öffnete sich leise ihre Tür, und als sie hochfuhr, hörte sie ein Flüstern: »Sie schläft noch nicht«, und die Tür schloss sich wieder. Mit pochendem Herzen erwartete sie einen weiteren Besuch, und als nach einer Weile wieder jemand in ihr Zimmer eindrang, gab sie, nachdem sie sich zuerst versichert hatte, dass die Eindringlinge ihre Mutter und eine Dienerin waren, vor, zu schlafen. Ein Schritt näherte sich ihrem Bett, sie wagte nicht, sich zu bewegen, sie bemühte sich, ihr Herzklopfen zu beruhigen, das heftiger wurde, als sie ihre Mutter murmelnd sagen hörte: »Du kleiner Einfaltspinsel, merkst du nicht, dass dein Spiel schon aus ist.«

Für einen Moment dachte das arme Mädchen, dass ihre Mutter glaubte, sie hätte Gift getrunken: Sie war im Begriff, aufzuspringen; als die Gräfin, die schon in einiger Entfernung vom Bett war, mit leiser Stimme zu ihrer Begleiterin sprach. Und wieder lauschte Idris: »Eile dich«, sagte sie, »es ist keine Zeit zu verlieren – es ist längst nach elf, sie werden um fünf hier sein, nimm nur die Kleider, die für ihre Reise nötig sind, und ihre Schmuckschatulle.« Die Dienerin gehorchte; auf beiden Seiten wurden wenige Worte gesprochen, diese jedoch wurden vom ausersehenen Opfer begierig aufgefangen. Sie hörte, wie der Name ihrer eigenen Zofe erwähnt wurde. – »Nein, nein«, antwortete ihre Mutter, »sie geht nicht mit uns; Lady Idris muss England und alles, was dazugehört, vergessen.« Und wieder hörte sie: »Sie wird morgen erst spät aufwachen, und dann werden wir auf See sein.« »Alles ist bereit«, gab die Frau schließlich bekannt. Die Gräfin trat wieder ans Bett ihrer Tochter: »Zumindest in Österreich«, sagte sie, »wirst du gehorchen. In Österreich, wo Gehorsam durchgesetzt werden kann und keine andere Wahl bleibt als die zwischen einem ehrenvollen Gefängnis und einer passenden Ehe.«

Beide zogen sich dann zurück; obgleich die Gräfin, als sie ging, sagte »Leise, alle schlafen zwar, doch wurden nicht alle zum Schlafen gebracht wie sie. Ich möchte keinen Verdacht wecken, sonst könnte sie zum Widerstand erregt werden und vielleicht flüchten. Komm mit mir in mein Zimmer, wir werden dort bis zur vereinbarten Stunde verweilen.« Sie gingen. Idris, in grenzenlosem Entsetzen, doch durch ihre übermäßige Angst belebt und gestärkt, zog sich hastig an, und indem sie eine Hintertreppe hinunterging und die Annäherung an das Zimmer ihrer Mutter vermied, gelang es ihr, durch ein niedriges Fenster aus dem Schloss zu entkommen und durch Schnee, Wind und Dunkelheit meine Hütte zu erreichen; sie verlor nicht ihren Mut, bis sie ankam, und erst als sie ihr Schicksal in meine Hände gelegt hatte, gab sie sich der Verzweiflung und Ermüdung hin, die sie überwältigten.

Ich tröstete sie, so gut ich konnte. Ich war ganz Freude und Jubel, jetzt wo sie mir gehörte und ich sie retten durfte. Um aber keine neue Aufregung in ihr zu erregen, und »um der Stirne heitern Frieden nicht zu stören«, zügelte ich meine Freude. Ich bemühte mich, den aufgeregten Tanz meines Herzens zu beruhigen, wandte meine mit einem Übermaß an Zärtlichkeit strahlenden Augen von ihr ab und murmelte stolz meine Empfindungen in die dunkle Nacht und die kalte Luft hinaus. Wir kamen in London an, viel zu früh, wie mich dünkte; und doch konnte ich unsere baldige Ankunft nicht bereuen, als ich Zeuge der Freude wurde, mit der mein geliebtes Mädchen sich ihrem Bruder in die Arme warf, sicher vor allem Bösen unter seinem untadeligen Schutz.

Adrian schrieb eine kurze Notiz an seine Mutter und informierte sie, dass Idris unter seiner Obhut und Vormundschaft sei. Mehrere Tage verstrichen, und endlich traf eine Antwort aus Köln ein. »Es sei nutzlos«, schrieb die hochmütige und enttäuschte Dame, »dass der Graf von Windsor und seine Schwester sich an ihre beleidigte Mutter wandten, deren einzige Hoffnung auf Ruhe aus dem Vergessen ihrer Existenz gezogen werden müsse. Ihre Wünsche seien verworfen, ihre Entwürfe vernichtet worden. Sie beklage sich nicht, sie werde am Hof ihres Bruders zwar keine Entschädigung für ihren Ungehorsam finden (die kindliche Lieblosigkeit schlösse eine solche aus), aber einen solchen Stand der Dinge und Lebensalltag, der sie am besten mit ihrem Schicksal versöhnen könnte. Unter diesen Umständen lehne sie jegliche Verbindung mit ihnen ab.«

Dies waren die seltsamen und unglaublichen Ereignisse, die schließlich zu meiner Vereinigung mit der Schwester meines besten Freundes, mit meiner angebeteten Idris führten. Mit Einfachheit und Mut fegte sie die Vorurteile und den Widerstand beiseite, die meinem Glück im Wege standen, und sie scheute sich nicht, dem die Hand zu geben, dem sie ihr Herz geschenkt hatte. Ihrer würdig zu sein, sich durch die Ausübung von Talenten und Tugend zu ihrer Größe zu erheben, ihre Liebe mit hingebungsvoller, unermüdlicher Zärtlichkeit zu erwidern, war der einzige Dank, den ich ihr für das unvergleichliche Geschenk anbieten konnte.

Kapitel 6

Und nun soll der Leser, indem wir über eine kurze Zeitspanne hinweggehen, in unseren glücklichen Kreis eingeführt werden. Adrian, Idris und ich nahmen unseren Wohnsitz in Schloss Windsor; Lord Raymond und meine Schwester bewohnten ein Haus, das der Erstere an der Grenze des großen Parks errichtet hatte, in der Nähe von »Perditas Hütte«, wie das niedrige Häuschen noch immer genannt wurde, wo wir beide, arm selbst an Hoffnung, das Faustpfand unserer Glückseligkeit erhalten hatten. Wir hatten getrennte Beschäftigungen und gemeinsame Vergnügungen. Zuweilen verbrachten wir ganze Tage mit unseren Büchern und Musik im belaubten Schutz des Waldes. Dies geschah während jener seltenen Tage in diesem Land, wenn die Sonne in ungetrübter Majestät ihren Äther-Thron besteigt und die windstille Atmosphäre wie ein Bad aus klarem und wohltuendem Wasser ist, das die Sinne in Gelassenheit hüllt. Wenn die Wolken den Himmel verschleierten und der Wind sie hierhin und dorthin blies, sie zerteilte und ihre Bruchstücke durch die luftigen Ebenen verstreute – dann ritten wir aus und suchten neue Stellen der Schönheit und der Ruhe. Wenn die häufigen Regenfälle uns ins Haus verbannten, folgte abendliche Erholung, von Musik und Gesang eingeleitet, dem morgendlichen Studium. Idris hatte ein natürliches musikalisches Talent; und ihre Stimme, die sorgfältig ausgebildet worden war, war voll und süß. Raymond und ich waren Teil des Konzerts, Adrian und Perdita die ergebenen Zuhörer. Dann waren wir heiter wie sommerliche Insekten, verspielt wie Kinder; wir trafen uns stets mit einem Lächeln und lasen Zufriedenheit und Freude in den Gesichtern der anderen. Unsere schönsten Feste fanden in Perditas Hütte statt; auch wurden wir es nicht müde, von der Vergangenheit zu reden oder von der Zukunft zu träumen. Eifersucht und Unruhe waren uns unbekannt; und nie störte eine Angst oder Hoffnung auf Veränderung unsere Ruhe. Andere sagten: Wir könnten glücklich sein – wir sagten – wir sind es.

Wenn irgendeine Trennung zwischen uns stattfand, so geschah es für gewöhnlich, dass Idris und Perdita zusammen fortgingen und Adrian, Raymond und ich zurückblieben, um politische und philosophische Themen zu besprechen. Gerade die Verschiedenheit unserer Anlagen verlieh diesen Unterhaltungen einen besonderen Reiz. Adrian war in Gelehrsamkeit und Beredsamkeit überlegen; Raymond hingegen besaß eine schnelle Auffassungsgabe und praktische Lebenserfahrung, die sich gewöhnlich gegensätzlich zu Adrians darstellten, und hielt so die Diskussion aufrecht. Zu anderen Zeiten unternahmen wir mehrtägige Exkursionen und durchquerten das Land, um jeden Ort zu besuchen, der seiner Schönheit oder seines historischen Bezuges wegen bekannt war. Zuweilen gingen wir nach London und mengten uns in die Vergnügungen der geschäftigen Menge; zuweilen fielen Besucher aus ihrer Mitte in unseren Rückzugsort ein. Diese Veränderung machte uns nur um so empfänglicher für die Freuden des vertraulichen Umgangs unseres eigenen Kreises, der Ruhe unseres ehrwürdigen Waldes und unserer glücklichen Abende in den Hallen unseres geliebten Schlosses.

Das Wesen Idris' war besonders offen, sanft und zärtlich. Ihr Gemüt war unveränderlich heiter; und obschon sie in jedem Punkt, der ihr Herz berührte, fest und entschieden war, war sie doch denen ergeben, die sie liebte. Das Wesen Perditas war weniger vollendet, doch Zärtlichkeit und Glück veredelten ihren Charakter und milderten ihre natürliche Zurückhaltung. Ihr Verständnis war klar und umfassend, ihre Vorstellungskraft lebendig; sie war aufrichtig, großzügig und vernünftig. Adrian, der unvergleichliche Bruder meiner Seele, der einfühlsame und vortreffliche Adrian, der jeden liebte und von jedem geliebt wurde, schien jedoch dazu bestimmt zu sein, seine andere Hälfte, die sein Glück vervollständigen sollte, nicht zu finden. Er verließ uns oft und wanderte allein in den Wäldern oder segelte in seinem kleinen Boot, mit seinen Büchern als seinen einzigen Begleitern. Er war oft der Fröhlichste unserer Gesellschaft, dann wiederum war er jedoch auch der Einzige, der von Anfällen der Verzweiflung heimgesucht wurde. Sein schmaler Körper schien unter dem Gewicht des Lebens zu straucheln, und seine Seele schien eher seinen Körper zu besetzen als sich damit zu vereinigen. Ich war meiner Idris kaum ergebener als ihrem Bruder, und sie liebte ihn als ihren Lehrer, ihren Freund und den Wohltäter, der ihr die Erfüllung ihrer innigsten Wünsche gesichert hatte. Raymond, der ehrgeizige, ruhelose Raymond, thronte in der Mitte der großen Straße des Lebens und war damit zufrieden, all seine Pläne der Souveränität und des Ruhms aufzugeben, um eine von uns, die Blume des Feldes, zu gewinnen. Sein Königreich war das Herz Perditas, seine Untertanen ihre Gedanken; durch sie wurde er geliebt, als überlegenes Wesen respektiert, bedient, ihm gehorcht. Kein Dienst, keine Andacht, kein Anschauen war ihr lästig, soweit es ihn betraf. Sie pflegte abseits von uns zu sitzen und ihn zu beobachten; sie weinte vor Freude, wenn sie daran dachte, dass er ihr gehörte. Sie errichtete in der Tiefe ihres Wesens einen Tempel für ihn, und jede ihrer Fähigkeiten war eine Priesterin, die seinem Dienst verpflichtet war. Zuweilen war sie eigensinnig und launisch, doch ihre Reue war stets bitter, ihre Umkehr umfassend, und sogar diese Unausgewogenheit ihres Temperaments passte zu ihm, der von der Natur nicht dazu geschaffen wurde, sich müßig den Strom des Lebens hinabtreiben zu lassen.

Im ersten Jahr ihrer Ehe schenkte Perdita Raymond ein hübsches Mädchen. Es war seltsam, in diesem Miniaturmodell die Züge seines Vaters wiederzufinden. Die gleichen halb spöttischen Lippen und das triumphierende Lächeln, die gleichen intelligenten Augen, die gleiche Stirn und das kastanienbraune Haar; selbst ihre Hände und Finger ähnelten den seinen. Wie sehr Perdita sie liebte! Nach einer Weile wurde auch ich Vater, und unsere kleinen Lieblinge, unsere Kostbarkeiten und Freuden, riefen tausend neue und köstliche Gefühle hervor.

So vergingen Jahre – gleichförmige Jahre. Monat folgte auf Monat, und Jahr auf Jahr; wahrhaftig, unser Leben war ein lebendiger Kommentar zu diesem schönen Ausspruch von Plutarch, dass »unsere Seelen eine natürliche Neigung haben zu lieben, dazu geboren werden, ebenso zu lieben, als zu fühlen, zu denken, zu verstehen und zu erinnern«. Wir sprachen von Veränderung und davon, diese in die Tat umzusetzen, blieben aber in Windsor, unfähig, den Zauber zu brechen, der uns an unser abgeschiedenes Leben fesselte.

Ich bin es, der in vollem Zug genießt,
Was Menschenkindern beut der Glückesbronnen,
Der stets nur spärlich, niemals reichlich fließt.

Jetzt, da unsere Kinder uns Beschäftigung gaben, fanden wir in der Idee, sie zu einer glanzvolleren Laufbahn anzuleiten, Entschuldigungen für unser Nichtstun.

Schließlich wurde unsere Ruhe gestört, und der Strom der Ereignisse, der seit fünf Jahren in stiller Ruhe dahingeflossen war, wurde von Wogen und Hindernissen durchbrochen, die uns aus unserem angenehmen Traum weckten.

Ein neuer Lordprotektor für England sollte gewählt werden; und auf Raymonds Bitte hin zogen wir nach London, um das Geschehen aus der Nähe zu verfolgen und sogar an der Wahl teilzunehmen. Wenn Raymond mit Idris vereinigt gewesen wäre, wäre dieser Posten sein Sprungbrett zu höherer Würde geworden; und sein Verlangen nach Macht und Ruhm wäre in vollstem Maß gekrönt worden. Er hatte ein Zepter gegen eine Laute getauscht, ein Königreich für Perdita.

Dachte er daran, als wir in die Stadt reisten? Ich beobachtete ihn, konnte aber nur wenig aus ihm herausbringen. Er war außerordentlich fröhlich, spielte mit seinem Kind und konterte jedes ausgesprochene Wort. Vielleicht tat er das, weil er sah, wie sich Perditas Stirn umwölkte. Sie versuchte sich zu fassen, aber ihre Augen füllten sich ab und zu mit Tränen, und sie sah Raymond und ihr Mädchen wehmütig an, als fürchte sie, dass etwas Böses sie bedrohe. Und so empfand sie es auch. Eine Vorahnung von Übel schwebte über ihr. Sie lehnte sich aus dem Fenster und blickte auf den Wald und die Türmchen des Schlosses, und als diese durch dazwischenliegende Gegenstände verdeckt wurden, rief sie leidenschaftlich: »Schauplätze des Glücks! Schauplätze, die der hingebungsvollen Liebe heilig sind, wann soll ich euch wiedersehen! Und wenn ich euch sehe, soll ich noch immer die geliebte und glückliche Perdita sein, oder soll ich mit gebrochenem Herzen und verloren durch eure Haine wandern, als ein Geist derer, die ich bin!«

»Närrin«, rief Raymond, »worüber grübelst du in deinem kleinen Kopf, dass du plötzlich so trübselig geworden bist? Sei guten Mutes, oder ich werde dich zu Idris bringen und Adrian in den Wagen rufen, der, wie ich durch seine Gebärden sehe, meine gute Laune teilt.«

Adrian war zu Pferd; er ritt zum Wagen auf, und seine Fröhlichkeit, zusätzlich zu der von Raymond, zerstreute die Melancholie meiner Schwester. Wir kamen am Abend in London an und begaben uns zu unseren verschiedenen Unterkünften in der Nähe des Hyde Parks.

Am nächsten Morgen besuchte Lord Raymond mich zu früher Stunde. »Ich komme zu dir«, sagte er, »nur halb versichert, dass du mich bei meinem Vorhaben unterstützen wirst, aber entschlossen, es auszuführen, ob du mir hilfst oder nicht. Versprich mir jedoch Geheimhaltung, denn wenn du nicht zu meinem Erfolg beiträgst, darfst du ihn mir wenigstens nicht vereiteln.«

»Gut, ich verspreche es. Und nun –«

»Und nun, lieber Freund, wofür sind wir nach London gekommen? Um bei der Wahl eines Lordprotektors anwesend zu sein und unser Ja oder Nein für Seine schlurfenden Gnaden von —— abzugeben? Oder für diesen lauten Ryland? Glaubst du, dass ich dich dafür in die Stadt gebracht habe, Verney? Nein, wir werden einen eigenen Protektor haben. Wir werden einen Kandidaten aufstellen und seinen Erfolg sichern. Wir werden Adrian nominieren und unser Bestes geben, um ihm die Macht zu verleihen, zu der er durch seine Geburt berechtigt ist, und welche er durch seine Tugenden verdient.

Antworte nicht, ich kenne alle deine Einwände und werde ihnen in der richtigen Reihenfolge antworten. Erstens: Ob er einwilligen wird, ein großer Mann zu werden, oder nicht? Überlass mir die Sache der Überredung; ich bitte dich nicht, mir dabei Unterstützung zu leisten. Zweitens, ob er seine Beschäftigung mit dem Pflücken von Brombeeren und dem Pflegen von verwundeten Rebhühnern im Wald für die Befehlsgewalt über eine Nation eintauschen sollte? Mein lieber Lionel, *wir* sind verheiratete Männer und finden Beschäftigung darin, unsere Frauen zu unterhalten und mit unseren Kindern zu tanzen. Aber Adrian ist allein, unverheiratet, kinderlos, unbeschäftigt. Ich habe ihn lange beobachtet. Er sehnt sich nach einer Beschäftigung im Leben. Sein Herz, erschöpft von seinen frühen Leiden, ruht wie ein frisch geheiltes Glied, und er schreckt vor aller Aufregung zurück. Aber sein Verstand, seine Wohltätigkeit, seine Tugenden, wollen ein Feld zur Übung und Zurschaustellung, und wir werden es für ihn beschaffen. Nebenbei, ist es nicht eine Schande, dass das Genie Adrians fruchtlos auf Erden verblassen sollte wie eine Blume auf einem verlassenen Bergpfad? Glaubst du, die Natur schuf seinen überragenden Geist ohne eine dahinterstehende Absicht? Glaube mir, er ist dazu bestimmt, der Ursprung von unendlich viel Gutem in seinem heimatlichen England zu sein. Hat es ihm nicht jede Begabung in verschwenderischer Fülle geschenkt – Geburt, Reichtum, Talent, Güte? Liebt und bewundert ihn nicht jedermann? Und erfreut er sich nicht allein an solchen Bemühungen, die allen seine Liebe offenbaren? Komm, ich sehe, dass du bereits überzeugt bist und mir sekundieren wirst, wenn ich ihn heute Abend im Parlament vorschlage.«

»Du hast alle deine Argumente ausgezeichnet angebracht«, antwortete ich; »und wenn Adrian zustimmt, sind sie unantastbar. Ich habe nur eine einzige Bedingung, – dass du nichts ohne seine Zustimmung beginnst.«

»Ich glaube, du hast recht«, sagte Raymond; »obwohl ich zuerst vorgehabt hatte, die Angelegenheit anders zu bewerkstelligen. Sei es so. Ich werde sofort zu Adrian gehen; und wenn er dazu neigt, seine Zustimmung zu geben, wirst du meine Arbeit nicht zunichtemachen, indem du ihn überredest, zurückzukehren und wieder ein Eichhörnchen im Wald von Windsor zu werden. Idris, du wirst mich nicht verraten?«

»Vertraue mir«, antwortete sie, »ich werde eine strenge Neutralität wahren.«

»Ich für meinen Teil«, sagte ich, »bin zu sehr vom Wert unseres Freundes und der Fülle von Vorteilen überzeugt, die ganz England von seinem Protektorat zu erwarten hätte, um meine Landsleute solch eines Segens zu berauben, wenn er zustimmt, ihn ihnen zu schenken.«

Am Abend besuchte Adrian uns. – »Schmiedest auch du Ränke gegen mich«, sagte er lachend; »und wirst du mit Raymond gemeinsame Sache machen, indem du einen armen Visionär aus den Wolken zerrst, um ihn mit den Feuerwerken und Explosionen irdischer Größe statt himmlischer Strahlen und Lüfte zu umgeben? Ich dachte, du kennst mich besser.«

»Ich kenne dich in der Tat besser«, erwiderte ich, »als zu glauben, dass du in einer solchen Situation glücklich sein würdest; aber das Gute, das du anderen tust, mag ein Ansporn sein, da wahrscheinlich die Zeit gekommen ist, in der du deine Theorien in die Tat umsetzen kannst, und du eine solche Reformation und Veränderung herbeiführen könntest, dass sie zu dem perfekten Regierungssystem beitragen wird, das du dir gerne vorstellst.«

»Du sprichst von einem beinahe vergessenen Traum«, sagte Adrian, über dessen Gesicht ein Schatten fiel, als er sprach. »Die Visionen meiner Kindheit sind im Licht der Wirklichkeit längst verblasst, ich weiß jetzt, dass ich kein Mann bin, der dazu geeignet ist, Nationen zu regieren; mir ist es genug, wenn ich das kleine Königreich meiner eigenen Sterblichkeit hinlänglich regiere.

Aber siehst du nicht, Lionel, den Lauf unseres edlen Freundes, einen Lauf, der vielleicht ihm selbst unbekannt, aber für mich offensichtlich ist. Lord Raymond war nie dazu geboren, um eine Drohne im Bienenstock zu sein und in unserem ländlichen Leben Zufriedenheit zu finden. Er glaubt, dass er zufrieden sein sollte, er stellt sich vor, dass seine gegenwärtige Situation die Möglichkeit der Erhöhung ausschließt, deshalb plant er nicht einmal in seinem eigenen Herzen, sich zu verändern. Aber siehst du nicht, dass er unter der Idee, mich zu erhöhen, einen neuen Weg für sich selbst beschreitet, einen tätigen Weg, von dem er lange abgekommen war?

Lass uns ihm helfen. Er, der Edle, der Streitbare, der Große in jeder Eigenschaft, die den Geist und die Person des Menschen schmücken kann; er ist geeignet, der Lordprotektor von England zu sein. Wenn *ich* – das heißt, wenn *wir* ihn vorschlagen, wird er gewiss gewählt werden und in den Funktionen dieses hohen Amtes genug Raum für seine überragenden Geisteskräfte finden. Selbst Perdita wird sich freuen. Perdita, die ihren Ehrgeiz unterdrückte, bis sie Raymond heiratete, welches Ereignis für eine Weile die Erfüllung ihrer Hoffnungen war; Perdita wird sich erfreuen am Ruhm und Aufstieg ihres Gebieters – und, scheu und artig, nicht unzufrieden mit ihrem Anteil sein. In der Zwischenzeit werden wir, die Weisen des Landes, in unser Schloss zurückkehren und uns wie Cincinnatus unseren üblichen Arbeiten widmen, bis unser Freund unsere Anwesenheit und Hilfe hier verlangen wird.«

Je mehr Adrian über diesen Plan sprach, desto durchführbarer erschien er. Seine eigene Entschlossenheit, nie ins öffentliche Leben einzutreten, war unüberwindlich, und die Zartheit seiner Gesundheit war ein hinlängliches Argument dagegen.

Der nächste Schritt bestand darin, Raymond dazu zu bringen, sich zu seinem geheimen Sehnen nach einem hohen Rang und Ruhm zu bekennen. Er trat ein, während wir sprachen. Die Art und Weise, in der Adrian seinen Vorschlag aufgenommen hatte, ihn als Kandidaten für die Schutzherrschaft einzusetzen, und seine Antworten hatten in ihm bereits eine Ahnung von dem Gegenstand geweckt, über den wir jetzt diskutierten. Sein Gesichtsausdruck und sein Betragen verrieten Unentschlossenheit und Angst; doch die Angst entstand aus der Furcht, dass wir unseren Plan nicht verfolgen oder nicht erfolgreich sein sollten; und seine Unentschlossenheit aus einem Zweifel, ob wir eine Niederlage riskieren sollten. Ein paar Worte von uns überzeugten ihn, und Hoffnung und Freude funkelten in seinen Augen; der Gedanke, sich auf eine Laufbahn zu begeben, die seinen frühen Gewohnheiten und gehegten Wünschen so angenehm war, machte ihn wie zuvor energisch und kühn. Wir besprachen seine Aussichten, die Vorzüge der anderen Kandidaten und die Neigungen der Wähler.

Dennoch hatten wir uns verrechnet. Raymond hatte viel von seiner Popularität verloren und war von seinen früheren Anhängern verlassen worden. Während seiner Abwesenheit von der geschäftigen Bühne hatte das Volk ihn vergessen; seine ehemaligen parlamentarischen Unterstützer bestanden hauptsächlich aus Royalisten, die bereit gewesen waren, ein Idol aus ihm zu machen, als er als der Erbe der Grafschaft Windsor erschien, die ihm gegenüber aber gleichgültig waren, als er mit keinen anderen Eigenschaften und Unterscheidungen hervortrat, als viele unter ihnen aufwiesen. Dennoch hatte er viele Anhänger, Bewunderer seiner umfassenden Talente; mit seiner Anwesenheit im Parlament, seiner Redegabe, seiner Gewandtheit und seinem guten Aussehen gelang es ihm, eine elektrisierende Wirkung zu erzeugen. Zudem besaß Adrian trotz seiner dem gesellschaftlichen Leben entgegenstehenden Einsiedlergewohnheiten und Theorien viele Freunde, und diese konnten leicht überzeugt werden, für einen Kandidaten seiner Wahl zu stimmen.

Der Herzog von —— und Mr. Ryland, Lord Raymonds alter Widersacher, waren die anderen Kandidaten. Der Herzog wurde von allen Aristokraten der Republik unterstützt, die ihn für ihren angemessenen Vertreter hielten. Ryland war der Volkskandidat; als Lord Raymond das erste Mal der Liste hinzugefügt wurde, erschienen seine Erfolgsaussichten gering. Wir zogen uns aus der Debatte zurück, die seiner Nominierung gefolgt war: wir, seine Ernenner, waren gekränkt; er war gänzlich entmutigt. Perdita tadelte uns bitterlich. Ihre Erwartungen waren geweckt worden; sie hatte keine Einwände gegen unser Projekt geäußert, im Gegenteil, sie war offensichtlich erfreut darüber; aber sein offensichtlicher Misserfolg änderte die Strömung ihrer Gedanken. Sie hatte das Gefühl, dass Raymond, wenn er erst einmal zu sich gekommen wäre, nie wieder ohne Murren nach Windsor zurückkehren würde. Seine Gewohnheiten waren aus dem Ruder gelaufen; sein ruheloser Geist aus seinem Schlaf erwacht, Ehrgeiz musste jetzt sein Begleiter durch das Leben sein; und wenn er bei seinem gegenwärtigen Versuch nicht erfolgreich wäre, sah sie voraus, dass Unglück und unheilbare Unzufriedenheit folgen würden. Vielleicht fügte ihre eigene Enttäuschung ihren Gedanken und Worten einen Stich hinzu; sie verschonte uns nicht, und unsere eigenen Gedanken trugen zu unserer Unruhe bei.

Es war notwendig, unsere Nominierung weiterzuverfolgen und Raymond zu überreden, sich am folgenden Abend den Wählern zu präsentieren. Er war lange Zeit halsstarrig. Er wäre lieber in einen Ballon gestiegen und in einen fernen Teil der Welt gesegelt, wo sein Name und seine Demütigung unbekannt waren. Aber das war nutzlos; sein Bestreben war registriert, sein Entwurf der Welt kundgetan; seine Schande könnte niemals aus den Erinnerungen der Menschen ausgelöscht werden. Es war ebenso gut, am Ende nach einem Kampf versagt zu haben, als jetzt zu Beginn seines Unternehmens zu fliehen.

Von dem Augenblick an, als er diesen Gedanken fasste, war er verändert. Seine Niedergedrücktheit und Ängstlichkeit vergingen; er wurde ganz Leben und Regsamkeit. Das Lächeln des Triumphes lag auf seinem Antlitz; entschlossen, seine Sache bis zum Äußersten zu verfolgen, schienen sein Betragen und sein Ausdruck für die Erfüllung seiner Wünsche verhängnisvoll zu sein. Nicht so Perdita. Sie war erschrocken über seine Fröhlichkeit, denn am Ende fürchtete sie einen umso größeren Umschwung. Wenngleich sein Anblick uns mit Hoffnung inspirierte, machte er doch den Zustand ihres Geistes nur schmerzhafter. Sie fürchtete, ihn aus den Augen zu verlieren; dennoch schrak sie davor zurück, irgendeine Änderung in der Stimmung seines Geistes zu bemerken. Sie hörte ihm eifrig zu, quälte sich jedoch, indem sie seinen Worten eine Bedeutung gab, die ihrer wahren Auslegung fremd und ihren Hoffnungen abträglich war. Sie wagte nicht bei der Wahl anwesend zu sein; doch zu Hause verdoppelte sich ihre Sorge. Sie weinte über ihrem kleinen Mädchen; sie sah, sie sprach, als ob sie das Auftreten eines schrecklichen Unglückes fürchtete. Sie war halb verrückt unter der übergroßen Spannung.

Lord Raymond stellte sich dem Parlament mit furchtlosem Selbstvertrauen und fesselnder Ansprache vor. Nachdem der Herzog von —— und Mr. Ryland ihre Reden beendet hatten, begann er. Gewiss hatte er seine Lektion nicht vergessen; doch zuerst zögerte er, wählte seine Gedanken und die Worte mit Bedacht. Nach und nach erwärmte er sich; seine Worte flossen mit Leichtigkeit, seine Sprache war voller Nachdruck und seine Stimme voller Überzeugung. Er kehrte zu seinem früheren Leben zurück, zu seinen Erfolgen in Griechenland, zu seinem Erfolg zu Hause. Warum sollte er dies aufs Spiel setzen, jetzt, da zusätzliche Jahre, Klugheit und das Versprechen, das seine Ehe seinem Land gab, seine Vertrauenswürdigkeit eher erhöhen als vermindern sollten? Er sprach vom Zustand Englands, den notwendigen Maßnahmen, die nötig wären, um seine Sicherheit zu gewährleisten und seinen Wohlstand zu mehren. Er zeichnete ein leuchtendes Bild seiner gegenwärtigen Lage. Während er sprach, war jedes Geräusch gedämpft, jeder Gedanke durch intensive Aufmerksamkeit verhindert. Seine elegante Rede fesselte die Sinne seiner Zuhörer. In gewissem Grade war er auch dazu geeignet, alle Parteien zu versöhnen. Seine Geburt gefiel der Aristokratie; seine Kandidatur, die von Adrian, einem Mann, der eng mit der Volkspartei verbunden war, empfohlen wurde, überzeugte eine Anzahl an Unterstützern, die weder dem Herzog noch Mr. Ryland nahestanden.

Der Wettstreit war heftig und der Ausgang ungewiss. Weder Adrian noch ich wären so besorgt gewesen, wenn unser eigener Erfolg von unseren Anstrengungen abhängig gewesen wäre; aber wir hatten unseren Freund zu dem Unternehmen ermuntert, und es war an uns, ihm seinen Triumph zu sichern. Idris, die die höchste Meinung über seine Fähigkeiten hegte, war sehr an dem Ereignis interessiert: und meine arme Schwester, die nicht zu hoffen wagte und für die Angst Elend bedeutete, war in ein nervöses Fieber gesunken.

Tag für Tag verging, während wir unsere Pläne für den Abend diskutierten, und jede Nacht wurde mit endlosen Debatten verbracht. Endlich kam der Höhepunkt: die Nacht, in der das Parlament, das seine Wahl so lange hinausgezögert hatte, entscheiden musste: Sobald Mitternacht vorüber war und der neue Tag begann, musste es sich kraft der Verfassung auflösen, seine Macht war vergangen.

Wir versammelten uns bei Raymond, wir und unsere Mitstreiter. Um halb sechs gingen wir zum Parlament. Idris bemühte sich, Perdita zu beruhigen; aber die Aufregung des armen Mädchens beraubte sie aller Selbstbeherrschung. Sie ging im Zimmer auf und ab und warf wilde Blicke auf jeden, der eintrat, im Glauben, dass dieser der Überbringer ihres Schicksals sein könnte. Ich muss meiner süßen Schwester Gerechtigkeit widerfahren lassen: Sie quälte sich nicht wegen ihrer selbst. Sie allein kannte das Gewicht, das Raymond seinem Erfolg beimaß. Selbst vor uns gab er sich fröhlich und hoffnungsvoll und tat dies so gut, dass wir die geheimen Regungen seines Geistes nicht erkannten. Zuweilen zeigten ein nervöses Zittern, ein scharfer Missklang der Stimme und vorübergehende Anfälle von Abwesenheit Perdita die Gewalt, die er sich selbst antat; aber wir, ganz in unsere Pläne vertieft, bemerkten nur sein stetes Lachen, seinen Witz, der bei allen Gelegenheiten hindurchdrang, die Flut seiner Heiterkeit, die vor der Ebbe sicher schien. Außerdem war Perdita in seiner Unterkunft bei ihm; sie sah die Launenhaftigkeit, die dieser erzwungenen Heiterkeit folgte; sie bemerkte seinen gestörten Schlaf, seine gequälte Gereiztheit – einmal hatte sie seine Tränen gesehen – ihre hatten kaum aufgehört zu fließen, seit sie die großen Tropfen gesehen hatte, die der enttäuschte Stolz in seinen Augen gesammelt hatte, die Stolz jedoch nicht wieder zerstreuen konnte. Wen sollte es da wundernehmen, dass ihre Gefühle auf diese Spitze gebracht wurden! So begründete ich mir selbst ihre Aufregung; doch dies war noch nicht alles, und das darauffolgende Geschehen offenbarte eine andere Begründung.

Ehe wir losgingen, nutzten wir einen Augenblick, um Abschied von unseren geliebten Mädchen zu nehmen. Ich hatte wenig Hoffnung auf Erfolg und bat Idris, auf meine Schwester achtzugeben. Als ich mich der Letzteren näherte, ergriff sie meine Hand und zog mich in ein anderes Zimmer; sie warf sich in meine Arme und weinte und schluchzte eine geraume Zeit bitterlich. Ich versuchte, sie zu beruhigen, sprach ihr Mut zu, fragte, welche gewaltigen Konsequenzen sich selbst auf unser Versagen hin ergeben würden. »Mein Bruder«, rief sie, »Beschützer meiner Kindheit, lieber, lieber Lionel, mein Schicksal hängt an einem seidenen Faden. Ich bin jetzt ganz von euch umgeben – dir, dem Begleiter meiner Kindheit, Adrian, der mir so lieb ist als ob wir durch Bande des Blutes miteinander verbunden wären, Idris, der Schwester meines Herzens, und ihren entzückenden Kindern. Dies, o dies mag das letzte Mal sein, dass wir alle beisammen sind!«

Plötzlich hielt sie inne und rief aus: »Was habe ich gesagt? – dummes närrisches Mädchen, das ich bin!« Sie sah mich wild an, und, sich plötzlich beruhigend, entschuldigte sich für das, was sie ihre bedeutungslosen Worte nannte, und sagte, dass sie tatsächlich von Sinnen sein müsse, denn so lange Raymond lebte, müsse sie glücklich sein; und dann ließ sie mich ruhig gehen, wenngleich sie noch weinte. Raymond nahm nur ihre Hand, als er ging, und sah sie ausdrucksvoll an; sie antwortete mit einem Blick voller Weisheit und Einverständnis.

Armes Mädchen! Was sie damals durchlitten hat! Ich konnte Raymond nie die Prüfungen verzeihen, die er ihr auferlegt hatte, weil sie von einem selbstsüchtigen Gefühl seinerseits ausgingen. Er hatte geplant, wenn er in seinem gegenwärtigen Versuch fehlschlagen sollte, sich, ohne sich von irgendeinem von uns zu verabschieden, nach Griechenland zu begeben und nie mehr nach England zurückzukehren. Perdita beugte sich seinen Wünschen, denn seine Zufriedenheit war das Hauptziel ihres Lebens, die Krone ihres Genusses; aber uns alle, ihre Gefährten, die geliebten Teilhaber ihrer glücklichsten Jahre, zu verlassen und in der Zwischenzeit diesen schrecklichen Entschluss zu verbergen, war eine Aufgabe, die ihre seelische Stärke beinahe überstieg. Sie war beauftragt worden, ihre Abreise vorzubereiten; während dieses entscheidenden Abends hatte sie Raymond versprochen, aus unserer Abwesenheit Nutzen zu ziehen, um bereits eine Etappe der Reise vorauszufahren, und er würde, nachdem seine Niederlage gewiss war, uns verlassen und sich ihr anschließen.

Obschon ich, als ich über dieses Vorhaben informiert wurde, bitter beleidigt von der geringen Rücksicht war, die Raymond den Gefühlen meiner Schwester entgegenbrachte, fand ich mich durch Überlegung darein, zu bedenken, dass er unter der Macht einer so starken Erregung handelte, dass sie ihm das Bewusstsein und folglich die Schuld an seinem Fehlverhalten nahm. Wenn er uns erlaubt hätte, an seiner Aufregung teilzuhaben, wäre er mehr unter der Führung der Vernunft gewesen. Sein Ringen um den Anschein von Gelassenheit wirkte jedoch mit solcher Heftigkeit auf seine Nerven, dass er nicht mehr befähigt war, seine Selbstbeherrschung zu wahren. Ich bin überzeugt, dass er im schlimmsten Fall von der Küste zurückgekehrt wäre, um sich von uns zu verabschieden und sich mit uns zu beraten. Doch die Aufgabe, die Perdita auferlegt wurde, war nicht minder qualvoll. Er hatte von ihr ein Schweigegelübde erpresst; und ihre Rolle in dem Theaterstück, da sie es allein aufführen sollte, war die quälendste, die ersonnen werden konnte. Um jedoch zu meiner Erzählung zurückzukehren:

Die Debatten waren bisher lang und laut gewesen; sie waren oft nur aus Gründen der Verzögerung in die Länge gezogen worden. Doch jetzt schien jeder Angst zu haben, dass der verhängnisvolle Augenblick vorübergehen sollte, während die Wahl noch unentschieden war. Ungewohnte Stille herrschte im Parlament, die Mitglieder sprachen flüsternd, und die gewöhnlichen Geschäfte wurden rasch und still abgewickelt. In der ersten Phase der Wahl war der Herzog von —— ausgeschieden; die Entscheidung sollte daher zwischen Lord Raymond und Mr. Ryland getroffen werden. Letzterer hatte sich des Sieges gewiss geglaubt, bis Raymond auftauchte; und seit dessen Name als Kandidat hinzugefügt worden war, hatte er mit Eifer um Stimmen geworben. Er war jeden Abend erschienen, Ungeduld und Wut zeichneten sich in seinen Blicken ab, wenn er uns von der anderen Seite von St. Stephen's anstarrte, als ob sein bloßes Stirnrunzeln unsere Hoffnungen überschatten könnte.

Alles in der englischen Verfassung war auf die bessere Erhaltung des Friedens hin ausgestaltet worden. Am letzten Tag durften nur zwei Kandidaten verbleiben; und um, wenn möglich, den letzten Kampf zwischen diesen zu vermeiden, wurde demjenigen ein Bestechungsgeld angeboten, der freiwillig seine Ansprüche aufgeben sollte; ihm würde ein ehrenhafter Posten mit einer großzügigen Entlohnung zuteil und sein Erfolg bei künftigen Wahlen erleichtert werden. Seltsamerweise war jedoch noch kein Fall eingetreten, in dem einer der beiden Kandidaten auf dieses Mittel zurückgegriffen hätte; in der Folge war das Gesetz obsolet geworden, und in unseren Diskussionen wurde es von keinem von uns erwähnt. Zu unserer äußersten Überraschung wurden wir, als wir uns in einem Komitee für die Wahl des Protektors zusammensetzen sollten, von dem Mitglied, das Ryland nominiert hatte, darüber benachrichtigt, dass dieser Kandidat seine Ansprüche aufgegeben hatte. Die Neuigkeit wurde zunächst schweigend aufgenommen; ein verwirrtes Murmeln erhob sich; und als der Vorsitzende Lord Raymond für rechtskräftig gewählt erklärte, erhob man sich zu einem einstimmigen Applaus und Jubelrufen. Es schien, als ob jede Stimme, unabhängig von der Angst vor einer Niederlage, selbst wenn Mr. Ryland nicht zurückgetreten wäre, sich zugunsten unseres Kandidaten vereint hätte. In der Tat kehrten jetzt, da die Idee des Wettstreits abgelehnt war, alle Herzen zu ihrem früheren Respekt und ihrer Bewunderung für unseren fähigen Freund zurück. Jeder empfand, dass England niemals einen Protektor gesehen hatte, der wie er geeignet dafür gewesen wäre, die anstrengenden Pflichten dieses hohen Amtes zu erfüllen. Einstimmig dröhnte der Name Raymonds durch die Kammer.

Er trat ein. Ich saß auf einem der am höchsten gelegenen Sitze und sah ihn den Gang zum Rednertisch hinaufgehen. Die natürliche Bescheidenheit seines Wesens überwand die Freude seines Triumphes. Er sah sich zaghaft um; seine Augen verschleierten sich. Adrian, der neben mir war, eilte die Bänke herabspringend zu ihm und war im nächsten Augenblick an seiner Seite. Seine Gegenwart belebte unseren Freund wieder; und als er begann zu sprechen und zu handeln, verschwand sein Zögern, und er glänzte voller Erhabenheit und Siegesbewusstsein. Der ehemalige Lordprotektor nahm ihm den Eid ab, überreichte ihm die Amtsabzeichen und führte die Einsetzungszeremonie durch. Die Versammlung löste sich danach auf. Die Obersten des Staates drängten sich um den neuen Magistrat und führten ihn zum Regierungspalast. Adrian verschwand plötzlich und kehrte zu der Zeit, als Raymonds Anhänger nur auf unsere vertrauten Freunde reduziert waren, mit Idris zurück, damit sie ihren Freund zu dessen Erfolg beglückwünschen konnte.

Aber wo war Perdita? Als Raymond sich im Falle eines Misserfolgs um einen unbeobachteten Rückzug bemüht hatte, hatte er zu bestimmen vergessen, auf welche Weise sie von seinem Erfolg hören sollte; und sie war zu aufgeregt gewesen, um auf diesen Umstand zurückzukommen. Als Idris eintrat, hatte Raymond sich so weit selbst vergessen, dass er nach meiner Schwester fragte; erst, als er von ihrem mysteriösen Verschwinden hörte, fiel es ihm wieder ein. Adrian jedoch war bereits ausgegangen, um die Flüchtige zu suchen, sich vorstellend, dass ihre unbezähmbare Angst sie in die Nähe des Parlaments getrieben und vielleicht irgendein unglückliches Ereignis sie aufgehalten habe. Aber Raymond verließ uns plötzlich, ohne sich zu erklären, und im nächsten Moment hörten wir ihn die Straße herabgaloppieren, trotz des Windes und des Regens, die stürmisch über die Erde fegten. Wir wussten nicht, wie weit er gehen musste, und trennten uns bald, da wir annahmen, dass er in Bälde mit Perdita in den Palast zurückkehren würde und dass sie es nicht bedauern würden, Zeit alleine miteinander verbringen zu können.

Perdita war weinend und untröstlich mit ihrem Kind in Dartford angekommen. Sie richtete sich ganz darauf ein, sich auf den

Fortgang ihrer Reise vorzubereiten, und verbrachte, nachdem sie ihre süße schlafende Last auf ein Bett gelegt hatte, mehrere Stunden in äußerster Anspannung. Zuweilen beobachtete sie den Kampf der Elemente und dachte, während sie in düsterer Verzweiflung dem Regen lauschte, dass auch diese sich gegen sie verschworen hätten. Im nächsten Moment beugte sie sich über ihre Tochter, suchte Ähnlichkeiten mit dem Vater in ihren Zügen und fragte sich, ob sie im weiteren Leben dieselben Leidenschaften und unkontrollierbaren Impulse aufweisen würde, die ihn unglücklich machten. Dann wiederum bemerkte sie mit einer Aufwallung von Stolz und Freude in den Gesichtszügen ihres kleinen Mädchens das gleiche schöne Lächeln, das Raymonds Gesicht oft erstrahlen ließ. Der Anblick beruhigte sie. Sie dachte an den Schatz, den sie in der Zuneigung ihres Lords besaß; seine Leistungen, welche die seiner Zeitgenossen übertrafen, seine Intelligenz, seine Hingabe an sie. Bald dachte sie, dass sie außer ihm alles, was sie in der Welt besaß, entbehren könnte, ja, es mit Freuden einem Sühneopfer gleich hingeben würde, wenn es ihr denn nur das höchste Gut sichern könnte, das sie in ihm hatte. Bald stellte sie sich vor, dass das Schicksal dieses Opfer von ihr verlangte, als ein Zeichen, dass sie Raymond gänzlich ergeben war, und dass sie es mit Freuden tun müsste. Sie malte sich ihr Leben auf der griechischen Insel aus, die er als ihren Rückzugsort ausgewählt hatte; ihre Aufgabe, ihn zu beruhigen; ihre Sorge um die schöne Clara, ihre Ausritte in seiner Gesellschaft; wie sie ihn hingebungsvoll tröstete. Das Bild stellte sich ihr dann in solch leuchtenden Farben dar, dass sie das Gegenteil und ein Leben der Großartigkeit und Macht in London fürchtete; wo Raymond nicht mehr nur der Ihrige sein würde, noch sie die einzige Quelle der Glückseligkeit für ihn. Soweit es sie betraf, begann sie auf die Niederlage zu hoffen; und nur seinetwegen schwankten ihre Gefühle, als sie ihn in den Hof des Gasthauses galoppieren hörte. Dass er allein zu ihr kommen sollte, durchnässt vom Sturm, auf nichts achtend, abgesehen von Schnelligkeit; was konnte es sonst bedeuten, als dass sie besiegt und einsam aus dem heimatlichen England, dem Schauplatz der Schande, fortgehen und sich in den Myrtenhainen der griechischen Inseln verstecken sollten?

Im nächsten Augenblick lag sie in seinen Armen. Das Wissen um seinen Erfolg war so sehr zu einem Teil von ihm selbst geworden, dass er vergaß, dass er es seiner Gefährtin noch vermitteln musste. Sie fühlte nur in seiner Umarmung eine liebe Versicherung, dass, solange er sie hätte, er nicht verzweifeln würde. »Es ist gut«, rief sie, »es ist edel, mein Geliebter! O fürchte keine Schande oder Armut, während du deine Perdita hast; fürchte kein Leid, während unser Kind lebt und lächelt. Lass uns gehen, wohin du willst; die Liebe, die uns begleitet, wird unser Bedauern verhindern.«

So sprach sie, in seine Umarmung eingehüllt, und warf den Kopf zurück, um in seinen Augen eine Zustimmung zu ihren Worten zu suchen – sie funkelten vor unaussprechlicher Freude. »Ach, meine kleine Beschützerin«, sagte er neckend, »was redest du da? Und welchen hübschen Entwurf aus Verbannung und Dunkelheit hast du gesponnen, während es doch ein leuchtenderes Gewebe ist, ein golddurchwirktes Gewebe, worüber du in Wahrheit nachdenken solltest?«

Er küsste sie auf die Stirn – doch das eigensinnige Mädchen, seinen Triumph halb bedauernd, aufgeregt vom schnellen Gedankenwechsel, barg ihr Gesicht an seiner Brust und weinte. Er tröstete sie und flößte ihr seine eigenen Hoffnungen und Wünsche ein; und bald strahlte ihr Antlitz voller Zuneigung. Wie glücklich waren sie in jener Nacht! Wie barsten sie beinahe vor Freude!

Kapitel 7

Nachdem wir uns überzeugt hatten, dass unser Freund in seinem neuen Amt richtig eingesetzt war, richteten wir unseren Blick gen Windsor. Die Nähe dieses Ortes zu London war so groß, dass sich keine schmerzhafte Trennung ergab, als wir Raymond und Perdita verließen. Wir verabschiedeten uns von ihnen im Protektoratspalast. Es war schön zu sehen, wie meine Schwester sozusagen in den Geist des Bühnenstücks eintrat und sich bemühte, ihre Rolle mit geziemender Würde zu erfüllen. Ihr innerer Stolz und ihr demütiges Betragen stritten nun mehr denn je miteinander. Ihre Schüchternheit war nicht künstlich, sondern entsprang der Angst, nicht richtig gewürdigt zu werden, jenem gewissen Eindruck der Vernachlässigung durch die Gesellschaft, der auch Raymond auszeichnete. Andererseits jedoch dachte Perdita mehr an andere als er; und ein Teil ihrer Schüchternheit entstand aus dem Wunsch, denen um sie herum ein Gefühl der Minderwertigkeit zu nehmen; eine Empfindung, die ihr selbst nie in den Sinn kam. Angesichts der Umstände ihrer Geburt und Erziehung wäre Idris besser für die zeremoniellen Handlungen geeignet gewesen; aber die Leichtigkeit, mit denen sie solche ihr gewohnten Handlungen begleitete, machten sie ihr langweilig; während Perdita trotz aller Fallstricke offensichtlich ihre Stellung genoss. Sie war zu erfüllt von neuen Gedanken, um viel Kummer zu empfinden, als wir fortgingen; sie nahm einen herzlichen Abschied von uns und versprach, uns bald zu besuchen, aber sie bedauerte nicht die Umstände, die unsere Trennung verursacht hatten. Die Begeisterung Raymonds war unbegrenzt. Er wusste nicht, was er mit seiner neu errungenen Macht anfangen sollte; sein Kopf war voller Pläne; er hatte sich noch für keine entschieden – aber er versprach sich selbst, seinen Freunden und der Welt, dass die Ära seiner Schutzherrschaft durch einen Akt der überragenden Herrlichkeit eingeläutet werden sollte.

So sprachen wir von ihnen und gaben uns moralischen Betrachtungen hin, als wir in verminderter Zahl nach Schloss Windsor zurückkehrten. Wir waren sehr erleichtert über unsere Flucht vor der unruhigen Welt der Politik und genossen unsere

Einsamkeit mit gesteigerter Lebensfreude. Wir hatten keinen Mangel an Beschäftigung; doch mein Tatendrang galt jetzt ausschließlich dem Feld der geistigen Kultivierung; und ich stellte fest, dass anspruchsvolle Studien eine ausgezeichnete Medizin waren, um ein fiebriges Gemüt zu beruhigen, das durch Trägheit zweifellos gelitten hätte. Perdita hatte uns erlaubt, Clara mit uns zurück nach Windsor zu nehmen; und sie und meine beiden lieben Kleinen waren immerwährende Quellen der Beschäftigung und Freude.

Der einzige Umstand, der unseren Frieden störte, war die Gesundheit Adrians. Sie verschlechterte sich zunehmend, ohne irgendein Symptom, das uns dazu bringen konnte, seine Krankheit zu bestimmen, außer, dass seine glänzenden Augen, sein bleiches Aussehen und seine von hektischer Röte überzogenen Wangen uns die Schwindsucht fürchten ließen; aber er verspürte weder Schmerzen noch Furcht. Er widmete sich mit Eifer der Lektüre von Büchern und ruhte sich vom Studium in der Gesellschaft aus, die er am meisten liebte, der seiner Schwester und mir. Zuweilen fuhr er nach London, um Raymond zu besuchen und den Fortgang der Ereignisse zu beobachten. Clara begleitete ihn oft auf diesen Reisen; zum Teil, damit sie ihre Eltern sehen könnte, zum Teil, weil Adrian sich über das Plappern und das intelligente Aussehen dieses reizenden Kindes freute.

Inzwischen ging es in London gut voran. Die Neuwahlen waren beendet; das Parlament tagte, und Raymond war in tausend wohltätige Programme eingebunden. Kanäle, Aquädukte, Brücken, stattliche Gebäude und verschiedene Bauwerke für die öffentliche Versorgung wurden im Zuge dessen entworfen; er war ständig von Projektleitern und Projekten umgeben, die England zu einem Schauplatz der Fruchtbarkeit und Großartigkeit machen sollten; der Zustand der Armut sollte abgeschafft werden; Menschen sollten von Ort zu Ort befördert werden, fast mit derselben Leichtigkeit wie die Prinzen Houssain, Ali und Achmed in *Tausendundeiner Nacht.* Der physische Zustand des Menschen würde bald nicht mehr hinter der Schönheit der Engel zurückstehen; Krankheit sollte verbannt; die Arbeit ihrer schwersten Last entledigt werden. Das erschien auch gar nicht überspannt. Die Lebenskünste und die Entdeckungen der Wissenschaft hatten in einem Verhältnis zugenommen, das alle Hochrechnungen übertraf; inzwischen entstand Nahrung sozusagen spontan – es existierten Maschinen, die jeden Bedarf der Bevölkerung mit Leichtigkeit versorgten. Das Böse hatte freilich überlebt; und die Menschen waren nicht glücklich, nicht weil sie es nicht konnten, sondern weil sie sich nicht dazu aufraffen wollten, selbstauferlegte Hindernisse zu überwinden. Raymond sollte sie mit seinem wohltuenden Willen dazu ermuntern, damit der Mechanismus der Gesellschaft, einmal nach tadellosen Regeln angelegt, niemals wieder in Unordnung geraten würde. Mit diesen Hoffnungen gab er seinen langgehegten Ehrgeiz auf, in den Annalen der Nationen als ruhmreicher Krieger eingetragen zu werden; er legte sein Schwert beiseite, und fortan wurden Frieden und dessen ewige Wohltaten seine Ziele – der Titel, den er begehrte, war der des Wohltäters seines Landes.

Unter anderen Kunstwerken, mit denen er beschäftigt war, hatte er den Bau einer Nationalgalerie für Statuen und Bilder geplant. Er besaß selbst viele davon, die er der Republik zu präsentieren beabsichtigte; und da das Gebäude die große Zierde seines Protektorats sein sollte, war er sehr anspruchsvoll in seiner Wahl des Plans, auf dessen Grundlage es gebaut werden sollte. Hunderte Entwürfe wurden zu ihm gebracht und zurückgewiesen. Er schickte sogar nach Italien und Griechenland um Zeichnungen; aber da der Entwurf Originalität sowie vollkommene Schönheit aufweisen sollte, waren seine Bemühungen für einige Zeit nicht von Erfolg gekrönt. Schließlich erreichte ihn eine Zeichnung, mit einer Adresse, wohin Mitteilungen gesendet werden könnten, und ohne Angabe des Künstlernamens. Die Bauweise war neu und elegant, doch der Entwurf war fehlerhaft; so fehlerhaft, dass er, wenngleich gekonnt und mit geschmackvollem Blick gezeichnet, die Arbeit von jemandem zu sein schien, der kein Architekt war. Raymond betrachtete die Zeichnung mit Entzücken; je länger er schaute, desto mehr gefiel sie ihm; und doch vervielfachten sich die Fehler bei genauerer Betrachtung. Er schrieb an die angegebene Adresse und erbat sich, den Zeichner zu sehen, damit während einer Beratung vorgeschlagene Änderungen am Entwurf vorgenommen werden könnten.

Ein Grieche erschien. Ein Mann mittleren Alters, mit gebildeten Manieren, aber von so gewöhnlichem Aussehen, dass Raymond kaum glauben konnte, dass er der Zeichner war. Er gab zu, dass er kein Architekt war; aber ihm sei die Idee zu dem Gebäude plötzlich gekommen, obwohl er es ohne die geringste Hoffnung auf seine Annahme gesandt hatte. Er war ein Mann von wenigen Worten. Raymond befragte ihn; doch er nahm nach den zurückhaltenden Antworten des Mannes bald von weiteren Fragen Abstand und kam auf die Zeichnung zu sprechen. Er wies auf die Fehler und die Änderungen hin, die er wünschte; er bot dem Griechen einen Bleistift an, damit er die Skizze auf der Stelle korrigieren könne; dies wurde von seinem Besucher abgelehnt, der sagte, dass er alles genau verstanden habe und zu Hause daran arbeiten würde. Schließlich gestattete Raymond ihm zu gehen.

Am nächsten Tag kam er zurück. Der Entwurf war neu gezeichnet worden; aber viele Fehler blieben noch bestehen, und einige der gegebenen Anweisungen waren missverstanden worden. »Komm«, sagte Raymond, »ich habe gestern dir nachgegeben, nun erfülle meine Bitte – nimm den Stift.«

Der Grieche nahm ihn, doch er handhabte ihn nicht künstlerisch; endlich sagte er: »Ich muss Ihnen gestehen, mein Herr, dass ich diese Zeichnung nicht verfertigt habe. Es ist nicht möglich, dass Sie den wahren Zeichner sehen, Ihre Anweisungen müssen durch mich überbracht werden. Darum bitte ich Sie darum, Geduld mit meiner Unkenntnis zu haben, und mir Ihre Wünsche zu erklären; ich bin gewiss, dass Sie mit der Zeit zufrieden sein werden.«

Raymond fragte vergeblich; der geheimnisvolle Grieche wollte nicht mehr sagen. Würde ein Architekt den Künstler sehen dürfen? Auch dies wurde abgelehnt. Raymond wiederholte seine Anweisungen, und der Besucher zog sich zurück. Unser Freund beschloss jedoch, sich seinen Wunsch nicht vereiteln zu lassen. Er vermutete, dass ungewohnte Armut die Ursache der Geheimnistuerei war, und dass der Künstler nicht im ärmlichen Gewand und in einer mangelhaften Unterkunft gesehen werden wollte. Raymond war durch diese Überlegung umso mehr davon begeistert, ihn zu entdecken; getrieben von dem Interesse, das er an verborgenem Talent nahm, befahl er daher einem in solchen Angelegenheiten fähigen Mann, dem Griechen beim nächsten Mal zu folgen und das Haus auszukundschaften, in das er eintreten sollte. Sein Gesandter gehorchte und brachte die gewünschte Auskunft. Er hatte den Mann bis zu einer der heruntergekommensten Straßen der Metropole verfolgt. Raymond wunderte sich nicht, dass der Künstler davor zurückgeschreckt war, jemanden wissen zu lassen, wie er lebte, aber er änderte darum seine Entschlossenheit nicht.

Am selben Abend ging er allein zu dem ihm genannten Haus. Armut, Schmutz und verkommenes Elend kennzeichneten sein Aussehen. Ach!, dachte Raymond, ich habe viel zu tun, bevor England ein Paradies wird. Er klopfte; die Tür wurde mithilfe einer Schnur von oben geöffnet – die zerbrochene, elende Treppe war unmittelbar vor ihm, aber niemand erschien; er klopfte erneut, vergebens – und dann, um jede weitere Verzögerung zu vermeiden, erklomm er ungeduldig die dunklen, knarrenden Stufen. Sein Hauptwunsch, besonders jetzt, wo er die jämmerliche Behausung des Künstlers sah, war, jemanden zu entlasten, der Talent besaß, aber von Entbehrung niedergedrückt war. Er stellte sich einen jungen Mann vor, dessen Augen vor Genialität funkelten und dessen Körper durch erlittenen Hunger geschwächt war. Er befürchtete halb, ihn zu verärgern; aber er vertraute darauf, dass seine großzügige Freundlichkeit zu zart übermittelt werden würde, um Anstoß zu erregen. Welches menschliche Herz wäre der Güte verschlossen? Und obgleich die Armut in ihrem Übermaß den Leidenden daran hindern könnte, sich der anscheinenden Erniedrigung einer milden Gabe zu unterwerfen, musste der Eifer des Wohltäters ihn schließlich überzeugen, sie dankbar anzunehmen. Diese Gedanken ermutigten Raymond, als er an der Tür zum obersten Raum des Hauses stand. Nachdem er vergeblich versucht hatte, die anderen Zimmer zu betreten, bemerkte er in der Schwelle dieser Tür ein Paar kleiner türkischer Pantoffeln; die Tür war angelehnt, innen jedoch war alles still. Wahrscheinlich war der Bewohner abwesend, aber in der Gewissheit, die richtige Person gefunden zu haben, war unser abenteuerlustiger Protektor versucht hineinzugehen, eine Börse auf dem Tisch zu lassen und leise zu verschwinden. Mit diesem Gedanken stieß er die Tür vorsichtig auf – doch der Raum war bewohnt.

Raymond hatte nie die Elendsbehausungen besucht, und die Szene, die sich ihm jetzt darstellte, traf ihn bis ins Mark. Der Boden war an vielen Stellen eingesunken; die Wände waren heruntergekommen und kahl – die Decke wies Nässeflecken auf – ein zerlumptes Bett stand in der Ecke; im Zimmer standen nur zwei Stühle und ein grober, beschädigter Tisch, auf dem ein Licht in einem Kerzenleuchter aus Zinn leuchtete – doch inmitten jener trostlosen und herzzerreißenden Armut war ein Hauch von Ordnung und Sauberkeit, der ihn überraschte. Der Gedanke war flüchtig; denn seine Aufmerksamkeit wurde sofort auf den Bewohner dieser elenden Wohnstatt gelenkt. Es war eine Frau. Sie saß am Tisch; eine kleine Hand beschirmte die Augen vor der Kerze; die andere hielt einen Bleistift; ihr Blick war auf eine Zeichnung vor ihr gerichtet, die Raymond als den ihm vorgelegten Entwurf erkannte. Ihre ganze Erscheinung weckte sein tiefstes Interesse. Ihr dunkles Haar war geflochten und zu dicken Knoten zusammengebunden wie der Kopfputz einer griechischen Statue; ihr Gewand war gemein, aber ihre Haltung hätte als Modell der Anmut gelten können. Raymond hatte eine verworrene Erinnerung daran, dass er eine solche Gestalt schon einmal gesehen hatte; er ging durch den Raum; sie hob die Augen nicht, fragte nur auf Griechisch, wer ist da? »Ein Freund«, antwortete Raymond in derselben Sprache. Sie blickte verwundert auf, und er sah, dass es Evadne Zaimi war. Evadne, einst das Idol von Adrians Zuneigung, die den edlen Jüngling zugunsten ihres gegenwärtigen Besuchers verschmäht hatte, und dann, von dem vernachlässigt, den sie liebte, mit zerbrochenen Hoffnungen und einem stechenden Gefühl des Elends, in ihr heimatliches Griechenland zurückgekehrt war. Welche Wirren des Schicksals konnten es vermocht haben, sie nach England und in eine solche Unterkunft zu bringen?

Raymond erkannte sie; und sein Betragen änderte sich von höflicher Mildtätigkeit zu den wärmsten Beteuerungen von Freundlichkeit und Mitgefühl. Ihr Anblick in ihrer gegenwärtigen Situation drang wie ein Pfeil in seine Seele. Er saß bei ihr, nahm ihre Hand und sagte tausend mitfühlende und teilnahmsvolle Dinge. Evadne antwortete nicht; ihre großen dunklen Augen waren niedergeschlagen, endlich schimmerte eine Träne in ihren Wimpern. »So«, rief sie, »kann Güte bewirken, was keine Entbehrung, kein Elend jemals bewirkt hat; ich weine.« Sie vergoss in der Tat viele Tränen, ihr Kopf sank unbewusst auf Raymonds Schulter, er hielt ihre Hand, er küsste ihre eingefallene tränennasse Wange. Er sagte ihr, dass ihre Leiden nun vorüber seien. Niemand beherrschte die Kunst des Tröstens so gut wie Raymond, er erteilte weder gute Ratschläge noch hielt er Reden, aber sein Blick glänzte voller Mitgefühl. Er brachte angenehme Bilder vor die Leidende, seine Liebkosungen erregten kein Misstrauen, denn sie entstanden nur aus dem Gefühl, das eine Mutter dazu bringt, ihr verwundetes Kind zu küssen, einem Wunsch, auf jede nur erdenkliche Weise die Wahrheit seiner Gefühle zu demonstrieren, und der Dringlichkeit seines Wunsches, Balsam in den verletzten Geist der Unglücklichen zu gießen.

Als Evadne ihre Fassung wiedererlangte, wurde sein Benehmen sogar fröhlich. Ihre Armut beflügelte seine Phantasie. Etwas sagte ihm, dass es nicht die wirklichen Übel waren, die schwer auf ihrem Herzen lagen, sondern die Erniedrigung und Schande, die daraus folgten. Während er redete, beraubte er sie dieser; zuweilen sprach er mit lebhaftem Lob von ihrer Stärke, dann wieder nannte er sie, in Anspielung auf ihren vergangenen Zustand, seine verkleidete Prinzessin. Er machte ihr herzliche Angebote, ihr dienlich zu sein. Sie war zu sehr mit fesselnderen Gedanken beschäftigt, um sie entweder zu akzeptieren oder abzulehnen; schließlich verließ er sie, indem er versprach, seinen Besuch am nächsten Tag zu wiederholen. Er kehrte mit gemischten Gefühlen, Kummer über Evadnes Elend und Freude über die Aussicht, es zu erleichtern, nach Hause zurück. Ein Beweggrund, über den er nicht einmal selbst nachdenken wollte, hielt ihn davon ab, Perdita von seinem Abenteuer zu erzählen.

Am nächsten Tag warf er zur Tarnung seiner Person einen Umhang über und besuchte erneut Evadne. Auf dem Weg kaufte er einen Korb mit teuren Früchten, solcherart, wie sie in ihrem eigenen Lande wuchsen, warf verschiedene schöne Blumen darüber hin und trug ihn persönlich in die elende Dachstube seiner

Freundin. »Sieh nur«, rief er, als er eintrat, »welches Vogelfutter ich für meinen Spatz auf dem Hausdach mitgebracht habe.«

Evadne erzählte nun die Geschichte ihres Unglücks. Ihr Vater, obwohl von hohem Rang, hatte am Ende sein Vermögen aufgebraucht und sogar seinen Ruf und Einfluss durch eine fortgesetzte Zügellosigkeit zerstört. Seine Gesundheit war beeinträchtigt und es gab keine Hoffnung auf Heilung, so dass es sein ernstlicher Wunsch wurde, ehe er starb, seine Tochter vor der Armut zu bewahren, die mit ihrem Waisenstand einhergehen würde. Er nahm deshalb für sie einen Heiratsantrag von einem wohlhabenden griechischen Kaufmann an, der in Konstantinopel niedergelassen war, und überredete sie, ihn zu akzeptieren. Sie verließ ihre Heimat Griechenland, ihr Vater starb, nach und nach war sie von allen Gefährten und Banden ihrer Jugend abgeschnitten.

Der Krieg, der etwa ein Jahr vor der damaligen Zeit zwischen Griechenland und der Türkei ausgebrochen war, führte zu vielen finanziellen Rückschlägen. Ihr Mann ging bankrott, und dann waren sie in einem Aufruhr und drohenden Massaker seitens der Türken gezwungen, mitten in der Nacht zu fliehen, und sie erreichten in einem offenen Boot ein englisches Segelschiff, das sie sofort nach England brachte. Von den wenigen Juwelen, die sie gerettet hatten, lebten sie eine Weile. Es benötigte die ganze Kraft von Evadnes Verstand, um den versagenden Mut ihres Ehemannes aufrechtzuerhalten. Der Verlust des Eigentums, die Hoffnungslosigkeit in Bezug auf seine Zukunftsaussichten und die Untätigkeit, zu der ihn die Armut verurteilte, versetzten ihn in einen Zustand, der an Wahnsinn grenzte. Fünf Monate nach ihrer Ankunft in England beging er Selbstmord.

»Sie werden mich fragen«, fuhr Evadne fort, »was ich seitdem getan habe, warum ich nicht bei den hier ansässigen reichen Griechen um Hilfe gebeten habe, warum ich nicht in mein Heimatland zurückgekehrt bin? Meine Antwort auf diese Fragen muss Ihnen unbefriedigend erscheinen; doch mich hat sie dazu bewogen, Tag für Tag jedes Elend zu ertragen, statt mit solchen Mitteln Erleichterung zu finden. Soll die Tochter des edlen, wenn auch verschwenderischen Zaimi als eine Bettlerin vor ihren Gleichgestellten oder Untergebenen erscheinen – denn

Übergeordnete hatte sie keine? Soll ich meinen Kopf vor ihnen beugen und mit kriecherischer Gebärde meinen Adel für das Leben verkaufen? Hätte ich ein Kind oder irgendeine Verpflichtung, die mich an die Welt bindet, könnte ich zu dieser – wie auch immer gearteten – Welt hinabsteigen. Aber so wie es ist – war die Welt für mich eine böse Stiefmutter; ich würde gern den Aufenthalt beenden, den sie mir zu missgönnen scheint, und im Grabe meinen Stolz, meine Mühsal, meine Verzweiflung vergessen. Die Zeit wird bald kommen, Kummer und Hunger haben bereits an den Grundlagen meines Wesens gezehrt; noch eine sehr kurze Zeit, und ich werde verstorben sein; unbefleckt vom Verbrechen des Selbstmordes oder von der Erinnerung an Erniedrigung wird mein Geist die erbärmliche Hülle beiseitewerfen und eine solche Belohnung finden, wie es Stärke und Ergebung verdienen. Das mag Ihnen als ein Zeichen von Wahnsinn erscheinen, doch auch Sie fühlen Stolz und Entschlossenheit; wundern Sie sich also nicht, dass mein Stolz unbezwinglich ist und meine Entschlossenheit unveränderlich.«

Nachdem Evadne ihre Geschichte beendet und erklärt hatte, weshalb sie sich aller Bemühungen, Hilfe von ihren Landsleuten zu erhalten, enthielt, hielt sie inne; dennoch schien sie mehr sagen zu wollen, wofür sie keine Worte finden konnte. In der Zwischenzeit war Raymond beredt. Sein Wunsch, seiner lieben Freundin wieder zu ihrem Rang in der Gesellschaft und zu ihrem verlorenen Wohlstand zu verhelfen, belebte ihn, und er ließ eifrig all seinen Wünschen und Absichten zu diesem Gegenstand freien Lauf. Er wurde jedoch unterbrochen. Evadne verlangte ihm das Versprechen ab, dass er vor all ihren Freunden verbergen sollte, dass sie sich in England aufhalte. »Die Verwandten des Grafen von Windsor«, sagte sie hochmütig, »denken zweifellos, dass ich ihn beleidigt habe; vielleicht wäre der Graf selbst der Erste, der mich freisprechen würde, aber wahrscheinlich verdiene ich keinen Freispruch. Ich habe damals gehandelt, wie ich musste, aus dem Impuls heraus. Diese elende Unterkunft mag wenigstens die Uneigennützigkeit meines Betragens beweisen. Gleichwie: Ich möchte mich vor keinem von ihnen bekennen, nicht einmal vor Eurer Lordschaft, hätten Sie mich nicht zuerst entdeckt. Meine Taten werden beweisen, dass ich lieber gestorben bin, als verachtet zu werden – seht die stolze Evadne in ihren Fetzen! Seht die Bettlerprinzessin! Es liegt Viperngift in dem Gedanken – versprechen Sie mir, dass Sie mein Geheimnis wahren werden.«

Raymond versprach es; aber dann entspann sich eine neue Diskussion. Evadne verlangte ein weiteres Versprechen von seiner Seite, nämlich, dass er weder ohne ihre Zustimmung irgendein Vorhaben zu ihrem Vorteil durchführen noch ihr selbst Erleichterung verschaffen würde. »Erniedrigen Sie mich nicht in meinen eigenen Augen«, sagte sie; »die Armut ist seit Langem meine Amme; unnachgiebig ist sie, aber ehrlich. Wenn Unehre, oder was ich für Unehre halte, mich berührt, bin ich verloren.« Raymond brachte viele Vernunftgründe und glühendes Zureden vor, um ihr Gefühl zu überwinden, doch sie blieb beharrlich; und, durch das Gespräch aufgeregt, legte sie wild und leidenschaftlich ein feierliches Gelübde ab, zu fliehen und sich dort zu verstecken, wo er sie nie entdecken konnte, wo Hungersnot bald den Tod bringen würde, um ihre Leiden zu beenden, wenn er auf seinen abscheulichen Angeboten beharrte. Sie könne sich selbst erhalten, sagte sie. Und dann zeigte sie ihm, wie sie mit verschiedenen Entwürfen und Gemälden einen Hungerlohn für ihren Unterhalt verdiente. Raymond gab für den Moment nach. Er war sich gewiss, dass, nachdem er für eine Weile ihrem Wunsch nach Unabhängigkeit Genüge getan hätte, am Ende Freundschaft und Vernunft siegen würden.

Doch die Gefühle, die Evadne antrieben, wurzelten in der Tiefe ihres Wesens und hatten einen solchen Wuchs, dass er sie keinesfalls verstehen konnte. Evadne liebte Raymond. Er war der Held ihrer Phantasie, das Bild, das die Liebe in das unveränderliche Gewebe ihres Herzens eingeprägt hatte. Vor sieben Jahren, in ihrer jugendlichen Blüte, hatte sie sich an ihn gebunden; er hatte ihrem Land gegen die Türken gedient; er hatte in ihrem eigenen Land jenen militärischen Ruhm erworben, der den Griechen besonders teuer war, da sie noch immer verpflichtet waren, Stück um Stück um ihre Sicherheit zu kämpfen. Doch als er von dort zurückkehrte und erstmals im öffentlichen Leben in England auftrat, errang ihre Liebe nicht die seine, die damals zwischen Perdita und einer Krone schwankte. Während er noch unentschlossen gewesen war, hatte sie England verlassen; die Nachricht von seiner Heirat erreichte sie, und ihre Hoffnungen, schlecht genährte Blüten, verwelkten und fielen. Die Herrlichkeit des Lebens war für sie vergangen; der rosenrote Glorienschein der Liebe, der jeden Gegenstand mit seiner eigenen Farbe durchtränkt hatte, verblasste; – sie gab sich damit zufrieden, das Leben so zu nehmen, wie es war, und das Beste aus der bleifarbenen Wirklichkeit zu machen. Sie heiratete; und indem sie ihr ruheloses Wesen mit sich auf neue Schauplätze trug, wandte sie ihre Gedanken dem Ehrgeiz zu und zielte auf den Titel und die Macht einer Prinzessin der Walachei, während ihre patriotischen Gefühle durch den Gedanken an das Gute besänftigt wurden, das sie für ihr Land tun konnte, wenn ihr Ehemann der Anführer jenes Fürstentums sein sollte. Sie strebte danach, ihren Ehrgeiz, eine ebenso unwirkliche Täuschung wie die Liebe, zu befriedigen. Ihre Intrigen mit Russland zur Förderung ihres Vorhabens erregten die Missgunst der Türken und die Feindseligkeit der griechischen Regierung. Sie wurde von beiden als Verräterin betrachtet, der Ruin ihres Mannes folgte; sie vermieden den Tod durch eine rechtzeitige Flucht, und sie fiel von der Höhe ihrer Wünsche herab in die völlige Verarmung in England. Vieles von dieser Geschichte verbarg sie vor Raymond; sie gestand auch nicht, dass ihr Ablehnung und Verleugnung vonseiten der Griechen gedroht hätten, sofern sie deren Hilfe erbeten hätte als eine des schlimmsten Verbrechens Schuldige, die mit der Sense des ausländischen Despotismus die neu erblühenden Freiheiten ihres Landes abschneiden wollte.

Sie wusste, dass sie die Ursache für den völligen Untergang ihres Mannes war; und sie war bereit, die Konsequenzen zu tragen. Die Vorwürfe, welche die Pein ihr wegen der unheilbaren, klaglosen Niedergedrücktheit abnötigte, als sein Geist in einer Erstarrung versunken war, waren nicht weniger qualvoll, weil Letztere still und regungslos vonstattenging. Sie warf sich selbst das Verbrechen seines Todes vor; Schuld und Sühne schienen sie zu umgeben. Vergeblich bemühte sie sich, ihre Schuldgefühle durch die Erinnerung an ihre wahre Redlichkeit zu zerstreuen: der Rest der Welt, wie sie selbst ebenfalls, verurteilte sie und verlangte Vergeltung für ihre Taten. Sie betete für die Seele ihres

Mannes; sie beschwor den Allerhöchsten, das Verbrechen seines Selbstmordes ihr anzulasten – sie gelobte zu leben, um seine Schuld zu sühnen.

Inmitten eines solchen Elends, das sie bald hätte vernichten müssen, spendete ihr nur ein Gedanke Trost. Sie lebte im selben Land und atmete die gleiche Luft wie Raymond. Sein Name als Schutzherr lag auf jeder Zunge; seine Leistungen, Projekte und Großartigkeit, fanden in jede Erzählung Eingang. Nichts ist dem Herzen einer Frau so kostbar wie die Herrlichkeit und Vortrefflichkeit desjenigen, den sie liebt; so genoss Evadne in jedem Schrecken zumindest seinen Ruhm und Wohlstand. Während ihr Mann lebte, wurde dieses Gefühl von ihr als Verbrechen angesehen, unterdrückt, bereut. Als er starb, nahm die Flut der Liebe ihren uralten Strom wieder auf, sie überflutete ihre Seele mit ihren stürmischen Wellen, und sie gab sich ihrer unkontrollierbaren Macht hin.

Aber niemals, o, niemals, sollte er sie in ihrem erniedrigten Zustand sehen. Nie sollte er sie als Gefallene sehen, wie sie von der Blüte ihrer Schönheit zu einer armseligen Bewohnerin einer Dachkammer wurde, mit einem Namen, der schändlich geworden war, und mit einer auf ihrer Seele lastenden Schuld. Aber wenngleich sie wie unsichtbar vor ihm verborgen war, erlaubte sein öffentliches Amt ihr, von allen seinen Handlungen, seinem täglichen Lebensablauf, sogar seinem Gespräch zu erfahren. Sie erlaubte sich einen Luxus, sie las jeden Tag die Zeitungen und genoss das Lob und die Taten des Protektors. Nicht, dass dieser Genuss keine Trauer mit sich gebracht hätte. Perditas Name war für immer mit dem seinen verbunden; ihre eheliche Glückseligkeit wurde sogar durch das authentische Zeugnis von Tatsachen belegt. Sie waren beständig zusammen, noch konnte die unglückliche Evadne das Wort lesen, das seinen Namen bezeichnete, ohne gleichzeitig das Bild von ihr zu zeigen, die die treue Begleiterin all seiner Mühen und Freuden war. *Sie, ihre Exzellenzen*, begegneten ihren Augen in jeder Zeile und mischten einen üblen Trank, der ihr Blut vergiftete.

In der Zeitung sah sie die Ausschreibung für den Entwurf einer Nationalgalerie. Indem sie ihre Erinnerung an die Gebäude, die sie im Osten gesehen hatte, mit Geschmack mischte und mit

Klugheit ein Gebäude von einheitlichem Aussehen entwarf, verfertigte sie den Plan, der dem Protektor gesandt worden war. Sie genoss die Vorstellung, unbekannt und vergessen wie sie war, ihm, den sie liebte, eine Wohltat zu schenken; und freute sich mit verzücktem Stolz auf die Vollendung eines ihrer Werke, das, in Stein verewigt, mit dem Namen Raymonds verbunden der Nachwelt zufallen würde. Sie erwartete mit Eifer die Rückkehr ihres Boten vom Palast; sie hörte seinem Bericht über jedes Wort, jeden Blick des Schutzherrn nur zu gerne zu; sie zog Glückseligkeit aus dieser Verständigung mit ihrem Geliebten, obgleich er nicht wusste, an wen er seine Anweisungen richtete. Die Zeichnung selbst wurde ihr unaussprechlich teuer. Er hatte sie gesehen und gelobt; sie wurde wieder von ihr berichtigt, jeder Strich ihres Bleistifts war wie ein Akkord erregender Musik und ließ sie an einen Tempel denken, der eigens erbaut wurde, um die tiefsten und unaussprechlichsten Gefühle ihrer Seele zu feiern. Diese Betrachtungen beschäftigten sie, als die Stimme Raymonds ihr erstmals ans Ohr drang, eine Stimme, die sie, einmal gehört, nie wieder vergessen konnte. Sie zügelte ihre Gefühle und hieß ihn mit ruhiger Sanftheit willkommen.

In ihr kämpften Stolz und Zärtlichkeit miteinander, und schließlich fand sie einen Kompromiss. Sie würde Raymond sehen, da das Schicksal ihn zu ihr geführt hatte und ihre Beständigkeit und Hingabe seine Freundschaft verdienen musste. Doch sollten ihre Rechte in Bezug auf ihn, und ihre liebgewonnene Unabhängigkeit, nicht durch sein Mitleid verletzt werden, weder durch das Eingreifen der komplizierten Gefühle, die mit der Leistung finanzieller Unterstützung verbunden sind, noch durch die entsprechenden Rollen des Gebers und des Empfängers von Wohltaten. Ihr Geist war von ungewöhnlicher Stärke; sie konnte ihre körperlichen Bedürfnisse ihren geistigen Wünschen unterwerfen und eher Kälte, Hunger und Elend erdulden, als es in einem strittigen Punkt auf Glück ankommen zu lassen. Ach! dass in der menschlichen Natur solch ein Grad der geistigen Disziplin und solch eine verächtliche Vernachlässigung der Natur nicht mit der höchsten moralischen Vorzüglichkeit zusammenfiel! Doch die Entschlossenheit, die ihr erlaubte, den Qualen der Entbehrung zu widerstehen, entsprang der übergroßen Spannkraft ihrer

Leidenschaften; und der äußerste Eigenwille, auf welchem dies fußte, war dazu bestimmt, selbst das Idol zu zerstören, dessen Anbetung sie dieses unbedeutende Elend unterordnete.

Ihre Treffen wurden fortgesetzt. Nach und nach erzählte Evadne ihrem Freund die ganze Geschichte, von dem Makel, den ihr Name in Griechenland erhalten hatte, und von dem Gewicht der Sünde, das seit dem Tod ihres Mannes auf ihr lastete. Als Raymond sich erbot, ihren Ruf wiederherzustellen und der Welt ihre wahre Vaterlandsliebe zu beweisen, erklärte sie, dass sie nur durch ihre gegenwärtigen Leiden auf eine Erleichterung von ihren Gewissensbissen hoffte; dass in ihrem Geisteszustand, so krank er auch sein mochte, die Notwendigkeit der Beschäftigung heilende Medizin sei. Sie endete damit, indem sie ihm das Versprechen abpresste, dass er für die Dauer eines Monats von der Erörterung ihrer Interessen absehen möge, und erst nach dieser Zeit werde sie seinen Wünschen zum Teil nachgeben. Sie konnte nicht umhin wahrzunehmen, dass jede Veränderung sie von ihm trennen würde, wo sie ihn doch jetzt jeden Tag sah. Seine Verbindung mit Adrian und Perdita wurde nie erwähnt; er war für sie ein Meteor, ein einsamer Stern, der zu seiner bestimmten Stunde in ihre Hemisphäre aufstieg, dessen Erscheinen Glückseligkeit brachte, und welcher, obschon er unterging, nie verfinstert wurde. Er kam jeden Tag in ihre elende Unterkunft, und seine Gegenwart verwandelte diese in einen süß duftenden Tempel, der vom reinen Licht des Himmels erhellt wurde; er nahm an ihrem Rausch teil. »Sie errichteten eine Mauer zwischen sich und der Welt«. – Draußen wüteten tausend Harpyien, Reue und Elend und erwarteten den für ihr Eindringen bestimmten Moment. Drinnen war unschuldiger Friede, unbekümmerte, täuschende Freude, Hoffnung, deren Anker unbewegt über ruhigem, aber wechselhaftem Wasser schwebte.

Während Raymond solcherart in Visionen von Macht und Ruhm versunken war, während er auf die gesamte Herrschaft über die Elemente und den Geist des Menschen hoffte, entging das Gebiet seines eigenen Herzens seiner Aufmerksamkeit; und aus dieser ungedachten Quelle entsprang der mächtige Strom, der seinen Willen überwand und Ruhm, Hoffnung und Glück ins Meer des Vergessens trug.

Kapitel 8

Was tat Perdita in der Zwischenzeit?

In den ersten Monaten seines Protektorats waren Raymond und sie unzertrennlich gewesen; jedes Projekt wurde mit ihr besprochen, jeder Plan von ihr gebilligt. Ich habe nie jemanden gekannt, der so vollkommen glücklich war wie meine süße Schwester. Ihre ausdrucksvollen Augen glichen zwei Sternen, deren Strahlen Liebe waren; Hoffnung und Unbeschwertheit saßen auf ihrer glatten Stirn. Sie vergoss Freudentränen über den Ruhm und die Ehre ihres Lords; ihre ganze Existenz gab sie ihm hin, und wenn sie in der Demut ihres Herzens Selbstzufriedenheit empfand, so entsprang sie dem Gedanken, dass sie den ausgezeichneten Helden des Zeitalters gewonnen und ihn jahrelang bewahrt hatte, selbst wenn nach einiger Zeit die Liebe etwas erkaltet war. Ihr eigenes Gefühl war noch so ausgeprägt wie bei seiner Entstehung. Fünf Jahre hatten nicht genügt, die schillernde Unwirklichkeit der Leidenschaft zu zerstören. Die meisten Männer zerreißen grob den heiligen Schleier, mit dem das weibliche Herz den Empfänger ihrer Zuneigung zu schmücken pflegt. Nicht so Raymond – er war ein Betörer, dessen Bann stets unvermindert blieb, ein König, dessen Macht nie aufgehoben wurde. Wenn man ihm durch die gewöhnliche Einförmigkeit des Lebens folgte, schmückte ihn noch immer der gleiche Zauber von Anmut und Majestät; noch konnte er der angeborenen Vergöttlichung, mit der die Natur ihn ausgestattet hatte, beraubt werden. Perdita gewann unter seinem Auge an Schönheit und Vortrefflichkeit; ich erkannte meine zurückhaltende, entrückte Schwester nicht mehr in der bezaubernden und herzlichen Gemahlin Raymonds. Der Geist, der ihr Antlitz erleuchtete, verband sich jetzt mit einem Ausdruck von Güte, der ihrer Schönheit göttliche Vollkommenheit verlieh.

Glück in seiner höchsten Stufe ist die Schwester der Güte. Leiden und Liebenswürdigkeit können nebeneinander bestehen, und Schriftsteller haben mit Vorliebe ihre Verbindung dargestellt; es liegt eine menschliche und berührende Harmonie in diesem Bild. Doch vollkommenes Glück ist eine Eigenschaft von Engeln; und diejenigen, die es besitzen, erscheinen himmlisch.

Es wird gesagt, dass Angst die Mutter der Religion ist: Selbst jene Religionen hat sie erschaffen, die ihre Anhänger dazu bringen, menschliche Opfer auf ihren Altären darzubringen; die Religion jedoch, die dem Glück entspringt, ist ein schöneres Gewächs; die Religion, die das Herz zum innigsten Dank bewegt und uns dazu bringt, den Überschwang der Seele vor dem Urheber unseres Seins auszuschütten, ihm, der der Vater der Einbildungskraft und der Nährer der Poesie ist, ihm, der dem sichtbaren Mechanismus der Welt wohlwollende Kraft verleiht und die Erde zu einem Tempel mit dem Himmel als Firmament macht. Solches Glück, solche Güte und Religion bewohnten den Geist Perditas.

Während der fünf Jahre, die wir zusammen in Schloss Windsor verbracht hatten, ein Kreis von glücklichen Menschen, war ihr glückliches Schicksal ein häufiger Gegenstand der Unterhaltung meiner Schwester gewesen. Aus früher Gewohnheit und natürlicher Zuneigung wählte sie lieber mich aus als Adrian oder Idris, um mich an ihrem Überfluss an Freude teilhaben zu lassen; vielleicht, wenngleich wir uns augenscheinlich sehr unähnlich waren, bewirkte eine verborgene Ähnlichkeit als blutsverwandte Nachkommen diese Bevorzugung. Oft wandelte ich bei Sonnenuntergang mit ihr auf ruhigen, schattigen Waldpfaden und lauschte ihr mit freudiger Anteilnahme. Die Sicherheit verlieh ihrer Leidenschaft Würde, die Gewissheit, dass diese vollauf erwidert wurde, ließ ihr keine Wünsche offen. Die Geburt ihrer Tochter, ein verkleinertes Abbild Raymonds, machte das Maß ihrer Zufriedenheit voll und erzeugte zwischen ihnen eine heilige und unauflösliche Bindung. Zuweilen war sie stolz, dass er sie den Hoffnungen einer Krone vorgezogen hatte. Zu anderen Zeiten erinnerte sie sich daran, dass sie große Angst gelitten hatte, als er bei seiner Wahl zögerte. Doch diese Erinnerung an frühere Unzufriedenheit diente nur dazu, ihre gegenwärtige Freude zu steigern. Was schwer zu gewinnen war, war ihr jetzt, da sie es ganz besaß, doppelt lieb. Sie sah ihn aus einiger Entfernung mit derselben Verzückung an (o, weitaus unbändigerer Verzückung!), als jemand fühlen könnte, der sich nach den Gefahren eines Sturms im gewünschten Hafen finden sollte; sie eilte ihm entgegen, um sich in seinen Armen sicherer zu fühlen, in der Wirklichkeit ihrer Glückseligkeit. Diese herzliche Zuneigung, vereint mit ihrem tiefen Verständnis und ihrer brillanten Einbildungskraft, machte sie Raymond unsagbar teuer.

Wenn je ein Gefühl der Unzufriedenheit sie überkam, so entstand es aus der Vorstellung, dass er nicht vollkommen glücklich war. Das Streben nach Ruhm und anmaßender Ehrgeiz hatten seine Jugend geprägt. Den einen hatte er in Griechenland erworben; den andern hatte er der Liebe geopfert. Sein Verstand fand in seinem häuslichen Kreise genügend Feld zur Übung, von dessen Mitgliedern, alle von erlesenem Geschmack und Bildung, viele ebenso durchgeistigt waren wie er selbst. Dennoch war das tätige Leben das wahre Feld für seine Tugenden, und er litt zuweilen unter der Gleichförmigkeit des Lebens an unserem Rückzugsort. Der Stolz ließ ihn vor der Beschwerde zurückschrecken, wie auch die Dankbarkeit und Zuneigung zu Perdita, welche für gewöhnlich als ein Beruhigungsmittel für jedes Begehren wirkten, außer jenem, ihre Liebe zu verdienen. Wir alle beobachteten, wie er von jenen Gefühlen heimgesucht wurde, und niemand bedauerte es so sehr wie Perdita. Ihr Leben, das ihm geweiht war, war ein leichtes Opfer, um seine Wahl zu belohnen, doch war dies auch genug? Sollte er irgendeiner Befriedigung bedürfen, die sie ihm nicht geben konnte? Dies war die einzige Wolke im Azurblau ihres Glücks.

Sein Übergang zur Macht war für beide sehr schmerzvoll gewesen. Er erreichte jedoch sein Ziel; er füllte die Position aus, für die die Natur ihn geformt zu haben schien. Sein Tätigkeitsdrang wurde in heilsamem Maße gestillt, ohne Erschöpfung oder Sättigung. Sein Geschmack und sein Verstand fanden einen würdigen Ausdruck in jeder Weise, die die Menschen erdachten, um den Geist der Schönheit einzufangen und zu offenbaren, die Güte seines Herzens ließ ihn nie müde werden, zum Wohlergehen seiner Mitgeschöpfe beizutragen, sein großartiger Geist und sein Streben nach Achtung und Liebe der Menschheit trugen jetzt Früchte. Seine Erhöhung war freilich vorübergehend, vielleicht war es besser, dass es so sein sollte. Die Gewohnheit würde sein Gefühl des Machtgenusses nicht trüben, auch würden ihn am Ende weder Kämpfe, noch Enttäuschung und Niederlage erwarten. Er beschloss, den Ruhm, die Macht und die Errungenschaften, die aus einer langen Regierungszeit erwachsen könnten, in die drei Jahre seines Protektorats zu ziehen und zu verdichten.

Raymond war ausgesprochen gesellig. Alles, was er jetzt genoss, hätte ihm kein Vergnügen bereitet, wenn er es nicht hätte teilen können. Doch in Perdita besaß er alles, was sein Herz begehren konnte. Ihre Liebe brachte Zuneigung hervor; ihre Klugheit ließ sie jedes seiner Worte verstehen; ihre Geistesgaben befähigten sie, ihn zu unterstützen und zu führen. Er fühlte ihren Wert. In den ersten Jahren ihrer Verbindung war die Unausgewogenheit ihres Temperaments und ihr noch nicht unterdrückter Eigensinn, der ihren Charakter beeinträchtigte, ein leichter Nachteil für die Fülle seiner Gefühle gewesen. Nun, da ihren anderen Auszeichnungen unveränderliche Gelassenheit und sanfte Nachgiebigkeit hinzugefügt wurden, entsprach sein Respekt seiner Liebe. Die Jahre vertieften die Enge ihrer Verbindung. Nun mussten sie ihren Pfad nicht mehr erraten, noch wankten sie darauf, und indem sie versuchten, dem andern zu gefallen, hofften und befürchteten sie zu gleicher Zeit, dass die Glückseligkeit sich verstetigen würde. Fünf Jahre gaben ihren Empfindungen eine nüchterne Gewissheit, wenngleich sie sie nicht ihrer ätherischen Natur beraubte. Es wurde ihnen ein Kind geschenkt, doch die Reize meiner Schwester waren unverändert. Die Zaghaftigkeit, die bei ihr beinahe zur Unbeholfenheit angewachsen war, wich einem anmutigen Betragen; Offenheit statt Zurückhaltung kennzeichnete ihr Gebaren, und ihre Stimme hatte eine bezaubernde Weichheit erhalten. Sie war jetzt dreiundzwanzig, in der Blüte ihrer Weiblichkeit, und erfüllte die kostbaren Pflichten als Ehefrau und Mutter, im Besitz all dessen, was ihr Herz je begehrt hatte. Raymond war zehn Jahre älter. Zu seiner früheren Schönheit, seiner edlen Miene und seiner stattlichen Statur fügte er jetzt eine überaus sanfte Güte hinzu, gewinnende Zärtlichkeit, würdevolle und unermüdliche Aufmerksamkeit gegenüber den Wünschen eines andern.

Das erste Geheimnis, das zwischen ihnen bestand, waren die Besuche Raymonds bei Evadne. Er war von der Stärke und Schönheit der unglücklichen Griechin beeindruckt, und als sich ihre beständige Zärtlichkeit ihm gegenüber entfaltete, fragte er mit Erstaunen, wodurch er diese leidenschaftliche und unerwiderte

Liebe verdient hatte. Sie war eine Zeit lang der einzige Gegenstand seiner Träumereien; und Perdita wurde sich bewusst, dass seine Gedanken und seine Zeit einem Gegenstand gewidmet wurden, an dem sie nicht teilhatte. Meine Schwester entbehrte von Natur aus die allgemeinen Gefühle ängstlicher, verdrießlicher Eifersucht. Der Schatz, den sie in der Zuneigung Raymonds besaß, war für ihr Wesen notwendiger als das Blut, das ihre Adern belebte – wahrhaftiger als Othello könnte sie sagen,

Einmal Zweifeln macht
Mit eins entschlossen.

Bei der gegenwärtigen Gelegenheit vermutete sie keine Entfremdung der Zuneigung, sondern mutmaßte, dass irgendein Umstand, der mit seinem hohen Rang verbunden war, dieses Rätsel verursacht hatte. Sie war erschrocken und schmerzerfüllt. Sie begann, die langen Tage, Monate und Jahre zu zählen, die verstreichen mussten, bevor er aus seinem Amt ausscheiden und ihr vorbehaltlos zurückgegeben würde. Sie war nicht damit zufrieden, dass er ihr auch nur eine Zeit lang etwas verbergen sollte. Sie murrte oft, aber ihr Vertrauen in die Einzigkeit seiner Zuneigung war ungetrübt; und wenn sie unbekümmert beisammen waren, öffnete sie ihr Herz der vollsten Freude.

Die Zeit verging. Raymond hielt mitten in seinem wilden Lauf plötzlich inne, um über die Folgen seines Handelns nachzusinnen. Zwei mögliche Ausgänge zeigten sich ihm in der Sicht auf die Zukunft: dass sein Verkehr mit Evadne ein Geheimnis bleiben oder dass er schließlich von Perdita entdeckt werden sollte. Die Notlage und die starken Gefühle seiner Freundin verhinderten, dass er die Möglichkeit in Betracht zog, sich von ihr fernzuhalten. Indessen wollte er sich offenherzigen Unterhaltungen und der völligen Vertraulichkeit mit der Gefährtin seines Lebens gänzlich enthalten. Der Schleier musste dichter sein als der von der türkischen Eifersucht ersonnene, die Mauer höher als der unermessliche Turm Vatheks, die vor ihrem Blick das Wirken seines Herzens und das Geheimnis seiner Handlungen verbergen sollte. Dieser Gedanke war ihm unerträglich schmerzhaft. Offenheit und Geselligkeit waren die Essenz von Raymonds Wesen, ohne sie wurden seine Eigenschaften alltäglich – wenn diese nicht Glanz über seinen Umgang mit Perdita warfen, war sein gepriesener Tausch eines Thrones gegen ihre Liebe ebenso schwach und leer wie die Farben des Regenbogens, die verschwinden, wenn die Sonne untergegangen ist. Doch es gab kein Heilmittel. Talent, Hingabe und Mut, die Zierden seines Verstandes und die Kräfte seiner Seele, alle bis zum äußersten Ende gestreckt, konnten das Rad des Zeitwagens nicht ein Haarbreit zurückrollen; das, was gewesen war, stand mit der diamantenen Feder der Wirklichkeit im ewigen Buch der Vergangenheit geschrieben; noch konnten Leid und Tränen ein Jota der vollendeten Tat tilgen.

Doch dies war noch die günstigste Möglichkeit. Was, wenn Umstände dazu führten, dass Perdita misstrauisch wurde und das Rätsel zu lösen suchte? Die Fasern seines Körpers erschlafften bei diesem Gedanken, und es stand kalter Tau auf seiner Stirn. Viele Männer könnten über seine Furcht spotten; aber er las in der Zukunft; und der Frieden Perditas war ihm zu lieb, ihre sprachlose Qual zu gewiss und zu groß, um ihn nicht gänzlich zu entmutigen. Sein Kurs wurde rasch entschieden. Wenn das Schlimmste geschähe, wenn sie die Wahrheit erführe, würde er weder ihre Vorwürfe noch die Pein ihrer veränderten Blicke ertragen. Er würde sie verlassen, England, seine Freunde, die Schauplätze seiner Jugend, die Hoffnungen der Zukunft, er würde ein anderes Land suchen und auf anderen Schauplätzen das Leben neu beginnen. Nachdem er sich dazu entschlossen hatte, wurde er ruhiger. Er bemühte sich, die Schicksalsrosse umsichtig den verkehrten Weg, den er erwählt hatte, entlangzuführen, und scheute keine Mühen, um so gut als möglich zu verbergen, was er nicht ändern konnte.

Das völlige Vertrauen, das zwischen Perdita und ihm bestand, führte dazu, dass sie den Inhalt ihrer Briefe miteinander teilten. Sie öffneten die Briefe des jeweils anderen, wie auch bis jetzt das Innerste ihrer Herzen dem anderen stets offenbart wurde. Ein Brief kam unerwartet, Perdita las ihn. Hätte das Schreiben eine Bestätigung enthalten, wäre sie vollends zerschmettert worden. So aber suchte sie zitternd, kalt und blass Raymond auf. Er war allein und sah einige Petitionen durch, die ihm kürzlich vorgelegt worden waren. Sie trat lautlos ein, setzte sich auf ein ihm gegenüberliegendes Sofa und sah ihn mit einem solchen Blick voller Verzweiflung an, dass wildeste Schreie und lautes Stöhnen zahme Darbietungen des Elends gewesen wären, verglichen mit der lebenden Verkörperung, die sie darstellte.

Zuerst wandte er seine Augen nicht von den Papieren ab; als er aufsah, war er über die Pein erschrocken, die sich auf ihrer veränderten Wange zeigte; für einen Augenblick vergaß er seine eigenen Taten und Ängste und fragte voller Bestürzung – »Liebstes Mädchen, wie ist dir, was ist geschehen?«

»Nichts«, antwortete sie zuerst. »Und doch etwas«, fuhr sie fort, in ihrer Rede weitereilend. »Du hast Geheimnisse, Raymond, wo bist du in letzter Zeit gewesen, wen hast du gesehen, was verschweigst du mir? – Weshalb hast du mir dein Vertrauen entzogen? Doch das ist es nicht – ich beabsichtige nicht, dich mit Fragen einzufangen – eine wird genügen – bin ich eine Elende?«

Mit zitternder Hand reichte sie ihm den Brief und saß blass und regungslos da, während er ihn las. Er erkannte die Handschrift Evadnes, und seine Wangen röteten sich. Blitzschnell erfasste er den Inhalt des Briefes, er musste alles auf eine Karte setzen, Unwahrheit und Kunstfertigkeit waren Kleinigkeiten im Vergleich mit dem bevorstehenden Untergang. Er würde Perditas Verdacht entweder völlig zerstreuen oder sie für immer verlassen. »Mein liebes Mädchen«, sagte er, »es war meine Schuld, aber du musst mir verzeihen. Ich tat nicht recht daran, eine solche Verschleierung zu beginnen, aber ich tat es, um dir Kummer zu ersparen, und jeder Tag machte es mir schwerer, meinen Plan zu ändern. Außerdem wurde ich durch Zartgefühl gegen die unglückliche Verfasserin dieser wenigen Zeilen dazu veranlasst.«

Perdita keuchte: »Nun«, rief sie, »nun, nur weiter!«

»Das ist alles – der Brief sagt alles. Ich befinde mich in einer äußerst schwierigen Lage. Ich habe mein Bestes getan, obwohl ich vielleicht falsch gehandelt habe. Meine Liebe zu dir ist unantastbar.«

Perdita schüttelte zweifelnd den Kopf: »Es kann nicht sein«, rief sie, »ich weiß, dass es nicht sein kann. Du wolltest mich betrügen, aber ich werde mich nicht betrügen lassen. Ich habe dich verloren, mich selbst, mein Leben!«

»Glaubst du mir nicht?«, sagte Raymond hochmütig.

»Um dir zu glauben«, rief sie aus, »würde ich alles aufgeben und vor Freude vergehen, so dass ich im Tode spüren könnte, dass du redlich warst – aber das kann nicht sein!«

»Perdita«, fuhr Raymond fort, »du siehst nicht den Abgrund, an dem du stehst. Du darfst mir glauben, dass ich mein gegenwärtiges Verhalten nicht ohne Widerstreben und Pein begonnen habe. Ich wusste, dass möglicherweise dein Verdacht erregt werden könnte, aber ich vertraute darauf, dass mein bloßes Wort ihn verschwinden lassen würde. Ich baute meine Hoffnung auf dein Vertrauen. Glaubst du, dass ich mich in Frage stellen und meine Antworten verächtlich beiseitelegen lasse? Glaubst du, dass ich mich verdächtigen, vielleicht beobachten, verhören, und dann mit Unglauben bestrafen lasse? Ich bin noch nicht so tief gefallen, so getrübt ist meine Ehre noch nicht. Du liebtest mich; ich betete dich an. Aber alle menschlichen Gefühle kommen irgendwann zu einem Ende. Lass unsere Zuneigung enden – aber lass nicht zu, dass sie gegen Misstrauen und Anschuldigungen ausgetauscht wird. Bisher sind wir Freunde gewesen – Liebende – lass uns nicht zu Feinden werden, zu gegenseitigen Spionen. Ich kann den Verdacht nicht ertragen – du kannst mir nicht glauben – so lass uns voneinander scheiden!«

»Genau so«, rief Perdita, »ich wusste, dass es so kommen würde! Sind wir nicht schon getrennt? Gähnt nicht bereits ein Strom, grenzenlos wie der Ozean und unendlich tief, zwischen uns?«

Raymond erhob sich, seine Stimme war gebrochen, seine Züge verkrampft, sein Betragen so ruhig wie die Atmosphäre vor einem Erdbeben, als er antwortete: »Ich freue mich, dass du meine Entscheidung so philosophisch nimmst. Zweifellos wirst du die Rolle der verletzten Frau bewundernswert spielen. Zuweilen magst du einen kurzen Stich fühlen, dass du mir Unrecht getan hast, aber das Beileid deiner Verwandten, das Mitleid der Gesellschaft, die Selbstgefälligkeit, die das Bewusstsein deiner eigenen makellosen Unschuld dir schenken wird, werden ein ausgezeichneter Balsam sein – mich wirst du niemals wiedersehen!«

Raymond ging zur Tür. Er vergaß, dass jedes Wort, das er

sprach, falsch war. Er spielte seine vorgegebene Unschuld bis zur Selbsttäuschung. Weinen die Schauspieler nicht echte Tränen, wenn sie vorgestellte Leidenschaft darstellen? Raymond war von einem tieferen Gefühl der Wahrheit in der Unwahrheit durchdrungen. Er sprach mit Stolz; er fühlte sich verletzt. Perdita sah auf. Sie sah seinen wütenden Blick, seine Hand lag auf dem Türgriff. Sie fuhr hoch, sie warf sich an seinen Hals, sie keuchte und schluchzte; er nahm ihre Hand, führte sie zum Sofa und setzte sich neben sie. Ihr Kopf fiel auf seine Schulter, sie zitterte, abwechselnde Schauer von Feuer und Eis rannen durch ihre Glieder. Indem er ihre Aufgewühltheit beobachtete, sprach er mit weicherer Stimme:

»Der Schlag ist geschehen. Ich will mich nicht im Zorn von dir trennen – ich schulde dir zu viel. Ich schulde dir sechs Jahre ungetrübter Glückseligkeit. Doch sie sind vorbei. Ich werde nicht mit dem Makel des Verdachts, als ein Gegenstand der Eifersucht, leben. Ich liebe dich zu sehr. Allein indem wir uns auf ewig trennen, können wir beide auf ein würdevolles und angemessenes Handeln hoffen. Wir werden dann nicht von unseren wahren Charakteren erniedrigt werden. Glaube und Hingabe waren bis jetzt die Essenz unseres Umgangs. Lass uns nun, da diese verloren sind, nicht an der kernlosen Hülle des Lebens, an der unfruchtbaren Schale, festhalten. Du hast dein Kind, deinen Bruder, Idris, Adrian –«

»Und du«, rief Perdita, »die Schreiberin dieses Briefes.«

Raymond fuhr äußerst entrüstet auf. Er wusste, dass zumindest diese Anschuldigung falsch war. »Behalte diesen Glauben«, rief er, »drücke ihn an dein Herz – mache ihn zu einem Kissen für dein Haupt, zu einer Droge für deine Augen –, ich bin es zufrieden. Doch bei Gott, der mich erschaffen hat, ist die Hölle nicht falscher als das Wort, das du gesprochen hast!«

Perdita war von dem leidenschaftlichen Ernst seiner Beteuerungen betroffen. Sie antwortete ernst: »Ich weigere mich nicht, dir zu glauben, Raymond, im Gegenteil verspreche ich dir, deinem einfachen Wort stillschweigend Glauben zu schenken. Versichere mir nur, dass deine Liebe und deine Treue mir gegenüber nie verletzt worden sind, und Misstrauen, Zweifel und Eifersucht werden sofort zerstreut sein. Wir werden weitermachen, wie wir es stets getan haben, als ein Herz, eine Hoffnung, ein Leben.«

»Ich habe dich bereits meiner Treue versichert«, sagte Raymond mit verächtlicher Kälte, »dreifache Behauptungen werden nichts nützen, wo man verachtet wird. Ich werde nicht mehr sagen; denn ich kann nichts zu dem hinzufügen, was ich bereits gesagt habe, zu dem, was du zuvor verächtlich beiseitegeschoben hast. Diese Behauptung ist unser beider unwürdig; und ich gestehe, dass ich es müde bin, auf plötzlich erhobene unbegründete und ungnädige Anklagen zu antworten.«

Perdita versuchte, in seinem Gesicht zu lesen, das er wütend abwendete. Es war so viel Wahrheit und Natürlichkeit in seinem Groll, dass ihre Zweifel zerstreut wurden. Ihr Gesichtsausdruck, der jahrelang kein Gefühl ohne Zuneigung geäußert hatte, wurde wieder strahlend und zufrieden. Es fiel ihr jedoch nicht leicht, Raymond zu erweichen und zu versöhnen. Zuerst weigerte er sich zu bleiben, um sie anzuhören. Aber sie ließ sich nicht beiseiteschieben; sich seiner unveränderten Liebe sicher, war sie bereit, jede Mühe aufzuwenden, auch kein Flehen zu verachten, um seinen Ärger zu zerstreuen. Sie erhielt eine Anhörung, er saß in hochmütigem Schweigen, doch er hörte zu. Sie versicherte ihn zunächst ihres grenzenlosen Vertrauens, dessen er sich bewusst sein müsse, denn nur deswegen werde sie versuchen, ihn aufzuhalten. Sie zählte ihre Jahre des Glücks auf; sie brachte ihm vergangene Szenen von Nähe und Glückseligkeit in Erinnerung; sie stellte ihm ihr zukünftiges Leben vor, sie erwähnte ihr Kind – ungebetene Tränen füllten jetzt ihre Augen. Sie versuchte, sie zurückzudrängen, doch sie weigerten sich, aufgehalten zu werden – ihre Stimme klang erstickt. Sie hatte vorher noch nicht geweint. Raymond konnte diesen Zeichen der Bedrängnis nicht widerstehen: vielleicht schämte er sich etwas, die Rolle des verletzten Mannes zu spielen, obwohl er in Wahrheit der Verletzer war. Und außerdem liebte er Perdita hingebungsvoll; die Neigung ihres Kopfes, ihre glänzenden Locken, die Kurve ihrer Gestalt waren für ihn Gegenstände tiefer Zärtlichkeit und Bewunderung. Während sie sprach, drangen ihre melodischen Töne in seine Seele; er wurde bald besänftigt, tröstete und streichelte sie und bemühte sich, sich selbst in dem Glauben zu betrügen, dass er ihr niemals Unrecht getan hatte.

Raymond stolperte von dieser Szene fort, wie es nur ein Mann tun konnte, der soeben gefoltert worden war und bereits daran dachte, wann es wieder geschehen würde. Er hatte gegen seine eigene Ehre gesündigt, indem er eine direkte Falschheit bejahte und beschwor; freilich war das einer Frau gegenüber gewesen, und es könnte daher für weniger niederträchtig erachtet werden – von anderen – nicht von ihm. Denn wen hatte er getäuscht? Seine arglose, ergebene, zärtliche Perdita, deren großzügiges Vertrauen ihn doppelt grämte, wenn er sich an die Parade der Unschuld erinnerte, mit der es erzwungen worden war. Der Geist Raymonds war nicht so roh, noch war er in seinem Leben so grob behandelt worden, als dass er vor diesen Überlegungen gefeit gewesen wäre – im Gegenteil, er war sehr nervös; sein Geist glich einer Flamme, die vor jeder Berührung mit schlechter Luft verblasst und zurückschreckt; doch jetzt war der üble Hauch in ihn eingedrungen, und die Veränderung war umso qualvoller. Wahrheit und Falschheit, Liebe und Hass verloren ihre ewigen Grenzen, der Himmel stürzte herab, um sich mit der Hölle zu vermischen; während sein empfindsamer Verstand, zu einem Schlachtfeld verwandelt, in den Wahnsinn getrieben wurde. Er verachtete sich aus tiefstem Herzen, er war wütend auf Perdita, und der Gedanke an Evadne war von allem Scheußlichen und Grausamen begleitet. Seine ihn stets beherrschenden Leidenschaften erwachten nach dem langen Schlaf, in den die Liebe sie gewiegt hatte, zu frischer Kraft, das an ihm haftende Gewicht des Schicksals beugte ihn zu Boden; er wurde voll heftiger Ungeduld von dem schlimmsten Elend, dem Gefühl der Reue, gereizt und gequält. Dieser aufgebrachte Zustand milderte sich nach und nach zu mürrischer Feindseligkeit und zur Niedergedrücktheit des Gemüts. Seine Untergebenen, selbst seine Gleichgestellten, so es in seinem jetzigen Posten welche gab, waren erschrocken, Wut, Spott und Bitterkeit in jemandem zu finden, der sich zuvor durch sein angenehmes Wesen und freundliches Betragen ausgezeichnet hatte. Er erledigte seine öffentlichen Geschäfte mit Widerwillen und eilte davon in die Einsamkeit, die ihm Fluch und Erleichterung zugleich war. Er bestieg jenes feurige Pferd, das ihn in Griechenland zum Sieg getragen hatte, er ermüdete sich mit abstumpfenden Übungen und linderte die Schmerzen eines aufgebrachten Gemüts mit körperlichen Empfindungen.

Er erholte sich langsam wieder; doch schließlich erhob er, wie jemand, der sich von der Wirkung eines Giftes erholt, den Kopf aus den Dünsten des Fiebers und der Leidenschaft in die stille Atmosphäre der ruhigen Reflexion. Er dachte darüber nach, was er am besten tun sollte. Er war zuerst von der Dauer der verstrichenen Zeit betroffen, in der der Wahnsinn und nicht irgendein vernünftiger Antrieb seine Handlungen gelenkt hatte. Ein Monat war vergangen, und während dieser Zeit hatte er Evadne nicht gesehen. Ihre Macht, die nur mit wenigen der beständigen Gefühle seines Herzens verbunden war, hatte stark nachgelassen. Er war nicht länger ihr Sklave – nicht länger ihr Liebhaber: Er würde sie nie mehr sehen und durch die Vollständigkeit seiner Rückkehr das Vertrauen Perditas verdienen.

Doch indem er diesen Entschluss fasste, beschwor seine Phantasie die elende Wohnstätte des griechischen Mädchens herauf. Eine Behausung, die sie aus edlen und erhabenen Grundsätzen nicht gegen eine einzutauschen bereit war, die größere Bequemlichkeit bot. Er dachte an den Glanz ihres Standes und ihrer Erscheinung, als er sie das erste Mal traf; er dachte an ihr Leben in Konstantinopel, begleitet von allen Umständen orientalischer Pracht; an ihre gegenwärtige Armut, ihre tägliche Arbeit, ihre Einsamkeit, ihre bleiche, von erlittenem Hunger gezeichnete Wange. Sein Herz füllte sich mit Mitleid; er würde sie wiedersehen; er würde einen Plan entwickeln, um sie in die Gesellschaft und in den Genuss ihres Ranges zurückzubringen; danach würde selbstverständlich ihre Trennung erfolgen.

Dann wieder dachte er daran, wie er in diesem langen Monat Perdita aus dem Weg gegangen war, indem er vor ihr floh wie vor den Stacheln seines eigenen Gewissens. Aber jetzt war er wach; all dies sollte in Ordnung gebracht werden und zukünftige Hingabe die Erinnerung an diesen einzigen Schandfleck im Gleichmut ihres Lebens auslöschen. Seine Stimmung heiterte sich auf, als er darüber nachdachte, und nüchtern und entschlossen bestimmte er, welchen Kurs sein Verhalten annehmen würde. Er erinnerte sich, dass er Perdita versprochen hatte, an diesem Abend (dem neunzehnten Oktober, dem Jahrestag seiner Wahl zum Protektor) bei einem Fest zu seinen Ehren anwesend zu sein. Ein gutes Omen für das Glück zukünftiger Jahre sollte dieses Fest sein. Zuerst würde er nach Evadne sehen; er würde nicht bleiben, doch er schuldete ihr etwas, eine Entschädigung für seine lange und unangekündigte Abwesenheit; und dann würde er zu Perdita gehen, zu der vergessenen Welt, zu den Pflichten der Gesellschaft, dem Gepränge des Ranges, dem Genuss der Macht.

Nach der auf den vorhergehenden Seiten beschriebenen Szene hatte Perdita eine gänzliche Veränderung von Raymonds Betragen erhofft. Sie erwartete ungezwungene Gespräche und eine Rückkehr zu jenen Gewohnheiten des liebevollen Umgangs, die das Glück ihres Lebens ausgemacht hatten. Aber Raymond gesellte sich bei keiner ihrer Beschäftigungen zu ihr. Er wickelte das Tagesgeschäft getrennt von ihr ab; er ging aus, sie wusste nicht wohin. Der Schmerz, der durch diese Enttäuschung verursacht wurde, war quälend und scharf. Sie betrachtete ihn als einen trügerischen Traum und versuchte, ihn aus ihrem Bewusstsein zu verdrängen; doch er klebte wie das Hemd von Nessos an ihrem Fleisch und fraß sich mit scharfer Pein in ihr Lebensprinzip. Sie besaß etwas (wenngleich eine solche Behauptung paradox erscheinen mag), das wenigen zu eigen war, eine Fähigkeit zum Glück. Ihr zartes Gemüt und ihre schöpferische Phantasie machten sie für angenehme Gefühle besonders empfänglich. Die überströmende Wärme ihres Herzens hatte, indem sie die Liebe zu einer tief verwurzelten Pflanze mit stattlichem Wachstum machte, ihre ganze Seele auf die Aufnahme des Glücks eingestellt, da sie in Raymond alles fand, was Liebe schmücken und ihre Phantasie befriedigen konnte. Wenn aber das Gefühl, auf das das Gefüge ihrer Existenz sich gründete, durch Teilen gewöhnlich wurde, die endlose Abfolge von Aufmerksamkeiten und anmutigen Handlungen durch die Übertragung auf eine andere Frau zerrissen, sein Universum der Liebe ihr abgerungen wurde, musste das Glück weichen und durch das Gegenteil ausgetauscht werden. Die gleichen Eigentümlichkeiten ihres Charakters machten ihre Sorgen zu Qualen; ihre Phantasie vergrößerte sie, ihre Empfindsamkeit öffnete sie für immer ihrem erneuerten Eindruck; Liebe vergiftete den herzdurchbohrenden Stachel. In ihrem Kummer lagen weder Ergebung noch Langmut oder Selbstaufgabe. Sie stritt damit, kämpfte mit seiner Last, und ihr Widerstand ließ sie jeden Stich schärfer empfinden. Immer wieder kehrte der Gedanke zurück, dass er eine andere liebte. Sie ließ ihm Gerechtigkeit widerfahren; sie glaubte ihm, dass er eine zärtliche Zuneigung für sie empfand; doch wenn man demjenigen einen armseligen Preis gibt, der in einer lebenslänglichen Lotterie mit dem Gewinn von Zehntausenden gerechnet hat, wird ihn dies mehr enttäuschen als eine Niete. Die Zuneigung und Freundlichkeit eines Raymonds könnten unschätzbar sein, aber jenseits dieser Zuneigung, tiefer eingebettet als Freundschaft, lag der unteilbare Schatz der Liebe. Nimmt man dessen Summe in seiner Vollständigkeit, kann keine Rechenkunst seinen Wert berechnen, nimmt man aber daraus den kleinsten Teil und gibt ihm nur den Namen des Ganzen, teilt man ihn in kleinere Stücke und Abschnitte ein, so wird das wertvolle Gold des Bergwerkes, wie die Münze des Taschenspielers, zur wertlosesten Substanz. Es liegt ein Ausdruck im Auge der Liebe, ein Ton in ihrer Stimme, eine Ausstrahlung in ihrem Lächeln, und den Talisman dieser Bezauberungen kann nur einer besitzen; ihr Geist ist elementar, ihr Wesen ist eins, ihre Göttlichkeit eine Einheit. Herz wie Seele Raymonds und Perditas hatten sich miteinander vermischt wie zwei Bergbäche, die sich in ihrem Abstieg vereinigen, um murmelnd und funkelnd über glänzende Kieselsteine neben Sternenblumen zu fließen; aber sollte einer seinen ursprünglichen Verlauf verlassen oder durch abdichtende Hindernisse gestaut werden, wird der andere in seinen veränderten Ufern schwinden. Perdita war sich bewusst, dass die Flut, die ihr das Leben brachte, versiegte. Unfähig, das langsame Schwinden ihrer Hoffnungen zu ertragen, entwarf sie hastig einen Plan und beschloss, das Andauern des Elends sofort zu beenden und die jüngsten bestürzenden Ereignisse zu einem glücklichen Abschluss zu bringen.

Der Jahrestag der Erhöhung Raymonds zur Position des Protektors stand in Bälde an; und es war üblich, diesen Tag mit einem glänzenden Fest zu feiern. Eine Vielzahl von Gefühlen drängte Perdita, doppelte Großartigkeit über die Szene auszuschütten; doch während sie sich für das abendliche Fest bereit machte, wunderte sie sich darüber, mit welchem Aufwand sie die Feier eines Ereignisses, das ihr doch als Beginn ihrer Leiden erschien, so prächtig zu gestalten suchte. Beklagt sei der Tag, dachte sie, beklagt seien die Tränen und der Kummer der Stunde, die Raymond eine andere Hoffnung als Liebe eingaben, einen anderen Wunsch als meine Hingabe; und dreifacher Jubel dem Augenblick, in dem er mir zurückgegeben wird! Weiß Gott, ich vertraue auf seine Gelübde und glaube seiner Zusicherung – doch deswegen suche ich nicht das, was ich jetzt zu erreichen beabsichtige. Sollen denn zwei weitere Jahre solcherart vergehen, von denen jeder Tag zu unserer Entfremdung beiträgt, wobei jeder Akt ein weiterer Stein ist, der auf die Mauer gelegt wird, die uns trennt? Nein, mein Raymond, mein allein geliebter, einziger Besitz von Perdita! In dieser Nacht, dieser prächtigen Versammlung, diesen prächtigen Zimmern und mit dieser Verzierung deines tränenreichen Mädchens, ist alles vereint, um deine Abdankung zu feiern. Einst gabst du für mich die Aussicht auf eine Krone auf. Das war in den Tagen der frühen Liebe, als ich nur die Hoffnung, nicht die Gewissheit des Glücks spüren konnte. Nun hast du erfahren, was ich dir geben kann, die Hingabe des Herzens, die reine Liebe und die stete Unterwerfung. Du musst zwischen diesen und deinem Protektorat wählen. Dies, stolzer Adliger, ist deine letzte Nacht! Perdita hat alles so prachtvoll und blendend vorbereitet, wie es dein Herz am meisten liebt – doch von diesen herrlichen Räumen, von diesem fürstlichen Besuch, von Macht und Erhebung musst du mit der Morgensonne zu unserer ländlichen Bleibe zurückkehren; denn ich würde keine unsterbliche Freude um den Preis kaufen, eine weitere Woche zu erdulden, die so ist wie die vorherige.

Indem Perdita über diesem Plan brütete und entschied, zu welcher Stunde sie seinen Rücktritt vorschlagen und auf der Durchführung bestehen sollte, hellte sich ihr Herz auf und sie verspürte freudige Aufregung. Ihre Wange war von der Erwartung des Kampfes gerötet, ihre Augen funkelten in der Hoffnung auf Triumph. Nachdem sie ihr Schicksal auf eine Karte gesetzt hatte und sich sicher fühlte, zu gewinnen, erhob sie, von der ich sagte, dass sie den Stempel einer Königin der Nationen auf ihrer edlen Stirn trug, sich jetzt höher als die Menschheit und schien mit ruhiger Kraft das Rad des Schicksals mit ihrem Finger anzuhalten. Sie hatte nie zuvor so erhaben schön ausgesehen.

Wir, die arkadischen Hirten der Geschichte, hatten vorgehabt, bei diesem Fest anwesend zu sein, aber Perdita schrieb und bat uns, weder zu kommen noch uns von Windsor zu entfernen; denn sie war entschlossen (obgleich sie uns ihren Plan nicht offenbarte), am nächsten Morgen mit Raymond zu unserem lieben Kreis zurückzukehren, um dort einen Lebensabschnitt zu erneuern, in dem sie völlige Glückseligkeit gefunden hatte. Spät am Abend betrat sie die dem Fest zugewiesenen Räume.

Raymond hatte den Palast in der Nacht zuvor verlassen; er hatte versprochen, auf der Versammlung zu erscheinen, war aber noch nicht zurückgekehrt. Dennoch war sie davon überzeugt, dass er letztlich kommen würde; und je größer der Bruch bei dieser Krise erscheinen sollte, desto gewisser war sie, ihn für immer zu heilen.

Es war wie gesagt der neunzehnte Oktober; der Herbst war weit fortgeschritten und trostlos. Der Wind heulte, die halbentblößten Bäume waren ihres restlichen Sommerkleids beraubt, der Zustand der Luft, der den Verfall der Vegetation herbeiführte, war der Fröhlichkeit oder Hoffnung feindlich gesonnen. Raymond war durch den Entschluss, den er gefasst hatte, aufgemuntert worden; mit dem schwindenden Tag jedoch sank seine Stimmung. Zuerst wollte er Evadne besuchen und dann zum Protektoratspalast eilen. Als er durch die elenden Straßen nahe der glücklosen Unterkunft der Griechin ging, peinigte ihn sein Herz wegen des gesamten Verlaufs seines Betragens ihr gegenüber. Erstlich, dass er je eine Verpflichtung eingegangen war, die es ihr erlauben sollte, in solch einem Zustand der Erniedrigung zu verbleiben; und dann, sie nach einem kurzen wilden Traum in schrecklicher Einsamkeit, ängstlicher Vermutung und bitterer, noch immer enttäuschter Erwartung zurückzulassen. Was hatte sie indessen getan, wie seine Abwesenheit und Vernachlässigung bewältigt? Das Licht wurde in diesen engen Straßen trüber, und als die bekannte Tür geöffnet wurde, war die Treppe in gänzliche Dunkelheit gehüllt. Er tastete sich hinauf, er betrat die Dachkammer, er fand Evadne sprachlos, fast leblos auf ihrem elenden Lager liegend. Er rief nach den Hausleuten, konnte aber nichts weiter von ihnen erfahren, als dass sie nichts wussten. Ihre Geschichte war ihm klar, klar und deutlich wie die Reue und der Schrecken, die ihre Reißzähne nach ihm fletschten. Als sie sich von ihm verlassen sah, verlor sie die Kraft, ihren üblichen Tätigkeiten nachzugehen, der Stolz verbot ihr, sich an ihn zu wenden, der Hunger wurde als der freundliche Pförtner vor den Toren des Todes begrüßt, in dessen einladender Umarmung sie jetzt sündlos binnen Kurzem ruhen sollte. Kein lebendes Wesen näherte sich ihr, als ihre Stärke versagte.

Wenn sie starb, wo könnte je in den Akten ein Mörder gefunden werden, dessen grausame Tat sich mit der seinen vergleichen ließe? Welcher Teufel ist mutwilliger in seinem Unheil, welche verdammte Seele eher des Verderbens würdig! Doch er war niemand, der sich quälenden Selbstvorwürfen überließ. Er schickte nach ärztlicher Hilfe; die Stunden verstrichen, von der Anspannung zu Zeitaltern verlängert; die Dunkelheit der langen Herbstnacht wich dem Tag, ehe ihr Leben gerettet war. Er ließ sie dann in eine bequemere Unterkunft bringen und beugte sich immer wieder über sie, um sich zu versichern, dass sie in Sicherheit war.

Inmitten seiner größten Spannung und Furcht wegen dieses Ereignisses erinnerte er sich an das Fest, das ihm zu Ehren von Perdita gegeben wurde; zu seiner Ehre also, während Elend und Tod seinem Namen unauslöschliche Schande beibrachten, Ehre für ihn, dessen Verbrechen ein Schafott verdiente; das war der schlimmste Spott. Dennoch würde Perdita ihn erwarten. Er schrieb einige unzusammenhängende Wörter auf ein Stück Papier, die bezeugten, dass es ihm gut ging, und bat die Hauswirtin, es in den Palast und in die Hände der Gemahlin des Lordprotektors zu bringen. Die Frau, die ihn nicht kannte, fragte verächtlich, wie er dächte, dass sie, besonders in einer festlichen Nacht, zu dieser Dame vorgelassen werden solle? Raymond gab ihr seinen Ring, um den Respekt der Diener zu gewährleisten. Während also Perdita ihre Gäste bewirtete und ängstlich auf die Ankunft ihres Herrn wartete, wurde ihr der Ring gebracht, und es wurde ihr gesagt, dass eine arme Frau eine Nachricht von seinem Träger an sie zu überbringen habe.

Die Eitelkeit der alten Klatschbase war durch ihren Auftrag gesteigert, welchen sie nichtsdestotrotz nicht verstand, da sie keinen Verdacht gefasst hatte, selbst jetzt nicht, dass Evadnes Besucher Lord Raymond war. Perdita befürchtete einen Sturz von seinem Pferd oder einen ähnlichen Unfall – bis die Antworten der Frau andere Ängste weckten. Aus einer unbewussten Anwandlung von List heraus sprach die aufdringliche, vielleicht bösartige Botin nicht von Evadnes Krankheit; vielmehr schilderte sie schwatzhaft Raymonds häufige Besuche und fügte ihrer Erzählung solche Umstände hinzu, welche, während sie Perdita von deren Wahrheit überzeugten, die Lieblosigkeit und Treulosigkeit Raymonds übertrieben. Am schlimmsten war jedoch, dass seine Abwesenheit vom Fest, die er in seiner Botschaft völlig unbegründet ließ, abgesehen von den schändlichen Andeutungen der Frau, Perdita als die tödlichste Beleidigung erschien. Wieder blickte sie auf den Ring, er war mit einem kleinen Rubin besetzt, fast herzförmig, den sie ihm selbst geschenkt hatte. Sie sah auf die Handschrift, die sie nicht verwechseln konnte, und wiederholte sich die Worte: »Gestatte deinen Gästen nicht, ich flehe dich an, erlaube ihnen nicht, sich über meine Abwesenheit zu wundern«, während die alte Frau weiter schwatzte und ihr Ohr mit ihrer Rede mit einer seltsamen Mischung aus Wahrheit und Falschheit füllte. Endlich entließ Perdita sie.

Das arme Mädchen kehrte zur Versammlung zurück, wo ihre Abwesenheit nicht bemerkt worden war. Sie glitt in eine etwas verdunkelte Nische und versuchte sich zu beruhigen, während sie sich an eine dort platzierte Ziersäule lehnte. Ihr Geist war wie gelähmt. Sie betrachtete einige Blumen, die in einer geschnitzten Vase standen. An diesem Morgen hatte sie sie arrangiert, es waren seltene und schöne Pflanzen; selbst jetzt, so bestürzt sie war, bemerkte sie ihre leuchtenden Farben und sternengleichen Formen. – »Göttliche Verkörperungen des Geistes der Schönheit«, rief sie aus, »ihr ermattet nicht, noch trauert ihr; die Verzweiflung, die mein Herz ergriffen hat, hat euch nicht angesteckt! – Warum bin ich nicht eine Genossin eurer Gefühllosigkeit, eine Teilhaberin eurer Ruhe!«

Sie hielt inne. »Nun zu meiner Aufgabe«, fuhr sie innerlich fort, »meine Gäste dürfen die Wirklichkeit weder in Bezug auf ihn noch auf mich wahrnehmen. Ich gehorche; sie sollen nichts merken, selbst wenn ich augenblicklich sterbe, sobald sie weg sind. Sie werden das Gegenteil dessen sehen, was wirklich ist – denn ich werde lebendig scheinen – während ich – tot bin.« Es bedurfte all ihrer Selbstbeherrschung, die Tränen des Selbstmitleids, die von diesem Gedanken verursacht wurden, zu unterdrücken. Nach vielen Kämpfen gelang es ihr, und sie machte sich auf, um sich wieder zu ihren Gästen zu gesellen.

Alle ihre Bemühungen waren jetzt auf die Verheimlichung ihres inneren Konflikts gerichtet. Sie musste die Rolle einer höflichen Gastgeberin spielen, sich um alle kümmern, im Mittelpunkt des Geschehens vor Vergnügen und Anmut strahlen. Sie musste dies tun, während sie in tiefem Leid nach Einsamkeit seufzte und nur zu gern ihre überfüllten Räume gegen dunkle Waldtiefen oder eine einsame, von der Nacht beschattete Heide eingetauscht hätte. Aber sie wurde heiter. Sie konnte in keine ausgeglichene Stimmung finden, noch war sie, wie es bei ihr üblich war, ruhig und zufrieden. Jeder bemerkte ihre Hochstimmung; da alle Handlungen im Auge des Adels elegant erscheinen, umgaben ihre Gäste sie beifällig, obgleich eine Schärfe in ihrem Lachen und eine Plötzlichkeit in ihren Ausbrüchen lag, die ihr Geheimnis einem aufmerksamen Beobachter verraten haben könnten. Sie fuhr fort und fühlte, dass, wenn sie für einen Moment innegehalten hätte, die zurückgehaltenen Wasser des Elends ihre Seele überflutet hätten, dass ihre zerstörten Hoffnungen ihre klagenden Stimmen erheben würden, und dass diejenigen, die jetzt ihre Fröhlichkeit nachahmten und ihre Schlagfertigkeit herausforderten, ängstlich vor ihrer erschütternden Verzweiflung zurückgeschreckt wären. Ihr einziger Trost während der Gewalt, die sie sich antat, war, die Bewegungen einer beleuchteten Uhr zu beobachten und innerlich die Augenblicke zu zählen, die vergehen mussten, ehe sie allein sein konnte.

Endlich begannen die Räume sich zu leeren. Ihre eigenen Wünsche verspottend, neckte sie ihre Gäste wegen ihrer frühen Abreise. Nach und nach verließen sie sie – endlich drückte sie die Hand ihrer letzten Besucherin. »Wie kalt und feucht deine Hand ist«, sagte ihre Freundin, »du bist übermüdet, bitte lege dich doch bald zur Ruhe.« Perdita lächelte schwach – ihr Gast verließ sie; der Wagen, der die Straße davonrollte, bewies die endgültige Abfahrt. Dann, als würde sie von einem Feind verfolgt, als wären ihr Flügel gewachsen, floh sie in ihr eigenes Zimmer, sie entließ ihre Diener, sie sperrte die Türen zu, sie warf sich wild auf den Boden, sie zerbiss sich die Lippen bis aufs Blut, um ihre Schreie zu unterdrücken, lag lange dem Geier der Verzweiflung ausgeliefert da und versuchte, nicht zu denken, während eine Vielzahl von Gedanken sich in ihrem Herzen einnisteten; es waren Gedanken, entsetzlich wie Furien, grausam wie Vipern, und sie strömten in einer so schnellen Folge hinein, dass sie sich gegenseitig zu stoßen und zu verwunden schienen, während sie sie zum Wahnsinn trieben.

Endlich erhob sie sich, ruhiger, aber nicht weniger elend. Sie stellte sich vor einen großen Spiegel – sie blickte auf ihr Spiegelbild; ihr leichtes und elegantes Kleid, die Juwelen, die ihr Haar schmückten und ihre schönen Arme und Hals umschmeichelten, ihre satinbeschuhten kleinen Füße, ihre üppigen und glänzenden Locken, alle verhielten sich zu ihrer getrübten Stirn und ihrem gramerfüllten Gesicht wie ein herrlicher Rahmen zu einem dunklen, sturmgepeitschten Bild. »Ein Gefäß bin ich«, dachte sie, »ein Gefäß übervoll mit der Essenz äußerster Verzweiflung. Lebe wohl, Perdita! Leb wohl, du armes Mädchen! Nie wieder wirst du dich so sehen, Luxus und Reichtum gehören dir nicht mehr, im Übermaß deiner Armut magst du den obdachlosen Bettler beneiden; wahrlich habe ich kein Heim! Ich lebe in einer unfruchtbaren Wüste, die, weit und endlos, weder Frucht noch Blüte hervorbringt; in der Mitte ein einsamer Felsen, an den du, Perdita, gekettet bist, und du siehst die triste Ebene sich weithin erstrecken.«

Sie riss ihr Fenster auf, das auf den Palastgarten blickte. Licht und Dunkelheit kämpften miteinander, und der Osten war von rosigen und goldenen Strahlen durchdrungen. Ein Stern zitterte einsam in der Tiefe der flammenden Atmosphäre. Die Morgenluft, die frisch über die taufrischen Pflanzen wehte, strömte in den beheizten Raum. »Das Leben geht weiter«, dachte Perdita, »alles schreitet fort, verfällt und geht zugrunde! Wenn der Mittag vorüber ist und der müde Tag seine Gesellen zu ihrer westlichen Heimstatt getrieben hat, erheben sich die Feuer des Himmels aus dem Osten, bewegen sich in ihrem gewohnten Pfad und steigen den himmlischen Hügel hinauf und herab. Wenn ihr Lauf sich erfüllt, beginnt das Ziffernblatt einen ungewissen Schatten gen Westen zu werfen, die Augenlider des Tages werden geöffnet und Vögel und Blumen, die überraschte Vegetation und frischer Wind erwachen; endlich erscheint die Sonne, und in majestätischer Prozession steigt die Herrlichkeit des Himmels empor. Alles schreitet fort, verändert sich und stirbt, bis auf das Elend in meinem berstenden Herzen.

Ja, alles schreitet fort und verändert sich: Was Wunder also, dass die Liebe weitergewandert und vergangen ist und dass der Gebieter meines Lebens sich verändert hat? Wir nennen die überirdischen Lichter unbeweglich, aber sie wandern auf jener Ebene umher, und wenn ich wieder hinsehe, wo ich vor einer Stunde hingesehen habe, ist das Antlitz des ewigen Himmels verändert: Der törichte Mond und die unbeständigen Planeten ändern nächtlich ihren unberechenbaren Tanz, die Sonne selbst, die Herrscherin des Himmels, verlässt ihren Thron und überlässt ihre Herrschaft der Nacht und dem Winter. Die Natur wird alt und zittert in ihren zerfallenden Gliedern – die Schöpfung ist zugrunde gerichtet geworden! Was Wunder also, dass Finsternis und Tod das Licht deines Lebens zerstört haben, o Perdita!«

Kapitel 9

So traurig und verworren waren die Gedanken meiner armen Schwester, als sie sich der Untreue Raymonds gewiss wurde. All ihre Tugenden und all ihre Fehler machten den Schlag unheilbar. Ihre Zuneigung für mich, ihren Bruder, für Adrian und Idris, war sozusagen der regierenden Leidenschaft ihres Herzens unterworfen; selbst ihre mütterliche Zärtlichkeit zog die Hälfte ihrer Kraft aus der Freude, die sie daran hatte, Raymonds Eigenschaften und Züge im Gesicht des Kindes nachzuspüren. Sie war in der Kindheit zurückhaltend und sogar streng gewesen; aber die Liebe hatte die Unebenheiten ihres Charakters geglättet, und dank ihrer Verbindung mit Raymond hatten ihre Talente und Neigungen sich entfaltet; die eine betrog, die andere scheiterte, und sie kehrte in gewissem Grade zu ihrer alten Veranlagung zurück. Der konzentrierte Stolz ihrer Natur, der während ihres glückseligen Traumes vergessen worden war, erwachte und durchbohrte ihr Herz mit seinem Natternbiss; die Demut ihres Geistes vermehrte die Kraft des Giftes; sie war in ihrer eigenen Wahrnehmung erhöht worden, während sie seiner Liebe sicher war. Welchen Wert hatte sie jetzt, wo er ihr nicht mehr den Vorzug gab? Sie war stolz darauf gewesen, ihn gewonnen und bewahrt zu haben – aber eine andere hatte ihn ihr abgerungen, und ihr Jubel erkaltete wie eine vom Wasser gelöschte Glut.

Wir, in unserem Schlupfwinkel, blieben lange in Unkenntnis ihres Unglücks. Bald nach dem Fest hatte sie nach ihrem Kind geschickt, und dann schien sie uns vergessen zu haben. Adrian bemerkte bei einem Besuch, den er ihnen später abstattete, eine Veränderung; aber er konnte weder das Ausmaß abschätzen noch die Ursache erklären. Sie erschienen immer noch zusammen in der Öffentlichkeit und lebten unter demselben Dach. Raymond war wie gewöhnlich zuvorkommend, obgleich es zuweilen einen ungebetenen Hochmut oder eine schmerzhafte Schroffheit in seinem Betragen gab, die seinen sanften Freund erschreckten; seine Stirn war nicht umwölkt, doch seine Lippen verächtlich geschürzt, und seine Stimme war scharf. Perdita war äußerst freundlich und aufmerksam gegenüber ihrem Lord; doch sie war still und über die Maßen traurig. Sie war dünn und blass geworden; und ihre Augen füllten sich oft mit Tränen. Manchmal sah sie Raymond an, als wollte sie sagen: – Wenn es nur so wäre! Zu anderen Gelegenheiten drückte ihr Gesichtsausdruck aus: – Ich werde immer noch alles tun, um dich glücklich zu machen. Aber Adrian las ohne bestimmten Argwohn den Ausdruck ihres Gesichtes und könnte sich geirrt haben. Clara war immer bei ihr, und sie schien am ehesten in sich zu ruhen, wenn sie still und einsam in einer dunklen Ecke sitzen und die Hand ihres Kindes halten konnte. Dennoch konnte Adrian die Wahrheit nicht erraten; er bat sie, uns in Windsor zu besuchen, und sie versprachen, im folgenden Monat zu kommen.

Es wurde Mai, ehe sie eintrafen: Der Frühsommer hatte die Bäume des Waldes mit Blättern geschmückt und seine Wege mit tausend Blumen. Wir hatten am Vortag eine Nachricht über ihre Pläne erhalten; und am frühen Morgen kam Perdita mit ihrer Tochter an. Raymond würde bald folgen, sagte sie; er sei von Geschäften festgehalten worden. Nach Adrians Bericht hatte ich erwartet, sie traurig zu finden; doch sie erschien im Gegenteil äußerst gut gelaunt zu sein: Sie war dünn geworden, ihre Augen waren etwas glanzlos und ihre Wangen eingefallen, wenngleich sie von einem leichten Schimmer getönt wurden. Sie war entzückt, uns zu sehen; liebkoste unsere Kinder, lobte ihr Wachstum und ihre Entwicklung. Auch Clara freute sich, ihren jungen Freund Alfred wiederzusehen; alle Arten von kindlichen Spielen wurden begonnen, denen sich Perdita anschloss. Ihre Fröhlichkeit übertrug sich auf uns, und während wir uns auf der Schlossterrasse amüsierten, schien es, dass sich keine glücklichere, sorglosere Gesellschaft hätte zusammenfinden können. »Das ist besser, Mama«, sagte Clara, »als in diesem tristen London zu sein, wo du oft weinst und niemals lachst, wie du es jetzt tust.« – »Schweig, törichtes kleines Ding«, antwortete ihre Mutter, »und erinnere dich daran, dass jeder, der London erwähnt, für eine Stunde nach Coventry geschickt wird.«

Bald darauf traf Raymond ein. Er schloss sich nicht wie gewöhnlich der Ausgelassenheit der Übrigen an; indem er eine Unterhaltung mit Adrian und mir begann, trennten wir uns vielmehr allmählich von unseren Gefährtinnen, und Idris und Perdita blieben allein mit den Kindern zurück. Raymond sprach von seinen neuen Gebäuden, von einer von ihm geplanten Einrichtung für die bessere Bildung der Armen; wie stets gerieten Adrian und er in Streit, und die Zeit verstrich unbemerkt.

Gegen Abend versammelten wir uns wieder, und Perdita bestand darauf, dass wir musizieren sollten. Sie wollte, sagte sie, uns eine Probe ihres neuen Könnens geben; denn seit sie in London gewesen war, hatte sie sich der Musik gewidmet und gesungen, ohne viel Kraft, aber mit umso mehr Anmut. Uns erlaubte sie nicht, irgendwelche anderen als unbeschwerte Melodien auszuwählen; und alle Opern von Mozart wurden herangezogen, damit wir die berauschendsten seiner Arien auswählen könnten. Unter den anderen transzendenten Eigenschaften besitzt Mozarts Musik mehr als jede andere jene, dass sie aus dem Herzen zu kommen scheint; man tritt in die von ihm ausgedrückten Leidenschaften ein und wird in Kummer, Freude, Zorn oder Verwirrung versetzt, ganz wie es ihm, dem Dirigenten unserer Seele, beliebt. Für einige Zeit wurde die heitere Laune aufrechterhalten; aber schließlich trat Perdita vom Klavier zurück, denn Raymond hatte sich dem Terzett des *Taci ingiusto core* in Don Giovanni angeschlossen, dessen schelmisches Bitten er in sanfte Zärtlichkeit verwandelte, so dass er ihr Herz mit Erinnerungen an die veränderte Vergangenheit berührte; es waren die gleiche Stimme, der gleiche Ton, die gleichen Klänge und Worte, die sie oft in Huldigungen der Liebe gehört hatte – das waren sie nicht länger; und diese Übereinstimmung des Klanges mit der Dissonanz seines Ausdrucks erfüllte sie mit Bedauern und Verzweiflung.

Bald darauf begann Idris, die an der Harfe war, jene leidenschaftliche und reuevolle Arie im Figaro, *Porgi, amor, qualche ristoro*, in der die verlassene Gräfin den Wandel des treulosen Almaviva beklagt. In dieser Melodie kommt die Seele der zärtlichen Trauer zum Vorschein; und die süße Stimme Idris', umrahmt von den traurigen Akkorden ihres Instruments, verstärkte noch den Ausdruck der Worte. Während des rührenden Appells, mit dem die Arie endete, zog ein ersticktes Schluchzen unsere Aufmerksamkeit auf Perdita, das Verstummen der Musik brachte sie wieder zu sich, sie eilte aus dem Saal – ich folgte ihr. Zuerst schien sie mich meiden zu wollen; dann, meinen drängenden Fragen nachgebend, warf sie sich an meinen Hals und weinte laut: – »Noch einmal«, rief sie, »noch einmal in deine freundliche Brust, mein geliebter Bruder, kann die verlorene Perdita ihre Sorgen ausgießen. Ich hatte mir ein Schweigegelübde auferlegt und es monatelang gewahrt. Es ist unrecht von mir, dass ich jetzt weine, und noch mehr, wenn ich meinen Kummer in Worte fasse. Ich will nicht sprechen! Es sei dir genug zu wissen, dass ich elend bin – es sei genug, dass du weißt, dass der bunte Schleier des Lebens zerrissen ist, dass ich für immer in Dunkelheit und Finsternis versunken sitze, dieser Kummer ist meine Schwester, die immerwährende Klage meine Gefährtin!«

Ich bemühte mich, sie zu trösten; ich befragte sie nicht! Vielmehr schloss ich sie in die Arme, versicherte sie meiner tiefsten Zuneigung und meines lebhaften Interesses an der Besserung ihres Geschickes: – »Liebe Worte«, rief sie, »Ausdrücke der Liebe dringen an mein Ohr, wie die erinnerten Töne vergessener Musik, die mir einst teuer war. Ich weiß, sie sind vergeblich, so gänzlich vergeblich in ihrem Versuch, mich zu beruhigen oder zu trösten. Liebster Lionel, du kannst nicht wissen, was ich in diesen langen Monaten durchlitten habe. Ich habe von Trauernden in früheren Zeiten gelesen, die sich in Sackleinen kleideten, Staub auf ihre Häupter streuten, ihr Brot mit Asche vermengt aßen und auf einsamen Berggipfeln wohnten, wo sie Himmel und Erde laut wegen ihres Unglücks schalten. Aber diese Trauer ist ja die reinste Schwelgerei! Auf jene Weise darf man von Tag zu Tag neue Ausschweifungen ersinnen und mit allen Anhängseln der Verzweiflung vermählt in den Einzelheiten des Leides schwelgen. Ach! Ich aber muss auf ewig das Elend verbergen, das mich verzehrt, ich muss einen Schleier blendender Lüge weben, um meinen Kummer vor den Blicken anderer zu verbergen, meine Stirn glätten und meine Lippen zu falschem Lächeln formen – selbst in der Einsamkeit wage ich nicht daran zu denken, wie verloren ich bin, damit ich nicht in Wahnsinn und Raserei verfalle.«

Die Tränen und die Aufregung meiner armen Schwester erlaubten ihr nicht, in den Kreis zurückzukehren, den wir verlassen hatten – also überredete ich sie, mich sie durch den Park fahren zu lassen; und während der Fahrt brachte ich sie dazu, mir die Geschichte ihres Unglücks anzuvertrauen. Ich glaubte, dass das Reden davon die Bürde erleichtern würde, und war gewiss, dass, falls es ein Heilmittel gäbe, es gefunden und ihr verabreicht werden sollte.

Seit dem Fest des Jahrestages waren mehrere Wochen verstrichen, und sie war nicht in der Lage gewesen, ihren Geist zu beruhigen oder ihre Gedanken in eine klare Richtung zu lenken. Zuweilen warf sie sich vor, sich zu sehr zu Herzen zu nehmen, was viele ein eingebildetes Übel nennen würden; aber das war ein Punkt, den sie nicht beurteilen konnte; und da sie über die Beweggründe und das wahre Betragen Raymonds nichts wusste, stellten sich ihr die Dinge in einem schlechteren Licht dar, als sie in Wirklichkeit waren. Er war selten im Palast, nur dann, wenn er versichert war, dass seine öffentlichen Pflichten ihn davon abhalten würden, mit Perdita alleine zu sein. Sie sprachen einander selten an, mieden Erklärungen und fürchteten jede Mitteilung, die der andere machen könnte. Plötzlich änderte sich jedoch das Betragen Raymonds; er schien Gelegenheiten zu suchen, um zur Freundlichkeit und Nähe mit meiner Schwester zurückzukehren. Die Flut seiner Liebe zu ihr schien wieder zu fließen; er konnte nie vergessen, wie er ihr einst ergeben gewesen war und sie zum Schrein und Schatzkästlein gemacht hatte, in das jeder Gedanke und jede Empfindung gelegt wurden. Scham schien ihn zurückzuhalten; dennoch wollte er offenbar eine Erneuerung des Vertrauens und der Zuneigung bewirken. Perdita hatte, kaum, dass sie sich genügend erholt hatte, einen Plan erstellt, dem sie jetzt folgen wollte. Sie empfing diese Gesten zurückkehrender Liebe mit Sanftmut; sie mied seine Gesellschaft nicht; aber sie bemühte sich, eine Barriere in den Weg des vertrauten Umgangs oder der schmerzvollen Diskussion zu stellen, von deren Überwindung Raymond eine Mischung von Stolz und Scham abhielt. Endlich begann er, Zeichen wütender Ungeduld zu zeigen, und Perdita wurde klar, dass sie den Weg, den sie begonnen hatte, nicht weitergehen konnte; sie musste sich ihm erklären; sie konnte den Mut zum Sprechen nicht aufbringen – und schrieb Folgendes: –

»Ich bitte Dich, diesen Brief mit Geduld zu lesen. Er wird keine Vorwürfe enthalten. Vorwurf ist in der Tat ein leeres Wort: Was sollte ich Dir vorwerfen?

Erlaube mir, meine Gefühle in gewissem Grade zu erklären; ansonsten würden wir beide im Dunkeln umherirren, uns gegenseitig missverstehen und von dem Pfad abgehen, der uns, wenigstens einen von uns, zu einer geeigneteren Lebensweise führen könnte als jener, die jeder von uns in den letzten Wochen geführt hat.

Ich liebte Dich – ich liebe Dich – weder Zorn noch Stolz diktieren diese Zeilen, sondern ein Gefühl jenseits davon, tiefer und unwandelbarer als beides. Meine Gefühle sind verletzt; es ist unmöglich, sie zu heilen: – so unterlasse doch das vergebliche Bemühen, falls deine Bemühungen tatsächlich in diese Richtung streben. Vergebung! Umkehr! Leere Worte sind das! Ich vergebe den Schmerz, den ich ertrage, aber der ausgetretene Pfad kann nicht zurückverfolgt werden.

Gewöhnliche Zuneigung hätte mit gewöhnlichen Mitteln zufriedengestellt werden können. Ich glaubte, dass Du in meinem Herzen läsest und seine Hingabe, seine unveräußerliche Treue zu Dir kenntest. Ich habe nie jemanden außer Dir geliebt. Du erschienst mir als das verkörperte Bild meiner schönsten Träume. Das Lob der Menschen, Macht und hohe Bestrebungen haben Deine Laufbahn begleitet. Die Liebe zu Dir hat meine Welt in ein verzaubertes Licht getaucht, es war nicht mehr die Erde, die ich beschritt – die Erde, die gemeinsame Mutter, die nur triste und schale Wiederholung von alten und abgenutzten Gegenständen und Umständen gibt. Ich lebte in einem Tempel, der vom äußersten Gefühl der Hingabe und der Entrückung verherrlicht wurde, ich wandelte als ein gesegnetes Wesen umher und sah nur Deine Macht, Deine Vortrefflichkeit;

> Denn du standest neben mir, wie meine Jugend,
> Du machtest mir das Wirkliche zum Traum,
> Um die gemeine Deutlichkeit der Dinge
> Den goldnen Duft der Morgenröte webend.

Die Schönheit ist aus meinem Leben verschwunden – es gibt kein Morgen für diese alles verzehrende Nacht, keinen neuen Aufgang der untergegangenen Liebessonne. In jenen Tagen bedeutete mir der Rest der Welt nichts: alle anderen Männer – ich habe sie nie beachtet, noch darüber nachgedacht, was sie waren; noch sah ich Dich als einen von ihnen an. Von ihnen getrennt; erhaben in meinem Herzen; einziger Besitzer meiner Zuneigung; einziger Gegenstand meiner Hoffnungen, meine bessere Hälfte.

Ach, Raymond, waren wir nicht glücklich? Schien die Sonne je auf Menschen, die ihre Strahlen mit reinerer und größerer Glückseligkeit genießen konnten? Es war nicht – es ist keine gewöhnliche Untreue, die ich beklage. Es ist die Auflösung eines Ganzen, das nicht zerteilt werden kann, es ist die Sorglosigkeit, mit der Du den Mantel der Erwählung abgeschüttelt hast, mit dem Du für mich bekleidet warst und ohne welchen Du einer unter vielen geworden bist. Träume nicht davon, dies zu ändern. Ist nicht Liebe göttlich, weil sie unsterblich ist? Schien ich nicht gesegnet, auch für mich selbst, weil diese Liebe in meinem Herzen ihren Tempel hatte? Ich habe Dich im Schlaf betrachtet, bin zu Tränen gerührt worden, als der Gedanke meinen Geist erfüllte, dass alles, was ich besaß, in diesen vergötterten, aber sterblichen Konturen vor mir lag. Doch selbst dann habe ich mit einem einzigen Gedanken wachsende Ängste beiseitegefegt; ich wollte den Tod nicht fürchten, denn die Gefühle, die uns verbanden, mussten unsterblich sein.

Und jetzt fürchte ich nicht den Tod. Ich sollte zufrieden sein, meine Augen zu schließen, um sie nie wieder zu öffnen. Und dennoch fürchte ich ihn, so wie ich alle Dinge fürchte; denn in keinem Zustand des Bewusstseins, der mit der Kette der Erinnerung verbunden ist, würde das Glück zurückkehren – selbst im Paradies müsste ich spüren, dass Deine Liebe weniger ausdauernd wäre als das Schlagen meines zerbrechlichen Herzens, dessen Puls mit jedem Pochen hörbar seufzt,

> Die Todesbotschaft
> Der tief begrabnen Liebe, die nimmer aufersteht.

Nein – nein – ich Elende; für die erloschene Liebe gibt es keine Auferstehung!

Aber dennoch liebe ich Dich. Dennoch und auf ewig würde ich alles, was ich besitze, für Dein Wohlergehen opfern. Um einer klatschsüchtigen Welt, um meines – unseres Kindes willen, würde ich bei Dir bleiben, Raymond, Dein Glück teilen, Deinem Rat folgen. Soll es so sein? Wir sind nicht länger Liebende, noch kann ich mich irgendjemandes Freundin nennen; da ich, verloren wie ich bin, keinen Gedanken von meinem eigenen elenden, vereinnahmenden Selbst abziehen kann. Doch es wird mir gefallen, Dich jeden Tag zu sehen! Die Stimme des Volkes zu hören, das Dich lobt, Deine väterliche Liebe für unser Mädchen zu bewahren, Deiner Stimme zu lauschen, zu wissen, dass ich in Deiner Nähe bin, obwohl Du nicht mehr mein bist.

Wenn Du die Ketten brechen willst, die uns binden, so sprich es aus, und es wird geschehen – ich werde im Auge der Gesellschaft die ganze Schuld der Härte oder Grausamkeit auf mich nehmen.

Doch wie ich gesagt habe, würde ich es vorziehen, wenigstens gegenwärtig, unter einem Dach mit Dir zu leben. Wenn das Fieber meines jungen Lebens verflogen ist, wenn das gemächliche Alter den Geier zähmen wird, der mich verschlingt, mag die Freundschaft dorthin kommen, wo Liebe und Hoffnung vergangen sind. Könnte dies wahr werden? Kann meine Seele, untrennbar mit diesem vergänglichen Körper verbunden, gleichgültig und kalt werden, so wie dieser empfindliche Mechanismus seine jugendliche Spannkraft verlieren wird? Dann, mit glanzlosem Auge, grauem Haar und runzliger Stirn, obschon die Worte jetzt hohl und bedeutungslos klingen, dann, an der äußersten Grenze des Grabes schwankend, kann ich – Deine liebende und aufrichtige Freundin sein,

PERDITA«

Raymonds Antwort war kurz. Was konnte er auch auf ihre Klagen erwidern, auf ihre Trauer, die sie eifersüchtig verteidigte, indem sie alle Gedanken an Heilmittel zurückwies. »Trotz Deines bitteren Briefes«, schrieb er, »denn bitter muss ich ihn nennen, bist Du die Person, die ich am meisten wertschätze, und es ist Deine Glückseligkeit, die mir am meisten am Herzen liegt. Tue das, was Dir am besten scheint: und wenn Du aus einem Lebensentwurf eine größere Erfüllung als aus einem andern ziehen kannst, so lass mich kein Hindernis sein. Ich sehe voraus, dass das Vorhaben, das Du in deinem Brief entwirfst, nicht lange währen wird, aber Du bist Herrin Deiner selbst, und es ist mein aufrichtiger Wunsch, soweit Du es mir erlaubst, zu Deinem Glück beizutragen.«

»Raymond hat gut geweissagt«, sagte Perdita, »ach, wenn es nur so wäre! Unsere gegenwärtige Lebensweise kann nicht länger andauern, doch ich werde nicht die Erste sein, die eine Veränderung vorschlägt. Er sieht in mir eine Frau, die er selbst tödlich verletzt hat; und ich ziehe keine Hoffnung aus seiner Freundlichkeit; auch durch seine besten Absichten kann keine Veränderung herbeigeführt werden. Ebenso gut hätte Kleopatra den Essig, der ihre aufgelöste Perle enthielt, als Schmuck tragen mögen, wie ich mich mit der Liebe begnügen kann, die Raymond mir jetzt anbietet.«

Ich muss gestehen, dass ich ihr Unglück nicht mit denselben Augen wie Perdita gesehen habe. Auf alle Fälle dünkte mich, dass die Wunde geheilt werden könnte und es auch würde, wenn sie zusammenblieben. Ich bemühte mich darum, sie zu trösten und zu besänftigen; und erst nach vielen Bemühungen gab ich die Aufgabe als undurchführbar auf. Perdita hörte mir ungeduldig zu und antwortete mit etwas Schärfe: »Denkst du, dass irgendeines deiner Argumente mir neu ist oder dass meine eigenen brennenden Wünsche und äußerste Furcht sie mir nicht alle bereits tausendmal und mit weit mehr Eifer und Scharfsinn angedeutet haben, als du in sie legen kannst? Lionel, du kannst die Liebe einer Frau nicht verstehen. In den Tagen der Glückseligkeit habe ich mir oft mit dankbarem Herzen und jubelndem Geist wiederholt, was Raymond alles für mich geopfert hat. Ich war ein armes, ungebildetes, einsames Bergmädchen, aus dem Nichts von ihm auferweckt. Alles, was ich im Leben an Luxus besaß, kam von ihm. Er gab mir einen erlauchten Namen und einen edlen Stand; die Anerkennung der Gesellschaft, die sich aus seiner eigenen Herrlichkeit ergab: all dies, verbunden mit seiner eigenen unsterblichen Liebe, inspirierte mich mit Empfindungen ihm gegenüber, die denen gleichen, mit denen wir den Geber des Lebens betrachten. Ich gab ihm nur Liebe. Ich widmete mich ganz ihm; unvollkommene Kreatur, die ich war, machte ich es mir zur Aufgabe, mich seiner würdig zu erweisen. Ich wachte über mein ungestümes Temperament, unterwarf die brennende Ungeduld meines Charakters, schulte meine selbstbezogenen Gedanken und erzog mich zu der besten Vollkommenheit, die ich erreichen konnte, auf dass die Früchte meiner Bemühungen sein Glück sein mochten. Ich tat dies nicht für mich. Er verdiente alles – alle Arbeit, alle Hingabe, jedes Opfer; ich hätte einen unbesteigbaren Berg erklommen, um eine Blume zu pflücken, die ihm gefiele. Ich war bereit, euch alle, meine geliebten und begabten Gefährten, zu verlassen und nur mit ihm und für ihn zu leben. Ich konnte nicht anders handeln, selbst wenn ich es gewünscht hätte; denn, angenommen, wir hätten zwei Seelen, so war er meine bessere Seele, der die andere eine ewige Sklavin war. Einzig eine Gegenleistung war er mir schuldig, nämlich Treue. Ich erarbeitete sie, ich verdiente sie. Weil ich in den Bergen aufgewachsen war, unverwandt mit den Edlen und Reichen, sollte er mir das mit einem leeren Namen und einem leeren Stand vergelten? Lass ihn sie zurücknehmen; ohne seine Liebe bedeuten sie mir nichts. Ihr einziger Verdienst in meinen Augen war, dass sie die seinigen waren.«

So leidenschaftlich redete Perdita weiter. Als ich auf die Möglichkeit ihrer gänzlichen Trennung hinwies, antwortete sie: »Sei es so! Eines Tages wird die Zeit kommen, ich weiß es und fühle es. Aber was dies angeht, bin ich ein Feigling. Diese unvollkommene Kameradschaft und unsere Maskerade von Gemeinschaft sind mir seltsam teuer. Es ist schmerzhaft, ich gestehe es, zerstörerisch und unausführbar. Es hält ein dauerndes Fieber in meinen Adern aufrecht, es peinigt meine unheilbare Wunde, es ist von Gift durchdrungen. Doch ich muss daran festhalten; vielleicht wird es mich bald töten und so ein dankbares Amt erfüllen.«

In der Zwischenzeit war Raymond bei Adrian und Idris geblieben. Er war von Natur aus offenherzig; die fortgesetzte Abwesenheit von Perdita und mir wurde auffällig; und Raymond fand durch ein vorbehaltloses Vertrauen zu seinen beiden Freunden bald Entlastung von der monatelangen Zurückhaltung. Er erklärte ihnen die Lage, in der er Evadne gefunden hatte. Zuerst verbarg er aus Feingefühl gegenüber Adrian ihren Namen, doch er wurde im Laufe seiner Erzählung enthüllt, und ihr früherer Verehrer lauschte mit äußerster Erregung der Geschichte ihrer Leiden. Idris hatte Perditas schlechte Meinung über die Griechin geteilt; aber Raymonds Bericht besänftigte und interessierte sie. Evadnes Standhaftigkeit und Stärke, sogar ihre unglückselige und fehlgeleitete Liebe erzeugten Bewunderung und Mitleid; besonders als aus den Einzelheiten der Ereignisse des neunzehnten Oktobers offenbar wurde, dass sie Leiden und Tod jeder herabsetzenden Bitte um Mitleid und Unterstützung durch ihren Geliebten vorzog. Ihr nachfolgendes Verhalten schmälerte dieses Interesse nicht. Zuerst vor Hunger und Tod gerettet, von Raymond mit der zärtlichsten Beharrlichkeit gepflegt, mit jenem der Genesung eigentümlichen Ruhegefühl, gab sich Evadne der verzückten Dankbarkeit und Liebe hin. Aber die Nachdenklichkeit kehrte mit der Gesundheit zurück. Sie fragte ihn nach den Gründen, die seine fatale Abwesenheit verursacht hätten. Sie formulierte ihre Nachfragen mit griechischem Feingefühl, und zog ihre Schlussfolgerungen mit der ihrer Veranlagung eigenen Bestimmtheit und Festigkeit. Sie konnte nicht wissen, dass der Riss, den sie zwischen Raymond und Perdita verursacht hatte, bereits irreparabel war. Aber sie wusste, dass er unter den gegenwärtigen Umständen jeden Tag erweitert werden würde, dass er schließlich das Glück ihres Geliebten zerstören musste und die Fänge der Reue in sein Herz schlagen würde. Von dem Augenblick an, als sie die richtige Verhaltensweise erkannte, beschloss sie, sie anzunehmen und sich für immer von Raymond zu trennen. Widerstreitende Leidenschaften, langgehegte Liebe und selbstverschuldete Enttäuschung ließen sie den Tod allein als eine ausreichende Linderung für ihr Leid betrachten. Doch die gleichen Gefühle und Meinungen, die sie vorher zurückgehalten hatten, wirkten nun mit doppelter Kraft; denn sie wusste, dass das Wissen, dass er ihren Tod verursacht hatte, Raymond durch das Leben verfolgen, jeden Genuss vergiften und jede Aussicht trüben würde. Auch hatte die Gewalt ihrer Angst ihr das Leben zwar verhasst gemacht, aber noch nicht jenes eintönige, gleichgültige Gefühl des unwandelbaren Elends hervorgebracht, das meist zum Selbstmord führt. Ihre Charakterstärke veranlasste sie noch immer, mit den Übeln des Lebens zu kämpfen; sogar diejenigen, die mit der hoffnungslosen Liebe einhergingen, stellten sich ihr eher in Gestalt eines zu überwindenden Gegners dar als in der eines Siegers, dem sie sich unterwerfen musste. Außerdem hatte sie Erinnerungen an vergangene Zärtlichkeit, die sie in Ehren hielt, Lächeln, Worte, und sogar Tränen, an die sie denken konnte, die, wenngleich sie sich in Kummer und Einsamkeit daran erinnerte, der Vergessenheit des Grabes vorzuziehen waren. Es war unmöglich, ihren gesamten Plan zu erraten. Ihr Brief an Raymond gab keinen Hinweis darauf, wo sie zu finden sei; er versicherte ihn, dass sie nicht in Gefahr sei, eines Lebensunterhalts zu entbehren; sie versprach darin, sich zu erhalten und sich ihm vielleicht eines zukünftigen Tages in einem Stande vorzustellen, der ihrer nicht unwürdig sei. Dann sagte sie ihm mit der Beredsamkeit der Verzweiflung und der unveränderlichen Liebe ein letztes Lebewohl.

All diese Umstände wurden jetzt Adrian und Idris erzählt. Raymond beklagte dann das unheilbare Übel seiner Lage mit Perdita. Er erklärte, dass er sie trotz ihrer Härte, er nannte es sogar Kälte, liebte. Er wäre mit der Demut eines Büßers und der Treue eines Vasallen bereit gewesen, sich ihr zu ergeben; er hätte seine ganze Seele ihrer Vormundschaft hingegeben, um ihr Schüler, ihr Sklave, ihr Leibeigener zu werden. Sie hätte dieses Anerbieten abgelehnt; und die Zeit für solch eine überschwängliche Unterordnung, die auf die Liebe gegründet und von ihr genährt werden müsse, sei jetzt vorbei. Dennoch wären alle seine Wünsche und Bemühungen auf ihren Seelenfrieden gerichtet, und sein größtes Unbehagen entspränge der Wahrnehmung, dass er sich vergebens bemühte. Wenn sie unbeirrbar auf dem von ihr jetzt verfolgten Kurs beharren sollte, müssten sie sich trennen. Die Verbindungen und Vorkommnisse dieser sinnlosen Art des Umgangs wären ihm lästig. Die Trennung vorschlagen wollte er jedoch nicht. Er würde von der Angst verfolgt, den Tod des einen oder anderen der Geschöpfe zu verursachen, die in diese Ereignisse verwickelt waren; und er könnte sich nicht dazu bringen, in den Lauf der Ereignisse lenkend einzugreifen, damit er nur nicht, in Unkenntnis über das Land, das er durchquerte, diejenigen, die den Wagen zogen, in den endgültigen Untergang leiten sollte.

Nach einem Gespräch über diesen Gegenstand, das mehrere Stunden dauerte, verabschiedete er sich von seinen Freunden und kehrte in die Stadt zurück, unwillig, Perdita in unserem Beisein zu begegnen, und sich, wie wir alle, der Gedanken bewusst, die sie beide am meisten beschäftigten. Perdita bereitete sich darauf vor, ihm mit ihrem Kind zu folgen. Idris bemühte sich, sie zum Bleiben zu überreden. Meine arme Schwester sah ihre Ratgeberin erschrocken an. Sie wusste, dass Raymond sich mit ihr unterhalten hatte; hatte er diese Bitte angestiftet? – War dies der Auftakt zu ihrer ewigen Trennung? – Ich habe gesagt, dass die Mängel ihres Charakters erwachten und durch ihre unnatürliche Lage an Einfluss gewannen. Sie betrachtete die Einladung Idris' mit Argwohn; sie umarmte mich, als ob sie auch meiner Zuneigung beraubt werden würde: sie sagte, ich sei ihr mehr als ein Bruder, ich sei ihr einziger Freund, ihre letzte Hoffnung, sie beschwor mich leidenschaftlich, nicht aufzuhören, sie zu lieben; und mit zunehmender Besorgnis brach sie nach London auf, dem Schauplatz und der Ursache ihres ganzen Elends.

Die folgenden Szenen überzeugten sie, dass sie den dunklen Abgrund, in den sie gestürzt war, noch nicht voll ausgelotet hatte. Ihr Unglück nahm jeden Tag eine neue Gestalt an; jeder Tag schien ein unerwartetes Ereignis zu bringen, während die aufeinanderfolgenden Missgeschicke, die sie nun ereilten, in Wahrheit weitergingen.

Die vorherrschende Leidenschaft in Raymonds Seele war Ehrgeiz. Eine Vielzahl von Begabungen, eine Fähigkeit, sich in Menschen einzufühlen und sie zu führen, der starke Wunsch nach Auszeichnung waren die Erwecker und Nährer seines Ehrgeizes. Es vermischten sich jedoch auch andere Eigenschaften mit diesen und hinderten ihn daran, der berechnende, entschlossene Charakter zu werden, der allein einen erfolgreichen Helden bildet. Er war hartnäckig, aber nicht beständig; in seinen ersten Impulsen wohlwollend, aber hart und rücksichtslos, wenn er herausgefordert wurde. Vor allem war er unerbittlich und unnachgiebig bei der Verfolgung eines Objekts der Begierde, wie gesetzlos es auch sein mochte. Die Liebe zum Vergnügen und die sanfteren Empfindungen unserer Natur machten einen bedeutenden Teil seines Charakters aus und bezwangen den Eroberer; sie hielten ihn im Moment des Erwerbs fest, fegten das Netz des Ehrgeizes hinweg, ließen ihn die Mühe von Wochen vergessen, wenn er nur einen Augenblick in den Genuss des neuen und eigentlichen Gegenstands seiner Wünsche gelangte. Indem er diesen Impulsen gehorchte, war er der Ehemann Perditas geworden: Angestachelt von ihnen, wurde er zum Liebhaber Evadnes. Er hatte jetzt beide verloren. Weder konnte ihn das edle, von der Beständigkeit inspirierte Gefühl trösten, richtig gehandelt zu haben, noch konnte er sich dem ausschweifenden Gefühl einer verbotenen, aber berauschenden Leidenschaft vorbehaltlos hingeben. Sein Herz war von den jüngsten Ereignissen erschöpft, seine Lebensfreude wurde durch den Groll Perditas und die Flucht Evadnes zerstört, und die Unbeugsamkeit der Ersteren besiegelte die Vernichtung seiner Hoffnungen endgültig. Solange ihre Uneinigkeit ein Geheimnis blieb, hegte er die Hoffnung, die vergangene Zärtlichkeit in ihrem Busen wiederzuerwecken; nun, da wir alle von diesen Vorkommnissen wussten, und Perdita sich gewissermaßen verpflichtet hatte, ihre Beschlüsse einzuhalten, indem sie sich andern erklärt hatte, gab er die Idee der Wiedervereinigung als vergeblich auf und versuchte nurmehr, da er unfähig war, sie zu einer Veränderung zu bewegen, sich mit dem gegenwärtigen Stand der Dinge zu versöhnen. Er schwor der Liebe und ihren Abfolgen von Kämpfen, Enttäuschungen und Gewissensbissen ab und suchte stattdessen im bloßen Sinnesvergnügen nach einem Heilmittel für den schädlichen Einfall der Leidenschaft.

Die Erniedrigung des Charakters folgt untrüglich auf solche Bestrebungen. Diese Auswirkung wäre allerdings nicht sofort bemerkt worden, hätte Raymond sich weiterhin der Ausführung seiner Pläne für den öffentlichen Nutzen und der Erfüllung seiner Pflichten als Protektor gewidmet. Doch als Mann der Extreme in allen Dingen, sich ganz den unmittelbaren Eindrücken hingebend, stürzte er sich mit Eifer in dieses neue Streben nach Vergnügen und lebte die dabei entstehenden unpassenden Vertraulichkeiten ohne Reflexion oder Voraussicht aus. Die Ratskammer war verlassen; die Menge derer, die ihm als Vermittler seiner verschiedenen Projekte dienten, wurde vernachlässigt. Ausgelassenheit und sogar Liederlichkeit wurden alltäglich.

Perdita sah mit Besorgnis auf das zunehmende Chaos. Für einen Moment dachte sie, sie könnte den Strom aufhalten, und Raymond könnte von ihr zur Vernunft gebracht werden. – Eitle Hoffnung! Der Zeitpunkt ihres Einflusses war vorüber. Er hörte hochmütig zu und antwortete voller Verachtung; und wenn es ihr tatsächlich gelang, sein Gewissen zu erwecken, so war die einzige Wirkung, dass er ein Betäubungsmittel für den Schmerz in seinen blinden Ausschweifungen suchte. Mit der ihr eigenen Stärke bemühte sich Perdita, seine Aufgaben zu übernehmen. Ihre immer noch scheinbar vorhandene Einigkeit erlaubte ihr, vieles zu tun; aber letztlich konnte keine Frau der fortschreitenden Nachlässigkeit des Protektors Abhilfe schaffen; welcher, als ob er von einem Anfall von Wahnsinn befallen wäre, alles Zeremoniell, alle Ordnung, alle Pflicht mit Füßen trat und sich ganz der Maßlosigkeit hingab.

Berichte über diese seltsamen Vorgänge erreichten uns, und wir waren noch unschlüssig, wie wir vorgehen sollten, um unseren Freund für sich selbst und sein Land wiederherzustellen, als Perdita plötzlich bei uns auftauchte. Sie schilderte das Fortschreiten der traurigen Veränderung und bat Adrian und mich, nach London zu gehen und zu versuchen, das zunehmende Übel zu beheben: – »Sagt ihm«, rief sie, »sagt Lord Raymond, dass meine Anwesenheit ihn nicht länger belästigen soll. Dass er sich nicht in diese zerstörerische Ausschweifung stürzen muss, um mich anzuwidern und zu vertreiben. Dieser Zweck ist jetzt erfüllt; er wird mich nie mehr sehen. Aber lasst mich, es ist meine letzte Bitte, lasst mich im Lob der Landsleute und im Wohlstand Englands die Bestätigung finden, dass die Wahl meiner Jugend gerechtfertigt war.«

Während unserer Fahrt in die Stadt sprachen und stritten Adrian und ich über Raymonds Verhalten und sein Abfallen von den Hoffnungen auf bleibende Größe, die zu hegen er uns zuvor Anlass gegeben hatte. Mein Freund und ich waren beide in derselben Schule erzogen worden, oder vielmehr war ich sein Schüler in der Meinung, dass das stete Festhalten an Prinzipien der einzige Weg zur Ehre war und eine unablässige Einhaltung der Gesetze zum allgemeinen Nutzen das einzige pflichtbewusste Ziel menschlichen Ehrgeizes. Aber obschon wir beide diese Gedanken hegten, unterschieden wir uns in ihrer Anwendung. Groll fügte meinem Tadel einen weiteren Stich hinzu, und ich verurteilte Raymonds Verhalten streng. Adrian war freundlicher, gemäßigter. Er gab zu, dass die von mir bestimmten Grundsätze die besten seien, bestritt aber, dass sie die einzigen seien. Wie die Schrift sage, *gebe es viele Wohnungen in meines Vaters Haus*, er beharrte darauf, dass die Arten, gut oder groß zu werden, so verschiedenartig seien wie die Charaktere der Menschen, von denen man sagen könne, dass man unter den Blättern des Waldes keine zwei finde, die einander gleich seien.

Wir kamen gegen elf Uhr abends in London an. Wir vermuteten trotz allem, was wir gehört hatten, dass wir Raymond in St. Stephen's finden sollten: dorthin eilten wir. Die Kammer war voll – doch der Protektor war nicht dort; in den Mienen der Parteiführer zeichnete sich eine strenge Unzufriedenheit ab, und unter den Untergeordneten herrschte eine flüsternde und geschäftige Geschwätzigkeit, die nicht weniger verdächtig war. Wir eilten zum Protektoratspalast. Wir fanden Raymond mit sechs anderen in seinem Esszimmer: die Flasche wurde fröhlich herumgereicht und hatte bereits erhebliche Einbußen beim Verstand des einen oder anderen verursacht. Derjenige, der neben Raymond saß, erzählte eben eine Geschichte, die den Rest dazu veranlasste, in schallendes Gelächter auszubrechen.

Raymond saß unter ihnen, doch obgleich er sich der Stimmung der Stunde hingab, verließ seine natürliche Würde ihn nie. Er war fröhlich, ausgelassen, faszinierend – aber niemals, selbst in seinen wildesten Ausschweifungen, verlor er die Bescheidenheit oder den Respekt, den er sich selbst schuldete. Doch ich muss gestehen, dass ich, in Anbetracht der Aufgabe, die Raymond als Protektor Englands auf sich genommen hatte, und der Belange, um die sich zu kümmern ihm eher geziemt hätte, äußerst abgestoßen vom Anblick der wertlosen Burschen war, mit denen er seine Zeit verschwendete, und von der fröhlichen, wenn nicht trunkenen Stimmung, die kurz davor zu stehen schien, ihn seines besseren Selbsts zu berauben. Ich stand da und beobachtete die Szene, während Adrian wie ein Schatten zwischen sie schlüpfte und mit einem Wort und einem Blick der Nüchternheit versuchte, die Ordnung in der Versammlung wiederherzustellen. Raymond zeigte sich erfreut darüber, ihn zu sehen, und erklärte, er solle sich zum nächtlichen Fest dazugesellen.

Diese Handlung Adrians forderte mich heraus. Ich war empört, dass er mit Raymonds Gefährten an einem Tisch sitzen sollte – Männern von verkommenem, oder besser gesagt, überhaupt keinem Charakter, dem Abschaum des kultivierten Reichtums, der Schande ihres Landes. »Lass mich dich, Adrian, bitten«, rief ich, »dem nicht zu folgen: sondern dich besser mit mir in der Bemühung zu vereinen, Lord Raymond von dieser Szene abzuziehen und ihn einer anderen Gesellschaft zuzuführen.«

»Lieber Gefährte«, sagte Raymond, »dies ist weder die Zeit noch der Ort für einen moralischen Vortrag: mein Wort darauf, dass meine Zerstreuungen und die Gesellschaft nicht so schlecht sind, wie du dir vorstellst. Wir sind weder Heuchler noch Narren – und für das Übrige, ›Vermeinest du, weil du tugendhaft seiest, solle es in der Welt keine Torten und keinen Wein mehr geben?‹«

Ich wandte mich ärgerlich ab. »Verney«, sagte Adrian, »du bist sehr zynisch. Setz dich hin, oder, wenn du nicht willst, vielleicht weil du kein häufiger Besucher bist, wird Lord Raymond dir den Gefallen erweisen und uns, so wie wir zuvor übereingekommen waren, zum Parlament begleiten.«

Raymond sah ihn scharf an; er konnte nur Güte in seinen sanften Zügen lesen; er wandte sich mir zu und beobachtete mit Verachtung mein mürrisches und strenges Benehmen.

»Komm«, sagte Adrian, »ich habe es für dich versprochen, erlaube mir, mein Versprechen zu halten. Komm mit uns.«

Raymond machte eine abwehrende Bewegung und antwortete knapp: »Das werde ich nicht!«

Die Gesellschaft hatte sich inzwischen zerstreut. Die Gäste sahen sich die Gemälde an, schlenderten in die anderen Räume, sprachen von Billard und verschwanden einer nach dem andern. Raymond ging wütend im Zimmer auf und ab. Ich machte mich bereit, seinen Vorwürfen zu begegnen. Adrian lehnte sich gegen die Wand. »Das ist unendlich lächerlich«, rief er, »wenn ihr Schuljungen wärt, könntet ihr euch nicht unvernünftiger verhalten.«

»Ihr versteht nicht«, sagte Raymond. »Das ist nur ein Teil eines großen Ganzen: – ein Plan der Tyrannei, dem ich mich niemals unterwerfen werde. Weil ich Protektor von England bin, soll ich der einzige Sklave in seinem Imperium sein? Meine Privatsphäre wird nicht gewahrt, meine Handlungen wurden getadelt, meine Freunde beleidigt. Aber ich werde mich all dessen zugleich entledigen. – Ihr dürft es bezeugen.« Und er nahm den Stern, das Abzeichen seines Amtes, von seiner Brust und warf ihn auf den Tisch. »Ich verzichte auf mein Amt, ich verzichte auf meine Macht – soll sie sich nehmen, wer will!«

»Lass denjenigen sie nehmen«, rief Adrian aus, »der von sich selbst sagen kann oder von dem die Gesellschaft sagt, dass er fähiger ist als du. Es gibt keinen Mann in England, der anmaßend genug dazu wäre. Erkenne dich selbst, Raymond, und deine Entrüstung wird nachlassen, deine Selbstgefälligkeit zurückkehren. Vor wenigen Monaten beteten wir, wann immer wir für unseren Wohlstand oder den unseres Landes beteten, zu gleicher Zeit auch für das Leben und Wohlergehen des Protektors, da dieser untrennbar damit verbunden ist. Deine Zeit wurde zu unserem Nutzen eingesetzt, und es war dein Ehrgeiz, unsere Belobigung zu erhalten. Du schmücktest unsere Städte mit Gebäuden, du beschertest uns nützliche Einrichtungen, du befähigtest den Boden, reichlich Früchte zu tragen. Unter dem Sonnenschein deines Schutzes kauerten die Mächtigen und Ungerechten auf den Stufen vor deinem Richterstuhl, und die Armen und Unterdrückten erhoben sich wie vom Morgen geküsste Blumen.

Und da wunderst du dich, dass wir alle entsetzt sind und klagen, wenn sich dies zu ändern scheint? Aber nun komm, dieser verdrießliche Anfall ist bereits überstanden. Setze deine Arbeit fort, deine Gefolgsleute werden dich willkommen heißen, deine Feinde werden zum Schweigen gebracht, unsere Liebe, Ehre und Pflicht werden sich dir gegenüber wieder festigen. Beherrsche dich selbst, Raymond, und die Welt ist dir unterworfen.«

»All dies wäre wohl gesagt, wenn es an einen anderen gerichtet wäre«, antwortete Raymond launisch, »befolge die Lektion selbst, und du, der oberste Adelige des Landes, magst sein Souverän werden. Du, der Gute, der Weise, der Gerechte, magst alle Herzen regieren. Ich jedoch erkenne, zu früh für mein eigenes Glück und zu spät für das Wohl Englands, dass ich eine Aufgabe übernahm, der ich nicht gewachsen bin. Ich kann mich nicht beherrschen, vielmehr beherrschen meine Leidenschaften mich, der geringste Impuls ist mein Tyrann. Glaubst du, ich habe das Protektorat aus einer Laune heraus aufgegeben? (Und ich habe es aufgegeben.) Beim lebendigen Gott schwöre ich, diesen Tand nie wieder anzustecken, mir nie wieder das Gewicht der Sorge und des Elends aufzubürden, deren sichtbares Zeichen dies ist.

Einst wünschte ich, ein König zu sein. Es war in der Blütezeit der Jugend, im Stolz knabenhafter Torheit. Ich kannte mich selbst, als ich darauf verzichtete. Ich verzichtete darauf, um – nun, einerlei – auch das habe ich verloren. Viele Monate habe ich mich dieser vorgespielten Würde – diesem feierlichen Scherz unterworfen. Ich bin nicht länger ein Werkzeug. Ich werde frei sein.

Ich habe das verloren, was mein Leben schmückte und adelte, das, was mich mit anderen Männern verband. Abermals bin ich ein einsamer Mann; und ich werde abermals sein, was ich in meinen jungen Jahren war, ein Wanderer, ein Glücksritter. Meine Freunde, denn Verney, ich fühle, dass du mein Freund bist, versucht nicht, meinen Entschluss zum Wanken zu bringen. Perdita, mit einem Trugbild verheiratet, sie, die sich nicht darum schert, was sich hinter dem Schleier verbirgt, dessen Charakter in Wahrheit fehlerhaft und abscheulich ist, Perdita hat mich aufgegeben. Mit ihr an meiner Seite war es angenehm, die Rolle eines Herrschers zu spielen, und wie in den Tiefen eures geliebten Waldes spielten wir Maskerade und stellten uns selbst als arkadische Hirten vor, um der Phantasie des Augenblicks zu gefallen – so war ich es zufrieden, mehr um Perditas als um meinetwillen, den Anschein eines der Großen der Erde anzunehmen; sie hinter die Kulissen der Erhabenheit zu führen, ihr Leben mit einem kurzen Akt von Großartigkeit und Macht zu bereichern. Dies sollte die Farbe, Liebe und Zuversicht, die Substanz unserer Existenz sein. Doch wir müssen leben und unser Leben nicht bloß spielen, indem wir nach dem Schatten haschen. Ich habe den Bezug zur Wirklichkeit verloren – jetzt verzichte ich auf beides.

Adrian, ich werde nach Griechenland zurückkehren, um wieder ein Soldat, vielleicht ein Eroberer zu werden. Willst du mich begleiten? Du wirst neue Szenen, ein neues Volk sehen, Zeuge des gewaltigen Kampfes zwischen Zivilisation und Barbarei sein, die Bemühungen einer jungen und kräftigen Bevölkerung um Freiheit und Ordnung beobachten und vielleicht lenken. Komm mit mir. Ich habe dich erwartet. Ich habe auf diesen Augenblick gewartet, alles ist vorbereitet – willst du mich begleiten?«

»Das will ich«, antwortete Adrian. »Sogleich?«

»Morgen, wenn du es wünschst.«

»Denkt nach!«, rief ich.

»Wozu?«, fragte Raymond. »Mein lieber Freund, ich habe nichts anderes getan, als den ganzen Sommer hindurch über diesen Schritt nachzudenken, und sei versichert, dass Adrian ein ganzes Zeitalter des Nachdenkens in diesen kleinen Moment hineingelegt hat. Sprich nicht von Nachdenken; von jetzt an schwöre ich ihm ab, denn dies ist mein einziger glücklicher Moment während einer langen Zeitperiode. Ich muss gehen, Lionel – die Götter wollen es, und ich muss folgen. Versuche nicht, mich meines Gefährten, des Freundes des Ausgestoßenen, zu berauben.

Ein Wort mehr über die ungnädige, ungerechte Perdita. Eine Zeit lang dachte ich, dass, wenn ich einen günstigen Augenblick abpasste und die immer noch warme Asche nährte, ich in ihr wieder die Flamme der Liebe entzünden könnte. Doch in ihr ist mehr Kälte als in einer von Zigeunern verlassenen Feuerstelle im Winter, und die verglühte Asche ist von einer Schneepyramide gekrönt. Als ich dann versuchte, gänzlich entgegen meiner eigenen Veranlagung zu handeln, machte ich alles schlimmer als zuvor. Doch ich glaube noch immer, dass Zeit und sogar Abwesenheit sie mir wiederherstellen könnten. Vergiss nicht, ich liebe sie noch immer, und es ist meine größte Hoffnung, dass sie eines Tages wieder die Meine sein wird. Ich weiß, wenngleich sie es nicht weiß, wie falsch der Schleier ist, den sie über die Wirklichkeit geworfen hat – versuche nicht, diese trügerische Hülle zu zerreißen, sondern ziehe sie nach und nach beiseite. Gib ihr einen Spiegel, in dem sie sich selbst erkennen kann, und wenn sie eine Meisterin dieser notwendigen, aber schwierigen Kunst ist, wird sie sich über ihren Fehler wundern und mir eilig wieder schenken, was zu Recht mein ist, ihre Vergebung, ihre freundlichen Gedanken, ihre Liebe.«

Kapitel 10

Nach diesen Ereignissen dauerte es lange, ehe wir wieder eine gewisse Gelassenheit erlangen konnten. Ein moralischer Sturm hatte unser reich beladenes Schiff zerstört, und wir, Überbleibsel der verringerten Mannschaft, waren voller Schrecken über die Verluste und Veränderungen, die wir erlitten hatten. Idris liebte ihren Bruder leidenschaftlich und konnte eine Abwesenheit, deren Dauer ungewiss war, schlecht ertragen; mir war seine Gesellschaft lieb und teuer – ich hatte meine ausgewählten literarischen Beschäftigungen freudig unter seiner Anleitung und mit seiner Hilfe verfolgt; seine philosophische Milde, unfehlbare Vernunft und überschwängliche Freundschaft waren die beste Zutat, der erhabene Geist unseres Kreises; selbst die Kinder beklagten bitter den Verlust ihres freundlichen Spielgefährten. Perdita wurde von tiefergehender Trauer niedergedrückt. Trotz ihres Grolls stellte sie sich bei Tag und Nacht die Mühen und Gefahren der Wanderer vor. Raymond abwesend, mit Schwierigkeiten kämpfend, der Macht und dem Rang des Protektorats verlustig, den Gefahren des Krieges ausgesetzt, wurde zu einem Gegenstand ängstlichen Interesses; nicht, dass sie irgendeine Neigung hatte, seiner zu gedenken, wenn dies eine Rückkehr zu ihrer früheren Verbindung bedeuten sollte. Eine solche Rückkehr hielt sie für unmöglich; und während sie glaubte, dass es so sei, und schmerzlich bedauerte, dass es so sein sollte, blieb sie doch ungeduldig und war wütend auf ihn, der ihr Elend verursachte. Diese Ratlosigkeit und Reue veranlasste sie, ihr Kissen mit nächtlichen Tränen zu baden und machte sie in Person und Geist zum Schatten dessen, was sie gewesen war. Sie suchte die Einsamkeit und mied uns, wenn wir in fröhlicher und ungehemmter Zuneigung in einem Familienkreis zusammenkamen. Einsame Grübeleien, endlose Wanderungen und ruhige Musik waren ihre einzigen Zeitvertreibe. Sie vernachlässigte sogar ihr Kind; indem sie ihr Herz gegen alle Zärtlichkeit verschloss, wurde sie mir gegenüber zurückhaltend, ihrem ersten und treuen Freund.

Ich konnte sie nicht so verloren sehen, ohne mich zu bemühen, das Übel zu heilen – das unheilbar war, wie ich wusste, solange ich nicht erreichen konnte, dass sie sich mit Raymond versöhnte. Ehe er ging, wandte ich jedes Argument, jede Überredungskunst an, um sie dazu zu bewegen, ihn von seiner Reise abzuhalten. Sie antwortete darauf mit einem Schwall von Tränen – und sagte mir, dass sie sich selbst um ihres Lebens und all dessen Güter willen nicht überreden lassen werde. Es mangele ihr nicht am Willen, sondern an der Aufnahmefähigkeit; immer wieder erklärte sie, es sei ebenso leicht, das Meer in Ketten zu legen, den Lauf des Windes zu lenken, als dass sie Falschheit für Wahrheit, Täuschung für Ehrlichkeit, herzlose Gemeinschaft für aufrichtige, vertrauensvolle Liebe halten könne. Sie beantwortete meine Vernunftgründe mit knappen Worten und erklärte voller Verachtung, dass sie vernünftig sei; und ehe ich sie davon überzeugen könne, dass die Vergangenheit unwirksam gemacht werden könne, dass die Reife es vermöge, in die Wiege zurückzugehen, und dass alles so werden könne, als sei es nie gewesen, sei es nutzlos, ihr zu versichern, dass keine wirkliche Veränderung in ihrem Schicksal stattgefunden habe. Und so ließ sie ihn mit unnachgiebigem Stolz ziehen, obschon ihr beim Vollzug der Handlung, die ihr alles entriss, was das Leben wertvoll machte, das Herz brechen wollte.

Um ihr und auch uns, die wir alle von der Wolke, die über uns hing, aus dem Gleichgewicht gebracht worden waren, Abwechslung durch eine neue Umgebung zu verschaffen, überredete ich meine beiden verbliebenen Gefährtinnen, dass es besser sei, wenn wir uns eine Zeit lang von Windsor fernhalten würden. Wir besuchten den Norden Englands, meine Heimat am Ullswater und verweilten in Landschaften, an denen tausend schöne Erinnerungen hingen. Wir verlängerten unsere Reise nach Schottland, damit wir Loch Katrine und Loch Lomond sehen konnten; von dort setzten wir nach Irland über und verbrachten mehrere Wochen in der Gegend um Killarney. Der Szenenwechsel wirkte, wie ich es erwartet hatte, in hohem Maße; nach einem Jahr der Abwesenheit kehrte Perdita in sanfterer und fügsamerer Stimmung nach Windsor zurück. Als sie danach des Ortes das erste Mal wieder ansichtig wurde, brachte sie dies eine Weile aus der Fassung. Hier waren mit jedem Flecken andere, bitter gewordene Erinnerungen verknüpft. Die Waldlichtungen, die farnbewachsenen Senken und die grasigen Hügel, das gepflegte und heitere Land breitete sich um den silbernen Lauf der alten Themse aus, Erde, Luft und Woge erhoben ihre Stimmen zu einem Chor, beseelt von Erinnerung, erfüllt von schwermütigem Bedauern.

Doch mein Versuch, sie zu einer gesünderen Sicht auf ihre eigene Lage zu bringen, endete damit nicht. Perdita war noch immer weitgehend ungebildet. Als sie einst ihr bäuerliches Leben verlassen und bei der eleganten und kultivierten Evadne residiert hatte, war die einzige Betätigung, in der sie es zur Perfektion brachte, die der Malerei, für die sie ein Talent hatte, das beinahe überragend war. Damit hatte sie sich in ihrer einsamen Hütte beschäftigt, nachdem sie die Obhut ihrer griechischen Freundin verlassen hatte. Ihre Palette und Staffelei waren jetzt zur Seite geworfen; versuchte sie zu malen, ließen quälende Erinnerungen ihre Hand zittern, und ihre Augen füllten sich mit Tränen. Mit dieser Beschäftigung gab sie fast jede andere mit auf; und sie trieb sich mit ihren Grübeleien beinahe selbst in den Wahnsinn.

Ich für meinen Teil war, seit Adrian mich zuerst aus meiner bewaldeten Wildnis in sein eigenes Paradies der Ordnung und Schönheit geholt hatte, der Literatur verfallen. Ich war überzeugt, dass, wie auch immer es in früheren Zeiten gewesen sein mochte, im gegenwärtigen Stadium der Welt die Fähigkeiten eines Menschen ohne eine umfassende Kenntnis von Büchern nicht entwickelt, und die moralischen Prinzipien eines Menschen weder erhaben noch liberal sein konnten. Bücher standen für mich anstelle einer aktiven Laufbahn, des Ehrgeizes und jener fühlbaren Aufregungen, die der Mehrheit notwendig waren. Die Zusammenführung philosophischer Meinungen, das Studium historischer Tatsachen, die Aneignung von Sprachen waren mir zugleich Erholung und ernsthaftes Lebensziel. Ich wurde selbst Autor. Meine Erzeugnisse waren jedoch reichlich anspruchslos; sie beschränkten sich auf die Biographie meiner liebsten historischen Figuren, vor allem auf diejenigen, die ich für verleumdet hielt oder an denen Unklarheit und Zweifel hafteten.

Je mehr ich schrieb, desto mehr neue Neigungen und Freuden erlangte ich. Ich fand eine andere und wertvolle Möglichkeit, mich mit meinen Mitgeschöpfen zu verbinden; mein Blickwinkel wurde erweitert, und die Neigungen und Fähigkeiten aller Menschen wurden für mich zutiefst interessant. Könige wurden die Väter ihres Volkes genannt. Plötzlich wurde ich sozusagen der Vater der ganzen Menschheit. Die Nachwelt wurde zu meinen Erben. Meine Gedanken waren Edelsteine, die die Schatzkammer des geistigen Besitzes der Menschen bereichern sollten; jedes Gefühl ein kostbares Geschenk, das ich ihnen schenkte. Schreiben wir diese Bestrebungen nicht der Eitelkeit zu. Sie wurden nicht in Worten ausgedrückt, nicht einmal in meinem eigenen Geist geformt; nein, sie erfüllten meine Seele, erhöhten meine Gedanken, ließen ein begeistertes Glühen entstehen und führten mich von dem dunklen Pfad, auf dem ich zuvor gewandelt war, auf die taghell erleuchtete Straße der Menschheit, die mich Erdenbewohner zu einem Kandidaten für unsterbliche Ehrungen und einem eifrigen Anwärter auf das Lob und die Zuneigung meiner Mitmenschen machte.

Gewiss empfand niemand die Freuden des Schreibens jemals mehr als ich. Wenn ich den Wald, die feierliche Musik der wogenden Zweige und die stolze Kathedrale der Natur verließ, suchte ich die ausgedehnten Hallen des Schlosses auf, überblickte das weite, fruchtbare England, das sich unter unserer majestätischen Anhöhe ausbreitete, und lauschte derweil den Klängen inspirierender Musik. Zu solchen Zeiten beflügelten feierliche Akkorde oder mitreißende Arien meine zaudernden Gedanken, erlaubten ihnen, den letzten Schleier der Natur und ihres Erschaffers zu durchdringen und die höchste Schönheit in sichtbarem Ausdruck für das Verständnis der Menschen darzustellen. Indem die Musik weiterging, schienen meine Gedanken ihre sterbliche Wohnstatt zu verlassen; sie flatterten mit ihren Schwingen und begannen ihren Flug, segelten auf dem ruhigen Strom des Gedankens, erfüllten die Schöpfung mit neuem Glanz und weckten erhabene Bilder, die sonst stumm geschlafen hätten. Dann eilte ich zu meinem Schreibtisch, verwob das neu gefundene Gedankengewebe zu festem Stoff in leuchtenden Farben und hob mir das Zuschneiden des Materials für einen ruhigeren Moment auf.

Doch dieser Bericht, der ebenso gut zu einer früheren Zeit

meines Lebens als dem gegenwärtigen Augenblick gehören könnte, lässt mich zu weit ausholen. Es war das Vergnügen, das ich in der Literatur fand, die Disziplin des Geistes, die sich daraus ergab, die mich begierig machte, Perdita zu den gleichen Beschäftigungen zu führen. Ich begann mit leichter Hand und sanfter Verlockung; zuerst erregte ich ihre Neugier und befriedigte sie dann auf eine Weise, die sie dazu veranlassen sollte, zur gleichen Zeit, wenn sie ihre Leiden in der Beschäftigung halb vergaß, neue Milde und Gelassenheit in den Stunden zu finden, die darauf folgten.

Geistige Betätigung, wenngleich nicht auf Bücher ausgerichtet, war immer die Haupteigenschaft meiner Schwester gewesen. Sie hatte sich bereits früh im Leben gezeigt, führte sie zum einsamen Nachsinnen unter ihren heimatlichen Bergen, brachte sie dazu, unzählige Verknüpfungen von allgemeinen Gegenständen zu bilden, verlieh ihren Wahrnehmungen Stärke und beschleunigte deren Einordnung. Die Liebe war gekommen, um wie der Stab des obersten Propheten jede geringfügigere Neigung zu verschlingen. Die Liebe hatte alle ihre Vortrefflichkeiten verdoppelt und ihren Geist gekrönt. Sollte sie je aufhören zu lieben? Man nehme der Rose die Farben und den Duft, verändere die nährende Süße der Muttermilch zu Gift und Galle; ebenso leicht vermöchte man Perdita der Liebe zu entwöhnen. Sie trauerte um den Verlust Raymonds mit einer Qual, die das Lächeln von ihren Lippen verbannte und traurige Linien auf ihrer schönen Stirn eingrub. Aber jeder Tag schien das Wesen ihres Leidens zu verändern, und jede folgende Stunde zwang sie, die Beschaffenheit der Trauerkleidung ihrer Seele zu verändern (wenn ich es so nennen darf). Eine Zeit lang war die Musik in der Lage, das Verlangen ihres geistigen Hungers zu stillen, und ihre schwermütigen Gedanken erneuerten sich bei jeder Änderung der Tonart und veränderten sich mit jedem Wechsel der Melodie. Mein Unterricht trieb sie erstmals zu Büchern; und wo Musik die Nahrung des Kummers gewesen war, wurden die Schriften der Weisen ihre Medizin.

Der Erwerb unbekannter Sprachen war eine zu mühsame Beschäftigung für jemanden, der nicht, so wie viele es tun, um des bloßen Zeitvertreibs las, sondern jeden Ausdruck auf das Universum im Innern bezog und noch immer sich selbst und seinen Schöpfer in Frage stellte, jeden Gedanken auf tausend Arten formend und sich glühend nach der Entdeckung der Wahrheit in jedem Satz sehnend. Sie versuchte, ihr Verständnis zu verbessern; unbewusst wurden ihr Herz und ihre Veranlagungen bei dieser harmlosen Übung sanft und mild. Nach einer Weile entdeckte sie, dass ihr eigener Charakter, von dem sie früher geglaubt hatte, dass sie ihn vollständig verstand, unter all den neu erworbenen Kenntnissen die erste der *terrae incognitae* war, einer unerforschten Wildnis, für die es keine Karte gibt. Sie begann verwirrt und befremdet mit der Aufgabe, sich selbst zu prüfen und zu beurteilen. Und dann wieder wurde sie sich ihrer eigenen Stärken bewusst und begann, die Schattierungen von Gut und Böse mit angemessenerem Maß auszugleichen. Ich, der ich mich über die Maßen danach sehnte, sie wieder ihr Glück genießen zu sehen, wie es noch immer in ihrer Macht lag, erwartete mit Sorge das Ergebnis dieser inneren Vorgänge.

Aber der Mensch ist ein seltsames Wesen. Wir können seine Kräfte nicht wie jene eines Motors berechnen; und selbst wenn ein Antrieb mit der Kraft von vierzig Pferdestärken an etwas zieht, was bereit zu sein scheint, schon dem Zug einer einzigen nachzugeben, so bleibt doch die Bewegung trotz aller Berechnung aus. Weder Kummer noch Philosophie oder Liebe konnten Perdita angesichts der Pflichtvergessenheit Raymonds Milde einflößen. Sie hatte jetzt Freude an meiner Gesellschaft; Idris gegenüber fühlte und zeigte sie eine äußerst liebevolle Wertschätzung – sie widmete ihrem Kind wieder in großem Maße ihre Zärtlichkeit und Fürsorge. Aber ich konnte inmitten all ihrer Klagen einen tiefsitzenden Groll gegen Raymond entdecken und ein nicht verblassendes Gefühl der Verletzung, das mich meiner Hoffnung beraubte, als ich dachte, ihrer Erfüllung bereits ganz nahegekommen zu sein. Unter anderen schmerzhaften Einschränkungen hatte sie veranlasst, dass wir niemals in ihrer Gegenwart Raymonds Namen erwähnen durften. Sie weigerte sich, irgendwelche Mitteilungen aus Griechenland zu lesen, und verlangte, dass ich nur erwähnen sollte, wann die Briefe angekommen und ob die Wanderer gesund seien. Es war seltsam, dass selbst die kleine Clara dieses Gesetz gegenüber ihrer Mutter einhielt. Dieses entzückende Kind war beinahe acht Jahre alt. Früher war sie ein unbeschwertes Kind gewesen, phantasievoll, aber heiter und verspielt. Nach der Abreise ihres Vaters prägte sich Nachdenklichkeit auf ihrer jungen Stirn ein. Kinder, noch ungebildet in der Sprache, finden selten Worte, um ihre Gedanken auszudrücken, noch könnten wir sagen, auf welche Weise sich die jüngsten Ereignisse in ihren Gedanken niedergeschlagen hatten. Aber gewiss hatte sie gründliche Beobachtungen gemacht, während sie die Veränderungen, die sich um sie herum abspielten, schweigend aufnahm. Sie erwähnte Perdita gegenüber niemals ihren Vater, sie schien halb verängstigt zu sein, wenn sie zu mir von ihm sprach, und obwohl ich versuchte, mit ihr über diesen Gegenstand zu sprechen und die Finsternis zu zerstreuen, die ihre Vorstellungen von ihm umwölkten, hatte ich keinen Erfolg. Doch an jedem Tag, an dem wir Post aus dem Ausland erhalten könnten, achtete sie darauf, ob Briefe angekommen seien – sie kannte den Poststempel und beobachtete mich, während ich sie las. Ich sah sie oft in der Zeitung Artikel studieren, die Nachrichten aus Griechenland enthielten.

Es gibt keinen schmerzhafteren Anblick als jenen, wenn Kinder vorzeitig den Kummer kennenlernen, und in einem, dessen Veranlagung bis dahin so fröhlich gewesen war, war es besonders bemerklich. Doch es lag so viel Süße und Fügsamkeit in Claras Charakter, dass er die allgemeine Bewunderung erweckte; und wenn die Stimmungen eines Gemüts dazu bemessen sind, die Wange mit Schönheit zu überhauchen und Bewegungen mit Anmut zu versehen, müssen ihre Betrachtungen gewiss himmlisch gewesen sein, da jede Linie von Lieblichkeit geformt wurde und ihre Bewegungen harmonischer waren als die anmutigen Sprünge der Kitze in ihrem heimischen Walde. Ich machte Perdita zuweilen Vorhaltungen wegen ihrer Zurückhaltung, doch sie lehnte meine Ratschläge ab, während die Empfindsamkeit ihrer Tochter in ihr eine noch leidenschaftlichere Zärtlichkeit erregte.

Nachdem mehr als ein Jahr vergangen war, kehrte Adrian aus Griechenland zurück.

Als unsere Verbannten dort angekommen waren, bestand ein Waffenstillstand zwischen den Türken und den Griechen; ein Waffenstillstand, der nur wie ein Schlaf des sterblichen Körpers war und eine erneute Tätigkeit beim Erwachen erahnen ließ. Mit den zahlreichen Soldaten Asiens, mit allen kriegerischen Geschäften, Schiffen und militärischen Maschinerien, die dieser Reichtum und diese Macht befehligen konnten, entschlossen sich die Türken, sogleich den Feind zu zerschmettern, der sich allmählich durchschlug, der von seiner Festung auf dem Peloponnes aus Thrakien und Mazedonien erobert und seine Armeen bis vor die Tore von Konstantinopel geführt hatte, während ihm angesichts seiner ausgedehnten Handelsbeziehungen jede europäische Nation Erfolg wünschte. Griechenland bereitete sich auf heftigen Widerstand vor; es erhob sich wie ein Mann; und die Frauen, die ihren kostspieligen Schmuck opferten, trieben ihre Söhne in den Krieg und forderten sie mit dem Geist der spartanischen Mutter auf, zu siegen oder zu sterben. Die Befähigungen und der Mut Raymonds wurden bei den Griechen hoch geschätzt. Da er in Athen geboren war, beanspruchte diese Stadt ihn für sich, und indem sie ihm den Befehl über ihre eigene Division in der Armee gab, besaß nur der Oberbefehlshaber noch größere Macht. Er wurde zu ihren Bürgern gezählt, sein Name wurde in die Liste griechischer Helden aufgenommen. Sein Urteil, seine Tätigkeit und seine vollendete Tapferkeit begründeten ihre Entscheidung. Der Graf von Windsor diente als Freiwilliger unter seinem Freund.

»Es ist ja schön und gut«, schrieb Adrian, »in diesem angenehmen Schatten von Krieg zu schwatzen und mit viel verschwendetem Öl seine Freude zu bezeugen, wo viele tausend unserer Mitgeschöpfe diese süße Luft und ihren heimatlichen Boden unter Schmerzen verlassen. Man soll mich nicht verdächtigen, der griechischen Sache abgeneigt zu sein; ich kenne und fühle ihre Notwendigkeit, sie ist mehr als alle anderen eine gute Sache, ich habe sie mit meinem Schwert verteidigt und war bereit, meinen Geist bei ihrer Verteidigung auszuhauchen. Die Freiheit ist mehr wert als das Leben, und die Griechen tun gut daran, ihr Vorrecht bis zum Tode zu verteidigen. Aber betrügen wir uns nicht selbst. Die Türken sind Menschen, jede Faser, jedes Glied fühlt wie unser eigenes und jedes Zucken, sei es geistig oder körperlich, wird im Herzen oder Gehirn eines Türken so wahrhaft empfunden wie in einem Griechen. Die letzte Handlung, bei der ich anwesend war, war die Einnahme von ——. Die Türken leisteten Widerstand bis zum Schluss, die Garnison starb auf den Wällen und wir drangen gewaltsam ein. Jedes lebende Wesen in den Mauern wurde massakriert. Glaubt ihr, ich fühlte inmitten der Schreie verletzter Unschuld und hilfloser Jugend nicht in jedem Nerv das Schreien eines menschlichen Mitgeschöpfs? Sie waren Männer und Frauen, Leidende, noch bevor sie Mohammedaner waren, und wenn sie turbanlos aus dem Grab auferstehen, worin, außer in ihren guten oder schlechten Handlungen, werden sie besser oder schlechter sein als wir? Zwei Soldaten stritten um ein Mädchen, dessen reiche Kleidung und außerordentliche Schönheit den brutalen Appetit dieser Unholde erregte, die, vielleicht gute Männer in ihren Familien, durch die Raserei des Augenblicks in das fleischgewordene Böse verwandelt wurden. Ein alter Mann mit einem silbernen Bart, hinfällig und kahl, er hätte ihr Großvater sein mögen, ging dazwischen, um sie zu retten; die Streitaxt eines von ihnen spaltete seinen Schädel. Ich eilte zu ihrer Verteidigung, aber die Wut machte sie blind und taub; sie erkannten mein christliches Gewand oder meine Worte nicht – Wörter waren zu diesem Zeitpunkt stumpfe Waffen, denn während der Krieg ›Verwüstung‹ schrie und der Mord ein passendes Echo gab, wie konnte ich –

> Die treffenden Worte finden, selbst großes Gezänk
> Mit Geschick schnell wieder zu schlichten?

Einer der Kerle, wütend über meine Einmischung, schlug mich mit seinem Bajonett in die Seite, ich verlor die Besinnung und fiel zu Boden.

Diese Wunde wird mein Leben wahrscheinlich verkürzen, da sie einen bereits zuvor schwachen Körper beschädigt hat. Aber ich bin es zufrieden zu sterben. Ich habe in Griechenland gelernt, dass ein Mann mehr oder weniger von geringer Bedeutung ist, solange genug menschliche Leiber verbleiben, um die ausgedünnten Reihen der Soldaten aufzufüllen, und dass das Fehlen eines Einzelnen übersehen werden kann, wenn nur die Musterrolle die volle Anzahl enthält. All dies hat eine entgegengesetzte Wirkung auf Raymond: Er ist in der Lage, das Ideal des Krieges zu betrachten, während ich nur seine Realität empfinde. Er ist ein Soldat, ein General. Er vermag die blutdürstigen Kriegshunde zu beeinflussen, während ich ihren Neigungen vergeblich Widerstand leiste. Die Ursache ist einfach. Burke hat gesagt: ›Unter allen Körpern müssen diejenigen, die führen wollen, auch in einem beträchtlichen Grad folgen.‹ – Ich kann nicht folgen, denn ich hege keine Sympathien für ihre Träume von Massakern und Ruhm – in einer solchen Laufbahn zu folgen und zu führen, ist die natürliche Neigung Raymonds. Er ist stets siegreich und gerecht; zu gleicher Zeit erwirbt er sich einen Namen und eine hohe Stellung, um den Griechen die Freiheit zu sichern, und möglicherweise ein erweitertes Reich.«

Perditas Gefühle wurden durch diesen Bericht nicht besänftigt. Er, dachte sie, kann ohne mich erfolgreich und glücklich sein. Hätte ich nur auch Karriere gemacht! Könnte ich nur eine unerprobte Barke mit all meinen Hoffnungen, Energien und Sehnsüchten beladen und sie in den Ozean des Lebens befördern – in Richtung irgendeines erreichbaren Punktes, mit Ehrgeiz oder Vergnügen am Ruder! Doch widrige Winde halten mich an der Küste fest; wie Odysseus sitze ich am Ufer und weine. Aber meine schwachen Hände können weder die Bäume fällen noch die Planken glätten. Unter dem Einfluss dieser schwermütigen Gedanken verfiel sie mehr denn je ihrem Kummer. Doch Adrians Gegenwart bewirkte ein Gutes; er brach sofort das Raymond betreffende Gebot des Schweigens. Zuerst erschrak sie bei dem ungewohnten Klang; bald aber gewöhnte sie sich daran und liebte ihn, und sie lauschte begeistert den Berichten über seine Heldentaten. Auch Clara legte ihre Zurückhaltung ab; Adrian und sie waren alte Spielgefährten gewesen; und jetzt, wenn sie zusammen spazieren gingen oder ausritten, gab er ihren innigen Bitten nach und wiederholte zum hundertsten Mal irgendeine Geschichte über die Tapferkeit, Freigebigkeit oder Gerechtigkeit ihres Vaters.

In der Zwischenzeit brachte jedes Schiff berauschende Nachrichten aus Griechenland. Dass sich ein Freund unter seinen Armeen und Räten befand, ließ uns mit Begeisterung jede Einzelheit verschlingen; und ein hier und da eingetroffener kurzer Brief von Raymond berichtete uns, wie sehr er von den Interessen seiner Wahlheimat in Anspruch genommen wurde. Die Griechen waren stark an ihren Geschäften interessiert und wären mit ihren gegenwärtigen Erwerbungen zufrieden gewesen, hätten die Türken sie nicht durch ihr Eindringen aufgerüttelt. Die Patrioten waren siegreich; sie wurden von Eroberungsgeist ergriffen; und schon sahen sie auf Konstantinopel als das ihre hin. Raymond stieg stetig in ihrer Wertschätzung; nur ein Mann hielt ein ihm überlegenes Kommando in ihren Armeen. Er wurde berühmt für seine Taktik und die Wahl seiner Position in einer Schlacht, die er in den thrakischen Ebenen an den Ufern des Hebrus führte, was über das Schicksal des Islam entscheiden sollte. Die Mohammedaner wurden besiegt und vollständig aus dem Land westlich dieses Flusses vertrieben. Die Schlacht war blutig, der Verlust der Türken offenbar irreparabel; die Griechen aber vergaßen, nachdem sie einen Mann verloren hatten, die namenlose Menge, die auf dem blutigen Feld verstreut lag, und sie beglückwünschten sich nicht länger zu einem Sieg, der sie – Raymond gekostet hatte.

In der Schlacht von Makri hatte er die Kavallerie angeführt und die Flüchtenden bis zu den Ufern des Hebrus verfolgt. Sein Lieblingspferd wurde grasend am Rande des ruhigen Flusses gefunden. Man fragte sich, ob er vielleicht unerkannt gefallen war; doch kein zerbrochener Schmuck, keine befleckte Rüstung verrieten sein Schicksal. Es wurde vermutet, dass die Türken, als sie sich plötzlich im Besitz eines solch berühmten Gefangenen sahen, beschlossen hatten, ihre Grausamkeit statt ihrer Habgier zu befriedigen und aus Angst vor der Einmischung Englands den kaltblütigen Mord an jenem Soldaten, den sie in den Schwadronen ihres Feindes am meisten hassten und fürchteten, für immer zu verhehlen.

Raymond war in England unvergessen. Seine Abdankung vom Protektorat hatte eine beispiellose Sensation verursacht; und als sein glänzendes und beherztes System den engstirnigen Ansichten nachfolgender Politiker gegenübergestellt wurde, dachte man mit Wehmut an seine Amtszeit zurück. Die fortwährende Wiederkehr seines Namens, der in den griechischen Gazetten in den ehrenvollsten Berichten genannt wurde, hielt das Interesse aufrecht, das er erregt hatte. Er schien das Lieblingskind des Glücks zu sein, und sein vorzeitiger Verlust verdunkelte die Welt, so dass der Rest der Menschheit in vermindertem Glanz erschien. Alle klammerten sich voller Eifer an die Hoffnung, dass er noch am Leben sei. Der Botschafter in Konstantinopel wurde aufgefordert, die notwendigen Untersuchungen durchzuführen und, sollte er gefunden werden, seine Freilassung zu fordern. Es stand zu hoffen, dass die Bemühungen Erfolg haben würden, und dass er, obwohl jetzt ein Gefangener, ein Opfer von Grausamkeit und Zeichen des Hasses, aus der Gefahr errettet und dem Glück, der Macht und der Ehre wiederhergestellt werden würde, die er verdiente.

Die Wirkung dieser Nachricht auf meine Schwester war auffällig. Sie schenkte der Geschichte seines Todes nicht einen Augenblick Glauben; sie beschloss, sofort nach Griechenland zu reisen. Vernunftgründe und Überredungsversuche verfehlten ihre Wirkung auf sie; sie ertrug kein Hindernis, keine Verzögerung. Es mag für eine Wahrheit angesehen werden, dass, wenn Argumente oder Bitten irgendjemanden von einem verzweifelten Vorhaben abbringen können, dessen Beweggrund und Ziel nur von der Stärke der Gefühle abhängt, es richtig ist, jene Person umzustimmen, da ihre Fügsamkeit zeigt, dass weder dem Beweggrund noch dem Ziel genügend Kraft innewohnen, um sie durch die Hindernisse zu tragen, die mit ihrem Unternehmen verbunden sind. Wenn sie aber von allen Vorhaltungen nicht zu beeinflussen ist, so ist diese Beständigkeit ein Vorzeichen des Erfolges; und es wird zur Pflicht derer, die sie lieben, ihr beizuspringen, um gemeinsam die Hindernisse aus dem Weg zu räumen. Solche Gefühle bewegten unseren kleinen Kreis. Als wir Perdita unnachgiebig fanden, berieten wir uns über die besten Mittel, um sie in ihrer Absicht zu unterstützen. Sie konnte nicht allein in ein Land gehen, in dem sie keine Freunde hatte und in dem sie bei ihrer Ankunft nur die schreckliche Nachricht zu hören bekommen würde, die sie mit Kummer und Reue überwältigen musste. Adrian, dessen Gesundheit stets schwach gewesen war, litt jetzt, durch die Folgen seiner Wunde, unter einer beträchtlichen Verschlimmerung. Idris konnte es nicht ertragen, ihn in diesem Zustand zu verlassen; und es war auch weder richtig, eine junge Familie für eine Reise dieser Art zurückzulassen, noch sie mitzunehmen. Ich entschloss mich schließlich, Perdita zu begleiten. Die Trennung von meiner Idris war schmerzhaft – aber die Notwendigkeit versöhnte uns in gewisser Weise mit ihr: die Notwendigkeit und die Hoffnung, Raymond zu retten und ihn wieder zum Glück und zu Perdita zu verhelfen. Es war keine Zeit zu verlieren. Zwei Tage, nachdem wir zu unserem Entschluss gekommen waren, machten wir uns auf den Weg nach Portsmouth und schifften uns ein. Es war im Monat Mai, das Wetter war beständig; uns wurde eine angenehme Reise versprochen. Mit den eifrigsten Hoffnungen im Herzen begaben wir uns auf den weiten Ozean, wir sahen mit Entzücken das zurückweichende Ufer von Britannien, und unsere Flügel der Sehnsucht überrundeten unsere gut gefüllten Segel auf ihrer Fahrt gen Süden. Die leicht sich kräuselnden Wellen trugen uns vorwärts, und der alte Ozean lächelte über die Last der Liebe und der Hoffnung, die seiner Verantwortung übertragen war; er strich sanft über seine stürmischen Ebenen, und der Pfad wurde für uns geglättet. Tag und Nacht blies der Wind rechts achtern, gab unserem Kiel stetigen Antrieb – und weder rauer Sturm noch tückischer Sand noch zerstörerischer Felsen brachten ein Hindernis zwischen meine Schwester und das Land, das sie wieder mit ihrem ersten Geliebten vereinen sollte,

> Dem Bekenner ihres lieben Herzens – ein Herz in einem
> Herzen.

Zweiter Band

Kapitel 1

Während dieser Reise, als wir uns an ruhigen Abenden an Deck unterhielten und das reflektierende Licht auf den Wellen und die wechselhaften Erscheinungen des Himmels beobachteten, entdeckte ich die völlige Umwälzung, die die Missgeschicke Raymonds in den Gedanken meiner Schwester bewirkt hatten. Waren es die gleichen Wasser der Liebe, die in letzter Zeit kalt und schneidend wie Eis und auch ebenso abweisend gewesen waren, und die jetzt, von ihren gefrorenen Ketten gelöst, in sprudelnder und dankbarer Ausgelassenheit durch die Regionen ihrer Seele flossen? Sie glaubte nicht, dass er tot war, sie wusste jedoch, dass er in Gefahr schwebte, und die Hoffnung, bei seiner Befreiung mitzuwirken, und der Gedanke, die Übel, die er durchgemacht haben mochte, durch Zärtlichkeit zu lindern, erhöhten und harmonisierten das zuletzt missgestimmte Element ihres Wesens. Ich war hinsichtlich des Ergebnisses unserer Reise nicht so zuversichtlich wie sie. Sie war nicht nur zuversichtlich, sondern ihrer Sache gewiss; und die Erwartung, den Geliebten, den sie verbannt hatte, zu sehen, den Ehemann, den Freund, den Herzensgefährten, von dem sie lange entfremdet gewesen war, hüllte ihre Sinne in Freude und wiegte ihren Geist in Gelassenheit. Es war der Wiederbeginn des Lebens; es war das Verlassen der unfruchtbaren Wüste für eine von fruchtbarer Schönheit erfüllte Wohnstatt; es war ein Hafen nach dem Sturm, ein Beruhigungsmittel nach schlaflosen Nächten, ein glückliches Erwachen aus einem schrecklichen Traum.

Die kleine Clara begleitete uns; das arme Kind verstand nicht ganz, was vor sich ging. Sie hörte, dass wir nach Griechenland wollten, dass sie ihren Vater sehen würde, und jetzt, zum ersten Mal, plauderte sie mit ihrer Mutter über ihn.

Als wir in Athen landeten, sahen wir uns vor zunehmenden Schwierigkeiten; auch konnten uns die geschichtsträchtige Erde oder die milde Atmosphäre so lange nicht mit Begeisterung oder Vergnügen erfüllen, wie das Schicksal Raymonds ungewiss war. Kein Mann hatte jemals ein so starkes Interesse der Öffentlichkeit erregt; dies war sogar unter den schwerfälligen Engländern offensichtlich, in deren Land er seit Langem nicht mehr gewesen war. Die Athener hatten erwartet, dass ihr Held im Triumph zurückkehren würde; die Frauen hatten ihren Kindern beigebracht, seinen Namen zu lobpreisen; seine männliche Schönheit, sein Mut, seine Hingabe für ihre Sache ließen ihn in ihren Augen beinahe wie einen der alten Götter des Landes erscheinen, der von seinem heimatlichen Olymp herabgekommen war, um sie zu verteidigen. Wenn sie von seinem wahrscheinlichen Tod und seiner gewissen Gefangenschaft sprachen, strömten Tränen aus ihren Augen; so wie die Frauen in Syrien um Adonis trauerten, beklagten die Frauen und Mütter Griechenlands den Verlust unseres englischen Raymonds – Athen war eine Stadt der Trauer.

All diese Anzeichen der Verzweiflung trafen Perdita mit Schrecken. Mit jener zuversichtlichen, aber unklaren Erwartung, welche ihr Verlangen entzündet hatte, als sie fern der Wirklichkeit weilte, hatte sie sich in ihrem Kopf ausgemalt, dass augenblicklich eine Veränderung eintreten würde, sobald sie ihren Fuß auf die griechischen Küsten setzte. Sie stellte sich vor, dass Raymond bereits frei sein würde und dass ihre zarten Aufmerksamkeiten sogar die Erinnerung an sein Unglück völlig auslöschen würden. Aber sein Schicksal war noch ungewiss; sie begann das Schlimmste zu fürchten und zu fühlen, dass die Hoffnung ihrer Seele sich als nichtig herausstellen könnte. Die Gemahlin und das liebliche Kind Lord Raymonds wurden in Athen Gegenstände intensiven Interesses. Die Tore ihrer Wohnung wurden belagert, inbrünstige Gebete wurden für seine Wiederherstellung gesprochen; all diese Umstände verstärkten die Bestürzung und Furcht Perditas noch.

Meine Bemühungen zahlten sich nicht aus: Nach einiger Zeit verließ ich Athen und schloss mich der Armee an, die in Kishan in Thrakien stationiert war. Bestechung, Drohungen und Intrigen enthüllten mir bald das Geheimnis, dass Raymond am Leben war, ein Gefangener, der unter strengster Haft und mutwilligen Grausamkeiten litt. Wir setzten jeden Hebel der Politik und des Geldes in Bewegung, um ihn aus ihren Händen zu befreien.

Die Ungeduld im Gemüt meiner Schwester kehrte nun zurück, erweckt durch Umkehr, geschärft durch Reue. Die Schönheit des griechischen Klimas während der Frühlingszeit fügte ihren Empfindungen weitere Martern hinzu. Die beispiellose Lieblichkeit der mit Blumen bedeckten Erde – der freundliche Sonnenschein und der wohltuende Schatten – die Melodie der Vögel – die Majestät der Wälder – die Pracht der Marmorruinen – der klare Glanz der nächtlichen Sterne – all dies zusammengenommen war aufregend und üppig in diesem die Zeitalter überspannenden Land, und ihr Kummer wurde nur verschärft, da es ihrem Körper ein wacheres Lebensgefühl und eine zusätzliche Empfindsamkeit verlieh. Jede lange Stunde wurde gezählt, und »Er leidet« war der Refrain all ihrer Gedanken. Sie verzichtete auf Nahrung; sie lag auf der bloßen Erde und versuchte, durch solche Nachahmungen seiner erzwungenen Qualen sein fernes Leid zu teilen. Ich erinnerte mich, dass in einem ihrer schroffsten Momente ein Ausspruch von mir sie zu Wut und Verachtung aufgereizt hatte. »Perdita«, hatte ich gesagt, »eines Tages wirst du entdecken, dass du falsch daran getan hast, Raymond wieder in die Dornen des Lebens zu werfen. Wenn die Enttäuschung seine Schönheit befleckt, wenn die Strapazen eines Soldaten seine männliche Gestalt verformt und die Einsamkeit selbst den Triumph über ihn bitter gemacht hat, dann wirst du bereuen und bedauern, wenn die nicht wiedergutzumachende Veränderung

In Herzen, die dann ganz steinern sind,
Die späte Reue der Liebe bringt.

Die stechende »Reue der Liebe« durchbohrte jetzt ihr Herz. Sie gab sich selbst die Schuld an seiner Reise nach Griechenland – seinen Gefahren – seiner Gefangenschaft. Sie stellte sich die Angst seiner Einsamkeit vor; sie erinnerte sich, mit welch unbändiger Freude er sie in früheren Tagen zur Teilhaberin seiner freudigen Hoffnungen gemacht hatte – mit welch dankbarer Zuneigung er ihr Mitgefühl in seinen Sorgen entgegengenommen hatte. Sie rief sich in Erinnerung, wie oft er erklärt hatte, dass die Einsamkeit für ihn das größte aller Übel sei und dass der Gedanke an den Tod für ihn mit noch größerer Angst und Pein verbunden sei, wenn er sich ein einsames Grab vorstelle. »Mein bestes

Mädchen«, hatte er gesagt, »erlöst mich von diesen Phantasien. Mit ihr vereint, in ihrem lieben Herzen behütet, werde ich nie wieder das Elend erfahren, allein zu sein. Selbst wenn ich vor dir sterbe, meine Perdita, bewahre meine Asche auf, bis die deine sich mit meiner vermengen mag. Es ist eine närrische Empfindung für jemanden, der kein Materialist ist, doch mich dünkt, dass ich selbst in jener dunklen Zelle fühlen kann, wie sich mein lebloser Staub mit deinem vermengt und somit eine Gefährtin im Zerfall hat.« In ihrer verärgerten Stimmung hatte sie sich dieser Worte mit Bitterkeit und Verachtung erinnert; nun suchten sie sie in ihrer besänftigten Stunde heim, stahlen den Schlaf von ihren Lidern und beraubten ihren unruhigen Geist aller Hoffnung auf Ruhe.

Auf diese Weise vergingen zwei Monate, bis wir endlich Raymonds Freilassung erwirkten. In Gefangenschaft und Not hatte seine Gesundheit gelitten; die Türken fürchteten, dass die englische Regierung ihre Drohungen wahrmachen würde, wenn er unter ihren Händen stürbe; sie sahen seine Genesung als unmöglich an, überbrachten ihn uns als Sterbenden und überließen uns bereitwillig die Begräbnisriten.

Er kam auf dem Seeweg von Konstantinopel nach Athen. Der ihm günstige Wind blies so stark an der Küste, dass wir ihn nicht, wie wir zunächst beabsichtigt hatten, auf seiner Wasserstraße abpassen konnten. Der Wachturm von Athen wurde von Neugierigen belagert, die eifrig nach jedem Segel Ausschau hielten; bis am ersten Mai die prächtige Fregatte in Sicht kam, beladen mit einem Schatz von unschätzbarem Wert, größer als jener Reichtum, der von Mexiko aus kommend entweder vom aufgebrachten Pazifik verschluckt oder über dessen stille Oberfläche befördert wurde, um die Krone Spaniens zu bereichern. In der frühen Morgendämmerung wurde das Schiff in Küstennähe entdeckt; es wurde vermutet, dass es ungefähr fünf Meilen vom Land Anker werfen würde. Die Nachricht verbreitete sich in Athen, und die ganze Stadt strömte zum Tor des Piräus heraus, über die Straßen, durch die Weinberge, die Olivenhaine und die Feigenpflanzungen zum Hafen. Die lärmende Freude der Bevölkerung, die grellen Farben ihrer Kleidung, der Tumult von Wagen und Pferden, vermischt mit aufmarschierenden Soldaten, das Flattern der Banner und der Klang von Kriegsmusik machten die Szene noch aufregender, während um uns herum in feierlicher Majestät die Relikte des Altertums ruhten. Zu unserer Rechten erhob sich die Akropolis, Zeugin von tausend Veränderungen, von antikem Ruhm, türkischer Sklaverei und der Wiederherstellung der teuer erkauften Freiheit; Gräber und Kenotaphe waren reichlich verstreut, mit sich immer erneuernder Vegetation geschmückt; die mächtigen Toten schwebten über ihren Denkmälern und sahen in unserem Eifer und der versammelten Menge eine Wiederholung des Schauspiels, in dem sie die Darsteller gewesen waren. Perdita und Clara fuhren in einem geschlossenen Wagen, ich begleitete sie zu Pferd. Endlich kamen wir im Hafen an, der durch den Wellengang des Meeres unruhig war. Der Strand war, so weit das Auge reichte, von einer sich bewegenden Menge bedeckt, die von den hinter ihnen Stehenden zum Meer gedrängt wurde und sogleich wieder zurückstürzte, wenn die schweren Wellen mit dumpfem Gebrüll dicht an ihr vorbeibrachen. Ich legte mein Fernglas an und konnte erkennen, dass die Fregatte bereits Anker geworfen hatte, weil man die Gefahr scheute, näher an die windabgewandte Küste zu kommen. Ein Boot wurde abgesenkt – mit einem jähen Erschrecken sah ich, dass Raymond nicht in der Lage war, das Schiff selbständig zu verlassen. Er wurde auf einem Stuhl sitzend herabgelassen und lag dann in Mäntel eingehüllt auf dem Boden des Bootes.

Ich stieg ab und rief einige Matrosen an, die im Hafen herumruderten, dass sie anlegen und mich in ihr Boot aufnehmen sollten; Perdita stieg im selben Augenblick aus ihrem Wagen – sie ergriff meinen Arm – »Nimm mich mit«, rief sie; sie zitterte und war bleich. Clara klammerte sich an sie. »Das geht nicht«, sagte ich, »das Meer ist rau – er wird bald hier sein – siehst du nicht sein Boot?« Die kleine Barke, die ich hergewinkt hatte, hatte jetzt angelegt; bevor ich sie aufhalten konnte, war Perdita, unterstützt von den Matrosen, darin – Clara folgte ihrer Mutter – ein lautes Geschrei hallte von der Menge wider, als wir aus dem inneren Hafen herausfuhren, während meine Schwester am Bug einen der Männer, der ein Fernglas hatte, festhielt und ihm tausend Fragen stellte, ohne Rücksicht auf die Gischt, die über sie hinwegbrach, taub und blind für alles außer dem kleinen Punkt, der über den Wellenkämmen gerade sichtbar war und offensichtlich herankam. Wir näherten uns mit der ganzen Geschwindigkeit, die sechs Ruderer bewirken konnten; die ordentliche und malerische Kleidung der Soldaten am Strand, die Klänge der jubelnden Musik, die frische Brise und die wehenden Fahnen, die ungehemmten Ausrufe der begeisterten Menge, deren dunkles Aussehen und fremde Kleidung äußerst morgenländisch waren, der Anblick des von Tempeln gekrönten Felsens, des weißen Marmors der Gebäude, der in der Sonne glitzerte und in strahlendem Kontrast gegen den dunklen Rücken dahinterliegender hoher Berge stand; das nahe Brüllen des Meeres, das Plätschern von Rudern und die Gischtnebel, all das zusammengenommen versenkte meine Seele in einen Rausch, wie ich ihn im gewöhnlichen Lauf des gewöhnlichen Lebens weder erlebt noch mir je vorgestellt hatte. Vor Zittern konnte ich nicht weiter durch das Fernglas schauen, mit dem ich die Bewegung der Mannschaft beobachtet hatte, als das Boot der Fregatte zu Wasser gelassen worden war. Wir näherten uns rasch, so dass wir endlich die Anzahl und Gestalt der Leute im Innern des Bootes unterscheiden konnten; seine dunklen Seitenwände vergrößerten sich, und das Plätschern seiner Ruder wurde hörbar: Ich konnte die kraftlose Gestalt meines Freundes erkennen, als er sich bei unserer Annäherung halb erhob.

Perditas Fragen waren verstummt; sie lehnte sich auf meinen Arm und keuchte vor Gefühlen, die zu stark für Tränen waren – unsere Männer fuhren längs an das andere Boot heran. Mit letzter Kraft sammelte meine Schwester ihre Stärke, ihre Entschiedenheit; sie trat vom einen Boot ins andere, und dann sprang sie mit einem Schrei Raymond entgegen, kniete neben ihm nieder und gab sich, indem sie ihre Lippen auf die Hand presste, die sie ergriff, ihr Gesicht von ihren langen Haaren umflort, den Tränen hin.

Raymond hatte sich bei unserer Annäherung etwas erhoben, aber selbst diese Anstrengung bereitete ihm Mühe. Mit eingefallenen Wangen und hohlen Augen, blass und hager, hätte ich den Geliebten Perditas kaum erkannt.

Ich blieb ehrfürchtig und stumm – er blickte lächelnd auf das arme Mädchen; es war sein altes Lächeln. Ein sonniger Tag, der auf ein dunkles Tal fällt, zeigte seine zuvor verborgenen Eigenschaften; und nun, als dieses Lächeln, mit dem er zuerst Perdita seine Liebe gestanden, mit dem er das Protektorat willkommen geheißen hatte, auf seinem veränderten Antlitz spielte, fühlte ich in meinem innersten Herzen, dass dies Raymond war.

Er streckte mir seine andere Hand entgegen; ich erkannte die Spuren von Fesselung an seinem entblößten Handgelenk. Ich hörte das Schluchzen meiner Schwester und dachte, glücklich sind die Frauen, die weinen und in einer leidenschaftlichen Liebkosung den Druck ihrer Gefühle abwerfen können. Scham und gewohnheitsmäßige Reserviertheit halten einen Mann zurück. Ich hätte Welten gegeben, hätte ich wie in jungen Jahren handeln können, ihn an meine Brust drücken, seine Hand an meine Lippen pressen und über ihm weinen können; mein schwellendes Herz erstickte mich; der natürliche Strom wollte nicht zurückgehalten werden; die großen rebellischen Tränen sammelten sich in meinen Augen; ich wandte mich zur Seite, und sie fielen ins Meer – sie kamen schnell und schneller –, und doch konnte ich mich kaum schämen, denn ich sah, dass die rauen Seeleute nicht unbewegt waren und von unserer Besatzung allein Raymonds Augen trocken waren. Er lag in jener gesegneten Gelassenheit, die die Genesung immer hervorruft, genoss in sicherer Ruhe seine Freiheit und kehrte zu ihr, die er verehrte, zurück. Perdita überwand schließlich ihren leidenschaftlichen Ausbruch und erhob sich – sie sah sich nach Clara um; das verängstigte Kind, das seinen Vater nicht erkannte und von uns vernachlässigt worden war, war zum anderen Ende des Bootes gekrochen; es kam auf den Ruf seiner Mutter. Perdita stellte es Raymond vor; ihre ersten Worte waren: »Geliebter, umarme unser Kind!«

»Komm her, Liebes«, sagte ihr Vater, »kennst du mich nicht?« Sie erkannte seine Stimme und warf sich etwas schüchtern, aber mit unkontrollierbarer Gemütsbewegung in seine Arme.

Da ich die Schwäche Raymonds bemerkte, war ich besorgt, dass der Druck der Menschenmenge an seinem Landeplatz üble Folgen haben könnte. Doch sie waren von der Veränderung seines Aussehens so betroffen, wie ich es gewesen war. Die Musik verstummte, die Rufe hörten plötzlich auf; die Soldaten hatten einen Bereich geräumt, in dem ein Wagen aufgestellt war. Er wurde hineingesetzt; Perdita und Clara stiegen mit ihm ein, und seine Begleiter schlossen sich um ihn. Ein hohles Gemurmel, ähnlich dem Rauschen der nahen Wellen, lief durch die Menge; sie fielen zurück, als die Kutsche vorrückte, und da sie sich davor fürchteten, ihn zu verletzen, für den sie gekommen waren, um ihn mit lauten Freudenbekundungen zu begrüßen, gaben sie sich damit zufrieden, sich tief zu verbeugen, als der Wagen an ihnen vorüberfuhr. Es ging langsam die Straße des Piräus entlang, vorbei am antiken Tempel und am Heldengrab, unter dem zerklüfteten Felsen der Zitadelle. Das Geräusch der Wellen blieb zurück, das der Menge war noch ab und zu unterdrückt und heiser zu hören, und obwohl in der Stadt die Häuser, Kirchen und öffentlichen Gebäude mit Behängen und Bannern geschmückt waren – obwohl die Soldaten die Straßen säumten und die Einwohner zu Tausenden versammelt waren, um ihn zu grüßen –, hielt die gleiche feierliche Stille an, die Soldaten präsentierten ihre Waffen, die Banner wehten, so manche weiße Hand schwenkte einen Wimpel und versuchte vergeblich, den Helden im Fahrzeug zu erkennen, das ihn, geschlossen und von den Stadtwachen umringt, in den Palast zog, der für seine Wohnung bestimmt war.

Raymond war schwach und erschöpft, doch das Interesse, das man für ihn hegte, erfüllte ihn mit stolzem Vergnügen. All die Freundlichkeiten brachten ihn fast um. Zwar hatte die Bevölkerung sich zurückgehalten, doch aus dem Gedränge um den Palast drang ein anhaltendes Summen und Getümmel, das zu dem Lärm des Feuerwerks, den häufigen Explosionen der Waffen, dem Hin und Her von Reitern und Kutschen, in deren Begeisterung er im Mittelpunkt stand, hinzukam, so dass es seine Genesung verlangsamte. Daher zogen wir uns eine Weile nach Eleusis zurück, und dort verhalf jeder Tag der Ruhe und liebevoller Fürsorge unserem Kranken zu mehr Stärke. Die beflissene Aufmerksamkeit Perditas beanspruchte den ersten Rang unter den Ursachen, die seine schnelle Wiederherstellung herbeiführten; aber der zweite gebührte sicherlich dem Vergnügen, das er in der Zuneigung und dem Wohlwollen der Griechen fand. Es heißt, dass wir diejenigen sehr lieben, aus denen wir einen großen Nutzen ziehen. Raymond hatte für die Athener gekämpft und gesiegt, er hatte um ihretwillen Gefahr, Gefangenschaft und Not gelitten. Ihre Dankbarkeit bewegte ihn tief, und er schwor innerlich, sein Schicksal für immer mit dem jenes Volkes zu verbinden, das ihm so innig ergeben war.

Geselligkeit und Mitgefühl waren ein hervorstechendes Merkmal in meinem Charakter. In meiner frühen Jugend hatte das Drama des Lebens um mich herum mich mit Leib und Seele in seinen Strudel gezogen. Ich war mir jetzt einer Veränderung bewusst. Ich liebte, ich hoffte, ich konnte Dinge genießen; aber da war noch etwas anderes. Ich interessierte mich für die inneren Prinzipien des Handelns der Menschen um mich herum. Ich war darauf bedacht, ihre Gedanken richtig zu lesen, und war stets damit beschäftigt, ihr Innerstes zu erahnen. Alle Ereignisse, wie sie mich im jeweiligen Moment zutiefst interessierten, stellten sich in Bildern vor mir dar. Ich gab jeder Person in der Gruppe den richtigen Platz, die richtige Ausgewogenheit zu jedem Gefühl. Diese Unterströmung des Denkens beruhigte mich oft in der Not und sogar in der Verzweiflung. Sie verlieh jenen Dingen etwas Idealität, über die sich die Seele empört hätte, wenn sie in ihrer nackten Wahrheit erkannt worden wären; sie hauchte malerische Farbe über Elend und Krankheit und rettete mich in beklagenswerten Veränderungen nicht selten aus der Verzweiflung. Diese Fähigkeit, oder dieser Instinkt, war jetzt geweckt. Ich beobachtete die wiedererweckte Hingabe meiner Schwester, Claras zaghafte, aber konzentrierte Bewunderung ihres Vaters und Raymonds Appetit auf Ruhm und seine Empfänglichkeit gegenüber den Zuneigungsbekundungen der Athener. Indem ich dieses zum Leben erwachte Buch aufmerksam studierte, war ich umso weniger überrascht von der Geschichte, die ich auf der neu aufgeschlagenen Seite las.

Die türkische Armee belagerte damals Rodosto, und die Griechen, die ihre Vorbereitungen beschleunigten und jeden Tag Verstärkungen sandten, standen kurz davor, den Feind zum Kampf zu zwingen. Jedes Volk betrachtete den kommenden Kampf als das, was in hohem Maße entscheidend sein würde, denn im Falle des Sieges würde der nächste Schritt die Belagerung Konstantinopels durch die Griechen bedeuten. Raymond, der sich etwas erholt hatte, war bereit, sein Kommando in der Armee wieder aufzunehmen.

Perdita widersetzte sich seinem Entschluss nicht. Sie bestand aber darauf, dass es ihr erlaubt sein müsse, ihn zu begleiten. Sie hatte keine Verhaltensregeln für sich selbst aufgestellt, doch sie hätte um ihr Leben nicht dem geringsten seiner Wünsche etwas entgegensetzen oder anders als fröhlich allen seinen Vorhaben zustimmen können. Tatsächlich hatte ein Wort sie mehr alarmiert als alle Schlachten oder Belagerungen, während derer, darauf vertraute sie, Raymonds Oberkommando verhindern würde, dass er in Gefahr geriete. Dieses Wort, denn mehr war es bis jetzt nicht für sie, lautete PEST. Dieser Feind der menschlichen Rasse hatte Anfang Juni begonnen, seinen Schlangenkopf an den Ufern des Nils zu erheben; Teile Asiens, die mit diesem Übel üblicherweise nicht zu kämpfen hatten, waren infiziert. Sie war in Konstantinopel aufgetreten, da aber diese Stadt jedes Jahr eine ähnliche Heimsuchung erlebte, wurde jenen Berichten, denen zufolge dort bereits mehr Leute gestorben seien als für gewöhnlich im gesamten Zeitraum der heißen Monate, nur geringe Aufmerksamkeit geschenkt. Wie dem auch sei, weder Pest noch Krieg konnten Perdita davon abhalten, ihrem Gebieter zu folgen, oder sie dazu bringen, gegen die Pläne, die er vorschlug, Einwände zu erheben. Ihm nahe zu sein, von ihm geliebt zu werden, ihn wieder als den Ihren zu fühlen, waren ihre obersten Wünsche. Das Ziel ihres Lebens war es, ihm Vergnügen zu bereiten: So war es bereits zuvor gewesen, jedoch mit einem Unterschied. In vergangenen Zeiten hatte sie ihn ohne Gedanken und Voraussicht glücklich gemacht, da sie es auch selbst gewesen war, und vor jeder Entscheidung hatte sie ihre eigenen Wünsche erforscht, da sie mit seinen übereinstimmten. Jetzt stellte sie ihre Wünsche unentwegt hintenan und nahm sogar Angst um seine Gesundheit und ihr Wohlergehen um ihrer Entschlossenheit willen in Kauf, sich keinem seiner Wünsche zu widersetzen. Die Liebe des griechischen Volkes, der Appetit auf Ruhm und der Hass auf die barbarische Regierung, unter der er selbst bis fast in den Tod gelitten hatte, beflügelten ihn. Er wollte die Freundlichkeit der Athener zurückzahlen, die prächtigen Assoziationen, die mit seinem Namen verbunden waren, am Leben erhalten und eine Macht aus Europa ausradieren, die, während jede andere Nation in der Zivilisation vorrückte, als ein Monument der antiken Barbarei stehen geblieben war. Nachdem ich die Wiedervereinigung von Raymond und Perdita bewirkt hatte, konnte ich es kaum erwarten, nach England zurückzukehren; aber seine ernstliche Bitte erweckte meine Neugier und eine undefinierbare Sorge, Zeuge der Katastrophe in der langjährigen Geschichte des griechischen und türkischen Krieges zu werden, die offenbar kurz bevorstand. Beides bewog mich dazu, noch bis zum Herbst in Griechenland zu verweilen.

Sobald die Gesundheit von Raymond ausreichend wiederhergestellt war, bereitete er sich darauf vor, sich dem griechischen Lager nahe Kishan anzuschließen, einer Stadt von einiger Bedeutung östlich des Hebrus; dort sollten Perdita und Clara bis zum Beginn der erwarteten Schlacht bleiben. Wir verließen Athen am zweiten Juni. Raymond hatte das durch das Fieber verursachte hagere und bleiche Aussehen verloren. Wenn ich auch nicht mehr den frischen Glanz der Jugend auf seinem gereiften Gesicht sah, obschon Sorge seine Stirn umwölkt und

> Gräben tief in seiner Schönheit Flur

gegraben hatte, wenn auch sein Haar leicht mit Grau gemischt war und man in seinem Blick, rücksichtsvoll selbst in seinem Eifer, Zeichen von zusätzlichen Jahren und vergangenen Leiden erkennen konnte, so lag doch etwas Unwiderstehliches im Anblick eines Mannes, der, erst kürzlich dem Grab entrissen, ungebrochen von Krankheit oder Unglück seine Laufbahn wieder aufnahm. Die Athener sahen in ihm nicht wie früher den heldenhaften Jüngling oder den wagemutigen Mann, der bereit war, für sie zu sterben; sondern den klugen Kommandanten, der um ihretwillen auf sein Leben achtete und seine eigenen Interessen als Krieger vernünftiger Politik unterordnen konnte.

Ganz Athen begleitete uns für mehrere Meilen. Als er vor einem Monat gelandet war, war die laute Bevölkerung aus Trauer und Angst verstummt, dies jedoch war ein Festtag für alle. Die Luft hallte von ihren Rufen wider; ihre malerische Tracht und die fröhlichen Farben, aus denen sie bestand, leuchteten im Sonnenschein, ihre lebhaften Gesten und schnellen Reden harmonierten mit ihrer ungestümen Erscheinung. Raymond war in aller Munde, die Hoffnung jeder Ehefrau, Mutter oder Braut, deren Ehemann, Kind oder Geliebter ein Teil der griechischen Armee war und von ihm zum Sieg geführt werden sollte.

Trotz des gefährlichen Gegenstandes unserer Reise waren wir von romantischem Interesse erfüllt, als wir durch die Täler und über die Hügel dieses göttlichen Landes zogen. Raymond war ganz von den intensiven Empfindungen der wiederhergestellten Gesundheit berauscht; er fühlte, dass er, indem er General der Athener war, einen Posten erfüllte, der seines Ehrgeizes würdig war; und in seiner Hoffnung auf die Eroberung von Konstantinopel zählte er auf ein Ereignis, das ein Meilenstein in der Geschichte, eine in den Annalen des Menschen unvergleichliche Heldentat sein würde; wenn eine Stadt von großer historischer Bedeutung, deren Schönheit ein Weltwunder war, die viele Jahrhunderte lang die Hochburg der Moslems gewesen war, aus der Sklaverei und der Barbarei errettet werden und einem Volk zufallen sollte, das für seine großen Denker, seine Zivilisation und seinen Freiheitsgeist berühmt war. Perdita ruhte in seiner wiedergewonnenen Gesellschaft, seiner Liebe, seinen Hoffnungen und seinem Ruhm beinahe wie eine Sybaritin auf einer luxuriösen Liege; jeder Gedanke war Gefühl, jede Empfindung badete gewissermaßen in einem angenehmen und wohltuenden Element.

Wir kamen am siebten Juli in Kishan an. Das Wetter während unserer Reise war heiter gewesen. Jeden Morgen vor Tagesanbruch verließen wir unser Nachtlager und beobachteten die Schatten, die sich von Hügel und Tal zurückzogen, und die goldene Pracht der aufgehenden Sonne. Die uns begleitenden Soldaten äußerten mit landestypischer Lebhaftigkeit begeisterte Freude beim Anblick der schönen Natur. Der Aufgang der Sonne wurde mit triumphalen Klängen gefeiert, während die zwitschernden Vögel die Pausen der Musik füllten. Mittags schlugen wir unsere Zelte in einem schattigen Tal oder einem schützenden Gehölz zwischen den Bergen auf, während ein Bächlein, das über Kieselsteine murmelte, wohltuenden Schlaf bewirkte. Unser abendlicher Marsch war gemächlicher, aber noch entzückender als die morgendliche Rastlosigkeit des Geistes. Wenn die Kapelle aufspielte, wählte sie unbewusst Arien von gemäßigter Leidenschaft, auf welche der Abschied von der Liebe oder das

Klagen über die Abwesenheit folgte oder die mit einer feierlichen Hymne schlossen, die mit der stillen Lieblichkeit des Abends harmonierte und die Seele zu großen, erhabenen Gedanken inspirierte. Oft waren wir ganz still, so dass wir der Nachtigall lauschen konnten, während die Glühwürmchen hell im Takt tanzten und das leise Rufen der Eule den Reisenden schönes Wetter versprach. Durchschritten wir ein Tal? Uns umgaben weiche Schatten und schön gefärbte Felsen. Wenn wir einen Berg überquerten, war Griechenland als eine belebte Landkarte darunter ausgebreitet, seine berühmten Zinnen spalteten den Äther; seine Flüsse teilten in silbernen Linien das fruchtbare Land. Wir Engländer wagten kaum zu atmen und überblickten diese herrliche Landschaft, die sich so sehr von den nüchternen Farben und schwermütigen Reizen unserer Heimat unterschied, mit Begeisterung. Als wir Mazedonien verließen, boten die fruchtbaren, aber flachen Ebenen von Thrakien weniger Schönheit; dennoch war unsere Reise weiterhin interessant. Eine Vorhut kündigte unsere Ankunft an, und die Landbevölkerung war schnell in Bewegung, um Lord Raymond Ehre zu erweisen. Die Dörfer waren bei Tag mit Triumphbögen aus grünem Laub und bei Nacht mit Lampen geschmückt. Fahnen wehten aus den Fenstern, der Boden war mit Blumen bestreut, und der Name Raymonds, in einem Atemzug mit dem Griechenlands, wurde im *Hallo* der Bauernmenge wiederholt.

Als wir in Kishan eintrafen, erfuhren wir, dass die türkische Armee sich von Rodosto zurückgezogen hatte, als sie von dem Vorrücken von Lord Raymond und seinem Stoßtrupp gehört hatte; aber nachdem Verstärkung zu ihnen gestoßen war, nahmen sie ihre vorige Position wieder ein. In der Zwischenzeit war Argyropylo, der griechische Oberbefehlshaber, herangekommen, um sich zwischen den Türken und Rodosto zu postieren; eine Schlacht, so hieß es, sei unvermeidlich. Perdita und ihr Kind sollten in Kishan bleiben. Raymond fragte mich, ob ich nicht mit ihnen weiterziehen wolle. »Nun, bei den Bergen von Cumberland«, rief ich, »bei dem Landstreicher und Wilderer, der in mir steckt, will ich an deiner Seite stehen, mein Schwert für die griechische Sache ziehen und zusammen mit dir als Sieger gefeiert werden!«

Die ganze Ebene, von Kishan bis Rodosto, ein Landstrich von sechzehn Meilen Länge, wimmelte von Truppen oder deren Gefolgsleuten, die sich in der Nähe einer Schlacht aufhielten. Die kleinen Garnisonen wurden aus den verschiedenen Städten und Festungen eingezogen und der Hauptarmee hinzugefügt. Wir trafen auf Gepäckwagen und viele Frauen von hohem wie niedrigem Rang, die nach Fairy oder Kishan zurückkehrten, um dort den Ausgang des erwarteten Tages abzuwarten. Als wir in Rodosto ankamen, erfuhren wir, dass der Kriegsrat bereits gehalten worden und der Plan der Schlacht angeordnet war. Geschützlärm früh am folgenden Morgen verkündete uns, dass die vorgeschobenen Posten der Armeen bereits beschäftigt waren. Regiment auf Regiment rückte mit wehenden Fahnen und aufspielenden Kapellen vor. Sie pflanzten die Kanonen auf die Grabhügel, die einzigen Erhebungen in diesem ebenen Land, und formierten sich zu Kolonne und Karree, während die Vorhut kleine Hügel zu ihrem Schutz aufwarf.

Dies waren nun die Vorbereitungen für eine Schlacht, ja, die Schlacht selbst, die ganz anders verlief als alles, was sich die Phantasie ausgemalt hatte. Man liest in der griechischen und römischen Geschichte von Mitte und Flügel; wir stellen uns einen Ort vor, der eben wie ein Tisch ist, und Soldaten, so klein wie Schachfiguren, die so gezogen werden, dass selbst die Unwissendsten Sinn und Ordnung des Spiels aus der Stellung der Kräfte ablesen können. Als ich die Wirklichkeit erlebte und sah, dass Regimenter weit außer Sichtweite nach links abdrifteten und zwischen den Bataillonen ganze Felder freiblieben, während nur ein paar Truppen in ausreichender Nähe von mir standen, um ihre Bewegungen zu beobachten, gab ich jeden Gedanken daran auf, eine Schlacht im Ganzen zu verstehen oder auch nur zu sehen; stattdessen heftete ich mich an Raymond und beobachtete mit äußerstem Interesse seine Handlungen. Er zeigte sich gesammelt, furchtlos und souverän; seine Befehle waren prompt, seine Voraussicht der Ereignisse des Tages erschien mir wundersam. In der Zwischenzeit brüllte die Kanone; die Musik erhob in Intervallen ihre belebende Stimme; und wir auf dem höchsten jener Hügel, die ich erwähnte, zu weit entfernt, um die gefallenen Garben zu erkennen, die der Tod in sein Lagerhaus trug, sahen die Regimenter, mal im Rauch verloren, mal Banner und Stäbe über die Wolke reckend, während Geschrei und Waffengeklirre jeden anderen Laut übertönten.

Früh am Tag wurde Argyropylo gefährlich verwundet, und Raymond übernahm das Kommando der ganzen Armee. Er machte nur wenige Bemerkungen, bis, indem er durch sein Fernglas die Auswirkung eines Befehls beobachtete, den er gegeben hatte, sein Gesicht, das für eine Weile von Zweifeln getrübt gewesen war, zu strahlen begann. »Der Tag ist unser«, rief er, »die Türken fliehen vor dem Bajonett.« Und dann schickte er schnell seine Adjutanten los, um den Reitern zu befehlen, über den geschlagenen Feind herzufallen. Die Niederlage wurde eine vollständige. Das Gebrüll der Kanone verstummte, die Infanterie sammelte sich, und die Reiter verfolgten die Türken auf der wüsten Ebene. Raymonds Stab war in verschiedene Richtungen verstreut, um Kundschaftergänge zu machen und Befehle zu überbringen. Selbst ich wurde zu einem entfernten Teil des Feldes entsendet.

Das Feld, auf dem die Schlacht ausgefochten worden war, war eine glatte Ebene, so eben, dass man von den Hügelgräbern aus die wellige Bergkette am ausgedehnten Horizont sah; doch der dazwischen liegende Raum war unberührt von der geringsten Unregelmäßigkeit, abgesehen von wellenartigen Bodenverwerfungen, die den Wogen des Meeres ähnelten. Jener Teil Thrakiens war so lange Schauplatz von Kämpfen gewesen, dass er unkultiviert geblieben war und ein trostloses, unfruchtbares Äußeres aufwies. Der Befehl, den ich erhalten hatte, bestand darin, die Richtung zu beobachten, die eine feindliche Abteilung von einem der nördlichen Hügelgräber aus hätte nehmen können; die gesamte türkische Armee, gefolgt von den Griechen, hatte sich gen Osten verflüchtigt; niemand außer den Toten war in Richtung meiner Seite verblieben. Von der Kuppe des Hügels aus schaute ich weit umher – alles war still und verlassen.

Die letzten Strahlen der fast versunkenen Sonne schossen hinter dem in der Ferne liegenden Gipfel des Berges Athos empor; das Meer von Marmara glitzerte immer noch unter ihrem Licht, während die jenseits liegende asiatische Küste halb in einem Nebel aus niedrigen Wolken verborgen war.

So mancher nah und fern verstreut umherliegende Helm, manches Bajonett oder Schwert, von leblosen Händen fallen gelassen, spiegelte die Strahlen der untergehenden Sonne wider. Aus dem Osten kam ein Rabenschwarm, alte Bewohner der türkischen Friedhöfe, auf sein Festmahl zugesegelt; die Sonne verschwand. Diese Stunde, wehmütig und doch süß, schien mir immer die Zeit zu sein, in der wir am natürlichsten dazu gebracht werden, mit höheren Mächten in Verbindung zu treten; unsere sterbliche Härte wird gemildert und die Seele in sanfter Ruhe gewiegt. Aber jetzt, inmitten von Sterbenden und Toten, wie könnte ein Gedanke an den Himmel oder ein Gefühl der Ruhe einen der Mörder überkommen? Während des geschäftigen Tages hatte sich mein Geist als williger Sklave dem Zustand der Dinge ergeben, der ihm von seinen Mitmenschen präsentiert wurde; historische Verbundenheit, Hass auf den Feind und militärische Begeisterung hatten mich gebannt. Jetzt blickte ich auf den Abendstern, der so sanft und ruhig in den feurigen Tönungen des Sonnenuntergangs dastand. Ich wandte mich der leichenübersäten Erde zu und schämte mich des Menschengeschlechts. Und dies taten die stillen Himmel vielleicht ebenfalls; denn sie verschleierten sich rasch im Nebel und beschleunigten dadurch das Verschwinden des im Süden üblichen Zwielichts; schwere Wolkenmassen stiegen aus dem Südosten auf, und verworrene rote Blitze schossen aus ihren dunklen Rändern; der stürmische Wind zauste die Gewänder der Toten und erkaltete, als er über ihre eisigen Körper hinwegging. Ringsum zog sich Dunkelheit zusammen; die Gegenstände um mich wurden undeutlich, ich stieg von meiner Position herab und führte mein Pferd unter Schwierigkeiten, da ich den Erschlagenen ausweichen musste.

Plötzlich vernahm ich einen durchdringenden Schrei; eine Gestalt schien von der Erde aufzusteigen; sie flog schnell auf mich zu und sank wieder zu Boden, als ich näher kam. All dies geschah so plötzlich, dass ich nur mit Mühe mein Pferd zügeln konnte, um es daran zu hindern, auf dem niedergefallenen Wesen herumzutrampeln. Die Kleidung jener Person war die eines Soldaten, aber der entblößte Hals und die Arme und die fortgesetzten Schreie verrieten eine solcherart verkleidete Frau. Ich stieg ab, um ihr aufzuhelfen, während sie unter schweren Seufzern und einer auf die Seite gelegten Hand meinem Versuch widerstand, sie fortzuführen. In der Hast des Augenblicks vergaß ich, dass ich in Griechenland war, und versuchte, die Leidende in meiner Muttersprache zu beruhigen. Unter wilden und schrecklichen Ausrufen erkannte die einsame, sterbende Evadne (denn sie war es) die Sprache ihres Geliebten; von ihrer Wunde hervorgerufener Schmerz und Fieber hatten ihren Geist verwirrt, während ihre kläglichen Schreie und ihre schwachen Bemühungen, zu entkommen, mein Mitleid weckten. Im wilden Delirium nannte sie den Namen Raymonds; sie rief aus, dass ich ihn von ihr fernhielte, während die Türken ihm mit furchtbaren Folterinstrumenten das Leben nehmen würden. Dann wieder beklagte sie traurig ihr hartes Los; dass eine Frau mit weiblichem Herzen und Empfindsamkeit von hoffnungsloser Liebe und leerer Hoffnung dazu getrieben werden sollte, den Dienst an der Waffe aufzunehmen und über das Maß des Erträglichen hinaus Entbehrungen, Mühsal und Schmerz zu erleiden – während ihre trockene, heiße Hand die meine drückte und ihre Stirn und Lippen in verzehrendem Feuer brannten.

Als ihre Kraft sie verließ, hob ich sie vom Boden auf; ihre ausgemergelte Gestalt hing über meinem Arm, ihre eingesunkene Wange lag auf meiner Brust; mit einer Grabesstimme murmelte sie: – »Dies ist das Ende der Liebe! – Und doch nicht das Ende!« – und die Raserei gab ihr neue Kraft, als sie ihren Arm in den Himmel stieß: »Dort ist das Ende! Dort treffen wir uns wieder. Viele lebendige Tode habe ich für dich ertragen, o Raymond, und jetzt vergehe ich, dein Opfer! – Durch meinen Tod erringe ich dich – sieh! die Werkzeuge des Krieges, das Feuer, die Pest sind meine Diener. Ich habe mich ihnen gestellt, habe sie alle besiegt, bis jetzt! Ich habe mich an den Tod verkauft, mit der einzigen Bedingung, dass du mir folgen solltest – Feuer, Krieg und Pest zu deiner Zerstörung vereint – O mein Raymond, es gibt keine Sicherheit für dich!«

Mit schwerem Herzen hörte ich den Ausbrüchen ihres Deliriums zu; ich machte ihr ein Bett aus Mänteln; ihre Gewalttätigkeit nahm ab und klammer Tau stand auf ihrer Stirn, als die Blässe des Todes über das Purpur des Fiebers siegte, ich legte sie auf die Mäntel. Sie schwärmte weiter von ihrer baldigen Zusammenkunft mit ihrem Geliebten im Grab, von seinem nahen Tod; mal erklärte sie feierlich, dass er auserkoren worden sei; mal beklagte sie sein schweres Schicksal. Ihre Stimme wurde schwächer, ihre Rede gebrochener; nach wenigen krampfhaften Bewegungen entspannten sich ihre Muskeln, die Glieder fielen haltlos herab, ein tiefer Seufzer, und das Leben war vergangen.

Ich trug sie von den Toten fort; in Mäntel gehüllt, legte ich sie unter einen Baum. Noch einmal blickte ich in ihr verändertes Antlitz; das letzte Mal, als ich sie gesehen hatte, war sie achtzehn gewesen; schön wie die Vision des Dichters, prächtig wie eine Sultanin des Ostens. Zwölf Jahre waren vergangen, zwölf Jahre der Veränderung, des Leids und der Not. Ihre leuchtende Hautfarbe war faltig und dunkel geworden, ihre Glieder hatten die Rundungen von Jugend und Weiblichkeit verloren, ihre Augen waren tief eingesunken,

> Mürb und zerstoßen von der Faust der Zeit,
> Ihr Blut vertrocknet, ihre Stirn zerfetzt
> Von Runzeln, ihres Morgens Lieblichkeit
> Vorrückend zu des Alters jäher Nacht.

Mit äußerster Erschütterung verbarg ich dieses Denkmal der menschlichen Leidenschaft und des menschlichen Elends; ich überhäufte sie mit allem an Fahnen und schweren Ausrüstungsgegenständen, was ich finden konnte, um sie vor Vögeln und Raubtieren zu schützen, bis ich ihr ein angemessenes Grab geben konnte. Traurig nahm ich langsam wieder meinen Kurs durch die Haufen der Erschlagenen auf und erreichte, geleitet von den funkelnden Lichtern der Stadt, endlich Rodosto.

Kapitel 2

Bei meiner Ankunft erfuhr ich, dass bereits ein Befehl an die Armee ergangen war, sofort nach Konstantinopel zu marschieren; und die Truppen, die in der Schlacht am wenigsten gelitten hatten, waren bereits unterwegs. Die Stadt war voller Tumult. Die Verwundung und das daraus resultierende Unvermögen Argyropylos' machten Raymond zum ersten Kommandanten. Er ritt durch die Stadt, besuchte die Verwundeten und gab die nötigen Befehle für die Belagerung, die er plante. Früh am Morgen war die ganze Armee in Bewegung. In der Eile konnte ich kaum eine Gelegenheit finden, Evadne die letzte Pflicht zu erweisen. Nur von meinem Diener begleitet, grub ich ein tiefes Grab für sie am Fuße des Baumes, legte sie hinein, ohne ihr kriegerisches Leichentuch anzutasten, und häufte Steine auf das Grab. Die blendende Sonne und das grelle Tageslicht beraubten die Szene der Feierlichkeit; von Evadnes ärmlichem Grab aus stieß ich zu Raymond und seinem Stab, die jetzt auf dem Weg in die Goldene Stadt waren.

Konstantinopel wurde belagert, Gräben wurden gegraben und Vorstöße gewagt. Die gesamte griechische Flotte blockierte es auf dem Seeweg; auf dem Land wurden vom Fluss Kyat Kbanah aus, in der Nähe der Süßen Wasser, bis zum Turm von Marmara, am Ufer des Propontis entlang der ganzen Linie der alten Mauern die Gräben der Belagerung gezogen. Wir besaßen Pera bereits; das Goldene Horn selbst, die Stadt, die vom Meer aus befestigt war, und die efeubewachsenen Mauern der griechischen Kaiser waren alle Teile Europas, die die Mohammedaner noch ihr Eigen nennen konnten. Unsere Armee betrachtete sie als sichere Beute. Sie zählten die Garnison, es war unmöglich, dass sie abgelöst würde. Jeder Versuch war ein Sieg, denn selbst wenn die Türken triumphierten, war der damit verbundene erlittene Verlust von Männern eine irreparable Verletzung.

Ich ritt eines Morgens mit Raymond zu dem hohen Hügel, nicht weit vom Top Kapou (Kanonentor), auf welchem Mahmoud einst seine Standarte gepflanzt hatte, und sah zum ersten Male die Stadt. Noch immer ragten die hohen Kuppeln und

Minarette über die grünen Mauern empor, zwischen denen Konstantin gestorben war und die Türken in die Stadt eingedrungen waren. Die Ebene war von türkischen, griechischen und armenischen Friedhöfen durchsetzt und mit Zypressen bestanden; andere Bäume von fröhlicherem Aussehen lockerten die Szene auf. Unter ihnen lagerte die griechische Armee, und ihre Schwadronen bewegten sich vor und zurück – mal in gleichmäßigem Marsch, mal in schnellem Fortschreiten.

Raymonds Augen waren auf die Stadt gerichtet. »Ich habe ihre verbliebenen Stunden gezählt«, sagte er; »noch einen Monat, und sie fällt. Bleibe bis dahin bei mir; warte, bis du das Kreuz auf der Hagia Sophia siehst, und kehre dann zu deinen friedlichen Lichtungen zurück.«

»So wirst du denn«, fragte ich, »weiter in Griechenland bleiben?«

»Gewiss«, antwortete Raymond. »Doch Lionel, obgleich ich dies sage, glaube mir, dass ich mit Bedauern auf unser ruhiges Leben in Windsor zurückblicke. Ich bin nur ein halber Soldat; ich liebe den Ruhm, aber nicht den Krieg. Vor der Schlacht von Rodosto war ich voller Hoffnung und Begeisterung. Die Stadt zu erobern und später Konstantinopel einzunehmen, war die Hoffnung, der Quell, die Erfüllung meines Ehrgeizes. Diese Begeisterung ist jetzt verbraucht, ich weiß nicht warum; es kommt mir vor, als trete ich in einen dunklen Schlund; der feurige Geist der Armee ist mir lästig, die Verzückung des Triumphes vergangen.«

Er hielt inne und war in Gedanken versunken. Seine ernste Miene rief mir aus irgendeinem Grunde die halb vergessene Evadne ins Gedächtnis, und ich ergriff diese Gelegenheit, um mich bei ihm bezüglich ihres seltsamen Loses zu erkundigen. Ich fragte ihn, ob er jemals einen ihr ähnlichen Mann unter den Truppen gesehen hätte; und ob er seit seiner Rückkehr nach Griechenland von ihr gehört hätte?

Er fuhr bei der Nennung ihres Namens zusammen – er sah mich unbehaglich an. »Ach!«, rief er, »ich wusste, dass du von ihr sprechen würdest. Lange, lange hatte ich sie vergessen. Seit wir hier unser Lager aufgeschlagen haben, besucht sie jeden Tag stündlich meine Gedanken. Wenn ich angesprochen werde, ist ihr Name der Klang, den ich erwarte: In jeder Unterhaltung stelle ich mir vor, dass sie eine Rolle spielen wird. Endlich hast du den Bann gebrochen – sage mir, was du von ihr weißt.«

Ich berichtete von meiner Begegnung mit ihr; die Geschichte ihres Todes wurde erzählt und wieder erzählt. Mit schmerzlichem Ernst befragte er mich über ihre Prophezeiungen in Bezug auf ihn. Ich behandelte sie als die Raserei einer Wahnsinnigen. »Nein, nein«, sagte er, »täusche dich nicht, – mich kannst du jedenfalls nicht täuschen. Sie hat nichts anderes gesagt, als was ich nicht schon vorher wusste – obwohl das Bestätigung ist. Feuer, das Schwert und die Pest! Sie sind alle dort drüben zu finden, in jener Stadt; mögen sie nur allein über mich kommen!«

Von diesem Tag an nahm Raymonds Niedergeschlagenheit zu. Er zog sich so sehr zurück, wie es die Aufgaben seines Ranges erlaubten. Wenn er in Gesellschaft war, stahl sich die Traurigkeit trotz aller Mühen über seine Züge, und er saß abwesend und stumm in der geschäftigen Menge, die sich um ihn drängte. Perdita kehrte zu ihm zurück, und vor ihr zwang er sich, fröhlich zu erscheinen, denn wie eine Spiegelung veränderte sie sich, wenn er sich veränderte, und wenn er still und bekümmert war, erkundigte sie sich besorgt und bemühte sich, die Ursache seiner Ernsthaftigkeit zu beseitigen. Sie residierte im »Palast der Süßen Wasser«, einem Sommerserail des Sultans; die Schönheit der ihn umgebenden Landschaft, unberührt vom Krieg, und die Frische des Flusses machten diesen Ort doppelt reizvoll. Raymond fand keine Zerstreuung, keine Freude an irgendeiner Darbietung des Himmels oder der Erde. Er verließ Perdita oft, um allein auf dem Gelände umherzuwandeln; oder er glitt, tief in Grübeleien versunken, in einer leichten Schaluppe müßig über die klaren Wasser. Zuweilen schloss ich mich ihm an; zu solchen Zeiten war sein Gesichtsausdruck immer ernst, seine Haltung niedergeschlagen. Er schien erleichtert zu sein, mich zu sehen, und sprach mit einem gewissen Grad von Interesse über das Tagesgeschehen. Es war offensichtlich, dass ihn etwas beschäftigte; doch wann immer er im Begriff zu sein schien, von dem zu sprechen, was ihn bedrückte, wandte er sich abrupt ab, um den schmerzhaften Gedanken mit einem Seufzen dem Wind anzuvertrauen.

Es kam häufig vor, dass, wenn Raymond Perditas Salon verließ, Clara zu mir kam, mich zur Seite zog und sagte: »Papa ist weggegangen, sollen wir zu ihm gehen? Ich denke, er wird froh sein, dich zu sehen.« Und je nach den Umständen folgte ich ihrer Bitte oder lehnte ab. Eines Abends war eine große Abordnung griechischer Oberhäupter im Palast versammelt. Der faszinierende Palli, der fähige Karazza, der kriegerische Ypsilanti gehörten zu den Obersten. Sie sprachen vom Tagesgeschehen; dem Gefecht am Mittag; der verminderten Zahl der Ungläubigen; ihrer Niederlage und Flucht: sie glaubten, dass die Goldene Stadt in kurzer Zeit eingenommen sein würde. Sie versuchten, sich auszumalen, was dann geschehen würde, und sprachen in erhabener Weise vom Wohlstand Griechenlands, wenn Konstantinopel seine Hauptstadt werden sollte. Die Unterhaltung kehrte dann zu Nachrichten aus Asien zurück und der Verwüstung, die die Pest in dessen wichtigsten Städten verursachte; es wurden Vermutungen darüber angestellt, welche Entwicklung die Seuche in der belagerten Stadt nehmen könnte.

Raymond hatte sich zu Beginn an der Diskussion beteiligt. In lebhafter Weise beschrieb er die Notlage, in der Konstantinopel sich befand, die heruntergekommene und hagere, obgleich wilde Erscheinung der Truppen. Hunger und Pestilenz arbeiteten für sie, bemerkte er, und die Ungläubigen würden bald gezwungen sein, Zuflucht zu ihrer einzigen Hoffnung zu nehmen – Unterwerfung. Plötzlich brach er mitten in seiner Ansprache ab, als hätte ihn jäh ein schmerzhafter Gedanke durchfahren; er erhob sich unbehaglich, und ich sah ihn schließlich den Saal verlassen und durch den langen Korridor an die frische Luft gehen. Er kam nicht zurück; und bald schlich sich Clara zu mir hin und machte die gewohnte Einladung. Ich stimmte ihrer Bitte zu, nahm ihre kleine Hand und folgte Raymond. Wir fanden ihn, wie er gerade mit seinem Boot hinausfahren wollte, und er erklärte sich bereitwillig einverstanden, uns als Begleiter mitzunehmen. Nach der Hitze des Tages kräuselte die kühlende Landbrise den Fluss und füllte unser kleines Segel. Gen Süden war die Stadt dunkel, während zahlreiche Lichter entlang der nahen Küsten und der schöne Anblick der Flussufer, die in friedlicher Nacht ruhten, wobei die Wasser die himmlischen Lichter kühn widerspiegelten, diesem schönen Fluss eine Mitgift der Lieblichkeit verliehen, die einen Rückzugsort im Paradies hätte kennzeichnen können. Unser einziger Bootsmann kümmerte sich um das Segel; Raymond steuerte; Clara saß zu seinen Füßen, umfasste mit ihren Armen seine Knie und legte ihren Kopf darauf. Raymond begann jäh das Gespräch.

»Dies, mein Freund, ist wahrscheinlich das letzte Mal, dass wir Gelegenheit haben werden, uns offen zu unterhalten; meine Pläne werden im Augenblick verwirklicht, und meine Zeit wird mehr und mehr in Anspruch genommen sein. Außerdem möchte ich dir sofort meine Wünsche und Anordnungen mitteilen, um dann nie wieder zu einem so schmerzhaften Gegenstand zurückzukehren. Zuerst muss ich dir danken, Lionel, dass du auf meine Bitte hin hiergeblieben bist. Vor allem die Eitelkeit hat mich veranlasst, dich zu fragen: Eitelkeit, nenne ich es, doch selbst in dieser sehe ich die Hand des Schicksals – deine Gegenwart wird bald nötig sein, du wirst die letzte Zuflucht Perditas sein, ihr Beschützer und Tröster. Du wirst sie zurück nach Windsor bringen.« –

»Nicht ohne dich«, sagte ich. »Du willst dich doch nicht wieder trennen?«

»Täusche dich nicht«, antwortete Raymond, »die kommende Trennung ist eine, über die ich keine Kontrolle habe, und sehr bald wird sie kommen, die Tage sind bereits gezählt. Darf ich dir vertrauen? Seit vielen Tagen habe ich mich danach gesehnt, die geheimnisvollen Vorahnungen, die auf mir lasten, zu offenbaren, obgleich ich fürchte, dass du sie verspotten wirst. Aber tue es nicht, mein kluger Freund, denn sie sind, so kindisch und unklug sie auch klingen mögen, ein Teil von mir geworden, und ich wage nicht zu hoffen, dass ich sie einfach abschütteln kann.

Doch wie kann ich erwarten, dass du mit mir fühlst? Du bist von dieser Welt, ich bin es nicht. Du streckst deine Hand aus, sie ist ein Teil von dir selbst, und du trennst das Gefühl deiner Identität noch nicht von der sterblichen Gestalt, die Lionel umhüllt. Wie kannst du mich dann verstehen? Die Erde ist für mich ein Grab, das Firmament ein Gewölbe, das bloße Verderbnis umhüllt. Die Zeit ist nicht mehr, denn ich bin auf die Schwelle der Ewigkeit getreten, jeder Mann, den ich treffe, erscheint mir als eine Leiche, welche bald von ihrem Lebensfunken verlassen wird, am Vorabend des Verfalls und der Auflösung.

Jeder Stein türmt eine Pyramide auf,
um jede Blume wächst ein Grab heran,
jedes Gebäude wird zum hehren Sarkophag,
jeder Kämpfer wird zum lebenden Skelett.«

Seine Rede war traurig, – er seufzte tief. »Vor ein paar Monaten«, fuhr er fort, »dachte man, ich würde sterben, aber das Leben in mir war stark. Meine Gefühle waren menschlich, Hoffnung und Liebe waren das Taggestirn meines Lebens. Jetzt – träumt man davon, dass die Stirn des Eroberers der Ungläubigen bald vom Siegeslorbeer umkränzt werde, man spricht von ehrenvoller Belohnung, von Titel, Macht und Reichtum – alles, worum ich Griechenland bitte, ist ein Grab. Lasst sie einen Hügel über meinem leblosen Körper erheben, der noch stehen wird, wenn die Kuppel der Hagia Sophia gefallen ist.

Weshalb empfinde ich so? Bei Rodosto war ich voller Hoffnung; aber als ich erstmals Konstantinopels ansichtig wurde, verließ mich dieses Gefühl mit jedem anderen freudigen zugleich. Die letzten Worte Evadnes waren das Siegel auf meinem Todesurteil.

Doch ich behaupte nicht, meine Stimmung sei auf ein bestimmtes Ereignis zurückzuführen. Alles was ich sagen kann, ist, dass es so ist. Ich höre, dass die Pest in Konstantinopel wütet, vielleicht habe ich ihre Ausdünstungen aufgesogen – vielleicht ist die Seuche die wahre Ursache meiner Vorahnungen. Es spielt keine Rolle, warum oder weswegen ich betroffen bin, keine Kraft kann den Schlag abwenden, und die erhobene Hand des Schicksals wirft bereits ihren Schatten über mich.

Dir, Lionel, vertraue ich deine Schwester und ihr Kind an. Niemals erwähne ihr gegenüber den fatalen Namen Evadne. Sie würde sich doppelt um die seltsame Verbindung sorgen, die mich an sie kettet, meinen Geist ihrer sterbenden Stimme gehorchen lässt und ihr ins unbekannte Land zu folgen im Begriffe ist.«

Ich lauschte ihm verwundert; und hätten nicht seine traurige Miene und seine ernste Rede mir die Wahrheit und Intensität seiner Gefühle versichert, hätte ich mit leichtem Spott versucht, seine Ängste zu zerstreuen. Was auch immer ich antworten wollte, wurde von der starken Gemütsbewegung Claras unterbrochen. Raymond hatte gedankenlos in ihrer Anwesenheit gesprochen, und sie, das arme Kind, hörte mit Schrecken die Prophezeiung seines Todes. Ihr Vater war gerührt von ihrem heftigen Kummer; er nahm sie in seine Arme und beruhigte sie, doch auch seine Besänftigungen waren feierlich und furchtbar. »Beweine nicht, liebes Kind«, sagte er, »den nahenden Tod von jemandem, den du kaum gekannt hast. Ich mag sterben, aber im Tod kann ich meine Clara niemals vergessen oder verlassen. Wenn du später Kummer oder Freude empfindest, glaube daran, dass der Geist deines Vaters nahe ist, um dich zu retten oder mit dir mitzufühlen. Sei stolz auf mich und hüte deine kindliche Erinnerung an mich. So, meine Liebste, werde ich nicht wirklich sterben. Eine Sache aber musst du versprechen – mit niemandem außer deinem Onkel von der Unterhaltung, die du eben gehört hast, zu sprechen. Wenn ich fort bin, wirst du deine Mutter trösten und ihr sagen, dass der Tod nur bitter war, weil er mich von ihr trennte, dass meine letzten Gedanken ihr galten. Aber während ich noch lebe, versprich mir, mich nicht zu verraten, versprich es, mein Kind.«

Mit stockenden Worten versprach Clara es, während sie sich noch immer in aufgelöster Trauer an ihren Vater klammerte. Bald kehrten wir an Land zurück, und ich bemühte mich, den Eindruck zu mildern, der sich dem Kind eingeprägt hatte, indem ich Raymonds Ängste leichthin abtat. Wir hörten nichts weiter von ihm; denn, wie er gesagt hatte, wurde die Belagerung, die jetzt zu einem Ende kam, vorrangig und erforderte all seine Zeit und Aufmerksamkeit.

Das Reich der Mohammedaner in Europa war am Ende. Die griechische Flotte, die jeden Hafen von Stamboul blockierte, verhinderte die Ankunft von Unterstützung aus Asien; jeder Ausweg auf der Landseite war unmöglich geworden, außer zu solch verzweifelten Ausfällen, dass sie die Zahlen des Feindes verringert hatten, ohne irgendeinen Eindruck auf unsere Linien zu machen. Die Garnison war jetzt so sehr verkleinert, dass es offensichtlich war, dass die Stadt leicht im Sturm erobert werden könnte; aber sowohl die Menschlichkeit als auch die Politik diktierten eine langsamere Vorgehensweise. Wir konnten kaum bezweifeln, dass ihre Paläste, ihre Tempel und ihr Reichtum im wütenden Widerstreit von Triumph und Niederlage zerstört würden, wenn dieser bis zum Äußersten verfolgt würde. Die wehrlosen Bürger hatten bereits durch die Barbarei der Janitscharen gelitten; und in der Zeit der Erstürmung, des Aufruhrs und des Massakers würden Schönheit, Kindheit und Hinfälligkeit der brutalen Grausamkeit der Soldaten ebenso geopfert werden. Hungersnot und Blockade waren sichere Mittel der Eroberung, und in diese setzten wir unsere Hoffnungen auf den Sieg.

Jeden Tag griffen die Soldaten der Garnison unsere vorgeschobenen Posten an und behinderten die Ausführung unserer Arbeiten. Von den verschiedenen Häfen aus wurden Brandschiffe ausgeschickt, während unsere Truppen zuweilen vor dem hingebungsvollen Mut der Männer zurückschraken, die nicht zu überleben suchten, sondern danach trachteten, ihr Leben teuer zu verkaufen. Diese Kämpfe wurden durch die Jahreszeit verschlimmert: Sie fanden im Sommer statt, als der südasiatische Wind mit unerträglicher Hitze aufgeladen war, als die Flüsse in ihren flachen Betten austrockneten und das weite Becken des Meeres unter den unverminderten Strahlen der hochsommerlichen Sonne zu glühen schien. Auch die Nacht erfrischte die Erde nicht. Tau blieb ihr versagt, es gab weder Kräuter noch Blumen, selbst die Bäume ließen ihre Blätter herabhängen, und der Sommer nahm das verödete Aussehen des Winters an, als er in Stille und Hitze damit fortfuhr, die Nahrungsmittel der Menschen zu kürzen. Vergeblich bemühten sich die Augen, den Fetzen einer aus Norden kommenden Wolke im makellosen Himmel zu erspähen, die eine Hoffnung auf Veränderung und Feuchtigkeit in die drückende und windstille Atmosphäre bringen könnte. Alles war klar, brennend, vernichtend. Wir, die Belagerer, waren vergleichsweise wenig von diesen Übeln betroffen. Die Wälder rings um uns boten Schatten, – der Fluss sicherte uns eine ständige Wasserversorgung; ja, es wurden sogar Abteilungen eingesetzt, um das Heer mit Eis zu versorgen, das vom Haemus und Athos und von den Bergen Mazedoniens herbeitransportiert wurde, während kühlende Früchte und gesunde Speisen die Stärke der Arbeiter erneuerte und uns mit weniger Ungeduld das Gewicht der unerquicklichen Luft tragen ließen. In der Stadt jedoch lagen die Dinge anders. Die Sonnenstrahlen wurden von den Straßen und den Gebäuden verstärkt – die öffentlichen Brunnen waren ausgetrocknet. Die schlechte Qualität der Nahrung, die obendrein knapp war, verursachte einen Zustand des Leidens, der durch die Geißel der Seuche noch verschlimmert wurde, während die Garnison jeden Überfluss für sich selbst beanspruchte – und durch ihre Vergeudung die unausweichlichen Übel der Zeit verschärfte. Trotzdem wollten sie noch immer nicht kapitulieren.

Plötzlich wurde das System der Kriegsführung geändert. Wir erlebten keine Angriffe mehr und setzten bei Nacht und Tag unsere Arbeit ungehindert fort. Seltsamer noch, als die Truppen zur Stadt vorrückten, waren die Zinnen leer, und keine Kanone wurde gegen die Eindringlinge gerichtet. Als diese Umstände Raymond gemeldet wurden, veranlasste er, genauestens zu erforschen, was innerhalb der Mauern geschah, und als seine Kundschafter zurückkehrten und nur von anhaltendem Schweigen und der Verödung der Stadt berichteten, befahl er der Armee, an die Tore vorzurücken. Niemand erschien auf den Wällen, die Portale, obschon verschlossen und verriegelt, schienen unbewacht. Oben stachen die vielen Kuppeln und glitzernden Halbmonde in den Himmel, während die alten Gemäuer, Überlebende vieler Zeitalter, mit efeugekröntem Turm und unkrautverhangenem Stützpfeiler, wie Felsen in einer unbewohnten Wüste standen. Aus der Stadt durchbrach weder Schreien noch Weinen noch etwas anderes als das gelegentliche Jaulen eines Hundes die Mittagsruhe. Selbst unsere Soldaten waren beunruhigt von der Stille, die Musik hielt inne, das Klirren der Waffen wurde gedämpft. Jeder Mann fragte seinen Gefährten flüsternd, was dieser plötzliche Frieden zu bedeuten habe, während Raymond von einer Anhöhe aus versuchte, mittels eines Fernglases die Kriegslist des Feindes zu entdecken und zu beobachten. Auf den Terrassen der Häuser war keine Gestalt zu erkennen; in den höheren Teilen der Stadt gab es keinen beweglichen Schatten, der auf die Anwesenheit irgendeines Lebewesens hinwies. Selbst die Bäume standen reglos da und verspotteten die Festigkeit der Bauten mit gleicher Unbeweglichkeit.

Endlich erklang Pferdegetrappel, das in der Stille deutlich zu hören war. Es war eine Truppe, die von Karazza, dem Admiral, geschickt wurde; sie führte Depeschen an den General mit sich. Der Inhalt dieser Papiere war bemerkenswert. In der Nacht zuvor war die Wache an Bord eines der kleineren Schiffe, die in der Nähe der Serailmauer ankerten, von einem leisen Plätschern wie von gedämpftem Rudern geweckt worden; es wurde Alarm geschlagen. Man fand zwölf kleine Boote, jedes mit drei Janitscharen besetzt, die sich bemühten, ihren Weg durch die Flotte zum gegenüberliegenden Ufer von Scutari zu machen. Als sie merkten, dass sie entdeckt worden waren, legten sie ihre Musketen an, und einige kamen nach vorn, um die anderen zu decken, deren Mannschaften mit aller Kraft versuchten, mit ihren hellen Barken den dunklen Rümpfen, die sie umgaben, zu entkommen. Am Ende waren sie alle gesunken und die Bootsinsassen, mit Ausnahme von zwei oder drei Gefangenen, ertrunken. Aus den Überlebenden war wenig herauszubekommen, doch ihre vorsichtigen Antworten ließen vermuten, dass mehrere Expeditionen der letzten vorangegangen waren und dass mehrere Türken von Rang und Namen nach Asien gebracht worden waren. Die Männer wiesen verächtlich den Vorwurf zurück, die Verteidigung ihrer Stadt aufgegeben zu haben; und einer, der jüngste von ihnen, rief als Antwort auf die Verspottung eines Seemanns aus: »Nehmt es, christliche Hunde! Nehmt die Paläste, die Gärten, die Moscheen, die Wohnstätten unserer Väter – nehmt mit ihnen die Pest. Die Pest ist die Feindin, vor der wir fliehen, wenn sie eure Freundin ist, so drückt sie an euren Busen. Der Fluch Allahs liegt auf Stamboul, teilt sein Schicksal.«

Solcherart lautete der Bericht, den Karazza an Raymond sandte: Aber eine Geschichte voller gewaltiger Übertreibungen, die sich auf diese Grundlage stützte, wurde von der begleitenden Truppe unter unseren Soldaten verbreitet. Es erhob sich ein Gemurmel, dass die Stadt im Griff der Pest sei, schon habe ihre gewaltige Macht die Einwohner unterjocht, der Tod sei der Herr von Konstantinopel geworden.

Ich habe von einem Bild sprechen gehört, auf dem alle Bewohner der Erde dargestellt seien, wie sie sich vor der Begegnung mit dem Tode fürchteten. Die Schwachen und Gebrechlichen flohen, die Krieger zogen sich zurück, obschon sie ihm selbst über der Flucht noch drohten. Wölfe und Löwen und verschiedene Bestien der Wüste brüllten gegen ihn an; während die grimmige Unwirklichkeit, ein einsamer, aber unbesiegbarer Angreifer, lauernd ihren geisterhaften Speer schwenkte. Ähnlich verhielt es sich mit der Armee Griechenlands. Ich bin überzeugt, dass, wenn die unzähligen Truppen Asiens über die Propontis gekommen und Verteidiger der Goldenen Stadt gewesen wären, ein jeder Grieche gegen die überwältigende Zahl marschiert wäre und sich in patriotischer Wut für sein Land hingegeben hätte. Doch hier war keine Palisade aus Bajonetten, keine todbringende Artillerie, keine gewaltige Truppe tapferer Soldaten – die unbewachten Mauern boten leichten Zugang – die leeren Paläste luxuriöse Behausungen; aber über der Kuppel der Hagia Sophia sah der abergläubische Grieche die Pestilenz und schrak verzagt davor zurück.

Raymond wurde von ganz anderen Gefühlen angetrieben. Er stieg mit einem triumphierend leuchtenden Gesicht den Hügel hinab und befahl seinen Truppen, indem er mit seinem Schwert auf die Tore zeigte, – die Barrikaden niederzureißen – die einzigen Hindernisse zwischen ihnen und dem vollständigen Sieg. Die Soldaten beantworteten seine fröhlichen Worte mit entsetzten und furchtsamen Blicken; instinktiv zogen sie sich zurück, und Raymond ritt nach vorn an die Linien: – »Bei meinem Schwert schwöre ich«, rief er, »dass kein Hinterhalt und keine Kriegslist euch gefährdet. Der Feind ist bereits besiegt; die schönen Plätze, die edlen Behausungen und der Rest der Stadt gehören euch bereits, bezwingt das Tor, tretet ein und besetzt den Sitz eurer Vorfahren, euer eigenes Erbe!«

Ein allgemeiner Schauder und ängstliches Flüstern ging durch die Reihen; kein Soldat bewegte sich. »Feiglinge!«, rief ihr General verärgert, »gebt mir ein Beil! Ich werde allein eintreten! Ich werde eure Standarte aufpflanzen, und wenn ihr sie von eurem höchsten Minarett wehen seht, werdet ihr vielleicht Mut fassen und euch darum versammeln!«

Einer der Offiziere trat nun vor: »General«, sagte er, »wir fürchten weder den Mut noch die Waffen, weder den offenen Angriff noch den geheimen Hinterhalt der Moslems. Wir sind bereit, wie schon zehntausendmal zuvor, uns den Kugeln und Säbeln der Ungläubigen zu stellen und ruhmreich für Griechenland zu fallen. Aber wir wollen nicht durch die pestverseuchte Luft dieser Stadt jämmerlich sterben wie Hunde, die in der Sommerzeit vergiftet werden – wir wagen es nicht, gegen die Pest zu ziehen!«

Eine Vielzahl von Männern ist schwach und träge, ohne eine Stimme, einen Führer; gibt man ihnen einen solchen, so gewinnen sie die Stärke zurück, die zu ihrer Zahl passt. Schreie von tausend Stimmen zerrissen jetzt die Luft – der zustimmende Ruf erscholl von überallher. Raymond sah die Gefahr. Er war bereit, seine Truppen vor dem Verbrechen des Ungehorsams zu retten, denn er wusste, dass, wenn ein solcher Streit einmal zwischen dem Kommandanten und seiner Armee begonnen hatte, jeder Akt und jedes Wort zur Schwächung des Ersteren beitrug und Letzterer Macht verlieh. Er gab den Befehl, zum Rückzug zu blasen, und die Regimenter zogen sich wohlgeordnet ins Lager zurück.

Ich beeilte mich, Perdita die Nachricht über diese seltsamen Vorgänge zu überbringen; und bald gesellte sich Raymond zu uns. Er sah düster und beunruhigt aus. Meine Schwester war beeindruckt von meiner Erzählung: »Wie jenseits der Vorstellungskraft des Menschen«, rief sie aus, »sind die Erlasse des Himmels, wundersam und unerklärlich!«

»Törichtes Mädchen«, rief Raymond wütend, »bist du wie meine tapferen Soldaten starr vor Furcht? Was ist unerklärlich, bitte, sage es mir, in einem so natürlichen Ereignis? Wütet die Pest nicht jedes Jahr in Stamboul? Was Wunder, dass es in dieser Stadt doppelte Verwüstung verursacht haben sollte, wo man sagt, dass in diesem Jahr ihre Ansteckung in Asien beispiellos ist? Und was Wunder, dass in der Zeit der Belagerung, wo äußerste Hitze und Dürre herrschen, ungewöhnliche Verwüstungen entstehen? Es ist weit weniger wundersam, dass die Garnison aus Verzweiflung, nicht mehr länger durchhalten zu können, die Nachlässigkeit unserer Flotte ausgenutzt haben sollte, um zugleich aus der Belagerung und vor der Gefangennahme zu fliehen. Es ist nicht die Pestilenz – beim lebendigen Gott! Es ist weder Pest noch drohende Gefahr, die uns, wie Vögel in der Erntezeit, die durch eine Vogelscheuche erschreckt werden, von der Beute fernhält – es ist blanker Aberglaube – und so wird das Ziel des Mutigen zum Federball der Narren gemacht, der würdige Ehrgeiz der Hochbeseelten zum Spielzeug dieser gezähmten Hasen! Aber Stamboul soll unser sein! Bei meiner früheren Mühsal, bei der Folter und Gefangenschaft, die ich für sie erlitten habe, bei meinen Siegen, bei meinem Schwert schwöre ich – bei meinen Hoffnungen auf Ruhm, bei meinen früheren Entbehrungen, die jetzt auf ihre Belohnung warten, schwöre ich feierlich, dass ich mit diesen Händen das Kreuz auf jene Moschee pflanzen werde!«

»Liebster Raymond!«, unterbrach Perdita ihn mit sanfter Stimme.

Er war im Marmorsaal des Serails hin und her geeilt. Seine Lippen waren bleich vor Wut, während sie bebend ihre zornigen Worte formten – seine Augen schossen Blitze, seine Gesten schienen fahrig vom Übermaß der Wut. »Perdita«, fuhr er ungeduldig fort, »ich weiß, was du sagen willst; ich weiß, dass du mich liebst, dass du gut und sanft bist; aber dies ist keine Frauenarbeit – noch kann ein weibliches Herz den Sturm empfinden, der mich zerreißt!«

Er schien sich vor seiner eigenen Gewalt zu fürchten und verließ plötzlich den Saal. Ein Blick von Perdita zeigte mir ihre Verzweiflung, und ich folgte ihm. Er ging im Garten auf und ab. Seine Leidenschaften befanden sich in einem Zustand unvorstellbaren Aufruhrs. »Bin ich für immer«, rief er, »der Spielball des Geschicks! Muss der Mann, der Himmelsstürmer, für immer das Opfer der kriechenden Reptilien seiner Art sein! Wäre ich wie du, Lionel, würde ich mich auf viele Jahre vor mir liegenden Lebens freuen, auf eine Abfolge von Tagen, die von der Liebe erhellt sind, auf kultivierte Freuden und auf Hoffnungen, so frisch wie eine Quelle, – wäre ich wie du, könnte ich nachgeben, und, indem ich meinen Generalsstab breche, Ruhe an Windsors Schattenplätzen suchen. Aber ich bin im Begriff zu sterben! – Nein, unterbrich mich nicht – bald werde ich sterben. Von der vielbevölkerten Erde, vom menschlichen Mitgefühl, von den geliebten Aufenthalten meiner Jugend, von der Güte meiner Freunde, von der Zuneigung meiner einzigen Liebe Perdita werde ich entfernt werden. Es ist der Wille des Schicksals! Solcherart ist das Dekret des obersten Richters, vor dem es keine Berufung gibt – dem ich mich unterwerfe. Aber alles zu verlieren – mit dem Leben und der Liebe auch den Ruhm zu verlieren! Das soll nicht sein!

Ich, und in wenigen kurzen Jahren ihr alle, diese furchtsame Armee und die ganze Bevölkerung des schönen Griechenlands, werden nicht mehr sein. Aber andere Generationen werden nachfolgen, und dies wird auf immer und ewig fortgeführt werden, die durch unsere gegenwärtigen Taten glücklicher sein werden, durch unsere Tapferkeit geadelt werden. Das Gebet meiner Jugend lautete, dass ich einer unter denjenigen sein sollte, die Glanz auf die Seiten der Weltgeschichte bringen; die die Menschheit erhöhen und diesen kleinen Globus zu einer Wohnstatt der Mächtigen machen. Ach, armer Raymond! Das Gebet seiner Jugend ist vergeudet – die Hoffnungen seiner Männlichkeit sind dahin!

Aus meinem Verlies in jener Stadt habe ich gerufen, bald werde ich dein Herr sein! Als Evadne meinen Tod verkündete, dachte ich, dass der Titel des Bezwingers von Konstantinopel auf mein Grab geschrieben würde, und ich unterdrückte alle Furcht vor dem Tod. Ich stehe jetzt vor seinen besiegten Mauern und wage es nicht, mich einen Eroberer zu nennen. So soll es nicht sein! Sprang nicht Alexander von den Mauern der Stadt der Oxydraker, um seinen feigen Truppen den Weg zum Sieg zu zeigen und allein den Schwertern ihrer Verteidiger zu begegnen? So werde ich der Pest trotzen – und selbst wenn kein Mann mir folgt, werde ich die griechische Standarte auf die Hagia Sophia pflanzen.«

Die Vernunft drang zu solch aufgebrachten Gefühlen nicht durch. Vergebens wandte ich ein, dass, wenn der Winter käme, die Kälte die pesterfüllte Luft zerstreuen und den Griechen wieder Mut machen würde. »Sprich nicht von einer anderen Jahreszeit als der jetzigen!«, rief er. »Ich habe meinen letzten Winter schon gelebt, und das Datum dieses Jahres, 2092, wird in mein Grabmal eingemeißelt werden. Ich sehe bereits«, fuhr er traurig aufsehend fort, »die Grenze und die äußerste Klippe meiner Existenz, über die ich in das düstere Geheimnis des kommenden

Lebens stürze. Ich bin vorbereitet, wenn ich nur eine Spur von Licht zurücklasse, die so strahlend ist, dass meine schlimmsten Feinde sie nicht trüben können. Das verdanke ich Griechenland, dir, meiner überlebenden Perdita, und mir selbst, dem Opfer des Ehrgeizes.«

Wir wurden von einem Diener unterbrochen, der verkündete, dass der Stab Raymonds zur Beratung versammelt war. Er bat mich, in der Zwischenzeit durch das Lager zu reiten, den Zustand der Soldaten zu beobachten und ihm Bericht zu erstatten; dann verließ er mich. Ich war durch die Ereignisse des Tages, und jetzt mehr als je durch die leidenschaftliche Rede Raymonds, zum Äußersten erregt. Ach, die menschliche Vernunft! Er beschuldigte die Griechen des Aberglaubens: Welchen Namen hat er dem Glauben gegeben, den er den Vorhersagen Evadnes verliehen hatte? Ich kam vom Palast der Süßen Wasser in die Ebene, auf der das Lager lag, und fand dessen Bewohner in Aufruhr. Die Ankunft mehrerer Männer, die neue Geschichten von Wunderwerken der Flotte gebracht hatten; neue Übertreibungen dessen, was bereits bekannt war, Gerüchte alter Prophezeiungen und furchteinflößende Geschichten ganzer Regionen, die im vergangenen Jahr durch die Pest verwüstet worden waren, alarmierten und bewegten die Truppen. Die Disziplin war verloren; die Armee löste sich auf. Jedes Individuum, das zuvor Teil eines großen Ganzen gewesen war und sich nur im Einklang mit anderen bewegte, fiel jetzt in die Einheit zurück, zu der die Natur es gemacht hatte, und dachte nur noch an sich selbst. Sie stahlen sich zuerst paarweise davon, dann in größeren Gruppen, bis ganze Bataillone, ungehindert von den Offizieren, den Weg nach Mazedonien suchten.

Gegen Mitternacht kehrte ich in den Palast zurück und suchte Raymond auf; er war allein und anscheinend gelassen; zumindest wies er eine solche Gelassenheit auf, wie sie von der Entschlossenheit bewirkt wird, wenn man bestrebt ist, sich an eine bestimmte Verhaltensmaßregel zu halten. Er hörte ruhig meinen Bericht über die Selbstauflösung der Armee und sagte dann: »Du weißt, dass ich fest entschlossen bin, diesen Ort nicht zu verlassen, bis Stamboul uns anerkanntermaßen gehört. Wenn die Männer, die ich um mich habe, davor zurückschrecken, mir zu folgen, müssen andere gefunden werden, die mutiger sind. Gehe du vor Tagesanbruch los, überbringe Karazza diese Depeschen, füge deine eigenen Bitten hinzu, dass er mir seine Truppen und Seestreitkräfte schickt; wenn ich nur ein Regiment dazu bringen kann, mir zu folgen, würde der Rest gewiss nachkommen. Lass ihn mir dieses Regiment senden. Ich werde deine Rückkehr bis morgen Mittag erwarten.«

Mich dünkte, dies sei nichts als eine schlichte Ausflucht; aber ich versicherte ihn meines Gehorsams und Eifers. Ich verließ ihn, um ein paar Stunden zu ruhen. Bei Anbruch des Morgens wurde ich für meinen Ritt ausgerüstet. Ich zögerte eine Weile, wollte von Perdita Abschied nehmen und beobachtete von meinem Fenster aus das Aufgehen der Sonne. Die goldene Pracht erhob sich, und die müde Natur erwachte, um noch einen weiteren Tag der Hitze und des durstigen Verfalls zu durchleiden. Keine Blumen hoben ihre taufeuchten Kelche, um die Morgendämmerung zu grüßen; das trockene Gras auf den Ebenen war verwelkt, die brennende Luft war frei von Vögeln, allein die Zikaden, als Kinder der Sonne, begannen ihr schrilles und ohrenbetäubendes Lied zwischen den Zypressen und Olivenbäumen. Ich sah, wie Raymonds kohlschwarzes Streitross zum Palasttor gebracht wurde; eine kleine Abordnung von Offizieren kam bald darauf dazu; Besorgnis und Furcht zeichneten sich auf jeder Wange und in jedem Auge ab, die der Schlaf nicht erquickt hatte. Ich traf Raymond und Perdita zusammen an. Er beobachtete die aufgehende Sonne, während er mit einem Arm die Taille seiner Geliebten umfing; sie sah ihn an, die Sonne ihres Lebens, mit einem ernsten Blick gemischter Angst und Zärtlichkeit. Raymond fuhr wütend auf, als er mich sah. »Noch hier?«, rief er. »Ist das dein versprochener Eifer?«

»Ich bitte um Verzeihung«, sagte ich, »aber ich bin bereits so gut wie fort.«

»Nein, ich muss um Verzeihung bitten«, antwortete er. »Ich habe kein Recht zu befehlen oder zu tadeln; mein Leben hängt jedoch von deiner Abreise und schnellen Rückkehr ab. Leb wohl!«

Seine Stimme hatte seinen ausdruckslosen Ton wiedergefunden, aber eine dunkle Wolke verdüsterte noch immer seine

Züge. Ich wollte warten; ich wollte Perdita Wachsamkeit empfehlen, aber seine Anwesenheit hielt mich zurück. Ich hatte keinen Vorwand für mein Zögern; und als er seinen Abschied wiederholte, nahm ich seine ausgestreckte Hand; sie war kalt und klamm. »Pass auf dich auf, mein lieber Lord«, sagte ich.

»Nein«, sagte Perdita, »diese Aufgabe übernehme ich. Kehre schnell zurück, Lionel.« Abwesend spielte er mit ihren kastanienbraunen Locken, während sie sich an ihn lehnte; zweimal drehte ich mich um, um noch einmal auf dieses unvergleichliche Paar zu blicken. Endlich war ich, mit langsamen und schweren Schritten, aus der Halle herausgetreten und auf mein Pferd gesprungen. In diesem Augenblick flog Clara auf mich zu; sie umklammerte mein Knie und rief: »Komm schnell zurück, Onkel! Lieber Onkel, ich habe solche schrecklichen Träume; ich darf es meiner Mutter nicht sagen. Bleib nicht zu lange weg!« Ich versicherte sie meiner Ungeduld, zurückzukehren, und ritt dann mit einer kleinen Eskorte über die Ebene zum Turm von Marmara.

Ich erfüllte meinen Auftrag; ich sah Karazza. Er war etwas überrascht; er würde sehen, sagte er, was er tun könne, aber es bräuchte Zeit; und Raymond hatte mir befohlen, bis Mittag zurückzukehren. Es war unmöglich, in so kurzer Zeit etwas zu bewirken. Ich musste bis zum nächsten Tag bleiben oder zurückkommen, nachdem ich dem General den gegenwärtigen Stand der Dinge gemeldet hatte. Meine Wahl war leicht getroffen. Eine Rastlosigkeit, eine Angst vor dem, was geschehen sollte, und Zweifel an Raymonds Absichten drängten mich, unverzüglich zu seinem Quartier zurückzukehren. Als ich die Sieben Türme verließ, ritt ich ostwärts zu den Süßen Wassern. Ich nahm einen Umweg, hauptsächlich um auf den Gipfel des oben erwähnten Berges zu kommen, der einen Ausblick auf die Stadt bot. Ich hatte mein Fernglas bei mir. Die Stadt flimmerte unter der Mittagssonne, und die ehrwürdigen Mauern bildeten eine malerische Grenze. Unmittelbar vor mir befand sich das Top Kapou, das Tor, in dessen Nähe Mahmoud die Bresche geschlagen hatte, durch die er die Stadt betrat. Riesige alte Bäume wuchsen in der Nähe; vor dem Tor erkannte ich eine Menge sich bewegender menschlicher Gestalten – mit äußerster Neugier hob ich mein Fernglas an mein Auge. Ich sah Lord Raymond auf seinem Streitross; eine kleine Kompanie von Offizieren hatte sich um ihn versammelt; und dahinter stand eine unordentliche Ansammlung von Soldaten und Untergeordneten, ohne jede Disziplin, ihre Arme herabhängend; keine Musik ertönte, keine Banner flatterten. Die einzige Fahne unter ihnen war eine, die Raymond trug; er zeigte damit auf das Stadttor. Der Kreis um ihn herum fiel zurück. Mit zornigen Gesten sprang er von seinem Pferd und ergriff ein Beil, das von seinem Sattelbaum herabhing, mit der offensichtlichen Absicht, das widerspenstige Tor niederzureißen. Ein paar Männer kamen, um ihn zu unterstützen; ihre Anzahl wuchs an; unter ihren vereinten Schlägen wurde das Hindernis besiegt, Tor, Fallgitter und Zaun wurden abgerissen; und der breite sonnenbeschienene Weg, der zum Herzen der Stadt führt, lag jetzt offen vor ihnen. Die Männer schraken zurück; sie schienen Angst vor dem zu empfinden, was sie bereits getan hatten, und standen da, als erwarteten sie, dass ein mächtiges Phantom in beleidigter Majestät aus der Öffnung heraustreten würde. Raymond sprang leichthin auf sein Pferd, ergriff die Standarte, und mit Worten, die ich nicht hören konnte (aber seine Gesten, die sie passend untermalten, zeugten von leidenschaftlicher Entschlossenheit), schien er ihre Hilfe und Kameradschaft zu beschwören; noch während er sprach, wich die Menge von ihm zurück. Empörung flammte nun auf; seine Worte, glaubte ich, waren voller Verachtung – dann, indem er sich von seinen feigen Anhängern abwandte, schickte er sich an, die Stadt allein zu betreten. Selbst sein Pferd schien vor dem tödlichen Eingang zurückzuschrecken; sein Hund, sein treuer Hund, legte sich ihm jaulend und flehend in den Weg – einen Augenblick darauf hatte er seinem verstörten Pferd die Sporen in die Seiten gestoßen, das nach vorne sprang und durch das Tor hindurch die breite und verlassene Straße hinaufgaloppierte.

Bis zu diesem Moment war ich ganz in der Betrachtung der Szene verloren gewesen. Ich hatte mit einer Mischung aus Verwunderung, Furcht und Begeisterung zugesehen. Das letztere Gefühl herrschte jetzt vor. Ich vergaß die Entfernung zwischen uns: »Ich werde mit dir gehen, Raymond!«, rief ich ihm zu, aber als ich mein Auge vom Glas hob, konnte ich die winzigen Umrisse der Menge kaum erkennen, die ungefähr eine Meile von mir vor dem Tor stand; die Gestalt Raymonds war fort. Hastig vor Ungeduld gab ich meinem Pferd die Sporen und ließ die Zügel schießen, damit ich, ehe es gefährlich würde, an der Seite meines edlen, gottgleichen Freundes sein könnte. Eine Reihe von Gebäuden und Bäumen erschien vor mir, als ich die Ebene erreichte, und verbarg die Stadt vor meinen Blicken. Aber in diesem Moment ertönte ein Krachen. Wie ein Donnerschlag hallte es durch den Himmel, und die Luft verdunkelte sich. Nach einem Augenblick waren die alten Mauern wieder zu sehen, während über ihnen eine dunkle Wolke schwebte; Gebäudefragmente wirbelten oben herum, halb im Rauch, während Flammen unter ihnen hervorbrachen und fortgesetzte Explosionen die Luft mit grandiosen Donnerschlägen erfüllten. Eine Schar Soldaten floh vor den umherfliegenden Trümmern, die über die hohen Mauern wirbelten und die Efeutürme erschütterten, auf die Straße, die ich entlangkam; ich war umzingelt, von ihnen eingeschlossen, unfähig, vorwärtszukommen. Meine Ungeduld stieg ins Unermessliche; ich streckte den Männern meine Hände entgegen; ich beschwor sie, umzukehren und ihren General, den Eroberer von Stamboul, den Befreier Griechenlands, zu retten. Tränen, ja, Tränen strömten in warmem Fluss aus meinen Augen – ich wollte nicht an seinen Tod glauben; doch es schien jedes Trümmerteil, das die Luft verdunkelte, einen Teil des den Märtyrertod gestorbenen Raymonds zu tragen. Schreckliche Anblicke offenbarten sich mir in der trüben Wolke über der Stadt, und meine einzige Erleichterung fand ich in den Anstrengungen, mich dem Tor zu nähern. Doch als ich mein Ziel erreicht hatte, war alles, was ich innerhalb der gewaltigen Mauern erkennen konnte, eine Stadt aus Feuer: Der offene Weg, den Raymond entlanggeritten war, war von Rauch und Flammen umgeben. Nach einer Weile hörten die Explosionen auf, aber die Flammen schossen noch immer von verschiedenen Seiten auf; die Kuppel der Hagia Sophia war verschwunden. Seltsamerweise (das Ergebnis vielleicht der Luftaufwirbelung, die durch die Explosion der Stadt verursacht wurde) erhoben sich große, weiße Unwetterwolken am südlichen Horizont und versammelten sich über uns; sie waren die ersten Flecken auf der blauen Weite, die ich seit Monaten gesehen hatte, und sie weckten inmitten dieser

Verwüstung und Verzweiflung Freude. Das Gewölbe darüber wurde verdunkelt, Blitze zuckten von den schweren Massen herab, worauf augenblickliches Donnergrollen folgte; dann kam ein großer Regenschauer. Die Flammen der Stadt beugten sich darunter; und Rauch und Staub, die von den Ruinen aufstiegen, lösten sich auf.

Kaum bemerkte ich ein Verlöschen der Flammen, als ich mich auch schon, getrieben von einem unwiderstehlichen Impuls, bemühte, in die Stadt einzudringen. Ich konnte dies nur zu Fuß tun, da die Masse an Trümmern den Weg ungangbar für ein Pferd gemacht hatte. Ich hatte die Stadt noch nie betreten, und ihre Wege waren mir unbekannt. Die Straßen waren blockiert, die Ruinen rauchten; ich kletterte einen Trümmerhaufen hinauf, nur um eine Folge weiterer zu sehen; und nichts sagte mir, wo der Mittelpunkt der Stadt sein oder wohin Raymond seine Schritte gelenkt haben könnte. Der Regen ließ nach, die Wolken versanken hinter dem Horizont, es war jetzt Abend, und die Sonne versank rasch am westlichen Himmel. Ich stolperte weiter, bis ich in eine Straße gelangte, deren Holzhäuser, halb verbrannt, durch den Regen abgekühlt und zum Glück vom Schießpulver nicht beschädigt worden waren. Zu diesen eilte ich hin – bis jetzt hatte ich keine Spur von Menschen gesehen. Aber keine der entstellten menschlichen Gestalten, die ich sah, konnte Raymond sein; so wandte ich meine Augen ab, während mein Herz schwer wurde. Ich kam zu einem offenen Platz – ein Berg aus Trümmern in der Mitte verkündete, dass eine große Moschee dort gestanden hatte – und hier sah ich verschiedene Gegenstände von Luxus und Reichtum umherverstreut liegen, versengt, zerstört – die noch zeigten, was sie vor ihrer Zerstörung gewesen waren – die Juwelen, Perlenketten, bestickten Roben, reichen Pelze, glitzernden Stoffe und der orientalische Zierrat schienen auf einem zur Vernichtung bestimmten Haufen gesammelt worden zu sein; aber der Regen hatte die Verwüstung vor ihrer Vollendung aufgehalten.

Stunden vergingen, während ich auf diesem Schauplatz der Zerstörung nach Raymond suchte. Unüberwindliche Trümmerhaufen standen mir zuweilen entgegen; die immer noch brennenden Feuer versengten mich. Die Sonne ging unter; die Atmosphäre wurde düster – und der Abendstern leuchtete nicht mehr allein. Der grelle Schein der Flammen bezeugte den Fortgang der Zerstörung, während die Trümmer um mich herum im Zwielicht riesenhafte Ausmaße und seltsame Formen annahmen. Für einen Augenblick konnte ich der schöpferischen Kraft der Phantasie nachgeben und wurde durch die erhabenen Trugbilder beruhigt, die sie mir vorstellte. Das Pochen meines menschlichen Herzens zog mich in die triste Wirklichkeit zurück. Wo in dieser Wüste des Todes bist du, o Raymond – Juwel Englands, Retter von Griechenland, »Held der ungeschriebenen Geschichte«, wo in dieser brennenden Unordnung sind deine teuren Überreste verstreut? Ich rief laut nach ihm – durch die Dunkelheit der Nacht, über die sengenden Ruinen des gefallenen Konstantinopels schallte sein Name; keine Stimme antwortete – selbst das Echo war verstummt.

Ich wurde von Müdigkeit überwältigt; die Einsamkeit drückte auf mein Gemüt. Die schwüle, staubgeschwängerte Luft, die Hitze und der Rauch brennender Paläste ließen meine Glieder erschlaffen. Plötzlich überkam mich Hunger. Die Aufregung, die mich bis dahin aufrechterhalten hatte, war dahin; wie ein Gebäude, dessen Stützen gelockert sind und dessen Fundamente erbeben, wanken und fallen, nachdem Eifer und Hoffnung mich verlassen hatten, versagte meine Stärke. Ich saß auf der einzigen verbliebenen Stufe eines Gebäudes, das selbst in seinem Untergang gewaltig und großartig war; ein paar zerbrochene Mauern, die nicht vom Schießpulver verrückt worden waren, standen in phantastischen Gruppen da, und von dem Gipfel des Ganzen schoss in Abständen eine Flamme auf. Eine Zeit lang kämpften Hunger und Müdigkeit miteinander, bis die Formen vor meinen Augen verschwammen und sich dann ganz verloren. Ich bemühte mich, aufzustehen, doch meine schweren Lider schlossen sich, meine übermüdeten Glieder verlangten Ruhe – ich legte meinen Kopf auf den Stein und ergab mich dem wohltuenden Gefühl völligen Vergessens; und in jener Szene der Verwüstung, in jener verzweiflungsvollen Nacht – schlief ich.

Kapitel 3

Die Sterne erstrahlten noch immer in heller Pracht, als ich erwachte, und der hoch am südlichen Himmel stehende Taurus zeigte an, dass es Mitternacht war. Ich erwachte aus unruhigen Träumen. Mich dünkte, ich sei zu Timons letztem Fest geladen worden; ich kam mit großem Appetit, die Tücher wurden entfernt, das heiße Wasser sandte seine unbefriedigenden Dämpfe, während ich vor dem Zorn des Gastgebers floh, der die Gestalt Raymonds annahm; während die Gefäße, die er nach mir schleuderte, in meiner krankhaften Phantasie von stinkenden Dämpfen überquollen und die durch tausend Verdrehungen veränderte Gestalt meines Freundes sich zu einem riesenhaften Gespenst ausdehnte, das auf seiner Stirn das Pestmal trug. Der schwellende Schatten stieg immer höher, wuchs an und schien über das diamantene Gewölbe hinausstoßen zu wollen, das sich über die Welt beugte und sie umgab. Der Albtraum wurde zur Marter; mit einer starken Willensanstrengung warf ich den Schlaf ab und erinnerte meinen Verstand an seine vernünftigen Funktionen. Mein erster Gedanke galt Perdita; zu ihr musste ich zurückkehren; sie musste ich unterstützen, solche Nahrung aus der Verzweiflung ziehen, wie sie ihr verwundetes Herz am besten stärken könnte; sie musste ich mit strengem Pflichtgefühl und zärtlichem Bedauern vom wilden Übermaß der Trauer fortführen.

Der Stand der Sterne war mein einziger Wegweiser. Ich wandte mich von der schrecklichen Ruine der Goldenen Stadt ab und schaffte es nach großer Anstrengung, mich aus ihren Gassen zu befreien. Außerhalb der Mauern traf ich auf eine Kompanie Soldaten; ich lieh mir von einem von ihnen ein Pferd und eilte zu meiner Schwester. Das Aussehen der Ebene hatte sich während dieses kurzen Intervalls verändert; das Lager war abgebrochen, die Überreste der aufgelösten Armee trafen sich hier und dort in kleinen Gruppen, jedes Gesicht war betrübt, aus jeder Geste sprachen Erstaunen und Bestürzung.

Mit schwerem Herzen betrat ich den Palast und blieb stehen, zu furchtsam, fortzuschreiten, zu sprechen, zu sehen. In der Mitte der Halle war Perdita; sie saß auf dem Marmorboden, ihr

Kopf war auf ihren Busen herabgesunken, ihr Haar zerzaust, ihre Finger drehten sich fieberhaft ineinander; sie war bleich wie der Marmor, und ihr ganzes Aussehen war von äußerster Pein gezeichnet. Sie nahm mich wahr und blickte fragend auf; ihr halb hoffnungsvoller Blick versetzte mich in Elend; die Worte erstarben, bevor ich sie formen konnte; ich fühlte ein grässliches Lächeln auf meinen Lippen. Sie verstand meine Geste; wieder fiel ihr Kopf herab; wieder arbeiteten ihre Finger unruhig. Endlich fand ich meine Sprache wieder, aber meine Stimme erschreckte sie; das unglückselige Mädchen hatte meinen Blick verstanden, und sie wollte um nichts in der Welt, dass die Geschichte ihres schweren Elends ausgeformt und durch harte, unwiderrufliche Worte bestätigt worden sein sollte. Ja, sie schien meine Gedanken von dem Gegenstand ablenken zu wollen: Sie erhob sich vom Boden: »Still!«, sagte sie flüsternd, »nach vielem Weinen schläft Clara, wir dürfen sie nicht stören.« Sie setzte sich dann auf dieselbe Ottomane, auf der ich sie am Morgen verlassen hatte, als ihr Kopf auf dem schlagenden Herzen ihres Raymonds ruhte; ich wagte nicht, mich ihr zu nähern, sondern saß in einer entfernten Ecke und beobachtete ihre aufgeregten und fahrigen Gesten. Endlich fragte sie abrupt: »Wo ist er?«

»O, fürchte nicht«, fuhr sie fort, »fürchte nicht, dass ich Hoffnung hegen sollte! Doch sage mir, hast du ihn gefunden? Ihn noch einmal in meinen Armen zu halten, ihn zu sehen, wie auch immer verändert, ist alles, was ich wünsche. Und wäre Konstantinopel über ihm wie ein Grab aufgehäuft, so muss ich ihn dennoch finden – dann möge uns das Gewicht der Stadt bedecken, mit einem über uns aufgeschichteten Berg – das kümmert mich nicht, solange ein Grab Raymond und seine Perdita enthält.« Dann weinte sie und klammerte sich an mich: »Bring mich zu ihm«, rief sie, »grausamer Lionel, warum hältst du mich hier? Ich kann ihn allein nicht finden – du aber weißt, wo er liegt – führe mich dorthin.«

Zuerst erfüllten mich diese qualvollen Klagen mit unerträglichem Mitgefühl. Bald aber bemühte ich mich, ihre Ahnungen dazu zu verwenden, ihr Geduld zuzusprechen. Ich erzählte ihr von meinen nächtlichen Abenteuern, von meinen Bemühungen, unseren Verlorenen zu finden, und von meiner Enttäuschung. Indem ich ihre Gedanken in diese Richtung lenkte, gab ich ihnen eine Beschäftigung, die sie vor dem Wahnsinn rettete. Mit scheinbarer Ruhe besprach sie mit mir die wahrscheinlichste Stelle, an der er gefunden werden könnte, und plante die Maßnahmen, die wir für diesen Zweck ergreifen sollten. Als sie von meiner Müdigkeit und meinem Hunger hörte, brachte sie mir persönlich Essen. Ich ergriff den günstigen Moment und bemühte mich, in ihr Gefühle zu erwecken, die jenseits der tödlichen Erstarrung der Trauer lagen. Während ich sprach, trugen mich meine eigenen Worte fort; tiefe Bewunderung, aus der aufrichtigsten Zuneigung geborene Trauer und das Überfließen meines Herzens, das ganz erfüllt von Mitgefühl war für alles, was in der Laufbahn meines Freundes groß und erhaben gewesen war, beseelten mich, als ich das Lob über Raymond ausgoss.

»Ach, weh uns«, rief ich, »die wir diese letzte Ehre der Welt verloren haben! Geliebter Raymond! Er ist ins Reich der Toten gegangen; er ist einer von jenen geworden, die der dunklen Bleibe des düsteren Grabes Glanz verleihen, indem sie darin wohnen. Er hat den Weg genommen, der dorthin führt, und sich den Seelen der Mächtigen angeschlossen, die vor ihm gingen. Als die Welt noch in den Kinderschuhen steckte, muss der Tod furchtbar gewesen sein, und der Mensch verließ seine Freunde und Verwandten, um als ein einsamer Fremder in einem unbekannten Land zu wandeln. Nun aber findet, wer stirbt, viele Gefährten, die schon seine Aufnahme erwarten. Die Großen der Vergangenheit bevölkern es, der erhabene Held unserer Tage zählt zu seinen Bewohnern, während das Leben doppelt zur ›Wüste und Einsamkeit‹ wird.

Was für eine edle Kreatur war Raymond, der Erste unter den Männern unserer Zeit. Durch die Großartigkeit seiner Pläne, die anmutige Kühnheit seiner Handlungen, durch seine Klugheit und seine Schönheit gewann und lenkte er die Gemüter aller. Eines einzigen Fehlers hätte er bezichtigt werden können, aber sein Tod hat ihn getilgt. Ich habe ihn unbeständig nennen hören – als er um der Liebe willen die Hoffnung auf die Krone fahren ließ und als er als Protektor Englands abdankte, machten Männer seine Schwachheit verantwortlich. Nun hat der Tod sein Leben gekrönt, und bis zum Ende der Zeit wird es in Erinnerung bleiben, dass er sich als ein williges Opfer dem Ruhme Griechenlands hingab. Es war seine Wahl: Er erwartete, dass er sterben würde. Er sah voraus, dass er diese heitere Erde, den lichten Himmel, und deine Liebe, Perdita, verlassen sollte, doch er zögerte nicht oder kehrte um, sondern ging direkt zu seinem Ruhmeszeichen. So lange die Erde währt, werden seine Taten gepriesen werden. Griechische Jungfrauen werden voller Hingabe Blumen auf sein Grab streuen und die Luft ringsherum von patriotischen Hymnen widerhallen lassen, in denen sein Name hohe Auszeichnung finden wird.«

Ich sah die Züge Perditas weicher werden; die Strenge der Trauer wich der Zärtlichkeit – ich fuhr fort: – »Ihn solcherart zu ehren, ist die heilige Pflicht seiner Überlebenden. Seinen Namen zu behandeln wie einen heiligen Flecken Erde, ihn vor allen feindlichen Angriffen durch unser Lob zu sichern, auf ihn Blüten der Liebe und des Bedauerns zu streuen, ihn vor dem Verfall zu bewahren und ihn der Nachwelt unverfälscht zu hinterlassen. Das ist die Pflicht seiner Freunde. Eine noch wichtigere ruht auf dir, Perdita, der Mutter seines Kindes. Erinnerst du dich an ihre Kindheit, mit welchen Gefühlen du Clara betrachtetest, da du in ihr das vereinte Wesen von dir selbst und Raymond erkanntest? Es freute dich, in diesem lebendigen Tempel eine Manifestation deiner ewigen Liebe zu sehen. Genau so ist sie noch immer. Du sagst, dass du Raymond verloren hast. O, nein! – denn er lebt dort mit dir und in dir. Von ihm ist sie entsprungen, Fleisch seines Fleisches, Gebein seines Gebeins – und deswegen begnüge dich nicht, in ihrer flaumigen Wange und ihren zarten Gliedern, eine Ähnlichkeit zu Raymond zu finden, denn du wirst ihn selbst, den Guten, den Großen, den Geliebten, in ihren überschwänglichen Gefühlen, in den liebreizenden Fähigkeiten ihres Geistes, noch immer lebendig finden. Sei es deine Sorge, diese Ähnlichkeit zu fördern – sei es deine Sorge, sie seiner würdig zu machen, so dass, wenn sie über ihren Ursprung nachdenkt, sie sich nicht schämt für das, was sie ist.«

Ich bemerkte, dass, als ich meine Schwester an ihre Pflichten im Leben erinnerte, sie nicht mit der gleichen Geduld wie zuvor zuhörte. Sie schien in meinen Worten einen Plan des Trostes zu vermuten, über welchen sie, ihren neu entstandenen Kummer hätschelnd, sich empörte. »Du sprichst von der Zukunft«, sagte sie, »während die Gegenwart alles für mich ist. Lass mich die irdische Behausung meines Geliebten finden, lass uns diese aus dem Staub befreien, damit die Menschen in zukünftigen Zeiten auf das heilige Grab weisen und es das seine nennen können – dann erst zu anderen Gedanken und einem neuen Lebenskurs, oder was das Schicksal in seiner grausamen Tyrannei sonst für mich bestimmt haben könnte.«

Nach einer kurzen Rast bereitete ich mich darauf vor, sie zu verlassen, um zu versuchen, ihren Wunsch zu erfüllen. In der Zwischenzeit gesellte sich Clara zu uns, deren bleiche Wange und ängstlichen Blicke den tiefen Eindruck verrieten, den die Trauer auf ihren jungen Geist gemacht hatte. Sie schien von etwas erfüllt zu sein, wofür sie keine Worte finden konnte; aber indem sie eine Gelegenheit nutzte, die durch die Abwesenheit Perditas entstanden war, zog sie mich heran, um mich ernstlich zu bitten, dass ich sie in Sichtweite des Tors mitnehmen sollte, durch welches ihr Vater Konstantinopel betreten hatte. Sie versprach, nichts Unbedachtes zu tun, fügsam zu sein und sofort zurückzukehren. Ich konnte es nicht ablehnen, denn Clara war kein gewöhnliches Kind, ihre Sensibilität und Intelligenz schienen sie bereits mit dem Recht der Frau ausgestattet zu haben. Daher ritten wir, wobei sie vor mir auf meinem Pferd saß, nur von der Dienerin begleitet, die sie wieder zurückbringen sollte, zum Top Kapou. Wir stießen auf eine Gruppe von Soldaten, die sich davor versammelt hatte. Sie lauschten. »Es sind menschliche Schreie«, sagte einer. »Es klingt eher wie das Heulen eines Hundes«, antwortete ein anderer; und wieder beugten sie sich vor, um das Geräusch der regelmäßigen fernen Laute zu hören, die aus den Trümmern der zerstörten Stadt drangen. »Dies, Clara«, sagte ich, »ist das Tor, dies die Straße, die dein Vater hinauffritt.« Was auch immer Claras Absicht gewesen war, als sie darum bat, hierhergebracht zu werden, wurde durch die Anwesenheit der Soldaten vereitelt. Mit ernstem Blick blickte sie auf das Labyrinth rauchender Trümmerhaufen, die eine Stadt gewesen waren, und drückte dann ihre Bereitschaft aus, nach Hause zurückzukehren. In diesem Augenblick drang ein trauriges Heulen an unsere Ohren; es wurde wiederholt. »Horch!«, rief Clara, »er ist dort, das ist Florio, der Hund meines Vaters.« Es erschien mir unmöglich, dass sie den Ton erkannte, aber sie beharrte auf ihrer Behauptung, bis sie bei der Menge Glauben fand. Zumindest wäre es eine wohltätige Handlung, den Leidenden, ob menschlich oder tierisch, aus der verwüsteten Stadt zu retten; also sandte ich Clara wieder in ihr Zuhause zurück und betrat Konstantinopel erneut. Ermutigt durch die Folgenlosigkeit, die mein früherer Besuch gehabt hatte, begleiteten mich mehrere Soldaten, die einen Teil von Raymonds Leibwache ausgemacht hatten, die ihn geliebt hatten und seinen Verlust aufrichtig betrauerten.

Unmöglich hätte ich die seltsame Verkettung von Ereignissen vorausahnen können, die die leblose Hülle meines Freundes in unsere Hände zurückführte. In jenem Teil der Stadt, in dem das Feuer am Vorabend am meisten gewütet hatte und der jetzt erloschen, schwarz und kalt dalag, kauerte der sterbende Hund Raymonds neben der verstümmelten Gestalt seines Herrn. Zu einer solchen Zeit hat der Kummer keine Stimme; das Leid, von der großen Heftigkeit gezähmt, ist stumm. Das arme Tier erkannte mich, leckte meine Hand, kroch nahe an seinen Herrn heran und starb. Offensichtlich war dieser von einem fallenden Trümmerteil, das seinen Kopf zerschmettert und seine ganze Gestalt verunstaltet hatte, von seinem Pferd geworfen worden. Ich beugte mich über den Körper und nahm den Rand seines Umhangs in meine Hand, dessen Erscheinung weniger verändert war als der menschliche Körper, den er bekleidete. Ich presste ihn an meine Lippen, während die rauen Soldaten sich darum versammelten und über diese würdige Beute des Todes trauerten, als ob Bedauern und endloses Wehklagen den ausgelöschten Funken wieder entzünden oder den befreiten Geist in sein zerbrochenes Gefängnis aus Fleisch zurückrufen könnten. Gestern waren diese Glieder ein Universum wert gewesen; sie bargen eine transzendente Kraft, deren Absichten, Worte und Handlungen würdig waren, in goldenen Buchstaben aufgeschrieben zu werden. Jetzt konnte allein der Aberglaube der Zuneigung dem zerstörten Mechanismus Wert verleihen, der, reglos und entstellt, Raymond nicht ähnlicher sah, als der gefallene Regen der ehemals heimatlichen Wolke gleicht, in der er in den höchsten Himmel stieg, von der Sonne vergoldet wurde, alle Blicke auf sich zog und die Sinne durch sein Übermaß an Schönheit sättigte.

So wie er jetzt aussah, so verunstaltet und verdorben sein irdisches Gewand war, wickelten wir ihn in unsere Mäntel, hoben die Bürde in unsere Arme und trugen sie aus dieser Stadt der Toten. Es stellte sich die Frage, wo wir ihn absetzen sollten. Auf unserem Weg zum Palast passierten wir den griechischen Friedhof; hier ließ ich ihn auf einen Grabstein aus schwarzem Marmor legen; die Zypressen wehten hoch über uns, ihre totengleiche Düsternis harmonierte mit seinem Zustand des Nichtseins. Wir schnitten Äste von den Trauerbäumen und legten sie über ihn, und darauf wiederum sein Schwert. Ich hinterließ eine Wache, um diesen Schatz aus Staub zu schützen und befahl, dass ringsumher langlebige Fackeln entzündet werden sollten.

Als ich zu Perdita zurückkehrte, stellte ich fest, dass sie bereits über den Erfolg meines Unternehmens informiert war. Er, ihr Geliebter, der einzige und ewige Gegenstand ihrer leidenschaftlichen Zärtlichkeit, wurde ihr wiedergegeben. So klang die wahnsinnige Sprache ihrer Begeisterung. Wo doch diese Glieder sich nicht bewegten und diese Lippen keine Worte der Weisheit und der Liebe mehr formen konnten! Wo er doch wie eine Alge war, die aus dem fruchtlosen Ozean an den Strand geworfen der Fäulnis anheimgegeben war – und dennoch war dies die Gestalt, die sie liebkost hatte, waren dies die Lippen, die ihr begegnet waren, die den Geist der Liebe vom sich vermischenden Atem getrunken hatten; dies war der irdische Mechanismus des löslichen Tons, den sie ihr Eigen genannt hatte. Sie freute sich wahrlich auf ein anderes Leben, wahrlich schien ihr der brennende Geist der Liebe unauslöschlich in der Ewigkeit. Doch zu dieser Zeit hielt sie sich mit menschlicher Zuneigung an allem fest, was ihre menschlichen Sinne ihr als Teil von Raymond zu sehen und zu fühlen erlaubten.

Blass wie Marmor, so klar und strahlend wie jener, lauschte sie meiner Geschichte und erkundigte sich nach der Stelle, an der er abgelegt worden war. Ihre Züge hatten die Verzerrung der Trauer verloren; ihre Augen leuchteten auf, ihre ganze Person wirkte erleichtert, während die übermäßige Blässe und sogar Durchsichtigkeit ihrer Haut und etwas Hohles in ihrer Stimme bezeugten, dass nicht Ruhe, sondern ein Übermaß an Aufregung die trügerische Gelassenheit verursachte, die sich in ihrem Antlitz zeigte. Ich fragte sie, wo er begraben werden sollte. Sie antwortete: »In Athen, in jenem Athen, das er liebte. Außerhalb der Stadt, auf der Anhöhe von Hymettus, gibt es eine felsige Vertiefung, die er mir als die Stelle zeigte, an der er ruhen möchte.«

Mein eigener Wunsch war freilich, dass er nicht von der Stelle entfernt werden sollte, wo er jetzt lag. Aber ihrem Wunsch sollte natürlich entsprochen werden; und ich bat sie, sich unverzüglich auf unsere Abreise vorzubereiten.

Nun durchquerte der traurige Zug die Ebenen von Thrakien und schlängelte sich durch die Hohlwege und über die Gebirge von Mazedonien, die klaren Wellen des Peneus, durchquerte die Larissaebene, kreuzte die Meerenge der Thermopylen und stieg nacheinander den Oeta und Parnass hinauf und dann wieder in die fruchtbare Ebene von Athen hinab. Frauen ertragen diese langgezogenen Übel ergeben, aber für den ungeduldigen Geist des Mannes waren all die Umstände unseres Marsches unerträglich – die langsame Bewegung unseres Zuges, die schwermütige Ruhepause, die wir am Mittag machten, die immerwährende Gegenwart des Tuches, obschon es herrlich war, das den Sarg umhüllte, der Raymond enthielt, und die eintönige Wiederholung von Tag und Nacht, die weder Hoffnung noch Abwechslung brachten. Perdita, die sich ganz in sich zurückgezogen hatte, sprach wenig. Ihr Wagen war geschlossen; und wenn wir uns ausruhten, stützte sie ihre blasse Wange auf ihre weiße, kalte Hand, saß mit auf den Boden gerichteten Augen gedankenverloren da und lehnte alles Gespräch oder Mitgefühl ab.

Wir stiegen vom Parnass ab, kamen aus seinen vielen Klüften hervor und gingen auf unserer Straße nach Attika durch Livadia. Perdita wollte Athen nicht betreten; als wir aber in der Nacht unserer Ankunft in Marathon residierten, führte sie mich am folgenden Tage zu dem von ihr als Schatzkammer für Raymonds geliebte Überreste ausgewählten Ort. Er lag in einer Vertiefung nahe dem Kopf der Schlucht südlich von Hymettus. Die Kluft war tief, schwarz und verwittert, windgepeitscht vom Gipfel bis zur Basis; in den Spalten des Felsens wuchsen Myrtensträucher und wilder Thymian, die Nahrung vieler Bienenvölker; riesige

Klippen ragten aus der Spalte, einige daraus hervorstehend, andere sich senkrecht erhebend. Am Fuße dieser erhabenen Schlucht erstreckte sich ein fruchtbares sonniges Tal von Meer zu Meer, und dahinter breitete sich die blaue Ägäis aus, mit Inseln übersät und mit unter der Sonne glitzernden Wellen. Nahe der Stelle, an der wir standen, befand sich ein einzelner Felsen, hoch und kegelförmig, der, auf jeder Seite vom Berg getrennt, einer von der Natur behauenen Pyramide glich; mit wenig Arbeit wurde dieser Block in eine perfekte Form gebracht; die schmale Zelle, in die Raymond gelegt wurde, wurde darunter herausgehauen, und eine kurze Inschrift, in den Stein eingekerbt, registrierte den Namen dessen, der dort ruhte, die Ursache und den Zeitpunkt seines Todes.

Alles wurde geschwind unter meinen Anweisungen ausgeführt. Ich erklärte mich damit einverstanden, die Vollendung und die Pflege des Grabes dem Oberhaupt der religiösen Einrichtung in Athen zu überlassen, und bereitete mich auf meine Rückkehr nach England vor, die Ende Oktober erfolgen sollte. Dies teilte ich Perdita mit. Es war schmerzlich, sie von dem letzten Schauplatz zu entfernen, der von ihrem Verlorenen sprach; doch hier zu verweilen war fruchtlos, und meine Seele war krank vor Sehnsucht, mich wieder mit Idris und unseren Kindern zu vereinigen. Meine Schwester wiederum bat mich, sie am folgenden Abend zum Grab Raymonds zu begleiten. Einige Tage waren vergangen, seit ich den Ort besucht hatte. Der Weg dahin war verbreitert worden, und die in den Fels gehauenen Stufen führten uns über weniger Umwege als vorher zu dem nämlichen Punkt; die Plattform, auf der die Pyramide stand, war vergrößert, und, nach Süden blickend, in einer von den wuchernden Zweigen eines wilden Feigenbaums überschatteten Nische, sah ich Fundamente ausgegraben und Stützen und Sparren befestigt, offenbar der Anfang eines Häuschens. Als wir auf seiner unvollendeten Schwelle standen, sahen wir das Grab zu unserer Rechten, die ganze Schlucht und die Ebene und das azurblaue Meer unmittelbar vor uns; das dunkle Gestein wurde von der untergehenden Sonne beschienen, die das bebaute Tal überblickte und die ruhigen Wellen purpurn und orange färbte; wir saßen auf einer felsigen Erhebung, und ich blickte verzückt auf das schöne Panorama lebendiger und wechselnder Farben, die die Reize der Erde und des Meeres vervielfältigten und verstärkten.

»Habe ich nicht recht daran getan«, sagte Perdita, »dass ich meinen Geliebten hierherbringen ließ? Einst wird dies der Anziehungspunkt Griechenlands sein. An einem solchen Ort verliert der Tod die Hälfte seines Schreckens, und selbst der unbelebte Staub scheint am Geist der Schönheit teilzuhaben, die diese Gegend heiligt. Dort ruht er, Lionel, dies ist das Grab Raymonds, den ich in meiner Jugend als Ersten geliebt habe, den mein Herz in Tagen der Trennung und des Zornes begleitete, mit dem ich jetzt für immer verbunden bin. Niemals – hörst du – niemals werde ich diesen Ort verlassen. Mich dünkt, sein Geist ist hier ebenso wie sein Staub, der, obwohl er sich nicht mitteilen kann, wertvoller in seinem Nichts ist als alles andere, das die verwitwete Erde traurig an ihren Busen presst. Die Myrtensträucher, der Thymian, das kleine Alpenveilchen, das aus den Spalten des Felsens blinzelt, all die Erzeugnisse des Ortes, haben eine Verbindung mit ihm, das Licht, das die Hügel erhellt, nimmt an seinem Wesen teil, und der Himmel und die Berge, das Meer und das Tal sind durchdrungen von der Gegenwart seines Geistes. Hier werde ich leben und sterben!

Geh du nach England, Lionel, kehr zurück zur liebreizenden Idris und zum guten Adrian; kehr zurück und lass mein verwaistes Mädchen wie ein eigenes Kind in deinem Hause sein. Sieh mich als tot an, und wahrlich, wenn der Tod eine bloße Veränderung des Zustandes ist, so bin ich tot. Dies ist eine andere Welt als jene, die ich zuletzt bewohnt habe, als jene, die jetzt deine Heimat ist. Hier halte ich nur bei mir Einkehr darüber, was gewesen ist und was noch kommen wird. Geh nach England und lass mich dort zurück, wo allein ich mich einverstanden erklären kann, die elenden Tage zu verbringen, die ich noch leben muss.«

Ein Tränenschauer beendete ihre traurige Ansprache. Ich hatte einen überspannten Vorschlag erwartet und blieb eine Weile still, sammelte meine Gedanken, damit ich ihren phantasievollen Plan besser bekämpfen könnte. »Du hegst triste Gedanken, meine liebe Perdita«, sagte ich, »ich wundere mich allerdings nicht, dass deine Vernunft für eine Zeit von leidenschaftlichem Kummer und einer gestörten Phantasie beeinflusst sein sollte.

Selbst ich bin in diese letzte Heimstatt Raymonds verliebt; dennoch müssen wir sie verlassen.«

»Ich habe das erwartet«, rief Perdita; »Ich nahm an, dass du mich als ein verrücktes, dummes Mädchen behandeln würdest. Aber täusche dich nicht; dieses Häuschen wird in meinem Auftrag gebaut; und hier werde ich bleiben, bis die Stunde kommt, in der ich seine glücklichere Wohnung teilen darf.«

»Mein liebes Mädchen!«

»Und was an meinem Entwurf ist so seltsam? Ich hätte dich täuschen können; ich hätte davon reden können, hier nur ein paar Monate zu bleiben. In deinem Eifer, Windsor zu erreichen, hättest du mich verlassen, und ich hätte ohne Vorwurf oder Streit meinen Plan verfolgen können. Aber ich verachtete den Kunstgriff, oder vielmehr war es in meinem Elend mein einziger Trost, mein Herz dir, meinem Bruder, meinem einzigem Freund, auszuschütten. Du willst nicht mit mir streiten? Du weißt, wie eigensinnig deine arme, im Elend gefangene Schwester ist. Nimm mein Mädchen mit dir, entwöhne sie von den Anblicken und Gedanken des Kummers, lass kindliche Heiterkeit wieder ihr Herz besuchen und ihre Augen zum Leuchten bringen; so könnte es niemals sein, wenn sie in meiner Nähe wäre; es ist viel besser für jeden von euch, wenn ihr mich nie wiederseht. Was mich angeht, so werde ich nicht bewusst den Tod suchen, das heißt, ich werde es nicht tun, während ich über mich selbst gebieten kann; und hier kann ich es. Doch wenn du mich aus diesem Land entfernst und meine Macht zur Selbstkontrolle schwindet, kann ich nicht für die Gewalt sprechen, zu der meine quälende Trauer mich bringen könnte.«

»Perdita«, antwortete ich, »du kleidest deine Meinung in kraftvolle Worte, doch diese Betrachtungsweise ist selbstsüchtig und deiner unwürdig. Du hast mir oft zugestimmt, dass es nur eine Lösung für das komplizierte Rätsel des Lebens gibt; uns selbst zu verbessern und andere glücklich zu machen; und jetzt, in der Blüte des Lebens, verlässt du deine Prinzipien und verschließt dich in unnützer Einsamkeit. Wirst du in Windsor weniger an Raymond denken, dem Schauplatz eures einstigen Glückes? Wirst du weniger mit seinem verstorbenen Geist Zwiesprache halten, während du die seltene Vortrefflichkeit seines

Kindes überwachst und kultivierst? Dir ist Schlimmes widerfahren, und ich wundere mich nicht, dass ein Gefühl, das dem Wahnsinn gleichkommt, dich zu bitteren und unvernünftigen Vorstellungen treiben sollte. Doch in deinem heimatlichen England erwartet dich ein liebevolles Zuhause. Meine Zärtlichkeit und Zuneigung muss dich beruhigen, die Gesellschaft von Raymonds Freunden wird mehr Trost bieten als diese trüben Erwartungen. Wir werden es alle zu unserer ersten Sorge, unserer liebsten Aufgabe machen, zu deinem Glück beizutragen.«

Perdita schüttelte den Kopf. »Wenn es nur so sein könnte«, antwortete sie, »täte ich sehr unrecht daran, deine Angebote zu verachten. Doch es ist keine Frage der Wahl, ich kann nur hier leben. Ich bin ein Teil dieser Landschaft, jede einzelne Eigenschaft ist ein Teil von mir. Dies ist keine plötzliche Einbildung, ich lebe danach. Das Wissen, dass ich hier bin, erwacht mit mir am Morgen und ermöglicht es mir, das Licht zu ertragen; es ist mit meiner Nahrung vermischt, die ansonsten Gift wäre; es geht, es schläft mit mir, es begleitet mich stets. Hier mag ich sogar aufhören zu klagen und füge dem Dekret, das ihn von mir genommen hat, mein verspätetes Einverständnis hinzu. Er wäre lieber einen solchen Tod gestorben, der in der Geschichte bis in die Ewigkeit aufgezeichnet werden wird, als bis ins hohe Alter unbekannt, ungeehrt gelebt zu haben. Und ich kann mir nichts Besseres wünschen, als die Auserwählte und Geliebte seines Herzens gewesen zu sein, hier, in jugendlicher Frische, bevor zusätzliche Jahre die besten Gefühle meiner Natur beschmutzen können; sein Grab zu sehen und mich rasch mit ihm in seiner gesegneten Ruhe wieder zu vereinen.

So viel habe ich gesagt, mein lieber Lionel, in dem Wunsche, dich zu überreden, dass ich recht tue. Wenn du nicht überzeugt bist, kann ich nichts weiter als Argument hinzufügen, sondern nur meine feste Entschlossenheit erklären. Ich bleibe hier; nur Gewalt kann mich von hier fortbringen. Sei es so; zerre mich fort – ich komme zurück; halte mich gefangen, sperre mich ein, und doch werde ich fliehen und hierherkommen. Oder würde mein Bruder seine Perdita, deren Herz gebrochen ist, lieber auf Stroh betten und in Ketten legen wie eine Wahnsinnige, als zu dulden, dass sie in Frieden unter dem Schatten seiner Gesellschaft ruht, in diesem von mir selbst gewählten und geliebten Rückzugsort?«

All dies erschien mir, wie ich zugeben muss, wie völliger Wahnsinn. Ich glaubte, dass es meine zwingende Pflicht war, sie von Schauplätzen zu entfernen, die sie so sehr an ihren Verlust erinnerten. Ich zweifelte nicht daran, dass sie in der Ruhe unseres Familienkreises in Windsor ein gewisses Maß an Gelassenheit und schließlich Glück erlangen würde. Auch meine Zuneigung zu Clara führte mich dazu, diesen aus der Trauer geborenen zärtlichen Träumen zu widersprechen; ihre Empfindsamkeit war bereits zu sehr aufgeregt, ihre kindliche Unbefangenheit zu früh gegen tiefsinniges und besorgtes Nachdenken vertauscht. Das seltsame und romantische Verhalten ihrer Mutter könnte die schmerzhafte Sicht auf das Leben, die sich so früh in ihre Gedanken eingeschlichen hatte, bestätigen und fortführen.

Als ich wieder zu Hause war, kam der Kapitän des Dampfers, mit dem ich reisen wollte, zu mir, um mir mitzuteilen, dass unvorhergesehene Umstände seine Abreise beschleunigt hätten und dass ich, wenn ich mit ihm fahren wollte, um fünf Uhr am folgenden Morgen an Bord kommen sollte. Ich stimmte dieser Vereinbarung hastig zu und entwarf ebenso hastig einen Plan, durch den Perdita gezwungen werden sollte, mich zu begleiten. Ich glaube, dass die meisten Menschen in meiner Lage auf die gleiche Weise gehandelt hätten. Aber diese Überlegung schmälert nicht, oder schmälerte zumindest später nicht, die Vorwürfe meines Gewissens. Im Moment war ich überzeugt, dass ich mich für das Beste einsetzte und dass alles, was ich tat, richtig und sogar notwendig war.

Ich setzte mich mit Perdita zusammen und beruhigte sie, indem ich ihrem wilden Plan scheinbar zustimmte. Sie empfing meine Zustimmung gern und dankte ihrem sie täuschenden, betrügerischen Bruder tausendmal. Als die Nacht hereinbrach, gewann sie, ermuntert von meinem unerwarteten Zugeständnis, eine fast vergessene Lebhaftigkeit zurück. Ich tat so, als würde mich das fiebrige Glühen ihrer Wange beunruhigen; ich bat sie, einen beruhigenden Trank einzunehmen; ich maß die Medizin ab, die sie folgsam von mir nahm. Ich beobachtete, wie sie trank. Falschheit und Kunstfertigkeit sind an sich so hassenswert, dass, obschon ich immer noch dachte, dass ich richtig handelte, mich ein peinigendes Gefühl der Scham und Schuld überkam. Ich verließ sie und hörte bald, dass sie unter dem Einfluss des Betäubungsmittels, das ich ihr verabreicht hatte, in tiefen Schlaf gefallen war. Sie wurde bewusstlos an Bord getragen, der Anker wurde gelichtet, und da der Wind günstig war, standen wir bald weit draußen auf See; mit dem gänzlich ausgebreiteten Segel und der unterstützenden Kraft des Motors pflügten wir schnell und stetig durch das aufgebrachte Element.

Es war spät am Tag, als Perdita erwachte, und eine längere Zeit verstrich, ehe sie sich von der durch das Laudanum verursachten Erstarrung erholte und die Veränderung ihrer Lage wahrnahm. Sie sprang wild von ihrem Bett auf und flog zum Kabinenfenster. Das blaue und aufgewühlte Meer raste am Schiff vorbei und breitete sich ringsumher endlos aus. Der Himmel war von einer Wolke verdeckt, deren Bewegung zeigte, wie schnell Perdita davongetragen wurde. Das Knarren der Masten, das Rasseln der Räder, die Fußtritte oben, alles überzeugte sie, dass sie bereits weit von den Küsten Griechenlands entfernt war. »Wo sind wir?«, rief sie, »wohin fahren wir?«

Die Dienerin, die ich angewiesen hatte, sie zu bewachen, antwortete: »Nach England.«

»Und mein Bruder?«

»Ist an Deck, Madam.«

»Grausam! Grausam!«, rief das arme Opfer, als sie mit einem tiefen Seufzer auf die ausgedehnte Wasserfläche blickte. Dann, ohne eine weitere Bemerkung, warf sie sich auf ihre Liege, schloss ihre Augen und lag regungslos; so dass es bis auf die tiefen Seufzer, die ihr gelegentlich entkamen, schien, als ob sie schliefe.

Sobald ich hörte, dass sie gesprochen hatte, schickte ich Clara zu ihr, damit der Anblick der liebenswürdigen Unschuld sanfte und liebevolle Gedanken erwecken möge. Aber weder die Gegenwart ihres Kindes noch ein weiterer Besuch von mir konnten meine Schwester aufheitern. Sie sah Clara mit schmerzlicher Miene an, sprach jedoch nicht. Als ich erschien, wandte sie sich ab und antwortete auf meine Fragen nur: »Du weißt nicht, was du getan hast!« – Ich vertraute darauf, dass diese Verdrossenheit nur den Kampf zwischen Enttäuschung und natürlicher Zuneigung bedeutete und dass sie sich in ein paar Tagen mit ihrem Schicksal versöhnt haben würde.

Als die Nacht hereinbrach, bat sie darum, Clara in einer gesonderten Kabine unterzubringen. Ihre Dienerin blieb jedoch bei ihr. Gegen Mitternacht sprach sie die Letztere an, sagte, dass sie einen schlechten Traum gehabt hätte, und bat sie, zu ihrer Tochter zu gehen und nachzusehen, ob sie ruhig schliefe. Die Frau gehorchte.

Die Brise, die seit Sonnenuntergang abgeebbt war, hob jetzt wieder an. Ich war an Deck und genoss unseren schnellen Fortschritt. Die Stille wurde nur durch das Rauschen des Wassers gestört, das sich vor dem festen Kiel teilte, das Murmeln der unbeweglichen und vollen Segel, den Wind, der in den Wanten pfiff, und die gleichmäßige Bewegung der Turbine. Das Meer war nur leicht bewegt, zeigte mal einen weißen Kamm und nahm dann wieder eine einheitliche Farbe an; die Wolken waren verschwunden; und der dunkle Äther tauchte in den weiten Ozean, in dem die Sternbilder vergeblich ihren gewohnten Spiegel suchten. Unsere Geschwindigkeit kann nicht weniger als acht Knoten betragen haben.

Plötzlich hörte ich ein Platschen im Meer. Die wachhabenden Matrosen eilten mit dem Ruf – »Mann über Bord« – zur Seite des Schiffes. »Es kam nicht vom Deck«, sagte der Mann am Ruder, »etwas ist aus der Achterkabine geworfen worden.« Ein Ruf nach dem Absenken des Beibootes hallte vom Deck wider. Ich eilte in die Kabine meiner Schwester; sie war leer.

Mit eingeholten Segeln und angehaltener Turbine blieb das Schiff unwillig stehen, bis nach einer Stunde Suche meine arme Perdita an Bord gebracht wurde. Aber keine Bemühung konnte sie wiederbeleben, keine Medizin ihre lieben Augen öffnen und das Blut wieder aus ihrem pulslosen Herzen fließen lassen. Eine geballte Faust enthielt einen Zettel, auf dem stand: »Nach Athen.« Um ihre Verbringung dorthin zu sichern und den unwiederbringlichen Verlust ihres Körpers in der weiten See zu verhindern, hatte sie als Vorsichtsmaßregel einen langen Schal um ihre Taille und diesen wiederum an den Streben des Kabinenfensters befestigt. Sie war etwas unter den Kiel des Schiffes getrieben, und da sie außer Sichtweite war, kam es zu einer Verzögerung bei der Suche nach ihr. Und so starb das unglückliche Mädchen als Opfer meiner sinnlosen Unbesonnenheit. So verließ sie uns vorzeitig für die Gesellschaft der Toten und zog es vor, das felsige Grab Raymonds, anstatt die lebhafte Szene, die diese fröhliche Erde bot, und die Gesellschaft von liebenden Freunden zu teilen. So starb sie in ihrem neunundzwanzigsten Jahr; nachdem sie einige Jahre des paradiesischen Glücks genossen und dann einen Rückschlag erlitten hatte, dem sich ihr ungeduldiger Geist und ihre liebevolle Gesinnung nicht unterwerfen konnten. Als ich den gelassenen Ausdruck bemerkte, der sich ihrem Gesicht im Tode eingeprägt hatte, fühlte ich trotz der Gewissensbisse, trotz des herzzerreißenden Bedauerns, dass es besser war, so zu sterben, als sich durch lange, elende Jahre des Jammers und der untröstlichen Trauer zu schleppen.

Unbilden des Wetters trieben uns den adriatischen Golf hinauf; und da unser Schiff kaum für den Sturm geeignet war, suchten wir Zuflucht im Hafen von Ancona. Hier traf ich Georgio Palli, den Vizeadmiral der griechischen Flotte, einen ehemaligen Freund und warmherzigen Gefolgsmann Raymonds. Ich vertraute die Überreste meiner verlorenen Perdita seiner Obhut an, um sie nach Hymettus und in die Grabkammer, die Raymond bereits unter der Pyramide bezogen hatte, bringen zu lassen. Dies wurde alles so durchgeführt, wie ich es wünschte. Sie ruhte neben ihrem Geliebten, und der Grabstein trug als Inschrift die vereinten Namen von Raymond und Perdita.

Ich kam dann zu dem Entschluss, unsere Reise nach England über Land fortzusetzen. Mein Herz wurde von Reue und Bedauern geplagt. Die Erkenntnis, dass Raymond für immer gegangen war, dass sein Name, auf ewig mit der Vergangenheit vermischt, aus jeder Erwartung der Zukunft ausgelöscht werden musste, dämmerte mir nun langsam. Ich hatte seine Talente stets bewundert; seine edlen Bestrebungen; seine großartigen Pläne von der Herrlichkeit und Erhabenheit seines Ehrgeizes; seinen äußersten Mangel an üblen Leidenschaften; seine Stärke und Kühnheit. In Griechenland hatte ich gelernt, ihn zu lieben; seine Eigenwilligkeit und Selbstaufopferung unter dem Eindruck des Aberglaubens haben mich sogar doppelt fest an ihn gebunden;

es mochte Schwäche sein, aber es stand im Gegensatz zu allem, was kriecherisch und selbstsüchtig war. Zu diesem Kummer kam der Verlust Perditas hinzu, der durch meinen eigenen verfluchten Eigensinn und meine Täuschung geschehen war. Diese Liebste, meine einzige Verwandte, deren Entwicklung ich von der zarten Kindheit an durch den wechselvollen Pfad des Lebens beobachtet hatte und die sich stets durch ihre bemerkenswerte Redlichkeit, Hingabe und wahre Zuneigung ausgezeichnet hatte, durch alles, was die besonderen Reize des weiblichen Charakters ausmacht, und die ich endlich als das Opfer übermäßiger Liebe, zu fester Anhaftung an das Vergängliche und Verlorene sah; sie hatte in der Blüte ihres Lebens und ihrer Schönheit die angenehme Erscheinung der wirklichen Welt für die Unwirklichkeit des Grabes beiseitegeworfen und die arme Clara als eine Waise zurückgelassen. Ich verheimlichte diesem geliebten Kind, dass der Tod ihrer Mutter ein freiwilliger gewesen war, und versuchte jedes Mittel, um in ihrem betrübten Geist Fröhlichkeit zu erwecken.

Die erste Handlung, die zur Wiederherstellung meiner eigenen Seelenruhe beitrug, bestand darin, mich vom Meer zu verabschieden. Seine verhasste Brandung erneuerte immer wieder die Erinnerung an den Tod meiner Schwester; sein Tosen war ein Klagelied; in jedem dunklen Schiffsrumpf, der auf seinen unbeständigen Busen geworfen wurde, sah ich eine Bahre, die alle, die seinem verräterischen Lächeln vertrauten, in den Tod tragen würde. Lebewohl dem Meer! Komm, meine Clara, setz dich neben mich in diese Luftbarke; schnell und sanft durchmisst sie die azurnen Weiten und gleitet mit sanfter Bewegung auf der Strömung der Luft; oder, wenn der Sturm ihren zerbrechlichen Mechanismus schüttelt, ist die grüne Erde darunter; wir können absteigen und auf dem sicheren Kontinent Zuflucht nehmen. Hier oben, als Gefährten der geschwinden Vögel, überfliegen wir das widerstandslose Element flink und furchtlos. Das leichte Boot schwankt nicht, noch wird es von todbringenden Wellen bedroht; der Äther öffnet sich vor dem Bug, und der Schatten des Ballons, der es aufrecht hält, schützt uns vor der Mittagssonne. Unter uns liegen die Ebenen Italiens oder die langen Linien der wellenförmigen Apenninen: Fruchtbarkeit ruht in ihren vielen Tälern, und Wälder krönen die Gipfel. Der freie und glückliche Bauer, von den Österreichern befreit, trägt die doppelte Ernte in den Getreidespeicher; und die kultivierten Bürger drängen sich ohne Furcht um den lang verpönten Baum des Wissens in diesem Garten der Welt. Wir wurden über die Alpengipfel gehoben, von ihren tiefen und tosenden Schluchten aus betraten wir die Ebene des schönen Frankreichs, und nach einer luftigen Reise von sechs Tagen landeten wir in Dieppe, falteten die gefiederten Flügel und den seidenen Ballon unseres kleinen Gefährts. Ein starker Regen machte diese Art des Reisens jetzt unbequem; also nahmen wir ein Dampfschiff und landeten nach einer kurzen Passage in Portsmouth.

Eine seltsame Geschichte ging hier um. Ein paar Tage zuvor war ein sturmgeschütteltes Schiff vor der Stadt aufgetaucht: Der Rumpf war ausgedörrt und rissig, die Segel zerfetzt und auf eine achtlose, unfachmännische Weise geflickt, die Wanten in Unordnung und zerbrochen. Es trieb zum Hafen und strandete auf dem Sand am Eingang. Am Morgen suchten die Zollbeamten zusammen mit einer Menge von Müßiggängern es auf. Nur einer aus der Mannschaft schien mit dem Schiff angekommen zu sein. Er war an Land und ein paar Schritte in Richtung der Stadt gegangen, und dann, von Krankheit und nahendem Tod besiegt, auf den unwirtlichen Strand gefallen. Er wurde steif vorgefunden, seine Hände geballt und gegen seine Brust gedrückt. Seine beinahe schwarze Haut, sein verfilztes Haar und sein borstiger Bart waren Zeichen eines langwierigen Siechtums. Es wurde geflüstert, dass er an der Pest gestorben sei. Niemand wagte sich an Bord des Schiffes, und es wurde beteuert, dass dort des Nachts seltsame Dinge geschähen, dass Gestalten über das Deck gingen und an den Masten und Segeln hingen. Es zerfiel bald in Stücke; mir wurde gezeigt, wo es gewesen war, und ich sah sein Holz auf den Wellen treiben. Der Körper des Mannes, der gelandet war, war tief im Sand begraben worden; und niemand konnte mehr erzählen, als dass das Schiff von amerikanischer Bauart gewesen war und dass einige Monate zuvor die Fortunatus von Philadelphia abgesegelt war, von welcher man seither nichts mehr gehört hatte.

Kapitel 4

Ich kehrte im Herbst des Jahres 2092 zu meiner Familie zurück. Mein Herz hatte sich lange nach ihnen gesehnt; und ich war außer mir vor Freude und Entzücken, sie wiederzusehen. Der Bezirk, in dem sie lebten, schien die Heimat guter Geister zu sein. Glück, Liebe und Frieden regierten die waldigen Pfade und besänftigten die Atmosphäre. Nach all der Aufregung und Sorge, die ich in Griechenland durchlitten hatte, kehrte ich nach Windsor zurück wie der vom Sturm getriebene Vogel in das Nest, in dem er ruhig seine Flügel falten kann.

Wie unklug die Wanderer gewesen waren, die ihre Zuflucht verlassen hatten, um sich im Netz der Gesellschaft zu verstricken und das zu betreten, was die Menschen in der Welt »Leben« nennen – das Labyrinth des Bösen, das System der gegenseitigen Marter. Um zu leben, nach diesem Sinn des Wortes zu leben, müssen wir nicht nur beobachten und lernen, wir müssen auch fühlen; wir dürfen keine bloßen Zuschauer der Handlung sein, wir müssen handeln; wir dürfen nicht bloß beschreiben, sondern müssen Gegenstand der Beschreibung sein. Tiefe Unzufriedenheit muss unsere Brust ergriffen, der Betrug uns aufgelauert haben, die Trickreichen müssen uns getäuscht, krank machender Zweifel und falsche Hoffnung unsere Tage durchkreuzt haben, Ausgelassenheit und Wonne, die die Seele in Ekstase treiben, uns zuweilen überkommen haben. Wer, der weiß, was »Leben« ist, würde sich nach dieser fiebrigen Art des Daseins sehnen? Ich habe gelebt. Ich habe Tage und Nächte im Rausch des Festes verbracht; ich habe mich ehrgeizigen Hoffnungen ergeben und im Sieg frohlockt. Jetzt – schließt die Tür zur Welt und baut eine hohe Mauer, die mich von der unruhigen Szenerie in seinen Gebäuden trennt. Lasst uns füreinander und für das Glück leben; lasst uns Frieden in unserer geliebten Heimat, an den murmelnden heimatlichen Bächen, unter dem anmutigen Wippen der Bäume, dem schönen Gewand der Erde, und unter der erhabenen Pracht des Himmels suchen. Lasst uns das »Leben« verlassen, damit wir leben können.

Idris war mit meinem Entschluss sehr zufrieden. Ihre angeborene Lebhaftigkeit brauchte keine übermäßige Aufregung, und ihr gelassenes Herz ruhte zufrieden auf meiner Liebe, dem Wohlergehen ihrer Kinder und der Schönheit der sie umgebenden Natur. Ihr Stolz und ihr unbescholtener Ehrgeiz waren es, überall um sie herum ein Lächeln zu erzeugen und die angegriffene Gesundheit ihres Bruders zu schonen. Trotz ihrer zarten Pflege nahm die Gesundheit Adrians merklich ab. Wandern, Reiten, die gewöhnlichen Beschäftigungen des Alltags wurden zu viel für ihn: Er fühlte keinen Schmerz, schien aber stets am Rande des Todes zu zittern. Doch da er bereits seit Monaten beinahe im selben Zustand lebte, flößte er uns keine unmittelbare Angst ein; und obschon er vom Tod als einem Ereignis sprach, das seinen Gedanken am vertrautesten war, ließ er nicht von seinen Bemühungen ab, andere glücklich zu machen oder seine eigenen erstaunlichen Geisteskräfte zu kultivieren.

Der Winter verging; und der Frühling erweckte das Leben in der ganzen Natur. Der Wald war grün gekleidet; die jungen Kälber tollten auf dem neu entsprungenen Gras umher; die windbeflügelten Schatten leichter Wolken zogen über die grünen Kornfelder; der einsiedlerische Kuckuck wiederholte seinen eintönigen Gruß zur Jahreszeit; die Nachtigall, der Vogel der Liebe und die Dienerin des Abendsterns, erfüllte den Wald mit Liedern; während Aphrodite im warmen Sonnenuntergang verweilte und das junge Grün der Bäume in sanfter Linie entlang dem klaren Horizont lag.

In jedem Herzen erwachten Freude und Jubel; denn es war Friede in der ganzen Welt; der Tempel des Janus war geschlossen, und der Mensch starb in diesem Jahr nicht durch die Hand des Menschen.

»Lasst das nur zwölf Monate anhalten«, sagte Adrian; »und die Erde wird ein Paradies werden. Die Tatkraft des Menschen war zuvor auf die Zerstörung seiner Art gerichtet: sie zielt nun auf seine Befreiung und Bewahrung. Der Mensch kann nicht ruhen, und seine rastlosen Bestrebungen werden nun Gutes statt Böses hervorbringen. Die glückreichen Länder des Südens werden das eiserne Joch der Knechtschaft abwerfen, die Armut wird uns verlassen und damit die Krankheit. Was mögen die Kräfte, die niemals zuvor vereint waren, nicht alles für Freiheit und Frieden in dieser Wohnstatt des Menschen erreichen?«

»Immer träumen Sie, Windsor!«, sagte Ryland, der alte Gegner Raymonds und Kandidat für das Protektorat bei den kommenden Wahlen. »Seien Sie versichert, dass die Erde nicht der Himmel ist und niemals sein kann, während die Saat der Hölle aus ihrem Boden stammt. Wenn die Jahreszeiten nicht mehr wechseln, wenn die Luft keine Krankheiten mehr hervorruft, wenn sie Pest und Dürre keinen Raum gibt, dann wird es keine Krankheit mehr geben; wenn die Leidenschaften der Menschen erstorben sind, wird die Armut verschwinden. Wenn die Liebe nicht mehr in Hass umschlägt, dann wird es Brüderlichkeit geben: wir sind gegenwärtig sehr weit von diesem Zustand entfernt.«

»Nicht so weit, wie Sie vielleicht annehmen«, bemerkte ein kleiner alter Astronom namens Merrival, »die Pole wandern nur langsam, aber mit Gewissheit; in hunderttausend Jahren –«

»Werden wir alle unter der Erde sein«, sagte Ryland.

»Der Pol der Erde wird mit dem Pol der Ekliptik zusammenfallen«, fuhr der Astronom fort, »darauf wird ein universeller Frühling erzeugt und die Erde wird zum Paradies.«

»Und wir werden natürlich den Vorteil der Veränderung genießen«, sagte Ryland verächtlich.

»Hier stehen merkwürdige Neuigkeiten«, bemerkte ich. Ich hatte die Zeitung in der Hand und wie immer zu den Nachrichten aus Griechenland geblättert. »Es scheint, dass die völlige Zerstörung Konstantinopels und die Annahme, dass der Winter die Luft der gefallenen Stadt gereinigt hat, den Griechen den Mut gab, sie zu betreten und wiederaufzubauen. Aber es heißt, dass der Fluch Gottes über dem Ort liegt, da jeder, der sich innerhalb der Mauern gewagt hat, durch die Pest befleckt worden ist, dass diese Seuche sich in Thrakien und Mazedonien ausgebreitet hat und dass jetzt, aus Furcht vor der Ausbreitung der Infektion während der kommenden Hitzeperiode, eine Absperrung um die Grenzen von Thessalien gezogen und eine strenge Quarantäne angeordnet wurde.«

Diese Nachricht brachte uns von der Aussicht des Paradieses, das erst nach Ablauf von hunderttausend Jahren kommen sollte, auf das Leid und Elend zurück, das gegenwärtig auf der Erde bestand. Wir sprachen von den Verwüstungen, die im vergangenen Jahr in jedem Teil der Welt durch die Pest verursacht worden waren, und von den schrecklichen Folgen eines zweiten Ausbruchs. Wir diskutierten über die besten Mittel zur Vorbeugung einer Infektion und zur Erhaltung von Gesundheit und Alltagsleben, sollte eine große Stadt solcherart betroffen sein – eine Stadt wie London. Merrival schloss sich diesem Gespräch nicht an; er rückte näher zu Idris und versicherte ihr, dass für ihn die freudige Aussicht auf ein irdisches Paradies nach hunderttausend Jahren durch die Erkenntnis getrübt sei, dass in einer bestimmten Zeit danach eine irdische Hölle oder ein Fegefeuer entstehen würde, wenn die Ekliptik und der Äquator im rechten Winkel zueinander stünden. Unsere Gesellschaft trennte sich schließlich. »Heute Morgen träumen wir alle«, sagte Ryland, »es ist ebenso weise, die Wahrscheinlichkeit eines Besuchs der Pest in unserer gut regierten Metropole zu diskutieren, als die Jahrhunderte zu berechnen, die vergehen müssen, ehe wir hier unter freiem Himmel Ananas anbauen können.«

Doch obschon es absurd schien, auf die Ankunft der Pest in London zu rechnen, konnte ich nicht ohne äußerste Pein über die Verwüstung nachdenken, die dieses Übel in Griechenland verursachen würde. Die Engländer sprachen zum größten Teil von Thrakien und Mazedonien, als sei es ein Mondgebiet, das ihnen unbekannt war und von dem sie weder eine klare Vorstellung hatten noch ein Interesse dafür hegten. Ich aber hatte den Boden betreten. Die Gesichter vieler Bewohner waren mir vertraut; in den Städten, Ebenen, Hügeln und in den Tälern dieser Länder hatte ich unaussprechliche Freude genossen, als ich sie im Jahr zuvor bereist hatte. Ein dort liegendes romantisches Dorf, ein Häuschen oder eine elegante Unterkunft, bewohnt von den Schönen und den Guten, erhob sich vor meinem geistigen Auge, und die Frage verfolgte mich, ist dort auch die Pest? – Das gleiche unbesiegbare Ungeheuer, das über Konstantinopel schwebte und es verschlang – jener Teufel, der grausamer als der Sturm ist, weniger zahm als das Feuer, ist ach! in diesem schönen Land entfesselt – diese Gedanken ließen mich keinen Schlaf finden.

Der politische Zustand Englands wurde aufgewühlt, als die Zeit näher rückte, zu welcher der neue Protektor gewählt werden sollte. Dieses Ereignis erregte umso mehr Interesse, da es nach neuesten Berichten hieß, dass, wenn der Kandidat des Volkes (Ryland) gewählt werden sollte, das Parlament sich der Frage der Abschaffung des erblichen Ranges und anderer feudaler Relikte annehmen würde. In der gegenwärtigen Sitzung wurde kein Wort zu einem dieser Themen gesprochen. Alles würde von der Wahl eines Protektors und den Wahlen des folgenden Jahres abhängen. Doch diese Stille war schrecklich und zeigte das tiefe Gewicht, das der Frage zugeschrieben wurde; die Furcht jeder der Parteien, einen unzeitgemäßen Angriff zu riskieren, und die Erwartung einer wütenden Auseinandersetzung, wenn er beginnen sollte.

Aber obschon St. Stephen's nicht von der Stimme widerhallte, die jedes Herz erfüllte, überboten die Zeitungen einander mit Artikeln darüber; und in privaten Gesellschaften ging jede Unterhaltung, mit welchem entfernten Gegenstand sie auch begonnen hatte, bald zu diesem zentralen Punkt über, wobei Stimmen gesenkt und Stühle näher herangezogen wurden. Die Adligen zögerten nicht, ihre Besorgnis auszudrücken; die andere Partei bemühte sich, die Sache leichthin zu behandeln. »Schande über das Land«, sagte Ryland, »dass sie so viel Betonung auf Wörter und Firlefanz legen; es ist alles unwichtig; es geht doch nur um die neue Bemalung der Kutschenschläge und die Stickerei auf den Mänteln der Lakaien.«

Aber könnte England tatsächlich die Vorherrschaft seines Adels ablegen und sich mit dem demokratischen Stil Amerikas zufriedengeben? Waren der Stolz der Abstammung, der Patriziergeist, die vornehmen Artigkeiten und kultivierten Bestrebungen, die glänzenden Eigenschaften des Ranges unter uns auszulöschen? Uns wurde gesagt, dass dies nicht der Fall sein würde; dass wir von Natur aus ein poetisches Volk seien, eine Nation, die leicht von Worten getäuscht werde, die bereit sei, Wolken im Glanz anzuordnen und dem Staub Ehre zu erweisen. Diesen Geist könnten wir niemals ablegen; und um diesen konzentrierten angeborenen Geist zu zerstreuen, sollte das neue Gesetz vorgebracht werden. Uns wurde versichert, dass, wenn der Name und der Titel des Engländers das einzige Adelspatent wären, wir alle adelig sein sollten; dass, wenn kein Mann, der unter englischer Flagge geboren wäre, sich einem andern im

Rang unterlegen fühlte, Höflichkeit und Kultiviertheit das Geburtsrecht aller unserer Landsleute werden würde. Lasst England nicht so weit in Ungnade fallen, als dass es sich vorzustellen hätte, ohne Adel, die wahren Adeligen der Natur zu sein, die ihre Tüchtigkeit in ihrer Miene tragen, die von ihrer Wiege an über den Rest ihres Geschlechtes erhoben sind, weil sie besser sind. Unter einer Rasse unabhängiger, großzügiger und gebildeter Männer, in einem Land, in dem die Geisteskraft in den Gemütern der Menschen herrscht, brauchen wir keine Angst zu haben, auf eine fortwährende Abfolge der Hochgeborenen und Edlen angewiesen zu sein. Letztere Partei konnte jedoch nurmehr als eine Minderheit im Königreich betrachtet werden, die als die Zierde der Säule, »das korinthische Kapitell der verfeinerten Gesellschaft« besungen wurde; sie bediente unzählige Vorurteile, zielte auf alte Gewohnheiten und junge Hoffnungen ab; machte sich die Erwartungen Tausender zunutze, die eines Tages geadelt werden könnten, und stellte als eine Art Vogelscheuche das Gespenst all dessen auf, was in den Handelsrepubliken verkommen, gemein und niederträchtig war.

Die Pest war nach Athen gekommen. Hunderte von englischen Einwohnern kehrten in ihr eigenes Land zurück. Raymonds geliebte Athener, die freien, edlen Leute der göttlichsten Stadt Griechenlands, fielen wie reifes Getreide vor der gnadenlosen Sichel des Gegners. Seine schönen Plätze waren verlassen; seine Tempel und Paläste wurden in Gräber umgewandelt; seine Tatkraft, die zuvor auf die höchsten Ziele des menschlichen Ehrgeizes gerichtet gewesen war, war nun gezwungen, sich auf einen Punkt zu verdichten, den Schutz vor den unzähligen Pfeilen der Pest.

Zu jeder anderen Zeit hätte dieses Unglück äußerstes Mitgefühl unter uns erregt; jetzt aber wurde es übergangen, während jedermann sich mit der kommenden Debatte beschäftigte. Bei mir war dem nicht so; und die Frage nach Rang und Recht verblasste in meinen Augen zur Bedeutungslosigkeit, als ich mir das leidende Athen vorstellte. Ich hörte vom Tod einziger Söhne, geliebter Ehefrauen und Ehemänner; vom Zerreißen mit den Fasern des Herzens gewundener Bande, von Freunden, die Freunde verloren, und von jungen Müttern, die um ihr erstes Kind trauerten; und diese bewegenden Ereignisse wurden in meiner Phantasie durch die Kenntnis der Personen, durch meine Wertschätzung und Zuneigung für die Leidenden geordnet und gemalt. Es waren die Bewunderer, Freunde und Kameraden Raymonds, Familien, die Perdita in Griechenland willkommen geheißen und mit ihr den Verlust ihres Gemahls beklagt hatten, die weggefegt wurden und mit ihnen im gleichmachenden Grab wohnten.

Der Pest in Athen war die Ausbreitung im Osten vorangegangen, und Verwüstung und Tod herrschten dort weiterhin in einer Größenordnung von furchtbarem Ausmaß. Die Hoffnung, dass die Heimsuchung des gegenwärtigen Jahres sich als die letzte erweisen würde, hielt den Mut der mit diesen Ländern verbundenen Kaufleute aufrecht; doch die Einwohner wurden zur Verzweiflung getrieben oder zu einer Resignation, die, vom Fanatismus herkommend, den gleichen dunklen Farbton annahm. Amerika war ebenfalls betroffen; und, ob es nun Gelbfieber oder die Pest war, die Epidemie besaß eine nie gekannte Ansteckungskraft. Die Verwüstung beschränkte sich nicht auf die Städte, sondern verbreitete sich im ganzen Land; der Jäger starb in den Wäldern, der Bauer in den Kornfeldern und der Fischer in seinen heimischen Gewässern.

Eine seltsame Geschichte erreichte uns aus dem Osten, der wenig Glauben geschenkt worden wäre, wäre die Tatsache nicht durch eine Vielzahl von Zeugen in verschiedenen Teilen der Welt bezeugt worden. Es hieß, dass am einundzwanzigsten Juni, eine Stunde vor Mittag, eine schwarze Sonne aufgegangen sei: eine Kugel von der Größe dieses Himmelskörpers, aber dunkel, mit scharfen Umrissen, deren Strahlen Schatten waren. Diese Kugel sei von Westen aufgestiegen, hätte in ungefähr einer Stunde den Meridian erreicht und die Sonne verfinstert. Die Nacht legte sich über jedes Land, eine plötzliche, strahlenlose, vollständige Nacht. Die Sterne traten heraus und gossen ihre unwirksamen Schimmer über die verdunkelte Erde. Aber bald ging die düstere Kugel über die Sonne hinaus und trieb den östlichen Himmel hinab. Als sie unterging, kreuzten ihre dunklen Strahlen die leuchtenden der Sonne und dämpften oder verzerrten sie. Die Schatten der Dinge nahmen seltsame und grässliche Formen an. Die wilden Tiere in den Wäldern erschraken vor den unbekannten Formen, die sich auf dem Boden zeigten. Sie flohen, sie wussten nicht wohin; und die Bürger wurden von größerer Furcht erfüllt als bei der Erschütterung, die »Löwen in der Städte Gassen treiben«; Vögel, Adler mit starken Schwingen, fielen, plötzlich geblendet, auf die Marktplätze, während sich Eulen und Fledermäuse zeigten, die die frühe Nacht begrüßten. Allmählich sank der Gegenstand der Furcht unter den Horizont und schoss bis zum letzten Moment schattenhafte Strahlen in die ansonsten klare Luft. So lautete die Geschichte, die uns aus Asien, vom östlichen Ende Europas und von Afrika bis zur Goldküste geschickt wurde.

Ob diese Geschichte wahr war oder nicht, die Auswirkungen waren es gewiss. In ganz Asien, vom Ufer des Nils bis zum Kaspischen Meer, vom Hellespont bis nach Oman, wurde eine plötzliche Panik ausgelöst. Die Männer füllten die Moscheen; die verhüllten Frauen eilten zu den Gräbern und brachten den Toten Opfergaben, um so die Lebenden zu erhalten. Die Pest war vergessen angesichts dieser neuen Angst, die die schwarze Sonne verbreitet hatte; und obschon sich die Toten mehrten und die Straßen Isfahans, Pekings und Delhis mit Pestleichen übersät waren, gingen die Menschen vorüber und blickten auf den unheilverkündenden Himmel, ungeachtet des Todes vor ihren Füßen. Die Christen suchten ihre Kirchen auf, – christliche Jungfrauen besuchten selbst am Rosenfest, in Weiß gekleidet, mit leuchtenden Schleiern, in langen Prozessionen die ihrer Religion geweihten Orte und erfüllten die Luft mit ihren Gesängen; immer und immer wieder brach aus den Lippen eines armen Trauernden in der Menge eine klagende Stimme hervor, und die anderen schauten auf und glaubten, dass sie die geschwungenen Flügel von Engeln erkennen könnten, die über die Erde glitten und das Unheil beklagten, das auf den Menschen herabkommen sollte.

Im sonnigen Klima Persiens, in den überfüllten Städten Chinas, inmitten der duftenden Haine Kaschmirs und entlang der südlichen Küsten des Mittelmeers fanden solche Szenen statt. Sogar in Griechenland erhöhte die Geschichte der schwarzen Sonne die Angst und die Verzweiflung der sterbenden Menge.

Wir auf unserer bewölkten Insel waren weit von der Gefahr entfernt, und der einzige Umstand, der uns diese Katastrophen nahe brachte, war die tägliche Ankunft von Schiffen aus dem Osten, voll von Auswanderern, meist Engländern; denn die Moslems, obwohl die Furcht vor dem Tod weit unter ihnen verbreitet war, klammerten sich noch aneinander; wenn sie sterben sollten (und in diesem Fall würde ihnen der Tod ebenso bereitwillig auf dem heimatlosen Meer oder im fernen England wie in Persien begegnen) – wenn sie sterben sollten, könnten ihre Knochen in der Erde ruhen, die bereits von den Überresten der wahren Gläubigen geheiligt war. Mekka war noch nie so voll von Pilgern gewesen; doch die Araber versäumten es, die Karawanen zu plündern, sondern schlossen sich bescheiden und unbewaffnet der Prozession an und beteten darum, die Pest von ihren Zelten und Wüsten abzuwenden.

Ich kann das grenzenlose Entzücken nicht beschreiben, mit dem ich mich von den politischen Keilereien zu Hause und den gesundheitlichen Übeln ferner Länder ab- und meinem eigenen geliebten Heim zuwandte, der erkorenen Bleibe des Guten und der Liebe; dem Frieden und dem Austausch aller heiligen Zuneigung. Hätte ich Windsor nie verlassen, wären diese Gefühle nicht so stark gewesen; doch ich war in Griechenland ein Opfer der Angst und der beklagenswerten Veränderung gewesen; in Griechenland hatte ich, nach einer Zeit der Angst und des Leids, zwei Menschen sterben sehen, deren Namen Symbole der Größe und der Tugend waren. Aber solch ein Elend konnte niemals in den häuslichen Kreis eindringen, der mir geblieben war, während wir abgeschieden in unserem geliebten Wald unser Leben in Ruhe verbrachten. Einige kleine Veränderungen brachte der Fortschritt der Jahre in der Tat hierher; und die Zeit, wie es nun einmal so ist, stempelte die Spuren der Sterblichkeit auf unsere Freuden und Erwartungen.

Idris, die warmherzigste Ehefrau, Schwester und Freundin, war eine zärtliche und liebevolle Mutter. Das Gefühl war bei ihr nicht wie bei vielen anderen, ein Zeitvertreib; es war eine Leidenschaft. Wir hatten drei Kinder; eines, das zweitälteste, starb, als ich in Griechenland war. Dies hatte Kummer und Angst unter die triumphierenden und begeisterten Gefühle der Mutterschaft gemengt. Vor diesem Ereignis schienen die kleinen Wesen, die aus ihr selbst hervorgegangen waren, die jungen Erben ihres vergänglichen Lebens, eine sichere Existenz zu haben; jetzt fürchtete sie, dass der gnadenlose Zerstörer ihre restlichen Lieblinge verschlingen könnte, wie er deren Bruder verschlungen hatte. Die geringste Krankheit verursachte Qualen der Angst; sie war unglücklich, wenn sie auch nur von ihnen getrennt war; der Schatz ihres Glücks lag in ihren zerbrechlichen Körpern, und sie war stets auf der Hut, damit der heimtückische Dieb kein weiteres dieser kostbaren Juwelen stehlen konnte. Sie hatte glücklicherweise wenig Grund zur Angst. Alfred, jetzt neun Jahre alt, war ein aufrechter, mannhafter kleiner Kerl mit einem strahlenden Antlitz, sanften Augen und einem freundlichen, obgleich eigensinnigen Gemüt. Unser Jüngster war noch ein Kleinkind; aber seine flaumige Wange war mit der Rose der Gesundheit überhaucht, und seine unermüdliche Lebhaftigkeit füllte unsere Hallen mit unschuldigem Lachen.

Clara hatte das Alter bereits überschritten, das wegen seiner stummen Unwissenheit die Quelle von Idris' Ängsten war. Clara war ihr teuer, so wie uns allen. In ihr steckte so viel Intelligenz, kombiniert mit Unschuld, Empfindsamkeit mit Nachsicht und Ernsthaftigkeit mit vollkommener Heiterkeit, eine so überirdische Schönheit vereint mit einer solch liebenswerten Einfachheit, dass sie wie eine Perle im Schrein unserer Besitztümer lag, ein wunderbarer und wertvoller Schatz.

Zu Beginn des Winters ging unser jetzt neunjähriger Alfred erstmals nach Eton zur Schule. Dies erschien ihm als der erste Schritt zur Männlichkeit, und er war äußerst erfreut. In der Gemeinschaft des Lernens und des Vergnügens entwickelten sich die besten Teile seines Charakters, seine stete Ausdauer, Großzügigkeit und gute Beherrschung. Welche tiefen und heiligen Gefühle werden in eines Vaters Brust erweckt, wenn er zum ersten Mal überzeugt wird, dass seine Liebe zu seinem Kind nicht nur ein Instinkt ist, sondern mit Recht verliehen wird, und dass andere, weniger verwandte, seine Zustimmung teilen! Es war eine große Freude für Idris und mich, zu sehen, dass die Ehrlichkeit, die aus Alfreds offenem Gesicht sprach, die Intelligenz seiner Augen, die ausgeglichene Empfindsamkeit seiner Worte keine Einbildung waren, sondern Hinweise auf Talente und Tugenden, die »mit seinem Wachstum wachsen und mit seiner Stärke erstarken würden«. Zu dieser Zeit, mit dem Ende der Liebe eines Tieres zu seinem Spross, – beginnt die wahre Zuneigung des menschlichen Elternteils. Wir betrachten diesen geliebten Teil unserer selbst nicht mehr als eine zarte Pflanze, die wir hegen müssen, oder als ein Spielzeug für eine Mußestunde. Wir bauen jetzt auf seine intellektuellen Fähigkeiten, wir setzen unsere Hoffnungen in seine moralischen Neigungen. Seine Schwäche verleiht diesem Gefühl immer noch Furcht, seine Unwissenheit verhindert vollständige Nähe; aber wir beginnen den zukünftigen Menschen zu respektieren und versuchen uns seine Wertschätzung zu sichern, als ob er uns gleichgestellt wäre. Was kann einem Elternteil mehr am Herzen liegen als die gute Meinung seines Kindes? Bei all unserem Umgang mit ihm muss unsere Ehre unantastbar sein, die Redlichkeit unserer Beziehung unbefleckt: Schicksal und Umstände mögen, wenn es zur Reife kommt, uns für immer trennen – aber wie seine Beschützer in der Gefahr, seinen Trost in der Not wird der glühende Jüngling für immer Liebe und Ehre für seine Eltern mit sich über den rauen Pfad des Lebens tragen.

Wir hatten so lange in der Nähe von Eton gelebt, dass seine Bevölkerung von jungen Leuten uns gut bekannt war. Viele von ihnen waren Alfreds Spielkameraden gewesen, bevor sie seine Schulkameraden wurden. Wir beobachteten nun diese junge Gemeinde mit doppeltem Interesse. Wir bemerkten die Charakterunterschiede zwischen den Burschen und bemühten uns, den zukünftigen Mann im Knaben zu erkennen. Es gibt nichts Schöneres, wonach sich das Herz mehr sehnt als nach einem freigeistigen Knaben, sanft, mutig und großzügig. Einige der Etoner hatten diese Eigenschaften; alle zeichneten sich durch Ehrgefühl und Unternehmergeist aus; in einigen, als sie zur Männlichkeit heranwuchsen, degenerierte dies in Anmaßung; aber die Jüngeren, die ein wenig älter waren als unser Knabe, zeichneten sich durch ihre galante und liebreizende Natur aus.

Hier waren die zukünftigen Häupter Englands; die Männer, die, wenn unser Feuer erkaltet und unsere Pläne für immer vollendet oder zerstört wären, wenn unser Stück gespielt sein würde und wir das Kostüm auszogen, um die Uniform des Alters oder des gleichstellenderen Todes anzulegen; hier waren die Wesen, die die gewaltige Maschine der Gesellschaft weiterführen sollten; hier waren die Liebhaber, Ehemänner, Väter; hier der Wirt, der Politiker, der Soldat; einige glaubten gar, dass sie schon jetzt bereit seien, auf der Bühne zu erscheinen, begierig darauf, eine der *dramatis personae* des aktiven Lebens zu werden. Es war nicht lange her, dass ich wie einer dieser bartlosen Bewerber gewesen war. Wenn mein Sohn einst den Platz erhalten sollte, den ich jetzt innehabe, werde ich zu einem grauköpfigen, zerfurchten alten Mann geworden sein. Ein seltsames System! Ein höchst ehrfurchtgebietendes Rätsel der Sphinx, dass also der Mensch bleibt, während die Individuen vergehen! Solcherart ist, um die Worte eines beredten und philosophischen Autors zu verwenden, »die Art der Existenz, die einem dauerhaften Körper, der aus vergänglichen Teilen besteht, verordnet wird, wobei die große geheimnisvolle Verbindung der menschlichen Rasse durch die Anordnung einer erstaunlichen Weisheit zusammengefügt und das Ganze niemals alt, im mittleren Alter oder jung ist, sondern in einem Zustand unveränderlicher Gleichförmigkeit weiter durch den mannigfaltigen Verlauf des fortwährenden Verfalls, des Niedergangs, der Erneuerung und des Fortschritts geht«.

Bereitwillig mache ich dir Platz, lieber Alfred! Entwickle dich fort, Sprössling der zärtlichen Liebe, Kind unserer Hoffnungen; rücke als Soldat auf der Straße vor, die ich vor dir gegangen bin! Ich werde dir weichen. Ich habe schon die Sorglosigkeit der Kindheit, die ungetrübte Stirn und die federnde Gangart der frühen Jahre abgelegt, auf dass sie dich schmücken mögen.

Rücke vor; und ich werde mich noch weiterer Dinge zu deinem Vorteil entledigen. Die Zeit soll mich der Schönheit der Reife berauben, mir das Feuer aus meinen Augen nehmen und die Beweglichkeit von meinen Gliedern, mir den besseren Teil des Lebens, ehrgeizige Erwartung und leidenschaftliche Liebe nehmen und sie verdoppelt über deinen teuren Kopf gießen. Voraus! Bedient euch der Gabe, du und deine Kameraden; und beschämt in dem Stück, in dem ihr spielen werdet, nicht diejenigen, die euch lehrten, das Schauspiel, und die Teile, die euch zugeteilt sind, richtig auszusprechen! Möge dein Fortschritt ununterbrochen und sicher sein; während des Frühlings der Hoffnungen des Menschen geboren, mögest du den Sommer heranführen, den kein Winter überwinden kann!

Kapitel 5

Gewiss hatte sich irgendeine Unordnung in den Lauf der Elemente eingeschlichen und ihren wohlwollenden Einfluss zerstört. Der Wind, der Prinz der Lüfte, wütete durch sein Königreich, peitschte das Meer voller Wut und zwang die rebellische Erde zu einer Art Gehorsam.

> Solchen sendet Kronion schweres Leid vom Himmel, Hunger und Pest zugleich, und ganze Völker verderben. Ihre Frauen gebären nicht, und Geschlechter schwinden durch Ränke des olympischen Zeus dahin, oder der Kronide richtet strafend ihr starkes Heer, die Mauer oder ihre Schiffe im Meer zugrunde.

Ihre tödliche Macht erschütterte die blühenden Länder des Südens, und im Winter begannen selbst wir in unserem nördlichen Schlupfwinkel vor ihren unheilvollen Auswirkungen zu beben.

Jene Fabel, die der Sonne die Überlegenheit über den Wind verleiht, ist ungerecht. Wer hat nicht gesehen, wie die lichte Erde, die milde Atmosphäre und die sich sonnende Natur dunkel, kalt und unfreundlich werden, wenn der schlafende Wind im Osten erwacht? Oder wenn die dunklen Wolken den Himmel dicht verhüllen, während scheußliche Regenschauer herabgegossen werden, bis die feuchte Erde sich weigert, die überbordende Feuchtigkeit aufzunehmen, so dass jene in Lachen an der Oberfläche liegt; wenn die Fackel des Tages wie ein Meteor erscheint, der gelöscht werden soll. Wer hat nicht den wolkenzerreißenden Nordwind gesehen, wenn das gestreifte Blau erscheint, und bald eine Öffnung in den Dünsten im Auge des Windes, durch welche das helle Azur strahlt? Die Wolken werden dünn; ein Bogen wird gebildet, um immer aufwärts zu steigen, bis die oberste Ausdehnung enthüllt wird und die Sonne, von der Brise wiederbelebt und genährt, ihre Strahlen ausströmt.

Dann, o Wind, wirst du mächtig über allen anderen Stellvertretern der Naturgewalt thronen; ob du zerstörerisch von Osten kommst oder mit dem elementaren Leben aus dem Westen schwanger gehst; dir gehorchen die Wolken; die Sonne ist dir untertan; der grenzenlose Ozean ist dein Sklave! Du streichst über die Erde, und jahrhundertealte Eichen ergeben sich deiner blinden Axt; der Schnee verweht auf den Zinnen der Alpen, die Lawine donnert ihre Klippen herab. Du hältst die Schlüssel des Frostes fest und kannst die Ströme zuerst zügeln und dann freisetzen; unter deiner sanften Führung werden die Knospen und Blätter geboren, sie gedeihen von dir gehegt.

Warum heulst du so, o Wind? Bei Tag und bei Nacht ist dein Brüllen in vier langen Monden nicht verstummt – die Küsten des Meeres sind übersät mit Wracks, seine kielfreundliche Oberfläche ist unpassierbar geworden, die Erde hat ihre Schönheit im Gehorsam gegenüber deinem Befehl verloren, der zarte Ballon wagt nicht mehr, in der aufgewühlten Luft zu segeln, deine Diener, die Wolken, überfluten das Land mit Regen, Flüsse treten über ihre Ufer, der Wildbach zerreißt den Bergpfad, Ebene und Wald und fruchtbares Tal sind ihrer Lieblichkeit beraubt, unsere Städte sind von dir verwüstet. Ach, was wird aus uns werden? Es scheint, als ob die riesigen Wellen des Ozeans und die gewaltigen Meeresarme die tief verwurzelte Insel aus ihrer Mitte reißen und sie in Trümmern als ein Wrack auf die Felder des Atlantiks werfen wollten.

Was sind wir, die Bewohner dieser Erdkugel, denn unter den vielen, die den unendlichen Raum bevölkern? Unsere Gedanken begrüßen die Unendlichkeit, doch der sichtbare Mechanismus unseres Wesens unterliegt dem geringsten Zufall. Tag für Tag werden wir zu dieser Überzeugung gezwungen. Er, den ein Kratzer in Unordnung brachte, er, der unter dem Einfluss der feindlich tätigen Wirkung um uns herum aus dem wahrnehmbaren Leben schied, hatte die gleichen Kräfte wie ich – auch ich bin denselben Gesetzen unterworfen. Und dennoch nennen wir uns Herren der Schöpfung, Stützen der Elemente, Meister über Leben und Tod, und als Entschuldigung für diese Anmaßung bringen wir vor, dass, wenngleich das Individuum zerstört ist, der Mensch für immer fortbesteht.

Indem wir auf diese Weise unsere Identität verlieren, jene, der wir uns hauptsächlich bewusst sind, preisen wir den Fortbestand unserer Rasse und lernen, den Tod ohne Schrecken zu betrachten. Wenn jedoch eine ganze Nation zum Opfer der zerstörerischen Kraft äußerer Mächte wird, dann schrumpft der Mensch tatsächlich in die Bedeutungslosigkeit, sieht er das ihm gewährte Lebenslehen in Gefahr, sein Erbe auf Erden abgeschnitten.

Ich erinnere mich, dass ich, nachdem ich die zerstörerischen Auswirkungen eines Brandes beobachtet hatte, nicht einmal ein kleines Feuer im Ofen ohne ein Gefühl der Angst ansehen konnte. Die hohen Flammen hatten sich um das Gebäude gewunden, als es fiel und zerstört wurde. Sie schlichen sich in die Gegenstände um sie herum ein, und die Hindernisse ihres Fortschritts gaben unter ihrer Berührung nach. Können wir uns wesentliche Teile jener Macht zunutze machen, ohne ihrer Gewalt unterworfen zu sein? Können wir ein Junges dieses wilden Tieres zähmen, ohne sein Wachstum und seine Reife zu fürchten?

So begannen wir, uns in Bezug auf den vielgesichtigen Tod zu fühlen, der auf einige Bezirke unserer schönen Wohnstatt losgelassen worden war, und vor allem in Bezug auf die Pest. Wir fürchteten den kommenden Sommer. Nationen, die an die bereits infizierten Länder grenzten, begannen ernsthafte Pläne für eine bessere Abwehr des Feindes zu schmieden. Wir, ein Handelsvolk, mussten solche Systeme in Betracht ziehen; und die Frage der Ansteckung wurde ernsthaft besprochen.

Dass die Pest nicht das war, was gemeinhin als ansteckend bezeichnet wird, wie das Scharlachfieber oder die ausgestorbenen Pocken, war erwiesen. Sie wurde eine Epidemie genannt. Aber die große Frage war noch immer ungeklärt, wie diese Epidemie erzeugt und verstärkt wurde. Wenn die Infektion von der Luft abhing, wurde sie über die Luft übertragen. Wenn zum Beispiel ein Typhusfieber von Schiffen in eine Hafenstadt gebracht wurde, so wären doch die Leute, die es dorthin brachten, unfähig, es in eine glücklicher gelegene Stadt zu vermitteln. Wie aber sollen wir über die Luft urteilen und sagen – in dieser Stadt wird die Pest keine Wirkung zeigen; in jener anderen hat die Natur dafür gesorgt, dass sie reiche Beute findet? Auf die gleiche Weise können Individuen neunundneunzig Mal entkommen und erhalten den Todesstoß beim hundertsten Mal; weil Körper zuweilen in einem Zustand sind, in dem sie die Infektion mit der Krankheit abwehren, und zuweilen in einem, in dem sie sie durstig aufsaugen. Diese Überlegungen ließen unsere Gesetzgeber innehalten, ehe sie über die zu verordnenden Gesetze entscheiden konnten. Das Übel war so weit verbreitet, so gewalttätig und unbehandelbar, dass keine Sorge, keine Vorbeugung für überflüssig gehalten werden konnte, die unserem Entkommen auch nur die geringste Erfolgsaussicht verleihen mochte.

Dies waren Fragen der Besonnenheit; es gab keine unmittelbare Notwendigkeit für eine ernsthafte Vorsicht. England war noch sicher. Frankreich, Deutschland, Italien und Spanien standen mit bisher ungebrochenen Mauern zwischen uns und der Pest. Unsere Schiffe waren wahrlich das Spiel von Winden und Wellen, ebenso wie Gulliver das Spielzeug der Brobdingnager gewesen war; aber wir in unserer sicheren Unterkunft konnten durch diese Ausbrüche der Natur nicht an Leib und Leben verletzt werden. Wir konnten uns nicht fürchten – wir taten es auch nicht. Doch ein Gefühl der Ehrfurcht, eine atemlose Empfindung des Staunens, eine schmerzliche Wahrnehmung der Erniedrigung der Menschheit schlich sich in jedes Herz. Die Natur, unsere Mutter und unsere Freundin, blickte uns drohend an. Sie zeigte uns deutlich, dass sie uns zwar erlaubte, ihre Gesetze anzuerkennen und uns ihren sichtbaren Kräften zu unterwerfen, doch wenn sie nur einen Finger höbe, müssten wir beben. Sie könnte unseren Erdball nehmen, der mit Bergen verziert und von der Atmosphäre umgürtet ist und den Zustand unseres Seins beinhaltet sowie alles, was der Verstand des Menschen erfinden oder was seine Kraft erreichen könnte. Sie könnte ihn in die Hand nehmen und in den weiten Raum werfen, wo das Leben ausgetrunken und der Mensch und all seine Bemühungen für immer vernichtet würden.

Diese Spekulationen waren unter uns weit verbreitet; dennoch gingen wir unseren täglichen Beschäftigungen nach, und schmiedeten unsere Pläne, deren Erfüllung den Ablauf vieler Jahre verlangte. Es ertönte keine Stimme, die uns befahl innezuhalten! Als wir durch die Handelswege von dem Leid im Ausland erfuhren, entschlossen wir uns dazu, Abhilfe zu schaffen. Wir sammelten Geld für die Emigranten und die Kaufleute, die durch den Zusammenbruch des Handels ihr Geschäft verloren hatten. Der englische Geist erwachte zu seiner vollen Tätigkeit, setzte sich, wie stets, dem Bösen entgegen und stand in der Bresche, welche Chaos und Tod in den Grenzen und Banden der kranken Natur geschlagen hatten, die sie bis dahin ferngehalten hatte.

Zu Beginn des Sommers gelangten wir langsam zur Erkenntnis, dass das Unheil, das in fernen Ländern herrschte, größer war, als wir anfangs vermutet hatten. Quito war durch ein Erdbeben zerstört worden. Mexiko nach den vereinten Auswirkungen von Sturm, Pest und Hungersnot verwüstet. Heerscharen von Emigranten überschwemmten den Westen Europas, und unsere Insel war zur Zuflucht von Tausenden geworden. In der Zwischenzeit war Ryland zum Protektor ernannt worden. Er hatte dieses Amt mit Eifer gesucht, mit dem Gedanken, seine ganzen Kräfte zur Unterdrückung der Privilegierten unserer Gemeinschaft aufzuwenden. Durch diesen neuen Stand der Dinge wurden seine Maßnahmen vereitelt und seine Pläne durchkreuzt. Viele der Ausländer waren völlig mittellos, und ihre zunehmende Zahl verbot schließlich den Rückgriff auf die üblichen Formen der Unterstützung. Der Handel kam durch das Versagen des zwischen uns, Amerika, Indien, Ägypten und Griechenland üblichen Warenaustausches zum Erliegen. Es entstand ein plötzlicher Stillstand in den Gewohnheiten unseres Lebens. Umsonst versuchten unser Protektor und seine Gefolgsleute, diese Wahrheit zu verbergen; vergeblich erließ er Tag für Tag eine Frist für die Erörterung der neuen Gesetze über erbliche Stellung und Vorrechte; vergeblich bemühte er sich, das Übel als örtlich begrenzt und vorübergehend darzustellen. Diese Unglücksbotschaften erreichten uns aus so vielen Richtungen und wurden durch die verschiedenen Handelskanäle so vollständig in jede Klasse und jeden Teil der Gemeinschaft getragen, dass sie notwendigerweise die wichtigste Frage im Staat, das wichtigste Thema wurden, dem wir unsere Aufmerksamkeit zuwenden mussten.

Kann es wahr sein, fragt jeder den anderen mit Verwunderung und Bestürzung, dass ganze Länder verwüstet seien, ganze Nationen vernichtet durch diese Störungen in der Natur? Die riesigen Städte Amerikas, die fruchtbaren Ebenen Indiens, die überfüllten Städte der Chinesen stehen vor ihrer völligen Zerstörung. Wo sich noch kürzlich geschäftige Scharen zum Vergnügen oder zum Profit versammelten, sind jetzt nur noch die Töne von Kummer und Elend zu hören. Die Luft ist vergiftet, und jeder Mensch atmet den Tod ein, selbst wenn er jung und gesund ist, stehen seine Aussichten schlecht. Wir riefen uns die Pest von 1348 ins Gedächtnis, als Berechnungen zufolge ein Drittel der Menschheit vernichtet worden war. Bis jetzt war Westeuropa nicht infiziert – würde es weiterhin so sein?

O ja, das würde es – Landsleute, fürchtet euch nicht! Wen wundert es, dass in der noch unkultivierten Wildnis von Amerika die Pest sich unter den anderen riesigen Zerstörern einreihen sollte! Sie ist eine alte Eingeborene des Ostens, Schwester des Tornados, des Erdbebens und des Sandsturms. Als Kind der Sonne und Zögling der Tropen würde sie in hiesigen Gefilden nicht überleben. Sie trinkt das dunkle Blut des Einwohners des Südens, nährt sich aber niemals am blassgesichtigen Kelten. Vielleicht, wenn ein kranker Asiate zu uns kommt, stirbt die Pest mit ihm, ohne Ansteckung und unschädlich. Lasst uns um unsere Brüder weinen, auch wenn wir ihren Niedergang niemals erleben können. Lasst uns die Kinder des Gartens der Erde beweinen und ihnen helfen. Vor Kurzem noch beneideten wir sie um ihre Wohnstätten, ihre würzigen Haine, fruchtbaren Ebenen und üppige Lieblichkeit. Aber in diesem sterblichen Leben sind Gegensätze immer aufeinander abgestimmt; der Dorn wächst mit der Rose, der Giftbaum und der Zimt winden ihre Äste ineinander. Persien mit seinem goldenen Tuch, den Marmorsälen und unendlichem Reichtum ist heute ein Grab. Das Zelt des Arabers ist im Sand vergraben und sein Pferd trabt ungezügelt und ungesattelt über das Land. Die Stimme der Klage erfüllt das Tal von Kaschmir; seine Senken und Wälder, seine kühlen Brunnen und Rosengärten sind von den Toten verseucht; in Tscherkessien und Georgien weint der Geist der Schönheit über der Ruine seines Lieblingstempels – der Gestalt der Frau.

Unsere eigenen Bedrängnisse, wenngleich sie nur durch die scheinbare Gegenseitigkeit des Handels veranlasst wurden, nahmen in entsprechendem Ausmaß zu. Bankiers, Kaufleute und Fabrikanten, deren Handel von der Ausfuhr und dem Handel mit Waren abhängig war, gingen bankrott. Solche Dinge betreffen, wenn sie einzeln geschehen, nur die unmittelbaren Parteien; aber der Wohlstand der Nation wurde jetzt durch häufige und umfangreiche Verluste erschüttert. Familien, die Reichtum und Luxus gewohnt waren, wurden zu Bettlern. Der Zustand des Friedens, dessen wir uns rühmten, wurde uns nun zum Nachteil; es gab keine Mittel, die Untätigen zu beschäftigen oder die überzählige Bevölkerung außer Landes zu schicken. Sogar die Quelle der Kolonien war ausgetrocknet, denn in Neuholland, Van-Diemens-Land und am Kap der Guten Hoffnung wütete die Pest. O, gäbe es nur eine Medizin, um die ungesunde Natur zu reinigen und die Erde zu ihrer gewohnten Gesundheit zurückzubringen!

Ryland war ein Mann von hoher Intelligenz und einer schnellen und vernünftigen Entschlusskraft im üblichen Lauf der Dinge, doch er war entsetzt über die Vielzahl an Übeln, die uns umlagerten. Sollte er die Grundzinsen besteuern, um unsere kaufmännische Bevölkerung zu unterstützen? Um dies zu tun, müsste er die Gunst der obersten Grundbesitzer, der Adeligen des Landes gewinnen; und diese waren seine eingeschworenen Feinde – er müsste sie versöhnen, indem er seinen eigentlichen Plan des Ausgleichs aufgab; er müsste sie in ihren Grundrechten bestätigen; er müsste seine geschätzten Pläne für das dauerhafte Wohl seines Landes zugunsten vorübergehender Erleichterung verkaufen. Er dürfte nicht mehr auf den wichtigsten Gegenstand seines Ehrgeizes zielen, sondern müsste das Kriegsbeil begraben und das Ziel seiner Bemühungen vorerst aufgeben. Er kam nach Windsor, um sich mit uns zu beraten. Jeder Tag brachte ihm neue Schwierigkeiten; die Ankunft neuer Schiffe mit Auswanderern, der völlige Stillstand des Handels, die hungernde Menge, die sich um den Protektoratspalast drängte, waren Umstände, mit denen nicht zu spaßen war. Die Entscheidung war gefallen; die Aristokratie erhielt alles, was sie wollte, und im Gegenzug unterschrieb sie ein Gesetz, wonach über zwölf Monate hinweg zwanzig Prozent auf alle Pachterträge des Landes erhoben wurden.

In der Metropole und in den bevölkerungsreichen Städten kehrte wieder Ruhe ein, ehe sie zur Verzweiflung getrieben wurden; und wir kehrten zur Betrachtung ferner Unglücke zurück und fragten uns, ob die Zukunft irgendeine Milderung bringen würde. Es war August, daher könnte es während der Hitzeperiode nur wenig Hoffnung auf Erleichterung geben. Im Gegenteil, die Seuche nahm an Heftigkeit zu, während der Hunger seine gewohnte Arbeit tat. Tausende starben unbeweint, denn der Trauernde wurde, im Tode verstummt, neben die noch warme Leiche gelegt.

Am achtzehnten dieses Monats drangen Nachrichten nach London, dass die Pest in Frankreich und Italien sei. Diese Neuigkeit wurde zuerst nur flüsternd in der Stadt verbreitet, aber niemand wagte es, die erschütternde Nachricht laut auszusprechen. Wenn einer einen Freund auf der Straße traf, rief er nur, während er weitereilte, »Ach, du weißt es ja!« – während der andere mit einem Ausruf voller Angst und Entsetzen antwortete, »Was wird nur aus uns werden?« Endlich wurde es in den Zeitungen erwähnt. Der Absatz wurde an einer unauffälligen Stelle eingefügt: »Wir bedauern mitzuteilen, dass es keinen Zweifel mehr darüber gibt, dass die Pest in Livorno, Genua und Marseille ausgebrochen ist.« Kein Wort des Kommentars folgte, jeder Leser machte sich angstvoll seinen eigenen. Wir waren wie ein Mann, der hört, dass sein Haus brennt, und der dennoch durch die Straßen eilt, von einer leisen Hoffnung auf einen Irrtum getrieben, bis er um die Ecke biegt und sein schützendes Dach von Flammen eingeschlossen sieht. Vorher war es ein Gerücht gewesen, nun aber stand das Wissen in Worten geschrieben, die in ihrem deutlichen und unleugbaren Druck unauslöschlich waren. Die Unscheinbarkeit der Meldung machte sie umso auffälliger: Die winzigen Buchstaben schwollen vor dem verwirrten Auge der Angst zu riesenhafter Größe an, sie schienen mit einem eisernen Stift eingraviert, von Feuer erhitzt, in die Wolken eingewoben und auf der Stirn des Universums eingeprägt zu sein.

Die Engländer, ob Reisende oder Einwohner, strömten in einem großen Fluss zurück in ihr eigenes Land, und mit ihnen Massen von Italienern und Spaniern. Unsere kleine Insel war bis zum Bersten gefüllt. Zunächst erschien mit den Emigranten eine ungewöhnliche Menge an Bargeld; aber diese Leute hatten keine Möglichkeit, sich das wieder zu verdienen, was sie unter uns ausgaben. Mit dem Fortschreiten des Sommers und der Zunahme der Not waren die Mieten bald unbezahlt und ihre Mittel erschöpft. Es war unmöglich, diese Massen elender, untergehender Kreaturen zu sehen, die noch vor Kurzem Luxus gewöhnt gewesen waren, ohne ihnen die Hand zu reichen, um sie zu retten. Ende des achtzehnten Jahrhunderts öffneten die Engländer gastfreundlich ihre Läden zur Erleichterung derer, die durch die politische Revolution aus ihren Häusern vertrieben worden waren; und sie standen auch diesmal nicht zurück, um den Opfern einer sich weiter ausbreitenden Katastrophe Hilfe zu leisten. Wir hatten viele ausländische Freunde, die wir eifrig aufgesucht und von schrecklicher Armut befreit hatten. Unser Schloss wurde ein Asyl für die Unglücklichen. Ein ganzes Dorf bewohnte seine Hallen. Die Einkünfte seines Besitzers, der sie immer auf eine Weise ausgegeben hatte, die seiner großzügigen Natur angemessen war, wurden jetzt sparsamer eingeteilt, damit sie ein größeres Ausmaß des Nutzens erreichen konnten. Es war jedoch nicht das Geld, oder nur teilweise, sondern die Lebensmittel, die knapp wurden. Es war schwierig, eine sofortige Lösung zu finden. Die Einfuhr war völlig abgeschnitten. In diesem Notfall mussten wir, um die Menschen, denen wir Zuflucht gewährt hatten, zu ernähren, unsere Vergnügungsstätten und Parks dem Pflug und der Hacke opfern. Der Viehbestand hatte sich im Land aufgrund der großen Nachfrage auf dem Markt spürbar verringert. Sogar die armen Hirsche, unsere geweihtragenden Schützlinge, mussten um der würdigeren Gäste willen fallen. Die Arbeit, die notwendig war, um das Land zu bewirtschaften, beschäftigte und ernährte die Vertriebenen der verminderten Fabriken.

Adrian beließ es nicht bei den Anstrengungen, die er in Bezug auf seine eigenen Besitztümer machen konnte. Er wandte sich an die Reichen des Landes; er machte Vorschläge im Parlament, die wenig geeignet waren, den Reichen zu gefallen; aber seine aufrichtigen Bitten und wohlwollende Beredsamkeit waren unwiderstehlich. Ihre Lustgärten den Bauern zu überlassen, die Zahl der Pferde, die im ganzen Lande zum Zwecke des Luxus gehalten wurden, auf eine angemessene Anzahl zu vermindern, waren naheliegende, aber unangenehme Mittel. Aber zu Ehren der Engländer sei es vermerkt, dass, obwohl natürliche Abneigung sie eine Weile zögern ließ, doch eine überschwängliche Großzügigkeit ihre Beschlüsse inspirierte, als das Elend ihrer Mitmenschen zu auffallend wurde. Die Verschwenderischsten waren oft die Ersten, die sich von ihren Besitztümern trennten. Wie es in Gemeinschaften üblich ist, etablierte sich eine Mode. Die hochgeborenen Damen des Landes hätten sich für unwürdig befunden, wenn sie die Bequemlichkeit von Kutschen, welche sie früher als notwendig bezeichneten, jetzt noch genossen hätten. Für die Gebrechlichen wurden Sänften, wie in alten Zeiten, eingeführt; aber sonst war es nichts Einzigartiges mehr, Damen von Rang zu sehen, die zu Fuß zu den Vergnügungsorten der eleganten Gesellschaft gingen. Es war für alle, die Grundbesitz besaßen, immer üblicher, dass sie sich von ihren Gütern trennten, von ganzen Truppen der Bedürftigen begleitet ihre Wälder fällten, um vorübergehende Behausungen zu errichten, und ihre Parks, Beete und Blumengärten notleidenden Familien zuteilten. Viele von ihnen, von hohem Rang in ihren eigenen Ländern, wendeten jetzt mit der Hacke in der Hand die Erde um. Es wurde schließlich für notwendig erachtet, die Opferbereitschaft zu bremsen und diejenigen, deren Großzügigkeit zu üppiger Verschwendung führte, daran zu erinnern, dass es falsch sei, bevor der gegenwärtige Zustand der Dinge dauerhaft würde, was nicht wahrscheinlich war, den Wandel so weit zu führen, dass eine Rückkehr schwierig wäre. Die Erfahrung hatte gezeigt, dass die Pest in ein oder zwei Jahren aufhören würde; es wäre besser, wenn wir in der Zwischenzeit unsere feinen Pferderassen nicht zerstören oder das Antlitz des edlen Teils des Landes nicht völlig entstellen würden.

Man kann sich vorstellen, dass die Dinge wirklich schlecht liegen mussten, ehe dieser Geist des Wohlwollens solch tiefe Wurzeln schlagen konnte. Die Infektion hatte sich nun in den südlichen Provinzen Frankreichs ausgebreitet. Aber dieses Land hatte so viele Ressourcen in der Landwirtschaft, dass der Bevölkerungsansturm von einem Teil zum anderen und seine Zunahme durch ausländische Emigration weniger stark empfunden wurden als bei uns. Die erlittene Panik schien mehr Schaden anzurichten als die Krankheit und ihre natürlichen Begleiterscheinungen.

Der Winter, ein allgemeiner und nie versagender Arzt, wurde freudig begrüßt. Die sich braun färbenden Wälder und geschwollenen Flüsse, die Abendnebel und Morgenfröste wurden dankbar willkommen geheißen. Die Auswirkungen der reinigenden Kälte wurden sofort fühlbar; und die Sterbelisten im Ausland wurden jede Woche kürzer. Viele unserer Besucher verließen uns; diejenigen, deren Häuser weit im Süden lagen, flohen erleichtert vor unserem nördlichen Winter und reisten in ihr Heimatland zurück, das trotz der furchtbaren Heimsuchungen noch nicht verarmt war. Wir atmeten auf. Was der kommende Sommer bringen würde, wussten wir nicht, aber die gegenwärtigen Monate waren die unseren, und unsere Hoffnungen auf ein Ende der Pest waren groß.

Kapitel 6

So lange verharrte ich am äußersten Ufer der zerstörerischen Untiefe, die sich in den Strom des Lebens ausdehnte und mit dem Schatten des Todes spielte. So lange habe ich mein Herz im Rückblick auf vergangenes Glück gewiegt, wie es noch Hoffnung gab. Warum nur konnte es nicht für immer so sein? Ich bin nicht unsterblich; und der Faden meiner Geschichte könnte bis an die Grenzen meiner Existenz gesponnen sein. Doch das gleiche Gefühl, das mich zuerst dazu gebracht hat, Szenen voller zärtlicher Erinnerungen zu beschreiben, veranlasst mich jetzt, mich zu beeilen. Die gleiche Sehnsucht dieses warmen, pochenden Herzens, die mich dazu bewegte, in geschriebenen Worten meine wilde Jugend, mein heiteres Erwachsenenalter und die Leidenschaften meiner Seele aufzuzeichnen, lässt mich jetzt vor weiterer Verzögerung zurückschrecken. Ich muss mein Werk zu Ende bringen.

Hier stehe ich, wie gesagt, neben den Wassern der verfließenden Jahre, und jetzt fort! Breite das Segel aus und lege mich ins Ruder, durch dunkle, drohende Felsen eilend, steile Stromschnellen hinab, bis zum Meer der Trostlosigkeit, das ich erreicht habe. Doch einen Augenblick, eine kurze Pause, bevor ich von der Küste ablege – einmal, einmal noch lass mich mir vorstellen, ich sei im Jahre 2094 in meiner Wohnung in Windsor, lass mich die Augen schließen und mir vorstellen, dass die unermesslichen Zweige der Eichen nahe der Schlossmauern mich noch immer beschatten. Lass meine Phantasie die fröhliche Szene des zwanzigsten Juni heraufbeschwören, so wie mein schmerzendes Herz sich jetzt noch daran erinnert.

Umstände hatten mich nach London beordert. Hier hörte ich davon reden, dass in Krankenhäusern der Stadt Symptome der Pest aufgetreten seien. Ich kehrte nach Windsor zurück; meine Miene war getrübt, mein Herz schwer. Wie ich es gewohnt war, betrat ich den kleinen Park durch das Tor von Frogmore, auf dem Weg zum Schloss. Ein großer Teil dieses Grunds war der Landwirtschaft anheimgegeben worden, und Streifen von Kartoffel- und Getreidefeldern waren hier und dort zu sehen. Oben in den Baumkronen krächzten laut die Krähen; vermischt mit ihren heiseren Schreien hörte ich eine lebhafte Musik. Es war Alfreds Geburtstag. Die jungen Leute aus Eton und die Kinder des benachbarten Adels hielten eine kleine Kirmes ab, zu der alle Landleute eingeladen waren. Der Park war gesprenkelt von Zelten, deren prunkvolle Farben und bunte Fahnen, die im Sonnenschein wehten, zur Fröhlichkeit der Szene beitrugen. Auf einer Plattform unter der Terrasse tanzten einige jüngere Mitglieder der Versammlung. Ich lehnte mich gegen einen Baum, um sie zu beobachten. Die Kapelle spielte die wilde östliche Arie von Webers, mit der das Singspiel *Abu Hassan* begann; ihre leichten Klänge verliehen den Füßen der Tänzer Flügel, während die Betrachter unbewusst die Zeit vergaßen. Zuerst hob die Melodie meine Stimmung, und für einen Moment folgten meine Augen gern den Drehungen des Tanzes. Ein abscheulicher Gedanke fuhr sodann wie eiserner Stahl in mein Herz. Ihr werdet alle sterben, dachte ich; schon wird euer Grab um euch herum aufgebaut. Jetzt, wo ihr mit Beweglichkeit und Stärke begabt seid, glaubt ihr, dass ihr lebt; aber schwach ist die »Laube aus Fleisch«, die das Leben umschließt; auflösbar die Silberschnur, die es daran bindet. Die unbeschwerte Seele, die durch den anmutigen Mechanismus wohlgeformter Gliedmaßen von Vergnügen zu Vergnügen bewegt wird, wird plötzlich spüren, wie der Achsenbaum nachgibt und Feder und Rad sich in Staub auflösen. Nicht einer von euch, o ihr dem Untergang Geweihten, kann entkommen – nicht einer! Nicht einmal die Meinen! Nicht meine Idris und ihre Kinder! Schrecken und Elend! Schon verklang der fröhliche Tanz, der grüne Rasen war übersät mit Leichen, die blaue Luft wurde von tödlichen Ausdünstungen erfüllt. Schreit, ihr Fanfaren! Ihr lauten Trompeten, heult! Lasst Klagelied auf Klagelied folgen, hebt die Begräbnismelodien an, lasst die Luft von lautem Geschrei widerhallen, lasst wilde Missklänge auf den Flügeln des Windes rauschen! Schon höre ich es, während die Schutzengel, die der Menschheit dienen, nun, da ihre Aufgabe erfüllt ist, davoneilen, da ihre Abreise durch schwermütige Melodien angekündigt wird; Gesichter, ganz unkenntlich vom Weinen, zwangen meine Lider auf; schneller und schneller umdrängten mich viele Gruppen dieser gramerfüllten Gesichter und zeigten alle Arten von Elend – bekannte Gesichter vermischten sich mit verzerrten Schöpfungen der Phantasie. Aschfahl saßen Raymond und Perdita in der Ferne und schauten mit einem traurigen Lächeln zu. Adrian huschte hin und her, vom Tod befleckt. Idris, mit träge geschlossenen Augen und fahlen Lippen, wollte gerade ins geräumige Grab gleiten. Die Verwirrung wuchs – ihre kummervollen Blicke wurden spöttisch; sie nickten im Takt der Musik, deren Lärm unerträglich wurde.

Ich fühlte, dass dies Wahnsinn war – ich sprang vor, um ihn abzuschütteln; ich eilte in die Menge. Idris sah mich. Mit leichtem Schritt kam sie mir entgegen; indem ich sie in meine Arme schloss, fühlte ich, dass ich das umfing, was für mich die Welt war, doch so vergänglich wie der Wassertropfen, den die Mittagssonne aus dem Seerosenkelch trinken wird; Tränen erfüllten meine Augen, die nicht derart benetzt sein wollten. Die freudige Begrüßung meiner Knaben, der sanfte Gruß Claras, der Druck von Adrians Hand trugen dazu bei, mich zu überwältigen. Ich fühlte, dass sie nahe waren, dass sie sicher waren, doch mich dünkte, dass es alles Betrug sei – die Erde wankte, die festverwurzelten Bäume bewegten sich – Schwindel überkam mich – ich sank zu Boden.

Meine geliebten Freunde waren äußerst erschrocken – ja, sie äußerten so große Besorgnis, dass ich es nicht wagte, das Wort Pest auszusprechen, das auf meinen Lippen lag, damit sie nicht meinen Zustand als ein Symptom deuten und eine Ansteckung in meiner Schwäche sehen würden. Ich hatte mich kaum erholt und mit vorgetäuschter Heiterkeit meinen kleinen Kreis zum Lächeln gebracht, als wir Ryland herannahen sahen.

Ryland hatte etwas von einem Bauern an sich, von einem Mann, dessen Muskeln und kräftige Statur sich unter dem Einfluss von viel Bewegung und der Einwirkung der Elemente entwickelt hatten. Dies traf zu einem großen Teil auch zu; denn obwohl er ein Großgrundbesitzer war, hatte er, da er ein Planer von einer feurigen und arbeitsamen Veranlagung war, sich doch auf seinem eigenen Besitz landwirtschaftlichen Arbeiten hingegeben. Während er als Botschafter im amerikanischen Norden geweilt hatte, hatte er für einige Zeit seine gänzliche Übersiedlung dorthin in Betracht gezogen, und war so weit gegangen, auf diesem riesigen Kontinent viele Reisen weit nach Westen zu machen, um den Standort seines neuen Wohnsitzes zu wählen. Der Ehrgeiz wandte seine Gedanken von diesen Plänen ab – der Ehrgeiz, der, durch vielerlei Hindernisse bewegt, ihn nun auf den Gipfel seiner Hoffnungen geführt hatte, indem er ihn zum Lordprotektor von England gemacht hatte.

Er hatte ein grobes, aber intelligentes Gesicht – seine buschigen Brauen und seine scharfen grauen Augen schienen stets seine eigenen Pläne und den Widerstand seiner Feinde im Blick zu haben. Seine Stimme war dröhnend, seine Hand streckte sich in der Debatte aus und schien durch ihre äußerst große, muskulöse Gestalt seine Zuhörer zu warnen, dass Wörter nicht seine einzigen Waffen waren. Nur wenige Menschen hatten unter diesem imposanten Äußeren eine gewisse Feigheit und viel Unsicherheit entdeckt. Kein Mann konnte einen »Schmetterling auf dem Rad« mit besserer Wirkung zerquetschen, kein Mann besser einen schnellen Rückzug von einem mächtigen Gegner vortäuschen. Dies war das Geheimnis seines Rücktrittes zur Zeit von Lord Raymonds Wahl gewesen. In dem unsteten Blick seines Auges, in seinem äußersten Verlangen, die Meinungen aller zu erfahren, in der Schwäche seiner Handschrift ließen sich diese Eigenschaften dunkel erahnen, aber sie waren nicht allgemein bekannt. Er war jetzt unser Lordprotektor. Er hatte eifrig nach diesem Posten gestrebt. Sein Protektorat hätte sich durch jede Art von Neuerung in Bezug auf die Aristokratie auszeichnen sollen. Diese seine auserkorene Aufgabe wurde gegen die völlig andere ausgetauscht, dem Zusammenbruch unter den Erschütterungen der physischen Natur entgegenzutreten. Er war nicht in der Lage, diesen Übeln mit irgendeinem umfassenden System zu begegnen; er hatte eine Notlösung nach der andern versucht und konnte sich nie dazu überwinden, ein Heilmittel auszuprobieren, bis es zu spät war, als dass es noch von Nutzen gewesen wäre.

Gewiss hatte jener Ryland, der jetzt auf uns zukam, nur geringe Ähnlichkeit mit dem einst mächtigen, ironischen, scheinbar furchtlosen Bewerber um den ersten Rang unter den Engländern. Unsere heimische Eiche, wie seine Gefolgsleute ihn nannten, wurde wahrlich von einem kalten Winter heimgesucht. Er erschien kaum halb so groß wie gewöhnlich, seine Ärmel waren nicht zugeknöpft, seine Glieder wollten ihn nicht tragen, seine Miene war verkrampft, sein Auge wanderte unruhig. Unsicherheit und feige Angst zeigten sich in jeder Geste.

Als Antwort auf unsere eifrigen Fragen fiel nur ein Wort unwillkürlich von seinen verkrampften Lippen: *Die Pest.* – »Wo?« – »Überall – wir müssen fliehen – alle fliehen – aber wohin? Niemand kann es sagen – es gibt keine Zuflucht auf der Erde, sie kommt über uns wie tausend Rudel Wölfe – wir müssen alle fliehen – wohin werdet ihr gehen? Wohin kann irgendeiner von uns gehen?«

Diese Worte wurden von dem eisernen Mann zitternd gesprochen. Adrian antwortete: »Wohin wollen Sie denn fliehen? Wir müssen alle bleiben und unser Bestes tun, um unseren leidenden Mitgeschöpfen zu helfen.«

»Helfen!«, sagte Ryland, »es gibt keine Hilfe! – Großer Gott, spricht er von Helfen! Die ganze Welt hat die Pest!«

»Um ihr zu entgehen, müssten wir die Welt verlassen«, bemerkte Adrian mit einem sanften Lächeln.

Ryland stöhnte; kalter Schweiß stand auf seiner Stirn. Es war zwecklos, sich seinem Anfall von Furcht entgegenzustellen, aber wir beruhigten und ermutigten ihn so weit, dass er nach einer gewissen Zeit den Grund seines Schreckens besser erklären konnte. Die Pest hatte ihn in seinem Haus besucht. Einer seiner Diener war, während er ihm aufwartete, plötzlich tot umgefallen. Der Arzt erklärte, er sei an der Pest gestorben. Wir bemühten uns, ihn zu beruhigen – aber unsere eigenen Gemüter waren nicht ruhig. Ich sah Idris' Augen von mir zu ihren Kindern wandern, mit einem ängstlichen Appell an mein Urteil. Adrian war in Gedanken vertieft. Für meinen Teil muss ich gestehen, dass Rylands Worte in meinen Ohren widerhallten; die ganze Welt war angesteckt, in welche unbefleckte Abgeschiedenheit konnte ich meine geliebten Schätze retten, bis der Schatten des Todes über die Erde gegangen war? Wir versanken in Stille: ein Schweigen, das sich aus den traurigen Berichten und Prognosen unseres Gastes nährte.

Wir hatten uns aus der Menge zurückgezogen und gingen, die Stufen der Terrasse hinaufsteigend, ins Schloss. Unsere veränderte Miene erschreckte diejenigen, die uns am nächsten standen, und durch Rylands Diener verbreitete sich bald der Bericht, dass er vor der Pest in London geflohen sei. Die fröhliche Gesellschaft löste sich auf – man versammelte sich in flüsternden Gruppen. Der Geist der Heiterkeit verdüsterte sich, die Musik verstummte, die jungen Leute gaben ihre Beschäftigungen auf und scharten sich umeinander. Die Leichtigkeit des Herzens, die sie sich in Kostüme kleiden, ihre Zelte schmücken und sie in phantastischen Gruppen versammeln gelassen hatte, schien eine Sünde und eine Herausforderung gegen das schreckliche Schicksal zu sein, das seine lähmende Hand auf Hoffnung und Leben gelegt hatte. Die Fröhlichkeit der Stunde war ein unheiliger Spott über das Leid des Menschen. Die Ausländer, die wir unter uns hatten, die vor der Pest in ihrem eigenen Land geflohen waren, sahen nun ihre letzte Zuflucht in Gefahr; und da die Angst sie schwatzhaft machte, schilderten sie den gierigen Zuhörern das Elend, das sie in Städten gesehen hatten, die von dem Unglück heimgesucht worden waren, und lieferten schreckliche Berichte über die heimtückische und unheilbare Natur der Seuche.

Wir hatten das Schloss betreten. Idris stand an einem Fenster, das den Park überblickte; ihre mütterlichen Augen suchten ihre eigenen Kinder in der jungen Menge. Ein italienischer Knabe hielt gerade eine Rede und beschrieb mit lebhaften Gesten eine Schreckensszene. Alfred stand unbeweglich vor ihm, seine Aufmerksamkeit ganz gebannt. Der kleine Evelyn hatte versucht, Clara wegzuziehen, damit sie mit ihm spielte, aber die italienische Geschichte fesselte sie, sie rückte näher, ihre glänzenden Augen auf den Sprecher gerichtet. Ob wir nun die Menge im Park beobachteten oder in schmerzliches Nachsinnen vertieft waren, wir waren alle still. Ryland stand allein in einer Fensternische, Adrian schritt durch den Saal, von einem neuen und überwältigenden Gedanken erfasst – plötzlich blieb er stehen und sagte: »Ich habe schon lange damit gerechnet; konnten wir vernünftigerweise erwarten, dass diese Insel von der weltweiten Heimsuchung verschont werden sollte? Das Übel ist zu uns gekommen, und wir dürfen nicht vor unserem Schicksal zurückschrecken. Was sind Ihre Pläne zum Wohle unseres Landes, verehrter Schutzherr?«

»Um Himmels willen, Windsor!«, schrie Ryland; »Verspotten

Sie mich nicht mit diesem Titel. Tod und Krankheit machen alle Männer gleich. Ich gebe weder vor, Schutz bieten zu können, noch leite ich ein Seuchenhaus – ein solches wird England bald sein.«

»Beabsichtigen Sie denn, jetzt, in der Zeit der Gefahr, von Ihren Pflichten zurückzutreten?«

»Pflichten! Sprechen Sie vernünftig, Mylord! – Wenn ich eine mit Pestmalen übersäte Leiche bin, wo werden da meine Pflichten sein? Jeder kämpft für sich allein! Der Teufel soll das Protektorat holen, sage ich, wenn es mich einer Gefahr aussetzt!«

»Sie Feigling!«, rief Adrian empört – »Ihre Landsleute vertrauen Ihnen, und Sie verraten sie!«

»Ich sie verraten!«, sagte Ryland, »die Seuche verrät mich. Feige! Schön ist das, verschanzt in Ihrem Schloss, außer Reichweite der Gefahr, sich selbst furchtlos zu rühmen. Nehme das Protektorat, wer will; vor Gott trete ich zurück!«

»Und vor Gott«, antwortete sein Gegner inbrünstig, »nehme ich es an! Niemand wird jetzt um diese Ehre werben – niemand neidet mir die Gefahr oder Mühen. Übergeben Sie Ihre Macht in meine Hände. Lange habe ich mit dem Tod gekämpft, und viel«, er streckte seine dünne Hand aus, »viel habe ich im Kampf gelitten. Wir werden den Feind nicht mit der Flucht besiegen, sondern indem wir uns ihm stellen. Wenn mein letzter Kampf jetzt zu kämpfen ist und ich geschlagen werden soll – so sei es denn!

Aber nun kommen Sie, Ryland, fassen Sie sich! Die Menschen haben Sie bisher für großmütig und weise gehalten, wollen Sie diese Titel beiseitelegen? Bedenken Sie die Panik, die Ihre Abreise verursachen wird. Kehren Sie nach London zurück. Ich werde mit Ihnen gehen. Ermutigen Sie die Leute durch Ihre Anwesenheit. Ich werde die ganze Gefahr auf mich nehmen. Schande! Schande, wenn der oberste Staatsherr Englands der Erste ist, der von seinen Pflichten zurücktritt!«

Indessen war bei unseren Gästen im Park jeder Gedanke an Festlichkeiten verflogen. So wie die sommerlichen Fliegen vom Regen zerstreut werden, brach diese Gesellschaft, vor Kurzem noch lärmend und fröhlich, nun traurig und unter nachdenklichem Gemurmel auf und schwand schnell dahin. Mit der untergehenden Sonne und der sich vertiefenden Dämmerung wurde der Park beinahe leer. Adrian und Ryland waren noch in ernsthaftere Gespräche vertieft. Wir hatten ein Bankett für unsere Gäste im unteren Saal des Schlosses vorbereitet; und dorthin gingen Idris und ich, um die wenigen Verbliebenen zu empfangen und zu unterhalten. Es gibt nichts Traurigeres als ein heiteres Treffen, das solcherart in Kummer verwandelt wird: Die festlichen Kleider, die Dekorationen, so fröhlich, wie sie nur sein konnten, erhalten eine feierliche und düstere Erscheinung. Wenn solche Veränderungen schon aus leichteren Ursachen schmerzhaft sind, so wog die Erkenntnis unerträglich schwer, dass die Verwüsterin der Erde, als eine wahre Erzfeindin, endlich die Grenzen, die unsere Vorsichtsmaßregeln erhoben hatten, leicht übersprungen und sich sogleich mit voller Wucht in das schlagende Herz unseres Landes eingepflanzt hatte. Idris saß oben im halbleeren Saal. Bleich und den Tränen nah vergaß sie fast ihre Pflichten als Gastgeberin; ihre Augen waren auf ihre Kinder gerichtet. Alfreds ernsthafte Miene zeigte, dass er noch immer über die tragische Geschichte des italienischen Knaben nachdachte. Evelyn war das einzige fröhliche Geschöpf, das anwesend war. Er saß auf Claras Schoß und lachte laut, während er herumalberte. Das gewölbte Dach hallte von seiner kindlichen Stimme wider. Die arme Mutter, die lange gebrütet und den Ausdruck ihrer Angst unterdrückt hatte, brach jetzt in Tränen aus und eilte, ihr Kindlein in ihren Armen, aus dem Saal. Clara und Alfred folgten, während der Rest der Gesellschaft in einem verworrenen Gemurmel, das immer lauter wurde, vielfältigen Ängsten Ausdruck verlieh.

Der jüngere Teil versammelte sich um mich, um meinen Rat zu erbitten, und diejenigen, die Freunde in London hatten, waren darüber hinaus bestrebt, das gegenwärtige Ausmaß der Seuche in der Metropole festzustellen. Ich ermutigte sie mit so aufmunternden Gedanken wie möglich. Ich sagte ihnen, dass noch sehr wenige Todesfälle durch die Pest verursacht worden seien, und gab ihnen Hoffnung, dass, da wir die letzten Heimgesuchten waren, die Seuche ihre giftigste Kraft verloren haben könnte, ehe sie uns erreichte. Die Sauberkeit, die Ordentlichkeit und die Art und Weise, wie unsere Städte gebaut waren, standen alle zu unseren Gunsten. Da es eine Epidemie war, wurde seine Hauptkraft von schädlichen Eigenschaften in der Luft abgeleitet, und sie würde wahrscheinlich dort wenig schaden, wo diese natürlicherweise gesund war. Zuerst hatte ich nur mit denen gesprochen, die am nächsten zu mir standen; dann aber scharte die ganze Versammlung sich um mich, und ich bemerkte, dass mir alle zuhörten. »Meine Freunde«, sagte ich, »unser Risiko ist umfassend, unsere Vorsichtsmaßnahmen und Anstrengungen sollten auch umfassend sein. Wenn mannhafter Mut und Widerstand uns retten können, werden wir gerettet. Wir werden den Feind bis zum Letzten bekämpfen. Die Pest wird keine leichte Beute in uns finden, wir werden jeden Zoll Boden verteidigen und dem Fortschritt unseres Feindes durch durchdachte und eherne Gesetze unüberwindliche Hindernisse in den Weg stellen. Vielleicht ist sie in keinem Teil der Welt auf einen so systematischen und entschlossenen Widerstand gestoßen. Vielleicht ist kein Land von Natur aus so gut gegen unseren Eindringling geschützt und die Natur nirgends so gut von der Hand des Menschen unterstützt worden. Wir werden nicht verzweifeln. Wir sind weder Feiglinge noch Fatalisten, sondern glauben, dass Gott die Mittel zu unserem Schutz in unsere eigenen Hände gelegt hat. Wir werden diese Mittel bis zum Äußersten nutzen. Denkt daran, dass Sauberkeit, Nüchternheit und sogar gute Laune und Wohlwollen unsere besten Heilmittel sind.«

Es gab wenig, was ich zu dieser allgemeinen Ermahnung hinzufügen konnte, denn die Pest, obschon in London, war nicht unter uns. Ich entließ die Gäste deshalb, und sie gingen mehr nachdenklich als traurig fort, um die Dinge zu erwarten, die ihrer harrten.

Ich suchte nun Adrian auf, gespannt auf das Ergebnis seiner Unterhaltung mit Ryland. Er hatte sich teilweise durchgesetzt; der Lordprotektor willigte ein, für einige Wochen nach London zurückzukehren; während dieser Zeit sollten die Dinge so arrangiert werden, dass seine Abreise weniger Bestürzung verursachen würde. Adrian und Idris waren beisammen. Die Traurigkeit, mit der der Erstere gehört hatte, dass die Pest in London war, war verschwunden, die Tatkraft durchdrang seinen Körper mit Energie, die feierliche Freude der Begeisterung und Opferbereitschaft erleuchtete sein Antlitz; und die Schwäche seiner physischen Natur schien von ihm zu weichen, wie es die Wolke der menschlichen Natur in der alten Fabel vom göttlichen Liebhaber der Semele tat. Er bemühte sich, seine Schwester aufzumuntern und sie dazu zu bringen, seine Absicht in einem weniger tragischen Licht zu sehen; und mit leidenschaftlicher Beredsamkeit entfaltete er ihr seine Entwürfe.

»Lass mich zuerst«, sagte er, »deinen Geist aller Sorgen um mich entbinden. Ich werde mich nicht über meine Kräfte hinaus bemühen, noch werde ich unnötigerweise Gefahr suchen. Ich denke, dass ich weiß, was getan werden muss, und da meine Anwesenheit für die Erfüllung meiner Pläne notwendig ist, werde ich besonders darauf achten, mein Leben zu erhalten.

Ich werde jetzt ein für mich passendes Amt übernehmen. Ich kann nicht intrigieren oder einen gewundenen Weg durch das Labyrinth der Laster und Leidenschaften der Menschen gehen; aber ich kann Geduld und Mitgefühl aufbringen und solche Hilfe anbieten, als sie die Kunst am Krankenbett leistet. Ich kann das elende Waisenkind aufheben und das verschlossene Herz des Trauernden zu neuen Hoffnungen erwecken. Ich kann die Pest einhegen und dem Elend, das sie verursachen würde, eine Frist setzen; Mut, Geduld und Wachsamkeit sind die Kräfte, die ich zu diesem großen Werk mitbringe.

O, ich werde jetzt etwas sein! Von meiner Geburt an habe ich es wie der Adler angestrebt – aber anders als die des Adlers haben meine Flügel versagt, und meine Augen wurden geblendet. Enttäuschung und Krankheit haben bis jetzt Herrschaft über mich gehalten; der mit mir geborene Zwilling, *ich würde*, wurde stets von diesem meinen Tyrannen, *du sollst nicht*, gefesselt. Ein Hirtenknabe, der eine dumme Herde in den Bergen hütet, hat mehr zur Gesellschaft beigetragen als ich. Gratuliere mir darum, dass ich das passende Betätigungsfeld für meine Kräfte gefunden habe. Ich habe oft daran gedacht, meine Dienste den von Pest heimgesuchten Städten Frankreichs und Italiens anzubieten, aber die Angst, dir Kummer zu bereiten, und die Erwartung dieser Katastrophe hielten mich zurück. England und den Engländern widme ich mich nun. Wenn ich auch nur einen ihrer mächtigen Geister vor der tödlichen Welle retten kann, wenn ich die

Seuche nur von einem ihrer friedlichen Häuschen abwehren kann, werde ich nicht umsonst gelebt haben.«

Ein seltsamer Ehrgeiz war das! Doch so war Adrian. Er erschien in Träumereien versunken, der Aufregung abgeneigt, ein bescheidener Student, ein Mann der Visionen – aber gab man ihm eine würdige Aufgabe –

Die Lerche steigt beim ersten Tagesglanz
Vom düstern Grund, jauchzt laut am Himmelstor

so schnellte er aus der Lustlosigkeit und dem unproduktiven Denken auf die höchste Stufe der tugendhaften Tat.

Mit ihm verließen uns die Begeisterung, die hohe Entschlusskraft und das Auge, das ohne zu blinzeln in den Tod sehen konnte. Bei uns blieben Kummer, Angst und die unerträgliche Erwartung des Bösen zurück. Der Mensch, sagt Lord Bacon, der Frau und Kinder habe, hat dem Glück Geiseln gegeben. Vergebens war alles philosophische Denken – vergebens alle Stärke – vergebens ein Vertrauen auf das wahrscheinliche Gute. Ich könnte die Waagschale mit Logik, Mut und Ergebung überhäufen – aber lass eine Sorge um Idris und unsere Kinder in die andere fallen, so wird Erstere zu leicht sein und emporschnellen.

Die Pest war in London! Narren, die wir dies nicht bereits vor langer Zeit vorausgesehen hatten. Wir weinten über den Untergang der grenzenlosen Kontinente des Ostens und über die Verwüstung der westlichen Welt, während wir uns vorstellten, dass der kleine Kanal zwischen unserer Insel und dem Rest der Erde uns unter den Toten lebendig erhalten sollte. Es war kein mächtiger Sprung von Calais nach Dover. Das Auge erkennt leicht das Schwesterland, sie waren einmal vereint, und der kleine Pfad, der dazwischen verläuft, sieht auf einer Karte nurmehr aus wie ein Fußweg durch hohes Gras. Doch diese kleine Unterbrechung sollte uns retten: das Meer sollte eine diamantene Mauer errichten – außerhalb Krankheit und Elend – innerhalb eine Zuflucht vor dem Bösen, ein Winkel des Paradiesgartens – ein kleines Stück himmlischen Bodens, in den nichts Böses einzudringen vermochte – wahrlich weise waren wir in unserer Generation, uns all diese Dinge vorzustellen!

Aber jetzt sind wir erwacht. Die Pest ist in London, die Luft Englands ist verdorben, und ihre Söhne und Töchter wandeln auf ungesunder Erde. Und jetzt scheint das Meer, zuletzt unsere Verteidigung, unser Gefängnis geworden zu sein; eingekesselt von seinen Wassern werden wir sterben wie die ausgehungerten Bewohner einer belagerten Stadt. Andere Nationen haben eine Gemeinschaft im Tod; aber wir, von aller Nachbarschaft ausgeschlossen, müssen unsere eigenen Toten begraben, und das kleine England wird ein einziges großes Grab.

Dieses Gefühl von allgemeinem Elend nahm Gestalt an, als ich meine Frau und Kinder betrachtete; und der Gedanke an die Gefahr für sie erfüllte mein ganzes Wesen mit Angst. Wie könnte ich sie retten? Ich erdachte tausend und abertausend Pläne. Sie sollten nicht sterben – eher müsste ich zu Staub zerfallen sein, als dass eine Infektion diese Idole meiner Seele erreichen sollte. Ich würde barfuß durch die Welt gehen, um einen nicht verseuchten Ort zu finden, ich würde mein Heim auf einer von Wellen umhergeworfenen Planke bauen und auf dem kargen, uferlosen Ozean treiben. Ich würde mit ihnen in der Höhle eines wilden Tieres leben, wo die Jungen eines Tigers, die ich töten würde, herangezogen worden waren. Ich würde den Schlupfwinkel des Bergadlers aufsuchen und Jahre in der unzugänglichen Vertiefung einer über dem Meer hängenden Klippe leben – keine Mühe wäre zu groß, kein Plan zu abwegig, wenn er ihnen nur das Leben verspräche. O! Ihr Herzensbänder, wie könntet ihr auseinandergerissen werden, ohne dass meine Seele sich aus Kummer in blutigen Tränen verzehrte!

Idris gewann nach dem ersten Schrecken wieder an Stärke. Sie verbot sich entschlossen alle Gedanken an die Zukunft und labte ihr Herz an den gegenwärtigen Segnungen. Sie ließ ihre Kinder keinen Augenblick aus den Augen. Nur während sie gesund um sie herumtollten, konnte sie Zufriedenheit und Hoffnung empfinden. Eine seltsame und wilde Unruhe kam über mich – umso unerträglicher, weil ich gezwungen war, sie zu verbergen. Meine Sorge um Adrian war endlos; der August war angebrochen, und die Symptome der Pest nahmen in London rasch zu. Es wurde von allen verlassen, die es vermochten; und er, der Bruder meiner Seele, war den Gefahren ausgesetzt, vor denen alle außer

Sklaven, die durch die Umstände gefesselt waren, geflohen waren. Er blieb, um den Feind zu bekämpfen – mit ungeschützter Flanke und ungeteilten Mühen –, es könnte sogar sein, dass ihn die Infektion erreichte und er ohne Beistand allein starb. Bei Tag und Nacht verfolgten mich diese Gedanken. Ich beschloss, London zu besuchen, um ihn zu sehen; um diese quälenden Schmerzen durch die süße Medizin der Hoffnung oder das Betäubungsmittel der Verzweiflung zu stillen.

Erst als ich in Brentford ankam, nahm ich im Aussehen des Landes viele Veränderungen wahr. Die besseren Häuser waren verriegelt; der geschäftige Handel der Stadt zum Erliegen gekommen; den wenigen Reisenden, die ich traf, konnte ich ihre Angst ansehen, und sie blickten verwundert auf meine Kutsche – die erste, die sie gesehen hatten, die in Richtung London fuhr, seit die Pest auf ihren Höhen saß und ihre geschäftigen Straßen besetzte. Ich begegnete mehreren Beerdigungen; sie wurden von wenigen Trauergästen besucht und von den Zuschauern als Zeichen von äußerster Tragweite angesehen. Einige starrten ungeduldig auf diese Prozessionen – andere flohen ängstlich – manche weinten laut.

Adrians hauptsächliche Bemühung bestand neben der unmittelbaren Unterstützung der Kranken darin, die Symptome und den Fortgang der Seuche vor den Bewohnern Londons zu verbergen. Er wusste, dass Furcht und niederdrückende Vorahnungen mächtige Helfer für Krankheiten waren; verzweifelte und grüblerische Sorge machte die physische Natur des Menschen für Infektionen besonders empfänglich. Es waren daher keine unüblichen Anblicke zu erkennen: Die Geschäfte waren allgemein geöffnet, ein gewisses Gedränge in den Straßen vorhanden. Aber obschon das Aussehen einer verseuchten Stadt vermieden wurde, erschien mir London, das ich seit dem Beginn der Heimsuchung nicht mehr gesehen hatte, ziemlich verändert. Es gab keine Kutschen, und in den Straßen war Gras hoch aufgeschossen, die Häuser hatten ein verwahrlostes Aussehen, die meisten Fensterläden waren geschlossen, und die Personen, die ich traf, schauten entsetzt und verängstigt, ganz anders als das übliche geschäftige Verhalten der Londoner. Meine einsame Kutsche zog Aufmerksamkeit auf sich, als sie auf den Protektoratspalast zuratterte – und die eleganten Straßen, die zu ihm führten, wirkten noch trostloser und verlassener. Ich fand Adrians Vorzimmer überfüllt – es war seine Audienzstunde. Ich wollte ihn nicht bei seiner Arbeit stören und beobachtete über dem Warten das Kommen und Gehen der Bittsteller. Sie bestanden aus Menschen der mittleren und unteren Gesellschaftsschichten, deren Existenzmittel durch die Einstellung des Handels erschöpft waren. Die Neuankömmlinge waren sichtlich verängstigt, ihre Gesichter zuweilen voller Entsetzen, was in einem starken Gegensatz zu der ausgeglichenen und sogar zufriedenen Miene derjenigen stand, die bereits Gehör gefunden hatten. Ich konnte den Einfluss meines Freundes in ihren beschwingten Bewegungen und fröhlichen Gesichtern lesen. Zwei Uhr schlug, wonach niemand mehr zugelassen wurde; diejenigen, die enttäuscht wurden, gingen mürrisch oder traurig fort, während ich den Audienzsaal betrat.

Ich war beeindruckt von der Verbesserung in der Gesundheit Adrians. Er war nicht mehr zu Boden gebeugt wie eine überdüngte Frühlingsblume, die, zu sehr in die Höhe geschossen, von ihrer eigenen Blütenkrone herabgezogen wird. Seine Augen glänzten, sein Gesichtsausdruck war ausgeglichen, seine ganze Person strahlte eine konzentrierte Energie aus, ganz anders als seine frühere Trägheit. Er saß an einem Tisch mit mehreren Sekretären, die Petitionen vorbereiteten oder die Notizen zu den Akten nahmen, die während der Audienz dieses Tages gemacht wurden. Zwei oder drei Bittsteller waren noch anwesend. Ich bewunderte seine Gerechtigkeit und Geduld. Jenen, die die Möglichkeit hatten, außerhalb von London zu leben, riet er, sofort abzureisen und stellte ihnen die Mittel bereit, dies zu tun. Anderen, deren Gewerbe der Stadt förderlich war oder die keine andere Zuflucht besaßen, gab er Ratschläge, wie sie die Seuche besser vermeiden könnten; er unterstützte überlastete Familien und füllte die durch den Tod entstandenen Lücken. Ordnung, Behaglichkeit und sogar Gesundheit stiegen unter seinem Einfluss wie durch den Zauberstab eines Magiers.

»Ich freue mich, dass du gekommen bist«, sagte er zu mir, als wir endlich allein waren. »Ich kann nur ein paar Minuten erübrigen und muss dir viel in dieser Zeit erzählen. Die Seuche ist jetzt im Gange – es ist nutzlos, die Augen vor der Tatsache zu verschließen – die Todesfälle nehmen jede Woche zu. Was kommen wird, kann ich nicht erraten. Gott sei Dank bin ich bisher der Regierung der Stadt gewachsen, und ich schaue nur auf die Gegenwart. Ryland, den ich so lange festgehalten habe, hat sich ausbedungen, dass ich ihn noch vor Ende dieses Monats abreisen lasse. Der durch das Parlament bestimmte Stellvertreter ist tot, ein anderer muss deshalb ernannt werden. Ich habe meinen Anspruch vorgebracht, und ich glaube, dass ich keinen Mitbewerber haben werde. Heute Nacht wird die Frage entschieden, weil das Parlament für diesen Zweck zusammengerufen wird. Du musst mich zur Wahl aufstellen, Lionel, Ryland kann sich aus Scham nicht zeigen, aber du, mein Freund, wirst mir diesen Dienst erweisen?«

Wie schön ist Hingabe! Hier war ein junger Mann von königlicher Abkunft, in Luxus aufgezogen, von Natur aus den üblichen Kämpfen des öffentlichen Lebens abgeneigt – und jetzt, in der Zeit der Gefahr, zu einer Zeit, in der das Überleben das äußerste Ziel des Ehrgeizigen war, bot er, der geliebte und heroische Adrian, in freundlicher Schlichtheit an, sich für das öffentliche Wohl zu opfern. Der Gedanke war großmütig und edel, – aber darüber hinaus machte seine bescheidene Art, sein Bedürfnis, etwas Gutes zu tun, seine Tat zehnmal berührender. Ich hätte seiner Bitte widerstanden, doch ich hatte das Gute gesehen, das er verbreitete. Ich fühlte, dass seine Entschlüsse nicht erschüttert werden sollten, also stimmte ich mit schwerem Herzen zu, zu tun, was er verlangte. Er ergriff liebevoll meine Hand. – »Danke«, sagte er, »du hast mich aus einem schmerzhaften Dilemma befreit und bist, wie du es immer warst, der beste meiner Freunde. Leb wohl – ich muss dich jetzt für ein paar Stunden verlassen. Geh und unterhalte dich mit Ryland. Obwohl er seinen Posten in London verlässt, könnte er im Norden Englands von äußerstem Nutzen sein, indem er Reisende empfängt und unterstützt und dazu beiträgt, die Metropole mit Nahrung zu versorgen. Ich bitte dich, erwecke du ihn zu einem gewissen Pflichtgefühl.«

Adrian verließ mich, wie ich später erfuhr, für seine tägliche Aufgabe, die Krankenhäuser zu besuchen und die vielbevölkerten Teile von London zu inspizieren. Ich fand Ryland sehr gealtert, seit er uns in Windsor besucht hatte. Unaufhörliche Angst hatte seine Haut fahl gefärbt und seine ganze Person ausgedörrt. Ich erzählte ihm von der geplanten Abstimmung am Abend, und ein Lächeln lockerte seine verkrampften Muskeln. Er wollte gehen; jeden Tag fürchtete er mehr, sich mit der Pest anzustecken, doch Tag für Tag konnte er sich der sanften Gewalt von Adrians Hinhaltung nicht entziehen. Sobald Adrian legal zu seinem Stellvertreter gewählt wäre, würde er sich in Sicherheit bringen. Unter diesem Eindruck hörte er allem zu, was ich sagte; und durch die nahe Aussicht auf seine Abreise fast zur Freude erhoben, trat er in eine Diskussion über die Pläne ein, die er in seinem eigenen Bezirk annehmen sollte, und vergaß für den Moment seinen bereits gefassten Entschluss, sich in seinem Gut vollständig von der Außenwelt abzuschotten.

Am Abend fuhren Adrian und ich nach Westminster. Unterwegs erinnerte er mich daran, was ich zu sagen und zu tun hatte, doch seltsamerweise trat ich in die Kammer ein, ohne einmal über meine Absicht nachgedacht zu haben. Adrian blieb im Kaffeeraum, während ich, seinem Wunsche entsprechend, in St. Stephen's Platz nahm. In der Kammer herrschte ungewöhnliche Stille. Ich hatte sie seit Raymonds Protektorat nicht mehr besucht; einer Zeit, in der sie durch die zahlreiche Teilnahme von Mitgliedern, die Beredsamkeit der Redner und die Hitzigkeit der Debatte gekennzeichnet gewesen war. Die Bänke waren nun ziemlich leer, diejenigen, die von den erblichen Mitgliedern benutzt wurden, waren verwaist; die städtischen Mitglieder waren da – die Mitglieder für die Handelsstädte, wenige Grundbesitzer und nicht viele von denen, die aus Karrieregründen ins Parlament eingetreten waren. Der erste Gegenstand, der die Aufmerksamkeit des Hauses auf sich zog, war ein Schreiben des Lordprotektors, der sie bat, während einer notwendigen Abwesenheit seinerseits einen Stellvertreter zu ernennen.

Es herrschte Stille, bis eines der Mitglieder zu mir kam und flüsterte, dass der Graf von Windsor ihm die Nachricht geschickt hatte, dass ich seine Wahl vorschlagen solle, in Abwesenheit der Person, die zuerst für dieses Amt ausgewählt worden war. Jetzt sah ich zum ersten Mal das volle Ausmaß meiner Aufgabe, und ich war überwältigt von dem, was ich mir selbst aufgebürdet hatte. Ryland hatte seinen Posten aus Angst vor der Pest verlassen; aus der gleichen Angst hatte Adrian keinen Konkurrenten. Und ich, der nächste Verwandte des Grafen von Windsor, sollte seine Wahl vorschlagen. Ich sollte diesen ausgewählten und unvergleichlichen Freund auf den Posten der Gefahr bringen – unmöglich! Der Würfel war gefallen – ich würde mich selbst als Kandidaten anbieten.

Die wenigen Mitglieder, die anwesend waren, waren eher gekommen, um durch ihre Anwesenheit die Sache beenden zu können, als dass sie auf eine Debatte aus gewesen wären. Ich hatte mich mechanisch erhoben – meine Knie zitterten; Unentschlossenheit hemmte meine Stimme, als ich einige Worte über die Notwendigkeit der Wahl einer Person, die der gefährlichen Aufgabe gewachsen war, äußerte. Aber als mich die Vorstellung überkam, mich anstelle meines Freundes zu präsentieren, wurde mir die Last des Zweifels und des Kummers genommen. Meine Worte flossen spontan – meine Äußerung war fest und schnell. Ich nahm Bezug auf das, was Adrian bereits veranlasst hatte – ich versprach die gleiche Wachsamkeit bei der Beförderung all seiner Absichten. Ich zeichnete ein berührendes Bild seiner schwankenden Gesundheit; ich rühmte mich meiner eigenen Stärke. Ich bat sie, diesen Spross der edelsten Familie Englands vor sich selbst zu retten. Meine Verbindung mit ihm war das Versprechen meiner Aufrichtigkeit, mein Bund mit seiner Schwester, meine Kinder, seine mutmaßlichen Erben, waren die Geiseln meiner Wahrheit.

Diese unerwartete Wende in der Debatte wurde Adrian schnell mitgeteilt. Er eilte hinein und hörte das Ende meiner leidenschaftlichen Ansprache mit an. Ich sah ihn nicht; meine Seele war in meinen Worten, – meine Augen konnten nichts wahrnehmen, während eine Vision von Adrians Gestalt, die von der Pest befleckt war und im Tode versank, vor ihnen schwebte. Er ergriff meine Hand, als ich zum Schluss kam – »Grausamer!«, rief er, »du hast mich betrogen!« Dann sprang er wie ein Befehlshaber nach vorn und beanspruchte den Posten des Stellvertreters für sich. Er habe ihn, sagte er, unter Gefahren erkauft und mit großen Mühen bezahlt. Sein Ehrgeiz beruhe darauf; und nach einem Zeitraum, in dem er sich ganz den Interessen seines Landes gewidmet hatte, sollte ich hinzukommen und den Gewinn einstreichen? Man solle sich daran erinnern, wie London bei seiner Ankunft gewesen war: Die herrschende Panik führte bereits zu einer Hungersnot, während die Moral und die Gesetzestreue sanken. Er habe die Ordnung wiederhergestellt – dies sei eine Arbeit gewesen, die Ausdauer, Geduld und Kraft erforderte; er habe Tag und Nacht zum Wohle seines Landes gearbeitet und nicht geruht. – Würden sie es wagen, ihn so zu täuschen? Würden sie ihm seine hart verdiente Belohnung entreißen, um sie einem zu verleihen, der sich niemals ins öffentliche Leben eingemischt habe, einem, der ein Anfänger in dem Handwerk sei, in dem er ein Meister war? Er forderte den Platz des Stellvertreters als sein Recht. Ryland hatte gezeigt, dass er ihn bevorzugte. Niemals zuvor hatte er, der selbst zur Thronbesteigung Englands geboren worden war, niemals hatte er einen Gefallen oder eine Gnade derer erbeten, die jetzt gleichberechtigt waren, aber sonst seine Untertanen hätten sein können. Würden sie ihn ablehnen? Könnten sie den Erben ihres alten Königs von dem Weg der Auszeichnung und des lobenswerten Ehrgeizes zurückstoßen und eine weitere Enttäuschung auf ein gestürztes Haus werfen?

Niemand hatte Adrian je zuvor auf die Rechte seiner Vorfahren anspielen hören. Niemand hatte je zuvor geahnt, dass diese Macht oder viele Stimmen bei der Wahl ihm teuer sein könnten. Er hatte seine Rede mit Heftigkeit begonnen; er endete mit bescheidener Sanftheit und formulierte seine Bitte mit der gleichen Demut, als ob er darum gebeten hätte, bei den Engländern der Erste in Reichtum, Ehre und Macht zu sein, anstatt, wie es in Wahrheit war, der Erste in den Reihen der verhassten Plackerei und des unvermeidlichen Todes. Ein zustimmendes Murmeln erhob sich nach seiner Rede. »Oh, hört nicht auf ihn«, rief ich, »er spricht falsch – er täuscht sich selbst« – ich wurde unterbrochen, und als die Stille wiederhergestellt war, wurde uns befohlen, wie es Brauch war, während der Entscheidung hinauszugehen. Ich glaubte, dass sie zögerten und dass es etwas Hoffnung für mich gebe – ich irrte mich – kaum hatten wir die Kammer verlassen, als Adrian wieder zurückgerufen und in sein Amt als Oberster Stellvertreter des Protektors eingesetzt wurde.

Wir kehrten zusammen in den Palast zurück. »Ach, Lionel«, sagte Adrian, »was hattest du vor? Du konntest nicht hoffen, zu gewinnen, und doch gabst du mir den Schmerz eines Triumphes über meinen besten Freund.«

»Das ist Spott«, antwortete ich, »du vergeudest dich – du, der verehrte Bruder von Idris, das Wesen, das auf der ganzen Welt unseren Herzen das liebste ist – du vergeudest dich an einen frühen Tod. Ich hätte dies verhindert, mein Tod wäre ein kleines Übel – oder vielleicht sterbe ich auch nicht; während du nicht darauf hoffen kannst, zu entkommen.«

»Was die Wahrscheinlichkeit des Entkommens betrifft«, sagte Adrian, »könnten die kalten Sterne in zehn Jahren auf die Gräber von uns allen scheinen; was jedoch meine besondere Anfälligkeit für Infektionen angeht, könnte ich sowohl logisch als auch physisch leicht beweisen, dass ich mitten in der Ansteckung eine bessere Aussicht auf Überleben habe als du.

Dies ist mein Amt: Ich wurde dazu geboren – um England in der Anarchie zu regieren, um es aus der Gefahr zu retten – um mich für es zu opfern. Das Blut meiner Vorfahren pulsiert laut in meinen Adern und bedeutet mir, dass ich der Erste unter meinen Landsleuten bin. Oder, wenn diese Art der Rede dich beleidigt, lass mich dir sagen, dass meine Mutter, die stolze Königin, mir früh eine Liebe zur Unterscheidung eingeflößt hat, und all das, hätten die Schwäche meiner physischen Natur und meine ungewöhnlichen Interessen einen solchen Plan nicht verhindert, hätte mich schon lange zum Kampf um mein verlorenes Erbe zu bringen vermocht. Aber nun erwacht meine Mutter, oder, wenn man so will, die Lektion meiner Mutter, in mir selbst. Ich kann nicht zum Kampfe blasen, ich kann nicht durch Intrige und Treulosigkeit wieder den Thron auf die Trümmer der englischen Gesellschaft rücken, aber ich kann der Erste sein, der mein Land stützt und schützt, nachdem jene schrecklichen Katastrophen und der Untergang es fest im Griff haben.

Dieses Land und meine geliebte Schwester sind alles, was ich habe. Das Erstere werde ich beschützen – die Letztere übergebe ich deiner Verantwortung. Wenn ich überlebe und sie verloren ist, bin ich viel lieber tot. Beschütze sie – ich weiß, dass du es um ihrer selbst willen tun wirst – wenn du noch einen anderen Ansporn benötigst, so denke daran, dass, indem du sie bewahrst, du auch mich bewahrst. Ihre makellose Natur, eine Summe von Vollkommenheiten, ist in ihre Zuneigungen gehüllt – wenn jene verletzt würden, würde sie wie ein ungegossenes Blümlein den Kopf sinken lassen; und die geringste Verletzung, die jene erhielten, wäre ein eisiger Reif für sie. Sie fürchtet bereits um uns. Sie fürchtet um die Kinder, die sie liebt, und um dich, deren Vater, ihren Geliebten, Ehemann, Beschützer, und du musst in ihrer Nähe sein, um sie zu unterstützen und zu ermutigen. Darum kehre nach Windsor zurück, mein Bruder, denn ein solcher bist du für mich – fülle den doppelten Platz aus, den meine Abwesenheit dir auferlegt, und lass mich in all meinen hiesigen Leiden meine Augen auf diese teure Abgeschiedenheit richten und sagen – dort ist Frieden.«

Kapitel 7

Ich fuhr wirklich nach Windsor, aber nicht in der Absicht, dort zu bleiben. Ich ging nur, um die Zustimmung von Idris einzuholen und dann zurückzukehren und meinen Posten neben meinem unvergleichlichen Freund zu beziehen; um seine Mühen zu teilen und ihn, wenn es sein musste, auf Kosten meines Lebens zu bewahren. Doch ich fürchtete mich vor der Angst, die mein Entschluss in Idris erregen könnte. Ich hatte mir geschworen, niemals ihr Antlitz zu verdüstern, selbst nicht mit vorübergehender Trauer, und nun sollte ich mich in der Stunde höchster Not als Lügner wiederfinden? Ich hatte meine Reise mit ängstlicher Hast begonnen; jetzt wollte ich sie um Tage und Monate hinauszögern. Ich wollte die Notwendigkeit des Handelns vermeiden; ich versuchte, den Gedanken zu entfliehen – vergeblich – die Zukunft kam wie ein dunkles Trugbild in einer Laterna Magica näher und näher, bis sie die ganze Erde mit ihrem Schatten überkommen hatte.

Ein kleiner Umstand veranlasste mich, meinen gewohnten Weg zu ändern und über Egham und Bishopsgate nach Hause zurückzukehren. Ich stieg bei Perditas alter Behausung aus und beschloss, die Kutsche voraussendend, durch den Park zum Schloss zu gehen. Dieser Ort, der die schönsten Erinnerungen in sich barg, das verlassene Haus und der verwahrloste Garten, waren gut dazu geeignet, in Erinnerungen zu schwelgen. In unseren glücklichsten Tagen hatte Perdita ihr Häuschen mit jedem nur erdenklichen Kunstgriff geschmückt, zusätzlich zu dem, was die Natur selbst dafür bereitgestellt hatte. Ebenso maßlos hatte sie es während ihrer Trennung von Raymond vernachlässigt. Es war jetzt eine Ruine: Das Wild hatte die zerbrochenen Pfähle überstiegen und zwischen den Blumen gerastet, Gras wuchs auf der Schwelle, und das schwankende Rankgitter, das im Wind knarrte, zeugte von der völligen Verlassenheit. Der Himmel darüber war blau und die Luft vom Duft der erlesenen Blumen erfüllt, die zwischen den Unkräutern wuchsen. Die Bäume wiegten sich darüber und erzeugten die liebste Melodie der Natur – doch das niederdrückende Aussehen der erstickten Wege und der von Unkraut bewachsenen Blumenbeete trübte selbst diese fröhliche Sommerszene. Die Zeit, in der wir uns in diesem Haus in stolzer und glücklicher Sicherheit versammelt hatten, war vorüber – bald würden die heutigen Stunden sich denen der Vergangenheit anschließen und die Schatten künftiger Stunden sich dunkel und drohend aus dem Schoße der Zeit, ihrer Wiege und ihrer Bahre, erheben. Zum ersten Mal in meinem Leben neidete ich dem Toten seinen Schlaf und dachte mit Vergnügen an sein Bett unter dem Rasen, wo Kummer und Angst keine Macht haben. Ich ging durch die Lücke der zerbrochenen Umzäunung – ich fühlte widerwillig die erstickenden Tränen – ich eilte in die Tiefen des Waldes. O Tod und Wandel, Herrscher unseres Lebens, wo seid ihr, damit ich mit euch ringe! Was war dort in unserer Ruhe, das euren Unwillen erregte – in unserem Glück, dass ihr es zerstören wolltet? Wir waren glücklich, wir liebten und wurden wiedergeliebt; das Horn Amaltheas enthielt keinen Segen, mit dem wir nicht übergossen wurden, aber ach!

Was die Zeit will und das Glücke!
Wüste Gottheit voller Tücke,
Heute Leich und gestern Blüte,
Verweilt es nie in gleicher Güte.

Während ich solcherart nachdenklich herumwanderte, überholte mich eine Anzahl von Landleuten. Sie schienen ganz in Gedanken versunken zu sein, und ein paar Worte ihrer Unterhaltung, die mich erreichten, veranlassten mich, mich zu nähern und weitere Nachforschungen anzustellen. Eine Gruppe von Leuten, die, wie es damals häufig vorkam, aus London floh, war mit einem Boot die Themse heraufgekommen. Niemand in Windsor wollte ihnen Schutz bieten; also blieben sie die ganze Nacht in einer verlassenen Hütte in der Nähe von Bolter's Lock. Sie setzten ihren Weg am nächsten Morgen fort und ließen einen ihrer Kameraden zurück, der an der Pest erkrankt war. Als dies sich herumgesprochen hatte, wagte niemand sich näher als eine halbe Meile an die infizierte Gegend mehr heran, und der arme verlassene Kerl wurde alleingelassen, um in der Einsamkeit mit der Krankheit und dem Tod zu kämpfen, so gut er es vermochte. Ich wurde von Mitgefühl gedrängt, zur Hütte zu eilen, um zu sehen, wie es ihm ginge und ob er etwas benötigte.

Als ich näher kam, begegnete ich einigen Landleuten, die sich ernst über dieses Ereignis unterhielten. Obschon sie weit von der gefürchteten Ansteckung entfernt waren, zeigte sich doch in jedem Gesicht Furcht. Ich kam an einer Gruppe dieser Erschrockenen vorbei, in einer Gasse auf dem direkten Weg zur Hütte. Einer von ihnen hielt mich an, und in der Vermutung, dass ich den Umstand nicht kannte, sagte er mir, ich solle nicht weitergehen, denn eine infizierte Person liege in geringer Entfernung.

»Ich weiß es«, antwortete ich, »und ich will nachsehen, in welchem Zustand der arme Kerl ist.«

Ein überraschtes und erschrockenes Murmeln lief durch die Versammlung. Ich fuhr fort:

»Dieser arme Kerl ist verlassen, sterbend, ohne Beistand; Gott weiß, wie bald einer oder alle von uns in diesen unglücklichen Zeiten in ähnlicher Lage sein mögen. Ich werde tun, was ich mir selbst in einer solchen Lage wünschen würde.«

»Aber Sie werden nie in der Lage sein, zum Schloss zurückzukehren – Lady Idris – die Kinder« – die Worte drangen mir verworren ans Ohr.

»Wisst ihr nicht, meine Freunde«, sagte ich, »dass der Graf selbst, der jetzt Lordprotektor ist, täglich nicht nur diejenigen besucht, die wahrscheinlich mit jener Seuche infiziert sind, sondern auch die Krankenhäuser und Pesthäuser, dass er sich den Kranken nähert, sie sogar berührt? – Doch nie erfreute er sich besserer Gesundheit. Ihr habt die Natur der Seuche gänzlich missverstanden. Aber fürchtet euch nicht, ich bitte euch nicht, mich zu begleiten oder mir zu glauben, bis ich gesund und munter von meinem Patienten zurückkomme.«

Also verließ ich sie und eilte weiter. Ich kam bald vor der Hütte an: Die Tür war angelehnt. Ich trat ein, und ein Blick versicherte mir, dass sein ehemaliger Bewohner nicht mehr war – er lag auf einem Haufen Stroh, kalt und steif; während eine verderbliche Ausdünstung den Raum erfüllte und verschiedene Flecken die ansteckende Seuche bewiesen.

Ich hatte noch nie jemanden gesehen, der durch die Pest getötet wurde. Während jedermann voller Bestürzung über ihre Auswirkungen war, hatte uns das Verlangen nach Aufregung dazu geführt, Defoes Bericht und die meisterhaften Schilderungen des Autors von *Arthur Mervyn* durchzugehen. Die Bilder, die in diesen Büchern gezeichnet wurden, waren so lebendig, dass wir die von ihnen dargestellten Begebenheiten zu erleben schienen. Aber kalt waren die Empfindungen, die durch Worte erregt wurden, obwohl sie brannten und den Tod und das Elend von Tausenden beschrieben, verglichen mit dem, was ich fühlte, als ich auf die Leiche dieses unglücklichen Fremden blickte. Dies war wahrhaft die Pest. Ich hob seine steifen Glieder, ich bemerkte die Verzerrung seines Gesichts und die starren Augen, die nichts mehr sahen. Als ich so beschäftigt war, ließ eisiges Entsetzen mein Blut erstarren, mein Fleisch erbeben und meine Haare zu Berge stehen. Halb wahnsinnig sprach ich mit dem Toten. Die Seuche hat dich also getötet, murmelte ich. Wie kam dies? War es schmerzhaft? Du siehst aus, als hätte der Feind dich gefoltert, bevor er dich ermordete. Und jetzt sprang ich überstürzt auf und floh aus der Hütte, bevor die Natur ihre Gesetze aufheben konnte und unbelebte Worte antwortend von den Lippen des Verstorbenen kamen.

Als ich durch die Gasse zurückkehrte, sah ich in einiger Entfernung dieselbe Ansammlung von Personen, die ich zurückgelassen hatte. Sie eilten davon, sobald sie meiner gewahr wurden. Meine aufgeregte Miene trug zu ihrer Angst bei, sich jemandem zu nähern, der den Bereich der Ansteckung betreten hatte.

Fern von Tatsachen zieht man Schlüsse, die unfehlbar scheinen, die aber, wenn sie in der Wirklichkeit auf die Probe gestellt werden, wie unwirkliche Träume verschwinden. Ich hatte die Ängste meiner Landsleute verspottet, wenn sie sich auf andere bezogen; jetzt aber, da sie mich betrafen, hielt ich inne. Der Rubikon, dachte ich, wurde überschritten; und es war schicklich, dass ich mir überlegte, was ich auf dieser Seite der Krankheit und Gefahr tun sollte. Nach dem allgemeinen Aberglauben barg meine Kleidung, meine Person, die Luft, die ich atmete, für mich und andere tödliche Gefahr. Sollte ich zum Schloss zurückkehren, zu meiner Frau und meinen Kindern, mit diesem Makel an mir? Es war nicht sicher, ob ich infiziert wäre; ich war aber überzeugt, dass ich es nicht war – einige Stunden würden die Frage beantworten – ich würde diese im Wald verbringen, und darüber nachdenken, was kommen würde und was meine zukünftigen Handlungen sein sollten. In dem Gefühl, das mir durch den Anblick eines von der Pest Betroffenen vermittelt wurde, vergaß ich die Ereignisse, die mich in London so stark erregt hatten; neue und schmerzhaftere Aussichten wurden nach und nach von dem Nebel befreit, der sie bisher verschleiert hatte. Die Frage war nicht länger, ob ich Adrians Mühen und Gefahren teilen sollte, sondern auf welche Weise ich in Windsor und dessen Umgebung die Klugheit und den Eifer nachahmen konnte, die unter seiner Regierung Ordnung und Fülle in London hervorbrachten; und wie ich jetzt, da sich die Pest weiter ausgebreitet hatte, die Gesundheit meiner eigenen Familie sichern konnte.

Ich breitete die ganze Erde als eine Karte vor mir aus. Auf keinen Punkt ihrer Oberfläche konnte ich meinen Finger legen und sagen, hier ist Sicherheit. Im Süden hatte die Seuche, bösartig und unheilbar, die menschliche Rasse beinahe ausgerottet; Sturm und Überschwemmung, giftige Winde und Dünste machten das Maß des Leidens voll. Im Norden war es schlimmer – die geringere Bevölkerung nahm allmählich ab, und Hungersnot und Pest hielten die Überlebenden in Atem, die, hilflos und schwach, bereit waren, als eine leichte Beute in ihre Hände zu fallen.

Ich richtete meinen Blick nach England. Die gewaltige Metropole, das große Herz des mächtigen Großbritanniens, war ohne Puls. Der Handel war zum Erliegen gekommen. Alles Streben nach Ehrgeiz oder Vergnügen war abgeschnitten – die Straßen waren von Gras bewachsen – die Häuser leer – die wenigen, die aus der Not heraus dortgeblieben waren, schienen bereits mit dem Makel der unvermeidlichen Pest gebrandmarkt. In den größeren Industriestädten spielte sich die gleiche Tragödie in einem kleineren, aber noch katastrophaleren Ausmaß ab. Es gab dort keinen Adrian, der alles beaufsichtigte und leitete, während ganze Heerscharen armer Menschen erkrankten und starben.

Doch wir sollten nicht alle sterben. Gewiss nicht. Obschon ausgedünnt, würde die Rasse des Menschen fortdauern, und die große Pest würde in späteren Jahren als eine Episode der Geschichte bestaunt werden. Zweifellos erfolgte diese Heimsuchung in einem Ausmaß, das beispiellos war – umso mehr war es nötig, dass wir hart daran arbeiteten, die weitere Ausbreitung zu verhindern. Zuvor waren die Menschen ausgezogen und hatten Tausende und Zehntausende erschlagen, jetzt aber war der Mensch eine Kreatur von Wert geworden, das Leben eines von ihnen war kostbarer als die sogenannten Schätze von Königen. Man sehe sich sein gedankenvolles Antlitz an, seine anmutigen Glieder, seine majestätische Stirn, seinen wundersamen Mechanismus – der Typus und das Modell dieses besten Werkes Gottes dürfen nicht als zerbrochenes Gefäß beiseitegeworfen werden – er soll bewahrt werden, und seine Kinder und Kindeskinder sollen den Namen und die Gestalt des Menschen tragen bis zum Jüngsten Tag.

Vor allem musste ich diejenigen bewahren, die mir von Natur und Schicksal anvertraut wurden. Und gewiss, wenn ich unter all meinen Mitgeschöpfen diejenigen aussuchen sollte, die als Beispiele der Größe und Güte des Menschen gelten könnten, könnte ich sicherlich keine anderen wählen als jene, die durch die heiligsten Bande mit mir verbunden waren. Einige aus der Familie des Menschen müssen überleben, und diese sollten zu den Überlebenden gehören. Das sollte meine Aufgabe sein – mein eigenes Leben wäre dafür ein kleines Opfer. Hier und jetzt sollten in diesem Schloss – in Schloss Windsor, dem Geburtsort von Idris und meinen Kindern – die Zuflucht und der Rückzugsort für die zerstörte Barke der menschlichen Gesellschaft sein. Sein Wald sollte unsere Welt sein – sein Garten uns Nahrung liefern; innerhalb seiner Mauern würde ich den erschütterten Thron der Gesundheit wieder aufrichten. Ich war ein Ausgestoßener und ein Vagabund gewesen, bis Adrian sanft das silberne Netz der Liebe und der Zivilisation über mich warf und mich untrennbar mit menschlicher Wohltätigkeit und Größe vereinte. Ich war ein Mann gewesen, der, obwohl ein Eiferer des Guten und ein glühender Liebhaber der Weisheit, noch in keiner Liste von Wert eingeschrieben war, als Idris, die fürstlich Geborene und Verkörperung all dessen, was in der Frau göttlich ist, sie, die über die Erde ging wie der Traum eines Dichters, eine geschnitzte, mit Sinn gefüllte Göttin, oder eine gemalte Heilige, die aus der Leinwand trat – als sie, die Würdigste, mich wählte und sich mir selbst gab – ein unbezahlbares Geschenk.

Während mehrerer Stunden fuhr ich fort nachzudenken, bis Hunger und Müdigkeit mir die fortschreitende Stunde, die bereits von den lang herabfallenden Schatten der untergehenden Sonne geprägt war, ins Gedächtnis zurückriefen. Ich war nach Bracknell gewandert, weit westlich von Windsor. Das Gefühl vollkommener Gesundheit, das ich genoss, versicherte mir, dass ich frei von Ansteckung war. Ich entsann mich, dass Idris nichts von meiner Vorgehensweise wusste. Sie hatte vielleicht von meiner Rückkehr aus London und meinem Besuch bei Bolter's Lock gehört, was sie im Zusammenhang mit meiner fortgesetzten Abwesenheit sehr beunruhigen könnte. Ich kehrte durch den Langen Weg nach Windsor zurück, und als ich durch die Stadt zum Schloss ging, fand ich diese in einem Zustand großer Aufregung und Unruhe.

»Es ist zu spät, um ehrgeizig zu sein«, sagt Sir Thomas Browne. »Wir können nicht hoffen, dass man länger unserer Namen gedenkt, als wir am Leben waren; das eine Gesicht des Janus steht in keinem Verhältnis zum andern.« Auf diese Worte hin erhoben sich viele Fanatiker, die prophezeiten, dass das Ende der Zeit gekommen sei. Der Geist des Aberglaubens war aus dem Untergang unserer Hoffnungen geboren, und im großen Theater wurden wilde und gefährliche Possen gespielt, während der verbleibende Teil des Zukünftigen zu einem Punkt in den Augen der Vorhersager zusammenschrumpfte. Verzagte Frauen starben vor Angst, als sie ihren Vorhersagen lauschten, Männer von robuster Gestalt und scheinbarer Stärke verfielen der Idiotie und dem Wahnsinn, gemartert von der Angst vor der kommenden Ewigkeit. Ein Mann dieser Art streute jetzt beredt Verzweiflung unter den Einwohnern von Windsor aus. Die Szene am Morgen und mein Besuch bei dem Toten, die sich mittlerweile herumgesprochen hatten, hatten die Landleute alarmiert, so dass sie geeignete Instrumente geworden waren, auf denen ein Wahnsinniger spielen konnte.

Der arme Kerl hatte seine junge Frau und sein entzückendes Kind durch die Pest verloren. Er war Handwerker; und als er sich dem Beruf nicht mehr zu widmen vermochte, der seinen Lebensunterhalt sicherte, kam zu seinem übrigen Elend Hungersnot hinzu. Er verließ die Stube, in der seine Frau und sein Kind lagen – nicht mehr Frau und Kind, sondern »tote Erde auf dem Erdball« – wild vor Hunger, Sorge und Trauer. Seine von der Krankheit angegriffene Phantasie ließ ihn glauben, dass er vom Himmel gesandt wurde, um der Welt das Ende der Zeit zu predigen. Er ging in die Kirchen und sagte den Versammelten voraus, dass sie sich bald in die Gewölbe unter ihnen begeben würden. Er erschien wie der vergessene Geist der Zeit in den Theatern und forderte die Zuschauer auf, nach Hause zu gehen und zu sterben. Er war ergriffen und eingesperrt worden; er war geflohen und von London aus durch die benachbarten Städte gewandert; und mit hektischen Gebärden und aufgeregten Worten enthüllte er allen ihre verborgenen Ängste und gab dem lautlosen Gedanken Ausdruck, den sie nicht auszusprechen wagten. Er stand nun unter der Arkade des Rathauses von Windsor und hielt von dieser Erhebung aus eine Ansprache vor einer zitternden Menge.

»Hört, o ihr Bewohner der Erde«, rief er, »höre du, allsehender, aber überaus unerbittlicher Himmel! Höre auch du, o sturmgepeitschtes Herz, das diese Worte aushaucht, doch unter ihrer Bedeutung ohnmächtig wird! Der Tod ist unter uns! Die Erde ist schön und blumengeschmückt, aber sie ist unser Grab! Die Wolken des Himmels weinen für uns – das Gepränge der Sterne ist nur der Fackelschein für unser Begräbnis. Grauköpfige Männer, ihr hofftet auf ein paar mehr Jahre in eurer lang gekannten Unterkunft – doch der Pachtvertrag ist abgelaufen, ihr müsst umziehen – Kinder, ihr werdet nie zur Reife kommen, just im Moment wird euer kleines Grab ausgehoben – Mütter, umarmt eure Kinder, ein Tod umarmt euch!«

Schaudernd streckte er die Hände aus, die gen Himmel gewandten Augen schienen aus ihren Höhlen zu quellen, während er Gestalten, für uns unsichtbar, in der nachgiebigen Luft zu folgen schien. – »Da sind sie«, rief er, »die Toten! Sie erheben sich in ihren Leichentüchern und gehen in stiller Prozession in das ferne Land ihrer Verdammnis – ihre blutleeren Lippen bewegen sich nicht – ihre schattenhaften Glieder sind unbeweglich, während sie noch weitergleiten. Wir kommen«, schrie er und sprang vorwärts, »warum sollten wir warten? Eilt, meine Freunde, kleidet euch in das Gewand des Todes. Die Pest wird euch in Seine Gegenwart führen. Warum zaudern? Sie, die Guten, die Weisen und die Geliebten, sind schon vor uns gegangen. Mütter, ein letzter Kuss – Ehemänner, ihr seid keine Beschützer mehr, führt eure Gefährtinnen im Tode! Kommt, o kommt, während die Lieben noch in Sicht sind, denn bald werden sie vergehen, und wir werden niemals mehr zu ihnen gelangen.«

Nach solchen Rasereien fasste er sich plötzlich wieder, um mit übertriebenen, aber fürchterlichen Worten die Schrecken der Zeit zu malen. Er beschrieb mit haarfeinen Einzelheiten die Auswirkungen der Pest auf den menschlichen Körper und erzählte herzergreifende Geschichten über das Zerreißen liebender Bande – das keuchende Entsetzen der Verzweiflung über dem Sterbebett der Geliebten –, so dass Stöhnen und sogar Schreie aus der Menge hervorbrachen. Vor allem ein Mann stand in vorderster Reihe, seine Augen starr auf den Propheten gerichtet, sein Mund offen, seine Glieder steif, während sein Gesicht durch äußerste Furcht in verschiedene Farben wechselte, gelb, blau und grün. Der Fanatiker fing seinen Blick auf und richtete sein Auge auf ihn – man hat vom Blick der Klapperschlange gehört, die das zitternde Opfer lockt, bis es in ihre Kiefer fällt. Der Wahnsinnige wurde ruhig, seine Person richtete sich höher auf, Autorität strahlte aus seinem Antlitz. Er blickte auf den Bauern, der zu zittern begann, während er noch hinsah; seine Knie schlackerten; seine Zähne klapperten. Endlich fiel er in Krämpfen zu Boden. »Dieser Mann hat die Pest«, sagte der Wahnsinnige ruhig. Ein Schrei drang aus den Lippen des armen Kerls, und dann kam eine plötzliche Reglosigkeit über ihn; es war allen klar, dass er tot war.

Entsetzensschreie erfüllten den Platz – jeder war bestrebt, seine Flucht zu bewirken – in wenigen Minuten hatte sich der Marktplatz geleert – der Leichnam lag auf dem Boden; und der Wahnsinnige, ruhig und erschöpft, saß neben ihm und lehnte seine hagere Wange auf seine dünne Hand. Bald kamen einige von der Obrigkeit beauftragte Leute, um den Leichnam zu entfernen; das unglückliche Wesen sah in jedem einen Gefängniswärter – er floh überstürzt, während ich weiter zum Schloss ging.

Der grausame und unerbittliche Tod war in diese geliebten Mauern eingetreten. Eine alte Dienerin, die Idris in der Kindheit gehütet hatte und mit uns mehr wie eine verehrte Verwandte als eine Hausangestellte zusammenlebte, war einige Tage vorher aufgebrochen, um eine verheiratete Tochter zu besuchen, die sich in der Nachbarschaft von London niedergelassen hatte. In der Nacht ihrer Rückkehr erkrankte sie an der Seuche. Wegen der hochmütigen und unbeugsamen Natur der Gräfin von Windsor hatte Idris nur eine geringe töchterliche Bindung zu ihr gehabt. Diese gute Frau war an die Stelle einer Mutter getreten, und ihr Mangel an Bildung und Wissen, der sie demütig und arglos machte, hatte sie uns teuer gemacht – sie wurde besonders von den Kindern sehr geliebt. Ich fand mein armes Mädchen, der Ausdruck ist nicht übertrieben, rasend vor Trauer und Angst. Sie beugte sich außer sich vor Kummer über die Kranke, welche Gemütsstimmung nicht gemildert wurde, als ihre Gedanken sich ihren Kindern zuwandten, für die sie eine Infektion fürchtete. Meine Ankunft war ihr wie die neu entdeckte Lampe eines Leuchtturms für Seeleute, die einen gefährlichen Punkt umfahren. Sie übergab ihre entsetzlichen Zweifel in meine Hände; sie verließ sich auf mein Urteil und fand in meiner Teilnahme an ihrer Trauer Trost. Bald starb unsere arme Amme, und die angespannte Sorge verwandelte sich in tiefen Kummer, der zwar anfangs schmerzhafter war, sich aber mit größerer Bereitschaft meinen Tröstungen ergab. Schlaf, der unübertreffliche Balsam, brachte endlich ihren tränenvollen Augen Vergessen.

Sie schlief, und im Schloss, dessen Bewohner zur Ruhe angehalten wurden, herrschte Stille. Ich war wach, und während der langen Stunden der finsteren Nacht arbeiteten meine geschäftigen Gedanken in meinem Gehirn wie zehntausend Mühlräder, schnell, präzise, unaufhaltsam. Alle schliefen – ganz England schlief; und von meinem Fenster, das eine weite Aussicht auf die von Sternen beleuchtete Gegend bot, sah ich das Land in gelassener Ruhe vor mir liegen. Ich war wach, lebendig, während der Bruder des Todes meine Rasse in seiner Gewalt hatte. Was, wenn die mächtigere dieser brüderlichen Gottheiten die Herrschaft darüber erlangen sollte? Die mitternächtliche Stille dröhnte, obgleich anscheinend ein Paradox, in meinen Ohren.

Die Einsamkeit wurde unerträglich – ich legte meine Hand auf Idris' schlagendes Herz, ich beugte meinen Kopf, um ihren Atem zu hören, um mir zu versichern, dass sie noch existierte – für einen Moment überlegte ich, ob ich sie nicht aufwecken sollte; ein solch verworrener Schrecken hatte mich ergriffen. – Großer Gott! Würde es eines Tages so sein? Wenn eines Tages alle gestorben wären, außer mir selbst, sollte ich allein über die Erde wandeln? Waren dies warnende Stimmen, deren unklarer und prophetischer Sinn mir Glauben aufzwang?

Doch Warnungsstimmen möcht ich sie nicht nennen,
Die nur das Unvermeidliche verkünden.
Wie sich der Sonne Scheinbild in dem Dunstkreis
Malt, eh sie kommt, so schreiten auch den großen
Geschicken ihre Geister schon voran,
Und in dem Heute wandelt schon das Morgen.

Kapitel 8

Nach einem langen Intervall werde ich wieder von dem unruhigen Geist in mir getrieben, meine Erzählung fortzusetzen, doch ich muss den Modus ändern, dem ich bisher gefolgt bin. Die Einzelheiten, die in den vorhergehenden Seiten enthalten sind, scheinen trivial zu sein, und doch wiegt jede kleinste schwer wie Blei in der niedergedrückten Waage der menschlichen Bedrängnisse. Diese ausführliche Wiedergabe der Leiden anderer, während meine eigenen mir noch bevorstanden, das langsame Entblößen meiner seelischen Wunden: dieses Tagebuch des Todes, dieser langgezogene und verschlungene Weg, der zum Meer der ungezählten Tränen führt, erweckt mich wieder zu großer Trauer. Ich hatte diese Geschichte als Betäubungsmittel benutzt. Indem ich meine geliebten Freunde beschrieb, wie sie frisch am Leben, glühend vor Hoffnung und aktive Teilnehmer der Szene waren, wurde ich besänftigt. Es wird ein schwermütigeres Vergnügen sein, das Ende von allem zu beschreiben. Aber die Zwischenschritte, das Erklimmen der Mauer zwischen dem, was war und ist, während ich noch zurückblickte und die verborgene Wüste dahinter nicht kannte, sind eine Arbeit, die meine Stärke übersteigt. Zeit und Erfahrung haben mich auf eine Höhe gebracht, von der ich die Vergangenheit als Ganzes erfassen kann; und auf diese Weise muss ich sie beschreiben, die wichtigsten Ereignisse hervorheben und Licht und Schatten so anordnen, dass sie ein Gemälde bilden, in dessen großer Finsternis doch Harmonie liegen wird.

Es wäre überflüssig, diese katastrophalen Ereignisse zu erzählen, für die eine Parallele in jeder noch so kleinen Heimsuchung unseres gewaltigen Unglücks gefunden werden könnte. Möchte der Leser von den Pesthäusern hören, wo der Tod der Tröster ist – von der jammervollen Fahrt des Leichenkarrens – der Gefühllosigkeit der Wertlosen und der Pein des liebenden Herzens – von den erschütternden Schreien und dem schrecklichen Schweigen – von der Vielfalt an Krankheit, Desertion, Hungersnot, Verzweiflung und Tod? Es gibt viele Bücher, die den Appetit nach diesen Dingen befriedigen können; lasst sie sich den Berichten von Boccaccio, Defoe und Brown zuwenden.

Die gewaltige Vernichtung, die alle Dinge verschlungen hat – die stumme Einsamkeit der einst geschäftigen Erde – der einsame Zustand der Verlassenheit, der mich umgibt, hat selbst solche Einzelheiten ihrer stechenden Realität beraubt. Und indem ich die rauen Tönungen vergangenen Leidens mit poetischen Farben mildere, kann ich dem Mosaik der Umstände entfliehen, wenn ich mich an die Anordnung und die Farbtöne der Vergangenheit erinnere.

Ich war aus London zurückgekehrt, von dem Gedanken besessen und mit dem drängenden Gefühl, dass es meine oberste Pflicht war, das Wohl meiner Familie so gut als möglich zu sichern, um dann zurückzukehren und meinen Posten neben Adrian einzunehmen. Die Ereignisse, die unmittelbar nach meiner Ankunft in Windsor folgten, veränderten diese Sicht der Dinge. Die Seuche war nicht allein in London, sie war überall – sie kam über uns, wie Ryland es gesagt hatte, wie tausend Rudel Wölfe, hager und grimmig durch die Winternacht. War die Seuche erst einmal in den ländlichen Gebieten aufgetreten, erschienen ihre Auswirkungen schrecklicher, gefährlicher und schwieriger zu heilen als in den Städten. Dort gab es eine Gemeinschaft im Leiden, und, da die Nachbarn ständig übereinander wachten und von der tatkräftigen Güte Adrians inspiriert waren, wurde Hilfe geleistet und der Gang der Zerstörung abgemildert. Aber auf dem Land, in den vereinzelten Bauernhäusern, in einzelnen Hütten, auf Feldern und in Scheunen, spielten sich ungesehen, ungehört und unbemerkt Tragödien ab, die die Seele erschütterten. Medizinische Hilfe war weniger leicht zu beschaffen, Nahrung war schwerer zu bekommen, und die Menschen, die keine Scham zurückhielt, weil sie von ihren Mitmenschen nicht beachtet wurden, ließen sich auf Taten von größerer Schlechtigkeit ein oder gaben sich leichter ihren elenden Ängsten hin.

Es geschahen auch Heldentaten, deren bloße Erwähnung das Herz höher schlagen lässt und Tränen in die Augen treibt. Solcherart ist die menschliche Natur, dass Schönheit und Missbildung oft eng miteinander verbunden sind. Wenn wir in der Geschichte lesen, sind wir vor allem von der Großzügigkeit und der Hingabe betroffen, die dem Verbrechen unmittelbar folgen und mit himmlischen Blumen den Blutfleck verhüllen. Es fehlte nicht an solchen Taten, die den grimmigen Zug schmückten, der auf den Fortgang der Seuche harrte.

Die Einwohner von Berkshire und Buckinghamshire waren sich seit Langem bewusst, dass die Pest in London, in Liverpool, Bristol, Manchester, York, kurz gesagt, in allen größeren Städten Englands war. Sie waren jedoch nicht wenig erstaunt und bestürzt, als sie unter ihnen auftauchte. Sie waren ungeduldig und wütend inmitten des Schreckens. Sie wollten etwas tun, um das hartnäckige Böse abzuschütteln, und solange sie nur etwas täten, glaubten sie, würde es eine heilende Wirkung entfalten. Die Bewohner der kleineren Städte verließen ihre Häuser, schlugen Zelte auf den Feldern auf, wanderten ohne Rücksicht auf Hunger oder die Unbarmherzigkeit des Himmels voneinander getrennt, da sie dachten, dass sie die todbringende Seuche solcherart vermieden. Die Bauern und Häusler, die sich im Gegenteil vor allem vor der Einsamkeit fürchteten und auf medizinische Hilfe hofften, strömten in die Städte.

Aber der Winter kam und mit dem Winter die Hoffnung. Im August war die Pest in England ausgebrochen und hatte im September Verheerungen angerichtet. Gegen Ende Oktober ging sie zurück und wurde gewissermaßen durch einen Typhus ersetzt, der von kaum geringerer Ansteckungskraft war. Der Herbst war warm und regnerisch: Gebrechliche und Kränkliche starben dahin – die Glücklichen. Viele junge Menschen, die von Gesundheit und Wohlstand gestrotzt hatten, waren durch Auszehrung blass geworden und wurden dann die Bewohner des Grabes. Die Ernte war verdorben, das schlechte Getreide und der Mangel an ausländischem Wein verstärkten die Seuche. Vor Weihnachten stand halb England unter Wasser. Die Unwetter des letzten Winters kamen erneut, doch die verminderte Schifffahrt dieses Jahres ließ uns die Stürme des Meeres weniger fühlen. Die Überschwemmungen und Stürme fügten Kontinentaleuropa größeren Schaden zu als uns selbst, sie versetzten ihm sozusagen den letzten Schlag nach den Verheerungen, die es zuvor verwüstet hatten. In Italien hatte die verminderte Bauernschaft die Flüsse nicht wie sonst im Auge behalten; und wie wilde Tiere aus ihrer Höhle, wenn Jäger und Hunde fern sind, stürmten Tiber, Arno und Po hervor und zerstörten die Fruchtbarkeit der Ebenen.

Ganze Dörfer wurden hinweggetragen. Rom, Florenz und Pisa waren überflutet, und ihre marmornen Paläste, die sich vor Kurzem noch in stillen Bächen gespiegelt hatten, wurden von ihrer winterbegabten Kraft erschüttert. In Deutschland und Russland waren die Schäden noch bedeutender.

Aber der Frost würde endlich kommen und mit ihm auch eine Erneuerung unseres Fleckens Erde. Der Frost würde die Pfeile der Pest abstumpfen und die wütenden Elemente in Ketten legen; und das Land würde im Frühjahr sein Schneekleid abwerfen, befreit von der drohenden Zerstörung. Doch erst im Februar zeigten sich die gewünschten Zeichen des Winters.

Drei Tage lang fiel Schnee, Eis hemmte die Strömung der Flüsse, und die Vögel flohen aus den brechenden Zweigen der mit Frost überzogenen Bäume. Am vierten Morgen verschwand alles. Ein Südwestwind brachte Regen mit sich – die Sonne kam hervor, und schien, die üblichen Naturgesetze verspottend, schon in dieser frühen Jahreszeit mit äußerster Kraft zu brennen. Es war kein Trost, dass bei den ersten Märzwinden die Gassen mit Veilchen gefüllt, die Obstbäume mit Blüten bedeckt waren, dass das Korn emporschoss und die Blätter durch die unzeitgemäße Hitze hervorsprossen. Wir fürchteten die milde Luft – wir fürchteten den wolkenlosen Himmel, die mit Blumen bedeckte Erde und die entzückenden Wälder, denn wir sahen das Gewebe des Universums nicht länger als unsere Wohnstatt, sondern als unser Grab, und das duftende Land roch ob der Furcht wie ein ausgedehnter Kirchhof.

Immer gehn des Menschen Tritte
Auf der harten Erd umher,
Und nicht einen wandelt er,
Dass er nicht sein Grab beschritte.

Aber trotz dieser Wermutstropfen war der Winter eine Zeit des Aufatmens, und wir bemühten uns, das Beste daraus zu machen. Es konnte sein, dass die Pest mit dem Sommer nicht wieder auflebte, doch wenn sie es täte, sollte sie uns vorbereitet finden. Es ist Teil der Natur des Menschen, sich selbst an Schmerz und Leid zu gewöhnen. Die Pest war ein Teil unserer Zukunft geworden, unseres Daseins; man sah zu, dass man sich davor schützte wie vor dem Überfluten von Flüssen, dem Vordringen des Ozeans oder den Unbilden des Himmels. Nach langem Leiden und bitterer Erfahrung könnte doch noch ein Wundermittel entdeckt werden. Wie die Dinge lagen, waren bisher alle gestorben, die sich infiziert hatten – es waren jedoch nicht alle infiziert, und es wurde unsere Aufgabe, die Fundamente tief zu verankern und die Barriere zwischen der Ansteckung und den Gesunden zu erhöhen, eine Ordnung einzuführen, die dem Wohlergehen der Überlebenden dienen und den Zuschauern der noch immer anhaltenden Tragödie Hoffnung und etwas Glück geben würde. Adrian hatte in der Metropole systematische Vorgehensweisen eingeführt, die zwar den Fortschritt des Todes nicht aufhalten konnten, aber andere Übel, Laster und Torheit davon abhielten, das schreckliche Schicksal der Stunde noch gewaltiger zu machen. Ich wollte seinem Beispiel nacheifern, aber die Menschen sind daran gewöhnt,

> Sich alle gemeinsam zu regen, so sie sich überhaupt
> bewegen,

und ich konnte keine Mittel finden, die Bewohner verstreuter Städte und Dörfer zu führen, die meine Worte vergaßen, sobald sie sie nicht mehr hörten, und mit jedem verwirrenden Wind umschwenkten, der sich aus einer scheinbaren Veränderung der Umstände ergab.

Ich fasste einen anderen Plan. Jene Schriftsteller, die sich eine Herrschaft des Friedens und der Glückseligkeit auf der Erde vorstellten, haben im Allgemeinen eine ländliche Szenerie beschrieben, in der jede kleine Gemeinde von Ältesten und Weisen geleitet wird. Das war der Schlüssel meines Plans. In jedem Dorf, wie klein es auch sein mag, gibt es für gewöhnlich einen Anführer, einen unter ihnen, den sie verehren, dessen Rat sie in Schwierigkeiten suchen und dessen gute Meinung sie vornehmlich schätzen. Zu dieser Beobachtung wurde ich durch Ereignisse gebracht, die ich selbst bezeugen konnte.

Im Dorf Little Marlow leitete eine alte Frau die Gemeinde. Sie hatte einige Jahre in einem Armenhaus gelebt, und an schönen

Sonntagen wurde ihre Schwelle ständig von einer Menge belagert, die ihren Rat suchte und ihren Ermahnungen lauschte. Sie war die Frau eines Soldaten gewesen und hatte die Welt gesehen. Gebrechlichkeit, durch Fieber in ungesunden Quartieren hervorgerufen, war vor der Zeit über sie gekommen, und sie bewegte sich selten von ihrer kleinen Lagerstatt fort. Die Seuche fiel in das Dorf ein; und während Angst und Kummer die Bewohner der wenigen Weisheit beraubten, die sie besaßen, trat die alte Martha vor und sagte: »Ich war schon einmal in einer Stadt, wo die Pest war.« – »Und du bist verschont geblieben?« – »Nein, aber ich habe mich erholt.« Danach saß Martha fester denn je auf dem königlichen Stuhl, erhoben von Ehrfurcht und Liebe. Sie ging in die Hütten der Kranken, sie half ihnen mit ihrer eigenen Hand, sie verriet keine Angst und gab allen, die sie sahen, einen Teil ihres eigenen Mutes mit. Sie besuchte die Märkte – sie bestand darauf, dass man ihr Lebensmittel für diejenigen mitgab, die zu arm waren, um sie zu kaufen. Sie zeigte ihnen, wie das Wohlergehen jedes Einzelnen den Wohlstand aller umfasste. Sie wollte nicht zulassen, dass die Gärten vernachlässigt würden, ja, nicht einmal, dass die Blumen an den Spalieren der Hütten ihre Köpfe aus Vernachlässigung hängen ließen. Die Hoffnung, sagte sie, sei besser als jedes ärztliche Rezept, und alles, was den Geist erhalten und beleben könne, sei wertvoller als Medikamente und Mixturen.

Der Anblick von Little Marlow und meine Gespräche mit Martha hatten mich zu dem Plan geführt, den ich fasste. Ich hatte früher die Herrenhäuser und Herrensitze besucht und oft gefunden, dass deren Bewohner, von reinstem Wohlwollen angetrieben, bereit waren, ihr Äußerstes für das Wohl ihrer Pächter zu leisten. Aber das war nicht genug. Das innige Mitgefühl, das durch ähnliche Hoffnungen und Ängste, ähnliche Erfahrungen und Ziele erzeugt wurde, fehlte ihnen. Die Armen sahen, dass die Reichen andere Mittel zur Erhaltung besaßen als die, derer sie selbst teilhaftig werden konnten, nämlich Abgeschiedenheit und, soweit die Umstände es erlaubten, Sorglosigkeit. Sie konnten sich nicht auf sie verlassen, sondern wandten sich mit zehnfachem Gewicht dem Beistand und Rat ihresgleichen zu. Ich entschloss mich daher, von Dorf zu Dorf zu gehen und das bäuerliche Oberhaupt des Ortes aufzusuchen, um, indem ich seine Bemühungen ordnete und sein Wissen vermehrte, sowohl seine Macht als auch seinen Nutzen unter seinen Nachbarn zu vergrößern. Bei diesen spontanen Königswahlen gab es viele zusätzliche Veränderungen. Absetzungen und Abdankungen waren häufig, während die Jugend anstelle der vorsichtigen Alten oft feurig vortrat und trotz der Gefahr begierig war zu handeln. Oftmals geschah es auch, dass die Stimme, auf die alle hörten, plötzlich zum Schweigen gebracht wurde, die helfende Hand erkaltete, das mitfühlende Auge sich schloss; und die Dorfbewohner noch mehr den Tod fürchteten, der ein auserwähltes Opfer getroffen hatte, der das Herz, das für sie schlug, zu Staub zermalmt, den Geist, der stets mit Plänen für ihr Wohlergehen beschäftigt war, für immer der stummen Vernichtung anheimgestellt hatte.

Wer auch immer dem Menschen dient, wird oft auf Undankbarkeit stoßen, getränkt von Lasterhaftigkeit und Torheit, entsprungen aus dem Korn, das er gesät hat. Der Tod, der in unseren jüngeren Tagen die Erde durchwandert hatte »wie ein Dieb in der Nacht«, kam nun als ein Eroberer aus seinem unterirdischen Gewölbe, mit Macht umgürtet und mit wehenden dunklen Fahnen. Viele sahen über seinem Vizekönigsthron eine höhere Vorsehung sitzen, die seine Pfeile lenkte und seinen Fortschritt leitete, und sie neigten ergeben oder zumindest gehorsam ihre Köpfe. Andere empfanden nur ein vorübergehendes Opfer; sie bemühten sich, den Schrecken gegen Leichtsinn zu tauschen, und stürzten sich in Zügellosigkeit, um den qualvollen Wehen der schlimmsten Besorgnis zu entgehen. Während also die Weisen, die Guten und die Klugen mit mildtätigen Arbeiten beschäftigt waren, hatte der Waffenstillstand des Winters andere Auswirkungen auf die Jungen, die Gedankenlosen und die Lasterhaften. In den kälteren Monaten gab es einen allgemeinen Ansturm nach London auf der Suche nach Unterhaltung – die Bande der allgemeinen Ansichten waren gelockert worden; viele waren reich, die bisher arm gewesen waren – viele hatten Vater und Mutter, die Wächter ihrer Moral, ihre Mentoren und ihre Fesseln verloren. Es wäre sinnlos gewesen, diesen Impulsen durch Hindernisse entgegenzuwirken, die nur dazu geführt hätten, dass diejenigen, die sich darin betätigten, zu noch verderblicheren Genüssen getrieben worden wären. Die Theater waren geöffnet und gedrängt voll; Tanz und Mitternachtsfest waren gut besucht – auf vielen dieser Veranstaltungen wurde der Anstand verletzt, und die Übel, die bisher einem fortgeschrittenen Stand der Zivilisation angehaftet hatten, verdoppelten sich. Der Student verließ seine Bücher, der Künstler sein Studium: Es gab keine Beschäftigungen im Leben mehr, doch die Vergnügungen blieben; der Genuss konnte bis an den Rand des Grabes verlängert werden. Alle Farbschattierungen verschwanden – der Tod brach an wie die Nacht, und im Schutze seiner Finsternis wurden das schüchterne Erröten, die stolze Zurückhaltung, die anstandsvolle Tugendhaftigkeit meist als nutzlose Schleier beiseitegeworfen.

Dies war nicht überall so. Unter den besseren Naturen zogen Schrecken und Pein, die Furcht vor der Trennung auf ewig und der verwunderte Schrecken, der von beispiellosem Unglück erzeugt wird, die Bande der Verwandtschaft und Freundschaft enger. Philosophen stellten sich jenen Grundsätzen entgegen, indem sie als Barrieren gegen die Flut der Lasterhaftigkeit oder Verzweiflung und als die einzigen Wälle zum Schutz des befallenen Territoriums des menschlichen Lebens dienten; die Religiösen, die nun auf ihren Lohn hofften, hielten an ihren Glaubensbekenntnissen fest, als ob die Flöße und Planken, auf denen sie standen, sie über das sturmgepeinigte Meer des Leidens in Sicherheit zum Hafen des unbekannten Kontinentes tragen würden. Das liebende Herz, das gezwungen war, sich auf weniger Personen zu beschränken, verlieh seinen Überfluss an Zuneigung in dreifachem Maße an die wenigen Übriggebliebenen. Aber auch unter diesen wurde die Gegenwart ein unveräußerlicher Besitz und die gesamte Zeit, in die sie wagten, die kostbare Fracht ihrer Hoffnungen zu legen.

Die Erfahrung hatte uns seit Menschengedenken gelehrt, unsere Genüsse nach Jahren zu zählen und unsere Lebensperspektive auf eine längere Periode des Fortschreitens und des Verfalls auszudehnen. Der lange Weg führte durch ein riesiges Labyrinth, und das Tal des Todesschattens, in dem er endete, wurde von dazwischenliegenden Gegenständen verborgen. Doch ein Erdbeben hatte die Szene verändert – genau unter unseren Füßen gähnte die Erde – tief und steil klaffte dort die Schlucht, die uns aufnehmen sollte, während die Stunden uns in Richtung der Kluft trieben. Nun aber war Winter, und es sollten Monate verstreichen, ehe wir aus unserer Sicherheit geschleudert werden würden. Wir wurden zu Eintagsfliegen, für die der Abstand zwischen der aufgehenden und der untergehenden Sonne ein langgezogenes Jahr gemeinsamer Zeit war. Wir sollten niemals sehen, wie unsere Kinder zur Reife heranwuchsen, noch erleben, wie ihre flaumigen Wangen rau, ihre fröhlichen Herzen von Leidenschaft oder Sorge beherrscht würden; aber wir hatten sie jetzt – sie lebten und wir lebten –, was konnten wir uns mehr wünschen? Mit dieser Einstellung versuchte meine arme Idris, drängende Ängste zu stillen, und es gelang ihr einigermaßen. Es war nicht wie in der Sommerzeit, wenn jede Stunde das gefürchtete Schicksal bringen konnte – bis zum Sommer fühlten wir uns sicher; und diese Sicherheit, kurzlebig wie sie sein musste, stellte noch eine Weile ihre mütterliche Zärtlichkeit zufrieden. Ich weiß nicht, wie ich die Empfindung von konzentriertem, intensivem, und doch flüchtigem Gefühl, das uns in jener Stunde ins Paradies versetzte, ausdrücken oder vermitteln kann. Unsere Freuden waren uns teurer, weil wir ihr Ende nahen sahen; sie waren intensiver, weil wir ihren Wert in vollem Umfang fühlten; sie waren reiner, weil sie in ihrem Kern aus Zuneigung bestanden – so wie ein Meteor heller als ein Stern leuchtet, barg die Glückseligkeit dieses Winters die gebündelten Freuden eines langen, langen Lebens in sich.

Wie schön ist der Frühling! Als wir von der Terrasse in Windsor aus auf die sechs fruchtbaren Landkreise schauten, die sich davor erstreckten, gesprenkelt von fröhlichen Hütten und wohlhabenderen Städten, sahen alle wie in früheren Jahren aus, dem Herzen zujubelnd und schön. Das Land war gepflügt, die schlanken Weizensprossen durchbrachen den dunklen Boden, die Obstbäume waren mit Knospen bedeckt, der Landwirt war draußen auf den Feldern, die Milchmagd stolperte mit gut gefüllten Eimern ins Haus, die Schwalben tauchten mit ihren langen, spitzen Flügeln in die sonnigen Becken, die neugeborenen Lämmer ruhten auf dem jungen Gras, der zarte Wuchs der Blätter –

Hebt seinen schönen Kopf empor und füllt
Den stillen Raum mit immergrünem Grün.

Der Mensch selbst schien sich zu erholen und zu fühlen, wie der Frost des Winters einer nachgiebigen und warmen Erneuerung des Lebens wich – der Verstand sagte uns, dass Kummer und Sorge mit dem beginnenden Jahr wachsen würden –, aber wie sollte man der unheilvollen Stimme Glauben schenken, die mit pesthaltigen Dämpfen aus der dunklen Höhle der Angst drang, während die Natur, lachend und aus ihrem grünen Schoß Blumen, Früchte und glitzernde Wasser verströmend, uns einlud, uns dem fröhlichen Fest des jungen Lebens anzuschließen, das sie gab?

Wo war die Pest? »Hier – überall!«, rief eine Stimme des Entsetzens und der Bestürzung aus, als in den schönen Tagen eines sonnigen Mai der Zerstörer des Menschen wieder über die Erde kam, den Geist zwang, seine belebte Hülle zu verlassen und in ein ungekanntes Leben einzutreten. Mit einem gewaltigen Schwung seiner mächtigen Waffe wurde alle Umsicht, alle Sorgfalt, alle Klugheit niedergeworfen: Der Tod saß an den Tischen der Großen, dehnte sich auf die Pritsche des Häuslers aus, ergriff den fliehenden Feigling und schlug den tapferen Mann, der sich widersetzte, nieder. Verzweiflung überkam jedes Herz, Trauer verdunkelte jedes Auge.

Der Anblick von Leid wurde mir nun vertraut, und würde ich von all der Pein und der Furcht erzählen, die ich bezeugt habe, von dem verzweifelten Stöhnen der Alten, und dem grässlichen Lächeln der Kinder am Busen des Grauens, würden die Glieder meines Lesers zittern und seine Haare zu Berge stehen, und er würde sich wundern, weshalb ich nicht, von einer plötzlichen Raserei ergriffen, mich in irgendeinen Abgrund stürzte, um so meine Augen für immer vor dem traurigen Ende der Welt zu verschließen. Aber die Kräfte der Liebe, der Poesie und der schöpferischen Phantasie wohnen selbst den Pestkranken, den Elenden und den Sterbenden inne. Ein Gefühl der Hingabe, der Pflicht, eines hohen und beständigen Zweckes hielt mich aufrecht; eine seltsame Freude erfüllte mein Herz. Inmitten des traurigsten Kummers schien ich mich in die Luft zu erheben, während der Geist des Guten mich mit einer ambrosischen Atmosphäre umhüllte, die die Klinge des Mitleids abstumpfte und die Luft von Seufzern reinigte. Wenn meine ermattete Seele in ihrem Lauf wankte, dachte ich an mein geliebtes Heim, das Gefäß, das meine Schätze enthielt, den Kuss der Liebe und der kindlichen Zärtlichkeit, während meine Augen durch den reinsten Tau befeuchtet wurden und mein Herz auf einmal durch neu erwachte Zärtlichkeit erweicht und erfrischt wurde.

Die Mutterliebe hatte Idris nicht selbstsüchtig gemacht. Zu Beginn unseres Unglücks hatte sie sich mit gedankenloser Hingabe der Pflege der Kranken und Hilflosen verschrieben. Ich bat sie innezuhalten, und sie unterwarf sich meinem Wunsch. Ich erzählte ihr, dass die Furcht um ihre Gefahr meine Arbeit lähmte, dass das Wissen um ihre Sicherheit meine Nerven beruhigte. Ich wies sie auf die Gefahren hin, denen ihre Kinder während ihrer Abwesenheit ausgesetzt waren, und sie stimmte schließlich zu, nicht über die Grenze des Waldes hinauszugehen. In der Tat hatten wir innerhalb der Mauern des Schlosses eine Kolonie von Unglücklichen, die von ihren Verwandten verlassen und hilflos genug waren, um ihre Zeit und Aufmerksamkeit in Anspruch zu nehmen. Indessen sorgte sie sich unaufhörlich um mein Wohlergehen und die Gesundheit ihrer Kinder; wie sehr sie auch danach strebte, sie zu zügeln oder zu verbergen, die Sorgen zogen alle ihre Gedanken ab und zehrten an ihrer Lebenskraft. Neben dem Hüten der Kinder und den Vorkehrungen für deren Sicherheit war ihre zweite Sorge, ihre Angst und Tränen vor mir zu verbergen. Jede Nacht kehrte ich zum Schloss zurück und fand dort Ruhe und Liebe, die auf mich warteten. Oft harrte ich bis Mitternacht neben dem Totenlager aus und ritt danach viele Meilen durch die Dunkelheit regnerischer, bewölkter Nächte, aufrechterhalten nur durch einen Umstand, die Sicherheit und ungetrübte Ruhe derer, die ich liebte. Wenn eine Szene gewaltiger Qualen meine Gesundheit erschütterte und meine Stirn fiebrig machte, legte ich meinen Kopf in Idris' Schoß, und die aufgeregten Pulse verebbten in einen gemäßigteren Fluss – ihr Lächeln konnte mich aus der Hoffnungslosigkeit erheben, ihre Umarmung badete mein trauerndes Herz in ruhigem Frieden.

Der Sommer kam heran, und von den mächtigen Strahlen der Sonne gekrönt schoss die Seuche ihre unfehlbaren Pfeile über die

Erde. Die Nationen unter ihrem Einfluss neigten ihre Köpfe und starben. Das Korn, das reichlich wuchs, lag im Herbst verfault am Boden, während der arme traurige Kerl, der ausgegangen war, um Brot für seine Kinder zu sammeln, steif und pestbefleckt in der Ackerfurche lag. Die grünen Wälder rauschten majestätisch mit ihren Wipfeln, während die Sterbenden unter ihrem Schatten liegend mit verzerrten Schreien auf die feierliche Melodie antworteten. Die farbenfrohen Vögel huschten durch die Schatten; die sorglosen Hirsche ruhten unverwundet auf dem Farn – die Ochsen und die Pferde liefen aus ihren unbewachten Ställen und grasten zwischen dem Weizen, denn der Tod fiel allein auf den Menschen.

Mit dem Sommer und der Sterblichkeit wuchsen unsere Ängste. Meine arme Liebe und ich sahen uns und unsere Kinder an. »Wir werden sie retten, Idris«, sagte ich. »Ich werde sie retten. Jahre später werden wir ihnen von unseren Ängsten erzählen, die dann längst in der Vergangenheit liegen werden. Und selbst wenn nur sie allein auf der Erde bleiben sollten, werden sie doch leben, und weder sollen ihre Wangen erblassen noch ihre süßen Stimmen verklingen.« Unser Ältester verstand bis zu einem gewissen Grade, was um ihn herum geschah, und manchmal fragte er mich mit ernstem Blick nach dem Grund einer so großen Verheerung. Aber er war erst zehn Jahre alt, und die Heiterkeit der Jugend verjagte bald die unziemliche Sorge von seiner Stirn. Evelyn, ein lachender Cherub, ein munteres Kind, das keine Kenntnis von Schmerz oder Kummer hatte, brachte, indem er seine Locken aus seinen Augen warf, die Räume mit seiner Fröhlichkeit zum Widerhallen und lenkte auf tausend unschuldige Arten unsere Aufmerksamkeit auf sein Spiel. Clara, unsere liebliche, sanfte Clara, war unser Anker, unser Trost, unsere Freude. Sie hatte es sich zur Aufgabe gemacht, den Kranken zu helfen, die Leidenden zu trösten, die Alten zu stützen, aber auch an den Beschäftigungen der Jungen teilzunehmen und deren Fröhlichkeit zu wecken. Sie huschte durch die Räume wie ein guter Geist, der vom himmlischen Königreich entsandt worden war, um unsere dunkle Stunde mit unirdischer Pracht zu erleuchten. Dankbarkeit und Lob zeigten an, wohin sie ihre Schritte gelenkt hatte. Wenn sie jedoch in bescheidener Einfachheit vor uns stand, mit unseren Kindern spielte oder mit mädchenhafter Behutsamkeit kleine Freundschaftsdienste für Idris ausführte, fragte man sich, wie es sein konnte, dass den schönen Zügen ihrer reinen Lieblichkeit, dem weichen Ton ihrer entzückenden Stimme so viel Heldenmut, Scharfsinn und tatkräftige Güte innewohnte.

Der Sommer verging sehr schleppend, denn wir vertrauten darauf, dass der Winter die Seuche zumindest hemmen würde. Dass sie ganz verschwinden würde, war eine Hoffnung, die zu innig – zu sehr ein Herzenswunsch war, um ausgedrückt zu werden. Wenn ein solcher Gedanke achtlos ausgesprochen wurde, bezeugten die Zuhörer mit einem Schwall von Tränen und leidenschaftlichem Schluchzen, wie groß ihre Ängste und wie klein ihre Hoffnungen waren. Meinerseits erlaubten mir meine Bemühungen um das öffentliche Wohl, die Ansteckungskraft und die ausgedehnten Verwüstungen unseres blicklosen Feindes genauer zu beobachten als die meisten anderen. Ein kurzer Monat hat ein Dorf zerstört, und wo im Mai die erste Person erkrankte, wurden im Juni die Wege durch unbegrabene Leichen verunstaltet – die Häuser waren ihrer Bewohner beraubt, kein Rauch drang aus den Schornsteinen, und die Uhr der Hausfrau markierte nur die Stunde, in welcher der Tod triumphiert hatte. Von solchen Schauplätzen habe ich zuweilen ein verlassenes Kind gerettet – zuweilen führte ich eine junge und trauernde Mutter von dem leblosen Körper ihres Erstgeborenen oder den kräftigen Arbeiter vom kindlichen Weinen angesichts seiner ausgelöschten Familie fort.

Der Juli ist vergangen. Der August muss ebenfalls vorübergehen, und ab Mitte September dürfen wir hoffen. Jeder Tag wurde eifrig gezählt, und die Bewohner von Städten, die diese gefährliche Zwischenzeit überspringen wollten, stürzten sich in Zerstreuungen, strebten nach Ausschweifungen und taten Dinge, von denen sie glauben wollten, dass sie Vergnügen seien, um die Gedanken zu verbannen und die Verzweiflung zu betäuben. Niemand außer Adrian hätte die zusammengewürfelte Bevölkerung Londons zähmen können, die wie eine Herde ungezäumter Rosse auf ihre Weiden rannte und alle geringeren Ängste unter der Wirkung der alles überragenden Furcht beiseitegeworfen hatte. Selbst Adrian war gezwungen, zum Teil nachzugeben, damit er zumindest in gemäßigte Bahnen leiten konnte, was sich nicht verhindern ließ. Die Theater wurden offen gehalten, jeder öffentliche Ort durfte besucht werden, obgleich er sich bemühte, sie insofern zu beeinflussen, dass sie am besten die Aufregung der Zuschauer beruhigten und gleichzeitig eine Wiederkehr des Elends verhinderten, wenn die Vorführung vorbei war. Tiefgründige und düstere Tragödien waren die Hauptfavoriten. Die Komödie brachte einen zu großen Kontrast zur inneren Verzweiflung mit sich: Wenn solche Versuche unternommen wurden, war es nicht ungewöhnlich für einen Komödianten, dass er inmitten des Gelächters, das durch seine unpassende Possenreißerei hervorgerufen wurde, ein Wort oder einen Gedanken in seinem Stück fand, das in Konflikt mit seinem eigenen Gefühl des Elends trat, woraufhin er aus der geschauspielerten Munterkeit in Schluchzen und Tränen ausbrach, während die Zuschauer, von unwiderstehlichem Mitleid ergriffen, ebenfalls weinten, so dass das pantomimische Treiben wahrlich zu einer Darstellung tragischer Leidenschaft geändert wurde.

Es lag nicht in meiner Natur, aus solchen Szenen Trost zu ziehen; aus Theatern, deren närrisches Gelächter und misstönende Fröhlichkeit unzeitgemäße Gefühle weckten oder in denen vorgetäuschte Tränen und Wehklagen den innerlich empfundenen Schmerz verspotteten; aus dem Fest oder der überfüllten Zusammenkunft, deren Heiterkeit den schlechtesten Gefühlen unserer Natur entsprang, oder solchen Zerstreuungen der Bessergestellten, die sie mit grellem und falschem Lack versahen; aus Versammlungen von Trauernden in Gestalt von Nachtschwärmern. Einmal aber war ich Zeuge einer Szene von besonderem Interesse in einem der Theater, wo die Natur die Kunst überwältigte, wie ein überfließender Wasserfall den kümmerlichen Aufbau einer Zierkaskade, die vorher von einem kleinen Teil ihrer Wasser überflossen worden war, einreißt.

Ich war nach London gekommen, um Adrian zu sehen. Er war nicht im Palast, und obschon die Diener nicht wussten, wohin er gegangen war, erwarteten sie ihn erst spät in der Nacht zurück. Es war zwischen sechs und sieben Uhr, ein schöner Sommernachmittag, und ich nutzte meine freie Zeit für einen Streifzug durch die leeren Straßen Londons; mal umkehrend, um einer herannahenden Beerdigung auszuweichen, mal von der Neugier gelockt, um den Zustand einer bestimmten Stelle zu beobachten. Meine Wanderungen waren von Schmerz durchdrungen, denn Stille und Verödung kennzeichneten jeden Ort, den ich besuchte, und die wenigen Wesen, denen ich begegnete, waren so bleich und kummervoll, so von Sorge gezeichnet und niedergedrückt vor Angst, dass ich es leid war, nur Zeichen des Elends zu sehen, und begann, meine Schritte nach Hause zu lenken.

Ich befand mich jetzt in Holborn und kam an einem Wirtshaus voller lautstarker Gesellen vorbei, deren Lieder, Gelächter und Rufe bedrückender waren als das blasse Aussehen und das Schweigen der Trauernden. Eine solche war in der Nähe, sie schlich um jenes Haus herum. Das elende Aussehen ihres Kleides verriet ihre Armut, sie war totenblass und näherte sich zuerst dem Fenster und dann der Tür des Hauses, als ob sie ängstlich wäre und doch eintreten wollte. Ein plötzlicher Ausbruch von Gesang und Fröhlichkeit schien sie zu ermutigen, sie murmelte: »Kann er es gewagt haben?«, und dann sammelte sie ihren Mut und trat auf die Schwelle. Die Wirtin ging ihr entgegen, die arme Kreatur fragte: »Ist mein Mann hier? Kann ich George sehen?«

»Ihn sehen«, rief die Frau, »ja, wenn du zu ihm gehst. Letzte Nacht wurde er von der Pest ergriffen, und wir schickten ihn ins Krankenhaus.«

Die unglückliche Fragestellerin taumelte gegen eine Wand, ein leiser Schrei entkam ihr. – »O! Wart ihr so grausam«, rief sie aus, »ihn dorthin zu schicken?«

Die Wirtin eilte unterdessen davon, aber ein mitfühlenderes Schankmädchen gab ihr einen ausführlichen Bericht, dessen Summe war, dass ihr Mann nach einem nächtlichen Gelage krank geworden und von seinen lustigen Begleitern in aller Eile zum St.-Bartholomew-Krankenhaus geschickt worden sei. Ich hatte diese Szene beobachtet, denn es lag eine Sanftheit in der armen Frau, die mich interessierte. Sie wankte jetzt von der Tür und ging, so gut sie konnte, den Holborn Hill hinunter. Aber ihre Stärke verließ sie bald, sie lehnte sich gegen eine Wand, und ihr Kopf sank auf ihren Busen, während ihre bleiche Wange noch weißer wurde. Ich ging zu ihr und bot ihr meine Dienste an. Sie sah kaum auf. – »Sie können mir nichts Gutes tun«, antwortete sie. »Ich muss ins Krankenhaus gehen, wenn ich nicht sterbe, bevor ich dort bin.«

Es gab noch ein paar Mietkutscher, die wie üblich in den Straßen warteten, tatsächlich mehr aus Gewohnheit als aus Nutzen. Ich setzte sie in eine von den Droschken und gesellte mich zu ihr, damit ich ihr Zutritt ins Krankenhaus verschaffen konnte. Unser Weg war kurz und sie sagte wenig, außer abgebrochenen Äußerungen des Vorwurfs, dass er sie verlassen hätte, Ausrufen über die Lieblosigkeit einiger seiner Freunde, und der Hoffnung, dass sie ihn lebend finden würde. Es war ein einfacher, natürlicher Ernst an ihr, der mein Interesse an ihrem Schicksal weckte, besonders, als sie mir versicherte, ihr Gemahl sei der beste aller Männer, – zumindest sei er es gewesen, bis ihn fehlende Aufträge in diesen unglücklichen Zeiten in schlechte Gesellschaft gebracht hätten. »Er konnte es nicht ertragen, nach Hause zu kommen«, sagte sie, »nur um unsere Kinder sterben zu sehen. Ein Mann kann nicht die Geduld haben, die eine Mutter mit ihrem eigenen Fleisch und Blut hat.«

Wir wurden vor dem St.-Bartholomew-Krankenhaus abgesetzt und betraten die elenden Gemäuer des Seuchenhauses. Das arme Geschöpf rückte näher an mich heran, als sie sah, mit welch herzloser Hast die Toten von den Stationen getragen und in einen Raum gebracht wurden, dessen halb geöffnete Tür eine Anzahl von Leichen zeigte, was für jemanden, der solche Szenen nicht gewohnt ist, schrecklich anzusehen war. Wir wurden in die Abteilung geleitet, in der ihr Mann aufgenommen worden war, und in der er noch immer sei, sagte die Krankenschwester, sofern er noch lebe. Meine Begleiterin schaute eifrig von einem Bett zum anderen, bis sie am Ende der Abteilung in einem elenden Bett ein armseliges, abgehärmtes Wesen erblickte, das sich unter der Qual der Seuche krümmte. Sie eilte auf ihn zu, umarmte ihn und dankte Gott für seine Bewahrung.

Die Begeisterung, die sie mit dieser seltsamen Freude inspirierte, blendete sie vor den Schrecken um sie herum; aber für mich waren sie unerträglich quälend. Die Station war mit Ausdünstungen angefüllt, die meinen Magen in schmerzhaften Krämpfen hoben. Die Toten wurden hinausgetragen und die Kranken gleichgültig hereingebracht; einige schrien vor Schmerz, andere lachten unter dem Einfluss eines schrecklicheren Deliriums; einige wurden von weinenden, verzweifelten Verwandten begleitet, andere schrien mit ergreifender Sehnsucht oder voller Vorwurf nach den Freunden, die sie verlassen hatten, während die Schwestern von Bett zu Bett gingen, in denen Abbilder von Verzweiflung, Vernachlässigung und Tod lagen. Ich gab meiner glücklosen Begleiterin Gold und empfahl sie der Fürsorge der Pfleger. Dann eilte ich davon, während meine Peinigerin, die Einbildungskraft, versuchte, mir meine eigenen Lieben zu zeigen, wie sie auf solchen Betten hingestreckt lagen und solcherart behandelt wurden. Das Land bot keine vergleichbare Masse an Schrecken, einsame Unglückliche starben dort auf den offenen Feldern, und ich habe einen Überlebenden in einem ausgestorbenen Dorf gefunden, der gleichermaßen mit Hungersnot und Seuche kämpfte. Aber eine solche Versammlung der Pest, einen solchen Bankettsaal des Todes, gab es nur in London.

Ich schlenderte weiter, bedrückt, abgelenkt von schmerzhaften Emotionen – plötzlich befand ich mich vor dem Drury-Lane-Theater. Das Theaterstück war *Macbeth* – der berühmteste Schauspieler seiner Zeit war da, um seine Macht auszuüben, um die Zuschauer, eine falsche Wirklichkeit vorspiegelnd, zu betäuben; nach solch einer Medizin sehnte ich mich, also trat ich ein. Das Theater war recht gut gefüllt. Shakespeare, dessen Popularität durch die Zustimmung von vier Jahrhunderten gefestigt wurde, hatte seinen Einfluss sogar in dieser schrecklichen Periode nicht verloren, er war immer noch *Ut magus*, der Zauberer, der über unsere Herzen herrschte und unsere Einbildungskraft lenkte. Ich kam in der Pause zwischen dem dritten und vierten Akt herein. Ich ließ meine Blicke über das Publikum streifen. Die Frauen stammten überwiegend aus den unteren Klassen, aber die Männer waren von jedem Rang und kamen hierher, um eine Weile die endlosen Szenen des Elends zu vergessen, die sie in ihren trübseligen Häusern erwarteten. Der Vorhang wurde aufgezogen, und die Bühne zeigte die Szene der Hexenhöhle. Die Wildheit und übernatürliche Handlung von *Macbeth* versprachen, dass es wenig enthalten konnte, das direkt mit unseren gegenwärtigen Verhältnissen in Verbindung zu bringen war.

Es waren große Anstrengungen im Bühnenbild unternommen worden, um dem Unmöglichen den Anschein von Wirklichkeit zu geben. Die äußerste Dunkelheit der Bühne, deren einziges Licht vom Feuer unter dem Kessel herrührte, verband sich mit einer Art Nebel, der um sie herumschwebte und die unirdischen Gestalten der Hexen düster und schemenhaft machte. Es waren nicht drei hinfällige alte Hexen, die sich über ihren Topf beugten und die grausigen Zutaten des Zaubertranks hineinwarfen, sondern erschreckende, unwirkliche und phantastische Gestalten. Der Auftritt von Hekate und die wilde Musik, die folgte, führten uns aus dieser Welt heraus. Die Höhle, zu der die Bühne geformt war, die vorspringenden Felsen, der Schein des Feuers, die nebligen Schatten, die zeitweilig über die Szene liefen, die Musik in Übereinstimmung mit allen hexenhaften Vorstellungen erlaubten der Phantasie zu wandern, ohne Angst vor Widersprüchen oder dem Tadel der Vernunft oder des Herzens. Der Auftritt von Macbeth zerstörte die Illusion nicht, denn er wurde von denselben Gefühlen angetrieben, die uns inspirierten, und während das Werk der Magie fortschritt, empfanden wir seine Verwunderung und Kühnheit mit und ergaben uns mit unserer ganzen Seele dem Einfluss des szenischen Trugbildes. Ich fühlte die wohltuende Folge einer solchen Aufregung in einer Erneuerung jener angenehmen Träumereien, die ich schon lange nicht mehr erlebt hatte. Die Wirkung dieser Beschwörungsszene vermittelte dem Beobachter einen Teil ihrer Macht. Wir vergaßen, dass Malcolm und Macduff bloße Menschen waren, die von so einfachen Leidenschaften beeinflusst wurden, wie sie unsere eigene Brust erhitzten. Langsam wurden wir jedoch vom wahren Inhalt der Szene angezogen. Ein Schaudern wie durch einen elektrischen Schock lief durch das Haus, als Rosse ausrief, als Antwort auf »Ist Schottland noch so, wie ich es verließ?«

> Ach! armes Land,
> Das fast vor sich erschrickt! Nicht unsre Mutter
> Kann es mehr heißen, sondern unser Grab:
> Wo nur, wer von nichts weiß, noch etwa lächelt;
> Wo Seufzen, Stöhnen, Schrein die Luft zerreißt,

Und keiner achtet drauf; wo Verzweifeln gilt
Für töricht Übertreiben, keiner fragt:
Um wen? beim Grabgeläut; der Wackern Leben
Welkt schneller als der Strauß auf ihrem Hut,
Sie sterben, eh sie krank sind.

Jedes Wort traf den Sinn, wie die Todesglocke unseres Lebens; wir fürchteten uns, einander anzusehen, und senkten den Blick starr auf die Bühne, als ob wir unsere Augen allein dort gefahrlos hinlenken könnten. Derjenige, der den Rosse spielte, bemerkte plötzlich, welch gefährlichen Boden er beschritten hatte. Er war kein guter Schauspieler, aber die Wahrheit machte ihn jetzt ausgezeichnet. Als er fortfuhr, Macduff das Hinmorden seiner Familie anzukündigen, hatte er Angst zu sprechen, er zitterte vor einem Ausbruch der Trauer vonseiten des Publikums, nicht von seinem Mitdarsteller. Jedes Wort wurde mühsam ausgesprochen; tatsächlich empfundene Angst malte sich auf seinen Zügen ab; seine Augen waren mal in plötzlichem Schrecken erhoben, mal furchtsam zu Boden gesenkt. Diese offenkundige Furcht befeuerte unsere eigene, wir keuchten mit ihm, jeder Hals reckte sich, jede Miene änderte sich mit den Veränderungen des Schauspielers, während Macduff, der seinerseits das Mitfühlen des Publikums nicht beachtet hatte, mit gut gespielter Leidenschaft rief:

All die süßen Kleinen?
Alle sagst du? – O Höllengeier! Alle!
Was! all die holden Küchlein, samt der Mutter,
Mit einem wilden Griff?

Ein Schmerz von unzähmbarer Trauer zerriss jedes Herz, ein Ausbruch von Verzweiflung hallte von jeder Lippe wider. – Ich war vom allgemeinen Gefühl überwältigt – ich war von den Schrecken Rosses gefangen –, ich wiederholte den Schrei Macduffs und hastete dann wie in Höllenqualen hinaus, um in der freien Luft und stillen Straße Ruhe zu finden.

Frei war die Luft indes nicht, noch war die Straße still. Oh, wie ich mich damals nach der beruhigenden Wirkung der mütterlichen Natur sehnte, als mein wehes Herz durch das trunkene Gebrüll herzloser Heiterkeit im Wirtshaus noch mehr verletzt wurde, durch den Anblick des nach Hause wankenden Betrunkenen, der in der vergessen machenden Ausschweifung die Erinnerung dessen verloren hatte, was er dort vorfinden würde, und durch den noch schrecklicheren Gruß jener traurigen Wesen, für die das Wort Zuhause ein Hohn war. Ich rannte mit der äußersten Geschwindigkeit, zu der ich fähig war, weiter, bis ich mich, ehe ich es gewahr wurde, in der Nähe der Westminster Abbey wiederfand und vom tiefen und schwellenden Ton der Orgel angezogen wurde. Ich trat mit besänftigter Ehrfurcht in den beleuchteten Altarraum ein und lauschte dem feierlichen Gottesdienst, der den Unglücklichen Frieden und Hoffnung versprach. Die mit den innigsten Gebeten des Menschen beladenen Töne hallten durch die dunklen Gänge wider, und die Blutung der Seelenwunden wurde von himmlischem Balsam gestillt. Trotz des Elends, um dessen Beseitigung ich betete und das ich nicht verstehen konnte; trotz der verlassenen kalten Herde in ganz London und der mit Leichen übersäten Felder meines Heimatlandes, trotz der Vielzahl quälender Gefühle, die ich an diesem Abend durchlebt hatte, dachte ich, dass der Schöpfer als Antwort auf unsere melodischen Beschwörungen voller Mitgefühl und mit dem Versprechen der Erleichterung auf uns herabblickte. Das schreckliche Geläut der himmlischen Musik schien eine passende Stimme zu sein, um mit dem Höchsten zu kommunizieren; durch seinen Klang und durch den Anblick vieler anderer menschlicher Geschöpfe, die gemeinsam mit mir Gebete und Demut zum Opfer darboten, wurde Ruhe erzeugt. Ein Gefühl, das nahe an Glück lag, folgte der völligen Ergebung des eigenen Seins an den Schutz des Herrschers der Welt. Ach! Mit dem Ende dieser feierlichen Melodie sank der erhöhte Geist wieder auf die Erde. Plötzlich starb einer der Chorsänger – er wurde von seinem Pult gehoben, die Kellergewölbe wurden hastig geöffnet – er wurde mit ein paar gemurmelten Gebeten in die dunkle Höhle gebracht, die die Wohnstätte von Tausenden war, die vor ihm gegangen waren – und jetzt weit gähnte, um selbst all jene zu empfangen, die die Bestattungsriten abhielten. Vergeblich suchte ich von dieser

Szene zu einem abgedunkelten Gang oder einer hohen Kuppel zurückzukehren, die von melodischen Lobpreisungen widerhallte. Allein im Freien fand ich Erleichterung; unter den wunderschönen Werken der Natur nahm Gott wieder seine gütige Eigenschaft an, und wieder konnte ich darauf vertrauen, dass derjenige, der die Berge gebaut, die Wälder gepflanzt und die Flüsse ausgegossen hatte, eine andere Heimstatt für die verlorene Menschheit aufbauen würde, an der wir wieder zu unserer Harmonie, unserem Glück und unserem Glauben erwachen könnten.

Zu meinem Glück zwangen mich die Umstände nur selten zu einem Besuch in London, und meine Pflichten waren auf den ländlichen Bezirk beschränkt, den unser hohes Schloss überblickte; und hier stand die Arbeit an der Stelle des Zeitvertreibs, um diejenigen Bauern zu beschäftigen, die genügend von Kummer oder Krankheit befreit waren. Ich bemühte mich, sie zu ihrer üblichen Aufmerksamkeit für ihre Ernten zu drängen und zu einem solchen Verhalten zu bewegen, als ob die Pest nicht existierte. Die Sense des Mähers wurde zuweilen gehört; doch die freudlosen Heumacher, nachdem sie das Gras lustlos umgewendet hatten, vergaßen es einzusammeln; der Schäfer ließ, wenn er seine Schafe geschoren hatte, die Wolle liegen, so dass sie durch die Winde zerstreut wurde, da es ihm nutzlos schien, Kleidung für einen weiteren Winter herzustellen. Zuweilen aber wurde der Lebensmut durch diese Beschäftigungen geweckt; die Sonne, die erfrischende Brise, der süße Geruch des Heus, die raschelnden Blätter und die plätschernden Bäche brachten Ruhe in die aufgeregte Brust und verliehen den Sorgenbeschwerten ein Gefühl, das dem Glück ähnlich war. Seltsamerweise war die Zeit auch nicht ganz frei von Vergnügen. Junge Paare, die einander lange und hoffnungslos geliebt hatten, fanden plötzlich jedes Hindernis beseitigt und mit dem Tod von Verwandten strömte ihnen Reichtum zu. Die Gefahr brachte sie einander näher. Die unmittelbare Gefahr drängte sie, die unmittelbare Gelegenheit zu ergreifen; wild und leidenschaftlich wollten sie erfahren, welche Freuden das Leben ihnen bot, ehe sie sich dem Tod ergaben, und

Wild nach seinen Freuden greifend
Durch die eisernen Tore des Lebens,

widersetzten sie sich der angreifenden Pest, die alles, was gewesen war, zerstören, und selbst aus den Gedanken auf ihrem Totenbett das Gefühl des Glückes, das sie einst empfunden hatten, auslöschen wollte.

Ein Beispiel dieser Art erregte unsere unmittelbare Aufmerksamkeit, als ein hochgeborenes Mädchen in früher Jugend ihr Herz jemandem schenkte, der von geringerer Abstammung war. Er war ein Schulkamerad und Freund ihres Bruders und verbrachte gewöhnlich einen Teil der Ferien im Landhaus des Herzogs, ihres Vaters. Sie hatten als Kinder zusammen gespielt, sich gegenseitig ihre kleinen Geheimnisse anvertraut und waren einander Helfer und Tröster in Schwierigkeiten und Kummer gewesen. Die Liebe hatte sich eingeschlichen, geräuschlos und ohne Schrecken zuerst, bis jeder sein Leben an den andern gebunden fühlte und gleichzeitig wusste, dass sie sich trennen mussten. In ihrer Jugend und aufgrund der Reinheit ihrer Anhänglichkeit leisteten sie der Tyrannei der Umstände weniger Widerstand. Der Vater der schönen Juliet trennte sie; aber erst, nachdem der junge Liebhaber versprochen hatte, nur so lange fernzubleiben, bis er sich ihrer würdig erwiesen habe, und sie geschworen hatte, ihr jungfräuliches Herz als seinen Schatz zu bewahren, bis er zurückkehrte, um es zu beanspruchen und in Besitz zu nehmen.

Die Pest kam und drohte, das Ziel des Ehrgeizigen und die Hoffnungen der Liebe zugleich zu zerstören. Lange verlachte der Herzog von L — die Vorstellung, dass Gefahr drohen könnte, während er seine Pläne sorgfältigen Rückzugs verfolgte; und es gelang ihm, dass die Seuche erst in diesem zweiten Sommer seine Vorsichtsmaßnahmen, seine Sicherheit und sein Leben zerstörte. Die arme Juliet sah einen nach dem anderen, Vater, Mutter, Brüder und Schwestern, erkranken und sterben. Die meisten der Diener flohen beim ersten Auftreten der Seuche, diejenigen, die blieben, wurden tödlich infiziert; kein Nachbar oder Bauer wagte sich innerhalb der Grenzen des infizierten Gebiets. Durch ein merkwürdiges Schicksal entkam Juliet allein, und sie pflegte bis zuletzt ihre Verwandten und glättete das Kissen des Todes. Schließlich kam der Augenblick, als der Letzte des Hauses starb: die jugendliche Überlebende ihres Geschlechts saß allein unter den Toten. Es gab kein Lebewesen in der Nähe, um sie zu beruhigen oder aus dieser abscheulichen Gesellschaft zu holen. Mit der abnehmenden Hitze einer Septembernacht fegte ein Sturm aus Regen, Donner und Hagel um das Haus und sang mit grässlicher Melodie das Klagelied ihrer Familie. Sie saß auf dem Boden, in stummer Verzweiflung versunken, als sie durch den stürmischen Wind und den prasselnden Regen glaubte, ihren Namen rufen zu hören. Wem könnte diese vertraute Stimme gehören? Keinem ihrer Verwandten, denn diese starrten sie mit steinernen Augen an. Wieder wurde ihr Name ausgesprochen, und sie schauderte, als sie sich fragte, werde ich wahnsinnig, oder sterbe ich, dass ich die Stimmen der Verstorbenen höre? Ein zweiter Gedanke schoss ihr wie ein Pfeil durch den Kopf; sie eilte zum Fenster; und ein Blitz zeigte ihr die erwartete Vision, ihren Geliebten im Gebüsch darunter; die Freude verlieh ihr die Kraft, die Treppe hinabzusteigen, die Tür zu öffnen, und dann fiel sie ohnmächtig in seine stützenden Arme.

Tausendmal schalt sie sich selbst, als sei es ein Verbrechen, dass sie mit ihm wieder das Glück erleben sollte. Die natürliche Anhaftung des menschlichen Geistes an Leben und Freude war in ihrem jungen Herzen voller Kraft; sie gab sich ungestüm dem Zauber hin. Sie waren nun verheiratet, und in ihren strahlenden Gesichtern sah ich zum letzten Mal den Geist der Liebe, der verzückten Harmonie, die einst das Leben der Welt gewesen war.

Ich beneidete sie, aber ich fühlte, wie unmöglich es war, dasselbe Gefühl zu empfinden, nachdem die Jahre meine Bindungen in der Welt vervielfacht hatten. Vor allem die ängstliche Mutter, meine geliebte und niedergeschlagene Idris, machte mir ernsthafte Sorgen. Ich konnte ihr wegen der Angst, die keinen Augenblick in ihrem Herzen schlief, keine Vorwürfe machen, aber ich bemühte mich, ihre Aufmerksamkeit von einer zu scharfen Beobachtung der Wahrheit der Dinge abzulenken, von den nahen und immer näheren Einschlägen von Krankheit, Elend und Tod, von den verstörten Blicken unserer Diener, wenn uns ein neuer und wieder ein neuer Todesfall erreichte, denn erst seit

Kurzem geschah etwas Neues, das allen vorherigen Schrecken zu überbieten schien. Elende Wesen krochen unter unser schützendes Vordach, um dort zu sterben; die Bewohnerzahl des Schlosses nahm täglich ab, während die Überlebenden sich furchtsam zusammendrängten, und wie in einem von Hungersnot betroffenen Boot, einem Spielball der wilden, endlosen Wellen, blickte jeder in das Gesicht des andern, um zu erraten, auf wen das Todeslos als Nächstes fallen würde. All dies versuchte ich zu verschleiern, damit es meine Idris am wenigsten bedrückte. Und doch, wie ich bereits sagte, überwand mein Mut sogar die Verzweiflung: Ich mochte besiegt werden, aber ich würde mich nicht ergeben.

Ein Tag, es war der neunte September, schien jedes Unglück, jeden schrecklichen Vorfall in sich zu vereinen. Früh am Morgen hörte ich von der Ankunft der alten Großmutter einer unserer Dienerinnen auf dem Schloss. Diese alte Frau hatte ihr hundertstes Jahr erreicht; ihre Haut war verschrumpelt, ihre Gestalt gekrümmt, und sie war äußerst hinfällig; doch da sie von Jahr zu Jahr fortgelebt und viele Jüngere und Stärkere überlebt hatte, fühlte sie sich, als würde sie für immer leben. Die Pest kam, und die Bewohner ihres Dorfes starben. Als sie hörte, dass die Pest in ihre Nachbarschaft gekommen war, versperrte sie, die mit der Feigheit der Alten sehr am verbliebenen Rest ihres Lebens hing, ihre Tür und Fenster und weigerte sich, mit irgendjemandem zu sprechen. Sie ging nachts hinaus, um sich Lebensmittel zu beschaffen, und kehrte nach Hause zurück, erfreut, dass sie niemanden getroffen hatte, dass sie von der Pest nicht bedroht war. Als die Erde sich leerte, nahm ihre Schwierigkeit, sich Nahrung zu beschaffen, zu. Zu Beginn hatte ihr Sohn, der in der Nähe wohnte, ihr den Gefallen getan, dass er ihr Lebensmittel auf den Weg gelegt hatte: Dann starb er. Aber obwohl sie vom Hungertod bedroht war, war ihre Angst vor der Seuche vorrangig, und ihre größte Sorge war, ihre Mitgeschöpfe zu vermeiden. Sie wurde jeden Tag schwächer und jeden Tag musste sie weiter gehen. In der Nacht zuvor hatte sie Datchet erreicht und im Herumstreifen einen Bäckerladen offen und verlassen gefunden. Mit Beute beladen eilte sie zurück und verlief sich. Die Nacht war windstill, heiß und wolkig; ihre Last wurde zu schwer für sie;

und eines nach dem anderen warf sie ihre Brote weg, immer noch bemüht, weiterzukommen, wenngleich ihr Humpeln zu Lahmheit wurde und ihre Schwäche schließlich zur Bewegungsunfähigkeit.

Sie legte sich zwischen das hohe Getreide hin und schlief ein. Tief in der finstersten Nacht wurde sie von einem Rascheln in ihrer Nähe geweckt; sie wäre aufgefahren, aber ihre steifen Gelenke weigerten sich, ihrem Willen zu gehorchen. Ein leises Stöhnen nahe an ihrem Ohr folgte, und das Rascheln verstärkte sich. Sie hörte eine erstickte Stimme mehrmals hauchen, Wasser, Wasser!, und dann wieder ein Seufzen aus dem Herzen des Leidenden. Die alte Frau erschauderte, sie schaffte es endlich, sich aufrecht hinzusetzen, aber ihre Zähne klapperten, und ihre Knie stießen aneinander – nah, sehr nah bei ihr lag eine halbnackte Gestalt, gerade in der Düsternis erkennbar, und der Ruf nach Wasser und das erstickte Stöhnen wurden wieder ausgestoßen. Ihre Bewegungen zogen schließlich die Aufmerksamkeit ihres unbekannten Begleiters auf sie; ihre Hand wurde mit einer krampfhaften Gewalt umklammert, die den Griff wie Eisen fühlen ließ, die Finger wie die scharfen Zähne einer Falle. – »Endlich bist du gekommen!«, hörte sie – aber diese Anstrengung war die letzte Bemühung des Sterbenden – die Gelenke entspannten sich, die Gestalt fiel nieder, ein leises Stöhnen, das letzte, kennzeichnete den Augenblick des Todes. Der Morgen brach an, und die alte Frau sah die Leiche, die von der tödlichen Seuche gezeichnet war, in ihrer Nähe; ihr Handgelenk war gerötet von dem im Tod gelockerten Griff. Sie fühlte sich von der Pest ergriffen, ihr alter Körper konnte sie nicht mit ausreichender Geschwindigkeit davontragen. Und jetzt, da sie sich selbst angesteckt glaubte, fürchtete sie sich nicht länger vor der Gesellschaft anderer, sondern kam, so schnell sie konnte, zu ihrer Enkelin ins Schloss Windsor, um dort zu klagen und zu sterben. Der Anblick war schrecklich; sie klammerte sich noch immer an das Leben und beklagte ihr Missgeschick mit Schreien und schrecklichem Stöhnen, während der schnelle Fortschritt der Seuche anzeigte, was sich später als wahr erwies, dass sie nicht mehr viele Stunden zu leben hatte.

Während ich anordnete, dass ihr die nötige Pflege zuteilwerden sollte, kam Clara herein, zitternd und bleich; und als ich sie ängstlich nach dem Grund ihrer Aufregung fragte, warf sie sich weinend in meine Arme und rief aus: »Onkel, liebster Onkel, hasse mich nicht für immer! Ich muss es dir sagen, denn du musst wissen, dass Evelyn, der arme kleine Evelyn« – ihre Stimme wurde von Schluchzern erstickt. Die Furcht vor einem so gewaltigen Unglück wie dem Verlust unseres angebeteten Kindes ließ die Strömung meines Blutes in eisigem Schrecken erstarren; aber die Erinnerung an dessen Mutter stellte meine Geistesgegenwart wieder her. Ich suchte das kleine Bett meines Lieblings auf; er war vom Fieber niedergedrückt, aber ich vertraute, ich vertraute zärtlich und ängstlich darauf, dass er keine Symptome der Pest zeigte. Er war keine drei Jahre alt, und seine Krankheit schien nur eines jener Kindheitsleiden zu sein. Ich beobachtete ihn lange – seine schweren, halbgeschlossenen Lider, seine brennenden Wangen und unruhigen kleinen Finger – das Fieber war heftig, die Schläfrigkeit groß – genug, um auch ohne die größere Angst vor der Pest Besorgnis zu erregen. Idris durfte ihn nicht in diesem Zustand sehen. Clara, obwohl erst zwölf Jahre alt, war durch ihre ausgeprägte Empfindsamkeit so klug und umsichtig, dass ich mich sicher fühlte, ihr die Aufsicht über ihn anzuvertrauen, und mir würde es obliegen, zu verhindern, dass Idris ihrer beider Abwesenheit bemerkte. Ich verabreichte die passenden Heilmittel und ließ meine liebe Nichte bei ihm zurück, damit sie über ihn wachen und mir jede Veränderung mitteilen konnte, die sie beobachten sollte.

Danach ging ich zu Idris, wobei ich auf dem Weg nach plausiblen Entschuldigungen dafür suchte, weshalb ich den ganzen Tag im Schloss blieb, und zugleich versuchte, die Spuren der Sorge auf meiner Stirn zu verwischen. Glücklicherweise war sie nicht alleine. Ich fand Merrival, den Astronomen, bei ihr. Seine Sicht auf die Menschheit war auf eine viel zu ferne Zukunft gerichtet, um die Opfer des Tages zu beachten, und er lebte inmitten einer Seuche, ohne sich ihrer recht bewusst zu sein. Dieser arme Mann, gelehrt wie La Place, der arglos und unvorsichtig wie ein Kind war, war oft nahe am Verhungern gewesen, er, seine bleiche Frau und zahlreiche Nachkommen, während er weder Hunger verspürte noch Unruhe empfand. Seine astronomischen

Theorien nahmen ihn ganz in Beschlag; Berechnungen wurden mit Kohle auf die kahlen Wände seiner Mansarde gekritzelt, eine hart verdiente Guinee oder ein Kleidungsstück wurde ohne Reue gegen ein Buch eingetauscht; er hörte weder seine Kinder weinen, noch beachtete er die ausgemergelte Gestalt seiner Gefährtin, und das Übermaß des Unheils erschien ihm nur wie das Auftreten einer bewölkten Nacht, während er seine rechte Hand dafür gegeben hätte, um ein himmlisches Phänomen zu beobachten. Seine Frau war eines jener wundersamen Wesen, die nur unter Frauen zu finden sind, deren Empfindungen nicht durch Unglück vermindert werden konnten. Ihre Gedanken waren gespalten zwischen grenzenloser Bewunderung für ihren Gatten und zärtlicher Sorge um ihre Kinder – sie wartete ihm auf, arbeitete für jene und beklagte sich nie, wenngleich ihr Leben ein einziger langgezogener, niederdrückender Traum war.

Er war zu Adrian unter dem Vorwand gekommen, er wolle einige planetarische Bewegungen durch sein Fernglas beobachten. Seine Armut wurde leicht erkannt und erleichtert. Er bedankte sich oft bei uns für die Bücher, die wir ihm liehen, und für den Gebrauch unserer Instrumente, sprach aber nie von seiner veränderten Unterkunft oder der Veränderung der Umstände. Seine Frau versicherte uns, dass er keinen Unterschied bemerkt habe, außer in der Abwesenheit der Kinder während seiner Studien, und zu ihrer unendlichen Verwunderung klagte er über diese ungewohnte Ruhe.

Er kam nun, um uns die Fertigstellung seines Essays über die perizyklischen Bewegungen der Erdachse und die Präzession der Äquinoktialpunkte anzukündigen. Wenn ein alter Römer aus der Zeit der Republik ins Leben zurückgekehrt wäre und von der bevorstehenden Wahl eines lorbeerbekränzten Konsuls oder der letzten Schlacht mit Mithridates gesprochen hätte, wären seine Ideen nicht fremder und unzeitiger gewesen als die Rede Merrivals. Der Mensch, nicht mehr mit Mitgefühl begabt, kleidete seine Gedanken in sichtbare Zeichen; auch gab es keine Leser mehr: Während jeder sein Schwert weggeworfen hatte und allein mit seinem vorgehaltenen Schild die Pest erwartete, sprach Merrival vom Zustand der Menschheit in sechstausend Jahren. Er könnte mit gleichem Interesse für uns einen Kommentar hinzugefügt haben, um die unbekannten und unvorstellbaren Gestalten der Geschöpfe zu beschreiben, die dann die verlassene Wohnstatt der Menschheit besetzen würden. Wir hatten nicht das Herz, den armen alten Mann aufzuklären; und in dem Moment, als ich hereinkam, las er Idris Teile seines Buches vor und fragte, welche Antwort auf diesen oder jenen Standpunkt gegeben werden könnte.

Idris konnte sich kaum eines Lächelns enthalten, während sie zuhörte; sie hatte bereits von ihm erfahren, dass seine Familie lebte und gesund war. Obschon sie den Abgrund der Zeit, an dem sie stand, nicht vergessen konnte, konnte ich doch sehen, dass sie für einen Augenblick über den Kontrast zwischen dem verengten Blick, den wir nunmehr auf das menschliche Leben richteten, und den Siebenmeilenschritten, mit denen Merrival eine kommende Ewigkeit durchschritt, amüsiert war. Ich war froh, sie lächeln zu sehen, weil mich dies ihrer völligen Unkenntnis der Gefahr ihres Kindes versicherte; aber ich schauderte, wenn ich an den Umschwung dachte, der durch eine Entdeckung der Wahrheit verursacht werden würde. Während Merrival sprach, öffnete Clara leise eine Tür hinter Idris und bedeutete mir mit einer Geste und einem kummervollen Blick, zu kommen. Ein Spiegel verriet Idris das Zeichen – sie erschrak. Das Böse zu ahnen, zu erkennen, dass, da Alfred bei uns war, die Gefahr ihren jüngsten Liebling betreffen musste, durch die weitläufigen Gemächer in sein Zimmer zu eilen, war das Werk kaum eines Augenblicks. Dort sah sie ihren Evelyn fiebernd und regungslos liegen. Ich folgte ihr und bemühte mich, mehr Hoffnung zu wecken, als ich selbst hegen konnte; aber sie schüttelte traurig den Kopf. Die Angst beraubte sie der Vernunft; sie teilte mir und Clara die Aufgaben des Arztes und der Pflegerin zu; sie saß am Bett, hielt eine kleine brennende Hand und verbrachte mit glasigen, auf ihr Kind gerichteten Augen, den langen Tag in unveränderter Pein. Es war nicht die Pest, die unseren kleinen Knaben so grob heimsuchte, doch sie konnte meinen Versicherungen kein Gehör schenken. Besorgnis beraubte sie des Urteils und der Überlegung, die geringste Zuckung im Gesicht ihres Kindes erschütterte ihren Körper – wenn er sich bewegte, fürchtete sie augenblicklich die Krise, und wenn er still blieb, sah sie den Tod in seiner Erstarrung, und die Wolke auf ihrer Stirn verdunkelte sich.

Das Fieber des armen Kleinen nahm gegen Abend zu. Die Empfindung ist überaus trübe, um keinen stärkeren Ausdruck zu gebrauchen, mit der man die langen Nachtstunden neben einem Krankenbett erwartet, besonders wenn der Patient ein Kind ist, das seinen Schmerz nicht erklären kann, und dessen flackerndes Leben der verzehrenden Flamme der Laterne gleicht,

> Deren kleine Flamme
> Vom Wind geschüttelt wird, und an deren Rand
> Verschlingende Dunkelheit schwebt.

Immer wieder wendet man sich gen Osten, mit ärgerlicher Ungeduld bemerkt man die unveränderte Finsternis; das Krähen eines Hahnes, dieses Freudengeräusch während des Tages, tönt jammernd und unmelodisch – das Knarren der Balken und das leise Flattern eines unsichtbaren Insekts wird gehört und als Signal und Zeichen für den Tod empfunden. Clara, von Müdigkeit überwältigt, hatte sich ans Fußende des Bettes ihres Cousins gesetzt, und trotz ihrer Bemühungen überwältigte der Schlaf ihre Lider; zweimal oder dreimal schüttelte sie ihn ab, aber schließlich wurde sie besiegt und schlief. Idris saß neben dem Bett und hielt Evelyns Hand. Wir hatten Angst, miteinander zu sprechen; ich betrachtete die Sterne – ich beugte mich über mein Kind – ich fühlte seinen zarten Puls – ich setzte mich näher zur Mutter – wieder wich ich zurück. Im Morgengrauen weckte ein sanfter Seufzer des Patienten meine Aufmerksamkeit, die brennende Röte auf seiner Wange war verblasst – sein Puls schlug sanft und regelmäßig – die Ohnmacht ging in Schlaf über. Ich wagte lange nicht zu hoffen; aber als sein ungehindertes Atmen und die Feuchtigkeit, die seine Stirn benetzte, keine Zeichen mehr für das Fortschreiten einer tödlichen Krankheit waren, wagte ich, Idris die Nachricht von der Verbesserung seines Zustandes zuzuflüstern, und endlich gelang es mir, sie davon zu überzeugen, dass ich die Wahrheit sprach.

Aber weder diese Zusicherung noch die schnelle Genesung unseres Kindes konnte sie beruhigen oder auch nur den teilweisen Frieden wiederherstellen, den sie vorher genossen hatte. Ihre Angst war zu tief, zu vereinnahmend, zu vollständig gewesen, um sich in Sicherheit zu wägen. Sie hatte das Gefühl, als hätte sie in ihrer vergangenen Ruhe geträumt, sei jetzt aber wach; sie war

> Wie jemand
> In einem einsamen Wachturm am Abgrund, erweckt
> Von besänftigenden Visionen des geliebten Heims,
> Und davor zitternd, die zornigen Wogen brüllen zu hören;

wie jemand, der von einem Sturm gewiegt wurde und beim Erwachen herausfindet, dass das Schiff sinkt. Zuvor hatte sie immer wieder Angst verspürt – jetzt hatte sie keine Minute lang Hoffnung. Kein von Herzen kommendes Lächeln ließ jemals ihr schönes Antlitz erstrahlen; zuweilen erzwang sie es, und dann strömten Tränen, und das Meer der Trauer schloss sich über diesem Wrack vergangenen Glücks. Nur während ich in ihrer Nähe war, wurde sie nicht von äußerster Verzweiflung beherrscht – sie vertraute sich mir vollkommen an – sie schien meinen Tod nicht zu fürchten oder seine Möglichkeit einzuräumen; sie übergab die volle Fracht ihrer Ängste meiner Obhut, ruhte auf meiner Liebe wie ein windgegerbtes Kitz an der Seite des Rehs, wie ein verwundeter Nestling unter dem Flügel seiner Mutter, wie ein kleines, zerschmettertes Boot unter einem schützenden Weidenbaum. Indessen zog ich, nicht stolz wie in den Tagen des Glücks, sondern zärtlich, und im frohen Bewusstsein des Wohlbefindens, das ich vermittelte, mein zitterndes Mädchen an mein Herz, und versuchte, jeden schmerzlichen Gedanken oder rauen Umstand von ihrer empfindlichen Natur abzuhalten.

Ein weiterer Vorfall ereignete sich am Ende jenes Sommers. Die Gräfin von Windsor, ehemals Königin von England, kehrte aus Deutschland zurück. Sie hatte zu Beginn der Saison die entvölkerte Stadt Wien verlassen; und da sie unfähig war, ihren hochmütigen Verstand zu etwas wie Unterwerfung zu zähmen, hatte sie in Hamburg die Weiterfahrt hinausgezögert, und als sie schließlich nach London kam, vergingen viele Wochen, ehe sie

Adrian von ihrer Ankunft benachrichtigte. Trotz ihrer Kälte und langen Abwesenheit empfing er sie mit Feingefühl, zeigte eine Zuneigung, die die Wunden von Stolz und Leid heilen wollte, nur um doch von ihrem offensichtlichen Mangel an Zuneigung zurückgestoßen zu werden. Idris hörte mit Vergnügen von der Rückkehr ihrer Mutter. Ihre eigenen mütterlichen Gefühle waren so feurig, dass sie sich vorstellte, ihre Mutter müsste jetzt, in dieser verwüsteten Welt, Stolz und Härte verloren haben und ihre kindlichen Aufmerksamkeiten mit Freude empfangen. Die erste Zurückweisung ihrer pflichtbewussten Bezeigungen erlebte sie in einer förmlichen Andeutung der gefallenen Majestät Englands, dass ich ihr in keiner Weise zugemutet werden solle. Sie sei einverstanden, sagte sie, ihrer Tochter zu vergeben und ihre Enkel anzuerkennen; größere Zugeständnisse seien nicht zu erwarten.

Dieses Verfahren erschien mir (wenn mir ein solch leichtfertiger Begriff erlaubt ist) äußerst wunderlich. Nun, da die Menschenrasse in der Tat alle Rangunterschiede verloren hatte, war dieser Stolz doppelt einfältig; nun, da wir in allen, die den Stempel der Menschlichkeit trugen, eine verwandte, brüderliche Natur fühlten, war diese zornige Erinnerung an Zeiten, die für immer vorbei waren, schlimmer denn töricht. Idris war zu sehr von ihren schrecklichen Ängsten eingenommen, um zornig oder gar bekümmert zu sein, denn sie war der Meinung, dass Gefühllosigkeit die Ursache für diesen anhaltenden Groll sein müsse. Dies entsprach nicht ganz der Tatsache. Vielmehr nahm der vorherrschende Eigensinn die Waffen und die Maske der Hartherzigkeit an, und die hochmütige Dame verachtete es, irgendein Zeichen des Kampfes zu zeigen, der in ihr tobte. Während sie eine Sklavin ihres Stolzes war, stellte sie sich vor, dass sie ihr Glück dem unveränderlichen Prinzip opferte.

Dies alles war falsch – alles falsch, außer den Zuneigungen unserer Natur und den Banden des Mitgefühls mit Vergnügen oder Schmerz. Es gab nur ein Gutes und ein Böses in der Welt – das Leben und den Tod. Der Pomp des Ranges, die Anmaßung von Macht, die Besitztümer des Reichtums verschwanden wie der Morgennebel. Ein lebender Bettler war mehr wert als ein ganzer Adelsstand toter Herren – ach! – als tote Helden, Patrioten oder Genies. Darin lag viel Herabwürdigung, denn selbst das Laster und die Tugend hatten ihre Unterscheidungen verloren – das Leben – der Fortbestand unseres tierischen Mechanismus – waren das Alpha und das Omega aller Wünsche und Gebete des niedergestreckten Ehrgeizes der menschlichen Rasse.

Kapitel 9

Halb England war entvölkert, als mit Anbruch des Oktobers die Äquinoktialwinde über die Erde fegten und die Glut der ungesunden Jahreszeit abkühlten. Der Sommer, der ungewöhnlich heiß gewesen war, hatte sich bis in den Beginn jenes Monats erstreckt, als am achtzehnten ein plötzlicher Wechsel von der Sommertemperatur zum Winterfrost kam. Dann hielt die Pest in ihrem todbringenden Lauf inne. Aufatmend, nicht zu hoffen wagend, doch bis ans Äußerste mit großer Erwartung angefüllt, standen wir da, wie ein Schiffbrüchiger auf einem öden Felsen im Meer steht, ein fernes Schiff beobachtet und glaubt, dass es sich nähert, und dann wieder, dass es aus seiner Sicht verschwindet. Dieses Versprechen weiterer Lebenszeit veränderte raue Naturen zu schmelzender Zärtlichkeit und erfüllte im Gegensatz dazu die Sanftmütigen mit harten und unnatürlichen Gefühlen. Als es bestimmt zu sein schien, dass alle sterben sollten, war uns das Wann und Wie gleichgültig gewesen – jetzt, da die Verbreitung der Seuche gehemmt wurde und sie bereit zu sein schien, einige zu verschonen, war jeder begierig, unter den Auserwählten zu sein, und klammerte sich mit ängstlicher Hartnäckigkeit an das Leben. Immer häufiger vernachlässigten Menschen ihre Pflichten; und sogar Morde geschahen, die dem Zuhörer scheußlichen Schrecken einjagten, wenn die Angst vor Ansteckung diejenigen, die einander am nächsten blutsverwandt waren, bewaffnet hatte. Aber diese kleineren und einzelnen Tragödien sollten einem mächtigeren Interesse weichen – und während uns Ruhe vor ansteckenden Einflüssen versprochen wurde, erhob sich ein Sturm, der wilder war als alle Unwetter, ein beispielloser und düsterer Sturm, der von den Leidenschaften des Menschen gezüchtet und von ihren heftigsten Impulsen genährt wurde.

Eine Anzahl von Menschen aus Nordamerika, die Überreste dieses bevölkerungsreichen Kontinents, waren mit dem sehnlichsten Wunsch nach Veränderung in den Osten aufgebrochen und hatten ihre Heimatebenen für Länder verlassen, die nicht weniger betroffen waren als ihre eigenen. Mehrere hundert kamen um den ersten November in Irland an, nahmen alle leeren

Behausungen, die sie finden konnten, in Beschlag, und stürzten sich auf die im Überfluss vorhandene Nahrung und das umherstreunende Vieh. Wenn sie die Ressourcen eines Ortes erschöpft hatten, gingen sie zu einem anderen weiter. Schließlich begannen sie, die Bewohner anzugreifen, vertrieben in konzertierten Aktionen die Einheimischen aus ihren Häusern und beraubten sie ihrer Wintervorräte. Mehrere Vorfälle dieser Art empörten die feurige Natur der Iren, und sie griffen die Eindringlinge an. Einige wurden getötet, der Großteil entkam durch schnellen und wohlgeordneten Rückzug, und die Gefahr machte sie vorsichtig. Sie waren gut organisiert, die tatsächlichen Todesfälle unter ihnen hielten sie geheim, sie zogen in guter Ordnung weiter und schienen es sich wohlergehen zu lassen, wodurch sie den Neid der Iren erregten. Die Amerikaner erlaubten einigen wenigen, sich ihrer Gruppe anzuschließen, und bald waren die Rekruten zahlenmäßig den Fremden überlegen – doch sie schlossen weder Freundschaft mit ihnen, noch ahmten sie die bewundernswerte Ordnung nach, die die transatlantischen Anführer zugleich sicher und furchterregend machte. Die Iren folgten in unorganisierten Haufen ihrer Spur; ihre Anzahl wuchs mit jedem Tag und ebenso ihre Gesetzlosigkeit. Die Amerikaner waren bestrebt, den von ihnen gerufenen Geistern zu entrinnen, und setzten, nachdem sie die Ostküste der Insel erreicht hatten, nach England über. Ihr Einfall wäre kaum fühlbar gewesen, wenn sie allein gekommen wären; doch die Iren, die sich in übermäßiger Zahl gesammelt hatten, fingen an, unter der beginnenden Hungersnot zu leiden, und kamen im Kielwasser der Amerikaner ebenfalls nach England. Die Überquerung des Meeres konnte ihren Fortschritt nicht aufhalten. Die verlassenen Seehäfen im Westen Irlands waren voller Schiffe aller Größen, vom Kriegsschiff bis zum kleinen Fischerboot, das führerlos dalag und im trägen Wasser verfaulte.

Die Emigranten, die zu Hunderten einmarschierten und deren Segel mit rauen Händen entfalteten, richteten eine merkwürdige Verwüstung von Boje und Tauwerk an. Denjenigen, die sich bescheiden zu den kleineren Schiffen begaben, gelang ihre Reise über das Wasser in aller Sicherheit. Einige, in wahrhaft waghalsigem Unternehmergeist, gingen an Bord eines Schiffs mit einhundertzwanzig Kanonen; der große Rumpf trieb mit der Flut aus der Bucht, und erst nach vielen Stunden gelang es der aus Bauern bestehenden Mannschaft, einen großen Teil der gewaltigen Leinwand auszubreiten – der Wind ergriff sie, und während tausend Fehler des Steuermanns das Schiff mal in diese, mal in jene Richtung warfen, flatterten die weiten Bahnen der Leinwand, die seine Segel bildeten, mit einem Geräusch wie dem eines großen Wasserfalls oder eines am Meer gelegenen Waldes, wenn er von einem äquinoktialen Nordwind getroffen wird. Die Bullaugen standen offen, und mit jeder Welle, die über das schlingernde Schiff hinwegschoss, nahmen sie ganze Tonnen Wasser auf. Die Schwierigkeiten wurden durch eine aufkommende frische Brise verstärkt, die zwischen den Wanten pfiff, die Segel hierhin und dorthin warf, sie mit schrecklicher Gewalt zerriss und ein solches Getöse erzeugte, wie es Milton vielleicht erträumt hatte, als er sich das Wogen der Schwingen des Erzfeinds vorstellte, das das Dröhnen des wilden Chaos erhöhte. Diese Geräusche vermischten sich mit dem Rauschen des Meeres, dem Platschen der aufgebrachten Wellen um die Schiffswände und dem Gurgeln des Wassers im Frachtraum. Die Männer, von denen viele nie zuvor das Meer gesehen hatten, fühlten sich tatsächlich, als ob Himmel und Erde gemeinsam wüteten, wenn das Schiff seinen Bug in die Wellen tauchte oder sich hoch über sie erhob. Ihre Schreie ertranken im Tosen der Elemente und den Donnerschlägen ihrer unbehaglichen Wohnung – sie entdeckten endlich, dass das Wasser im Schiffsrumpf stieg, und begaben sich zu ihren Pumpen; sie hätten ebenso gut daran arbeiten können, den Ozean mit Eimern zu leeren. Als die Sonne unterging, gewann der Sturm an Stärke; das Schiff schien die Gefahr zu spüren, es war jetzt völlig mit Wasser bedeckt und zeigte auch andere Anzeichen des Sinkens, ehe es unterging. Die Bucht war voll von Schiffen, deren Mannschaften größtenteils die wunderlichen Sprünge dieser riesigen unhandlichen Maschine beobachteten – sie sahen das Schiff allmählich sinken; die Wasser stiegen jetzt über seine unteren Decks – kaum hatten sie einmal geblinzelt, war es vollständig verschwunden, noch konnte der Ort, an dem sich das Meer über ihm geschlossen hatte, überhaupt bestimmt werden. Einige wenige aus seiner Mannschaft wurden gerettet, aber der größere Teil, der sich an Tauwerk und Masten geklammert hatte, ging mit ihm unter, um erst wieder emporzusteigen, als der Tod ihren Griff lockerte.

Dieses Ereignis veranlasste viele von denen, die im Begriff waren zu segeln, ihren Fuß wieder auf festes Land zu setzen, da sie lieber jedwedem Übel begegnen wollten, als sich in den gähnenden Rachen des unerbittlichen Ozeans zu werfen. Aber das waren wenige im Vergleich zu denen, die tatsächlich übersetzten. Viele gingen bis nach Belfast hinauf, um eine kürzere Überfahrt zu haben, und dann reisten sie nach Süden durch Schottland, wobei sie von den ärmeren Einwohnern dieses Landes begleitet wurden, und alle zusammen strömten sie nach England.

Solche Einfälle versetzten die Engländer in all jenen Städten, in denen noch genügend Bevölkerung vorhanden war, um die Veränderung zu spüren, in Schrecken. In unserem glücklosen Land war Platz genug für die doppelte Anzahl von Eindringlingen; doch ihr gesetzloser Geist stachelte sie zur Gewalt an; es bereitete ihnen Vergnügen, die Besitzer aus ihren Häusern zu jagen, ein luxuriöses Herrenhaus zu besetzen, deren edle Bewohner sich aus Angst vor der Pest eingeschlossen hatten, und die Bewohner beiderlei Geschlechts zu zwingen, ihre Diener und Versorger zu werden, bis, wenn sie einen Ort zur Genüge verheert hatten, sie wie ein Heuschreckenschwarm an einen andern weiterzogen. Wenn sie auf keinen Widerstand stießen, dehnten sie ihre Verwüstungen weit aus; im Falle der Gefahr rotteten sie sich zusammen und töteten ihre zahlenmäßig unterlegenen, verzweifelten Feinde. Sie kamen aus dem Osten und dem Norden und richteten ihren Kurs ohne erkennbaren Grund, aber einstimmig auf unsere unglückliche Metropole.

Der Nachrichtenweg war durch die lähmenden Auswirkungen der Seuche weitgehend abgeschnitten worden, so dass der Flügel unserer Angreifer bis nach Manchester und Derby vorgedrungen war, ehe wir von ihrer Ankunft erfuhren. Sie fegten wie eine Eroberungsarmee durch das Land, brandschatzend, verheerend und mordend. Niedrigstehende und vagabundierende Engländer schlossen sich ihnen an. Einige wenige der übrig gebliebenen Lordleutnants bemühten sich, die Miliz zusammenzurufen, aber die Reihen blieben leer, Panik hatte alle ergriffen, und der wenige Widerstand, der geleistet wurde, diente nur dazu, die Kühnheit und Grausamkeit des Feindes zu steigern. Sie sprachen davon, London einzunehmen und England zu erobern, indem sie an eine lange Liste von Verletzungen erinnerten, die viele Jahre lang vergessen worden waren. Solche Beschwörungen zeigten eher ihre Schwäche als ihre Stärke – und dennoch könnten sie äußerstes Unheil anrichten, was, da es mit ihrem Tod enden würde, sie zuletzt zum Gegenstand des Mitleids und des Bedauerns machen würde.

Wir lernten nun, wie die Menschheit seit Anbeginn der Welt ihren Feinden unmögliche Eigenschaften angedichtet hatte – und wie Einzelheiten von Mund zu Mund weitergegeben wurden, wie Vergils ständig wachsendes Gerücht, das schließlich selbst den Himmel erreichen und Hesperus und Luzifer mit ihren ausgestreckten Händen berühren konnte. Gorgon und Zentaur, Drachen und eisenbehufter Löwe, gewaltige Seeungeheuer und gigantische Hydra waren nur einige Beispiele der seltsamen und entsetzlichen Berichte über unsere Invasoren, die nach London drangen. Dass sie gelandet waren, blieb lange unbekannt, aber nachdem sie bis auf hundert Meilen vor London vorgerückt waren, kamen die Landleute, die vor ihnen flohen, in aufeinander folgenden Truppen an und überboten einander mit Schilderungen der Zahl, der Wut und der Grausamkeit der Angreifer. Tumult füllte die vorher ruhigen Straßen – Frauen und Kinder verließen ihre Häuser, flohen, sie wussten nicht, wohin –, Väter, Ehemänner und Söhne zitterten, nicht für sich selbst, sondern für ihre geliebten und wehrlosen Verwandten. Als die Landbevölkerung nach London strömte, flohen die Stadtbewohner gen Süden – sie kletterten auf die höheren Gebäude der Stadt und glaubten, den Rauch und die Flammen sehen zu können, die der Feind um sie herum verbreitete. Da der Großteil von Windsor auf der von Westen kommenden Marschlinie lag, brachte ich meine Familie nach London in Sicherheit, wies ihnen den Tower als ihren Aufenthaltsort zu und schloss mich Adrian an, um im folgenden Kampf als sein Leutnant zu dienen.

Wir benötigten nur zwei Tage für unsere Vorbereitungen und nutzten sie gut. Artillerie und Waffen wurden gesammelt; jene Überreste der Regimenter, die trotz vieler Verluste irgendwie zusammengetrommelt werden konnten, wurden unter Waffen gesetzt, mit jenem Anschein einer militärischen Disziplin, der unsere eigene Partei ermutigen und der unorganisierten Menge unserer Feinde am furchtbarsten erscheinen sollte. Selbst an Musik fehlte es nicht: Fahnen wehten in der Luft, und die schrille Pfeife und die laute Posaune bliesen Töne der Ermutigung und des Sieges. Ein geübtes Ohr hätte ein leichtes Wanken im Schritt der Soldaten bemerken können; aber dies war nicht so sehr durch die Angst vor dem Gegner verursacht, als durch Krankheit, durch Kummer und durch schlechte Vorahnungen, die die Tapferen oftmals niederdrückten und das männliche Herz zur demütigen Unterwerfung zwangen.

Adrian führte die Truppen an. Er war sehr besorgt. Es war nur eine geringe Erleichterung für ihn, dass unsere Disziplin uns in einem solchen Konflikt wohl Erfolg bescheren würde; während die Pest noch um uns schwebte, um den Eroberer und die Besiegten einander gleichzumachen, wünschte er sich keinen Sieg, sondern unblutigen Frieden. Als wir vorrückten, wurden wir von Gruppen von Bauern empfangen, deren beinahe nackter Zustand, deren Verzweiflung und Entsetzen uns sogleich von der Wut des kommenden Feindes unterrichteten. Sinnloser Eroberungsgeist und Zerstörungswut blendeten sie, während sie in rasendem Zorn das Land verheerten. Der Anblick des Militärs verlieh den geflohenen Menschen neue Hoffnung, und anstatt Angst zu empfinden, sannen sie nun auf Rache. Das regte die Soldaten zu demselben Gefühl an. Mattigkeit verwandelte sich in Glut, der langsame Schritt änderte sich in ein schnelles Tempo, während das dumpfe Gemurmel der Menge, vom Gedanken an tödliche Rache beseelt, die Luft erfüllte und das Klirren der Waffen und den Klang der Musik erstickte. Adrian nahm die Veränderung wahr und befürchtete, dass es schwierig sein würde, sie daran zu hindern, ihre äußerste Wut gegen die Iren zu richten. Er ritt durch die Linien und beauftragte die Offiziere, die Truppen zurückzuhalten, die Soldaten zu ermahnen, die Ordnung wiederherzustellen und die heftige Erregung, die in jeder Brust schwoll, zu beruhigen.

Wir stießen zuerst auf einige Nachzügler der Iren in St. Albans. Sie zogen sich zurück und verloren, zusammen mit anderen ihrer Gefährten, immer mehr an Boden, bis sie den Hauptkörper erreichten. Die Kunde von einer bewaffneten und regulären Opposition rief sie zu einer gewissen Ordnung. Sie machten Buckingham zu ihrem Hauptquartier, und es wurden Späher ausgesandt, um unsere Position zu ermitteln. Wir blieben für die Nacht in Luton. Am Morgen rückten beide Seiten in einer gleichzeitigen Bewegung vor. Es war früher Morgen, die frische, duftende Luft schien in müßigem Spott mit unseren Bannern zu spielen und trug die Musik der Kapellen, das Wiehern der Pferde und den regelmäßigen Schritt der Infanterie dem Feind entgegen. Der erste Klang kriegerischer Instrumente, den unser undisziplinierter Feind vernahm, löste mit Schrecken vermischte Überraschung aus. Er sprach von anderen Tagen, von Tagen der Eintracht und Ordnung; er wurde mit Zeiten in Verbindung gebracht, in denen die Pest nicht existiert und der Mensch noch nicht im Schatten des bevorstehenden Schicksals gelebt hatte. Die Ruhe währte nur kurz. Bald hörten wir ihr unordentliches Rufen, die barbarischen Schreie, den ungleichen Schritt von Tausenden, die ungeordnet voranschritten. Ihre Truppen strömten jetzt von offenem Gelände oder engen Gassen auf uns zu; ein großer Teil der ungesicherten Felder lag zwischen uns; wir gingen in deren Mitte und machten dann halt. Da wir etwas höher lagen, konnten wir das Gebiet überblicken, das sie belagerten. Als ihre Führer uns in der Opposition sahen, gaben auch sie den Befehl zum Halten und versuchten, ihre Männer zu einer Imitation militärischer Ordnung zu formen. Die ersten Reihen hatten Musketen, einige waren beritten, aber ihre Waffen waren solcherart, wie sie sie während ihres Vormarsches hatten finden können, ihre Pferde solche, wie sie sie der Bauernschaft hatten stehlen können. Es gab keine Gleichförmigkeit und wenig Gehorsam, aber ihre Schreie und wilden Gesten zeigten den ungezähmten Geist, der sie antrieb.

Unsere Soldaten erhielten ihre Befehle und drangen geschwind, aber in vollkommener Reihenfolge vor; ihre Uniformkleider, der Glanz ihrer polierten Waffen, ihre Ruhe, ihre Blicke voll düsteren Hasses waren schrecklicher als das wilde Geschrei unserer unzähligen Feinde. Wie sie solcherart immer näher aneinander heranrückten, verstärkte sich das Gejohle und Geschrei der Iren; die Engländer rückten unter dem Befehl ihrer Offiziere vor, bis sie nahe genug waren, um die Gesichter ihrer Feinde zu unterscheiden. Der Anblick erfüllte sie mit Wut. Mit einem Schrei, der den Himmel zerriss und von den äußersten Linien widerhallte, eilten sie weiter; sie verachteten den Gebrauch der Kugel, sondern warfen sich mit aufgesetztem Bajonett in den entgegenstehenden Feind, während, wenn sich die Reihen in Abständen öffneten, die Kanoniere die Kanone zündeten, deren ohrenbetäubendes Gebrüll und blendender Rauch die Szene mit äußersten Schrecken erfüllte.

Ich war an Adrians Seite; einen Moment zuvor hatte er wieder Befehl zum Einhalten gegeben und war in tiefen Gedanken versunken ein paar Meter von uns entfernt stehen geblieben. Er entwarf schnell seinen Schlachtplan, um Blutvergießen zu verhindern; der Lärm der Kanonen, der plötzliche Ansturm der Truppen und das Geschrei des Feindes bestürzten ihn. Mit blitzenden Augen rief er aus: »Nicht einer von diesen soll umkommen!«, und die Sporen in die Seiten seines Pferdes treibend, drängte er sich zwischen die widerstreitenden Gruppen. Wir, sein Stab, folgten ihm, um ihn zu umgeben und zu beschützen, seinem Signal gehorchend fielen wir jedoch etwas zurück. Die Soldaten, die ihn bemerkten, hielten inne; er wich den Kugeln, die in seiner Nähe umherflogen, nicht aus, sondern ritt, ohne zu zögern, zwischen die gegnerischen Linien. Auf das Geschrei folgte Stille; etwa fünfzig Mann lagen sterbend oder tot auf dem Boden. Adrian hob als Zeichen, dass er sprechen wollte, sein Schwert: »Auf wessen Befehl«, rief er seinen eigenen Truppen zu, »geht ihr vor? Wer befahl euren Angriff? Fallt zurück, diese fehlgeleiteten Männer sollen nicht abgeschlachtet werden, solange ich euer General bin. Steckt eure Waffen weg, das sind eure Brüder, begeht keinen Brudermord. Bald wird die Pest niemanden mehr übrig lassen, an dem ihr euch rächen könnt, wollt ihr gnadenloser sein als die Pest? Wenn ihr mich ehrt – wenn ihr Gott anbetet, nach dessen Bild auch jene erschaffen wurden – wenn eure Kinder und Freunde euch lieb sind –, vergießt keinen Tropfen kostbaren menschlichen Blutes.«

Er sprach mit ausgestreckter Hand und gewinnender Stimme, dann wandte er sich mit strenger Miene an die Eindringlinge und forderte sie auf, die Waffen niederzulegen: »Meint ihr«, sagte er, »weil wir durch die Pest verheert wurden, könnt ihr uns überwinden? Die Pest ist auch unter euch, und wenn ihr von Hunger und Krankheit besiegt seid, werden die Geister derer, die ihr ermordet habt, euch heimsuchen, so dass ihr nicht auf den Tod zu hoffen braucht. Legt eure Waffen nieder, barbarische und grausame Männer – Männer, deren Hände mit dem Blut Unschuldiger befleckt sind, deren Seelen schwer von der Tränenlast der Waisen sind! Wir werden siegen, denn das Recht ist auf unserer Seite; schon sind eure Wangen blass – die Waffen fallen aus eurem schwachen Griff. Legt eure Waffen nieder, Kameraden! Brüder! Vergebung, Beistand und brüderliche Liebe erwarten eure Buße, ihr seid uns teuer, weil ihr die zerbrechliche Gestalt des Menschen besitzt, jeder von euch findet unter diesen Soldaten einen Freund und Gastgeber. Soll der Mensch der Feind des Menschen sein, während die Pest, der Feind aller, selbst jetzt über uns schwebt und über unsere Schlächterei triumphiert, die grausamer ist als ihre eigene?«

Beide Armeen hielten inne. Auf unserer Seite ergriffen die Soldaten fest ihre Waffen und blickten finster auf den Feind. Dieser hatte seine Waffen noch nicht niedergelegt, allerdings mehr aus Angst denn aus Kampfgeist. Sie sahen sich an, jeder wollte einem ihm gegebenen Beispiel folgen, doch sie hatten keinen Anführer. Adrian sprang von seinem Pferd und näherte sich einem der gerade Erschlagenen: »Er war ein Mensch«, rief er, »und nun ist er tot. Oh, verbindet schnell die Wunden der Verwundeten – lasst nicht einen sterben, lasst keine Seele mehr durch eure gnadenlosen Wunden entweichen, um vor dem Thron Gottes die Geschichte des Brudermordes zu erzählen; verbindet ihre Wunden – stellt sie ihren Freunden wieder her. Verwerft die Wut, die in eurer Brust brennt, legt jene Werkzeuge der Grausamkeit und des Hasses nieder; in dieser Atempause des zerstörerischen Schicksals soll jeder dem andern ein Bruder und Wächter sein und zu ihm halten. Fort mit diesen blutbefleckten Waffen, und eilt euch, diese Wunden zu verbinden.«

Während er sprach, kniete er auf den Boden und hob einen Mann in seine Arme, aus dessen Flanke die warme Flut des Lebens strömte – der arme Kerl keuchte – so still war jede Seite geworden, dass sein Stöhnen deutlich zu hören war, und jedes Herz, eben noch wild auf das Massaker aus, schlug nun in ängstlicher Hoffnung und Angst um das Schicksal dieses einen Mannes. Adrian riss seinen Soldatenschal ab und band ihn um den Leidenden – es war zu spät – der Mann seufzte tief, sein Kopf fiel zurück, seine Glieder verloren ihre Spannkraft. – »Er ist tot!«, sagte Adrian, als die Leiche von seinen Armen zu Boden fiel, und er senkte seinen Kopf in Trauer und Ehrfurcht. Das Schicksal der Welt schien mit dem Tod dieses einzelnen Menschen verbunden zu sein. Zu beiden Seiten warfen die Gruppen ihre Waffen nieder, selbst die Veteranen weinten, und unsere Partei streckte den Feinden die Hände entgegen, während ein Schwall von Liebe und tief empfundener Freundschaft jedes Herz erfüllte. Die beiden Armeen vermischten sich, unbewaffnet und Hand in Hand, nur davon sprechend, wie jeder dem anderen helfen könnte, die Gegner hatten sich verbündet; jeder bereute – die eine Seite ihre früheren Grausamkeiten, die andere ihre heutige Gewalttätigkeit, und so folgten sie den Befehlen des Generals, nach London weiterzuziehen.

Adrian musste äußerst umsichtig handeln, um zuerst die Zwietracht beizulegen und dann die Vielzahl der Eindringlinge zu versorgen. Sie wurden in verschiedene Teile der südlichen Grafschaften verbracht, in verlassenen Dörfern einquartiert, – ein Teil wurde auf ihre eigene Insel zurückgeschickt, während der Winter unsere Tatkraft so weit wieder belebte, dass die Pässe des Landes verteidigt und jeder weitere Zuwachs von Menschen verhindert wurden.

Bei dieser Gelegenheit trafen sich Adrian und Idris erstmals nach einer Trennung von beinahe einem Jahr wieder. Adrian war damit beschäftigt gewesen, seine mühsame und schmerzvolle Aufgabe zu erfüllen. Er hatte mit jeder Art von menschlichem Elend zu tun gehabt und seine Kräfte stets als ungenügend, seine Hilfe von geringem Nutzen gefunden. Doch seine Überzeugungen, seine Energie und glühende Entschlossenheit verhinderten jede Gegenwirkung des Kummers. Er schien neu geboren zu sein, und die Tugend, stärker als ein Zauber der Medea, verlieh ihm Gesundheit und Kraft. Idris erkannte das zerbrechliche Wesen, dessen Gestalt sich selbst der Sommerbrise zu beugen schien, kaum in dem energischen Mann wieder, der ausgerechnet mit seiner Überfülle an Empfindsamkeit seiner Aufgabe als Anführer im sturmgeplagten England gerecht wurde.

Mit Idris war es anders. Sie klagte nicht; aber die Angst hatte ihren festen Platz in ihrem Herzen eingenommen. Sie war dünn und blass geworden, ihre Augen füllten sich mit unwillkürlichen Tränen, ihre Stimme war rau und leise. Sie versuchte, einen Schleier über die Veränderung zu werfen, von der sie wusste, dass ihr Bruder sie bemerken musste, aber die Anstrengung war fruchtlos; und als sie allein mit ihm war, machte sie mit einem Ausbruch von unbändiger Trauer ihren Befürchtungen und ihrem Kummer Luft. Sie schilderte in lebhafter Weise die unaufhörliche Sorge, die sich mit immer größerem Hunger in ihre Seele fraß; sie verglich dieses Nagen der schlaflosen Erwartung des Bösen mit dem Geier, der sich vom Herzen Prometheus' nährte; unter dem Einfluss dieser ewigen Spannung und der endlosen Kämpfe, die sie aushalten und wiederum verbergen musste, fühle sie sich, sagte sie, als ob alle Räder und Federn des Mechanismus ihres Körpers mit doppelter Geschwindigkeit arbeiteten und sich dabei rasch selbst verzehrten. Ihr Schlaf war kein Schlaf, denn die Gedanken, die im Wachen noch von einigen Überresten der Vernunft und dem Anblick ihrer glücklichen und gesunden Kinder gezügelt wurden, verwandelten sich dann in wilde Träume, all ihre Ängste wurden Wirklichkeit, all ihre Befürchtungen erlebten ihre schreckliche Erfüllung. Für diesen Zustand gab es keine Hoffnung, keine Erleichterung, es sei denn, das Grab sollte schnell die ihm bestimmte Beute erhalten und sie dürfte sterben, ehe sie durch den Verlust jener, die sie liebte, lebendig tausend Tode starb. Aus Angst, mir Kummer zu bereiten, verbarg sie, so gut sie konnte, das Übermaß ihres Elends, aber als sie ihren Bruder nun nach langer Abwesenheit wiedersah, konnte sie den Ausdruck ihres Leids nicht zurückhalten, sondern schüttete mit aller Lebhaftigkeit der Phantasie, mit der das Elend stets übervoll ist, die Gefühle ihres Herzens ihrem geliebten und mitfühlenden Adrian aus.

Ihr gegenwärtiger Besuch in London vergrößerte ihren Zustand der Unruhe nur noch, indem er ihr das äußerste Ausmaß der Verheerungen zeigte, die durch die Pest verursacht worden waren. London hatte sich kaum noch das Aussehen einer bewohnten Stadt bewahrt; Gras wuchs in den Straßen, die Plätze waren von Unkraut überwuchert, die Häuser verschlossen, während in den geschäftigsten Teilen der Stadt Stille und Einsamkeit herrschten. Doch inmitten der Verwüstung hatte Adrian die Ordnung aufrechterhalten, und jeder lebte weiter nach dem Gesetz und der Gewohnheit – solcherart überlebten menschliche Einrichtungen, als seien es göttliche, und während die Rangunterschiede der Bevölkerung aufgehoben wurden, blieb das Eigentum heilig. Es war ein niederdrückender Gedanke; und trotz der Verminderung des erzeugten Bösen schlug es als elender Spott aufs Herz. Alle Gedanken an Vergnügungsorte, an Theater und Feste waren vergangen. »Der nächste Sommer«, sagte Adrian, als wir uns bei unserer Rückkehr nach Windsor trennten, »wird über das Schicksal der menschlichen Rasse entscheiden. Ich werde meine Anstrengungen bis dahin nicht unterbrechen; aber wenn die Seuche mit dem kommenden Jahr wieder auflebt, muss aller Kampf gegen sie aufhören, und unsere einzige Aufgabe die Wahl eines Grabes sein.«

Ich darf einen Vorfall nicht vergessen, der sich während dieses Besuchs in London ereignete. Die einstmals häufigen Besuche Merrivals in Windsor hatten plötzlich aufgehört. Zu dieser Zeit, in der nur ein Haarbreit die Lebenden von den Toten trennte, fürchtete ich, dass unser Freund dem allumfassenden Übel zum Opfer gefallen sei. Bei dieser Gelegenheit ging ich, das Schlimmste befürchtend, zu seiner Behausung, um zu sehen, ob ich denjenigen seiner Familie, die überlebt haben könnten, irgendeinen Dienst erweisen könne. Das Haus war verlassen; es war eines jener Häuser, die den in London einzuquartierenden Fremden zugeteilt worden waren. Ich sah seine astronomischen Instrumente zu seltsamen Zwecken benutzt, seine Globen verunstaltet, seine mit abstrusen Berechnungen bedeckten Papiere zerstört. Die Nachbarn konnten mir wenig erzählen, bis ich eine arme Frau fand, die in diesen gefährlichen Zeiten als Krankenschwester fungierte. Sie erzählte mir, dass die ganze Familie tot sei, außer Merrival selbst, der dem Wahnsinn verfallen sei. Wahnsinn nannte sie es, doch als ich sie weiter befragte, schien es, dass er sich nur im Delirium äußerster Trauer befand. Dieser alte Mann, der am Rande des Grabes wankte und Millionen berechneter Jahre in die Zukunft zu sehen versuchte – dieser Visionär, der weder in den abgezehrten Körpern seiner Frau und Kinder den Hunger wahrgenommen hatte noch die Pest in den schrecklichen Anblicken und Geräuschen, die ihn umringten – dieser Astronom, scheinbar tot auf der Erde und nur in der Bewegung der Sphären lebend, – liebte seine Familie mit einer unscheinbaren, aber intensiven Zuneigung. Durch lange Gewohnheit wurden sie ein Teil seiner selbst; sein Mangel an weltlichem Wissen, seine Geistesabwesenheit und kindliche Arglosigkeit machten ihn völlig abhängig von ihnen. Erst als einer von ihnen starb, nahm er ihre Gefahr wahr. Einer nach dem anderen wurden sie von der Pest fortgetragen, und seine Frau, seine Helferin und Unterstützerin, die für ihn notwendiger als seine eigenen Glieder war, die sich kaum selbst erhalten konnten, die freundliche Begleiterin, deren Stimme ihm stets Frieden brachte, schloss ihre Augen im Tod. Der alte Mann fühlte, wie ihm das System der universellen Natur, das er so lange studiert und verehrt hatte, entglitt, und er stand unter den Toten und erhob seine Stimme in Flüchen. – Kein Wunder, dass die Pflegerin die erschütternden Verwünschungen als Wahnsinn des trauernden alten Mannes auslegen sollte.

Ich hatte meine Suche spät am Tag begonnen, einem Novembertag, der früh mit prasselndem Regen und trübseligem Wind endete. Als ich mich von der Tür abwandte, sah ich Merrival, oder eher den Schatten Merrivals, geschwächt und verkommen, an mir vorbeigehen und sich auf die Stufen seines Hauses setzen. Die Brise fuhr durch die grauen Locken an seinen Schläfen, der Regen durchnässte seinen unbedeckten Kopf, er saß da und barg sein Gesicht in seinen verwitterten Händen. Ich drückte seine Schulter, um seine Aufmerksamkeit zu wecken, aber er änderte seine Position nicht. »Merrival«, sagte ich, »es ist lange her, seit wir Sie gesehen haben – Sie müssen mit mir nach Windsor zurückkehren – Lady Idris möchte Sie sehen, Sie werden ihre Bitte nicht ablehnen wollen – kommen Sie mit mir nach Hause.«

Er antwortete mit hohler Stimme: »Warum täuschen Sie einen hilflosen alten Mann, warum reden Sie so falsch zu einem halb Verrückten? Windsor ist nicht mein Zuhause. Meine wahre Heimat habe ich gefunden – die Heimat, die der Schöpfer für mich vorbereitet hat.«

Seine Worte voll bitteren Spottes erschreckten mich.

»Versuchen Sie nicht, mich zum Sprechen zu bringen«, fuhr er fort, »meine Worte würden Sie erschrecken – in einem Universum von Feiglingen wage ich es, zu denken – unter den Grabsteinen – unter den Opfern seiner gnadenlosen Tyrannei wage ich es, dem Obersten Bösen Vorwürfe zu machen. Wie kann er mich bestrafen? Lass ihn seinen Arm entblößen und Blitze auf mich schleudern – das ist auch eine seiner Eigenschaften« – und der alte Mann lachte.

Er stand auf, und ich folgte ihm durch den Regen zu einem benachbarten Kirchhof – er warf sich auf die feuchte Erde. »Hier sind sie«, rief er, »wunderschöne Geschöpfe – atmende, sprechende, liebende Geschöpfe. Sie, die Tag und Nacht den alternden Liebhaber ihrer Jugend liebte – sie, Fleisch meines Fleisches, meine Kinder – hier sind sie: Rufen Sie sie, schreien Sie ihre Namen durch die Nacht; sie werden nicht antworten!« Er klammerte sich an die kleinen Haufen, die die Gräber markierten. »Ich bitte nur um eine Sache; ich fürchte Seine Hölle nicht, denn ich erlebe sie hier; ich wünsche Seinen Himmel nicht, lassen Sie mich nur sterben und neben sie gelegt werden; lassen Sie mich nur, wenn ich tot daliege, fühlen, wie mein Fleisch, wenn es vergeht, sich mit ihrem vermischt. Versprechen Sie es«, und er erhob sich mühsam und ergriff meinen Arm, »versprechen Sie, mich mit ihnen zu begraben.«

»Möge Gott mir und den Meinen helfen, ich verspreche es«, antwortete ich, »unter einer Bedingung: kommen Sie mit mir nach Windsor.«

»Nach Windsor!«, kreischte er; »Niemals! – Von diesem Ort werde ich niemals weichen – meine Knochen, mein Fleisch, ich selbst sind bereits hier begraben, und was Sie von mir sehen, ist vergangene Erde wie sie. Ich werde hier liegen und mich hier festhalten, bis Regen, Hagel, Blitz und Sturm mich zerstören, meine Substanz mit ihrer vermischen.«

In wenigen Worten muss ich diese Tragödie abschließen. Ich musste London verlassen, und Adrian übernahm es, nach ihm zu sehen. Die Aufgabe war bald erfüllt; Alter, Kummer und die Unbill des Wetters, alle vereinten sich, um seine Trauer zu stillen und Ruhe in sein Herz zu bringen, dessen Schläge ihm Qual bereiteten. Er starb, während er die Erde umarmte, die auf seine Brust fallen sollte, sobald er neben die Wesen gelegt wurde, um die er mit solch wilder Verzweiflung trauerte.

Ich kehrte auf Idris' Wunsch nach Windsor zurück, die zu denken schien, dass an diesem Ort mehr Sicherheit für ihre Kinder zu finden sei; und weil ich, da ich einmal die Vormundschaft über den Bezirk übernommen hatte, ihn nicht im Stich lassen wollte, solange noch ein Einwohner am Leben war. Ich ging auch, um in Übereinstimmung mit Adrians Plänen zu handeln, die darin bestanden, den Rest der Bevölkerung möglichst zusammenzuhalten; denn er war der Überzeugung, dass nur durch die wohltätigen und uneigennützigen Tugenden irgendeine Sicherheit für den Überrest der Menschheit zu erwarten sei.

Mit melancholischen Gefühlen kehrte ich an diesen Ort zurück, der uns so teuer war, da wir dort ein kaum je gekanntes Glück gekostet hatten, um hier das Aussterben unserer Rasse mitzuerleben und den tiefen, unauslöschlichen Fußspuren der Seuche über den fruchtbaren und geschätzten Boden zu folgen. Das Aussehen des Landes hatte sich so sehr verändert, dass es unmöglich gewesen wäre, Saatgut auszubringen und andere herbstliche Arbeiten zu verrichten. Diese Jahreszeit war nun vorbei, und der Winter war mit plötzlicher und ungewöhnlicher Heftigkeit eingetreten. Abwechselnde Fröste und Tauwetter, die zu Überschwemmungen führten, machten das Land unpassierbar. Schwere Schneefälle gaben der Landschaft ein arktisches Aussehen; die Dächer der Häuser lugten aus der weißen Masse hervor; die niedrige Hütte und das herrschaftliche Landhaus, gleichermaßen verlassen, waren verriegelt, ihre Schwellen ungefegt; die Fenster waren von Hagel zerbrochen, während der vorherrschende Nordostwind alle draußen zu verrichtenden Arbeiten äußerst peinvoll machte.

Der veränderte Zustand der Gesellschaft machte diese Launen der Natur zu Quellen wahrhaften Elends. Der Luxus der Herrschenden und die Aufmerksamkeiten der Dienerschaft waren vorbei. Zwar war alles Lebensnotwendige in solchen Mengen vorhanden, dass es die Bedürfnisse der verringerten Bevölkerung im Überfluss zu stillen vermochte, aber es war noch viel Arbeit erforderlich, um diese, sozusagen, Rohmaterialien zu verarbeiten; und durch Krankheit niedergedrückt und angstvoll in die Zukunft blickend, hatten wir keine Energie, uns kühn und entschieden für irgendeine Sache einzusetzen.

Was mich anging – an Energie fehlte es mir nicht. Das intensive Leben, das meinen Puls beschleunigte und mich belebte, hatte den Effekt, mich nicht in die Labyrinthe des aktiven Lebens zu ziehen, sondern in mir den Genuss meiner simplen Existenz zu erhöhen und den unbedeutendsten Gegenständen majestätische Ausmaße zu verleihen – ich hätte genauso gut das Leben eines Bauern leben können – meine unbedeutenden Beschäftigungen waren für mich zu wichtigen Aufgaben angewachsen; meine Zuneigungen waren ungestüme und fesselnde Leidenschaften, und die Natur mit all ihren Veränderungen schien göttliche Eigenschaften anzunehmen. Der Geist der griechischen Mythologie bewohnte mein Herz; ich vergöttlichte das Hochland, die Lichtungen und Ströme, ich

> Erblickte Proteus, wie er aus dem Meere kam;
> Und hörte den alten Triton sein gewundenes Horn blasen.

Merkwürdig, dass, während die Erde ihren eintönigen Lauf bewahrt hatte, ich mich mit immer neuem Erstaunen mit ihren uralten Gesetzen befasst hatte, und dass ich jetzt, wo sie mit unrundem Rad auf einem unerprobten Weg daherfuhr, diesen Geist verblassen fühlte. Ich kämpfte mit Verzweiflung und Müdigkeit, aber sie erstickten mich wie ein Nebel. Vielleicht waren die Ruhe des Winters und der damit einhergehende Mangel an Aufgaben nach den Mühen und der äußersten Aufregung des vergangenen Sommers durch natürliche Gegenwirkung doppelt lästig. Es war nicht die mitreißende Leidenschaft des vorangegangenen Jahres, die jedem Moment Leben und Einzigartigkeit verlieh – es waren nicht die quälenden Stiche, die durch die Bedrängnisse der Zeit hervorgerufen wurden. Die völlige Nutzlosigkeit all meiner Anstrengungen beraubte sie ihres üblichen daraus erwachsenden Hochgefühls, und Verzweiflung machte den Balsam des Selbstlobes wirkungslos – ich sehnte mich danach, zu meinen alten Beschäftigungen zurückzukehren, doch wozu waren diese nutze? Zu lesen war sinnlos – zu schreiben wahrlich vergebens. Die Erde, der einstmals geräumige Zirkus für die Zurschaustellung großer Heldentaten, das riesige Theater für ein prächtiges Drama, stellte sich nun als ein leerer Raum dar, als eine verwaiste Bühne – für Schauspieler oder Zuschauer gab es dort nichts mehr zu sagen oder zu hören.

Unsere kleine Stadt Windsor, in der die Überlebenden aus den benachbarten Grafschaften hauptsächlich versammelt waren, sah trübselig aus. Ihre Straßen waren mit Schnee bedeckt – die wenigen Passanten schienen gelähmt und von dem unfreundlichen Besuch des Winters erstarrt. Diesen Übeln zu entgehen, war das Ziel all unserer Anstrengungen. Familien, die sich einstmals der Erbauung und der Verfeinerung gewidmet hatten, reich, blühend und jung, kauerten sich jetzt mit verminderter Zahl und von Sorge belasteten Herzen um ein Feuer und waren durch das Leiden selbstsüchtig und kriecherisch geworden. Ohne die Hilfe von Bediensteten mussten sie alle Haushaltsaufgaben erledigen; Hände, die dieser Arbeit nicht gewachsen waren, mussten Brot kneten, oder, wo kein Mehl vorhanden war, mussten die Politiker oder der parfümierte Höfling das Amt des Metzgers übernehmen. Arm und Reich waren nun gleich, oder vielmehr waren die Armen die Überlegenen geworden, da sie solche Aufgaben mit Eifer und Erfahrung angingen, während Unwissenheit, Unfähigkeit und Ruhegewohnheiten sie langweilig für die Kenner des Luxus machten, ärgerlich für die Hochmütigen, ekelhaft für alle, deren Verstand auf intellektuelle Verbesserung bedacht war und die es als ihr liebstes Privileg ansahen, sich nicht selbst um ihre körperlichen Bedürfnisse kümmern zu müssen.

Aber in jeder Veränderung können Güte und Zuneigung ein Feld für Betätigung und Entfaltung finden. Unter einigen erzeugten diese Veränderungen eine Hingabe und Selbstopferung, die anmutig und heroisch zugleich war. Es war ein Anblick des Genusses für die Liebhaber der menschlichen Rasse, wie in alten Zeiten die patriarchalische Weise zu sehen, auf die die Vielzahl von Verwandten und Freunden ihre pflichtbewussten und freundlichen Dienste erfüllte. Junge Adlige des Landes vollführten um der Mutter oder Schwester willen mit liebenswürdiger Heiterkeit niedere Dienste. Sie gingen zum Fluss, um das Eis zu brechen und Wasser zu schöpfen. Sie gingen zusammen auf Nahrungssuche oder fällten, mit der Axt in der Hand, die Bäume als Brennstoff. Die Frauen empfingen sie bei ihrer Rückkehr mit der einfachen und herzlichen Begrüßung, die man zuvor nur in der niedrigen Hütte gekannt hatte – mit sauberem Herd und hellem Feuer, das abendliche Mahl von geliebten Händen fertig zubereitet; mit Dankbarkeit für die Lebensmittel, die die Speisen des nächsten Tages sein würden: seltsame Genüsse für die hochgeborenen Engländer, aber sie waren jetzt ihre einzigen, hart verdienten und teuer erkauften Luxusgüter.

Bei niemandem war jene anmutige Anpassung an die Umstände, war jene edle Demut und erfindungsreiche Phantasie, solche Handlungen mit romantischer Färbung zu schmücken, so ausgeprägt wie bei unserer Clara. Sie sah meine Verzweiflung und die quälenden Sorgen Idris'. Ihr fortwährendes Bemühen sollte uns von der Arbeit befreien und Leichtigkeit und sogar Eleganz über unsere veränderte Lebensweise verbreiten. Wir hatten immer noch einige Diener, die von der Seuche verschont geblieben und uns sehr verbunden waren. Aber Clara war eifersüchtig auf ihre Dienste. Sie wollte die alleinige Magd Idris' sein, die einzige Dienerin für die Bedürfnisse ihrer kleinen Cousins; nichts bereitete ihr so viel Vergnügen, als wenn wir sie auf diese Weise beschäftigten; sie ging über unsere Wünsche hinaus, ernst, fleißig und unermüdlich, –

> war Abra bereit, noch eh wir ihren Namen riefen,
> Und obschon wir eine andre riefen, kam Abra.

Meine Aufgabe war es, jeden Tag die verschiedenen in unserer Stadt versammelten Familien zu besuchen, und wenn das Wetter es zuließ, war ich froh, meine Fahrt zu verlängern und in aller Einsamkeit über jedes wechselvolle Erscheinungsbild unseres Schicksals nachzudenken und zu versuchen, aus der Erfahrung der Vergangenheit Lehren für die Zukunft zu sammeln. Die Unruhe, in welche mich die Übel, die meine Rasse heimsuchten, in Gegenwart anderer versetzten, wurde durch die Einsamkeit gemildert, wenn das Leiden des Einzelnen mit dem allgemeinen Unglück verschmolz, dessen Betrachtung seltsamerweise weniger betrüblich war. So ging ich oft, mir mühsam den Weg durch die enge, eingeschneite Stadt bahnend, über die Brücke und durch Eton. Keine jugendliche Ansammlung tapferer Knaben drängte sich durch das Portal der Schule; traurige Stille beherrschte den geschäftigen Schulraum und den lauten Schulhof. Ich dehnte meinen Ausflug in Richtung Salt Hill aus, wobei ich von jeder Seite durch den Schnee behindert wurde. Waren dies die fruchtbaren Felder, die ich liebte – war das der Wechsel von sanftem Hochland und bebautem Tal, einst bedeckt mit wogendem Getreide, aufgelockert durch stattliche Bäume, bewässert von der gewundenen Themse? Ein weißes Laken bedeckte alles, während die bittere Erinnerung mir sagte, dass die Herzen der Bewohner so kalt wie die wintergekleidete Erde waren. Ich traf Herden von Pferden, Rindern und Schafen, die nach Belieben umherwanderten; hier fielen sie über einen Heuschober her und beanspruchten, was er ihnen an Schutz und Nahrung bot – dort nahmen sie ein leerstehendes Häuschen in Besitz.

An einem frostigen Tag, an dem ich von ruhelosen, unbefriedigenden Gedanken verfolgt wurde, suchte ich einen Lieblingsplatz auf, ein kleines Wäldchen unweit von Salt Hill. Ein sprudelnder Quell plätscherte auf der einen Seite über Steine, und eine Ansammlung von ein paar Ulmen und Buchen, die den Namen Wald kaum verdiente und doch so hieß, stand auf der andern. Dieser Fleck hatte für mich einen besonderen Reiz. Er war einst ein bevorzugter Rückzugsort Adrians gewesen; er war abgeschieden, und Adrian sagte oft, dass er in seiner Kindheit seine glücklichsten Stunden hier verbracht habe. Wenn er der vornehmen Knechtschaft seiner Mutter entronnen war, setzte er sich auf die rauen, behauenen Stufen, die zur Quelle führten, und las mal ein Lieblingsbuch, mal versank er in Betrachtungen, die weit jenseits seiner Jahre lagen, über noch immer nicht entwirrte Rätsel der Moral oder Metaphysik. Eine schwermütige Vorahnung versicherte mir, dass ich diesen Ort nie mehr sehen sollte, daher betrachtete ich nachdenklich jeden Baum, jede Windung des Baches und die Unregelmäßigkeit des Bodens, damit ich mich später in der Ferne besser daran erinnern könnte. Ein Rotkehlchen fiel von den frostigen Zweigen der Bäume auf den erstarrten Bach herab; seine keuchende Brust und die halbgeschlossenen Augen zeigten, dass es im Sterben lag. Ein Falke erschien in der Luft, plötzliche Angst ergriff das kleine Geschöpf, es sammelte seine letzte Kraft, warf sich auf den Rücken und hob seine Krallen in ohnmächtiger Verteidigung gegen den mächtigen Feind. Ich nahm es auf und legte es an meine Brust. Ich fütterte es mit ein paar Krümeln. Nach und nach belebte es sich wieder, sein warmes flatterndes Herz schlug gegen mich. Ich kann nicht sagen, warum ich diesen unbedeutenden Vorfall so ausführlich darlege – doch die Szene steht noch immer vor meinen Augen; die schneebedeckten Felder, die durch die silbrigen Stämme der Buchen zu sehen sind, der Bach, in glücklichen Tagen von glitzerndem Wasser belebt, jetzt von Eis erstickt, die blattlosen in Raureif gekleideten Bäume, die Umrisse der Blätter des Sommers, die des Winters Hand auf dem harten Boden festgefroren hatte – der düstere Himmel, die trostlose Kälte und ungebrochene Stille –, während mein gefiederter Schützling warm und sicher an meiner Brust lag, tat er seine Zufriedenheit mit einem leichten Zwitschern kund – schmerzhafte Erinnerungen drängten sich hervor und erfüllten meinen Geist mit wildem Tumult – kalt und totengleich, wie die verschneiten Felder, war die ganze Erde – von Elend bedrängt die Lebenszeit der Bewohner – warum sollte ich dem Strom der Verwüstung entgegentreten, der uns hinwegfegte? – Warum meine Nerven belasten und meine müden Anstrengungen erneuern – ach, warum? Doch nur, damit mein fester Mut und meine eifrigen Bemühungen die liebe Gefährtin, die ich im Frühling meines Lebens wählte, schützen könnten; obschon das Pochen meines Herzens voller Schmerz ist, obschon meine Hoffnungen auf die Zukunft erkaltet sind; solange noch dein teurer Kopf, meine Liebste, friedlich auf diesem Herzen ruhen kann, und solange du aus seiner Sorge Trost und Hoffnung ziehen kannst, werden meine Kämpfe nicht aufhören, – werde ich mich nicht vollständig besiegt nennen.

An einem klaren Februartag, als die Sonne wieder etwas von ihrer Stärke zurückgewonnen hatte, ging ich mit meiner Familie in den Wald. Es war einer jener schönen Wintertage, die die Fähigkeit der Natur, Schönheit auf Kargheit zu übertragen, bestätigen. Die blattlosen Bäume breiteten ihre faserigen Zweige in Richtung des klaren Himmels aus; ihr kompliziertes und durchlässiges Astwerk glich zartem Seegras; die Hirsche scharrten auf der Suche nach dem verborgenen Gras im Schnee, das Weiß wurde gleißender durch die Sonne, und die Stämme der Bäume, durch den Verlust des bedeckenden Laubes auffälliger, umringten uns wie die labyrinthischen Säulen eines riesigen Tempels; es war unmöglich, beim Anblick dieser Dinge keine Freude zu empfinden. Unsere Kinder, befreit von der Knechtschaft des Winters, hüpften vor uns einher, die Hirsche verfolgend oder die Fasane und Rebhühner aus ihren Höhlen aufscheuchend. Idris lehnte sich an meinen Arm; ihre Traurigkeit verblasste unter dem gegenwärtigen Gefühl des Vergnügens. Wir trafen andere Familien auf dem Langen Weg, die wie wir die Rückkehr der warmen Jahreszeit genossen. Plötzlich schien ich zu erwachen. Ich warf die anhaftende Trägheit der letzten Monate ab, die Erde nahm ein neues Aussehen an, und mein Blick auf die Zukunft klärte sich plötzlich. Ich rief: »Ich habe jetzt das Geheimnis entschlüsselt!«

»Welches Geheimnis?«

Als Antwort auf diese Frage beschrieb ich unser düsteres Winterleben, unsere elenden Sorgen, unsere niederen Arbeiten. »Dieses nördliche Land«, sagte ich, »ist kein Ort für unsere verminderte Rasse. Als es nur wenige Menschen auf Erden gab, war dies nicht die Gegend, in der sie mit den mächtigen Naturgewalten kämpften und in der Lage waren, den Globus mit ihren Nachkommen zu bedecken. Wir müssen ein natürliches Paradies suchen, einen Garten Eden auf Erden, wo unsere einfachen Bedürfnisse leicht befriedigt werden können und der Genuss eines köstlichen Klimas einen Ausgleich bietet für die gesellschaftlichen Freuden, die wir verloren haben. Wenn wir diesen kommenden Sommer überleben, werde ich den folgenden Winter nicht in England verbringen, weder ich noch irgendeiner von uns.«

Ich sprach, ohne viel auf meine Worte zu achten, und der Schluss dessen, was ich sagte, brachte andere Gedanken mit sich. Würden wir, irgendeiner von uns, den kommenden Sommer überleben? Ich sah, wie sich Idris' Stirn verdunkelte. Ich fühlte wieder, dass wir an den Wagen des Schicksals gekettet waren, über dessen Gespann wir keine Kontrolle hatten. Wir können nicht mehr sagen: Dies werden wir tun, und das werden wir unterlassen. Eine mächtigere Macht als der Mensch war in der Nähe, um unsere Pläne zu zerstören oder die Arbeit zu vollbringen, die wir vermieden. Es war Wahnsinn, auf einen nächsten Winter zu rechnen. Dies war unser letzter. Der kommende Sommer war das äußerste Ende unseres Ausblicks, und wenn wir dort anlangten, würde statt einer Fortsetzung des langen Weges ein Abgrund gähnen, in welchen wir gehen mussten. Der letzte Segen der Menschheit wurde uns entrissen, wir würden nicht länger hoffen können. Kann der Wahnsinnige, der mit seinen Ketten klirrt, hoffen? Kann der Unglückliche hoffen, der zum Schafott geführt wird, der, wenn er den Kopf auf den Richtblock legt, den doppelten Schatten seiner selbst und des Scharfrichters sehen kann, dessen erhobener Arm die Axt trägt? Kann der schiffbrüchige Seemann hoffen, der, vom Schwimmen erschöpft, dicht hinter sich die spritzenden Wasser hören kann, die von einem Hai geteilt werden, der ihn durch den Atlantik verfolgt? Solche Hoffnung wie jene mochten auch wir unterhalten!

Die alte Fabel sagt uns, dass jener sanfte Geist aus der Büchse Pandoras entsprang, die sonst voll von Bösem war; aber diese waren unsichtbar und nichtig, während alle die beseelende Lieblichkeit der jungen Hoffnung bewunderten; das Herz jedes Mannes wurde ihr Zuhause, sie wurde zur Herrscherin unseres Lebens gekrönt, hier und hiernach; sie wurde vergöttert und verehrt, für unvergänglich und ewig erklärt. Aber wie alle anderen Gaben des Schöpfers an den Menschen ist sie sterblich, ihr Leben hat seine letzte Stunde erreicht. Wir haben über sie gewacht, ihr flackerndes Dasein gehegt, jetzt ist sie mit einem Mal von der Jugend zur Hinfälligkeit, von der Gesundheit zur unheilbaren Krankheit gelangt. Selbst wenn wir uns für ihre Genesung aufreiben, stirbt sie. Zu allen Nationen dringt die Kunde: Die Hoffnung ist tot! Wir sind nur Trauergäste im Begräbniszug, und welche unsterbliche Essenz oder verderbliche Schöpfung wird sich weigern, der traurigen Prozession anzugehören, die die tote Trösterin der Menschheit zu ihrem Grab begleitet?

> Ruft nicht die Sonne ihr Licht zurück? und der Tag
> Schmilzt wie ein leichter Hauch davon –
> Beide hüllen ihre Strahlen in Wolken, um selbst
> Trauernde bei diesem Begräbnis zu sein.

Dritter Band

Kapitel 1

Hörst du nicht das Rauschen des nahenden Sturms? Siehst du nicht, wie sich die Wolken auftun, die düster und entsetzlich Zerstörung auf die verdorrte Erde gießen? Siehst du nicht die Blitze fallen und wirst durch den Ruf des Himmels betäubt, der ihrem Abstieg folgt? Fühlst du nicht die Erde vor gequälten Seufzern beben und sich öffnen, während die Luft von Schreien und Wehklagen geschwängert ist – wie sie alle die letzten Tage des Menschen ankündigen?

Nein! Keines dieser Dinge begleitet unseren Niedergang! Die milde Frühlingsluft, ein Hauch aus dem Nektar der Natur, umgab die schöne Erde, die wie eine junge Mutter wachte, um stolz ihre schöne Nachkommenschaft voranzuführen, damit diese ihrem lange fortgewesenen Vater begegne. Die Knospen zierten die Bäume, die Blumen schmückten das Land, die dunklen, mit Frühlingssäften angeschwollenen Zweige bildeten Blätter, und das bunte Frühlingslaub, das sich in der Brise bog und säuselte, wiegte sich behaglich in der wohltuenden Wärme des ungetrübten Himmels, die Bächlein flossen murmelnd dahin, das Meer war glatt und unbewegt, und die hineinragenden Landzungen wurden in den ruhigen Wassern gespiegelt, die Vögel erwachten in den Wäldern, während reichlich Nahrung für Mensch und Tier aus dem dunklen Boden wuchs. Wo waren Pein und Übel? Weder in der ruhigen Luft noch im wogenden Ozean, weder in den Wäldern noch auf den fruchtbaren Feldern noch unter den Vögeln, die die Wälder von ihren Liedern widerschallen ließen, noch bei den Tieren, die sich inmitten der reichen Üppigkeit in der Sonne wärmten. Unser Feind zertrat, wie das Unheil Homers, unsere Herzen, und von seinen Schritten hallte kein Ton –

> Alles andere aber, verderbliche Übel in Unzahl, schweift bei den Menschen umher; voll ist ja die Erde von Plagen, voll das Meer, und Krankheiten befallen die Menschen bei Tag und andere nachts, von selbst, und bringen den Sterblichen Leiden, lautlos; denn Zeus, der Planende, nahm ihnen die Stimme.

Einst war der Mensch ein Liebling des Schöpfers, wie der königliche Psalmist sagte: »Gott hat ihn ein wenig niedriger als die Engel gemacht und ihn mit Ruhm und Ehre gekrönt. Gott hat ihn zum Herrscher gemacht über die Werke seiner Hände; alles hat er unter seine Füße gestellt.« Einst war es so; ist der Mensch noch der Herr der Schöpfung? Sieh ihn dir an – ha! Ich sehe Pest! Sie hat seine Gestalt angenommen, ist in Fleisch und Blut verkörpert, hat sich mit seinem Sein verflochten und blendet seine himmelsuchenden Augen. Lege dich nieder, o Mensch, auf die blumenbestreute Erde, gib den Anspruch auf dein Erbe auf. Alles, was du jemals davon besitzen kannst, ist die kleine Parzelle, die die Toten benötigen.

Die Pest ist die Begleiterin des Frühlings, des Sonnenscheins und des Überflusses. Wir hadern nicht mehr mit ihr. Wir haben vergessen, was wir getan haben, als es sie nicht gab. Einst bezwangen Flotten die riesigen Meereswellen zwischen dem Indus und dem Pol für unbedeutende Luxusartikel. Die Menschen unternahmen gefährliche Reisen, um sich herrlicher Kleinigkeiten, der Edelsteine und des Goldes der Erde, zu bemächtigen. Menschliche Arbeit wurde vergeudet – menschliches Leben wurde zunichtegemacht. Jetzt ist das Leben alles, was wir begehren; dass dieser Apparat aus Fleisch mit seinen Gelenken und Sehnen seine Funktionen erfülle, dass diese Wohnung der Seele in der Lage sei, ihren Bewohner in sich zu bergen. Unser Verstand, der sich erst kürzlich noch durch zahllose Sphären und endlose Kombinationen von Gedanken ausbreitete, zog sich nun hinter diese Mauer aus Fleisch zurück, nur danach trachtend, sein Wohlergehen zu sichern. Wir waren gewiss hinlänglich herabgewürdigt.

Die Zunahme der Seuche im Frühjahr brachte denjenigen von uns, die noch am Leben waren, zunächst eine Zunahme der Arbeit, da wir unsere Zeit und Gedanken für unsere Mitgeschöpfe aufopferten. Wir spornten uns selbst dazu an, »inmitten der Verzweiflung die Pflichten der Hoffnung zu erfüllen«. Wir waren entschlossen, es mit unserem Feind aufzunehmen. Wir halfen den Kranken und trösteten die Trauernden; wir wandten uns von den unzähligen Toten ab und zu den seltenen Überlebenden hin und forderten sie mit einem solch starken, beinahe gebieterischen Wunsch auf, zu leben. Die Pest kauerte indessen über uns und verlachte uns voller Verachtung.

Hat einer unter euch, meine Leser, schon einmal die Trümmer eines Ameisenhaufens unmittelbar nach der Zerstörung beobachtet? Zunächst scheint er ganz von seinen früheren Bewohnern verlassen; nach kurzer Zeit aber sieht man eine Ameise sich durch die aufgeworfene Erde kämpfen; sie erscheinen wieder zu zweien und zu dreien und laufen auf der Suche nach ihren verlorenen Gefährten hin und her. So bewegten wir uns auf der Erde, verwundert und erschrocken ob der Auswirkungen der Seuche. Unsere leeren Behausungen blieben, aber die Bewohner wurden in den Schatten des Grabes versammelt.

Da die Regeln der Ordnung und der Druck der Gesetze dahin waren, begannen einige zögernd und verwundert, gegen die gewohnten Bräuche der Gesellschaft zu verstoßen. Paläste waren verlassen, und der arme Mann wagte endlich, ohne Widerstand in die herrlichen Wohnungen einzudringen, deren Möbel und Zierrat eine unbekannte Welt für ihn waren. Zunächst schleuderte das alle Zirkulation von Eigentum beendende Ereignis diejenigen, die zuvor von den künstlichen Bedürfnissen der Gesellschaft unterstützt worden waren, in plötzliche und abscheuliche Armut. Doch als die Grenzen des privaten Besitzes verschwunden waren, stellte sich heraus, dass die Erzeugnisse der menschlichen Arbeit mehr, weit mehr, waren, als die ausgedünnte Menschheit möglicherweise verbrauchen könnte. Für einige der Armen war dies ein Anlass zum Jubel. Wir waren jetzt alle gleich: herrliche Wohnungen, luxuriöse Teppiche und Daunenbetten wurden allen gewährt. Kutschen und Pferde, Gärten, Bilder, Statuen und fürstliche Bibliotheken gab es überreichlich; und nichts hätte jemanden noch daran hindern können, sich seinen Anteil zu sichern. Wir waren jetzt alle gleich, doch es lag in der Nähe auch eine Gleichheit, die uns noch mehr einander anglich, ein Zustand, in dem Schönheit und Kraft und Weisheit so eitel wie Reichtum und Geburt sein würden. Das Grab gähnte unter uns allen, und die Aussicht darauf machte es jedem von uns unmöglich, die Leichtigkeit und die Fülle zu genießen, die uns auf so schreckliche Weise dargeboten wurden.

Immer noch verblasste die Blüte nicht auf den Wangen meiner Kinder; und Clara gewann, unbefleckt durch Krankheit, an Jahren und Größe. Wir hatten keinen Grund, die Lage von Schloss Windsor für besonders gesund zu halten, da viele andere Familien unter seinem Dach gestorben waren; wir lebten daher ohne besondere Vorsicht; doch wir lebten, wie es schien, in Sicherheit. Wenn Idris dünn und blass wurde, war es die Angst, die die Veränderung veranlasste; eine Angst, die ich in keiner Weise lindern konnte. Sie beklagte sich nie, aber Schlaf und Appetit verließen sie, ein schleichendes Fieber ergriff ihre Adern, ihre Wangen wiesen eine hektische Röte auf, und sie weinte oft im Geheimen. Düstere Voraussagen, Sorge und quälende Furcht verschlangen ihren Lebenswillen. Ich konnte diese Veränderung nicht übersehen. Ich wünschte oft, ich hätte ihr erlaubt, ihren eigenen Weg zu gehen und sich zugunsten des Wohlergehens anderer mit Arbeiten zu beschäftigen, die ihre Gedanken abgelenkt hätten. Aber dazu war es nun zu spät. Abgesehen davon waren angesichts der beinahe ausgestorbenen Rasse des Menschen alle unsere Mühen fast zu einem Ende gekommen. Und schließlich war sie zu schwach; die Auszehrung, wenn man es so nennen konnte, oder vielmehr das überaktive Leben in ihr, das wie bei Adrian das Öl des Lebens bereits in den frühen Morgenstunden verbraucht hatte, beraubte ihre Glieder der Stärke. Nachts, wenn sie mich unbemerkt verlassen konnte, wanderte sie durch das Haus oder beugte sich über die Betten ihrer Kinder; und tagsüber versank sie in einen gestörten Schlaf, während ihr Murmeln und Auffahren die unruhigen Träume verrieten, die sie heimsuchten. Als dieser Zustand des Elends sich immer mehr festigte und trotz ihrer Bemühungen, ihn zu verbergen, immer offensichtlicher wurde, bemühte ich mich, wenngleich vergeblich, in ihr Mut und Hoffnung zu erwecken. Ich konnte mich nicht über die Heftigkeit ihrer Sorge wundern; ihre ganze Seele war von Zärtlichkeit erfüllt. Sie vertraute tatsächlich darauf, dass sie mich nicht überleben sollte, wenn ich die Beute der Seuche werden würde, und dieser Gedanke erleichterte sie zuweilen. Wir waren seit vielen Jahren Hand in Hand auf der Straße des Lebens gegangen und konnten, noch immer so verbunden, unter die Schatten des Todes treten; was aber ihre Kinder betraf, ihre liebreizenden, verspielten, lebhaften Kinder, – die aus ihr entsprungen – Teil ihres Fleisches – Wahrzeichen unserer Liebe waren –, mochten wir auch sterben es wäre uns ein Trost, zu wissen, dass sie den gewohnten Lauf des Menschen gingen. Aber dem wäre nicht so; jung und blühend, wie sie jetzt waren, würden sie sterben und von den Hoffnungen der Reife, vom stolzen Namen des erreichten Erwachsenenalters, für immer abgeschnitten werden. Oft hatte sie mit mütterlicher Zuneigung ihre Verdienste und Talente auf die weite Bühne des Lebens übertragen. Ach, jene letzten Tage! Die Welt war alt geworden, und alle ihre Bewohner teilten ihre Hinfälligkeit. Warum von Kindheit, Reife und Alter reden? Wir alle standen gleichermaßen am Ende der Zeit der erschöpften Natur. Wir alle waren an demselben Punkt des Weltalters angekommen – es gab keinen Unterschied zwischen uns; die Bezeichnungen des Elternteils und des Kindes hatten ihre Bedeutung verloren; Knaben und Mädchen waren jetzt den Erwachsenen ebenbürtig. Dies alles war zwar wahr; aber es war deswegen nicht weniger qualvoll, daran erinnert zu werden.

Wohin konnten wir uns wenden, ohne eine düstere und bedeutungsschwere Verödung vorzufinden? Die Felder waren unbebaut verlassen worden, Unkraut und farbenprächtige Blumen waren emporgeschossen – oder, wo ein paar Weizenfelder Zeichen der gehegten Hoffnungen des Bauern zeigten, war die Arbeit auf halbem Wege verlassen worden. Der Pflügende war neben dem Pflug gestorben; die Pferde hatten die Furche verlassen, und kein Säer hatte sich dem Toten genähert; das Vieh wanderte unbeaufsichtigt über die Felder und durch die Gassen; die zahmen Bewohner des Hühnerhofs, die ihrer täglichen Nahrung entbehrten, waren wild geworden – junge Lämmer lagen in den Blumengärten, und die Kuh wohnte im Tanzsaal. Kränklich und in ihrer Zahl vermindert kümmerten sich die Leute vom Lande weder um die Aussaat noch um die Ernte, sondern schlenderten über die Wiesen oder lagen unter den Hecken, wenn der unfreundliche Himmel sie nicht dazu zwang, Schutz unter dem nächsten Dach zu suchen. Viele derjenigen, die blieben, zogen sich in die Einsamkeit zurück; einige hatten die Läden geschlossen, damit sie nicht gezwungen sein würden, ihre Häuser zu verlassen, andere hatten Frau und Kind verlassen und stellten sich vor, dass sie ihre Sicherheit durch die völlige Einsamkeit gewahrt hätten. Solcherart war Rylands Plan gewesen, und er wurde tot und halb von Insekten verschlungen gefunden, in einem Haus, das viele Meilen von jedem anderen lag, mit Bergen von Lebensmitteln, die in nutzlosen Überfluss aufgehäuft worden waren. Andere unternahmen lange Reisen, um sich mit denjenigen zu vereinen, die sie liebten, und kamen an, um sie tot vorzufinden.

London hatte kaum noch tausend Einwohner; und diese Zahl nahm beständig ab. Die meisten von ihnen waren Leute vom Land, die auf der Suche nach Veränderung gekommen waren; die Londoner waren aufs Land geflohen. Der geschäftige östliche Teil der Stadt war still, oder man sah höchstens, dass hier und da, halb aus Habgier, halb aus Neugier, die Lager mehr durchwühlt als ausgeplündert worden waren: Ballen von kostbaren indischen Waren, teures Tuch, Juwelen und Gewürze, waren ausgepackt und auf dem Boden verstreut worden. An einigen Stellen hatte der Besitzer bis zuletzt vor seinem Laden gewacht und war vor den vergitterten Toren gestorben. Die massiven Portale der Kirchen schwangen knarrend in ihren Angeln, und einige Leute lagen tot auf dem Pflaster. Die armselige Frau, ein liebloses Opfer geschmackloser Rohheit, war zum Toilettentisch der hochgeborenen Schönheit gewandert und war, als sie eben deren Prunkgewand angelegt hatte, vor dem Spiegel gestorben, der nun ihr allein ihr verändertes Aussehen widerspiegelte. Frauen, deren zarte Füße die Erde in ihrem Luxus selten berührt hatten, waren in Angst und Schrecken aus ihren Häusern geflohen, bis sie, sich in den schmutzigen Straßen der Metropole verlierend, auf der Schwelle der Armut starben. Das Herz wurde einem schwer bei der Vielfalt des vorhandenen Elends, und wenn ich ein Beispiel dieser düsteren Veränderung sah, schmerzte meine Seele vor Angst davor, was meiner geliebten Idris und meinen Kindern zustoßen könnte. Sollten sie, falls sie Adrian und mich überlebten, sich schutzlos in der Welt wiederfinden? Bisher hatte allein der Geist gelitten – konnte ich für immer die Zeit aufschieben, in der die zarte Gesundheit und die empfindlichen Nerven meines Wohlstandskindes, der Tochter von Rang und Reichtum, die meine Begleiterin war, Hunger, Not und Krankheit anheimfallen sollte? Besser sofort sterben – besser einen Dolch in ihren Busen stürzen, solange sie noch unberührt von düsteren Widrigkeiten ist, und ihn dann in meine Brust versenken! Aber nein, in Zeiten der Not müssen wir gegen unser Schicksal ankämpfen und uns bemühen, uns nicht von ihm überwinden zu lassen. Ich würde nicht nachgeben, sondern meine Lieben bis zum letzten Atemzug entschlossen gegen Leid und Schmerz verteidigen; und wenn ich endlich besiegt würde, sollte es nicht unrühmlich sein. Ich stand in der Lücke und widerstand dem Feind – dem ungreifbaren, unsichtbaren Feind, der uns so lange belagert hatte – noch hatte er keine Bresche in uns geschlagen: es musste meine Sorge sein, dass er nicht heimlich sich hineinschleichend plötzlich innerhalb des Tempels der Liebe erschiene, an dessen Altar ich täglich Opfer brachte.

Der Hunger des Todes wurde nun durch die Verminderung seiner Nahrung stärker: oder war es womöglich so, dass zuvor, als es noch viele Überlebende gegeben hatte, die Toten weniger eifrig gezählt worden waren? Nun war jedes Leben ein Juwel, jeder menschliche Atemhauch weit, o, weit mehr wert als die kostbarsten Abbilder steinerner Skulpturen! Und die tägliche, ja stündliche Abnahme, die sich in unseren Zahlen spürbar machte, erfüllte das Herz mit äußerstem Elend. In diesem Sommer erloschen unsere Hoffnungen, wurde das Schiff der Gesellschaft zerstört, und das baufällige Floß, das die wenigen Überlebenden über das Meer des Elends trug, wurde sturmgepeitscht hin und her geworfen. Der Mensch existierte noch als einer, der schlafen und wachen und seinen animalischen Trieben frönen konnte; doch der Mensch, in sich schwach, doch in versammelten Zahlen mächtiger als der Wind oder das Meer; der Mensch als Bezwinger der Elemente, als Herr der geschaffenen Natur, als Ebenbürtiger der Halbgötter, existierte nicht mehr.

So lebt denn wohl, heimatliche Gefilde, lebt wohl, Freiheitsliebe und wohlverdienter Lohn tugendhaften Strebens! – Leb wohl, überfülltes Parlament, das von den Ratschlägen der Weisen widerhallte, deren Gesetze schärfer waren als die in Damaskus gehärtete Klinge – lebt wohl, königlicher Pomp und kriegerischer Prunk; die Kronen liegen im Staub und die Träger in ihren Gräbern! – Lebt wohl, Herrscherdrang und Hoffnung auf einen Sieg; hochgesteckter Ehrgeiz, Appetit auf Lob und Verlangen nach dem Wahlrecht der Mitmenschen! Es gibt keine Nationen mehr! Kein Abgeordneter sitzt für die Toten im Rat; kein Spross einer altehrwürdigen Dynastie strebt an, über die Bewohner eines Beinhauses zu regieren; die Hand des Generals ist erkaltet, und der Soldat hat in jungen Jahren und ungeehrt sein unzeitiges Grab in seinen heimatlichen Feldern gegraben. Der Marktplatz ist leer, der Kandidat um die Volksgunst findet niemanden, den er vertreten kann. Lebt wohl, ihr farbenprächtigen Kutschen! – Lebt wohl, mitternächtliche Gelage, Wetteifer der Schönheit, teure Kleider und Geburtstagsfeste, Titel und vergoldetes Diadem, lebt wohl!

Lebt wohl, Riesenkräfte des Menschen, – leb wohl, Wissen, das die tief im Wasser liegende Barke durch die widrigen Wasser des endlosen Ozeans steuern konnte, – leb wohl, Wissenschaft, die den seidenen Ballon durch die grenzenlose Luft lenkte, – leb wohl, Macht, die eine Barriere durch mächtige Wasser ziehen, Räder, Balken und riesige Maschinen in Bewegung setzen, Felsen von Granit oder Marmor teilen und Berge einebnen konnte!

Lebt wohl, Künste, – leb wohl, Beredsamkeit, die wie die Winde für das Meer ist und den menschlichen Geist erst aufwühlt und ihn dann beruhigt, – lebt wohl, Poesie und tiefsinnige Philosophie; die Phantasie des Menschen ist erkaltet, und sein forschender Geist kann sich nicht mehr an den Wundern des Lebens ergötzen, denn »bei den Toten, dahin du fährst, ist weder Werk, Kunst, Vernunft noch Weisheit.« – Leb wohl, elegantes Gebäude, das mit seinen vollkommenen Linien die rohen Formen der Natur übertrifft, du verzierter gotischer und massiver sarazenischer Bau, lebt wohl, gewaltiger Bogen und herrliche Kuppel, gerillte Säule mit ihrem Kapitell, korinthisch, ionisch, oder dorisch, Peristyl und schönes Gebälk, dessen Harmonie in der Form für das Auge wie ein musikalischer Akkord für das Ohr ist! – Leb wohl, Skulptur, deren reiner Marmor menschliches Fleisch nachahmt, und aus deren plastischem Ausdruck ausgewählter Unübertrefflichkeit der menschlichen Form Gott hervorleuchtet! – Lebt wohl, Malerei, das hohe Einfühlungsvermögen und die tiefe Kenntnis des Künstlers im Bemalen der Leinwand – lebt wohl, paradiesische Szenen, in denen die Bäume stets blühen und die süße Luft in ewigem Lichtschein ruht: – Lebt wohl, Sturm und wildester Aufruhr der Natur, die im engen Rahmen gefesselt ist, o lebt wohl! Leb wohl, Musik und Klang des Gesangs; du Konzert von Instrumenten, in dem das Zusammenspiel von weichen und harten Tönen sich in süßer Harmonie vereinigt und die staunenden Zuhörer beschwingt, wodurch sie in den Himmel aufsteigen und die verborgenen Freuden der Ewigen erfahren! – Leb wohl, altbekannte Bühne! Eine wirklichere Tragödie wird auf der großen Weltbühne gespielt, welche die gekünstelte Trauer in den Schatten stellt. Lebt wohl, vornehme Komödie und niedriger Possenreißer, lebt wohl! – Der Mensch darf nicht mehr lachen.

Ach! die Errungenschaften der Menschheit aufzuzählen zeigt, was wir verloren haben, wie überaus großartig der Mensch war. Nun ist alles vorbei. Er ist einsam; wie unsere ersten Eltern aus dem Paradies vertrieben wurden, so blickt auch er auf den Schauplatz zurück, den er verlassen hat. Die steilen Wände des Grabes und das Flammenschwert der Pest liegen zwischen diesem und ihm. Wie für unsere Ureltern liegt die ganze Erde als eine ausgedehnte Wildnis vor ihm. Auf sich gestellt und schwach soll er durch die Felder wandern, wo das ungeerntete Korn in brachliegender Üppigkeit steht, durch Haine, die von seinen Vätern gepflanzt wurden, durch Städte, die für seinen Gebrauch erbaut wurden. Die Nachwelt ist nicht mehr. Ruhm, Ehrgeiz und Liebe sind bedeutungsleere Worte, ganz wie das Vieh, das auf dem Feld grast, legst du, o Verlassener, dich des Abends nieder, in Unkenntnis der Vergangenheit, achtlos ob der Zukunft, denn von solcher törichten Unwissenheit allein kannst du dir Erleichterung erhoffen!

Die Freude verleiht jedem Akt und jedem Gedanken ihre ganz eigene Farbe. Die Glücklichen fühlen keine Armut – denn die Freude ist wie eine goldgewebte Robe und krönt sie mit unvergleichlichen Edelsteinen. Der Genuss spielt den Koch ihrer heimischen Kost und bezaubert ihr einfaches Getränk. Die Freude bestreut die harte Bettstatt mit Rosen und erleichtert die Arbeit.

Die Sorge verdoppelt die Last des gebeugten Rückens, pflanzt Dornen ins harte Kissen, mischt Galle ins Wasser, fügt ihrem bitteren Brot Salz hinzu, kleidet sie in Lumpen und streut Asche auf ihre baren Häupter. Zu unserer unheilbaren Bedrängnis kam jede der kleinen, auf uns niederprasselnden Unannehmlichkeiten mit zusätzlicher Kraft; wir hatten unsere Körper angestrengt, um das von Atlas auf uns geworfene Gewicht zu ertragen; wir sanken unter der zusätzlichen Feder, die das Schicksal auf uns warf, darnieder, »die Heuschrecke war eine Last«. Viele der Überlebenden waren in Luxus aufgewachsen – ihre Diener waren fort, ihre Befehlsgewalt verschwunden wie ein unwirklicher Schatten. Auch die Armen litten unter vielerlei Entbehrungen, und der Gedanke an einen weiteren Winter wie den letzten versetzte uns in Angst. War es denn nicht genug, dass wir sterben mussten, musste auch noch Mühsal hinzukommen? – Mussten wir unser Begräbnismahl mit unserer eigenen Arbeit vorbereiten und mit unziemlicher Plackerei Brennmaterial in unsere verlassenen Herde füllen – mussten wir mit Sklavenhänden die Stoffe weben, die bald unser Leichentuch sein würden?

Nicht doch! Wir werden bald sterben, so lasst uns denn den letzten Rest unseres Lebens bis zum Schluss auskosten. Elende Sorge, hinfort! Niedere Arbeiten und Qualen, an sich leicht, aber zu riesenhaft für unsere erschöpfte Kraft, sollten keinen Teil unserer vergänglichen Existenzen mehr ausmachen. Zu Anbeginn der Zeit, als der Mensch, wie jetzt, in Familien zusammenlebte statt in Stämmen oder Nationen, fand er sich in einem angenehmen Klima, wo die Erde ihn ohne Anbau ernährte und die milde Luft seine ruhenden Glieder mit einer Wärme umgab, die angenehmer als Daunenbetten war. Der Süden ist die angestammte Heimat der Menschheit, das Land der Früchte dem Menschen dankbarer als der hart erarbeitete Ackerbau des Nordens, – die Heimstatt von Bäumen, deren Äste wie ein Palastdach sind, von Betten aus Rosen und durstlöschenden Trauben. Dort müssten wir weder Kälte noch Hunger fürchten.

Nun seht euch England an! Das Gras schießt hoch auf den Wiesen; doch sie sind klamm und kalt, ein ungeeignetes Bett für uns. Getreide haben wir nicht, und die rohen Früchte können uns nicht ernähren. Wir müssen Brennmaterial in den Eingeweiden der Erde suchen, sonst wird die unfreundliche Umgebung uns mit Rheuma und Schmerzen erfüllen. Nur die Arbeit von Hunderttausenden konnte diesen unbehaglichen Winkel zu einem erträglichen Aufenthaltsort für einen Menschen machen. Nun denn, auf in den Süden, auf zur Sonne! – Wo die Natur freundlich ist, wo Jupiter den Inhalt von Amaltheas Horn ausgegossen hat und die Erde ein einziger Garten ist.

England, du einstiger Ursprung der Vortrefflichkeit und Schule der Weisen, deine Kinder sind fort, deine Herrlichkeit ist verblasst! Du, England, warst der Triumph des Menschen! Geringe Gunst zeigte dir dein Schöpfer, du Insel des Nordens; von der Natur als eine zerklüftete Leinwand geformt, von Menschen mit überirdischen Farben bemalt; doch die Farben, die er dir gab, sind verblasst, um nie mehr erneuert zu werden. So müssen wir dich also verlassen, du Wunder der Welt; wir müssen für immer Abschied nehmen von deinen Wolken, deiner Kälte und deinem Mangel! Deine wackeren Herzen sind still, deine Geschichte von Macht und Freiheit an ihrem Ende angelangt! Des Menschen beraubt, o kleine Insel! Die Wellen des Ozeans werden dich peitschen, und der Rabe wird seine Flügel über dir schlagen, dein Boden wird Unkraut gebären, dein Himmel wird Unfruchtbarkeit überblicken. Du warst nicht für die Rose Persiens berühmt, noch für die Banane des Ostens; nicht für die gewürzbeladenen Lüfte Indiens, noch für die Zuckerfelder Amerikas; weder für deine Reben noch für deine Doppelernten, noch für deine Frühlingslüfte, noch für die heiß brennende Sonne – sondern für deine Kinder, ihren unermüdlichen Fleiß und ihren stolzen Ehrgeiz. Sie sind fort, und du gehst mit ihnen den viel beschrittenen Pfad, der zur Vergessenheit führt –

Leb wohl, traurige Insel, leb wohl, dein verhängnisvoller Ruhm
Wird in dieser Geschichte zusammengefasst und zu einem Ende gebracht.

Kapitel 2

Im Herbst dieses Jahres 2096 schlich sich der Geist der Emigration bei den wenigen Überlebenden ein, die, aus verschiedenen Teilen Englands kommend, sich in London versammelt hatten. Dieser Geist existierte als ein Hauch, als ein Wunsch, als ein weit entfernter Gedanke, bis er Adrian mitgeteilt wurde, der ihn mit Begeisterung aufnahm und sich augenblicklich mit Plänen für seine Ausführung beschäftigte. Die Angst vor dem unmittelbaren Tod verschwand mit der Septemberhitze. Ein weiterer Winter lag vor uns, und es stand uns frei, wie wir ihn zu unserem besten Vorteil nutzten. Vielleicht könnte bei nüchterner Betrachtung kein Plan besser gewählt sein, als jener der Auswanderung, der uns aus dem unmittelbaren Schauplatz unseres Leidens herausziehen, uns durch angenehme und malerische Länder führen und eine Zeit lang unsere Verzweiflung zerstreuen würde. Nachdem die Idee einmal aufgekommen war, waren alle ungeduldig, sie in Ausführung zu bringen.

Wir waren noch immer in Windsor; unsere erneuerten Hoffnungen linderten die Qual, die wir durch die jüngsten Tragödien erlitten hatten. Der Tod vieler unserer Mitbewohner hatte uns von dem lange gehegten Gedanken befreit, dass Schloss Windsor ein zu geweihter Ort für die Pest sei; aber unsere Lebenspacht wurde für einige Monate verlängert, und sogar Idris hob ihren Kopf wie eine Lilie nach einem Sturm, wenn ein letzter Sonnenstrahl ihren silbernen Kelch wärmt. Gerade zu dieser Zeit kam Adrian zu uns herunter; sein eifriger Blick zeigte uns, dass er voller Pläne war. Er beeilte sich, mich beiseitezuziehen, und offenbarte mir hastig seinen Plan, aus England auszuwandern.

England für immer verlassen! Sich von seinen verseuchten Feldern und Hainen abzuwenden und das Meer zwischen uns zu legen, es zu verlassen, wie ein Matrose den Felsen verlässt, auf dem er schiffbrüchig geworden ist, sobald das rettende Schiff vorbeifährt. So war sein Plan.

Das Land unserer Väter, das durch ihre Gräber geheiligt ist, verlassen! – Wir konnten uns nicht einmal als freiwillige Exilanten fühlen, wie jemand, der aus Vergnügen oder Bequemlichkeit seinen heimatlichen Boden verlässt; obwohl Tausende von Meilen ihn trennen würden, wäre England immer noch ein Teil von ihm, so wie er ein Teil Englands wäre. Er würde vom dortigen Tagesgeschehen hören; er wüsste, dass, wenn er zurückkehrte und seinen Platz in der Gesellschaft wieder einnähme, ihm die Tür offenstünde und es nur seinen Willen erforderte, sich sogleich wieder mit den Personen und Gewohnheiten der Kindheit zu umgeben. Wie anders war es mit uns, den Hinterbliebenen. Wir ließen niemanden zurück, der uns repräsentieren könnte, niemanden, der das verwüstete Land wieder bevölkern könnte, und der Name Englands würde sterben, wenn wir es verließen,

Im umherstreichenden Streben nach schrecklicher Sicherheit.

Doch lasst uns gehen! England ist in sein Leichentuch gehüllt – wir dürfen uns nicht an einen Leichnam ketten. Lasst uns gehen – die Welt ist jetzt unser Land, und wir werden ihren fruchtbarsten Ort zu unserem Wohnsitz wählen. Sollen wir mit geschlossenen Augen und gefalteten Händen in diesen verlassenen Hallen unter diesem winterlichen Himmel sitzen und den Tod erwarten? Lasst uns lieber hinausgehen und ihm furchtlos begegnen; oder vielleicht – denn es ist nicht gewiss, dass diese ganze Erdkugel, dieses schöne Juwel im Himmelsdiadem, von der Pest ergriffen wurde – vielleicht können wir in irgendeinem abgelegenen Winkel, unter dem ewigen Frühling, den wogenden Bäumen und plätschernden Strömen das Leben finden. Die Welt ist groß, und England, wenngleich seine vielen Felder und ausgedehnten Wälder endlos scheinen, ist nur ein kleiner Teil von ihr. Am Ende eines Tagesmarsches über hohe Berge und durch verschneite Klippen mögen wir auf Gesundheit stoßen und unsere geliebten Menschen ihr überantworten, den entwurzelten Baum der Menschheit neu einpflanzen und der späteren Nachwelt die Geschichte der vorpestilenziellen Rasse überliefern, der Helden und Weisen der Vergangenheit.

Die Hoffnung winkt und der Kummer drängt uns, das Herz schlägt erwartungsvoll, und dieses eifrige Verlangen nach Veränderung muss ein gutes Omen sein. O kommt! Lebt wohl, ihr

Toten! Lebt wohl, Gräber derer, die wir liebten – lebt wohl, riesenhaftes London und friedliche Themse, Fluss und Berg oder schöner Bezirk, Geburtsort der Weisen und Guten, Wald von Windsor und sein altes Schloss, lebt wohl! Sie sind nur noch Gegenstände unserer Geschichte, – wir müssen anderswo leben.

Dies waren zum Teil die Argumente Adrians, die mit Enthusiasmus und nicht zu unterbrechender Schnelligkeit ausgesprochen wurden. Ihm lag noch etwas auf dem Herzen, dem er keine Worte zu geben wagte. Er fühlte, dass das Ende der Zeit gekommen war; er wusste, dass wir uns einer nach dem andern in Nichts auflösen sollten. Es war nicht ratsam, diese traurige Vollendung in unserem Heimatland abzuwarten, sondern das Reisen würde uns für jeden Tag eine Aufgabe geben, die unsere Gedanken von dem schnell herannahenden Ende der Dinge ablenken würde. Wenn wir nach Italien, ins heilige und ewige Rom gingen, würden wir uns mit größerer Geduld dem Dekret unterwerfen, das seine mächtigen Türme niedergebeugt hatte. Wir könnten unseren selbstsüchtigen Kummer in dem erhabenen Anblick seiner Verwüstung verlieren. All dies hatte Adrian im Sinn; aber er dachte an meine Kinder, und anstatt mir diese Gedanken der Verzweiflung mitzuteilen, rief er das Bild von Gesundheit und Leben auf, die gefunden werden sollten, wir wussten nicht, wo oder wann; aber dass, falls es nie gefunden werden sollte, immer und ewig weiter danach gesucht werden sollte. Er gewann mich mit Herz und Seele für seinen Plan.

Es lag an mir, Idris unseren Plan zu offenbaren. Die Bilder von Gesundheit und Hoffnung, die ich ihr präsentierte, ließen sie mit einem Lächeln zustimmen. Mit einem Lächeln erklärte sie sich einverstanden, ihr Land, von dem sie nie abwesend gewesen war, und den Ort, den sie von Kindheit an bewohnt hatte, zu verlassen; den Wald und seine mächtigen Bäume, die Waldpfade und grünen Schlupfwinkel, in denen sie in der Kindheit gespielt und so glücklich die Jugend verlebt hatte; sie würde sie ohne Reue verlassen, denn sie hoffte, dadurch das Leben ihrer Kinder zu erkaufen. Sie waren ihr Leben, sie waren ihr teurer als ein Ort, der der Liebe geweiht war, teurer als alles, was die Erde enthielt. Die Knaben hörten mit kindlicher Freude von unserem Umzug. Clara fragte, ob wir nach Athen gehen würden. »Es ist möglich«, antwortete ich, und ihr Angesicht strahlte vor Vergnügen. Dort würde sie das Grab ihrer Eltern und die Gegend sehen, die von Erinnerungen an die Herrlichkeit ihres Vaters erfüllt war. Schweigend, doch unaufhörlich, hatte sie über diese Szenen nachgedacht. Es war die Erinnerung an sie, die ihre kindliche Fröhlichkeit zur Ernsthaftigkeit gemacht und sie zu erhabenen und ruhelosen Gedanken angeregt hatte.

Es gab viele liebe Freunde, die wir nicht zurücklassen durften, so gering sie auch waren. Da war das tapfere und gehorsame Ross, das Lord Raymond seiner Tochter geschenkt hatte, da war Alfreds Hund und ein zahmer Adler, dessen Sicht durch das Alter getrübt war. Aber dieser Katalog von Lieblingen, die wir mit uns nehmen sollten, konnte nicht ohne Kummer erstellt werden, wenn wir mit einem tiefen Seufzer unserer schweren Verluste gedachten, der vielen Dinge, die wir zurücklassen mussten. Die Tränen strömten aus Idris' Augen, während Alfred und Evelyn mal einen Lieblingsrosenbusch brachten, mal eine Marmorvase, schön graviert, darauf beharrend, dass diese mit uns kommen müssten, und darüber jammerten, dass wir das Schloss und den Wald, die Rehe und Vögel und alle gewohnten und geschätzten Gegenstände, nicht mitnehmen konnten. »Ihr lieben, närrischen Dinger«, sagte ich. »Wir haben für immer Schätze verloren, die viel wertvoller sind als diese; und wir verlassen sie, um Schätze zu bewahren, die im Vergleich dazu nichts sind. Lasst uns nicht für einen Augenblick unser Ziel und unsere Hoffnung vergessen, und sie werden einen unüberwindlichen Damm formen, der das Überlaufen unseres Bedauerns um Kleinigkeiten verhindert.«

Die Kinder wurden leicht abgelenkt und wieder zu ihrer Aussicht auf zukünftige Vergnügungen zurückgebracht. Idris war verschwunden. Sie war gegangen, um ihre Schwäche zu verbergen; als sie aus dem Schloss kam, war sie in den kleinen Park hinabgestiegen und hatte die Einsamkeit gesucht, damit sie dort ihren Tränen nachgeben könnte. Ich fand sie, wie sie eine alte Eiche umfing, ihren rauen Stamm mit ihren rosigen Lippen küsste, während ihre Tränen reichlich flossen und sie ihr Schluchzen und ihre gebrochenen Ausrufe nicht unterdrücken konnte; mit überwältigendem Kummer sah ich diese Geliebte meines Herzens so in Trauer verloren! Ich zog sie an mich, und als sie meine Küsse auf ihren Augenlidern fühlte, als sie spürte, wie meine Arme sie umfingen, belebte sie das Wissen dessen, was ihr geblieben war. »Du bist sehr freundlich, mir keine Vorwürfe zu machen«, sagte sie: »Ich weine, und ein bitterer Schmerz unerträglicher Trauer zerreißt mein Herz. Und doch bin ich glücklich. Mütter beklagen den Verlust ihrer Kinder, Frauen verlieren ihre Ehemänner, während du und meine Kinder mir verblieben sind. Ja, ich bin glücklich, sehr glücklich, dass ich so wegen eingebildeter Sorgen weine und dass der leichte Verlust meines geliebten Landes nicht in größerem Elend schwindet und untergeht. Nimm mich mit, wohin du willst; wo du und meine Kinder sind, dort wird Windsor sein, und jedes Land wird für mich England sein. Lass diese Tränen nicht für mich selbst fließen, glücklich und undankbar wie ich bin, sondern für die tote Welt – für unser verlorenes Land – für die ganze Liebe, das Leben und die Freude, die jetzt in den staubigen Kammern des Todes erstickt sind.«

Sie sprach schnell, als ob sie sich selbst überzeugen wollte; sie wandte ihre Augen von den Bäumen und waldigen Pfaden ab, die sie liebte; sie barg ihr Gesicht an meiner Brust, und wir – ja, *meine* männliche Festigkeit löste sich auf – wir weinten zusammen tröstende Tränen, und dann kehrten wir ruhig – ja, beinahe heiter, zum Schloss zurück.

Das erste kalte Wetter eines englischen Oktobers ließ uns unsere Vorbereitungen beschleunigen. Ich überredete Idris, nach London zu gehen, wo sie sich besser um die notwendigen Vorbereitungen kümmern könnte. Ich sagte ihr nicht, dass ich, um ihr den Abschied von leblosen Objekten zu ersparen, die ja jetzt als einzige übrig waren, beschlossen hatte, dass niemand von uns nach Windsor zurückkehren sollte. Zum letzten Mal blickten wir auf die weite Ausdehnung des Landes, die von der Terrasse aus sichtbar war, und sahen, wie die letzten Sonnenstrahlen die dunklen, von herbstlichen Tönen gefärbten Wälder vergoldeten; die unbebauten Felder und die Hütten, aus deren Kaminen kein Rauch aufstieg, lagen im Schatten darunter; die Themse wand sich durch die weite Ebene, und der ehrwürdige Bau des Eton College hob sich als hervorstechender Gegenstand wie ein dunkles Schattenbild ab; nur das Krächzen der unzähligen Krähen, die die Bäume des kleinen Parks bewohnten, wenn sie wie in einer Säule oder einem dicken Keil zu ihren Nestern eilten, störte die Stille des Abends. Die Natur war dieselbe wie damals, als sie die freundliche Mutter der menschlichen Rasse gewesen war; jetzt, kinderlos und verlassen, war ihre Fruchtbarkeit ein Hohn, ihre Lieblichkeit eine Maske für die Missbildung. Warum sollte die Brise sanft die Bäume bewegen, wenn der Mensch ihre Frische nicht fühlte? Warum schmückte sich die dunkle Nacht mit Sternen, wenn der Mensch sie nicht zu sehen vermochte? Warum gab es Früchte oder Blumen oder fließende Gewässer, wenn der Mensch nicht hier war, um sie zu genießen?

Idris stand neben mir, ihre teure Hand lag in meiner. Ihr Gesicht leuchtete in einem strahlenden Lächeln. »Die Sonne ist allein«, sagte sie, »aber wir sind es nicht. Unsere Geburt, mein Lionel, stand unter einem seltsamen Stern; traurig und bestürzt sehen wir die Vernichtung des Menschen; aber wir bleiben einander erhalten. Habe ich jemals in der weiten Welt etwas anderes als dich gesucht? Und da du in der weiten Welt bleibst, warum sollte ich mich beklagen? Du und die Natur sind mir immer noch treu. Unter den Schatten der Nacht und den Tag hindurch, dessen grelles Licht unsere Einsamkeit zeigt, wirst du immer noch an meiner Seite sein, und ich werde selbst Windsor nicht vermissen.«

Ich hatte die Nachtzeit für unsere Reise nach London gewählt, damit der Wandel und die Verwüstung des Landes weniger auffallen würden. Unser einziger überlebender Diener lenkte unsere Kutsche. Wir rollten den steilen Hügel hinunter und befuhren die dunkle Allee des Langen Weges. In Zeiten wie diesen nehmen winzige Umstände riesige und majestätische Ausmaße an; das Aufschwingen des weißen Tores, das uns in den Wald einließ, fesselte meine Gedanken; es war ein alltäglicher Akt, der nie wieder geschehen sollte! Die untergehende Mondsichel glitzerte durch die Bäume zu unserer Rechten, und als wir in den Park fuhren, schreckten wir eine Gruppe von Rehen auf, die hüpfend in den Schatten des Waldes verschwanden. Unsere beiden Knaben schliefen ruhig. Einmal, bevor unser Weg von der Aussicht abschwenkte, blickte ich zurück auf das Schloss. Seine

Fenster glänzten im Mondschein, und sein grober Umriss hob sich als eine dunkle Masse gegen den Himmel ab – die Bäume in unserer Nähe winkten dem Mitternachtswind ein feierliches Klagelied entgegen. Idris lehnte sich im Wagen zurück; ihre beiden Hände umklammerten meine, ihr Gesichtsausdruck war ruhig, sie schien eingedenk dessen, was sie noch besaß, zu vergessen, was sie jetzt verließ.

Meine Gedanken waren traurig und feierlich, aber nicht gramerfüllt. Das Übermaß unseres Elends barg eine Erleichterung in sich, die der Trauer Erhabenheit und Größe verlieh. Ich fühlte, dass ich diejenigen mit mir nahm, die ich am meisten liebte; ich war erfreut, mich nach einer langen Trennung wieder mit Adrian zu vereinen, um mich nie wieder von ihm zu trennen. Ich fühlte, dass ich etwas aufgab, das ich liebte, und nicht etwas, das mich liebte. Die Schlossmauern und die lange vertrauten Bäume hörten den Klang unserer sich entfernenden Wagenräder nicht mit Bedauern. Und solange ich Idris in der Nähe fühlte und das regelmäßige Atmen meiner Kinder hörte, konnte ich nicht unglücklich sein. Clara war sehr bewegt. Mit überfließenden Augen und unterdrücktem Schluchzen lehnte sie sich aus dem Fenster und erhaschte einen letzten Blick auf ihre Heimat Windsor.

Adrian begrüßte uns bei unserer Ankunft. Er war äußerst lebhaft; man konnte in seinem gesunden Aussehen keine Spur von Kränklichkeit mehr erkennen. Seinem Lächeln und seinen munteren Worten merkte man nicht an, dass er den kleinen Überrest der englischen Nation aus seinem Heimatland in die unbewohnten Reiche des Südens führen wollte, damit dort einer nach dem anderen sterben sollte, bis der LETZTE MENSCH in einer verstummten, leeren Welt zurückbleiben würde.

Adrian konnte die Abreise kaum erwarten und war in seinen Vorbereitungen bereits weit fortgeschritten. Er lenkte alles voller Weisheit. Seine Fürsorge allein war der Geist, der die glücklose Menge bewegen sollte, die sich ganz auf ihn verließ. Es war unnütz, viele Dinge mitzunehmen, denn wir würden in jeder Stadt reichliche Vorräte finden. Es war Adrians Wunsch, alle Mühen zu vermeiden, um diesem Trauerzug ein festliches Aussehen zu verleihen. Unsere Zahl belief sich auf nicht ganz zweitausend Personen. Nicht alle waren in London versammelt, aber jeden Tag kamen neue Menschen hinzu, und diejenigen, die in den benachbarten Städten wohnten, hatten den Befehl erhalten, sich am zwanzigsten November an einem Ort zu versammeln. Wagen und Pferde wurden für alle bereitgestellt, Hauptmänner und Unteroffiziere gewählt, und die ganze Versammlung mit Bedacht geordnet. Alle gehorchten dem Lordprotektor des sterbenden Englands, alle sahen zu ihm auf. Sein Rat wurde gewählt, er bestand aus ungefähr fünfzig Personen. Name und Stand waren keine Voraussetzung ihrer Wahl. Uns trennten keine Ränge, außer jenen, die Nächstenliebe und Klugheit verliehen; es gab keinen Unterschied zwischen uns, außer jenem zwischen den Lebenden und den Toten. Obschon wir England vor dem tiefsten Winter verlassen wollten, wurden wir aufgehalten. Kleine Gruppen waren auf die Suche nach Nachzüglern in verschiedene Teile Englands ausgesandt worden; wir wollten nicht eher gehen, als bis wir uns versichert hatten, dass wir mit aller nur möglichen Wahrscheinlichkeit kein einziges menschliches Wesen zurückließen.

Bei unserer Ankunft in London erfuhren wir, dass die betagte Gräfin von Windsor bei ihrem Sohn im Protektoratspalast residierte; wir verfügten uns zu unserer alten Unterkunft in der Nähe des Hyde Parks. Idris sah jetzt zum ersten Mal seit vielen Jahren ihre Mutter wieder und wollte sich davon überzeugen, dass die Kindlichkeit des Alters sich nicht mit unvergessenem Stolz vermischt hatte, um diese hochgeborene Dame so hasserfüllt wie je gegen mich zu machen. Alter und Sorge hatten ihre Wangen zerfurcht und ihre Gestalt gebeugt; aber ihr Auge war noch klar, ihr Gebaren gebieterisch und unverändert; sie empfing ihre Tochter kalt, zeigte aber mehr Gefühl, als sie ihre Enkelkinder in ihre Arme schloss. Es liegt in unserer Natur, unsere Meinungen und Gedanken durch unsere eigenen Nachkommen der Nachwelt zu erhalten. Die Gräfin hatte bei dieser Gestaltung hinsichtlich ihrer Kinder versagt – vielleicht hoffte sie, die Nächstgeborenen leichter beeinflussen zu können. Einmal erwähnte Idris mich beiläufig – ein Stirnrunzeln, eine krampfhafte Geste der Wut schüttelte ihre Mutter, und sie sagte mit vor Hass zitternder Stimme: »Ich bin in dieser Welt wenig wert; die Jungen sind ungeduldig, die Alten aus der Welt zu stoßen; doch,

Idris, wenn du nicht willst, dass deine Mutter zu deinen Füßen ihr Leben aushaucht, so nenne mir diese Person nie wieder. Alles andere kann ich ertragen, und ich finde mich mit der Zerstörung meiner geschätzten Hoffnungen ab, aber es ist zu viel von mir verlangt, dass ich das Instrument lieben sollte, das die Vorsehung mit mörderischen Eigenschaften für meinen Tod ausgestattet hat.«

Dies war eine seltsame Rede, jetzt, da auf der leeren Bühne jeder seine Rolle ohne Hindernis für den anderen spielen könnte. Aber die hochmütige einstmalige Königin dachte wie Octavian und Marcus Antonius,

Raum war nicht für uns beide
In dieser ganzen Welt.

Die Frist unserer Abreise wurde für den fünfundzwanzigsten November festgesetzt. Das Wetter war mild; in der Nacht fiel leichter Regen und tagsüber schien die winterliche Sonne. Wir sollten in getrennten Gruppen vorankommen und auf verschiedenen Wegen reisen, um uns schließlich in Paris zu vereinigen. Adrian und seine Abteilung, die alles in allem aus fünfhundert Personen bestand, sollten die Richtung von Dover und Calais nehmen.

Am zwanzigsten November fuhren Adrian und ich zum letzten Mal durch die Straßen Londons. Sie waren grasbewachsen und verödet. Die offenen Türen der leeren Häuser knarrten in ihren Angeln, rankendes Gewächs und Unrat hatten sich rasch auf den Stufen der Häuser angesammelt, die stummen Kirchtürme ragten in die rauchfreie Luft. Die Kirchen waren offen, doch an den Altären wurde kein Gebet abgehalten; Schimmel und Moder hatten ihren Schmuck bereits verunstaltet, Vögel und zahme Tiere, die jetzt obdachlos waren, hatten Nester und Höhlen in geweihten Flecken gebaut. Wir kamen an der St.-Pauls-Kathedrale vorbei. London, das sich in alle Richtungen bis in die Vororte ausgedehnt hatte, war in der Mitte ziemlich verlassen, und vieles von dem, was früher dieses gewaltige Gebäude verdunkelt hatte, war entfernt worden. Seine schwerfällige Masse, sein geschwärzter Stein und seine hohe Kuppel ließen es nicht wie einen Tempel, sondern wie ein Grab aussehen. Mich dünkte, dass über dem Portikus das *Hic Jacet* Englands eingraviert war. Wir gingen weiter gen Osten, in solch ernste Reden vertieft, wie sie die Zeiten inspirierten. Kein menschlicher Schritt war zu hören, auch keine menschliche Gestalt zu sehen. Hunderudel, von ihren Herren verlassen, kamen an uns vorbei; und dann und wann trottete ein Pferd, ungezügelt und ungesattelt, auf uns zu und versuchte, die Aufmerksamkeit der Tiere zu erregen, die wir ritten, als ob sie sie dazu verlocken wollten, ähnliche Freiheit zu suchen. Ein schwerfälliger Ochse, der in einem verlassenen Getreidespeicher gefressen hatte, muhte plötzlich und ließ seine unförmige Gestalt in einem schmalen Torweg sehen; alles war trostlos und verlassen, aber nichts lag in Trümmern. Und dieses Gemenge unbeschädigter Gebäude und luxuriöser Unterkünfte in gepflegter und frischer Unberührtheit kontrastierte mit der einsamen Stille der menschenleeren Straßen.

Die Nacht brach herein und es begann zu regnen. Wir waren dabei, nach Hause zurückzukehren, als eine Stimme, eine menschliche Stimme, die jetzt seltsam zu hören war, unsere Aufmerksamkeit auf sich zog. Es war ein Kind, das ein fröhliches, helles Liedchen sang; es gab kein anderes Geräusch. Wir hatten London vom Hyde Park bis zu dem Ort, an dem wir jetzt in den Minories waren, durchquert und keinen Menschen getroffen, weder Stimme noch Schritt gehört. Der Gesang wurde unterbrochen von Lachen und Reden; nie war ein fröhliches Liedchen so unzeitig erklungen, nie ein Lachen mehr wie Tränen gewesen. Die Tür des Hauses, von dem diese Laute ausgingen, stand offen, die oberen Räume waren wie für ein Fest beleuchtet. Es war ein großes prächtiges Haus, in dem zweifellos ein reicher Kaufmann gelebt hatte. Der Gesang begann von Neuem und schwebte durch die hohen Räume, während wir leise die Treppe hinaufstiegen. Lampenschein schien uns nun zu führen, und eine lange Reihe prächtig beleuchteter Räume steigerte unser Erstaunen. Ihre einzige Bewohnerin, ein kleines Mädchen, tanzte, drehte sich und sang in ihnen vor sich hin, gefolgt von einem großen Neufundländerhund, der sie stürmisch ansprang und sie unterbrach, worauf sie mal schimpfte, mal lachte und sich mal spielerisch mit ihm auf den Teppich warf. Sie war grotesk gekleidet, in glitzernde Roben und Stolen, die einer Frau gepasst hätten – sie schien ungefähr zehn Jahre alt zu sein. Wir standen an der Tür und schauten auf diese seltsame Szene, bis der Hund uns bemerkte und laut bellte. Das Kind drehte sich um und sah uns. Ihr Gesicht, das ihre Fröhlichkeit verlor, nahm einen mürrischen Ausdruck an, sie wich zurück und schien über eine Flucht nachzusinnen. Ich sprang rasch zu ihr und ergriff ihre Hand. Sie wehrte sich nicht, sondern stand mit ernster Miene und auf den Boden gerichteten Augen still, ein seltsames Verhalten für ein Kind, und so anders als ihre vormalige Heiterkeit. »Was machst du hier?«, fragte ich sanft. »Wer bist du?« Sie schwieg, zitterte aber heftig. »Mein armes Kind«, sagte Adrian, »bist du allein?« Es war eine gewinnende Sanftheit in seiner Stimme, die zum Herzen des kleinen Mädchens drang; sie sah ihn an, dann entriss sie mir ihre Hand, warf sich in seine Arme, klammerte sich um seinen Hals und rief aus: »Beschütze mich! Beschütze mich!«, während ihre unnatürliche Verdrossenheit sich in Tränen auflöste.

»Ich werde dich beschützen«, antwortete er, »wovor hast du Angst? Du brauchst meinen Freund nicht zu fürchten, er wird dir nichts tun. Bist du allein?«

»Nein, Lion ist bei mir.«

»Und dein Vater und deine Mutter?«

»Ich hatte nie welche, ich bin ein Waisenmädchen. Alle sind fort, schon seit vielen, vielen Tagen; aber wenn sie zurückkommen und mich finden, werden sie mich so sehr schlagen!«

Ihre unglückliche Geschichte wurde in diesen wenigen Worten erzählt: eine Waise, unter vorgetäuschter Nächstenliebe aufgenommen, misshandelt und beschimpft; ihre Unterdrücker waren gestorben. Ohne zu wissen, was um sie herum vorgegangen war, fand sie sich allein wieder; sie hatte es nicht gewagt, sich fortzubewegen, aber je länger sie einsam blieb, desto größer wurde ihr Mut, ihre kindliche Lebhaftigkeit verleitete sie zu tausend Streichen, und mit ihrem tierischen Gefährten verbrachte sie einen langen Erholungsurlaub; sie fürchtete nichts als die Rückkehr der harten Stimmen und des grausamen Gebarens ihrer Pflegeeltern. Sie stimmte bereitwillig zu, mit Adrian zu gehen.

In der Zwischenzeit, während wir uns fremden Leiden zuwandten und einer Einsamkeit, die unsere Augen und nicht unsere Herzen traf, während wir uns all die Veränderungen und Leiden vorstellten, die in diesen einst geschäftigen Straßen vorgefallen waren, ehe sie, ausgestorben und verlassen, zu bloßen Hundehütten und Viehställen wurden – während wir den Tod der Welt von der dunklen Kirche ablasen und uns mit der Erinnerung trösteten, dass wir das besaßen, was uns alles in der Welt bedeutete – in der Zwischenzeit –

Wir waren Anfang Oktober aus Windsor angereist und jetzt etwa sechs Wochen in London gewesen. Während dieser Zeit verschlechterte sich die Gesundheit meiner Idris Tag für Tag. Ihr Herz war gebrochen, weder Schlaf noch Appetit, die fähigsten Diener der Gesundheit, stärkten ihren verfallenen Körper. Ihre Kinder Stunde um Stunde zu beobachten, bei mir zu sitzen und die Sicherheit, die ich ihr bot, einzusaugen, war ihr ganzer Zeitvertreib. Ihre Lebhaftigkeit, die sie so lange vorgetäuscht hatte, ihre zärtliche Zurschaustellung von Fröhlichkeit, ihr unbeschwerter Ton und ihre federnde Gangart waren verschwunden. Weder konnte ich ihren auszehrenden Kummer verkennen, noch konnte sie ihn verhehlen. Ein Wechsel der Umgebung und wieder auflebende Hoffnungen mochten sie noch wiederherstellen; ich fürchtete nur die Seuche, und von dieser war sie unberührt.

Ich hatte sie an diesem Abend verlassen, damit sie sich nach ihren Vorbereitungen ausruhen könnte. Clara saß neben ihr und erzählte den beiden Knaben eine Geschichte. Idris' Augen waren geschlossen, doch Clara bemerkte eine plötzliche Änderung im Äußeren unseres ältesten Lieblings; seine schweren Lider verschleierten seine Augen, eine unnatürliche Farbe brannte auf seinen Wangen, sein Atem wurde kurz. Clara sah die Mutter an; sie schlief, schrak jedoch auf, als die Erzählerin innehielt. Die Angst, sie zu wecken und zu beunruhigen, veranlasste Clara, auf den eifrigen Ruf Evelyns hin fortzufahren, der nicht wusste, was geschah. Ihre Augen wanderten abwechselnd von Alfred zu Idris. Mit zitternden Worten setzte sie ihre Geschichte fort, bis sie sah, dass das Kind zu fallen drohte: Sie sprang vor, um es aufzufangen, und ihr Aufschrei schreckte Idris auf. Sie schaute auf ihren Sohn. Sie sah den Tod sich über seine Züge stehlen; sie legte ihn auf ein Bett, sie hielt Wasser an seine ausgedörrten Lippen.

Dennoch könnte er gerettet werden. Wenn ich dort wäre, könnte er gerettet werden; vielleicht war es nicht die Pest. Doch was konnte sie ohne einen Berater tun? Bei ihm bleiben und ihn sterben sehen! Warum war ich in diesem Augenblick fort? »Sieh nach ihm, Clara«, rief sie aus, »ich werde sofort zurückkehren.«

Sie erkundigte sich bei denen, die, als die Gefährten unserer Reise ausgewählt, ihren Wohnsitz in unserem Hause hatten; sie hörte von ihnen nur, dass ich mit Adrian ausgegangen sei. Sie bat sie, mich zu suchen: Sie kehrte zu ihrem Kind zurück, es war in einen schrecklichen Zustand der Erstarrung versunken. Wieder eilte sie die Treppe hinunter; alles war dunkel, verlassen und still. Sie verlor alle Selbstbeherrschung, rannte auf die Straße und rief meinen Namen. Aber nur der prasselnde Regen und der heulende Wind antworteten ihr. Wilde Furcht verlieh ihren Füßen Flügel. Sie schoss vorwärts, um mich zu suchen, sie wusste nicht wo; doch sie legte all ihre Gedanken, all ihre Kraft, alles nur in Geschwindigkeit, eine äußerst fehlgeleitete Geschwindigkeit, sie fühlte weder noch fürchtete sie noch hielt sie inne, sondern rannte immerzu weiter, bis ihre Kraft sie so plötzlich verließ, dass sie nicht daran dachte, sich vor dem Fall zu schützen. Ihre Knie versagten ihr, und sie fiel schwer auf den Gehweg.

Sie lag eine Zeit lang betäubt; aber endlich erhob sie sich; und obschon schmerzlich verletzt, ging sie, eine Fontäne von Tränen vergießend, manchmal stolpernd, immer weiter, sie wusste nicht wohin und sagte dabei nur ab und zu mit schwacher Stimme meinen Namen, mit den hinzugefügten herzzerreißenden Ausrufen, dass ich grausam und herzlos sei. Es gab dort kein menschliches Wesen, das ihr hätte Antwort geben können; und die Unannehmlichkeit der Nacht hatte die umherwandernden Tiere in die Häuser getrieben, die sie besetzt hatten. Ihr dünnes Kleid war vom Regen durchtränkt, ihr nasses Haar hing um ihren Hals, sie taumelte durch die dunklen Straßen, bis ihr Fuß gegen ein unsichtbares Hindernis schlug und sie niederfiel; sie konnte nicht mehr aufstehen, versuchte es auch kaum, sondern ergab sich, indem sie ihre Glieder an sich zog, der Wut der Elemente und dem bitteren Kummer ihres Herzens. Sie hauchte ein ernstes Gebet, sie möge schnell sterben, denn es gebe keine Erleichterung außer dem Tod. Indem sie alle Hoffnung für sich selbst verloren hatte, hörte sie auf, um ihr sterbendes Kind zu klagen, stattdessen vergoss sie liebevolle, bittere Tränen wegen des Kummers, den ich erleben sollte, wenn ich sie verlor.

Während sie so dalag, das Leben beinahe ausgehaucht, fühlte sie eine warme, weiche Hand auf ihrer Stirn, und eine sanfte Frauenstimme fragte sie mit dem Ausdruck zarten Mitgefühls, ob sie nicht aufstehen könne? Dass ein anderer Mensch, mitfühlend und freundlich, in der Nähe existieren sollte, erweckte sie. Halb sich erhebend, mit gefalteten Händen und neuerlichen Tränen bat sie ihre Gefährtin, nach mir zu suchen, mich eilends zu meinem sterbenden Kind zu bringen, ihn zu retten, ihn um der himmlischen Liebe willen zu retten!

Die Frau half ihr aufzustehen; sie führte sie unter ein Obdach und bat sie, nach Hause zurückzukehren, wohin ich vielleicht schon zurückgekehrt sei. Idris gab leicht ihrer Überredung nach, sie lehnte sich auf den Arm ihrer Freundin, versuchte weiterzugehen, aber die drohende Ohnmacht ließ sie immer wieder innehalten.

Durch den zunehmenden Sturm angetrieben, hatten wir unsere Rückkehr beschleunigt, unsere geringe Last wurde vor Adrian auf sein Pferd gelegt. Unter dem Eingangsportal unseres Hauses befand sich eine Ansammlung von Personen, in deren Gesten ich unwillkürlich eine schwere Veränderung, ein neues Unglück las. Erschrocken, und voller Angst, auch nur eine einzige Frage zu stellen, sprang ich von meinem Pferd; die Umstehenden sahen mich, erkannten mich und teilten sich in schrecklicher Stille, um Platz für mich zu machen. Ich ergriff ein Licht und eilte die Treppe hinauf; als ich ein Stöhnen hörte, warf ich ohne Nachzudenken die Tür des erstbesten Raumes auf. Es war ziemlich dunkel, doch als ich hineinging, überkam ein übler Geruch meine Sinne und erzeugte übelkeitserregende Krämpfe, die ihren Weg zu meinem Herzen fanden, während ich fühlte, wie mein Bein umklammert wurde und das Stöhnen von der Person wiederholt wurde, die mich festhielt. Ich senkte meine Lampe und sah einen halbbekleideten Schwarzen, der sich unter der Qual der Seuche krümmte, während er mich krampfhaft festhielt. Halb erschrocken, halb ungeduldig versuchte ich, mich aus seinem Griff zu lösen, und fiel auf den Leidenden; er schlang seine nackten, schwärenden Arme um mich, sein Gesicht kam mir nahe, und seine tödlichen Ausdünstungen drangen in meine Lunge ein. Für einen Moment wurde ich überwältigt, mein Kopf beugte sich vor schmerzender Übelkeit. Als meine Fähigkeit zu denken zurückkehrte, sprang ich auf, warf den Elenden von mir, rannte die Treppe hinauf und betrat das Zimmer, das gewöhnlich von meiner Familie bewohnt wurde. Ein schwaches Licht zeigte mir Alfred auf einer Couch. Clara war bleicher als der weißeste Schnee und hielt ihn zitternd mit ihrem Arm aufrecht, während sie einen Becher Wasser an seine Lippen hielt. Ich sah nur zu gut, dass dieser zerstörten Gestalt kein Lebensfunke mehr innewohnte, seine Gesichtszüge waren starr, seine Augen glasig, sein Kopf war zurückgefallen. Ich nahm ihn ihr ab, legte ihn sanft nieder, küsste seinen kalten kleinen Mund und begann in einem sinnlosen Flüstern zu sprechen, wo doch der lauteste Kanonendonner ihn in seinem körperlosen Dasein nicht hätte erreichen können.

Und wo war Idris? Dass sie hinausgegangen war, um mich zu suchen, und nicht zurückgekehrt war, waren furchteinflößende Nachrichten, während der Regen und der Wind gegen das Fenster prasselten und um das Haus tosten. Hinzu kam das abscheuliche Gefühl der erwachenden Krankheit, die mich überkam; es war keine Zeit zu verlieren, wenn ich sie jemals wiedersehen wollte. Ich stieg auf mein Pferd und ritt aus, um sie zu suchen, weil ich, von Fieber und quälender Pein niedergedrückt, in jedem Windstoß ihre Stimme zu hören vermeinte.

Ich ritt im Dunkeln und im Regen durch die verworrenen Straßen des entvölkerten London. Mein Kind lag tot zu Hause, der Keim der tödlichen Seuche hatte sich in meiner Brust festgesetzt. Ich ging, um Idris zu suchen, meine Angebetete, die jetzt allein umherirrte, während der Regen wie ein Wasserfall aus dem Himmel stürzte, um ihren teuren Kopf in kalter Feuchtigkeit, ihre schönen Glieder in betäubender Kälte zu baden. Eine Frau stand in einer Türschwelle und rief mir etwas zu, als ich vorbeigaloppierte. Es war nicht Idris, daher ritt ich schnell weiter, bis eine Art zweites Gesicht, eine Rückbesinnung meiner

Sinne auf etwas, was ich gesehen, aber nicht bemerkt hatte, mich davon überzeugte, dass eine andere Gestalt, schlank, anmutig und hochgewachsen, an der Person hing, die sie stützte. In einer Minute war ich neben der Frau, in einer Minute hielt ich die umsinkende Idris in meinen Armen. Ich hob sie empor und legte sie auf das Pferd; sie hatte keine Kraft mehr, sich aufrecht zu halten. So stieg ich hinter ihr auf und hielt sie dicht an meine Brust gedrückt, wickelte meinen Reitmantel um sie, während ihre Begleiterin, deren wohlbekanntes, aber verändertes Gesicht (es war Juliet, die Tochter des Herzogs von L––), in diesem Augenblick des Schreckens von mir nicht mehr als einen flüchtigen Blick des Mitgefühls erhalten konnte. Sie nahm den herabhängenden Zügel und führte unser gehorsames Pferd nach Hause. Soll ich es mir eingestehen? Dies war der letzte Moment meines Glücks, doch ich war glücklich. Idris musste sterben, denn ihr Herz war gebrochen; ich musste sterben, denn ich hatte mich mit der Pest infiziert; die Erde war ein Schauplatz der Verwüstung; zu hoffen war Wahnsinn; das Leben hatte sich dem Tod vermählt; sie waren eins; doch indem ich solcherart meine ohnmächtige Liebe in den Armen hielt und fühlte, dass ich bald sterben musste, schwelgte ich in der Freude, sie noch einmal zu besitzen; immer wieder küsste ich sie und drückte sie an mein Herz.

Wir kamen zu Hause an. Ich half ihr beim Absteigen, trug sie die Treppe hoch und gab sie in Claras Obhut, damit sie ihre nassen Kleider wechseln könnte. Kurz versicherte ich Adrian von ihrer Sicherheit und bat darum, dass wir uns ausruhen könnten. Wie der Geizhals, der mit zitternder Vorsicht seinen Schatz aufsucht, um ihn wieder und wieder zu zählen, zählte ich jeden Augenblick und missbilligte jeden, den ich nicht mit Idris verbrachte. Ich kehrte schnell in das Zimmer zurück, in dem mein Leben ruhte. Bevor ich den Raum betrat, blieb ich für ein paar Sekunden stehen und versuchte, meinen Zustand zu bestimmen. Immer wieder kamen Schaudern und Zittern über mich; mein Kopf war schwer, meine Brust beengt, meine Beine gaben unter mir nach; aber ich warf entschlossen die sich rasch verschlimmernden Symptome meiner Krankheit ab und begegnete Idris mit ruhigen und sogar freudigen Blicken. Sie lag auf einem Sofa.

Nachdem ich vorsichtig die Tür geschlossen hatte, um jegliches Eindringen zu verhindern, saß ich bei ihr, wir umarmten uns, und unsere Lippen trafen sich in einem Kuss, der lange anhielt und atemlos war – wäre nur dieser Moment mein letzter gewesen!

Das Muttergefühl erwachte nun im Busen meines armen Mädchens und sie fragte: »Und Alfred?«

»Idris«, antwortete ich, »wir haben noch einander, wir sind zusammen; lass keinen anderen Gedanken eindringen. Ich bin glücklich; selbst in dieser verhängnisvollen Nacht erkläre ich mich für glücklich, jenseits aller Worte und aller Gedanken – was willst du mehr, meine Liebe?«

Idris verstand mich. Sie neigte den Kopf auf meine Schulter und weinte. »Warum?«, fragte sie wieder, »zitterst du, Lionel, was schüttelt dich so?«

»Ich mag wohl erschüttert sein«, antwortete ich, »glücklich, wie ich bin. Unser Kind ist tot, und die gegenwärtige Stunde ist dunkel und unheilvoll. Wohl mag ich zittern! Doch ich bin glücklich, meine Idris, zutiefst glücklich.«

»Ich verstehe dich, mein freundlicher Geliebter«, sagte Idris, »so – bleich, wie du vor Trauer über unseren Verlust bist; zitternd und voller Furcht, so würdest du doch meinen Kummer durch deine lieben Versicherungen zu lindern versuchen. Ich bin nicht glücklich« (und die Tränen blitzten und fielen unter ihren gesenkten Lidern hervor), »denn wir sind Insassen eines elenden Gefängnisses, und es gibt keine Freude für uns; doch die wahre Liebe, die ich für dich empfinde, wird diesen und jeden anderen Verlust erträglich machen.«

»Zumindest waren wir glücklich miteinander«, sagte ich. »Kein künftiges Elend kann uns der Vergangenheit berauben. Wir sind uns seit Jahren treu, seit meine süße Prinzessin der Liebe durch den Schnee zur niedrigen Hütte des armseligen Abkömmlings des ruinierten Verney kam. Sogar jetzt, da die Ewigkeit vor uns liegt, schöpfen wir nur durch die Gegenwart des andern Hoffnung. Idris, glaubst du, dass wir, wenn wir sterben, getrennt sein sollen?«

»Sterben! Wenn wir sterben! Was meinst du? Welches Geheimnis liegt in diesen schrecklichen Worten verborgen?«

»Müssen wir nicht alle sterben, Liebste?«, fragte ich mit einem traurigen Lächeln.

»Gütiger Gott! Bist du krank, Lionel, dass du vom Tod sprichst? Mein einziger Freund, Herz meines Herzens, sprich!«

»Ich glaube nicht«, antwortete ich, »dass irgendjemand von uns lange zu leben haben wird; und wenn der Vorhang dieser sterblichen Szene fällt, wo, denkst du, werden wir uns wiederfinden?« Idris wurde von meinem freimütigen Ton und Blick beruhigt; sie antwortete: »Du darfst mir glauben, dass ich während dieses langen Fortschreitens der Seuche viel über den Tod nachgedacht und mich selbst gefragt habe, jetzt, wo die ganze Menschheit für dieses Leben tot ist, in welche andere Welt sie gegangen sein mag. Stunde um Stunde habe ich mir darüber den Kopf zerbrochen und mich bemüht, zu einer vernünftigen Schlussfolgerung über das Geheimnis eines zukünftigen Zustands zu gelangen. Was für eine harmlose Strohpuppe der Tod wahrlich wäre, wenn wir nur den Schatten beiseitewerfen könnten, in welchem wir jetzt wandeln, und, indem wir in den ungetrübten Sonnenschein der Erkenntnis und der Liebe treten, mit den gleichen Gefährten, den gleichen Zuneigungen wieder aufleben, die Erfüllung unserer Hoffnungen erreichen und unsere Ängste mit unserem irdischen Gewand im Grab zurücklassen würden. Ach! dasselbe starke Gefühl, das mich versichert, dass ich nicht gänzlich sterben soll, hindert mich daran zu glauben, dass ich gänzlich leben werde, wie ich es jetzt tue. Und doch, Lionel, kann ich niemals, niemals, irgendeinen anderen außer dir lieben; durch die Ewigkeit muss ich deine Gesellschaft begehren. Und, da ich unfähig bin, anderen zu schaden und so zuversichtlich und vertrauensvoll bin, wie meine sterbliche Natur erlaubt, vertraue ich darauf, dass der Herrscher der Welt uns niemals auseinanderreißen wird.«

»Deine Bemerkungen sind wie du, Geliebte«, antwortete ich, »sanft und gut. Lass uns solch einen Glauben hegen und Ängste aus unseren Gedanken verjagen. Aber, meine Liebe, wir sind so geformt (und es liegt keine Sünde darin, wenn Gott unsere Natur erschaffen hat, dem nachzugeben, was er befiehlt), wir sind so geformt, dass wir das Leben lieben und daran festhalten müssen; wir müssen das lebendige Lächeln, die mitfühlende Berührung und die vibrierende Stimme lieben, die unserem sterblichen Körper eigen ist. Lass uns nicht für die Sicherheit im Jenseits die Gegenwart vernachlässigen. Dieser gegenwärtige Moment, so kurz er ist, ist ein Teil der Ewigkeit und der wertvollste Teil, da er unveräußerlich uns gehört. Du, die Hoffnung meiner Zukunft, bist meine gegenwärtige Freude. Lass mich denn in deine lieben Augen blicken, und, Liebe darin lesend, berauschendes Vergnügen trinken.«

Zögernd, denn meine Heftigkeit hatte sie etwas erschreckt, sah Idris mich an. Meine Augen waren blutunterlaufen und quollen mir beinahe aus den Höhlen; jeder Pulsschlag war, wie mich dünkte, hörbar, jeder Muskel pochte, jeder einzelne Nerv war angespannt. Ihr Blick voll wilder Angst sagte mir, dass ich mein Geheimnis nicht länger wahren konnte. – »So ist es, meine Geliebte«, sagte ich, »die letzte Stunde von vielen glücklichen ist angebrochen, länger können wir das unvermeidliche Schicksal nicht hinauszögern. Ich werde nicht mehr lange leben – aber ich sage es noch einmal, dieser Moment gehört uns!«

Blasser als Marmor, mit weißen Lippen und verkrampften Zügen, erfasste Idris meine Lage. Mein Arm umfing ihre Taille. Sie fühlte, dass die Handfläche vor Fieber glühte, sogar auf das Herz drückte es. – »Einen Moment«, murmelte sie, kaum hörbar, »nur einen Augenblick.«

Sie kniete sich hin, barg ihr Gesicht in ihren Händen und stieß ein kurzes, aber inniges Gebet aus, dass sie ihre Pflicht erfüllen und bis zum Schluss über mich möge wachen können. Solange es Hoffnung gegeben hatte, war die Qual unerträglich gewesen – nun war alles vorüber, und sie wurde ernst und ruhig. Wie Epicharis, die sich unbeirrt und fest den Folterinstrumenten unterworfen hatte, stellte sich Idris, jeden Seufzer und jedes Zeichen der Trauer unterdrückend, den Qualen der Marter, von denen die Streckbank und das Rad nur schwache und abstrakte Symbole sind.

Mein Zustand veränderte sich; die festgezurrte Schlinge wurde in dem Moment gelockert, als Idris unsere wahre Lage erkannte. Die unruhigen und leidenschaftlichen Gedankenwellen verebbten etwas und ließen nur die starke Brandung zurück, die ohne jedes äußerliche Anzeichen ihrer Störung weiterrollte, bis sie sich an der abgelegenen Küste, zu der ich rasch vorrückte, brechen sollte: »Ich bin wahrlich krank«, sagte ich, »und deine Gesellschaft, meine Idris, ist meine einzige Medizin; komm und setz dich neben mich.«

Sie brachte mich dazu, mich auf das Sofa zu legen, setzte sich, indem sie einen niedrigen Sessel heranzog, dicht an mein Kissen und nahm meine brennenden Hände zwischen ihre kühlen. Sie gab meiner fiebrigen Unruhe nach, ließ mich reden und sprach mit mir über Dinge, die wahrlich seltsam für Menschen zu sein schienen, die das Letzte von dem sahen und hörten, was sie allein in der Welt liebten. Wir sprachen von vergangenen Zeiten, von den glücklichen Tagen unserer frühen Liebe, von Raymond, Perdita und Evadne.

Wir sprachen darüber, was auf dieser wüsten Erde entstehen könnte, wenn zwei oder drei gerettet würden und sie langsam wieder bevölkert würde. Wir sprachen darüber, was jenseits des Grabes lag; und da der Mensch in seiner menschlichen Gestalt fast ausgestorben war, fühlten wir mit der Gewissheit des Glaubens, dass andere Geister, andere Seelen, andere wahrnehmende Wesen, die für uns unsichtbar sind, dieses schöne und unvergängliche Universum mit Gedanken und Liebe bevölkern müssten.

Wir sprachen – ich weiß nicht, wie lange –, aber am Morgen erwachte ich aus einem qualvollen schweren Schlummer; die bleiche Wange Idris' ruhte auf meinem Kissen; die Lider ihrer großen Augen hatten sich halb gehoben und zeigten die tiefblauen Lichter darunter; ihre Lippen waren geöffnet, und das leise Murmeln, das sie von sich gaben, zeigten, dass sie selbst im Schlaf litt. »Und *wenn* sie tot wäre«, dachte ich, »welchen Unterschied würde dies machen? Jetzt ist dieser Körper der Tempel einer lebenden Gottheit, diese Augen sind die Fenster ihrer Seele; alle Anmut, Liebe und Intelligenz thronen auf diesem lieblichen Busen – wäre sie tot, wo würde dieser Geist, meine bessere Hälfte, sein? Denn schnell wäre das schöne Aussehen dieses Körpers unkenntlicher als die mit Sand gefüllten Ruinen der verwüsteten Tempel von Palmyra.«

Kapitel 3

Idris regte sich und erwachte, ach! sie erwachte zum Elend. Sie sah die Zeichen der Krankheit auf meinem Gesicht und fragte sich, wie sie die lange Nacht hatte verstreichen lassen können, ohne zu versuchen, – nicht mich zu heilen, denn das war unmöglich –, sondern Erleichterung für meine Leiden zu finden. Sie rief nach Adrian. Meine Lagerstatt war schnell von Freunden und Gehilfen umgeben, und es wurden solche Arzneien verabreicht, wie sie für richtig befunden wurden. Es war die merkwürdige und schreckliche Besonderheit unserer Heimsuchung, dass keiner, der von der Pest ergriffen worden war, sich je erholt hatte. Das erste Symptom der Krankheit war zugleich das Todesurteil, auf das in keinem einzigen Fall ein Aufschub oder eine Begnadigung folgte. Meine Freunde hegten daher keinen Hoffnungsschimmer.

Während das Fieber mich erstarren ließ und starke Schmerzen wie Blei auf meinen Gliedern und meiner sich hebenden Brust lagen, blieb ich unempfindlich für alles andere als den Schmerz, und am Ende auch für jenen. Am vierten Morgen erwachte ich wie aus einem traumlosen Schlaf. Ein drängendes Durstgefühl, und, als ich mich bemühte, zu sprechen oder mich zu bewegen, eine äußerste Schwäche und Unfähigkeit war alles, was ich fühlte.

Drei Tage und Nächte hatte sich Idris nicht von meiner Seite bewegt. Sie erfüllte alle meine Wünsche und schlief weder, noch ruhte sie sich aus. Sie hoffte nicht, und deshalb war sie weder bestrebt, im Gesicht des Arztes zu lesen, noch auf Symptome der Genesung zu achten. Ihr einziger Gedanke war, mich bis zum Ende zu begleiten und sich dann hinzulegen und neben mir zu sterben. In der dritten Nacht sah es aus, als sei ich gestorben; für das Auge und die Berührung aller war ich tot. Mit ernstlichen Bitten, fast mit Gewalt, versuchte Adrian, Idris von mir fortzuziehen. Er versuchte jede Beschwörung, nannte das Wohl ihres Kindes und sein eigenes. Sie schüttelte den Kopf und wischte eine sich hervorstehlende Träne von ihrer eingefallenen Wange, wollte aber nicht nachgeben. Sie bat mit solcher Bedrängnis und sanfter Ernsthaftigkeit darum, nur eine einzige weitere Nacht über mich zu wachen, dass sie sich durchsetzte und still und bewegungslos dasaß, außer wenn sie, von unerträglicher Erinnerung erfasst, meine geschlossenen Augen und blassen Lippen küsste oder meine sich versteifenden Hände an ihr schlagendes Herz presste.

Tief in der Nacht, obgleich es mitten im Winter war, krähte der Hahn um drei Uhr als Vorbote des Morgenwechsels, während sie über mich gebeugt in stillen, bitteren Gedanken den Verlust all der Liebe zu ihr betrauerte, die in meinem Herzen eingeschlossen worden war. Ihr zerzaustes Haar hing über ihr Gesicht, und die langen Locken fielen auf das Bett. Sie sah eine Strähne sich bewegen, und das wirre Haar rührte sich leicht, wie durch einen Atemzug. Es kann nicht sein, dachte sie, denn er wird nie mehr atmen. Mehrmals geschah das Gleiche und sie beobachtete es immer wieder mit demselben Gedanken; bis die ganze Strähne zurückwehte und sie glaubte, meine Brust sich heben zu sehen. Ihr erstes Gefühl war tödliche Angst, kalter Tau stand auf ihrer Stirn; meine Augen öffneten sich halb; und sie hätte gewiss ausgerufen: »Er lebt!«, doch die Wörter wurden von einem Krampf erstickt, und sie fiel mit einem Stöhnen zu Boden.

Adrian war im Zimmer. Nach langem Wachen war er unbeabsichtigt in Schlaf gefallen. Er schrak auf und sah seine Schwester besinnungslos in einem wogenden Blutstrom, der aus ihrem Mund strömte, auf der Erde liegen. Zunehmende Lebenszeichen in mir erklärten ihren Zustand bis zu einem gewissen Grad; die Überraschung, der Ausbruch der Freude, der Umschwung jedes Gefühls waren zu viel für ihren Körper gewesen, der von langen Monaten der Sorge ausgelaugt und zuletzt von jedem erdenklichen Leid und Belastung zerstört worden war. Sie war jetzt in weit größerer Gefahr als ich, dessen Lebenstriebwerk, das wieder in Bewegung gesetzt war, durch seinen kurzen Halt an Kraft gewonnen hatte. Lange glaubte niemand, dass ich tatsächlich weiterleben sollte. Während der Pestepidemie auf der Erde hatte sich nicht eine Person, die von der grimmigen Seuche angegriffen worden war, erholt. Meine Wiederherstellung wurde als eine Täuschung angesehen. Jeden Augenblick wurde erwartet, dass die bösen Symptome mit doppelter Gewalt wiederkehren würden, bis die bestätigte Genesung, das Fehlen jeglichen Fiebers oder Schmerzes und die zunehmende Kraft langsam die Überzeugung brachten, dass ich mich von der Pest erholt hatte.

Idris' Genesung war problematischer. Als mich die Seuche niedergestreckt hatte, waren ihre Wangen eingefallen, ihr Körper abgemagert; doch jetzt heilte das Gefäß, das durch die Auswirkungen äußerster Aufregung zerbrochen war, nicht mehr ganz, sondern verlor wie durch einen Auslass Tropfen für Tropfen des roten Stroms, der ihr Herz belebte. Ihre eingesunkenen Augen und ihr erschöpftes Gesicht sahen schrecklich aus; ihre Wangenknochen, ihre schöne Stirn, die Konturen ihrer Lippen standen furchteinflößend hervor; man konnte unter der dünnen Haut jeden Knochen durchscheinen sehen. Ihre Hand hing kraftlos herab, jedes Gelenk lag frei, so dass das Licht hindurchdringen konnte. Es war seltsam, dass das Leben in jemandem existieren konnte, der derart abgemagert war und mehr tot als lebendig aussah.

Sie von diesem herzzerreißenden Geschehen zu entfernen, sie dazu zu bringen, die Verwüstung der Welt angesichts der Vielzahl an Gegenständen, die ihr beim Reisen begegnen würden, zu vergessen und ihre nachlassende Kraft in dem milden Klima, in das wir uns zu reisen entschlossen hatten, zu stärken, war meine letzte Hoffnung auf ihre Genesung. Die Vorbereitungen für unsere Abreise, die während meiner Krankheit ausgesetzt worden waren, wurden wieder aufgenommen. Ich lebte nicht bloß zweifelhaft genesen wieder auf, sondern die Gesundheit überschüttete mich mit all ihren Schätzen; ebenso wie der Baum im Frühling sich fühlen mag, wenn aus seinen verwitterten Gliedern das frische Grün hervorbricht und der Lebenssaft aufsteigt und zirkuliert, erweckten die neue Kraft, die meinen Körper durchströmte, der fröhliche Fluss meines Blutes und die frische Spannkraft meiner Glieder in mir heitere Belastbarkeit und angenehme Gedanken. Mein Körper, vor Kurzem noch das schwere Gewicht, das mich an das Grab kettete, strotzte vor Gesundheit; gewöhnliche Übungen allein waren für meine wiedererwachte Kraft nicht ausreichend. Mich dünkte, ich könnte die Geschwindigkeit des Rennpferdes nachahmen, durch die Luft Gegenstände in blendender Ferne unterscheiden, die Tätigkeiten der Natur in ihren stummen Wohnstätten hören – so verfeinert und geschärft waren meine Sinne nach meiner Genesung von der tödlichen Seuche.

Zusätzlich zu meinen anderen Segnungen, wurde mir auch die Hoffnung nicht verweigert; und ich vertraute liebevoll darauf, dass meine unermüdlichen Aufmerksamkeiten mein geliebtes Mädchen wiederherstellen würden. Ich war daher sehr darauf bedacht, unsere Vorbereitungen voranzutreiben. Nach dem zuerst festgelegten Plan hätten wir London am fünfundzwanzigsten November verlassen sollen; und auf diese Anordnung hin waren zwei Drittel unserer Leute – das Volk – alles, was von England geblieben war, vorausgegangen und hielten sich bereits seit einigen Wochen in Paris auf. Zuerst hatte meine Krankheit und später die von Idris Adrian mit seiner aus dreihundert Personen bestehenden Abteilung festgehalten, so dass wir nun am ersten Januar 2098 abreisten. Ich wollte Idris so weit als möglich von der Hektik und dem Geschrei der Menge fernhalten und jene Erscheinungen vor ihr verbergen, die sie am stärksten an unsere wahre Situation erinnern würden. Wir waren zumeist von Adrian getrennt, der seine gesamte Zeit dem öffentlichen Geschäft widmen musste. Die Gräfin von Windsor reiste mit ihrem Sohn. Clara, Evelyn und eine Frau, die als unsere Dienerin fungierte, waren die einzigen Personen, mit denen wir Kontakt hatten. Wir besetzten eine geräumige Kutsche, unser Diener diente als Kutscher. Eine Gruppe von etwa zwanzig Personen ging uns in geringer Entfernung voraus. Sie hatten die Aufgabe, unsere Rastplätze und unsere nächtliche Unterkunft vorzubereiten. Sie waren für diesen Dienst aus einer großen Zahl Freiwilliger ausgewählt worden, die ihre Dienste dem Mann, der zu ihrem Führer ernannt worden war, wegen dessen überlegener Klugheit angeboten hatten.

Gleich nach unserer Abreise war ich erfreut, eine Veränderung in Idris zu finden, von der ich hoffte, dass sie die glücklichsten Ergebnisse vorhersagte. Die ganze Fröhlichkeit und sanfte Heiterkeit, die ihr eigen gewesen waren, waren wieder aufgelebt. Sie war zwar schwach, und jene Veränderung zeigte sich eher in Aussehen und Stimme als in Taten; aber sie war dauerhaft und echt. Meine Genesung von der Pest und die bestätigte Gesundheit verliehen ihr den festen Glauben, dass ich jetzt vor diesem schrecklichen Feind sicher war. Sie sagte mir, sie sei gewiss, dass sie sich erholen sollte. Dass sie eine Ahnung habe, der zufolge die Flutwelle, die unsere unglückliche Rasse überschwemmte, sich nun gedreht hatte. Dass der Überrest bewahrt werden würde und unter ihnen die liebsten Objekte ihrer zärtlichen Zuneigung; und dass wir unser Leben an einem ausgewählten Ort in einer angenehmen Gesellschaft würden beschließen können. »Lass dich nicht von meinem geschwächten Zustand täuschen«, sagte sie. »Ich fühle, dass es mir besser geht; es ist ein reges Leben in mir und ein Geist der Erwartung, der mir versichert, dass ich lange weiterleben werde, um einen Teil dieser Welt auszumachen. Ich werde diese erniedrigende körperliche Gebrechlichkeit abwerfen, die selbst meinen Geist mit Schwäche infiziert, und werde wieder beginnen, meine Pflichten zu erfüllen. Ich war traurig, Windsor zu verlassen, aber jetzt bin ich von dieser Anhaftung an einen Ort entwöhnt und bin zufrieden damit, in ein mildes Klima zu gehen, das meine Genesung vervollständigen wird. Vertraue mir, Liebster, ich werde weder dich verlassen noch meinen Bruder noch diese lieben Kinder. Ich bin fest entschlossen, bis zuletzt bei dir zu bleiben und weiterhin zu deinem Glück und Wohl beizutragen, und dies würde mich am Leben erhalten, selbst wenn der grimmige Tod näher wäre, als er wirklich ist.«

Ich war nur halbwegs beruhigt durch diese Worte, ich konnte nicht glauben, dass der zu schnelle Fluss ihres Blutes ein Zeichen von Gesundheit war, oder dass ihre flammenden Wangen Erholung anzeigten. Aber ich hatte keine Angst vor einem unmittelbaren Unglück; ja, ich beredete mich selbst, dass sie sich letztendlich erholen würde. Und so herrschte in unserer kleinen Gesellschaft Fröhlichkeit. Idris brachte das Gespräch mit Lebhaftigkeit auf tausend Themen. Ihr Hauptbegehren war, uns von schwermütigen Gedanken abzulenken; also zeichnete sie reizende Bilder einer stillen Einsamkeit, eines schönen Rückzugsortes, der einfachen Lebensweise unseres kleinen Volkes und der patriarchalischen Bruderschaft der Liebe, die die Ruinen der bevölkerungsreichen Völker, die bis vor Kurzem bestanden hatten, überdauern würden. Wir schlossen die Gegenwart aus unseren Gedanken aus und wandten unsere Augen von der verödeten

Landschaft ab, die wir durchquerten. Der Winter herrschte in seiner ganzen Finsternis. Die blattlosen Bäume standen regungslos vor dem dunklen Himmel; die Formen des Frosts, die das Laub des Sommers nachahmten, zeichneten den Boden; die Wege waren überwuchert; die ungepflügten Kornfelder wiesen Flecken von Gras und Unkraut auf; die Schafe versammelten sich an der Schwelle des Hauses, der gehörnte Ochse reckte seinen Kopf aus dem Fenster. Der Wind war rau, und zu der melancholischen Erscheinung der winterlichen Natur gesellten sich häufige Schneeregen oder Schneestürme.

Wir kamen in Rochester an und ein Zufall führte dazu, dass wir dort für einen Tag aufgehalten wurden. Während dieser Zeit geschah etwas, das unsere Pläne änderte und ach! in seinem Ergebnis den ewigen Lauf der Ereignisse änderte und mich von der angenehmen neu entfachten Hoffnung, die ich genoss, in eine dunkle und düstere Wüste sandte. Doch ich muss eine kleine Erklärung geben, bevor ich mit der letzten Ursache unserer vorübergehenden Planänderung fortfahre, indem ich wieder auf jene Zeiten verweise, bevor die Pest zur Königin der Welt geworden war, als der Mensch noch furchtlos auf der Erde wandelte.

Es lebte eine Familie in der Nähe von Windsor, die zwar von sehr bescheidener Herkunft, aber dennoch ein Gegenstand unseres Interesses war, und dies wegen einer der Personen, die ihr angehörte. Die Familie der Claytons hatte bessere Tage gekannt; aber nach einer Reihe von Rückschlägen starb der Vater ruiniert, und die Mutter zog sich mit gebrochenem Herzen und unheilbar krank mit ihren fünf Kindern in ein kleines Häuschen zwischen Eton und Salt Hill zurück. Das älteste dieser Kinder, das dreizehn Jahre alt war, schien sich sofort unter dem Einfluss dieser Widrigkeiten die Klugheit und die Grundsätze eines reiferen Alters anzueignen. Ihrer Mutter ging es immer schlechter und schlechter, aber Lucy kümmerte sich um sie, sie war eine zärtliche Ersatzmutter für ihre jüngeren Brüder und Schwestern und zeigte sich in der Zwischenzeit so gut gelaunt, hilfsbereit und gütig, dass sie in ihrer kleinen Nachbarschaft ebenso geliebt wie geehrt wurde.

Lucy war außerdem sehr hübsch, weswegen sie, als sie sechzehn wurde, trotz ihrer Armut Bewunderer hatte. Einer von ihnen war der Sohn eines Landpfarrers; er war ein großmütiger, aufrichtiger Jüngling mit einer glühenden Liebe zum Wissen und ohne böse Neigungen. Obschon Lucy ungebildet war, vermittelten ihr die Unterhaltung und das Betragen ihrer Mutter eine gewisse Kultiviertheit, die über ihre gegenwärtige Situation hinausging. Sie liebte den Jüngling, ohne es zu wissen, außer dass sie sich wie selbstverständlich in jeder Schwierigkeit hilfesuchend an ihn wandte und jeden Sonntag mit einem leichteren Herzen erwachte, weil sie wusste, dass sie ihm auf ihrem abendlichen Spaziergang mit ihren Schwestern begegnen und von ihm begleitet werden würde. Sie hatte noch einen anderen Bewunderer, einen der Oberkellner im Gasthaus zu Salt Hill. Er hatte auch eine Neigung, die weltgewandte Überlegenheit der feinen Gesellschaft nachzuahmen, wie er sie sich von den Dienern der Herren und den Kammerzofen abschaute, die ihn in den Dienstbotenräumen die Sprache der Reichen lehrten, was seine unverschämte Art zehnmal aufdringlicher machte. Lucy lehnte ihn nicht ab – sie war zu diesem Gefühl nicht fähig; aber sie bedauerte es, wenn sie ihn näher kommen sah, und widerstand gelassen all seinen Bemühungen, eine größere Nähe herzustellen. Der Kerl entdeckte bald, dass sein Rivale ihm vorgezogen wurde, und dies veränderte, was zunächst eine zufällige Bewunderung war, in eine Leidenschaft, deren Hauptquellen Neid und ein Grundbedürfnis waren, seinem Konkurrenten den Vorteil zu nehmen, den dieser gegenüber ihm selbst hatte.

Die traurige Geschichte der armen Lucy war nur allzu gewöhnlich. Der Vater ihres Geliebten starb; und er war mittellos. Er nahm das Angebot eines Herrn an, mit ihm nach Indien zu gehen, wobei er sich gewiss war, dass er bald seine Unabhängigkeit erlangen und zurückkehren würde, um die Hand seiner Geliebten zu beanspruchen. Er wurde in den dort geführten Krieg verwickelt, wurde gefangen genommen, und es vergingen Jahre, bis die Nachrichten von seinem Verbleib in seinem Heimatland anlangten. In der Zwischenzeit kam verhängnisvolle Armut über Lucy. Ihr kleines Häuschen, das hinter seinem mit Geißblatt und Jasmin bewachsenen Zaun hervorlugte, brannte nieder, und ihr ganzes kleines Eigentum war ebenfalls zerstört. Wohin sollten sie gehen? Durch welches mögliche Kunststück konnte Lucy ihnen einen anderen Wohnsitz verschaffen? Ihre Mutter, die fast bettlägerig war, konnte keine bis zur Hungersnot reichende Armut überleben. Zu dieser Zeit trat ihr anderer Bewunderer vor und erneuerte sein Heiratsangebot. Er hatte Geld gespart und wollte in Datchet ein kleines Gasthaus eröffnen. An diesem Angebot war nichts verlockend für Lucy, außer dem Zuhause, das es ihrer Mutter sichern würde; und sie fühlte sich dessen umso gewisser, da sie von der offensichtlichen Großzügigkeit beeindruckt war, die das gegenwärtige Angebot veranlasste. Sie nahm den Antrag an und opferte sich solcherart für die Bequemlichkeit und das Wohlergehen ihrer Mutter.

Einige Jahre nach ihrer Heirat lernten wir sie kennen. Ein plötzlicher Sturm veranlasste uns, Zuflucht in der Herberge zu suchen, wo wir das brutale und streitsüchtige Verhalten ihres Mannes und ihr geduldiges Ausharren erlebten. Ihr Los war kein glückliches. Ihr erster Geliebter war mit der Hoffnung zurückgekehrt, sie zur Seinen zu machen, und traf sie zufällig zum ersten Mal als die Wirtin seines Landgasthauses und die Frau eines anderen an. Er zog sich verzweifelt in fremde Gefilde zurück; nichts wollte ihm gelingen; schließlich ging er zur Armee und kam verwundet und krank zurück, und doch war es Lucy versagt, ihn zu pflegen. Der brutale Charakter ihres Mannes wurde noch dadurch verschärft, dass er den vielen Versuchungen nachgab, die sich in seiner Situation ergaben, wodurch eine gewisse Unordnung in seinen Angelegenheiten entstand. Zum Glück hatte sie keine Kinder; aber ihr Herz war an ihre Brüder und Schwestern gebunden, und diese vertrieben sein Geiz und seine schlechte Laune bald aus dem Haus; sie hatten sich über das Land verstreut und verdienten ihren Lebensunterhalt mit Mühe und Sorge. Er zeigte sogar eine Neigung, ihre Mutter loszuwerden – darin aber blieb Lucy unnachgiebig – sie hatte sich für sie geopfert – sie lebte für sie – sie würde sich nicht von ihr trennen – wenn die Mutter gehen müsste, so würde sie für sie betteln gehen, auch mit ihr sterben, aber sie niemals verlassen. Die Anwesenheit Lucys war zu sehr notwendig, um die Ordnung des Hauses aufrechtzuerhalten und zu verhindern, dass die ganze Einrichtung zugrunde ging, als dass er zulassen könnte, dass sie ihn verließe. Er gab in diesem

Punkt nach; aber wann immer er wütend oder betrunken war, kehrte er zu dem alten Thema zurück und peinigte das arme Herz Lucys durch an ihre Mutter gerichtete Schimpfworte.

Eine Leidenschaft jedoch, wenn sie ganz rein, vollständig und wechselseitig ist, bringt ihren eigenen Trost mit sich. Lucy war wahrlich und aus tiefstem Herzen ihrer Mutter ergeben; das einzige Ziel, das sie im Leben hatte, waren der Trost und die Erhaltung dieses Elternteils. Wenngleich sie um das Ergebnis trauerte, bereute sie ihre Ehe nicht, selbst als ihr Geliebter zurückkehrte, um ihr die Ehre zu erweisen. Drei Jahre waren verstrichen, und wie hätte ihre Mutter während dieser Zeit in ihrem gänzlich mittellosen Zustand existieren können? Diese vorzügliche Frau war der Hingabe ihres Kindes würdig. Zwischen ihnen bestanden ein vollkommenes Vertrauen und eine Freundschaft; außerdem war sie keineswegs ungebildet; und Lucy, deren Geist in gewissem Grade von ihrem früheren Geliebten kultiviert worden war, fand nun in ihr die einzige Person, die sie verstehen und schätzen konnte. So war sie zwar leidend, aber keineswegs trostlos, und als sie während der schönen Sommertage ihre Mutter in die blumigen und schattigen Gassen in der Nähe ihrer Wohnstätte begleitete, erleuchtete ein Schimmer ungemeiner Freude ihr Antlitz; sie sah, dass ihre Mutter glücklich war, und sie wusste, dass dieses Glück allein ihr Werk war.

Inzwischen wurden die Angelegenheiten ihres Mannes immer verwickelter; der Ruin war nahe, und sie stand davor, die Früchte all ihrer Arbeit zu verlieren, als die Pest kam, um das Aussehen der Welt zu verändern. Ihr Ehemann zog Nutzen aus dem allgemeinen Elend; aber als das Unheil zunahm, ergriff ihn der Geist der Gesetzlosigkeit. Er verließ sein Haus, um den Luxus zu genießen, der ihm in London versprochen worden war, und fand dort sein Grab. Ihr ehemaliger Liebhaber war eines der ersten Opfer der Seuche gewesen. Aber Lucy lebte weiter für und in ihrer Mutter. Ihr Mut wankte nur dann, wenn sie die Gefahr für ihre Mutter scheute oder fürchtete, der Tod könnte sie davon abhalten, jene Pflichten zu erfüllen, denen sie unveränderlich ergeben war.

Als wir Windsor für London verlassen hatten, als letzten Schritt vor unserer endgültigen Auswanderung, besuchten wir

Lucy und besprachen mit ihr den Plan für ihren und ihrer Mutter Fortzug. Lucy bedauerte, dass die Notwendigkeit sie zwang, ihre heimatlichen Gassen und ihr Dorf zu verlassen und einen gebrechlichen Elternteil von den Bequemlichkeiten zu Hause in die obdachlose Ödnis der entvölkerten Erde zu schleppen; aber sie war durch Widrigkeiten zu gut diszipliniert und von zu freundlichem Wesen, um sich gegen etwas zur Wehr zu setzen, das unvermeidlich war.

Die folgenden Umstände, meine Krankheit und die von Idris, hatten sie aus unserer Erinnerung verdrängt; und als wir uns ihrer schließlich entsannen, dachten wir, dass sie eine der wenigen gewesen sei, die von Windsor gekommen waren, um sich den Emigranten anzuschließen, und dass sie bereits in Paris sei. Als wir in Rochester ankamen, waren wir überrascht, von einem Mann, der gerade aus Slough eintraf, einen Brief von dieser beispielhaften Leidenden zu erhalten. Er berichtete, dass er, als er von seinem Hause wegging und Datchet passierte, überrascht war, Rauch aus dem Schornstein des Gasthauses zu sehen, und da er annahm, dass er dort Kameraden für seine Reise finden würde, klopfte er an und wurde eingelassen. Es war niemand im Haus außer Lucy und ihrer Mutter; Letztere war durch Rheumatismus der Macht über ihre Gliedmaßen beraubt worden, und so zogen nacheinander alle übrigen Bewohner des Landes fort und ließen sie zurück. Lucy bat den Mann, bei ihr zu bleiben; in ein oder zwei Wochen würde es ihrer Mutter besser gehen, und sie würden dann aufbrechen; doch sie müssten zugrunde gehen, wenn sie so hilflos und allein zurückgelassen würden. Der Mann sagte, seine Frau und seine Kinder seien schon unter den Auswanderern, und es sei ihm daher seiner Meinung nach unmöglich zu bleiben. Lucy gab ihm als letztes Mittel einen Brief für Idris, der ihr zugestellt werden sollte, wo auch immer er uns begegnen sollte. Diese Bitte zumindest erfüllte er, und Idris las mit Gefühl folgenden Brief:

»VEREHRTE DAME,
ich bin gewiss, dass Sie sich an mich erinnern und mich bedauern werden, und ich wage zu hoffen, dass Sie mir Hilfe zuteilwerden lassen. Welche andere Hoffnung habe ich? Verzeihen Sie

meine Art zu schreiben, ich bin so verwirrt. Vor einem Monat wurde meine liebe Mutter des Gebrauchs ihrer Glieder beraubt. Es geht ihr schon besser, und in einem weiteren Monat würde ich sicher auf jene Weise reisen können, wie Sie sie, wie Sie so gütig zu sagen waren, für uns arrangieren wollten. Doch nun sind alle fort – alle – als sie fortgingen, sagte jeder, vielleicht ginge es meiner Mutter besser, bevor wir ganz verlassen wären, aber vor drei Tagen ging ich zu Samuel Woods, der wegen seines neugeborenen Kindes bis zum Ende blieb; und da es eine große Familie ist, dachte ich, ich könnte sie überreden, noch ein wenig länger auf uns zu warten, doch ich fand das Haus verlassen. Seitdem habe ich keine Menschenseele mehr gesehen, bis dieser gute Mann kam. – Was wird aus uns werden? Meine Mutter weiß nicht um unseren Zustand, sie ist so krank, dass ich es vor ihr verborgen habe.

Werden Sie jemanden zu uns schicken? Ich bin gewiss, dass wir kläglich zugrunde gehen müssen, elend wie wir sind. *Wenn* ich jetzt versuchen würde, meine Mutter zu bewegen, würde sie auf der Straße sterben; und falls ich, wenn es ihr besser geht, abreisen könnte und ich tatsächlich die Straßen finden und so viele Meilen zum Meer zurücklegen könnte, so würden Sie bereits alle in Frankreich sein, und der große Ozean würde zwischen uns liegen, was selbst für Seeleute eine schreckliche Sache ist. Was wäre er erst für mich, eine Frau, die ihn nie gesehen hat? Wir wären in diesem Land eingesperrt, ganz allein, ohne Hilfe; dann sollten wir besser da sterben, wo wir sind. Ich kann kaum schreiben – ich kann meinen Tränen nicht Einhalt gebieten – ich weine nicht um mich selbst; ich könnte auf Gott vertrauen und das Schlimmste geschehen lassen, ich denke, ich könnte es ertragen, wenn ich alleine wäre. Aber meine Mutter, meine kranke, meine liebe, liebe Mutter, die niemals, seit ich geboren wurde, ein hartes Wort zu mir sprach, die in vielen Leiden geduldig war; erbarmen Sie sich ihrer, liebe Dame, sie muss einen elenden Tod sterben, wenn Sie sich ihrer nicht erbarmen. Die Leute sprechen achtlos von ihr, weil sie alt und gebrechlich ist, als ob wir nicht alle, falls wir verschont werden sollten, einmal alt werden müssen; und dann, wenn die Jungen selbst alt sind, werden sie denken, dass sich andere um sie kümmern sollten. Es ist sehr dumm von mir, auf diese Weise zu Ihnen zu schreiben; aber wenn ich höre, wie sie versucht, nicht zu seufzen, und sehe, wie sie lächelt, um mich zu trösten, wo ich doch weiß, dass sie Schmerzen hat; und wenn ich denke, dass sie das Schlimmste nicht weiß, es aber bald erfahren muss; und dann wird sie sich nicht beklagen; aber ich werde dasitzen und an all das denken, woran sie leidet, an Hunger und Elend – dann habe ich das Gefühl, als müsste mein Herz brechen, und ich weiß nicht, was ich sage oder tue; meine Mutter – die Mutter, für die ich viel ertragen habe, Gott bewahre sie vor diesem Schicksal! Bewahren Sie sie, liebe Dame, und Er wird Sie segnen; und ich, armes elendes Geschöpf, das ich bin, werde Ihnen danken und für Sie beten, solange ich lebe.

Ihre unglückliche und ergebene Dienerin,
30. Dezember 2097,
LUCY MARTIN.«

Dieser Brief bewegte Idris zutiefst, und sie schlug sogleich vor, dass wir nach Datchet zurückkehren sollten, um Lucy und ihrer Mutter zu helfen. Ich sagte, ich würde mich ohne Verzug dorthin begeben, bat sie aber, sich ihrem Bruder anzuschließen und dort mit den Kindern auf meine Rückkehr zu warten. Aber Idris war guter Laune und voller Hoffnung. Sie erklärte, sie könne selbst einer vorübergehenden Trennung von mir nicht zustimmen, aber das sei auch gar nicht nötig, da die Bewegung des Wagens ihr gutgetan habe und die Entfernung zu gering sei, um von Bedeutung zu sein. Wir könnten Boten zu Adrian entsenden, um ihn über unsere Abweichung vom ursprünglichen Plan zu benachrichtigen. Sie sprach mit Lebhaftigkeit und zeichnete ein Bild nach ihrem eigenen Herzen von der Freude, die wir Lucy bereiten sollten, und erklärte, dass sie mich begleiten müsse, wenn ich ginge, und dass sie sehr ungern anderen die Aufgabe anvertrauen würde, sie zu retten, die diese Pflicht mit Kälte oder Herzlosigkeit erfüllen könnten. Lucys Leben war ein einziger Akt der Hingabe und Tugend; wir sollten sie jetzt die kleine Belohnung ernten lassen, zu sehen, dass ihre Vorzüglichkeit geschätzt und ihr von denen in ihrer Not geholfen wurde, die sie respektierte und ehrte.

Diese und viele andere Argumente wurden mit sanfter Hartnäckigkeit und dem brennenden Wunsch, alles Gute zu tun, was in ihrer Macht steht, von ihr, deren bloße Äußerung eines Wunsches und deren geringfügigste Bitte stets ein Befehl für mich gewesen waren, vorgebracht. Natürlich stimmte ich zu, sobald ich sah, dass ihr so viel an diesem Schritt lag. Wir schickten die Hälfte unserer Begleittruppe zu Adrian, und mit der anderen Hälfte schlug unsere Kutsche den Rückweg nach Windsor ein.

Ich frage mich jetzt, wie ich so blind und unvernünftig sein konnte, die Sicherheit Idris' solcherart zu riskieren, denn wenn ich Augen gehabt hätte, so hätte ich doch das sichere, wenn auch trügerische Vorrücken des Todes in ihrer flammenden Wange und zunehmenden Schwäche sehen müssen. Aber sie sagte, es gehe ihr besser, und ich habe ihr geglaubt. Der Tod konnte nicht in der Nähe eines Wesens sein, dessen Lebendigkeit und Verstandeskraft sich stündlich steigerte, und dessen Körper mit einem intensiven, und, wie ich voll Zärtlichkeit dachte, einem starken und dauerhaften Lebenswillen ausgestattet war. Wer hat nach einem großen Unglück nicht im Nachhinein über die unvorstellbare Beschränktheit seines Verstandes gestaunt, der die vielen winzigen Fäden, mit denen das Schicksal das unentwirrbare Netz unserer Schicksale verwebt, nicht wahrnimmt, bis er ganz darin verstrickt ist?

Die Seitenstraßen, die wir jetzt befuhren, waren sogar in einem schlechteren Zustand als die lange vernachlässigten Landstraßen; und die Unbequemlichkeit schien Idris' angegriffene Gesundheit zu bedrohen. Wir passierten Dartford und kamen am zweiten Tag in Hampton an. Selbst in dieser kurzen Zeit verschlechterte sich die Gesundheit meiner geliebten Gefährtin zusehends, wenngleich ihre Stimmung immer noch heiter war und sie meine wachsende Besorgnis mit fröhlichen Bemerkungen zu verscheuchen suchte. Zuweilen durchbohrte der Gedanke mein Gehirn – stirbt sie? – wenn ich sah, wie ihre blasse, verhärmte Hand auf meiner ruhte, oder wenn ich beobachtete, mit welcher Schwäche sie die gewöhnlichen Dinge des Lebens verrichtete. Ich verdrängte den Gedanken, als sei er gänzlich abwegig; doch er fiel mir immer wieder ein, nur um durch ihre fortgesetzte Lebhaftigkeit vertrieben zu werden.

Ungefähr am Mittag, nachdem wir Hampton verlassen hatten, brach die Achse unseres Wagens: Der Schock ließ Idris in Ohnmacht sinken, aber nach ihrer Wiederherstellung zeigten sich keine schlimmen Folgen. Unsere Gesellschaft von Begleitern war wie gewöhnlich vor uns her geritten, und unser Kutscher suchte ein anderes Fahrzeug, da unser bisheriges durch den Unfall unbrauchbar geworden war. Der einzige Ort in unserer Nähe war ein kleines Dorf, in dem er eine Art Transportwagen fand, der vier Leute fassen konnte, aber er war klobig und schlecht gebaut; außerdem fand er einen ganz vorzüglichen Einspänner. Unser Plan wurde bald arrangiert. Ich würde Idris in Letzterem fahren, während die Kinder von dem Diener im Ersteren befördert werden sollten. Aber diese Veränderungen kosteten Zeit. Wir hatten uns darauf geeinigt, an diesem Abend Windsor zu erreichen, und dorthin waren unsere Begleiter bereits vorausgeritten. Wir sollten beträchtliche Schwierigkeiten haben, eine Unterkunft zu finden, ehe wir diesen Ort erreichten. Immerhin betrug die Entfernung nur zehn Meilen, mein Pferd war ein gutes, ich würde mit Idris zügig vorankommen, und die Kinder konnten mir mit einer Gemächlichkeit folgen, die dem Gebrauch ihres umständlichen Gefährts mehr entsprach.

Der Abend kam schnell heran, viel schneller, als ich erwartet hatte. Beim Untergang der Sonne begann es stark zu schneien. Ich versuchte vergeblich, meine geliebte Gefährtin vor dem Sturm zu schützen; der Wind trieb den Schnee in unsere Gesichter, und er lag so hoch auf dem Boden, dass wir nur langsam vorankamen, während die Nacht so dunkel war, dass wir ohne die weiße Decke auf dem Boden keinen Meter vor uns hätten sehen können. Wir hatten unseren Begleitwagen weit hinter uns gelassen, und jetzt bemerkte ich, dass der Sturm mich unbewusst von meiner beabsichtigten Route hatte abweichen lassen. Ich war einige Meilen von meinem Kurs abgekommen. Meine Kenntnis des Landes ermöglichte es mir, den richtigen Weg wiederzufinden; aber anstatt, wie zuerst vereinbart, durch eine Querstraße durch Stanwell nach Datchet zu fahren, war ich gezwungen, den Weg über Egham und Bishopsgate zu nehmen. Es war daher gewiss, dass ich nicht mit dem anderen Fahrzeug wieder vereint werden sollte, dass ich kein einziges Mitgeschöpf mehr treffen sollte, bis wir in Windsor ankommen würden.

Das Verdeck unserer Kutsche war hochgezogen, und ich hängte einen Umhang davor, um die geliebte Leidende vor dem Schneeregen zu schützen. Sie lehnte sich an meine Schulter und wurde jeden Augenblick träger und schwächer. Zuerst antwortete sie auf meine freundlichen Worte mit liebevollem Dank, doch nach und nach versank sie in Schweigen. Ihr Kopf lag schwer auf mir, ich merkte nur durch ihren unregelmäßigen Atem und häufiges Seufzen, dass sie noch lebte. Einen Augenblick lang überlegte ich, anzuhalten und, die Rückseite des Wagens der Kraft des Sturms entgegengesetzt, so gut wie möglich den Morgen zu erwarten. Aber der Wind war rau und durchdringend, während das gelegentliche Zittern meiner armen Idris und die starke Kälte, die ich selbst fühlte, zeigten, dass dies ein gefährlicher Versuch sein würde. Endlich dünkte mich, dass sie schlief – ein tödlicher Schlaf, ausgelöst durch den Frost: in diesem Augenblick sah ich den Umriss eines Hauses, das sich in unserer Nähe vor dem dunklen Horizont abhob: »Meine Liebste«, sagte ich, »halte noch einen Moment aus, gleich werden wir Obdach finden; lass uns hier anhalten, damit ich die Tür zu dieser gesegneten Wohnung öffnen kann.«

Während ich sprach, schlug mein Herz höher, und meine Sinne wurden von unbändiger Freude und Dankbarkeit überschwemmt. Ich lehnte Idris' Kopf gegen die Kutsche und eilte, durch den Schnee springend, zu der Hütte, deren Tür offen war. Ich hatte Mittel bei mir, um Licht zu beschaffen, und dieses zeigte mir ein behagliches Zimmer mit einem Holzhaufen in einer Ecke und keiner Unordnung, außer dass die Tür teilweise offenstand, so dass der Schnee hereingeweht war und nun die Schwelle blockierte. Ich kehrte zum Wagen zurück, und der plötzliche Wechsel von Licht zu Dunkelheit machte mich zunächst blind. Als ich mein Sehvermögen wiedererlangte – ewiger Gott dieser ungerechten Welt! O höchster Tod, ich werde deine stumme Herrschaft nicht stören, oder meine Geschichte mit fruchtlosen Ausrufen des Entsetzens verderben! Ich sah Idris, die vom Sitz auf den Boden des Wagens gesunken war; ihr Kopf, von dem das lange Haar herabhing, war zusammen mit einem Arm herausgeglitten und hing über die Seite. – Von einem entsetzlichen Schrecken ergriffen hob ich sie hoch; ihr Herz war ohne Puls, über ihre entfärbten Lippen strich kein Atemzug mehr.

Ich trug sie in die Hütte und legte sie auf das Bett. Ich zündete ein Feuer an und rieb ihre versteifenden Glieder. Zwei lange Stunden versuchte ich das verlorene Leben wiederherzustellen, und als die Hoffnung so tot war wie meine Geliebte, schloss ich mit zitternden Händen ihre glasigen Augen. Ich zweifelte nicht daran, was ich jetzt tun sollte. In der Verwirrung, die meine Krankheit begleitete, war die Aufgabe, unseren Liebling Alfred zu bestatten, auf seine Großmutter, die einstmalige Königin, übergegangen, und sie hatte ihn, ganz ihrer herrschsüchtigen Art entsprechend, nach Windsor tragen und im Familiengewölbe begraben lassen, in der St.-Georgs-Kapelle. Ich musste nach Windsor gehen, um Clara zu beruhigen, die ängstlich auf uns warten würde – doch ich wollte ihr das herzzerreißende Spektakel ersparen, dass ich Idris leblos von der Reise hereinbrächte. Zuerst wollte ich meine Geliebte neben ihrem Kind in die Gruft legen und dann die armen Kinder aufsuchen, die mich erwarten würden.

Ich entzündete die Lampen meiner Kutsche, wickelte Idris in Pelze und legte sie auf den Sitz. Dann nahm ich die Zügel und ließ die Pferde vorwärts gehen. Wir fuhren durch den Schnee, der in Massen den Weg versperrte, während die absteigenden Flocken, die mit doppelter Wut gegen mich fielen, mich blendeten. Der Schmerz, der durch die wütenden Elemente verursacht wurde, und das kalte Eisen der frostigen Pfeile, die mich bedrängten und in mein schmerzendes Fleisch eindrangen, waren eine Erleichterung für mich, da sie mein seelisches Leiden abstumpften. Die Pferde stolperten weiter, und die Zügel hingen lose in meinen Händen. Ich dachte oft daran, meinen Kopf nahe an das süße, kalte Gesicht meines verlorenen Engels zu legen und mich der verlockenden Starre zu ergeben. Aber ich durfte sie nicht als Beute der Lüfte zurücklassen; sondern musste sie meinem Entschluss gemäß in das Grab ihrer Vorfahren bringen, in dem ein barmherziger Gott auch mir gestatten würde, zu ruhen.

Die Straße, die wir durch Egham entlangkamen, war mir vertraut; aber der Wind und der Schnee ließen die Pferde langsam und schwerfällig vorankommen. Plötzlich drehte der Wind von Südwesten nach Westen und dann wieder nach Nordwesten. Wie Samson die Säulen, die den Tempel der Philister trugen, unter Ziehen und Zerren von ihren Stützen schob, vertrieb der Sturm die dichten Dünste am Horizont, während die massige Wolkenkuppel nach Süden fiel, der klare Himmel sich durch das verstreute Gewebe offenbarte und die kleinen Sterne, die in unermesslicher Entfernung in den kristallenen Feldern standen, ihre zarten Strahlen auf den glitzernden Schnee blitzen ließen. Sogar die Pferde wurden aufgemuntert und zogen mit frischer Kraft weiter. Wir erreichten den Wald bei Bishopsgate, und am Ende des Langen Weges sah ich das Schloss, »das stolze Schloss Windsor, das in majestätischer Größe aufstieg, und mit dem Doppelgürtel seiner gleichartigen und zeitgenössischen Türme umkleidet ist«. Ich blickte mit Ehrfurcht auf eine Struktur, die beinahe so alt war wie der Felsen, auf dem sie stand, ein Sitz der Könige und ein Gegenstand der Bewunderung für die Weisen. Mit größerer Ehrfurcht und tränenvoller Zuneigung sah ich es als den Zufluchtsort für die lange Zeit der Liebe, die ich dort mit dem vergänglichen, unnachahmlichen Schatz aus Staub genossen hatte, der jetzt kalt neben mir lag. Ich hätte nun in der Tat der ganzen Weichheit meiner Natur nachgeben und weinen und wie ein Weib bittere Klagen ausstoßen können; während die vertrauten Bäume, die Herden von Wild und der Rasen, über den ihre feengleichen Füße oft gegangen waren, sich nacheinander mit traurigen Assoziationen sehen ließen. Das weiße Tor am Ende des Langen Weges war weit geöffnet, und ich ritt durch das erste Tor des feudalen Turms die leere Stadt hinauf; und jetzt stand die St.-Georgs-Kapelle mit ihrem dunklen Gittermuster direkt vor mir. Ich blieb an der Tür stehen, die offen war. Ich trat ein und stellte meine brennende Lampe auf den Altar, dann kehrte ich zurück, trug Idris mit zärtlicher Behutsamkeit den Gang in den Altarraum hinauf und legte sie sanft auf den Teppich, der die Treppe zum Abendmahlstisch bedeckte. Die Banner der Ritter des Hosenbandordens und ihre halb gezogenen Schwerter hingen dort in eitlem Schmuck über dem Chorgestühl. Das Banner ihrer Familie hing dort, noch immer überragt von seiner königlichen Krone. Lebt wohl, ihr Wappen und die

Herrlichkeit Englands! – Ich wandte mich von solchen Eitelkeiten mit einem leichten Gefühl der Verwunderung ab, wie sich die Menschheit jemals für solche Dinge interessieren konnte. Ich beugte mich über den leblosen Körper meiner Geliebten; und während ich in ihr unbedecktes Gesicht sah, die Züge betrachtete, die bereits durch die Totenstarre verkrampft waren, fühlte ich mich, als ob das ganze sichtbare Universum so seelenlos, geistlos und trostlos geworden sei wie das steinerne kühle Abbild unter mir. Ich empfand für einen Moment das unerträgliche Gefühl des Widerstands und der Ablehnung der Gesetze, die die Welt regieren; bis die Gelassenheit, die immer noch auf dem Gesicht meiner toten Liebe zu sehen war, mich zu einer ruhigeren Stimmung zurückrief, und ich fortfuhr, das letzte Amt zu verrichten, das ihr jetzt zuteilwerden konnte. Für sie konnte ich nicht klagen, so sehr neidete ich ihr den Genuss der »traurigen Unempfänglichkeit des Grabes«.

Das Gewölbe war kürzlich geöffnet worden, um unseren Alfred darin zur Ruhe zu betten. Die gebräuchliche Zeremonie war in diesen letzten Tagen oberflächlich durchgeführt worden, und die Pflasterung der Kapelle, die den Eingang zum Gewölbe bildete, nicht zurückgesetzt worden. Ich stieg die Stufen hinab und ging durch die lange Passage zu dem großen Gewölbe, das den meiner Idris verwandten Staub enthielt. Ich machte den kleinen Sarg meines Kindes aus. Mit hastigen, zitternden Händen baute ich eine Bahre daneben und bedeckte sie mit den Pelzen und dem indischen Tuch, die Idris auf ihrer Reise dorthin umhüllt hatten. Ich entzündete die schimmernde Lampe, die in dieser feuchten Wohnstätte der Toten flackerte; dann trug ich meine Verlorene zu ihrem letzten Bett, legte ihre Glieder zurecht und bedeckte sie mit einem Mantel, der alles außer ihrem Gesicht verhüllte, das anmutig und ruhig blieb. Sie schien wie eine übermüdete Person zu ruhen, ihre schönen Augen in süßem Schlaf geschlossen. Doch dem war nicht so – sie war tot! Wie sehr sehnte ich mich danach, mich neben sie zu legen, um zu erwarten, dass der Tod mich in die gleiche Ruhe versetzen würde.

Doch der Tod kommt nicht auf Bitten der Elenden. Ich hatte mich erst kürzlich von einer tödlichen Krankheit erholt, und mein Blut war noch nie mit einer so gleichmäßigen Strömung geflossen, noch waren meine Glieder jemals so gesund und voller Leben gewesen wie jetzt. Ich fühlte, dass mein Tod selbstgewählt sein musste. Doch andererseits – was wäre natürlicher als der Hungertod, den ich in dieser Kammer des Todes erleiden würde, in einer Welt der Toten neben der verlorenen Hoffnung meines Lebens? In der Zwischenzeit, indem ich auf sie schaute, lenkten die Gesichtszüge, die eine schwesterliche Ähnlichkeit mit Adrian hatten, meine Gedanken wieder zu den Lebenden, zu jenem lieben Freund, zu Clara und zu Evelyn, die wahrscheinlich jetzt in Windsor waren und ängstlich unsere Ankunft erwarteten.

Mich dünkte, dass ich ein Geräusch hörte, einen Fußtritt in der gegenüberliegenden Kapelle, der durch das gewölbte Dach widerhallte und durch die hohlen Gänge zu mir getragen wurde. Hatte Clara meine Kutsche die Stadt hinauffahren sehen, und suchte sie mich hier? Ich musste sie wenigstens vor der schrecklichen Szene bewahren, die das Gewölbe barg. Ich sprang die Treppe hinauf und sah dann eine weibliche Gestalt, vom Alter gekrümmt und in lange Trauerroben gekleidet, durch die dunkle Kapelle voranschreiten, gestützt von einem schlanken Stock, die aber selbst mit diesem Hilfsmittel wankte. Sie hörte mich und sah auf. Die Lampe, die ich hielt, beleuchtete meine Gestalt, und die Mondstrahlen, die sich durch das bemalte Glas kämpften, fielen auf ihr Gesicht, runzlig und hager, doch mit einem durchdringenden Auge und einer beherrschenden Stirn – ich erkannte die Gräfin von Windsor. Mit hohler Stimme fragte sie: »Wo ist die Prinzessin?«

Ich deutete auf das aufgerissene Pflaster: Sie ging zu der Stelle und blickte in die greifbare Dunkelheit hinunter; denn das Gewölbe war zu weit von den Strahlen der kleinen Lampe entfernt, die ich dort gelassen hatte, als dass man etwas hätte erkennen können.

»Dein Licht«, sagte sie. Ich gab es ihr; und sie betrachtete die jetzt sichtbaren, aber steilen Stufen, als ob sie ihre Fähigkeit, sie hinabzusteigen, abschätzen wollte. Instinktiv machte ich ein wortloses Angebot meiner Unterstützung. Sie winkte mit einem höhnischen Blick ab und sagte mit harter Stimme, als sie nach unten zeigte: »Wenigstens dort kann ich sie ungestört haben.«

Sie ging zielstrebig hinab, während ich, jenseits aller Worte, Tränen oder Seufzer unglücklich, mich überwältigt auf das Pflaster in der Nähe warf – die sich versteifende Gestalt Idris' stand mir vor Augen, das vom Tod überhauchte Gesicht, das nun in ewiger Ruhe verstummt war. Das war für mich das Ende von allem! Am Tag zuvor hatte ich mir verschiedene Abenteuer und die gemeinsame Zeit mit meinen Freunden vorgestellt – jetzt hatte ich dieses Intervall übersprungen und die äußerste Grenze des Lebens erreicht. Solcherart in Düsternis gehüllt, eingeschlossen, eingemauert, von der allmächtigen Gegenwart überwölbt, wurde ich durch das Geräusch von Füßen auf den Stufen des Grabes überrascht, und ich erinnerte mich an sie, die ich völlig vergessen hatte, meine verärgerte Besucherin. Ihre hochgewachsene Gestalt erhob sich langsam aus dem Gewölbe, eine lebende Statue, von Hass und menschlicher, leidenschaftlicher Zwietracht durchdrungen: sie schien mir das Pflaster des Ganges erreicht zu haben. Sie stand bewegungslos da und suchte mit bloßen Augen ein gewünschtes Objekt – bis sie, als sie mich in ihrer Nähe wahrnahm, ihre faltige Hand auf meinen Arm legte und mit zitternden Worten rief: »Lionel Verney, mein Sohn!« Dieser Name, in einem solchen Moment von der Mutter meines Engels verwendet, erfüllte mich mit mehr Respekt, als ich jemals für diese hochmütige Dame gefühlt hatte. Ich neigte den Kopf, küsste ihre faltige Hand und stützte sie, da ich bemerkte, dass sie heftig zitterte, bis zum Ende des Chorraums, wo sie sich auf die Stufen setzte, die zum königlichen Chorgestühl führten. Sie ließ es zu, geführt zu werden, und lehnte, noch immer meine Hand haltend, ihren Kopf gegen das Chorgestühl zurück, während der Mondschein, dessen Strahlen durch das bunte Glas in verschiedenen Farben getönt waren, auf ihre glitzernden Augen fiel. Sich ihrer Schwäche bewusst und sich wieder an ihre lange geschätzte Würde erinnernd, wischte sie die Tränen weg; doch sie fielen schnell, als sie, wie zur Entschuldigung sagte, »Sie ist so schön und ruhig, selbst im Tod. Kein hartes Gefühl hat jemals ihre glatte Stirn getrübt; wie behandelte ich sie? Ich verwundete ihr sanftes Herz mit grimmiger Kälte und hatte kein Mitleid mit ihr in den vergangenen Jahren; verzeiht sie mir jetzt? Gar wenig tut es, zu den Toten von Buße und Verzeihung zu sprechen. Hätte ich mich in ihrem Leben einmal ihren freundlichen Wünschen gebeugt und meine raue Natur gezügelt, um ihr ein Vergnügen zu bereiten, sollte ich nicht so fühlen.«

Idris und ihre Mutter sahen sich nicht ähnlich. Das dunkle Haar, die tiefliegenden schwarzen Augen und die hervorstechenden Züge der einstigen Königin standen in völligem Gegensatz zu den goldenen Locken, den runden blauen Augen und den weichen Linien und Konturen des Gesichts ihrer Tochter. Doch in letzter Zeit hatte die Krankheit meinem armen Mädchen die runde Form ihres Gesichts genommen und es auf die härteren Konturen des darunter liegenden Knochens reduziert. In der Form ihrer Stirn, in ihrem ovalen Kinn, war eine Ähnlichkeit mit ihrer Mutter zu finden; ja, in einigen Stimmungen waren ihre Gesten nicht unähnlich, doch war dies, da sie so lange zusammengelebt hatten, nicht verwunderlich.

Es liegt eine magische Kraft in der Ähnlichkeit. Wenn jemand, den wir lieben, stirbt, hoffen wir, ihn in einem andern Zustand zu sehen, und erwarten, dass der tätige Geist sich in ein neues Gewand ähnlich dem verfallenen irdischen Gewand begeben wird. Aber das sind nur Hirngespinste. Wir wissen, dass das Instrument zertrümmert ist, das lebende Abbild liegt in elenden Fragmenten da, aufgelöst in staubiges Nichts; und ein Blick, eine Geste oder eine Bewegung der Glieder, die dem Toten in einer lebenden Person ähnlich sind, rührt eine Saite an, deren heilige Harmonie in der Tiefe des Herzens gefühlt wird. Seltsam bewegt, niedergeschlagen vor diesem geisterhaften Bild und gefesselt von der Kraft des Blutes, die sich in der Ähnlichkeit von Aussehen und Bewegung zeigte, verharrte ich zitternd vor der harten, stolzen und bis jetzt ungeliebten Mutter von Idris.

Die arme, fehlgeleitete Frau! Zuvor hatte sie in ihrer zärtlichsten Stimmung den Gedanken gehegt, dass ein Wort, ein Blick der Versöhnung von ihr mit Freude empfangen und lange Jahre der Strenge zurückzahlen würde. Jetzt, wo die Zeit für die Ausübung solcher Macht vergangen war, stieß sie mit einem Male auf die dornige Wahrheit der Dinge und fühlte, dass weder Lächeln noch Liebkosung in den unbewussten Zustand vordringen oder das Glück jener beeinflussen konnten, die im Gewölbe unter ihr lag. Diese Gewissheit, zusammen mit der Erinnerung an sanfte Antworten auf bittere Worte, an zärtliche Blicke, die wütende Blitze zurückzahlten; die Erkenntnis der Falschheit, Geringfügigkeit und Sinnlosigkeit der von ihr gehegten Träume von Geburt und Macht; das überwältigende Wissen, dass die Liebe und das Leben die wahren Kaiser unseres sterblichen Staates waren; dies alles erhob sich wie eine Flut und erfüllte ihre Seele mit stürmischer und verwirrender Bestürzung. Es fiel mir zu, auf sie einzuwirken, um das heftige Wogen dieser turbulenten Wellen zu beschwichtigen. Ich sprach mit ihr. Ich brachte sie dazu, sich darauf zu besinnen, wie glücklich Idris in Wahrheit gewesen war und wie ihre Tugenden und zahlreichen Vorzüge in ihrem vergangenen Leben Geltung und Wertschätzung gefunden hatten. Ich lobte sie als das verehrte Idol meines Herzens, das bewunderte Ideal weiblicher Vollkommenheit. Mit glühender und überfließender Beredsamkeit erleichterte ich mein Herz von seiner Bürde und erwachte zum Gefühl einer neuen Lebensfreude, als die Begräbnisrede aus mir hervorströmte. Dann bezog ich mich auf Adrian, ihren geliebten Bruder und ihr überlebendes Kind. Ich erklärte, was ich vorher fast vergessen hatte, was meine Pflichten in Bezug auf diese wertvollen Teile ihrer selbst waren, und bat die traurige reumütige Mutter, darüber nachzudenken, wie sie am besten die Unfreundlichkeit gegenüber der Toten durch die doppelte Liebe am Überlebenden tilgen könnte. Indem ich sie tröstete, wurde auch mein eigener Schmerz gelindert; mit meiner Aufrichtigkeit gelang es mir, sie zu überzeugen.

Sie wandte sich mir zu. Die harte, unbeugsame, grausame Frau wandte sich mit einem milden Gesichtsausdruck um und sagte: »Wenn unser geliebter Engel uns jetzt sieht, wird es sie erfreuen zu sehen, dass ich dir zumindest verspätet Gerechtigkeit widerfahren lasse. Du warst ihrer würdig; und ich freue mich von Herzen, dass du sie von mir gewonnen hast. Verzeih, mein Sohn, die vielen Ungerechtigkeiten, die ich dir angetan habe, vergiss meine bitteren Worte und die unfreundliche Behandlung – verfahre mit mir, wie du willst.«

Ich ergriff diesen nachgiebigen Moment, um unseren Abschied von der Kirche vorzuschlagen.

»Zuerst«, sagte sie, »lass uns das Pflaster über dem Gewölbe ersetzen.«

Wir näherten uns der Stelle. »Sollen wir sie noch einmal betrachten?«, fragte ich.

»Ich kann nicht«, antwortete sie, »und ich bitte dich, es ebenfalls nicht zu tun. Wir sollten uns nicht quälen, indem wir auf den entseelten Körper starren, während ihr lebender Geist bereits fest in unseren Herzen verankert und ihre überragende Anmut dort so tief eingeprägt ist, dass sie uns im Schlafen oder Wachen immer gegenwärtig sein muss.«

Für einige Augenblicke beugten wir uns in feierlicher Stille über das offene Gewölbe. Ich weihte mein zukünftiges Leben der Bewahrung ihrer teuren Erinnerung; ich schwor, ihrem Bruder und ihrem Kind bis zum Tod zu dienen. Das krampfhafte Schluchzen meiner Gefährtin ließ mich meine stummen Gebete abbrechen. Als Nächstes schleppte ich die Steine über den Eingang des Grabes und schloss den Abgrund, der das Leben meines Lebens enthielt. Dann, indem ich meine hinfällige Mittrauernde stützte, verließen wir langsam die Kapelle. Als ich ins Freie trat, fühlte ich mich, als ob ich ein glückliches Nest der Ruhe für eine öde Wildnis, einen gewundenen Pfad, eine bittere, freudlose, hoffnungslose Pilgerfahrt verlassen hätte.

Kapitel 4

Unsere Eskorte war angewiesen worden, unsere Unterkunft für die Nacht in der Herberge gegenüber dem Schlosshügel vorzubereiten.

Wir konnten die Hallen und die vertrauten Räume unseres Hauses nicht noch einmal betreten, nicht einmal für einen bloßen Besuch. Wir hatten die Lichtungen von Windsor und das Gehölz, die blühenden Hecken und den murmelnden Strom, die der Liebe zu unserem Land Gestalt und Intensität gaben und die fast abergläubische Zuneigung bewirkten, mit der wir das heimische England betrachteten, für immer verlassen. Es war unsere Absicht gewesen, Lucy in Datchet aufzusuchen und sie unserer Hilfe und unseres Schutzes zu versichern, bevor wir uns für die Nacht in unser Quartier zurückzogen. Jetzt, als die Gräfin von Windsor und ich vor dem steilen Hügel abbogen, der vom Schloss herabführte, sahen wir die Kinder, die gerade in ihrer Kutsche angehalten hatten, an der Tür des Gasthauses. Sie waren durch Datchet gefahren, ohne anzuhalten. Ich fürchtete mich, ihnen zu begegnen und meine tragische Geschichte zu überbringen, daher verließ ich sie, solange sie in der Eile der Ankunft noch beschäftigt waren, und eilte durch den Schnee und die klare, mondhelle Luft den vertrauten Weg entlang nach Datchet.

Wahrlich vertraut war er mir. Jedes Häuschen stand an seiner üblichen Stelle, jeder Baum trug sein vertrautes Aussehen. Die Gewohnheit hatte jede Biegung und jeden Gegenstand auf dem Weg unauslöschlich in meine Erinnerung eingegraben. In einer kurzen Entfernung hinter dem kleinen Park stand eine vor ungefähr zehn Jahren halb von einem Sturm umgeworfene Ulme und streckte sich noch immer, mit blattlosen schneeverhüllten Zweigen, über den Weg, der sich durch eine Wiese neben einem flachen Bach wand, dessen Gurgeln durch den Frost zum Schweigen gebracht worden war. Jener Zauntritt, jenes weiße Tor, jene hohle Eiche, die zweifellos einmal zum Wald gehört hatte und jetzt im Mondlicht ihren klaffenden Riss zeigte und der die Kinder wegen ihres phantastischen Aussehens, von der Abenddämmerung durch eine Ähnlichkeit mit der menschlichen Gestalt getäuscht, den Namen Falstaff gegeben hatten – alle diese Gegenstände waren mir so vertraut wie der kalte Herd meines verlassenen Hauses und jede moosbewachsene Mauer und Parzelle des Obstgartens, die einem fremden Auge wie Zwillingslämmer einander gleichen mochten, trugen doch für meinen gewohnten Blick Unterschiede und einen Namen. England blieb bestehen, obschon es tot war – es war der Geist des guten alten Englands, den ich erblickte, unter den Schatten dieses belaubten Waldes waren frühere Generationen in Sicherheit und Leichtigkeit umhergetollt. Zu diesem schmerzlichen Wiedererkennen vertrauter Orte kam ein Gefühl hinzu, das von allen erfahren, doch von keinem verstanden wurde – ein Gefühl, als ob ich in einem Zustand, der weniger unwirklich als ein Traum war, in einer vergangenen realen Existenz, alles bereits gesehen hätte, was ich nun sah, mit genau den Gefühlen, die ich jetzt erlebte – als ob alle meine Empfindungen ein doppelseitiger Spiegel einer früheren Offenbarung wären. Um diesen bedrückenden Eindruck abzuwerfen, versuchte ich mir Veränderungen an diesem stillen Ort vorzustellen – dies verstärkte meine Stimmung, indem es mich den Gegenständen, die mir Pein verursachten, mehr Aufmerksamkeit schenken ließ.

Ich erreichte Datchet und Lucys bescheidene Behausung – einst lärmend von samstagabendlichen Nachtschwärmern, oder sauber und adrett am Sonntagmorgen, hatte sie die Mühen und die ordentlichen Gewohnheiten der Hausfrau bezeugt. Der Schnee lag hoch vor der Tür, als ob sie viele Tage lang nicht geöffnet worden sei.

»Will Roscius neue Todesszenen spielen?«,

murmelte ich vor mich hin, während ich auf die dunklen Fensterflügel blickte. Zuerst glaubte ich, in einem von ihnen ein Licht zu sehen, aber es war nur die Spiegelung der Mondstrahlen, während das einzige Geräusch das der knirschenden Äste war, als die Brise die Schneeflocken von ihnen herabfegte – der Mond segelte hoch und ungetrübt im endlosen Äther, während der Schatten der Hütte schwarz in den dahinterliegenden Garten fiel. Ich trat durch das offene Tor ein und musterte jedes Fenster gründlich. Endlich entdeckte ich einen Lichtstrahl, der sich durch einen geschlossenen Fensterladen eines der oberen Räume kämpfte – es war ein neues Gefühl, ach! ein Haus zu betrachten und zu sagen, dass dort sein üblicher Bewohner wohnt – die Tür des Hauses war nicht verschlossen: also trat ich ein und bestieg die mondbeschienene Treppe. Die Tür des bewohnten Raumes war nur angelehnt. Als ich hineinschaute, sah ich Lucy wie zur Arbeit am Tisch sitzen, auf dem das Licht stand; die Werkzeuge der Handarbeit lagen um sie herum, doch ihre Hand war in ihren Schoß gefallen, und ihre Augen, die auf den Boden gerichtet waren, zeigten durch ihre Leere, dass ihre Gedanken wanderten. Spuren der Sorge und des Wartens hatten ihre früheren Reize vermindert – aber ihr schlichtes Kleid und ihre Haube, ihre verzagte Haltung und die einsame Kerze, die sie beschien, verliehen dem Ganzen für einen Augenblick eine malerische Harmonie. Eine furchterregende Tatsache lenkte mich von diesen Gedanken ab – eine Gestalt lag ausgestreckt und mit einem Laken bedeckt auf dem Bett – ihre Mutter war tot, und Lucy, getrennt von der ganzen Welt, verlassen und allein, hielt in der langen Nacht neben der Leiche die Totenwache. Ich betrat den Raum, und mein unerwartetes Erscheinen löste zuerst einen Schrei bei der einzigen Überlebenden einer toten Nation aus; doch sie erkannte mich und erholte sich, mit der schnellen Übung der Selbstbeherrschung, die ihr eigen war. »Haben Sie mich nicht erwartet?«, fragte ich in jener gedämpften Stimme, die uns die Anwesenheit der Toten instinktiv annehmen lässt.

»Sie sind sehr gütig«, antwortete sie, »dass Sie selbst gekommen sind. Ich kann Ihnen nie genug danken; doch es ist zu spät.«

»Zu spät«, rief ich, »was meinen Sie? Es ist nicht zu spät, Sie von diesem verlassenen Ort zu bringen, und Sie fortzuführen nach –«

Mein eigener Verlust, den ich vergessen hatte, als ich sprach, bewirkte, dass ich mich abwenden musste, während der erstickende Kummer meine Rede verhinderte. Ich stieß das Fenster auf und sah auf den kalten, abnehmenden, geisterhaft blassen Halbkreis in der Höhe und auf die kalte weiße Erde darunter – segelte der Geist der süßen Idris durch die vom Mond gefrorene kristallene Luft? – Nein, nein, gewiss befand sie sich an einem angenehmeren und schöneren Ort!

Ich gab mich für einen Augenblick diesem Gedanken hin und wandte mich dann wieder an die Trauernde, die mit jenem Ausdruck resignierter Verzweiflung, vollkommenen Elends und leidenden Duldens am Bett lehnte, der weit berührender ist als jeder wahnsinnige Ausbruch oder wilde Gesten ungezügelter Trauer. Ich wollte sie von diesem Ort entfernen; aber sie widersetzte sich meinem Wunsch. Jene Klasse von Personen, deren Einbildungskraft und Empfindsamkeit, so sie diese Eigenschaften in einem gewissen Maße besitzen, nie über das hinausgekommen ist, was in ihrem unmittelbaren Blickfeld liegt, ist geneigt, ihr Augenmerk auf jene Dinge zu richten, die sie zu zerstören scheinen, und an diesen mit doppelter Hartnäckigkeit festzuhalten, weil sie nichts darüber hinaus verstehen können. Daher wollte Lucy im verlassenen England, in einer toten Welt, die gewöhnlichen Begräbnisriten erfüllen, wie sie unter den englischen Landbewohnern üblich waren, damals, als der Tod ein seltener Besucher gewesen war und uns Zeit gelassen hatte, seine gefürchtete Machtergreifung mit Prunk und Aufwand zu würdigen, und ihm in der Prozession entgegengehend die Schlüssel des Grabes in seine siegreiche Hand zu legen. Sie hatte bereits, allein, wie sie war, einige Handlungen vollbracht, und die Näharbeit, mit der ich sie beschäftigt gefunden hatte, war das Leichentuch ihrer Mutter. Mein Herz schmerzte beim Anblick solcher bedrückenden Einzelheiten, die eine Frau ertragen kann, die aber für den männlichen Geist peinigender sind als tödlicher Kampf oder unaussprechliche, aber vorübergehende Qualen.

Dies müsse nicht sein, sagte ich ihr; und dann, als einen weiteren Anreiz, teilte ich ihr meinen jüngsten Verlust mit und brachte sie auf den Gedanken, dass sie mit mir kommen müsse, um die Pflege der Waisenkinder zu übernehmen, die der Tod Idris' der Fürsorge einer Mutter beraubt hatte. Lucy widerstand nie dem Ruf einer Pflicht, also gab sie nach, schloss sorgfältig Fenster und Türen und begleitete mich zurück nach Windsor. Während wir gingen, berichtete sie mir vom Tod ihrer Mutter. Entweder hatte sie durch irgendein Missgeschick Lucys Brief an Idris entdeckt, oder sie hatte ihre Unterhaltung mit dem Bauern gehört, der ihn uns überbracht hatte; dem sei wie ihm wolle, sie erlangte Kenntnis von der entsetzlichen Lage ihrer selbst und ihrer Tochter, ihr alter Körper konnte der Angst und dem Schrecken, die diese Entdeckung einflößten, nicht standhalten – sie verbarg ihr Wissen vor Lucy, brütete aber während schlafloser Nächte darüber, bis Fieber und Delirium als schnelle Vorläufer des Todes das Geheimnis offenbarten. Ihr Leben, das seit Langem vom Tod bedroht gewesen war, unterlag jetzt der vereinten Wirkung von Elend und Krankheit, und sie war am vorigen Morgen gestorben.

Nach den stürmischen Gefühlen des Tages war ich froh, bei meiner Ankunft in der Herberge festzustellen, dass meine Gefährten sich bereits zur Ruhe zurückgezogen hatten. Ich übergab Lucy der Verantwortung der Dienerin der Gräfin und suchte dann Erholung von meinen verschiedenen Anstrengungen und meiner quälenden Trauer. Für einige Augenblicke schwebten die Ereignisse des Tages wie ein verhängnisvoller Aufzug durch meinen Verstand, bis der Schlaf ihn in Vergessenheit wiegte. Als der Morgen dämmerte und ich erwachte, schien es mir, als hätte mein Schlummer jahrelang gedauert.

Meine Begleiterinnen hatten meine Vergessenheit nicht geteilt. Claras geschwollene Augen zeigten an, dass sie die Nacht mit Weinen verbracht hatte. Die Gräfin wirkte hager und erschöpft. Ihr standhafter Geist hatte keine Erleichterung in Tränen gefunden, und sie litt umso mehr unter all dem schmerzhaften Rückblick und qualvollen Bedauern, das sie jetzt beschäftigte. Wir reisten von Windsor ab, sobald die Begräbnisriten für Lucys Mutter vollzogen waren, und eilten, von einem ungeduldigen Drang getrieben, diese Szene zu verlassen, rasch in Richtung Dover. Unsere Eskorte war uns vorausgegangen, um Pferde zu besorgen, die sie entweder in den warmen Ställen, die sie instinktiv bei kaltem Wetter aufsuchten, oder zitternd in den öden Feldern fanden, wo sie bereitwillig ihre Freiheit im Tausch für dargebotenes Getreide aufgaben.

Während unserer Fahrt erzählte die Gräfin mir von den außerordentlichen Umständen, die sie vor dem Altar der St.-Georgs-Kapelle so überraschend an meine Seite gebracht hatten. Als sie sich zum letzten Male von Idris verabschiedet, als sie ängstlich auf ihre abgemagerte Gestalt und in ihr blasses Gesicht geblickt hatte, war sie plötzlich von der Gewissheit überkommen worden, dass sie sie das letzte Mal sah. Es war schwer, sich von ihr zu trennen, während sie unter der Herrschaft dieses Gefühls stand, und zum letzten Mal bemühte sie sich, ihre Tochter dazu zu überreden, sich ihrer Pflege zu widmen und mir zu erlauben, mich Adrian anzuschließen. Idris beharrte sanft auf ihrer Weigerung, und so trennten sie sich. Die Vorstellung, dass sie sich nie wieder begegnen sollten, wuchs in den Gedanken der Gräfin und verfolgte sie unaufhörlich; tausendmal hatte sie sich entschlossen, umzukehren und sich uns anzuschließen, und wurde immer wieder durch Stolz und Ärger, deren Sklavin sie war, zurückgehalten. Stolz wie sie war, badete sie ihr Kissen mit nächtlichen Tränen und litt am Tage unter der nervösen Aufregung und Erwartung des gefürchteten Ereignisses, das sie völlig unfähig war zu verhindern. Sie gestand, dass ihr Hass auf mich in dieser Zeit keine Grenzen kannte, da sie mich als das einzige Hindernis für die Erfüllung ihres größten Wunsches ansah, ihre Tochter in ihren letzten Augenblicken zu begleiten. Sie wünschte, ihrem Sohn ihre Ängste zu gestehen und erhoffte sich Trost oder neuen Mut von seiner Bestätigung oder Ablehnung ihrer Vorahnungen.

Am ersten Tage ihrer Ankunft in Dover ging sie mit ihm am Meeresstrand spazieren und sie war gerade dabei, mit der Schüchternheit, die typisch für leidenschaftliche und reizbare Charaktere ist, nach und nach das Gespräch an den gewünschten Punkt zu bringen, an welchem sie ihm ihre Ängste mitteilen wollte, als der Bote mit dem Brief, der unsere vorübergehende Rückkehr nach Windsor ankündigte, auf sie zugeritten kam. Er erstattete ihr mündlich Bericht, wie er uns verlassen hätte, und fügte hinzu, dass er trotz der Heiterkeit und des guten Mutes von Lady Idris fürchtete, dass sie Windsor kaum lebend erreichen werde.

»Wohl wahr«, sagte die Gräfin, »deine Ängste sind gerechtfertigt, sie steht kurz vor ihrem Ableben!«

Während sie sprach, waren ihre Augen auf eine grabähnliche Einbuchtung in der Klippe gerichtet, und sie sah, wie sie mir feierlich vortrug, Idris langsam auf diese Höhle zugehen. Sie war von ihr abgewandt, ihr Kopf war gesenkt, ihr weißes Kleid war so, wie sie es gewöhnlich zu tragen pflegte, nur dass ein dünner trauerflorartiger Schleier ihre goldenen Locken bedeckte und sie wie durch einen trüben, durchscheinenden Nebel verbarg. Sie sah niedergeschlagen aus, als gebe sie folgsam einer sie beherrschenden Macht nach; sie trat unterwürfig ein und war in der dunklen Nische verschwunden.

»Würde ich zu träumerischen Gedanken neigen«, sagte die ehrwürdige Dame, während sie ihre Erzählung fortsetzte, »könnte ich an meinen Augen zweifeln und meine Leichtgläubigkeit verurteilen; aber die Wirklichkeit ist die Welt, in der ich lebe, und was ich sah, war zweifelsohne eine jenseitige Existenz, daran habe ich keinen Zweifel. Von diesem Moment an konnte ich keine Ruhe mehr finden, es war mir mehr wert als mein Leben, sie noch einmal zu sehen, ehe sie starb; ich wusste, dass mir dies nicht mehr gelingen sollte, doch ich musste es versuchen. Ich fuhr sofort nach Windsor und obschon ich darauf sah, dass wir schnell reisten, schien es mir doch, dass unser Fortkommen träge war und dass zu meinem Verdruss Verspätungen eintraten. Noch immer klagte ich dich an und häufte die feurige Asche meiner brennenden Ungeduld auf dein Haupt. Es war keine Enttäuschung, vielmehr ein qualvoller Schmerz, als du auf ihre letzte Bleibe hinwiesest, und keine Worte könnten die Abscheu widerspiegeln, die ich in diesem Moment dir gegenüber, als dem triumphierenden Hindernis meiner drängendsten Wünsche, fühlte. Ich sah sie, und Wut, Hass und Ungerechtigkeit starben an ihrer Bahre, um im Angesicht ihres Todes der Reue Platz zu machen (großer Gott, dass ich sie fühlen sollte!), die andauern muss, solange Erinnerung und Gefühl bestehen bleiben.«

Um solche Reue zu lindern und um zu verhindern, dass Liebe und neu erwachte Milde die gleiche bittere Frucht hervorbrachten, die Hass und Härte zuvor erzeugt hatten, widmete ich all meine Kraft dem Versuch, die ehrwürdige Büßerin zu beruhigen. Unsere Gesellschaft war eine traurige; jeder war von einer unheilbaren Trauer besessen; denn die Abwesenheit seiner Mutter verdüsterte sogar die kindliche Fröhlichkeit Evelyns. Hinzu kam die Aussicht auf die unsichere Zukunft. Vor der letzten Vollendung jedweder großen freiwilligen Veränderung schwankt der Geist, der sich mal durch sehnliche Erwartung beruhigt und mal vor Hindernissen zurückschreckt, die sich ihm niemals zuvor mit einer so furchtbaren Erscheinung gezeigt haben. Ein unwillkürliches Zittern durchfuhr mich, als ich daran dachte, dass wir in einem weiteren Tag vielleicht die Wasserbarriere überquert und uns auf jene hoffnungslose, endlose, traurige Wanderung begeben haben könnten, die ich bis vor kurzer Zeit für die einzige Erleichterung des Leids gehalten hatte, derer unsere Lage bedürfte.

Unsere Annäherung an Dover kündigte sich an durch das laute Getöse der winterlichen See. Dass ihr Schall meilenweit landeinwärts zu hören war, vermittelte durch den ungewohnten Aufruhr ein Gefühl der Unsicherheit und Gefahr für unsere sichere Überfahrt. Anfangs wagten wir kaum zu denken, dass ein ungewöhnliches Naturereignis diesen gewaltigen Krieg von Luft und Wasser verursachen könnte, sondern glaubten, dass wir nur das vernahmen, was schon tausendmal an unsere Ohren gedrungen war, wenn wir die Scharen von schaumgekrönten Wellen gesehen hatten, die, von den Winden angetrieben, klagend und ersterbend auf den kargen Sand und die spitzen Felsen rollten. Aber als wir näher kamen, fanden wir bald heraus, dass Dover überschwemmt war – viele Häuser waren durch die Fluten eingestürzt, die die Straßen füllten und sich mit schrecklichem Lärm zurückzogen, den Gehweg der Stadt entblößend, bis sie wieder durch den Zustrom des Ozeans vorwärtsgedrängt mit donnerndem Getöse zu ihrem ursprünglichen Standort zurückkehrten.

Kaum geringer in Aufruhr als die stürmische Welt der Gewässer war die Versammlung von Menschen, die von der Klippe aus ängstlich ihre Raserei beobachtete. Am Ankunftsmorgen der Auswanderer unter der Führung Adrians war das Meer heiter und spiegelglatt gewesen, die leichten Wellen hatten das Sonnenlicht gebrochen, dessen Strahlen die klare, blaue, frostige Luft durchwirkten. Dieses heitere Aussehen der Natur wurde als ein gutes Vorzeichen für die Reise empfunden, und der Anführer machte sich sofort zum Hafen auf, um zwei Dampfschiffe in Augenschein zu nehmen, die dort festgemacht waren. In der darauffolgenden Mitternacht, als alle schliefen, wurden sie zunächst von einem fürchterlichen Sturm aus Wind und klirrendem Regen und Hagel beunruhigt, gefolgt von der Stimme eines auf der Straße Kreischenden, dass die Schlafenden erwachen sollten, sofern sie nicht ertrinken wollten; und als sie halb bekleidet hinausliefen, um herauszufinden, was es mit diesem Alarm auf sich hatte, stellten sie fest, dass die Flut, die sich bereits über jede Hochwassermarke erhob, in die Stadt drängte. Sie stiegen die Klippe hinauf, aber in der Dunkelheit erkannten sie nur den weißen Kamm der Wellen, während das Heulen des tosenden Windes sich mit dem Brausen der wilden Wogen vermischte. Die schreckliche Stunde der Nacht, die völlige Unerfahrenheit vieler, die noch nie zuvor das Meer gesehen hatten, das Jammern der Frauen und die Schreie der Kinder steigerten die Schrecken des Tumultes noch.

Den ganzen folgenden Tag setzte sich das Schauspiel fort. Als die Flut zurückging, war die Stadt trocken; doch während der neuerlichen Strömung stieg sie sogar noch höher als in der vorangegangenen Nacht. Die gewaltigen Schiffe, die verrottend in den Straßen lagen, wurden von ihrem Ankerplatz gewirbelt und krachend gegen die Klippen getrieben. Die Schiffe im Hafen wurden wie Seetang an Land geschleudert und dort von den Brechern in Stücke gerissen. Die Wellen stürzten gegen die Klippe, die, wo immer sie zuvor gelockert gewesen war, nun nachgab, und die bestürzte Menge sah riesige Teile des nahen Landes unter Krachen und Brüllen in die Tiefe stürzen. Dieser Anblick wirkte auf verschiedene Personen unterschiedlich. Der größere Teil hielt es für ein Gericht Gottes, um unsere Auswanderung aus unserem Heimatland zu verhindern oder uns dafür zu bestrafen. Andere waren doppelt begierig darauf, aus einem Winkel der Erde auszubrechen, der jetzt zu ihrem Gefängnis geworden war und unfähig schien, dem Eindringen der riesigen Wellen des Ozeans zu widerstehen.

Als wir nach einer anstrengenden Tagesreise in Dover ankamen, bedurften wir alle der Ruhe und des Schlafs; aber das Schauspiel, das sich um uns herum abspielte, vertrieb solche Gedanken bald. Wir waren zusammen mit dem größten Teil unserer Gefährten an den Rand der Klippe gegangen, um dort tausend Vermutungen anzustellen und uns gegenseitig anzuhören. Nebel verengte unseren Horizont auf etwa eine viertel Meile, und der dunstige Schleier, kalt und dicht, hüllte Himmel und Meer gleichermaßen in Dunkelheit. Was zu unserer Unruhe noch hinzukam, war der Umstand, dass zwei Drittel unserer ursprünglichen

Zahl jetzt sehnsüchtig in Paris auf uns warteten; und dass unser trauriger Überrest nun durch den unbezwinglichen unpassierbaren Ozean von ihnen getrennt war, versetzte uns in großen Schrecken. Endlich, nachdem wir mehrere Stunden auf der Klippe gezögert hatten, zogen wir uns nach Schloss Dover zurück, dessen Dach nun alle beherbergte, die englische Luft atmeten, und suchten den Schlaf, der nötig war, um unseren erschöpften Körpern und müden Geistern Stärke und Mut zurückzugeben.

Früh am Morgen brachte Adrian mir die willkommene Nachricht, dass der Wind sich gedreht hatte. Es war ein Südwestwind gewesen; jetzt blies er aus Nordosten. Der Himmel wurde durch den aufkommenden Wind von Wolken befreit, während die Flut sich beim Eintritt der Ebbe vollständig aus der Stadt zurückzog. Der Wechsel der Windrichtung erhöhte die Wut des Meeres zwar, aber er änderte dessen vormals dunklen Farbton zu einem hellen Grün; und trotz seines ungemilderten Getöses verlieh seine fröhlichere Erscheinung uns Hoffnung und Vergnügen. Den ganzen Tag beobachteten wir das Auftürmen der Wellenberge, und gegen Sonnenuntergang verspürte jeder den Wunsch, das Wetter des kommenden Tages zu entschlüsseln, woraufhin wir uns alle am Rande der Klippe versammelten. Als der mächtige Himmelskörper sich bis auf wenige Grad dem stürmischen Horizont genähert hatte, geschah plötzlich ein Wunder! Drei andere Sonnen, gleichermaßen brennend und glänzend, stürzten aus verschiedenen Vierteln des Himmels auf die große Kugel zu; sie wirbelten darum herum. Der Glanz des Lichts war zu hell für unsere geblendeten Augen; die Sonne selbst schien sich dem Reigen anzuschließen, während das Meer wie ein Schmelzofen brannte, als stünde der ganze Vesuv unter fließender Lava in Flammen. Die Pferde befreiten sich entsetzt aus ihren Ställen – eine Rinderherde raste in wilder Angst zum Rand der Klippe und stürzte, vom Licht geblendet, unter schrecklichem Gebrüll in die Wellen hinab. Die Zeitdauer der Erscheinung dieser Meteore war vergleichsweise kurz; plötzlich vereinten sich die drei falschen Sonnen zu einer einzigen und stürzten ins Meer. Ein paar Sekunden später erscholl von der Stelle, wo sie verschwunden waren, ein ohrenbetäubender Lärm mit schrecklichem Dröhnen aus dem Wasser.

Währenddessen wanderte die Sonne, befreit von ihren seltsamen Satelliten, mit ihrer gewohnten Majestät zu ihrer westlichen Heimat. Dann – wir wagten nicht, unseren eben erst geblendeten Augen zu trauen, aber es schien, – als ob das Meer sich erhöbe, um ihr näher zu kommen – es stieg höher und höher, bis der feurige Globus verdunkelt war und die Wasserwand immer noch am Horizont emporstieg; es schien, als ob uns plötzlich die Bewegung der Erde enthüllt worden sei – als ob wir nicht länger von alten Gesetzen regiert würden, sondern in einer unbekannten Region des Universums treiben würden. Viele schrien laut, dass dies keine Meteore seien, sondern Kugeln aus brennender Materie, die die Erde in Brand gesetzt hätten und den riesigen Kessel zu unseren Füßen mit seinen maßlosen Wellen siedend aufsteigen ließen; der Tag des Jüngsten Gerichts sei gekommen, und in wenigen Augenblicken würden wir uns vor dem schrecklichen Antlitz des allmächtigen Richters wiederfinden; während jene, die weniger zu visionären Schrecken neigten, erklärten, dass zwei widerstreitende Luftströmungen das letztere Phänomen verursacht hätten. Zur Untermauerung dieser Meinung wiesen sie darauf hin, dass der Ostwind verstummt war, während das Rauschen des kommenden Westwindes sein wildes Geheul mit dem Rauschen der vordrängenden Wasser vermischte. Würde die Klippe diesem neuen Angriff widerstehen? War nicht die riesenhafte Welle viel höher als der Fels? Würde unsere kleine Insel nicht durch ihre Annäherung überflutet werden? Die Zuschauermenge floh. Sie zerstreuten sich über die Felder, blieben ab und zu stehen und blickten entsetzt zurück. Ein erhabenes Gefühl der Ehrfurcht beruhigte das schnelle Pulsieren meines Herzens – ich erwartete die Annäherung der drohenden Zerstörung mit der ruhigen Ergebenheit, die eine unvermeidliche Notwendigkeit hervorruft. Der Ozean nahm jeden Augenblick einen grandioseren Anblick an, während das Zwielicht durch das Gewölk gedämpft wurde, das der Westwind über den Himmel trieb. Langsam jedoch, als die Welle vorrückte, nahm sie ein milderes Aussehen an; irgendeine Unterströmung der Luft oder ein Hindernis im Bett der Wasser hemmte ihren Fortschritt, und sie sank allmählich, während die Oberfläche des Meeres gleichmäßig anstieg, bis sie sich darin auflöste.

Diese Veränderung nahm uns die Angst vor einer unmittelbaren Katastrophe, obschon wir noch immer besorgt waren, wie das Ganze enden würde. Während der restlichen Nacht fuhren wir fort, die Wut des Meeres und die Schnelligkeit der treibenden Wolken zu beobachten, durch deren Öffnungen die wenigen Sterne hervorblitzten; das Donnern widerstreitender Elemente hatte den Schlaf gänzlich aus unseren Augen vertrieben.

So ging es ohne Unterlass für drei Tage und Nächte weiter. Die mutigsten Herzen zitterten vor der wilden Feindseligkeit der Natur; die Vorräte begannen uns auszugehen, obwohl jeden Tag Gruppen auf Nahrungssuche in die näheren Städte ausgesandt wurden. Umsonst versuchten wir uns in dem Glauben zu bestärken, dass in dem Aufruhr, den wir erlebten, nichts der gewöhnlichen Ordnung der Natur zuwiderlaufe; unser katastrophales und überwältigendes Schicksal hatte die Besten unter uns zu Feiglingen gemacht. Der Tod hatte uns über viele Monate hinweggejagt, bis hin zu dem schmalen Zeitstreifen, auf dem wir jetzt standen; in der Tat schmal und von Stürmen gepeitscht war unser Pfad über das große Meer des Unglücks –

> Wie von überall her eine nördliche Klippe
> wogengepeitscht im Sturm des Winters umtobt wird,
> so umtoben auch diesen von Grund auf furchtbar
> anbrandende
> Unheilsstürme, die stets ihn begleiten,
> von dort, wo die Sonne sinkt,
> von dort, wo sie aufsteigt,
> von dort, wo sie leuchtet am Mittag,
> von dort, wo die Berge getaucht sind in Nacht.

Es bedurfte übermenschlicher Energie, um den Bedrohungen der Zerstörung standzuhalten, die uns überall umgaben.

Nach drei Tagen verebbte der Sturm, die Seemöwe segelte im ruhigen Schoß der windstillen Atmosphäre, und das letzte gelbe Blatt am obersten Ast der Eiche hing bewegungslos. Das Meer tobte nicht mehr vor Wut; ein Seegang, der stetig mit langen Wellen und trägem Aufprall an die Küste rollte, ersetzte das Gebrüll der Brecher. Doch wir schöpften aus der Veränderung

Hoffnung, denn wir zweifelten nicht daran, dass das Meer nach einigen Tagen gänzlich zur Ruhe kommen würde. Der Sonnenuntergang des vierten Tages befeuerte diesen Gedanken; er war klar und golden. Als wir auf das darunter leuchtende purpurne Meer blickten, wurden wir von einem neuen Spektakel angezogen; ein dunkler Fleck – als er sich näherte, erkennbar als ein Boot – ritt auf den Wellen, sich hin und wieder in den steilen Tälern dazwischen verlierend. Voller ungeduldiger Neugierde verfolgten wir seinen Kurs; und als wir sahen, dass es offenbar aufs Land zusteuerte, stiegen wir zum einzigen praktikablen Landungsort ab und hissten ein Zeichen, um es zu leiten. Mithilfe von Ferngläsern unterschieden wir seine Mannschaft; sie bestand aus neun Männern, Engländern, die in Wahrheit zu den zwei Abteilungen unseres Volkes gehörten, die uns vorausgegangen waren und sich seit einigen Wochen in Paris aufhielten. Wie der Landsmann dem Landsmann in fernen Ländern zu begegnen pflegt, begrüßten wir unsere Besucher beim Anlegen mit ausgestreckten Händen und herzlichem Willkommen. Sie erwiderten unsere Begrüßungen nicht gleich. Sie sahen wütend und gereizt aus, nicht weniger als das geschundene Meer, das sie unter unmittelbar drohender Gefahr durchquert hatten, obschon sie anscheinend miteinander unzufriedener waren als mit uns. Es war seltsam, diese menschlichen Wesen zu sehen, die wie seltene und kostbare Pflanzen voller aufsteigender Leidenschaft und kriegerischem Geist aus der Erde erwachsen zu sein schienen. Ihre erste Forderung war, zum Lordprotektor von England geführt zu werden, so nannten sie Adrian, obschon er den leeren Titel seit Langem, als eine bittere Verspottung des Schattens, zu dem das Protektorat jetzt geschrumpft war, verworfen hatte. Sie wurden schnell nach Schloss Dover geführt, von dessen Turm aus Adrian die Bewegungen des Bootes beobachtet hatte. Er empfing sie mit dem Interesse und der Verwunderung, die ein so ungewöhnlicher Besuch hervorrufen musste. In der Verwirrung, die dadurch entstand, dass jeder zornig forderte, zuerst sprechen zu dürfen, dauerte es lange, bis wir die geheime Bedeutung dieser seltsamen Szene entschlüsseln konnten. Allmählich fanden wir anhand der wütenden Deklamationen des einen, der heftigen Unterbrechungen eines anderen und dem bitteren Spott eines dritten heraus, dass sie Abgeordnete aus unserer Kolonie in Paris waren, und zwar von drei Parteien, die sich dort gebildet hatten, von denen jede mit wütender Rivalität versuchte, eine Überlegenheit gegenüber den anderen beiden zu erlangen. Diese Stellvertreter waren von ihnen zu Adrian entsandt worden, der als Schiedsrichter ausgewählt worden war; sie waren von Paris nach Calais durch die leeren Städte und das trostlose Land gereist, während sie sich dem heftigen Hass aufeinander hingaben, und setzten sich jetzt mit uneingeschränktem Parteigeist für ihre verschiedenen Interessen ein.

Indem wir die Abgeordneten einzeln befragten, erfuhren wir nach eingehender Untersuchung, wie die Dinge in Paris wirklich standen. Seitdem das Parlament ihn zu Rylands Stellvertreter gewählt hatte, hatten sich alle überlebenden Engländer Adrian unterstellt. Er war unser Hauptmann, der uns von unserem heimatlichen Boden in unbekannte Lande führen sollte, unser Gesetzgeber und unser Erhalter. In der ersten Anordnung unseres Planes zur Auswanderung war keine längere Trennung unserer Mitglieder vorgesehen, und das Kommando über die Gesamtheit mit seiner abgestuften Hierarchie hatte seine Spitze im Grafen von Windsor. Unvorhergesehene Umstände hatten jedoch unsere Pläne geändert, so dass der größte Teil unserer Leute für den Zeitraum von fast zwei Monaten vom obersten Anführer getrennt wurde. Sie waren in zwei verschiedenen Gruppen übergesetzt; und bei ihrer Ankunft in Paris kam Zwietracht zwischen ihnen auf.

Sie hatten Paris verwüstet vorgefunden. Als die Pest dort aufgetaucht war, hatten uns die zurückkehrenden Reisenden und Kaufleute sowie briefliche Mitteilungen regelmäßig über die Verheerungen informiert, die die Seuche auf dem Kontinent angerichtet hatte. Aber mit der erhöhten Sterblichkeit nahm dieser Verkehr ab und verebbte schließlich ganz. Selbst in England wurde die Kommunikation von einem Teil der Insel zum anderen langsam und selten. Kein Schiff durchquerte mehr die Flut, die Calais von Dover trennte; und wenn ein einsamer Reisender, der sich des Lebens oder Todes seiner Verwandten versichern wollte, von der französischen Küste ablegte, um zu uns zurückzukehren, verschlang oft der gierige Ozean sein kleines Fahrzeug, oder er wurde nach ein oder zwei Tagen von der Seuche angesteckt und starb, bevor er jemandem von der Verheerung Frankreichs erzählen konnte. Wir waren daher in hohem Grade unwissend über den Zustand der Dinge auf dem Kontinent und hegten eine vage Hoffnung, zahlreiche Gefährten in dem ausgedehnten Land zu finden. Aber die gleichen Ursachen, die das englische Volk so schrecklich vermindert hatten, hatten im Schwesterland noch mehr Spielraum für Unheil gefunden. Frankreich war entvölkert; während des ganzen langen Wegs von Calais nach Paris fand sich kein einziger Mensch. In Paris gab es ein paar, vielleicht hundert, die sich ihrem Schicksal ergeben hatten, durch die Straßen der Hauptstadt huschten und sich ab und an versammelten, um mit jener Lebhaftigkeit und sogar Fröhlichkeit, die die Individuen dieser Nation selten verlassen, von vergangenen Zeiten zu plaudern.

Die Engländer nahmen Paris unangefochten in Besitz. Seine hohen Häuser und engen Straßen waren ohne Leben. Einige bleiche Gestalten hielten sich in den Tuilerien auf; sie fragten sich, warum die Insulaner sich ihrer unglückseligen Stadt nähern wollten – denn im Übermaß des Elends stellen die Leidenden sich stets vor, dass ihr Teil des Unheils am bittersten ist, so wie wir, wenn wir intensiven Schmerz ertragen, jene Marter gegen jede andere, die einen anderen Teil des Körpers heimsucht, eintauschen würden. Sie lauschten dem Bericht, den die Emigranten von ihren Beweggründen gaben, ihr Heimatland zu verlassen, mit einem beinahe verächtlichen Achselzucken – »Kehrt zurück«, sagten sie, »kehrt zu eurer Insel zurück, deren Meeresbrise und Teilung vom Kontinent eine gewisse Gesundheit versprechen: Wenn die Pest unter euch Hunderte getötet hat, so hat sie bei uns Tausende getötet. Seid ihr nicht selbst jetzt zahlreicher als wir? – Vor einem Jahr hättet ihr nur die Kranken gefunden, die die Toten begraben, jetzt sind wir glücklicher; denn die Qual des Kampfes ist vergangen, und die wenigen, die ihr hier findet, warten geduldig auf den letzten Schlag. Aber ihr, die ihr nicht bereit zu sterben seid, atmet nicht weiter die Luft Frankreichs, sonst werdet auch ihr bald ein Teil seiner Erde sein.«

So hätten sie gern durch Drohungen mit dem Schwert jene zurückgewiesen, die dem Feuer entgangen waren. Aber die zurückliegende Gefahr wurde von meinen Landsleuten als eine unmittelbare, bedrohliche angesehen, die vor ihnen liegende als zweifelhaft und fern; und bald entstanden andere Gefühle, die die Angst verdrängten oder sie durch Leidenschaften ersetzten, die unter einer Bruderschaft unglücklicher Überlebender der endenden Welt keinen Platz hätten haben sollen.

Die zahlenmäßig größere Gruppe von Auswanderern, die zuerst nach Paris gelangte, beanspruchte eine Überlegenheit an Rang und Macht; die zweite Gruppe behauptete ihre Unabhängigkeit. Eine dritte wurde von einem Sektierer gebildet, einem selbsternannten Propheten, der, während er alle Macht und Herrschaft Gott zuschrieb, sich bemühte, das wahre Kommando über seine Kameraden in seine eigenen Hände zu bekommen. Diese dritte Gruppe bestand aus wenigen Individuen, aber ihre Ziele waren einheitlicher, ihr Gehorsam gegenüber ihrem Anführer einmütiger, ihre Stärke und ihr Mut unnachgiebiger und reger.

Während des ganzen Verlaufs der Pest hatten die Verbreiter religiöser Lehren große Macht; eine Macht des Guten, sofern sie richtig ausgeübt wurde, oder des unberechenbaren Unheils, sofern Fanatismus oder Unduldsamkeit ihre Bemühungen leiteten. Im vorliegenden Fall trieb ein schlimmeres Gefühl als jene beiden den Anführer an. Er war ein Hochstapler im entschiedensten Sinne des Wortes. Ein Mann, der in jungen Jahren aufgrund bösartiger Neigungen jedes Gefühl der Rechtschaffenheit oder Selbstachtung verloren hatte und sich, als der Ehrgeiz in ihm erweckt wurde, skrupellos seinem Einfluss hingab. Sein Vater war ein methodistischer Prediger gewesen, ein schwärmerischer Mann mit einfachen Absichten, dessen schädliche Lehren von bedingungsloser Erwählung und begrenzter Sühne jedoch dazu beigetragen hatten, jedes Bewusstsein des Gewissens in seinem Sohn zu zerstören. Während des Fortschritts der Pest hatte er verschiedene Pläne verfolgt, um Anhänger und Macht zu gewinnen. Adrian hatte diese Versuche entdeckt und niedergeschlagen; aber Adrian war nun abwesend; der Wolf legte die Tracht des Hirten an, und die Herde nahm ihm die Täuschung ab. Er hatte in den wenigen Wochen, die er in Paris gewesen war, eine Gruppe um sich geschart, die eifrig das Glaubensbekenntnis seiner göttlichen Sendung nachplapperte und glaubte, dass Sicherheit und Erlösung nur denen zuteilwürden, die ihr Vertrauen in ihn setzten.

Nachdem es zu ersten Meinungsverschiedenheiten gekommen war, gaben die kleinsten Ursachen Anlass zu weiteren. Die erste Partei hatte, als sie in Paris angekommen war, die Tuilerien in Besitz genommen. Zufall und ein Gefühl der Verbundenheit hatten die zweite dazu gebracht, sich in ihrer Nähe einzuquartieren. Ein Streit über die Verteilung der geplünderten Vorräte entstand; die Anführer der ersten Abteilung forderten, dass ihnen alles zur Gänze zur Verfügung gestellt werden sollte, dieser Anmaßung weigerte sich die Gegenpartei zu entsprechen. Als die Letzteren das nächste Mal auf die Suche nach Vorräten gingen, waren die Tore von Paris für sie verschlossen. Nachdem sie diese Schwierigkeit überwunden hatten, marschierten sie alle gemeinsam zu den Tuilerien. Sie fanden heraus, dass ihre Feinde schon von den *Auserwählten* vertrieben worden waren, wie sich die fanatische Partei selbst bezeichnete, die sich weigerte, irgendjemanden in den Palast einzulassen, der nicht allem außer Gott und seinem Stellvertreter auf Erden, ihrem Anführer, den Gehorsam entsagte. Dies war der Anfang des Zwistes, der endlich so weit ging, dass die drei bewaffneten Abteilungen sich am Place Vendôme trafen, jeder entschlossen, den Widerstand seiner Gegner mit Gewalt zu unterwerfen. Sie versammelten sich, ihre Musketen waren geladen und bereits auf ihre vermeintlichen Feinde gerichtet. Ein Wort hätte genügt, und die letzten Menschen hätten ihren Seelen das Verbrechen des Mordes aufgebürdet und ihre Hände in Blut getaucht. Ein Gefühl der Scham, eine Erinnerung, dass nicht nur ihre Sache, sondern die Existenz der ganzen menschlichen Rasse auf dem Spiel stand, ergriff den Anführer der zahlenmäßig größeren Partei. Er war sich bewusst, dass, wenn die Reihen ausgedünnt würden, keine anderen Rekruten sie füllen könnten; dass jeder Mann wie ein unbezahlbares Juwel in einer Königskrone war, für das man, wenn es zerstört würde, selbst in den tiefen Eingeweiden der Erde keinen Ersatz finden könnte. Er war ein junger Mann und von Anmaßung und der Vorstellung seines hohen Ranges und seiner Überlegenheit gegenüber allen anderen Anwerbern getrieben; jetzt bereute er seine Arbeit, er fühlte, dass all das Blut, das vergossen werden würde, an ihm kleben würde; mit einem plötzlichen Impuls trieb er sein Pferd zwischen die Gruppen und verlangte, nachdem er ein weißes Taschentuch auf die Spitze seines erhobenen Schwertes gebunden hatte, ein Gespräch. Die gegnerischen Anführer folgten dem Signal. Er sprach voller Leidenschaft; er erinnerte sie an den Eid, den alle Anführer geschworen hatten, sich dem Lordprotektor zu unterwerfen; er erklärte ihr gegenwärtiges Treffen zu einem Akt des Verrats und der Meuterei; er gestand, dass er von Leidenschaft mitgerissen worden, dass aber nun ein kühlerer Moment gekommen sei; und er schlug vor, dass jede Partei Abgeordnete an den Grafen von Windsor senden sollte, damit jener sein Urteil über die Sache fällen sollte und dass sie sich dessen Entscheidung unterwerfen sollten. Sein Angebot wurde so weit akzeptiert, dass jeder Führer sich bereit erklärte, den Rückzug anzutreten, und außerdem versprach, dass sie nach der Zustimmung ihrer verschiedenen Parteien in dieser Nacht an einem neutralen Ort zusammenkommen sollten, um den Waffenstillstand zu bestätigen. Beim Treffen der Anführer wurde jener Plan schließlich beschlossen. Nur der Führer der Fanatiker weigerte sich standhaft, das Schiedsgericht Adrians zuzulassen; er schickte Botschafter, um seine Forderungen zu bekräftigen, anstelle von Stellvertretern, die um eine Entscheidung baten.

Der Waffenstillstand sollte bis zum ersten Februar dauern, zu welchem Zeitpunkt sich die Gegner wieder auf dem Place Vendôme versammeln sollten. Es war deshalb von äußerster Wichtigkeit, dass Adrian bis zu diesem Tag in Paris ankommen sollte, weil ein Härchen die Waagschale bewegen könnte und der durch interne Reibereien gestörte Frieden vielleicht erst zurückkehren würde, wenn es nur noch die stillen Toten zu betrachten gab. Es war jetzt der achtundzwanzigste Januar. Jedes in der Nähe von Dover liegende Schiff war von den wütenden Stürmen, die ich erwähnte, in Stücke gerissen und zerstört worden. Unsere Reise jedoch ließ keine Verzögerung zu. In derselben Nacht brachen Adrian, ich und zwölf andere, entweder Freunde oder Diener, in dem Boot, das die Stellvertreter hergetragen hatte, von der englischen Küste auf. Wir alle waren für das Ruder eingeteilt; und die unmittelbare Gelegenheit unserer Abreise, die uns reichlich Stoff für Mutmaßungen und Reden bot, verhinderte, dass das Gefühl, dass wir unser Heimatland verlassen hatten, um England ein letztes Mal zu entvölkern, tief in die Gedanken des größten Teils unserer Zahl eindrang. Es war eine sternklare Nacht, und die dunkle Linie der englischen Küste kam noch für einige Zeit ab und zu in Sicht, wenn wir auf dem breiten Rücken der Wellen emporgehoben wurden. Ich bemühte mich mit meinem langen Ruder, unser Boot schnell anzutreiben; und während das Wasser mit einem schwermütigen Geräusch gegen seine Seiten spritzte, sah ich mit trauriger Zuneigung auf diesen letzten flüchtigen Anblick des meerumgürteten England, und strengte meine Augen an, um nicht zu früh die zinnenartige Klippe aus den Augen zu verlieren, die sich erhob, um das Land des Heldentums und der Schönheit vor den Einflüssen des Ozeans zu schützen, dessen Wut, wie ich sie in letzter Zeit gesehen hatte, solche zyklopischen Mauern für seine Abwehr erforderte. Eine einsame Seemöwe flog über unseren Köpfen, um in einer Kluft der Klippe ihr Nest aufzusuchen. Ja, du wirst das Land deiner Geburt noch einmal besuchen, dachte ich, während ich ungeduldig auf den luftigen Reisenden hinschaute; aber wir werden es niemals mehr sehen! Grab Idris', leb wohl! Gruft, in der mein Herz begraben liegt, lebe wohl für immer!

Wir waren zwölf Stunden auf See, und die starke Dünung zwang uns, unsere ganze Kraft einzusetzen. Endlich, nach vielem Rudern, erreichten wir die französische Küste. Die Sterne verblassten, und der graue Morgen warf einen trüben Schleier über die silberne Sichel des abnehmenden Mondes – die Sonne stieg groß und rot aus dem Meer auf, als wir über den Strand nach Calais gingen.

Unsere erste Sorge war, Pferde zu beschaffen, und obwohl wir nach der langen und anstrengenden Nacht erschöpft waren, machten sich einige aus unserer Gruppe sogleich auf, um diese in den weiten Feldern der offenen und jetzt unfruchtbaren Ebene um Calais zu suchen. Wir teilten uns, wie Seeleute, in Wachen auf, und einige ruhten sich aus, während andere das Morgenmahl vorbereiteten.

Unsere Kameraden kamen mittags mit nur sechs Pferden zurück – auf diesen machten Adrian, ich und vier andere uns auf den Weg in die große Stadt, die die Bewohner liebevoll die Hauptstadt der zivilisierten Welt genannt hatten. Unsere Pferde waren durch ihre lange Freiheit fast wild geworden, und wir überquerten mit ungestümer Geschwindigkeit die Ebene um Calais. Auf der Anhöhe in der Nähe von Boulogne wandte ich mich wieder um, um nach England zu schauen; die Natur hatte eine neblige Decke darübergeworfen, seine Küste war verborgen – dort war die Wasserbarriere, die uns trennte, die wir nie wieder überqueren würden; es lag auf der Ebene des Ozeans

im großen Teich ein Schwanennest.

Zerstört war das Nest, ach! die Schwäne Albions waren für immer dahin – über einen unbewohnten Felsen im weiten Pazifik, der seit der Schöpfung unbewohnt, namenlos, unbemerkt gewesen ist, würde in der zukünftigen Geschichte der Erde ebenso viel berichtet werden wie über das verödete England.

Unsere Reise wurde durch tausend Hindernisse verzögert. Als unsere Pferde müde wurden, mussten wir nach anderen suchen; und es vergingen Stunden, während wir erst unsere ganze Kunstfertigkeit aufwenden mussten, um einige dieser befreiten Sklaven des Menschen dazu zu bewegen, das Joch wieder aufzunehmen, und später in den Städten von Stall zu Stall gingen, in der Hoffnung, einige zu finden, die den Schutz ihrer heimischen Ställe nicht vergessen hatten. Unser Misserfolg bei der Beschaffung zwang uns, fortwährend irgendeinen unserer Begleiter zurückzulassen; und am ersten Februar erreichten Adrian und ich gänzlich unbegleitet Paris. Der heitere Morgen war angebrochen, als wir in Saint-Denis ankamen, und die Sonne stand hoch, als das Getöse der Stimmen und das Klirren von Waffen, wie wir befürchtet hatten, uns dorthin führte, wo sich unsere Landsleute am Place Vendôme versammelt hatten. Wir kamen an einer Gruppe von Franzosen vorbei, die sich mit ernster Miene über den Wahnsinn der Eindringlinge von der Insel unterhielten, und als wir nach einer Biegung plötzlich auf den Platz kamen, sahen wir die Sonne auf gezogenen Schwertern und Bajonetten glitzern, während Schreie und Gebrüll die Luft zerrissen. Es war eine Szene ungewohnter Verwirrung in diesen Tagen der Entvölkerung. Von eingebildeten Ungerechtigkeiten und beleidigendem Spott erregt, hatten sich die gegnerischen Parteien beeilt, einander anzugreifen; während die Auserwählten, die abseitsstanden, eine Gelegenheit abzuwarten schienen, mit einem besseren Vorteil über ihre Feinde herzufallen, sobald sie sich gegenseitig geschwächt haben sollten. Eine barmherzige Macht ging dazwischen, und kein Blut wurde vergossen; denn während der wahnsinnige Pöbel mitten im Angriff begriffen war, eilten die Frauen, die Ehefrauen, Mütter und Töchter dazwischen; sie ergriffen die Zügel; sie umfingen die Knie der Reiter und hingen an den Hälsen oder entwaffneten Armen ihrer wütenden Verwandten; der schrille weibliche Schrei mischte sich mit dem männlichen Ruf und bildeten den wilden Lärm, der uns bei unserer Ankunft begrüßte.

Unsere Stimmen waren in dem Tumult nicht zu hören; Adrian fiel jedoch mit dem weißen Schlachtross, das er ritt, auf; als er es anspornte, stürzte es mitten in die Menge. Er wurde erkannt und ein lautes Hoch auf England und den Protektor erklang. Die ehemaligen Gegner, die bei seinem Anblick in Zuneigung ausbrachen, eilten gemeinsam zu ihm und umringten ihn; die Frauen küssten seine Hände und die Säume seiner Kleider; ja, selbst seinem Pferd wurde in Form von Umarmungen Tribut gezollt. Einige weinten bei der Begrüßung; er erschien wie ein Engel des Friedens, der unter sie herabstieg; und die einzige Gefahr bestand darin, dass seine sterbliche Natur sich erweisen würde, indem er von den Zuneigungsbezeugungen seiner Freunde erstickt würde. Seine Stimme wurde schließlich gehört, und man gehorchte ihm. Die Menge fiel zurück, allein die Anführer sammelten sich um ihn. Ich hatte Lord Raymond durch seine Truppen reiten sehen; sein siegreiches Aussehen und seine majestätische Miene bewirkten den Respekt und Gehorsam aller – solcherart war Adrians Aussehen oder Einfluss nicht. Seine zierliche Gestalt, sein beseelter Blick, seine Gebärde, mehr bescheiden als gebieterisch, waren Beweise dafür, dass die Liebe, unvermischt mit Angst, ihm die Gewalt über die Herzen einer Menge gab, die wusste, dass er niemals vor Gefahr zurückschrecken oder von anderen Motiven angetrieben werden würde als der Sorge für das allgemeine Wohl. Kein Unterschied war jetzt zwischen den zwei Parteien sichtbar, die eben noch bereit gewesen waren, das Blut des anderen zu vergießen, denn, obwohl sich keiner dem anderen unterwerfen wollte, so waren doch beide dem Grafen von Windsor in bereitwilligem Gehorsam ergeben.

Eine Partei jedoch blieb abgeschieden vom Rest, die weder die Freude teilte, die sich bei Adrians Ankunft zeigte, noch den Geist des Friedens aufnahm, der wie Tau auf die erweichten Herzen ihrer Landsleute fiel. An der Spitze dieser Versammlung stand ein schwerfälliger, düster aussehender Mann, dessen boshaftes Auge mit hämischer Freude die ernsten Blicke seiner Anhänger beobachtete. Sie waren bisher untätig gewesen, aber jetzt, da sie sich im allgemeinen Jubel vergessen fühlten, rückten sie mit drohenden Gesten vor. Unsere Freunde hatten einander sozusagen in mutwilligem Wettkampf angegriffen, ihnen musste man nur sagen, dass sie in Bezug auf ihren Standpunkt einig waren, damit daraus die Wahrheit wurde. Ihre gegenseitige Wut war nur ein Strohfeuer gewesen, verglichen mit dem langsam brennenden Hass, den beide Fraktionen auf diese Abtrünnigen empfanden, die einen Teil der künftigen Welt vereinnahmten, um sich dort zu verschanzen und niederzulassen und dann die bloß gewöhnlichen Kinder der Erde mit schrecklichen Spottgesängen und grässlichen Anklagen anzugehen. Der erste Vormarsch des kleinen Heeres der Auserwählten ließ ihre Wut wiedererwachen; sie packten ihre Waffen und warteten nur auf das Signal ihrer Anführer, den Angriff zu beginnen, als der klare Ton von Adrians Stimme zu hören war, die ihnen befahl, zurückzufallen. Mit verwirrtem Gemurmel und eiligem Rückzug, wie die Welle lärmend vom Sand zurückebbt, den sie eben noch bedeckte, gehorchten unsere Freunde. Adrian ritt allein in den Raum zwischen den gegnerischen Gruppen; er wandte sich an den feindlichen Führer, als ob er ihn aufforderte, seinem Beispiel zu folgen, aber seinem Beispiel wurde nicht gefolgt, sondern der Anführer rückte vor, gefolgt von seiner ganzen Truppe. Unter ihnen waren viele Frauen, die eifriger und entschlossener schienen als ihre männlichen Gefährten. Sie drängten sich um ihren Anführer, als ob sie ihn beschützen wollten, während sie ihn lautstark mit jeder heiligen Bezeichnung und jedem anbetenden

Beinamen belegten. Adrian traf sie auf halbem Weg, sie hielten an: »Was begehrt ihr?«, fragte er. »Benötigt ihr etwas von uns, das wir nicht geben wollen und das ihr mit Waffen und Krieg erwerben müsst?«

Seine Fragen wurden durch einen allgemeinen Schrei beantwortet, in dem nur die Worte *Erwählt*, *Sünde* und *Blutiger rechter Arm Gottes* gehört werden konnten.

Adrian sah ihren Anführer ausdrucksvoll an und sagte: »Kannst du deine Anhänger nicht zum Schweigen bringen? Meine gehorchen mir, wie du vernehmen kannst.«

Der Bursche antwortete mit einem finsteren Blick; und, vielleicht in der Angst, dass seine Leute Zeugen der Debatte werden könnten, die er erwartete, befahl er ihnen, sich zurückzuziehen, und trat selbst vor.

»Ich frage noch einmal«, sagte Adrian, »was verlangst du von uns?«

»Buße«, antwortete der Mann, dessen düstere Stirn sich noch mehr umwölkte, während er sprach. »Gehorsam gegenüber dem Willen des Höchsten, der seinen Auserwählten offenbart wurde. Sterben wir nicht alle durch eure Sünden, o Generation des Unglaubens, und haben wir nicht das Recht, von euch Reue und Gehorsam zu verlangen?«

»Und wenn wir sie verweigern, was dann?«, fragte sein Gegner sanft.

»Hüte deine Zunge«, rief der Mann, »Gott hört dich und wird dein steinernes Herz in seinem Zorn zerschmettern, seine vergifteten Pfeile werden fliegen, seine Hunde des Todes entfesselt werden! Wir werden nicht ungerächt untergehen – und der mächtige Wille wird unser Rächer sein, wenn er in sichtbarer Majestät herabsteigt und die Zerstörung unter euch bringt.«

»Mein guter Kamerad«, sagte Adrian mit ruhiger Verachtung, »ich wünschte, du wärst nur unwissend, denn ich denke, es wäre dann keine schwierige Aufgabe, dir zu beweisen, dass du von etwas sprichst, wovon du nichts verstehst. Bei der gegenwärtigen Gelegenheit aber genügt es mir zu wissen, dass du nichts von uns begehrst; und, der Himmel sei unser Zeuge, wir begehren auch nichts von dir. Es sollte mir leidtun, die wenigen Tage, die wir hier zu leben haben, durch Streit zu verbittern. Wenn wir erst einmal dort sind«, er deutete nach unten, »werden wir nicht miteinander streiten können, während wir es hier nicht zu tun brauchen. Geh nach Hause oder bleib; bete zu deinem Gott in deiner eigenen Weise; deine Freunde mögen das Gleiche tun. Meine Gebete enthalten nur Frieden und Wohlwollen, Ergebung und Hoffnung. Leb wohl!«

Er verbeugte sich leicht vor dem wütenden Eiferer, der gerade antworten wollte; und, indem er sein Pferd die Rue Saint Honoré hinablenkte, forderte er seine Freunde auf, ihm zu folgen. Er ritt langsam, um allen Zeit zu geben, sich ihm anzuschließen, und gab dann seinen Befehl, dass diejenigen, die sich ihm in Gehorsam ergeben hatten, sich in Versailles treffen sollten. In der Zwischenzeit wollte er innerhalb der Mauern von Paris bleiben, bis er den sicheren Rückzug aller gesichert hätte. In ungefähr vierzehn Tagen kämen die restlichen Emigranten aus England, und sie alle würden sich nach Versailles aufmachen. Die Unterkünfte für die Familie des Protektors wurden im Grand Trianon vorbereitet, und dort schlugen wir, nach der Aufregung dieser Ereignisse, inmitten des Luxus der verstorbenen Bourbonen unser Lager auf.

Kapitel 5

Nachdem wir einige Tage geruht hatten, beratschlagten wir uns, um über unsere zukünftigen Schritte zu entscheiden. Unser erster Plan war gewesen, unsere heimischen winterlichen Breitengrade zu verlassen und für unsere verminderte Zahl den Luxus und die Genüsse eines südlichen Klimas zu suchen. Wir hatten uns nicht auf irgendeinen genauen Ort als das Ziel unserer Wanderungen festgelegt, doch ein vages Bild von immerwährendem Frühling, duftenden Hainen und glitzernden Bächen schwebte verlockend vor unserer Vorstellung. Eine Vielzahl von Gründen hatte uns in England aufgehalten, und wir waren jetzt in der Mitte des Februars angekommen. Wenn wir unser ursprüngliches Projekt fortsetzten, würden wir uns in einer schlechteren Lage als zuvor befinden, wenn wir unser gemäßigtes Klima gegen die unerträgliche Sommerhitze in Ägypten oder Persien austauschten. Wir waren daher gezwungen, unseren Plan zu ändern, da das Wetter weiterhin schlecht war; und es wurde beschlossen, dass wir die Ankunft des Frühlings in unserer jetzigen Bleibe erwarten und unsere künftigen Schritte so gestalten sollten, dass wir die heißen Monate in den kühlen Tälern der Schweiz verbringen und unsere Weiterreise nach Süden bis zum folgenden Herbst, falls wir eine solche Jahreszeit noch einmal erleben sollten, aufschieben würden.

Das Schloss und die Stadt von Versailles boten unserer Gruppe reichlich Unterkünfte, und die vorratssuchenden Abordnungen wechselten sich ab, um unsere Bedürfnisse zu stillen. Ein seltsames und entsetzliches Durcheinander prägte die Situation jener Letzten unserer Rasse. Zuerst verglich ich uns mit Siedlern, die über die fernen Meere gekommen waren und nun zum ersten Male in einem neuen Land Wurzeln schlugen. Aber wo waren die Geschäftigkeit und der Fleiß, die für solch eine Versammlung charakteristisch sind, die grob gebaute Wohnung, die ausreichen sollte, bis eine geräumigere Unterkunft gebaut werden konnte, das Abstecken von Feldern, der Versuch der Kultivierung, die eifrige Neugier, unbekannte Tiere und Kräuter zu entdecken, die Exkursionen, um das Land zu erkunden? Unsere Behausungen waren Paläste, unser Essen war bereits in Getreidespeichern gelagert – es gab keine Notwendigkeit zu arbeiten, keine Neugier, keine ungeduldige Lust, voranzukommen. Wenn uns versichert worden wäre, dass wir die Leben unserer derzeitigen Anzahl sichern konnten, wären unsere Beratschlagungen lebhafter und hoffnungsfroher gewesen? Wir hätten über die Zeit gesprochen, in der die für die Ernährung der Menschen vorhandenen Vorräte nicht mehr ausreichen würden, und überlegt, welche Lebensweise wir dann annehmen sollten. Wir hätten unsere Zukunftspläne sorgfältiger geprüft und darüber diskutiert, wo wir in Zukunft wohnen sollten. Aber der Sommer und die Pest waren nahe, und wir wagten nicht, nach vorne zu schauen. Jedem Herz schauderte es bei dem Gedanken an Vergnügungen. Wenn der jüngere Teil unserer Gemeinschaft jemals durch jugendliche und ungezügelte Heiterkeit dazu getrieben wurde, sich zu irgendeinem Tanz oder Lied zu gesellen, um die traurige Zeit aufzuheitern, brachen sie plötzlich ab, von einem kummervollen Blick oder quälenden Seufzen von irgendeinem unter ihnen davon abgehalten, der durch Sorgen und Verluste daran gehindert wurde, sich unter die Feiernden zu mischen. Wenn das Lachen unter unserem Dach widerhallte, verspürte das Herz keine Freude; und wenn es zufällig geschah, dass ich solche Versuche eines Zeitvertreibs miterlebte, vergrößerten sie mein Gefühl des Kummers, anstatt es zu vermindern. Inmitten der Jagd nach Vergnügungen schloss ich die Augen und sah vor mir die dunkle Höhle, in der sich die sterblichen Überreste Idris' befanden und die Toten in erschöpfter Ruhe lagen. Als ich wieder der gegenwärtigen Stunde gewahr wurde, waren die leiseste Melodie der lydischen Flöte oder die harmonischen Schrittfolgen anmutiger Tänze nur der dämonische Chor in der Wolfsschlucht und die Häutung der Reptilien, die den magischen Kreis umgaben.

Meine schönste Zeit des Friedens erlebte ich, als ich, befreit von der Pflicht, mich unter die Menge zu mischen, im lieblichen Heim, wo meine Kinder wohnten, mich ausruhen konnte. Kinder, sage ich, denn ich hatte für Clara die zärtlichsten Gefühle eines Vaters entwickelt. Sie war jetzt vierzehn. Kummer und tiefes Verständnis der Vorgänge um sie herum hatten den ruhelosen Geist der Mädchenjahre besänftigt, während die Erinnerung an ihren Vater, den sie vergötterte, und der Respekt für mich und Adrian ein ausgeprägtes Pflichtbewusstsein in ihrem jungen Herzen weckten. Obschon sie ernst war, war sie nicht traurig. Das eifrige Begehren, das uns alle, wenn wir jung sind, unsere Flügel ausbreiten und unsere Hälse recken lässt, damit wir auf Zehenspitzen gehend schneller auf die Höhe der Reife gelangen können, ward durch frühe Erfahrungen in ihr gedämpft. Alles, was sie an überfließender Liebe nicht dem Gedächtnis ihrer Eltern und der Aufmerksamkeit für ihre lebenden Verwandten widmen konnte, floss in die Religion. Dies war das verborgene Gesetz ihres Herzens, das sie mit kindlicher Zurückhaltung verbarg und umso mehr schätzte, weil es geheim war. Welcher Glaube ist so vollständig, welche Nächstenliebe so rein, welche Hoffnung so innig wie die der frühen Jugend? Und sie, die so voller Liebe, Zärtlichkeit und Vertrauen war, die von Kindheit an auf das weite Meer der Leidenschaft und des Unglücks geworfen worden war, sah den Fingerzeig der offensichtlichen Göttlichkeit in allem, und ihre beste Hoffnung war, sich der Macht, die sie anbetete, würdig zu erweisen. Evelyn war erst fünf Jahre alt, sein freudiges Herz war unfähig zur Sorge, und er belebte unser Haus mit der unschuldigen Fröhlichkeit, die seinen Jahren eigentümlich ist.

Die betagte Gräfin von Windsor war aus ihrem Traum von Größe, Macht und Rang erwacht; sie war plötzlich von der Überzeugung ergriffen worden, dass die Liebe das einzig Gute im Leben sei, die Tugend die einzige edle Auszeichnung und der einzige bereichernde Wohlstand. Diese Lektion hatte sie von den toten Lippen ihrer verstoßenen Tochter gelernt; und sie wandte die ganze feurige Gewalt ihres Charakters auf, um die Zuneigung ihrer verbliebenen Familie zu gewinnen. In frühen Jahren hatte sich das Herz Adrians ihr gegenüber abgekühlt; und obwohl er ihr gebührenden Respekt zollte, verursachte ihre Kälte, vermischt mit der Erinnerung an Enttäuschung und Wut, ihm sogar Pein in ihrer Gesellschaft. Sie sah dies und war dennoch entschlossen, seine Liebe zu gewinnen – das Hindernis diente eher dazu, ihren Ehrgeiz anzustacheln. Wie Heinrich, Kaiser von Deutschland, drei Tage lang im Winter vor Papst Leos Tor im Schnee lag, so wartete sie in Demut vor den eisigen Gittern seines verschlossenen Herzens, bis er, der Diener der Liebe und Prinz der zärtlichen Höflichkeit, sie weit öffnete, um sie einzulassen, und ihr Inbrunst und Dankbarkeit zuteilwerden ließ, den Tribut der kindlichen Zuneigung, die sie verdiente. Ihr Verständnis, ihr Mut und ihre Geistesgegenwart leisteten ihm große Dienste bei der schwierigen Aufgabe, die aufgebrachte Menge zu beherrschen, die seiner Kontrolle in Wahrheit nur gerade so unterworfen war.

Die Hauptumstände, die unsere Ruhe in dieser Zeit störten, entsprangen aus dem Umkreis des angemaßten Propheten und seiner Anhänger. Sie wohnten weiterhin in Paris; aber ihre Missionare besuchten oft Versailles – und solcherart war der Einfluss, den ihre zwar falschen, aber doch vehement wiederholten Behauptungen auf die Leichtgläubigkeit der Unwissenden und Ängstlichen ausübten, dass es ihnen meist gelang, einige unserer Mitstreiter auf ihre Seite zu ziehen. Ein Fall dieser Art, den wir sofort bemerkten, veranlasste uns, den erbärmlichen Zustand zu betrachten, in dem wir unsere Landsleute zurücklassen sollten, wenn wir im Sommer in Richtung Schweiz vorrückten und eine verblendete Mannschaft hinter uns in den Händen ihres schurkischen Anführers zurückließen. Das Bewusstsein unserer geringen Anzahl und die Erwartung weiterer Verringerung drängte sich uns auf; nicht nur würden wir uns auch selbst beglückwünschen, wenn wir unserer Partei auch nur einen hinzufügen könnten, sondern es wäre doppelt erfreulich, seine Opfer vor dem verderblichen Einfluss des Aberglaubens und der unerbittlichen Tyrannei zu retten, die jetzt, obschon sie sich freiwillig fesseln ließen, darunter stöhnten. Hätten wir geglaubt, dass der Prediger im Glauben an seine eigenen Anklagen aufrichtig sei oder sich nur durch ein Gefühl des Wohlwollens in der Ausübung seiner angenommenen Fähigkeiten betätigte, hätten wir uns sofort mit unseren besten Argumenten an ihn gewendet und uns bemüht, seine Ansichten zu besänftigen. Doch er wurde von Ehrgeiz angetrieben, er wollte über diese letzten Flüchtlinge vor dem Tode herrschen; seine Ziele gingen so weit, zu berechnen, dass, wenn aus diesen zerschmetterten Überresten einige überlebten, so dass eine neue Rasse entstehen würde, seiner, indem er die Zügel des Glaubens festhielt, von der nachpestilenziellen Rasse als Patriarch, Prophet, ja als Gott gedacht werden könnte; wie es unter den alten Nach-Sintflutlern Jupiter der Eroberer, Serapis der Gesetzgeber und Vishnu der Bewahrer gewesen waren. Diese Gedanken machten ihn unbeugsam in seiner Herrschaft und gewaltsam in seinem Hass auf jeden, der versuchte, sein usurpiertes Reich mit ihm zu teilen.

Es ist eine seltsame, aber unbestreitbare Tatsache, dass der Philanthrop, der in seinem feurigen Wunsch, Gutes zu tun, der geduldig, vernünftig und sanft ist und dabei alle anderen Argumente als die Wahrheit verachtet, weniger Einfluss auf den Verstand der Menschen hat als der Anmaßende und Selbstsüchtige, der sich nicht scheut, jedes Mittel zu ergreifen, jede Leidenschaft zu erwecken und jede Falschheit zu verbreiten, nur um seine Sache voranzubringen. Wenngleich dies seit undenklichen Zeiten der Fall war, war doch der Kontrast unendlich größer, jetzt da der eine erschreckende Ängste und übersinnliche Hoffnungen ins Spiel bringen konnte, während der andere wenige Hoffnungen anzupreisen hatte noch die Einbildungskraft beeinflussen konnte, um die Ängste zu vermindern, die er selbst am allermeisten hegte. Der Prediger hatte seine Anhänger davon überzeugt, dass ihr Verschontwerden von der Pest, das Heil ihrer Kinder und das Aufkommen einer neuen Menschenrasse aus ihrer Saat von ihrem Glauben an und ihrer Unterwerfung unter ihn abhingen. Sie hatten diese Überzeugung gierig aufgesogen; und ihre übertriebene Leichtgläubigkeit machte sie sogar begierig, andere zum selben Glauben zu bringen.

Wie man irgendjemanden aus einer solch trügerischen Vereinigung herausführen könnte, war ein häufiger Gegenstand von Adrians Gedanken und Gesprächen. Er schmiedete viele Pläne zu diesem Zweck, war aber stets damit beschäftigt, seiner eigenen Truppe Treue und Sicherheit zu wahren; außerdem war der Prediger ebenso umsichtig und klug, wie er grausam war. Seine Opfer lebten unter den strengsten Regeln und Gesetzen, die sie entweder vollständig in den Tuilerien verschlossen oder sie in solchen Zahlen und unter solchen Führern hinausließen, dass die Möglichkeit einer Auseinandersetzung ausgeschlossen war. Es gab jedoch eine unter ihnen, die ich entschlossen war zu retten; sie war in glücklicheren Tagen mit uns bekannt gewesen;

Idris hatte sie geliebt; und ihr vorzügliches Wesen machte es besonders beklagenswert, dass sie diesem gnadenlosen Seelenverschlinger zum Opfer fallen sollte.

Dieser Mann hatte etwa zwei- bis dreihundert Personen unter seinen Fahnen. Mehr als die Hälfte von ihnen waren Frauen; es gab ungefähr fünfzig Kinder jeden Alters und nicht mehr als achtzig Männer. Sie stammten überwiegend aus dem, was, als solche Unterscheidungen noch bestanden, als der niedrigere Rang der Gesellschaft bezeichnet wurde. Die Ausnahmen bestanden aus ein paar hochgeborenen Frauen, die sich, von Schrecken geplagt und von Trauer geschwächt, zu ihm gesellt hatten. Unter diesen war eine, jung, lieblich und begeisterungsfähig, deren gute Eigenschaften sie gerade zu einem leichteren Opfer machten. Ich habe sie schon früher erwähnt: Juliet, die jüngste Tochter und jetzt einzige Nachfahrin des herzoglichen Hauses von L— Es gibt einige Wesen, die das Schicksal auszuwählen scheint, auf die es in unermesslichen Mengen seinen Zorn ausgießt und die es bis zu den Lippen im Elend badet. Solch ein Wesen war die unglückliche Juliet. Sie hatte ihre wohlwollenden Eltern, ihre Brüder und Schwestern, die Begleiter ihrer Jugend, verloren; mit einem Schlag waren sie ihr alle genommen worden. Doch sie hatte es wieder gewagt, sich glücklich zu nennen; vereint mit ihrem Verehrer, ihm, der ihr ganzes Herz besaß und erfüllte, gab sie sich den vergessen machenden Kräften der Liebe hin, sie kannte und empfand nur sein Leben und seine Gegenwart. Zu der Zeit, als sie mit großer Freude die Zeichen der Mutterschaft begrüßte, fiel diese einzige Stütze ihres Lebens, ihr Mann starb an der Pest. Eine Zeit lang war sie im Wahnsinn versunken; die Geburt ihres Kindes holte sie in die grausame Wirklichkeit der Dinge zurück, gab ihr aber gleichzeitig einen Gegenstand, der es wert war, Leben und Vernunft zugleich zu erhalten. Jeder Freund und Verwandte war gestorben, und sie war in Einsamkeit und Armut geraten; tiefe Trauer und zornige Ungeduld verzerrten ihr Urteil, so dass sie sich nicht dazu bringen konnte, uns ihre Not zu enthüllen. Als sie von dem Plan der allgemeinen Auswanderung erfuhr, entschloss sie sich, mit ihrem Kind zu bleiben und allein im weiten England neben dem Grab ihres Geliebten zu leben oder zu sterben, wie es das Schicksal bestimmen mochte. Sie hatte sich in einem der vielen leeren Häuser Londons versteckt; sie war es, die meine Idris am fatalen zwanzigsten November rettete, wenngleich wir über meiner unmittelbaren Gefahr und der darauffolgenden Krankheit Idris' unsere glücklose Freundin vergaßen. Dieser Umstand hatte sie jedoch wieder in Kontakt mit ihren Mitmenschen gebracht. Eine leichte Erkrankung ihres Kindes bewies ihr, dass sie noch immer eine unzerstörbare Bindung an die Menschheit besaß. Das Leben dieses kleinen Geschöpfs zu bewahren, wurde zum Zweck ihres Seins, und sie schloss sich der ersten Abteilung von Auswanderern an, die nach Paris gingen.

Sie wurde eine leichte Beute für den Frömmler; ihre Empfindsamkeit und ihre äußersten Ängste machten sie für jede Idee zugänglich; ihre Liebe zu ihrem Kind ließ sie eifrig an dem kleinsten Strohhalm festhalten, der ihm zur Rettung gereicht hätte. Ihr Verstand, einmal in Missklang geraten und jetzt von rohen unharmonischen Händen gestimmt, ließ sie leichtgläubig werden; wunderschön wie eine sagenumwobene Göttin, mit einer Stimme von unvergleichlicher Süße, vor neu entzündeter Begeisterung brennend, wurde sie eine standhafte Bekehrte und äußerst fähige Gehilfin für den Anführer der Auserwählten. Ich hatte sie an jenem Tag, als wir uns auf dem Place Vendôme trafen, in der Menge bemerkt; und als ich mich plötzlich an ihre schicksalhafte Rettung meiner Verlorenen in der Nacht des zwanzigsten Novembers erinnerte, tadelte ich mich für meine Vernachlässigung und Undankbarkeit und fühlte mich gedrängt, kein Mittel unversucht zu lassen, um sie an ihr besseres Selbst zu erinnern und sie aus den Fängen des heuchlerischen Zerstörers zu befreien.

Ich werde zu diesem Zeitpunkt meiner Geschichte nicht die Mittel beschreiben, die ich anwandte, um in das Refugium der Tuilerien einzudringen, noch will ich eine nurmehr langweilige Darstellung meiner Pläne, Enttäuschungen und meiner Beharrlichkeit anfertigen. Es gelang mir schließlich, diese Mauern zu betreten, und ich durchstreifte die Hallen und Korridore in der eifrigen Hoffnung, die von mir gesuchte Bekehrte zu finden. Am Abend gelang es mir, mich unbeobachtet unter die Versammelten zu mischen, die sich in der Kapelle scharten, um der kunstreichen und wortgewandten Rede ihres Propheten zu lauschen. Ich sah Juliet in seiner Nähe. Ihre dunklen Augen, aus denen auf schreckliche Weise der rastlose Blick des Wahnsinns sprach, waren auf ihn gerichtet. Sie hielt ihren Säugling, der noch kein Jahr alt war, in ihren Armen, und allein die Sorge um ihn hätte ihre Aufmerksamkeit von den Worten ablenken können, denen sie begierig lauschte. Nachdem die Predigt geendigt hatte, zerstreute sich die Versammlung; alle verließen die Kapelle, außer ihr, die ich suchte. Ihr Säugling war eingeschlafen, also legte sie ihn auf ein Kissen, setzte sich neben ihn auf den Boden und beobachtete seinen ruhigen Schlaf.

Ich zeigte mich ihr. Für einen Moment erzeugte die natürliche Empfindung ein Gefühl der Freude, die wieder verschwand, als ich sie mit glühender und liebevoller Ermahnung bat, mich auf der Flucht von dieser Höhle des Aberglaubens und des Elends zu begleiten. In einem Moment fiel sie in das Delirium des Fanatismus zurück, und würde mich gewiss, hätte ihre sanfte Natur dies nicht verhindert, mit Verwünschungen beladen haben. Sie beschwor mich, sie befahl mir, sie zu verlassen. – »Wehe, o wehe«, rief sie, »fliehen Sie, so lange Sie noch können. Jetzt sind Sie in Sicherheit, doch zuweilen kommen seltsame Laute und Eingebungen über mich, und wenn der Ewige in furchtbarem Flüstern mir seinen Willen enthüllen sollte, dass, um mein Kind zu retten, Sie geopfert werden müssen, würde ich die Helfershelfer dessen rufen, den Sie den Tyrannen nennen; sie würden Sie Glied für Glied zerreißen, und ich würde den Tod dessen, den Idris liebte, mit keiner einzigen Träne beweinen.«

Sie sprach hastig, mit tonloser Stimme und wildem Blick; ihr Kind erwachte und fing erschrocken an zu weinen. Jedes Schluchzen fand sogleich Zugang zum Herzen der unglückseligen Mutter, und sie vermischte die zärtlichen Worte, die sie an ihr Kind richtete, mit verärgerten Aufforderungen, dass ich sie verlassen sollte. Hätte ich die Mittel gehabt, hätte ich alles riskiert, hätte sie gewaltsam aus der Mörderhöhle gerissen und auf den heilkräftigen Balsam von Vernunft und Zuneigung vertraut. Aber ich hatte keine Wahl, nicht einmal die Kraft für einen längeren Kampf; Schritte ertönten entlang der Galerie, und die Stimme des Predigers näherte sich. Juliet, die ihr Kind in einer festen Umarmung trug, flüchtete durch eine andere Passage. Selbst dann wäre ich ihr noch gefolgt; aber mein Feind und seine Helfershelfer traten ein. Ich wurde umzingelt und gefangen genommen.

Ich erinnerte mich an die Drohung der unglücklichen Juliet und erwartete, dass der ganze Sturm der Rache des Mannes und der erwachte Zorn seiner Anhänger sofort auf mich fallen würden. Ich wurde befragt. Meine Antworten waren einfach und aufrichtig. »Sein eigener Mund verurteilt ihn«, rief der Betrüger; »er bekennt, dass es seine Absicht war, unsere geliebte Schwester in Gott von dem Wege der Errettung abzukehren. Fort mit ihm in den Kerker, morgen soll er sterben. Wir sind offenbar berufen, ein gewaltiges und entsetzliches Exempel zu statuieren, um die Kinder der Sünde von unserem Zufluchtsort der Erretteten fernzuhalten.«

Mein Herz rebellierte bei seiner heuchlerischen Rede. Doch es wäre meiner unwürdig gewesen, in Worten mit dem Rohling zu kämpfen, und so war meine Antwort kühl. Weit davon entfernt, von Angst überkommen zu werden, dünkte mich, dass selbst im schlimmsten Falle ein Mann, der sich selbst treu und außerdem mutig und entschlossen war, sich seinen Weg durch die Herde dieser fehlgeleiteten Verrückten freikämpfen könnte, selbst von den Brettern des Schafottes aus. »Denken Sie daran«, sagte ich, »wer ich bin, und seien Sie wohl versichert, dass ich nicht ungerächt sterben werde. Ihr gesetzmäßiger Richter, der Lordprotektor, kennt meinen Plan und weiß, dass ich hier bin, der Ruf des Blutes wird ihn erreichen, und Sie und Ihre elenden Opfer werden lange die Tragödie bejammern, die Sie zu spielen beabsichtigen.«

Mein Widerpart ließ sich nicht zu einer Antwort herab, er würdigte mich nicht einmal eines Blickes. – »Ihr kennt eure Pflicht«, sagte er zu seinen Kameraden, »gehorcht.«

Im Nu wurde ich auf die Erde geworfen, gefesselt, bekam die Augen verbunden und wurde rasch fortgebracht – die Freiheit von Gliedmaßen und Sehkraft wurde mir erst zurückgegeben, als ich mich, umgeben von dunklen und undurchdringlichen Kerkermauern, als Gefangener und allein wiederfand.

Dies war das Ergebnis meines Versuches, die Anhängerin dieses verbrecherischen Mannes für mich zu gewinnen. Ich konnte mir nicht vorstellen, dass er es wagen würde, mich zu töten. – Doch ich war in seinen Händen, das Ziel seines Ehrgeizes war stets dunkel und grausam gewesen, und seine Macht war auf Angst gegründet. Das eine Wort, das mich ungehört und ungesehen in der Dunkelheit meines Verlieses sterben ließe, könnte ihm leichter fallen als die Tat der Barmherzigkeit. Er würde wahrscheinlich keine öffentliche Hinrichtung riskieren; aber meine Ermordung würde sofort jeden meiner Gefährten davon abbringen, ein ähnliches Kunststück zu versuchen, während eine umsichtige Verhaltensweise es ihm zur gleichen Zeit ermöglichen würde, den Nachforschungen und der Rache Adrians zu entgehen.

Zwei Monate zuvor hatte ich in einem Gewölbe, das dunkler war als das, das ich jetzt bewohnte, mit dem Gedanken gespielt, mich still hinzulegen, um zu sterben. Jetzt schauderte ich vor diesem Schicksal zurück. Meine Einbildungskraft war damit beschäftigt, die Art des Todes zu erraten, den er mir zugedacht hatte. Würde er mir erlauben, mein Leben verhungernd auszuhauchen? Oder war das Essen, das man mir verabreichte, mit dem Tod gewürzt? Würde er mich im Schlaf überwinden? Oder sollte ich bis zuletzt mit meinen Mördern kämpfen, obwohl ich die ganze Zeit wissen würde, dass ich überwältigt werden musste? Ich lebte auf einer Erde, deren verminderte Bevölkerung sogar jemand mit den mathematischen Kenntnissen eines Kindes zählen könnte; ich hatte lange Monate durchlebt, in denen mir der Tod dicht auf den Fersen gewesen war, während der Schatten seiner Skelettgestalt immer wieder meinen Weg verdunkelte. Ich hatte geglaubt, das grimmige Phantom sei überlistet, und hatte über seine verächtliche Macht gelacht.

Jedem anderen Schicksal wäre ich mit Mut begegnet, ja, hätte mich ihm kühn entgegengestellt. Aber zur Mitternachtsstunde von kaltblütigen Mördern ermordet zu werden, ohne eine freundliche Hand, um meine Augen zu schließen oder meinen Abschiedssegen zu empfangen – im Kampf zu sterben, voller Hass und Verwünschung – ach, warum, meine engelsgleiche Liebe, hast du mich gesund gepflegt, als ich bereits über die Schwelle des Grabes getreten war, wenn ich doch schon bald wieder als eine verstümmelte Leiche zurückgeschleudert werden sollte!

Stunden vergingen – Jahrhunderte. Könnte ich den vielen Gedanken Worte geben, die mich während dieses Zeitraums in endloser Folge beschäftigten, würde ich Bände füllen. Die Luft war klamm, der Kerkerboden modrig und eiskalt. Ich wurde hungrig, und kein Geräusch erreichte mich von draußen. Morgen, hatte der Rohling erklärt, sollte ich sterben. Wann würde morgen sein? War es nicht schon so weit?

Meine Tür wurde geöffnet. Ich hörte, wie der Schlüssel sich drehte, wie die Riegel und Bolzen sich langsam lösten. Über die dazwischenliegenden Gänge drangen nun Töne aus dem Inneren des Palastes zu mir; und ich hörte die Uhr eins schlagen. Sie kommen, um mich zu ermorden, dachte ich; diese Stunde passt nicht zu einer öffentlichen Hinrichtung. Ich stellte mich an die Wand gegenüber dem Eingang, sammelte meine Kräfte und meinen Mut. Ich würde keine zahme Beute sein. Langsam wich die Tür in ihren Angeln – ich war bereit, vorwärtszuspringen, um mich auf den Eindringling zu stürzen und mit ihm zu ringen, bis der Anblick dessen, der es war, die Stimmung meines Geistes sofort änderte. Es war Juliet. Bleich und zitternd stand sie, eine Lampe in der Hand, auf der Schwelle des Kerkers, und sah mich mit wehmütigem Gesicht an. Aber binnen eines Moments gewann sie ihre Selbstbeherrschung zurück; und ihre niedergeschlagenen Augen glänzten wieder. Sie sagte: »Ich bin gekommen, um Sie zu retten, Verney.«

»Und Sie auch«, rief ich: »Liebste Freundin, können wir wirklich gerettet werden?«

»Kein Wort mehr«, antwortete sie, »folgen Sie mir nach!«

Ich gehorchte sofort. Wir gingen mit leisen Schritten durch viele Korridore, stiegen mehrere Treppen hinauf und durchquerten lange Gänge. Am Ende eines jener Gänge öffnete sie ein niedriges Portal; ein Windstoß löschte unsere Lampe; aber statt ihrer hatten wir die gesegneten Mondstrahlen und das offene Gesicht des Himmels. Dann sprach Juliet zuerst: »Sie sind in Sicherheit«, sagte sie, »Gott segne Sie! – Leben Sie wohl!«

Ich ergriff ihre widerstrebende Hand – »Liebe Freundin«, rief ich, »fehlgeleitetes Opfer, wollen Sie nicht mit mir fliehen? Haben Sie nicht alles riskiert, um meine Flucht zu erleichtern? Und denken Sie, dass ich Ihnen erlauben werde, zurückzukehren, um allein die Auswirkungen der Wut dieses Schurken zu erleiden? Niemals!«

»Fürchten Sie nicht für mich«, antwortete das liebliche Mädchen traurig, »und glauben Sie nicht, dass Sie ohne die Zustimmung unseres Anführers außerhalb dieser Mauern sein könnten. Er ist es, der Sie gerettet hat. Er hat mich damit beauftragt, Sie hierherzuführen, weil ich Ihre Beweggründe, hierherzukommen, am besten kenne, und seine Barmherzigkeit am besten schätzen kann, wenn er Ihnen gestattet, zu gehen.«

»Und lassen Sie«, rief ich, »sich von diesem Mann täuschen? Er fürchtet mich als Feind, wenn ich lebe, und meine Rächer, wenn ich tot bin. Indem er diese heimliche Flucht begünstigt, bewahrt er vor seinen Anhängern den Anschein der Konsequenz, aber Gnade liegt seinem Herzen fern. Vergessen Sie seine Kunstgriffe, seine Grausamkeit und seinen Betrug? So frei ich bin, sind auch Sie. Kommen Sie, Juliet, die Mutter unserer verstorbenen Idris wird Sie willkommen heißen, der edle Adrian wird sich freuen, Sie zu empfangen, Sie werden Frieden und Liebe finden und bessere Hoffnungen, als der Fanatismus bieten kann. Kommen Sie, und fürchten Sie sich nicht, lange vor Tagesanbruch werden wir in Versailles sein. Schließen Sie die Tür zu dieser Wohnstätte des Verbrechens – kommen Sie, süße Juliet, von Heuchelei und Schuld in die Gesellschaft des Liebevollen und Guten.«

Ich sprach hastig, aber mit Inbrunst, und während ich sie mit sanfter Gewalt aus dem Portal zog, bewegte ein Gedanke, eine Erinnerung an vergangene Szenen von Jugend und Glück, sie dazu, mir zuzuhören und mir nachzugeben. Plötzlich riss sie sich mit einem durchdringenden Schrei los: – »Mein Kind, mein Kind! Er hat mein Kind, mein süßes Mädchen ist seine Geisel.«

Sie stürzte von mir fort in den Gang; das Tor schloss sich zwischen uns – sie blieb in den Fängen dieses verbrecherischen Mannes, eine Gefangene, die noch immer die verpestete Luft atmen musste, die seine teuflische Natur umgab. Die ungehinderte Brise spielte auf meiner Wange, der Mond schien gütig auf mich herab, mein Weg war frei. Froh, entkommen zu sein, doch schwermütig trotz meiner Freude, lenkte ich meine Schritte nach Versailles zurück.

Kapitel 6

Der ereignisreiche Winter verging; der Winter, die Erholung von unseren Übeln. Nach und nach verlängerte die Sonne, die mit schrägen Strahlen die längere Herrschaft der Nacht hervorgebracht hatte, ihre tägliche Reise und bestieg ihren höchsten Thron, zugleich Bewahrerin der neuen Schönheit der Erde und ihre Geliebte. Wir, die wir wie Fliegen, die sich bei Ebbe auf einem trockenen Felsen versammeln, mutwillig mit der Zeit gespielt und unseren Leidenschaften, Hoffnungen und wütenden Begierden erlaubt hatten, uns zu beherrschen, hörten nun das herannahende Brüllen des zerstörerischen Ozeans und wären am liebsten in einen schützenden Spalt geflohen, ehe die erste Welle über uns hereinbräche. Wir entschlossen uns, unverzüglich unsere Reise in die Schweiz anzutreten. Wir waren begierig darauf, Frankreich zu verlassen. Unter den eisigen Gewölben der Gletscher, unter dem Schatten der Kiefern, deren mächtiger Äste Wippen durch eine Ladung Schnee verhindert wurde, neben den Bächen, deren äußerste Kälte ihren Ursprung in den langsam schmelzenden Häufchen gefrorenen Wassers hatte, inmitten häufiger Stürme, die die Luft reinigen könnten, sollten wir Gesundheit finden, wenn in Wahrheit die Gesundheit selbst nicht verseucht war.

Wir begannen unsere Vorbereitungen zunächst bereitwillig. Wir verabschiedeten uns jetzt ja nicht von unserem Vaterland, von den Gräbern derer, die wir liebten, von den Blumen und Bächen und Bäumen, die von Kindheit an neben uns bestanden hatten. Wir würden es nur wenig bedauern, wenn wir Paris verließen. Einen Schauplatz der Schande, wenn wir uns an unsere jüngsten Auseinandersetzungen erinnerten und daran dachten, dass wir eine Herde elender, verblendeter Opfer zurückließen, die sich der Tyrannei eines selbstsüchtigen Betrügers beugten. Wenig würde es uns schmerzen, wenn wir die Gärten, Wälder und Hallen der Paläste der Bourbonen in Versailles verließen, von denen wir befürchteten, dass sie bald von den Toten befleckt sein würden, solange wir uns auf Täler freuen konnten, die schöner wären als jeder Garten, auf mächtige Wälder und Hallen, die nicht für die sterbliche Majestät gebaut, sondern Paläste der Natur waren, mit den marmorweißen Alpen als ihren Mauern und dem Himmel als ihrem Dach.

Doch unser Mut wankte, als der Tag nahte, den wir für unsere Abreise festgelegt hatten. Schreckliche Visionen und böse Vorahnungen, wenn es denn solche Dinge gab, verdichteten sich um uns herum, so dass der Mensch vergebens sagen könnte –

dies ist der Grund davon, sie sind natürlich,

wir empfanden sie als unheilvoll und fürchteten das zukünftige Ereignis, das sie voraussagten. Dass die Nachteulen vor der Mittagssonne kreischen, dass die Fledermäuse um das Bett der Schönheit kreisen, dass der murmelnde Donner im zeitigen Frühjahr die wolkenlose Luft erschreckt, dass plötzliche vernichtende Fäule Baum und Strauch befallen sollte, waren ungewohnte, aber physische Ereignisse, weniger schrecklich als die geistigen Schöpfungen der übermächtigen Furcht. Einige sahen Leichenprozessionen und tränennasse Gesichter, die durch die langen Alleen der Gärten huschten und die Vorhänge der Schlafenden mitten in der Nacht zur Seite zogen. Einige hörten Heulen und Schreie in der Luft und vernahmen einen traurigen Gesang, der durch die dunkle Atmosphäre strömte, als ob die Geister das Requiem der Menschheit sängen. Was lag anderes in all dem, als dass die Furcht uns neue Sinne gab, uns sehen, hören und fühlen ließ, was nicht da war? Was war es anderes als die Wirkung kranker Einbildungskraft und kindlicher Leichtgläubigkeit? So mochte es sein; aber was überaus real war, war die Existenz jener Ängste; die schreckerfüllten Blicke, die geisterhaft blassen Gesichter, die vor entsetzlicher Furcht verstummten Stimmen derer unter uns, die diese Dinge sahen und hörten. Einer von jenen war Adrian, der die Wahnhaftigkeit durchschaute, aber den ihr anhaftenden Schrecken nicht ablegen konnte. Selbst die unwissenden Kinder schienen mit ängstlichen Schreien und Krämpfen die Anwesenheit unsichtbarer Kräfte anzuerkennen. Wir mussten gehen – in der Veränderung des Ortes, der Beschäftigung und in der Sicherheit, die wir noch zu finden hofften, sollten wir ein Heilmittel für diese sich versammelnden Schrecken finden.

Als wir unsere Gemeinschaft zählten, stellten wir fest, dass sie aus vierzehnhundert Seelen, Männern, Frauen und Kindern, bestand. Bis jetzt waren wir also in der Anzahl unvermindert, außer durch die Desertion derer, die sich dem Schwindler-Propheten angeschlossen hatten und in Paris zurückgeblieben waren. Ungefähr fünfzig Franzosen schlossen sich uns an. Unsere Marschordnung war leicht zu arrangieren; der Misserfolg, der unsere Aufteilung begleitet hatte, bestimmte Adrian, alle zusammenzuhalten. Ich ging mit hundert Mann als Vorhut voraus und nahm die Straße der Côte d'Or, die durch Auxerre, Dijon, Dôle über den Jura nach Genf führte. Ich sollte alle zehn Meilen Vorkehrungen für die Unterbringung einer solchen Zahl treffen, wie die Stadt oder das Dorf sie meiner Meinung nach aufnehmen könnte, und einen Boten mit einem schriftlichen Befehl zurücklassen, der anzeigte, wie viele dort einquartiert werden sollten. Der Rest unserer Leute würde dann in Gruppen von je fünfzig geteilt, jede Abteilung enthielte achtzehn Männer, und der Rest bestünde aus Frauen und Kindern. Jede von ihnen sollte von einem Offizier angeführt werden, der die Namensliste trug, anhand derer sie jeden Tag durchgezählt werden sollten. Wenn die Gruppen nachts geteilt würden, sollten die Vorderen am Morgen auf die Nachzügler warten. In jeder der erwähnten großen Städte sollten wir uns versammeln; und eine Abordnung der obersten Offiziere würde sich über das allgemeine Wohlergehen beratschlagen. Wie ich bereits sagte, sollte ich als Erster gehen, Adrian als Letzter. Seine Mutter sollte, mit Clara und Evelyn unter ihrem Schutz, ebenfalls bei ihm bleiben. So wurde unsere Ordnung bestimmt, ich reiste ab. Mein Plan war, zunächst nur bis nach Fontainebleau zu gehen, wo in einigen Tagen Adrian zu mir stoßen sollte, ehe ich wieder weiter ostwärts reisen würde.

Mein Freund begleitete mich bis einige Meilen vor Versailles. Er war traurig und murmelte in einem Tone ungewohnter Niedergeschlagenheit ein Gebet für unsere schnelle Ankunft in den Alpen, begleitet von einem Ausdruck des Bedauerns, dass wir nicht bereits dort wären. »In diesem Fall«, bemerkte ich, »können wir unseren Marsch doch beschleunigen; warum sich an einen Kurs halten, dessen langsames Fortkommen du bereits missbilligst?«

»Nein«, antwortete er, »es ist jetzt zu spät. Vor einem Monat waren wir noch Meister unserer selbst; jetzt –«, er wandte sein Gesicht von mir ab. Obwohl die beginnende Dämmerung bereits seinen Ausdruck verschleiert hatte, wandte er sich noch mehr ab, als er hinzufügte: »Ein Mann ist letzte Nacht an der Pest gestorben!«

Er sprach mit erstickter Stimme, dann rang er plötzlich seine Hände und rief: »Schnell, überaus schnell kommt die letzte Stunde für uns alle heran; wie die Sterne vor der Sonne verschwinden, so wird uns ihre baldige Ankunft töten. Ich habe mein Bestes getan. Mit festem Griff und ohnmächtiger Kraft zerrte ich am Wagenrad des Pestkarrens, aber er schleppt mich mit sich, während er als eine unaufhaltsame Gewalt jedes Wesen, das auf dem Pfad des Lebens wandelt, ausmerzt. Wäre es nur schon vorbei – hätte er nur schon sein Ziel erreicht, dann hätten wir alle gemeinsam das Grab betreten!«

Tränen strömten aus seinen Augen. »Immer und immer wieder«, fuhr er fort, »wird die Tragödie gespielt werden, wieder muss ich das Stöhnen der Sterbenden hören, das Jammern der Überlebenden, wieder Zeuge der Schmerzen sein, die, alles vollendend, eine Ewigkeit in ihr vergängliches Dasein einhüllen. Warum werde ich dafür verschont? Warum bin ich das schwarze Schaf der Herde, warum wurde ich nicht als einer der Ersten niedergestreckt? Schwer ist es, sehr schwer für einen von einem Weib Geborenen, alles das zu ertragen, was ich ertrage!«

Bis jetzt hatte Adrian mit unerschrockenem Geist und einem hehren Pflichtgefühl seine sich selbst auferlegte Aufgabe erfüllt. Ich hatte ihn mit Ehrfurcht und fruchtlosem Verlangen nach Nachahmung betrachtet. Ich bot nun ein paar Worte der Ermutigung und des Mitgefühls an. Er barg sein Gesicht in seinen Händen und stieß, während er versuchte, sich zu fassen, hervor: »Wenige Monate, wenige Monate noch, lass, o Gott, mein Herz oder meinen Mut nicht sinken, lass nicht unter dem Anblick unerträglichen Elends diesen halb verrückten Verstand versagen oder dieses schwache Herz gegen seine Fesseln schlagen, dass es zerbricht. Ich habe geglaubt, dass es meine Bestimmung ist, die Letzten der Menschenrasse zu führen und anzuleiten, bis der

Tod meine Regierung auslöschen wird, und diesem Schicksal unterwerfe ich mich.

Verzeih mir, Verney, dass ich dir Pein bereitete, doch ich werde mich nicht länger beklagen. Jetzt bin ich wieder ich selbst, oder eher noch besser als ich selbst. Du hast gewusst, wie seit meiner Kindheit aufstrebende Gedanken und hohe Ziele mit angeborener Schwäche und Überforderung in Konflikt gerieten, bis die Letzteren siegten. Du weißt, wie ich diese nutzlose, schwache Hand auf das verlassene Ruder der menschlichen Regierung legte. Ich wurde gelegentlich von Momenten des Schwankens heimgesucht, doch bis jetzt fühlte ich mich, als ob ein höherer und unermüdlicher Geist sich in mir niedergelassen oder sich vielmehr in mein schwächeres Wesen eingenistet hätte. Der heilige Besucher hat eine Zeit lang geschlafen, vielleicht um mir zu zeigen, wie ohnmächtig ich ohne seine Inspiration bin. Doch bleib noch eine Weile, o Kraft des Guten und der Stärke, verachte noch nicht diesen Schrein der fleischlichen Sterblichkeit, o unsterbliche Fähigkeit! Solange noch ein Mitgeschöpf übrig bleibt, dem Hilfe gewährt werden kann, bleib bei mir und stütze dein zerschmettertes, versagendes Vehikel!«

Seine Heftigkeit und die Stimme, die vor unbändigen Seufzern brach, drangen in mein Herz; seine Augen glänzten in der Dunkelheit der Nacht wie zwei irdische Sterne; und mit seinen ausholenden Gesten und seinem strahlendem Antlitz schien es wirklich beinahe so, als ob bei seiner beredten Bitte ein übernatürlicher Geist in seine Gestalt eindränge und ihn über die Menschheit erhöbe.

Er wandte sich schnell zu mir um und streckte seine Hand aus. »Leb wohl, Verney«, rief er, »mein geliebter Bruder, leb wohl, kein anderer schwacher Ausdruck darf diese Lippen verlassen, ich bin wieder lebendig. Auf zu unseren Aufgaben, zu unseren Schlachten mit unserem unbesiegbaren Feind, denn bis zuletzt werde ich gegen ihn kämpfen.«

Er ergriff meine Hand und sah mich an, mit einem Blick, der feuriger und lebhafter als jedes Lächeln war; dann zog er die Zügel seines Pferdes herum, berührte das Tier mit den Sporen und war in einem Augenblick außer Sichtweite.

Ein Mann war letzte Nacht an der Pest gestorben. Der Köcher

war noch nicht geleert, der Bogen nicht entspannt. Wir standen als Zielscheiben da, während die niederträchtige Pest, ungehindert durch die Haufen der Erschlagenen, auf uns zielte und schoss. Eine Krankheit der Seele, die sogar meinen physischen Mechanismus befiel, überkam mich. Meine Knie schlugen aneinander, meine Zähne klapperten, der Strom meines Blutes, durch plötzliche Kälte geronnen, drängte sich schmerzhaft aus meinem schweren Herzen. Ich empfand keine Furcht für mich selbst, doch es war zutiefst jammervoll, daran zu denken, dass wir nicht einmal diesen Überrest würden retten können. Dass diejenigen, die ich liebte, in ein paar Tagen so kalt wie Idris in ihrem ehrwürdigen Grab sein könnten; auch konnten weder die Stärke des Körpers noch die Spannkraft des Geistes den Schlag abwehren. Ein Gefühl der Erniedrigung überkam mich. Hatte Gott den Menschen nur erschaffen, damit er am Ende zu toter Erde inmitten einer gesunden sprießenden Natur wurde? War er seinem Erschaffer nicht von größerem Wert als ein Kornfeld, dessen Ähren brandig waren? Sollten unsere stolzen Träume solcherart verblassen? Wir wurden »ein wenig niedriger als die Engel« erschaffen; und siehe! wir waren nicht besser als Eintagsfliegen. Wir hatten uns das »Vorbild der Lebendigen« genannt, und siehe! wir waren eine »Quintessenz von Staub«. Wir beklagten, dass die Pyramiden den einbalsamierten Körper ihres Erbauers überdauert hatten. Ach! schon die bloße Strohhütte des Hirten, die wir auf der Straße passierten, enthielt in ihrer Struktur das Prinzip größerer Langlebigkeit als die ganze menschliche Rasse. Wie sollte man diese traurige Veränderung mit unseren früheren Bestrebungen, unseren scheinbaren Kräften in Einklang bringen!

Plötzlich schien eine innere Stimme klar und deutlich zu sagen: – So wurde es von Anbeginn an beschlossen: Den Rossen, die die Zeit vorwärtstragen, war diese Stunde und diese Erfüllung bereits auferlegt worden, als die Leere ihre Last hervorgebracht hatte. Könnte man die unveränderlichen Gesetze der Vorbestimmung rückwärts lesen?

Mutter der Welt! Dienerin des Allmächtigen! Ewige, unwandelbare Vorbestimmung, die mit geschäftigen Fingern in einem fort die unauflösliche Kette von Ereignissen webt! – Ich werde nicht über deine Taten murren. Zwar kann mein menschlicher Geist nicht anerkennen, dass alles, was ist, richtig ist; doch da das, was ist, sein muss, werde ich inmitten der Ruinen sitzen und lächeln. Wahrlich wurden wir nicht dazu geboren, zu genießen, sondern uns zu unterwerfen und zu hoffen.

Würde der Leser nicht ermüden, wenn ich unsere lange Reise von Paris nach Genf minutiös beschriebe? Wenn ich Tag für Tag die quälende Not unseres Schicksals in Form eines Tagebuchs aufzeichnen sollte, könnte meine Hand jemals die Vielfalt unserer Leiden beschreiben oder die Sprache Worte zur Verfügung stellen, die das hektische Aufeinanderfolgen eines bedauerlichen Ereignisses auf ein anderes auszudrücken vermöchten? Hab Geduld, o Leser! Wer immer du bist, wo auch immer du wohnst, ob du ein geistiges Wesen oder einem überlebenden Paar entsprungen bist, deine Natur wird menschlich sein, deine Behausung die Erde; du wirst hier von den Taten der ausgestorbenen Rasse lesen und dich verwundert fragen, ob sie, die litten, was du berichtet findest, aus Fleisch und Blut wie du waren. Wahrhaftig, sie waren es – vergieße also Tränen. Denn gewiss, einsames Wesen, wirst du von sanfter Veranlagung sein; vergieße mitfühlende Tränen; aber währenddessen lenke deine Aufmerksamkeit auf die Geschichte und erfahre von den Taten und Leiden deiner Vorgänger.

Doch die letzten Ereignisse, die unseren Fortschritt durch Frankreich prägten, waren so voll sonderbaren Schreckens und düsteren Elends, dass ich nicht wage, in der Erzählung zu lange innezuhalten. Wenn ich jeden Vorfall zergliedern würde, würde noch jedes kleine Bruchstück einer Sekunde eine erschütternde Geschichte beinhalten, deren geringste Worte das Blut in deinen jungen Adern gerinnen lassen würden. Es ist richtig, dass ich dieses Denkmal der vergangenen Rasse zu deiner Belehrung errichten werde; aber keineswegs möchte ich dich durch die Abteilungen eines Spitals noch durch die verborgenen Kammern des Beinhauses zerren. Diese Geschichte soll daher schnell entfaltet werden. Eindrücke der Zerstörung, Bilder der Verzweiflung, die Prozession des letzten Triumphes des Todes sollen an dir so schnell vorüberziehen wie das vom Nordwind getriebene Gewölk entlang der verdunkelten Pracht des Himmels.

Von Unkraut überwucherte Felder, verödete Städte, die wilde Annäherung reiterloser Pferde waren für meine Augen zum gewohnten Bild geworden; ja, noch viel schlimmere Anblicke von unbegrabenen Toten und von menschlichen Gestalten, die am Straßenrand und auf den Stufen einstmals bewohnter Häuser lagen, wo

Ihr Gebein, wenn die Haut ringsum verweste,
Liegt in dörrender Sonn', im dunklen Staub vermodernd.

Szenen wie diese waren – ach, wehe! so vertraut geworden, dass wir nicht länger erschauderten oder unsere erschrockenen Pferde zu plötzlicher Geschwindigkeit antrieben, wenn wir an ihnen vorüberkamen. Frankreich war in seinen besten Tagen, wenigstens jener Teil von Frankreich, durch welchen wir reisten, eine kultivierte Wüste gewesen, und das Fehlen von Umzäunungen, von Häusern und sogar von Bauern war für einen Reisenden aus dem sonnigen Italien oder dem geschäftigen England sehr betrüblich. Aber die Städte waren zahlreich und belebt, und die herzliche Höflichkeit und das bereitwillige Lächeln des mit Holzschuhen angetanen Bauern stellten die gute Laune des sich Grämenden wieder her. Jetzt saß die alte Frau nicht mehr mit ihrem Spinnrocken an der Tür – der Bettler bat nicht mehr mit einer dahingemurmelten Floskel um Almosen; noch bewegte sich an den Feiertagen die Bauernschaft mit schwerfälliger Anmut durch den Irrgarten des Tanzes. Die Stille, die schwermütige Braut des Todes, ging in einer Prozession mit ihm von Stadt zu Stadt durch die ausgedehnte Landschaft.

Wir kamen in Fontainebleau an und bereiteten rasch den Empfang unserer Freunde vor. Als wir abends unsere Gruppe durchzählten, wurden drei vermisst. Als ich nach ihnen fragte, stieß der Mann, zu dem ich sprach, das Wort »Pest« aus, und fiel in Krämpfen zu meinen Füßen nieder; er war auch infiziert. Gewöhnlich sah ich harte Gesichter um mich herum; denn in meiner Truppe waren Seeleute, die unzählige Male den Ozean überquert hatten, Soldaten, die in Russland und im fernen Amerika Hungersnot, Kälte und Gefahr erlitten hatten, und Männer mit noch härteren Gesichtern, die einst nächtliche Verheerer in unserer übergroßen Metropole gewesen waren; Männer, die von ihrer Wiege an gesehen hatten, wie der ganze Mechanismus der Gesellschaft daran arbeitete, sie zu zerstören. Ich schaute mich um und sah auf den Gesichtern aller in grellen Buchstaben Entsetzen und Verzweiflung geschrieben.

Wir verbrachten vier Tage in Fontainebleau. Einige erkrankten und starben, und in der Zwischenzeit erschienen weder Adrian noch irgendein anderer unserer Freunde. Meine eigene Truppe war in Aufruhr; die Schweiz zu erreichen, in Schneeflächen einzutauchen und in Eishöhlen zu wohnen, wurde zum wahnsinnigen Begehren aller. Doch wir hatten versprochen, auf den Graf zu warten; und er kam nicht. Meine Leute verlangten, vorwärtsgeführt zu werden – Rebellion, wenn man das bloße Abwerfen von Fesseln aus Stroh so nennen wollte, begann sich offensichtlich unter ihnen zu regen. Sie wollten unverzüglich fort und dabei auf einen Anführer verzichten. Die einzige Aussicht auf Sicherheit, die einzige Hoffnung auf Schutz vor jeder Form unbeschreiblichen Leids war jedoch unser Zusammenhalt. Ich sagte ihnen dies, während die entschlossensten unter ihnen verdrossen antworteten, dass sie auf sich selbst aufpassen könnten, und meine Bitten mit Spott und Drohungen beantworteten.

Endlich, am fünften Tage, kam ein Bote mit Briefen von Adrian, der anordnete, dass wir nach Auxerre weiterreisen sollten, um dort seine Ankunft zu erwarten, die sich nur um einige Tage verzögern würde. So war der Tenor seiner öffentlichen Briefe. Diejenigen, die mir persönlich zugestellt wurden, legten die Schwierigkeiten seiner Situation ausführlich dar und überließen die Anordnung meiner weiteren Pläne meinem eigenen Ermessen. Sein Bericht über den Stand der Dinge in Versailles war kurz, doch die mündlichen Mitteilungen seines Boten füllten die Auslassungen und zeigten mir, dass sich Gefahren von der schrecklichsten Natur um ihn sammelten. Anfangs wurde das Wiedererwachen der Pest verheimlicht; doch die Zahl der Toten nahm zu, das Geheimnis wurde preisgegeben, und die bereits vorhandene Zerstörung wurde durch die Furcht der Überlebenden noch übertrieben. Einige Kundschafter des Feindes der Menschheit, des verfluchten Scharlatans, waren unter ihnen, die den Menschen ihre Lehre einflößten, dass es Sicherheit und Leben nur für jene geben konnte, die sich ihrem Anführer unterwarfen. Und es gelang ihnen so gut, dass bald der größte Teil der Menge, schwache Frauen und feige Männer, statt in die Schweiz zu ziehen, nach Paris zurückkehren und sich unter den Bannern des sogenannten Propheten einreihen wollte, um sich durch eine feige Anbetung des Obersten des Bösen, wie sie hofften, vom drohenden Tod freizukaufen. Die Zwietracht und der Tumult, die durch diese widerstreitenden Ängste und Leidenschaften hervorgerufen wurden, hielten Adrian fest. Es erforderte seinen ganzen Eifer bei der Verfolgung eines Ziels und seine ganze schwierigkeitenerprobte Geduld, um eine genügende Anzahl seiner Anhänger zu beruhigen und zu beleben, die die Panik der übrigen ausgleichen und sie zu den Mitteln zurückführen konnte, die allein Sicherheit verhießen. Er hatte gehofft, mir sofort zu folgen; aber als diese Absicht vereitelt war, sandte er seinen Boten, um mich zu drängen, meine eigene Truppe in eine solche Entfernung von Versailles zu bringen, dass die Ansteckung der Rebellion sie nicht erreichen konnte. Zugleich versprach er mir, zu mir zu stoßen, sobald eine günstige Gelegenheit eintreten sollte, durch die er den Hauptteil der Auswanderer aus dem schlechten Einfluss, der gegenwärtig auf sie ausgeübt wurde, zurückziehen konnte.

Ich wurde durch diese Nachrichten in einen äußerst qualvollen Zustand der Ungewissheit versetzt. Mein erster Impuls war, dass wir alle nach Versailles zurückkehren sollten, um dort unseren Anführer aus seinen Gefahren zu befreien. Ich versammelte daher meine Truppe und schlug ihnen diese rückläufige Bewegung anstatt der Fortsetzung unserer Reise nach Auxerre vor. Sie weigerten sich einstimmig. Unter ihnen war die Vorstellung verbreitet, dass allein die Verheerungen der Pest den Protektor festhielten. Sie widersetzten sich seinem Befehl, mir zu gehorchen, und kamen zu dem Entschluss, ohne mich fortzuziehen, sollte ich mich weigern, sie zu begleiten. Vernunftgründe und Beschwörungen fruchteten bei diesen Feiglingen nicht. Die fortwährende Verminderung ihrer eigenen Zahl, verursacht durch die Pest, verstärkte ihre Abneigung gegen eine Verzögerung noch; und mein Widerstand diente nur dazu, ihren Entschluss schneller reifen zu lassen. Am selben Abend machten sie sich nach Auxerre auf. Ihnen waren Eide, wie Soldaten sie ihrem General gegenüber leisten, abgenommen worden – diese brachen sie. Ich hatte mich ebenfalls verpflichtet, sie nicht zu verlassen; es erschien mir unmenschlich, ihnen jenen Verstoß gegen mein Wort mit gleicher Münze zu vergelten. Derselbe Geist, der sie dazu anstachelte, sich gegen mich aufzulehnen, würde sie dazu bringen, einander im Stich zu lassen; und die schrecklichsten Leiden würden die Folge ihrer Reise in den gegenwärtigen ungeordneten und führerlosen Reihen sein. Diese Gefühle waren für eine Zeit lang vorrangig, und aus Verpflichtung ihnen gegenüber begleitete ich den Rest nach Auxerre.

Wir kamen in der gleichen Nacht in Villeneuve-la-Guyard an, einer vier Poststationen von Fontainebleau entfernten Stadt. Als meine Gefährten sich zur Ruhe zurückgezogen hatten und ich allein gelassen wurde, um über die Nachricht, die ich von Adrians Lage erhalten hatte, nachzusinnen, bot sich mir eine andere Sicht auf den Gegenstand. Was machte ich und was war das Ziel meiner gegenwärtigen Bewegungen? Offensichtlich war ich dabei, diese Truppe selbstsüchtiger und gesetzloser Männer in die Schweiz zu führen und meine Familie und meinen auserkorenen Freund zurückzulassen, die ich, da sie stündlich dem Tod näher kamen, der allen drohte, vielleicht nie wiedersehen würde. War es nicht meine erste Pflicht, dem Protektor zu helfen und ein gutes Beispiel an Verbundenheit und Pflichterfüllung abzugeben? In einer Krise wie jener, in der ich mich befand, ist es sehr schwierig, gegensätzliche Interessen gut auszugleichen; und dasjenige, zu welchem unsere Neigungen uns führen, nimmt hartnäckig den Anschein von Selbstsucht an, selbst wenn wir ein Opfer erwägen. Wir sind in solchen Zeiten leicht dahin zu bringen, einen Kompromiss einzugehen; und das war mein gegenwärtiger Plan. Ich entschloss mich, in derselben Nacht nach Versailles zu reiten. Wenn ich die Lage weniger verzweifelt vorfände, als sie mir jetzt schien, würde ich unverzüglich zu meiner Truppe zurückkehren. Ich hatte eine vage Vorstellung, dass meine Ankunft in jener Stadt eine mehr oder weniger starke Wirkung hervorrufen würde, von der wir profitieren könnten, um die schwankende Menge vorwärtszuführen – zumindest sollte keine Zeit verloren werden. – Ich suchte die Ställe auf, sattelte mein Lieblingspferd, schwang mich auf seinen Rücken und verließ, ohne mir Zeit für weitere Überlegungen oder Zögern zu geben, Villeneuve-la-Guyard, um nach Versailles zurückzukehren.

Ich war froh, meiner aufrührerischen Truppe zu entkommen und eine Zeit lang den Streit des Bösen mit dem Guten, bei dem das Erstere stets triumphierend blieb, aus den Augen zu verlieren. Meine Ungewissheit über das Schicksal Adrians hatte mich fast in den Wahnsinn getrieben, und mir war alles gleich, außer was meinen unnachahmlichen Freund zerstören oder bewahren könnte. Mit schwerem Herzen, das Erleichterung in der Schnelligkeit meines Vorankommens suchte, ritt ich durch die Nacht nach Versailles. Ich spornte mein Pferd an, dessen Beine weit ausgriffen und das seinen eleganten Kopf stolz hochwarf. Die Landschaft taumelte schnell vorüber, schnell flogen jeder Baum, Stein und Meilenstein in meinem weiteren Lauf vorbei. Ich reckte mein entblößtes Haupt in den rauschenden Wind, der meine Stirn in wunderbarer Kühle badete. Als ich Villeneuve-la-Guyard aus den Augen verlor, vergaß ich das traurige Drama menschlichen Elends; mich dünkte, es sei Glück genug, zu leben, und indessen die Schönheit der grünen Erde, den Sternenhimmel und den unbezwinglichen Wind, der das Ganze belebte, zu empfinden. Mein Pferd wurde müde – und ich, der ich seine Müdigkeit selbst dann noch vergaß, als es erlahmte, feuerte es mit meiner Stimme an und drängte es mit den Sporen. Es war ein elegantes Tier, und ich wollte es nicht gegen irgendein anderes eintauschen, auf das ich zufällig stoßen mochte, weil ich es dann nie wiederfinden würde. Die ganze Nacht hindurch eilten wir vorwärts. Am Morgen wurde das Pferd gewahr, dass wir uns Versailles näherten, und um sein Zuhause zu erreichen, sammelte es seine letzten Kräfte. Die Entfernung, die wir zurückgelegt hatten, betrug nicht weniger als fünfzig Meilen, aber es schoss die langen Straßenzüge pfeilschnell hinab. Der arme Kerl – als ich am Tor des Schlosses abstieg, sank er auf die Knie, seine Augen waren verschleiert, er fiel auf seine Seite, ein paarmal füllte sich noch keuchend seine edle Brust, und er starb. Ich sah ihn mit einer Qual sterben, die selbst mir unerklärlich war, der Krampf war wie wenn ein Glied in quälender Folter zerriss, aber er war ebenso kurz wie unerträglich. Ich hatte ihn bereits vergessen, als ich schnell durch das offene Portal und die majestätische Treppe dieses Triumphschlosses rannte – ich hörte Adrians Stimme – O Narr! O von einem Weib genährtes, verweichlichtes und verächtliches Wesen – ich hörte seine Stimme und antwortete mit unwillkürlichem Schreien. Ich eilte in den Herkulessalon, wo er von einer Menschenmenge umgeben war, deren Augen, verwundert auf mich gerichtet, mich daran erinnerten, dass auf der Weltbühne ein Mann solche mädchenhaften Ausbrüche unterdrücken muss. Ich hätte Welten gegeben, um ihn umarmen zu können, ich wagte es nicht. Halb erschöpft, halb mutwillig warf ich mich auf den Boden – wage ich, den freundlichen Nachkommen der Einsamkeit die Wahrheit zu offenbaren? Ich tat es, damit ich die teure und heilige Erde, die er betrat, küssen konnte.

Ich fand alles in Aufruhr. Ein Abgesandter des Anführers der Auserwählten war von seinem Obersten und seinem eigenen fanatischen Glaubensbekenntnis so aufgehetzt worden, dass er einen Anschlag auf das Leben des Protektors und Bewahrers der verlorenen Menschheit verüben wollte. Er wurde in dem Moment verhaftet, als er den Graf erdolchen wollte. Dieser Umstand hatte den Lärm bewirkt, den ich bei meiner Ankunft im Schloss hörte, und die aufgebrachte Versammlung von Personen zusammengerufen, die ich im Herkulessalon vorfand. Wenngleich Aberglaube und besessene Wut sich unter den Emigranten eingeschlichen hatten, blieben einige ihrem edlen Anführer treu; und viele, deren Glaube und Liebe nicht von der Furcht vertrieben worden waren, fühlten all ihre schlummernde Zuneigung durch diesen abscheulichen Anschlag neu entfacht. Eine Phalanx aus Getreuen schloss sich um ihn; der Bösewicht, der, obschon ein Gefangener und in Fesseln, seinen Entwurf rühmte und wütend die Krone des Märtyrertums verlangte, wäre in Stücke gerissen worden, wäre nicht sein beabsichtigtes Opfer dazwischengegangen. Adrian, der vorwärtssprang, schützte ihn mit seiner eigenen Person und erteilte seinen aufgebrachten Freunden energisch Befehle – in diesem Moment war ich eingetreten.

Schließlich waren Disziplin und Frieden im Schloss wiederhergestellt; und dann ging Adrian von Haus zu Haus, von Truppe zu Truppe, um die verstörten Gemüter seiner Anhänger zu beruhigen und sie an ihren früheren Gehorsam zu erinnern. Aber die Angst vor dem unmittelbaren Tod war immer noch weit verbreitet unter diesen Überlebenden einer weltweiten Zerstörung; der Schrecken, der durch das Attentat verursacht wurde, verblasste. Jedes Auge wandte sich Paris zu. Die Menschen lieben es so sehr, gestützt zu werden, dass sie sich noch auf einen angespitzten vergifteten Speer lehnen; und ein solcher war der Betrüger, der, mit der Angst vor der Hölle als mächtigster Geißel, als der gefräßigste Wolf den Hirten einer gutgläubigen Herde spielte.

Es war ein Moment der Spannung, der sogar die Entschlossenheit des standhaften Menschenfreundes erschütterte. Einen Augenblick lang war Adrian bereit, nachzugeben, den Kampf zu beenden, mit ein paar Anhängern von der verblendeten Menge fortzugehen und jene als erbärmliche Beute ihrer Leidenschaften dem scheußlichen Tyrannen zu überlassen, der sie aufgehetzt hatte. Aber dann, nach einem kurzen Schwanken, fasste er wieder Mut und Entschlossenheit, gestützt durch die Zielstrebigkeit und den beispiellosen Geist der Güte, der ihn belebte. In diesem Moment, als ein Omen von herausragender Bedeutung, lenkte sein elender Feind den Untergang auf sein eigenes Haupt und zerstörte mit seinen eigenen Händen die Herrschaft, die er errichtet hatte.

Sein großer Einfluss auf die Gedanken der Menschen erwuchs aus der von ihm verbreiteten Lehre, dass diejenigen, die an ihn glaubten und ihm folgten, die Überlebenden seien, die gerettet würden, während der gesamte Rest der Menschheit dem Tode geweiht sei. Jetzt, zur Zeit der Sintflut, bereue der Allmächtige, dass er den Menschen erschaffen habe, und wie es damals mit Wasser geschehen sei, wolle er jetzt mit den Pfeilen der Pest alle vernichten außer denen, die seinen Geboten folgten, welche er durch den Propheten, wie jener sich selbst nannte, verkünden lasse. Es ist unmöglich zu sagen, auf welche Grundlagen dieser Mann seine Hoffnungen baute, einen solchen Betrug durchführen zu können. Wahrscheinlich war er sich bewusst, dass die mörderische Natur seine Behauptungen entlarven könnte, und glaubte, dass es reine Glückssache sei, ob er in künftigen Zeitaltern als ein prophetischer Abgesandter vom Himmel verehrt oder von der gegenwärtigen sterbenden Generation als ein Betrüger erkannt werden sollte. Jedenfalls beschloss er, das Drama bis zum letzten Akt aufzuführen. Als die tödliche Seuche bei den ersten Anzeichen des Sommers wieder mit verheerenden Folgen unter den Anhängern Adrians wütete, verkündete der Betrüger freudig die Verschonung seiner eigenen Gemeinde von dem allgemeinen Unglück. Ihm wurde geglaubt; seine bis dahin in Paris eingeschlossenen Anhänger kamen jetzt nach Versailles. Sie mischten sich unter die Feiglinge, die dort versammelt waren, schmähten ihren bewundernswerten Führer und behaupteten ihre eigene Überlegenheit und Verschonung.

Endlich zerstörte die Pest langsam, aber sicher in ihrem geräuschlosen Vormarsch die Illusion, drang auch in die Gemeinde der Auserwählten ein und suchte sie mit dem keine Unterschiede machenden Tode heim. Ihr Anführer war bestrebt, dieses Ereignis zu verbergen; er hatte ein paar Anhänger, die in die Geheimnisse seiner Bosheit eingeweiht waren und ihm bei der Ausführung seiner schändlichen Pläne helfen konnten. Diejenigen, die krank waren, wurden von ihnen sogleich ohne Aufhebens entfernt und mithilfe eines Stricks und eines mitternächtlichen Begräbnisses für immer beseitigt, während man eine plausible Entschuldigung für ihre Abwesenheit gab. Schließlich wurde eine Frau, deren mütterliche Wachsamkeit sogar die Wirkung der ihr verabreichten Betäubungsmittel überwand, Zeugin ihrer mörderischen Absichten auf ihr einziges Kind. Wahnsinnig vor Entsetzen sei sie im Begriff gewesen, zu ihren getäuschten Kameraden zu stürzen und wild kreischend das dumpfe Ohr der Nacht mit der Geschichte des teuflischen Verbrechens aufzuwecken, als der Betrüger in einem letzten Akt der Wut und Verzweiflung einen Dolch in ihren Busen stieß. Solcherart tödlich verwundet, ihre Kleider von ihrem eigenen Blut triefend, trug Juliet (denn sie war es) ihr erwürgtes Kind in ihren Armen, schön und jung, wie sie war, und offenbarte der Schar der betrogenen Gläubigen die Verderbtheit ihres Anführers. Er sah die bestürzten Blicke ihrer Zuhörerschaft, die von Schrecken zu Wut wechselten – die Namen derer, die bereits geopfert worden waren, wurden von ihren Verwandten wiederholt, die jetzt ihres

Verlustes gewahr wurden. Der Elende erkannte seine Gefahr mit jener Scharfsinnigkeit, die ihn bis jetzt in seiner verbrecherischen Laufbahn getragen hatte, und beschloss, die schlimmsten Auswüchse davon zu umgehen – er stürzte sich auf einen der Vordersten, riss eine Pistole von dessen Gürtel, und sein lautes spöttisches Lachen vermischte sich mit dem Knall der Waffe, mit der er sich selbst richtete.

Sie ließen seine erbärmlichen Überreste einfach liegen, wo sie lagen; sie legten die Leichname der armen Juliet und ihres Kindleins auf eine Bahre, und alle gingen voller Bedauern mit kummervollen Herzen in einer langen Prozession nach Versailles. Sie trafen unterwegs auf Gruppen jener, die den freundlichen Schutz Adrians verlassen und sich aufgemacht hatten, um sich den Fanatikern anzuschließen. Die schreckensvolle Geschichte wurde erzählt – alle wandten sich um; und so erschienen sie endlich, begleitet von der unverminderten Anzahl der überlebenden Menschheit und hinter dem traurigen Wahrzeichen ihrer wiedergewonnenen Vernunft, vor Adrian und gelobten erneut, und diesmal für immer, ihm treu zu dienen und künftighin seinen Befehlen zu gehorchen.

Kapitel 7

Diese Ereignisse nahmen so viel Zeit in Anspruch, dass der Juni mehr als zur Hälfte verstrichen war, ehe wir wieder unsere lang verzögerte Reise aufnahmen. Am Tag nach meiner Rückkehr nach Versailles kamen sechs jener Männer, die ich in Villeneuve-la-Guyard zurückgelassen hatte, mit der Nachricht an, dass der Rest der Truppe schon in Richtung der Schweiz vorgedrungen sei. Wir folgten ihnen auf demselben Wege.

Es ist merkwürdig, nach einer gewissen Zeit auf eine Periode zurückzublicken, die, wenn sie auch an sich kurz war, sich im wirklichen Fortschritte unendlich hinzog. Ende Juli kamen wir in Dijon an; bis dahin hatten sich diese Stunden, Tage und Wochen mit dem Ozean der vergessenen Zeit vermischt, die doch während ihres Verlaufs von tödlichen Ereignissen und quälendem Leid erfüllt gewesen war. Bis Ende Juli war kaum mehr als ein Monat vergangen, wenn das Leben des Menschen am Aufgang und am Untergang der Sonne gemessen wurde: aber ach! in dieser Zwischenzeit war die blühende Jugend ergraut; tief und unauslöschlich hatten sich Furchen in die vormals glatte Wange der jungen Mutter eingegraben; die elastischen Glieder der jugendlichen Männlichkeit, gelähmt wie durch die Bürde von vielen Jahren, nahmen die Gebrechlichkeit des Alters an. Nächte vergingen, in deren tödlicher Schwärze die Sonne alterte, noch ehe sie aufging; und brennende Tage, an denen der milde Abend, der sich weit in östlichen Gefilden aufhielt, zu verzögert und unwirksam kam, um ihre unheilvolle Hitze abzukühlen; Tage, in denen das in seiner Mittagsstunde gleißende Blatt der Sonnenuhr seinen Schatten nicht zur nächsten Stunde weiterbewegte, bevor nicht ein ganzes Leben voller Trauer den Leidenden in ein vorzeitiges Grab gebracht hatte.

Wir verließen Versailles mit fünfzehnhundert Seelen. Wir machten uns am achtzehnten Juni auf den Weg. Wir bildeten eine lange Prozession, in der jede erdenkliche enge Beziehung oder jedes Liebesband enthalten war, das in der menschlichen Gesellschaft existierte. Väter und Ehemänner sammelten ihre lieben Verwandten behütend um sich; Frauen und Mütter suchten in der männlichen Gestalt neben ihnen nach Unterstützung und senkten dann mit ängstlicher Sorge ihre Augen auf die Kinderschar. Sie waren traurig, aber nicht hoffnungslos. Jeder dachte, dass irgendjemand gerettet werden würde; jeder vertraute mit diesem hartnäckigen Optimismus, der bis zuletzt unsere menschliche Natur charakterisierte, darauf, dass seine geliebte Familie die eine sein könnte, die bewahrt würde.

Wir durchquerten Frankreich und fanden es menschenleer. Ein oder zwei Einheimische hatten in den größeren Städten überlebt, durch die sie wie Geister streiften; wir verbuchten dank ihrer eine geringe Zunahme unserer Zahl, aber zugleich eine solche Abnahme durch den Tod, dass es schließlich leichter war, die spärliche Liste der Überlebenden zu zählen. Da wir keinen der Kranken je zurückließen, bis ihr Tod uns erlaubte, ihre Überreste in ein Grab zu legen, kamen wir nur langsam voran, während jeden Tag eine neue schreckliche Lücke in unserer Truppe geschlagen wurde – bald starben zehn, fünfzig, hundert auf einmal. Der Tod zeigte keine Gnade, wir hörten auf, eine solche zu erwarten, und begrüßten die Sonne jeden Tag mit dem Gefühl, dass wir sie vielleicht nie wieder aufsteigen sehen würden.

Die nervösen Schrecken und ängstlichen Visionen, die uns im Frühling erschreckt hatten, suchten unsere verzagte Truppe während dieser traurigen Reise weiterhin heim. Jeder Abend brachte neue Gespenster hervor; Geister und Erscheinungen wurden in jedem brandigen Baum und in jedem zerzausten Busch vermutet. Nach und nach langweilten uns diese gewöhnlichen Wunder, dann wurden andere Wunder ins Leben gerufen. Mal wurde mit Gewissheit behauptet, dass die Sonne eine Stunde später aufging als für die Jahreszeit üblich, dann wieder wurde entdeckt, dass sie blasser und blasser wurde; dass die Schatten eine ungewöhnliche Erscheinung annahmen. Es war unmöglich, sich während der gewöhnlichen ruhigen Lebensroutine, die die Menschen vorher gekannt hatten, die schrecklichen Wirkungen vorzustellen, die nun diese außergewöhnlichen Wahnvorstellungen hervorriefen. In Wahrheit sind unsere Sinneseindrücke, wenn sie nicht durch übereinstimmende Zeugnisse anderer untermauert werden, von äußerst geringem Wert, so dass ich den Glauben an übernatürliche Ereignisse, dem der größte Teil unseres Volkes bereitwillig Glauben schenkte, nur mit der äußersten Schwierigkeit von mir weisen konnte. Da ich der einzige geistig Gesunde inmitten einer Menge von Verrückten war, wagte ich mir kaum selbst einzugestehen, dass der große Himmelskörper sich gar nicht verändert hatte – dass die Schatten der Nacht nicht von zahllosen Formen der Furcht und des Schreckens verdunkelt wurden; oder dass der Wind, wie er in den Bäumen sang oder um ein leeres Gebäude pfiff, keineswegs die Klänge des Jammers und der Verzweiflung in sich trug. Zuweilen nahm ja die Wirklichkeit gespenstische Formen an; und es war unmöglich, dass jemandes Blut nicht gefror angesichts der offensichtlichen Mischung dessen, was wir als wahr kannten, mit dem eingebildeten Anschein von allem, was wir fürchteten.

Einmal, in der Abenddämmerung, sahen wir eine Gestalt ganz in Weiß, offenbar von mehr als menschlicher Größe, seltsame Possen auf der Straße treiben, mal die Arme hochwerfen, mal eine erstaunliche Höhe in die Luft springen, mal sich mehrere Male nacheinander umdrehen, dann sich auf ihre volle Höhe erheben und heftig gestikulieren. Unsere Truppe, die bereit war, das Übernatürliche zu entdecken und daran zu glauben, hielt in einiger Entfernung von dieser Gestalt inne; und als es dunkler wurde, war selbst dem Ungläubigen dieses einsame Gespenst unheimlich, dessen Herumtollereien, wenn sie auch kaum mit der Würde eines Geistes übereinstimmten, doch jenseits menschlicher Kräfte lagen. Mal sprang es hoch in die Luft, mal jäh über eine hohe Hecke, und im nächsten Augenblick war es wieder auf der Straße vor uns. Als ich auftauchte, begann der Schrecken, den die Zuschauer angesichts dieser geisterhaften Darstellung verspürten, sich derart zu manifestieren, dass einige flohen und die anderen eng zusammenrückten. Unser Kobold nahm uns jetzt wahr; er näherte sich uns, und als wir uns ehrerbietig zurückzogen, machte er eine tiefe Verbeugung. Der Anblick war selbst für unsere glücklose Gruppe unwiderstehlich lächerlich, und seine Artigkeit wurde durch schallendes Gelächter gefeiert; – dann, nachdem er in einer letzten Anstrengung wieder emporgesprungen war, sank er zu Boden und wurde in der dunklen Nacht fast unsichtbar. Dieser Umstand verbreitete wieder Stille und Furcht in der Schar; die Mutigeren gingen schließlich voran und entdeckten, als sie den sterbenden Elenden anhoben, die tragische Erklärung dieser wilden Szene. Es war ein Operntänzer, und er war einer aus der Gruppe gewesen, die aus Villeneuve-la-Guyard geflohen war. Als er krank wurde, war er von seinen Begleitern verlassen worden; in einem Anfall des Deliriums hatte er sich vorgestellt, dass er auf der Bühne stünde, und – der arme Kerl – sein sterbender Verstand nahm eifrig den letzten menschlichen Applaus entgegen, mit dem seine Anmut und Beweglichkeit je ausgezeichnet werden konnten.

Ein andermal wurden wir mehrere Tage lang von einer Erscheinung heimgesucht, der unsere Leute die Bezeichnung Schwarzes Phantom gaben. Wir sahen es ausschließlich abends, wenn sein kohlschwarzes Ross, sein Trauerkleid und sein Schmuck aus schwarzen Federn eine majestätische und furchteinflößende Erscheinung hatten. Sein Gesicht, sagte einer, der es einen Augenblick lang gesehen hatte, sei aschfahl; er war weit hinter dem Rest seiner Truppe zurückgeblieben und hatte plötzlich an einer Biegung der Straße das Schwarze Phantom auf sich zukommen sehen. Er verbarg sich vor Angst, und das Pferd und sein Reiter gingen langsam an ihm vorüber, während die Mondstrahlen auf das Gesicht des Letzteren fielen und dessen unirdische Farbe zeigten. Zuweilen, mitten in der Nacht, wenn wir über die Kranken wachten, hörten wir jemanden durch die Stadt galoppieren; es war das Schwarze Phantom, das uns als Omen des unvermeidlichen Todes erschien. Es wurde riesenhaft groß für gewöhnliche Augen; eine eisige Atmosphäre, sagten die Leute, umgebe es. Wenn sie es kommen hörten, erschauerten alle Tiere, und die Sterbenden wussten, dass ihre letzte Stunde gekommen war. Es war der Tod selbst, erklärten sie, der sich zeige, um die Erde zu unterwerfen und unsere abnehmende Zahl, die einzigen Rebellen gegen sein Gesetz, niederzuschlagen. Eines Tages gegen Mittag sahen wir eine dunkle Masse auf der Straße vor uns, und als wir näher hinzukamen, sahen wir, dass es das Schwarze Phantom war, das, von seinem Pferd gefallen, in den Qualen der Seuche auf dem Boden lag. Er hat nicht viele Stunden überlebt, und seine letzten Worte enthüllten das Geheimnis seines rätselhaften Betragens. Er war ein französischer

Adliger von Rang, der infolge der Pest in seinem Bezirk allein zurückgelassen worden war. Während vieler Monate war er von Stadt zu Stadt gewandert, von Provinz zu Provinz, auf der Suche nach einem Überlebenden und möglichen Gefährten, die Einsamkeit verabscheuend, zu der er verdammt war. Als er unsere Truppe entdeckte, überstieg seine Angst vor der Ansteckung die Liebe zur Gesellschaft. Er wagte nicht, sich uns anzuschließen, aber er konnte sich auch nicht dazu bringen, uns aus den Augen zu verlieren, da wir die einzigen Menschen waren, die außer ihm im weiten und fruchtbaren Frankreich existierten. So begleitete er uns in der von mir beschriebenen geisterhaften Gestalt, bis die Pest ihn in eine größere Gemeinschaft holte, und zwar die der toten Menschheit.

Es wäre gut gewesen, wenn solche eitlen Schrecken unsere Gemüter von greifbareren Übeln abgelenkt hätten. Diese waren jedoch zu schrecklich und zu zahlreich, um sich nicht in jeden Gedanken, jeden Augenblick unseres Lebens zu drängen. Wir mussten zu verschiedenen Zeiten für mehrere Tage Halt machen, während ein zu Staub Gewordener nach dem anderen der großen Lehmscholle, die einst unsere Mutter Erde gewesen war, übergeben wurde. So reisten wir in der heißesten Jahreszeit weiter; und es war bereits der erste August, als wir, die Auswanderer – Leser, es waren nur noch achtzig von uns –, die Tore Dijons betraten.

Wir hatten diesen Moment sehnsüchtig erwartet, denn jetzt hatten wir den schlimmsten Teil unserer trostlosen Reise hinter uns, und die Schweiz war nahe. Doch wie konnten wir uns zu einem Ereignis beglückwünschen, das so unvollkommen war? Waren diese jämmerlichen Wesen, die in einem Trauerzug ausgelaugt und elend daherkamen, die einzigen Überreste des Menschengeschlechts, das sich einst wie eine Flut über die ganze Erde ausgebreitet und sie besessen hatte? Sie war klar und ungehindert von ihrer ursprünglichen Quelle auf dem Ararat herabgekommen und von einem kümmerlichen Bächlein zu einem gewaltigen, immerwährenden Strom angeschwollen, der von Generation zu Generation unaufhörlich weitergeflossen war. Und dann wurde sie vielfältiger und strömte weiter in Richtung des sie aufnehmenden Ozeans, dessen dunkle Ufer wir jetzt erreichten. Sie war ein bloßes Spielzeug der Natur gewesen, als sie sich zuerst aus der Leere ins Licht geschlichen hatte; doch die Kraft des Denkens brachte Macht und Wissen hervor; und in deren Gewand nahm die Menschheit Würde und Autorität an. Sie war nicht mehr die bloße Gärtnerin der Erde oder die Hirtin ihrer Herden, »sie hatte eine imposante und majestätische Seite, sie hatte einen Stammbaum und illustre Vorfahren; sie hatte ihre Ahnengalerie, ihre monumentalen Inschriften, ihre Auszeichnungen und Titel«.

Dies alles war nun vorbei, da der Ozean des Todes die nachlassende Flut aufgesaugt hatte und ihre Quelle ausgetrocknet war. Wir hatten zunächst Abschied von dem Zustand der Dinge genommen, der viele tausend Jahre bestanden hatte und ewig schien; einem solchen Zustand der Regierung, des Gehorsams, des Verkehrs und des häuslichen Umgangs, wie er unsere Herzen und Fähigkeiten geformt hatte, so weit die Erinnerung zurückreichte. Dann hatten wir Abschied vom patriotischen Eifer, den Künsten, dem Ansehen, dem dauerhaften Ruhm und dem Begriff Vaterland genommen. Wir sahen alle Hoffnung schwinden, unseren früheren Zustand wiederzuerlangen – alle Erwartung außer der schwachen, unsere eigenen Leben vor dem Untergang der Vergangenheit zu retten. Um diese zu bewahren, hatten wir England – das nicht mehr England ist – verlassen; denn welchen Namen könnte diese karge Insel ohne ihre Kinder haben? Mit zähem Griff klammerten wir uns an jene Regeln und Gesetze, die uns am besten retten konnten; darauf vertrauend, dass, wenn eine kleine Kolonie bewahrt werden könnte, dies in einer fernen Zukunft ausreichen würde, um die verlorene Gemeinschaft der Menschheit wiederherzustellen.

Doch das Spiel ist aus! Wir müssen alle sterben; weder Überlebende noch Nachfahren werden auf der ausgedehnten Erde zurückbleiben. Wir müssen alle sterben! Das Geschlecht des Menschen muss zugrunde gehen; sein Leib von exquisiter Kunstfertigkeit, der wundersame Mechanismus seiner Sinne, das edle Verhältnis seiner gottähnlichen Glieder, sein Verstand, der gekrönte König all dessen muss zugrunde gehen. Wird die Erde ihren Platz zwischen den Planeten behalten? Wird sie noch mit unerklärter Regelmäßigkeit um die Sonne kreisen; werden sich die Jahreszeiten ändern, die Bäume sich selbst mit Blättern schmücken und Blumen ihren Duft in Einsamkeit verströmen? Werden die Berge unbewegt bleiben und die Wasserströme immer noch abwärts in Richtung des großen Abgrunds fließen; werden die Gezeiten steigen und fallen und die Winde die gesamte Natur erfrischen? Wird Vieh weiden, werden Vögel fliegen und Fische schwimmen, wenn der Mensch, der Herr, Besitzer, Wahrnehmender und Beschreiber all dieser Dinge, vergangen ist, als ob er niemals existiert hätte? Oh, welch ein Hohn ist dies! Gewiss ist der Tod nicht das Ende, und die Menschheit ist nicht ausgestorben; sondern nur in andere Formen übergegangen, die unserer Wahrnehmung entgehen. Der Tod ist ja ein riesiges Portal, der rechte Weg zum Leben: Beeilen wir uns, dort hinzugelangen; lasst uns nicht mehr in diesem lebendigen Tod existieren, sondern sterben, damit wir leben können!

Wir hatten uns unaussprechlich nach Dijon gesehnt, seit wir es als eine Station auf unserer Reise festgelegt hatten. Aber jetzt betraten wir es in einer Art Erstarrung, die schmerzhafter war als akutes Leid. Wir waren langsam, aber unwiderruflich zu der Überzeugung gelangt, dass selbst unsere äußersten Anstrengungen keinen Menschen am Leben erhalten würden. Wir lösten unsere Hände daher von dem lange umklammerten Ruder; und das zerbrechliche Schiff, auf dem wir dahintrieben, schien sich führerlos in den dunklen Abgrund der Wellen zu stürzen. Ein Schwall von Trauer, eine überreiche Fülle von Tränen, eitlen Klagen, überfließender Zärtlichkeit und leidenschaftlicher, aber fruchtloser Zuneigung zu den unbezahlbaren wenigen, die geblieben waren, wurde von Mattigkeit und Achtlosigkeit abgelöst.

Während dieser unglücksseligen Reise verloren wir all jene, die nicht zu unserer eigenen Familie gehörten, zu welchen wir aber unter den Überlebenden besondere Zuneigung gefasst hatten. Es wäre nicht gut, diese Seiten mit einer bloßen Auflistung der Verluste zu füllen; aber ich kann von dieser letzten Erwähnung jener, die uns besonders lieb waren, nicht absehen. Das kleine Mädchen, das Adrian während unserer Fahrt durch London am zwanzigsten November vor der völligen Verlassenheit gerettet hatte, starb in Auxerre. Das arme Kind hatte sehr an uns gehangen; und die Plötzlichkeit ihres Todes trug zu unserem

Kummer bei. Am Morgen hatten wir sie scheinbar gesund gesehen – am Abend suchte uns Lucy, bevor wir uns zur Ruhe legten, in unserem Quartier auf, um uns zu sagen, dass sie tot sei. Die arme Lucy selbst überlebte nur, bis wir in Dijon ankamen. Sie hatte sich ganz der Pflege der Kranken verschrieben und die Einsamen getröstet. Ihre übermäßigen Anstrengungen verursachten ein schleichendes Fieber, das in der schrecklichen Seuche mündete, deren Fortschreiten sie bald von ihren Leiden erlöste. Sie wurde von uns wegen ihrer guten Eigenschaften, ihrer bereitwilligen und fröhlichen Ausübung jeder Pflicht und ihrer sanften Ergebung in jede Wendung der Widrigkeiten sehr geliebt. Als wir sie dem Grab übergaben, schienen wir zugleich von jenen ausnehmend weiblichen Tugenden, die in ihr hervorstachen, einen letzten Abschied zu nehmen; ungebildet und anspruchslos, wie sie gewesen war, hatte sie sich durch Geduld, Nachsicht und Sanftheit ausgezeichnet. Dies, zusammen mit all ihren den Engländern eigentümlichen Reizen, würde nie wieder zum Leben erwachen. Dieses Musterbeispiel all dessen, was in ihrer Klasse unter den Frauen meines Landes am meisten Bewunderung verdiente, wurde unter die Grasnarbe des verödeten Frankreichs gelegt; und es war wie eine zweite Trennung von unserem Land, sie für immer aus den Augen verloren zu haben.

Die Gräfin von Windsor starb während unseres Aufenthaltes in Dijon. Eines Morgens wurde mir mitgeteilt, dass sie mich sehen wolle. Ihre Aufforderung erinnerte mich daran, dass seit unserer letzten Begegnung mehrere Tage verstrichen waren. Ein solcher Umstand war oft während unserer Reise eingetreten, wenn ich zurückgeblieben war, um die letzten Augenblicke eines unserer glücklosen Kameraden bis zum Ende zu begleiten, und der Rest der Truppe vor mir weitergezogen war. Aber es lag etwas im Betragen ihres Boten, das mich vermuten ließ, dass etwas nicht stimmte. Eine Laune der Phantasie veranlasste mich zu der Vermutung, dass Clara oder Evelyn anstelle dieser alten Dame ein Unglück widerfahren war. Unsere stets angespannten Ängste verlangten nach neuen Schrecken; und es schien mir ein zu natürliches Vorkommnis, es erinnerte mich zu sehr an vergangene Zeiten, dass die Alten vor den Jungen starben.

Ich fand die ehrwürdige Mutter meiner Idris auf einem Sofa

liegen, ihre hochgewachsene ausgemergelte Gestalt ausgestreckt; ihr Gesicht, aus dem die Nase in scharfem Profil hervortrat, war eingefallen, und ihre großen dunklen Augen, hohl und tief, glänzten mit einem solchen Licht, wie es bei Sonnenuntergang eine Gewitterwolke säumen konnte. Alles war verwelkt und vertrocknet außer diesem Leuchten. Auch ihre Stimme war schrecklich verändert, als sie stockend zu mir sprach. »Ich habe Angst«, sagte sie, »dass es selbstsüchtig von mir ist, dich gebeten zu haben, die alte Frau wieder zu besuchen, bevor sie stirbt: doch wäre es vielleicht ein größerer Schreck gewesen, plötzlich zu hören, dass ich tot bin, als mich zuerst so zu sehen.«

Ich umfing ihre faltige Hand: »Seid Ihr wirklich so krank?«, fragte ich.

»Siehst du nicht den Tod in meinem Gesicht?«, erwiderte sie. »Es ist seltsam, ich hätte dies erwarten sollen, und doch gestehe ich, dass es mich überrascht hat. Ich habe mich nie an das Leben geklammert oder es genossen, bis zu diesen letzten Monaten, während ich unter denen war, die ich zuvor so sinnloserweise verlassen hatte, und es ist hart, nun so plötzlich fortgerissen zu werden. Ich bin dennoch froh, dass ich kein Opfer der Pest bin, wahrscheinlich hätte ich um diese Zeit sterben sollen, auch wenn die Welt so weiterbestanden hätte wie in meiner Jugend.«

Sie sprach mit Mühe, und ich bemerkte, dass sie die Notwendigkeit des Todes bedauerte, sogar mehr, als sie zugeben wollte. Sie durfte sich jedoch nicht über eine unangemessene Verkürzung ihrer Existenz beklagen; ihre geschwundene Gestalt zeigte, dass das Leben sich auf natürliche Weise selbst verbraucht hatte. Wir waren zuerst allein gewesen, jetzt trat Clara ein. Die Gräfin wandte sich mit einem Lächeln zu ihr und nahm die Hand dieses schönen Kindes; ihre rosige Handfläche und ihre schneeweißen Finger kontrastierten mit dem erschlafften Gewebe und der gelblichen Farbe jener ihrer alten Freundin. Sie beugte sich vor, um sie zu küssen, und berührte ihren verwitterten Mund mit den warmen, vollen Lippen der Jugend. »Verney«, sagte die Gräfin, »ich brauche dir dieses teure Mädchen nicht anzuempfehlen, um deiner selbst willen wirst du sie bewahren. Wenn die Welt so wäre, wie sie einst war, hätte ich tausend weise Vorkehrungen getroffen, damit ein so einfühlsames, gutes und schönes Wesen den Gefahren entkommen könnte, die stets auf die Zerstörung der Schönen und Vorzüglichen aus waren. Dies ist jetzt alles nichtig.

Ich empfehle dich, meine freundliche Pflegerin, der Obhut deines Onkels; deiner Sorge wiederum vertraue ich das teuerste Überbleibsel meines besseren Selbst an. Sei für Adrian, Liebes, was du für mich gewesen bist, heitere seine Traurigkeit mit deinen lebhaften Liedchen auf, besänftige seine Furcht durch deine nüchterne und kluge Unterhaltung. Wenn er stirbt, pflege ihn, wie du es für mich getan hast.«

Clara brach in Tränen aus.

»Liebes Mädchen«, sagte die Gräfin, »weine nicht um mich. Du hast noch viele liebe Freunde.«

»Und doch«, rief Clara, »reden Sie auch von ihrem Tod. Das ist wahrlich grausam – wie könnte ich leben, wenn sie fort wären? Wenn es möglich wäre, dass mein geliebter Beschützer vor mir sterben würde, könnte ich ihn nicht pflegen; ich könnte nur ebenfalls sterben.«

Die ehrwürdige Dame überlebte diese Szene nur um vierundzwanzig Stunden. Sie war die letzte Bindung, die uns mit der Vergangenheit verknüpfte. Es war unmöglich, sie anzusehen und sich nicht an Ereignisse und Personen in ihren gewohnten Gestalten zu erinnern, die unserer gegenwärtigen Situation so fremd waren wie die Streitigkeiten von Themistokles und Aristeides oder die Rosenkriege in unserem Heimatland. Die Krone von England hatte ihre Stirn geschmückt; die Erinnerung an meinen Vater und seine Missgeschicke, die vergeblichen Kämpfe des einstigen Königs, die Bilder Raymonds, Evadnes und Perditas, die an der Spitze der Gesellschaft gelebt hatten, wurden uns lebhaft vor Augen geführt. Wir übergaben sie widerwillig an das vergessenmachende Grab; und als ich mich von ihrer Ruhestätte abwandte, verschleierte Janus sein rückblickendes Gesicht; jenes, das auf zukünftige Generationen blickte, hatte seine Fähigkeit längst verloren.

Nachdem wir eine Woche in Dijon geblieben waren, bis dreißig von uns die leeren Reihen des Lebens verlassen hatten, machten wir uns auf den Weg nach Genf. Am Mittag des zweiten Tages kamen wir am Fuße des Jura an. Hier machten wir während der Hitze des Tages Halt. Hier waren fünfzig Menschen versammelt – fünfzig, die einzigen Menschen, die auf der nahrungsreichen Erde überlebt hatten, um in den Blicken der anderen grässliche Seuche zu lesen, auszehrende Trauer, Verzweiflung oder noch schlimmer, Gleichgültigkeit bezüglich künftiger oder gegenwärtiger Übel. Hier versammelten wir uns am Fuße dieser mächtigen Bergwand unter einem schattenspendenden Walnussbaum; ein gurgelnder Strom erfrischte den grünen Rasen durch seine Berieselung, und die Grille zirpte geschäftig unter dem Thymian. Wir scharten uns als eine Gruppe elender Leidender zusammen. Eine Mutter wiegte in ihren geschwächten Armen das letzte Kind von vielen, dessen glasiges Auge sich für immer schließen sollte. Hier kniete sich die Schöne, vor nicht langer Zeit in jugendlichem Glanz und Bewusstsein erstrahlend, jetzt fahl und verwahrlost, mit unsicherer Bewegung zu ihrem Liebsten, ihm Kühlung zufächelnd, während er sich bemühte, ein dankbares Lächeln auf seine durch Krankheit verzerrten Züge zu malen. Dort saß ein wettergegerbter Veteran mit harten Gesichtszügen, der sich sein Essen zubereitet hatte, sein Kopf sank auf seine Brust, das nutzlose Messer fiel aus seinem Griff, seine Glieder waren völlig erschlafft, als Gedanken an Frau und Kind und teure Verwandte, alle verloren, vor seiner Erinnerung vorüberzogen. Da saß ein Mann, der vierzig Jahre lang den ruhigen Sonnenschein des Glücks genossen hatte; er hielt die Hand seiner letzten Hoffnung, seiner geliebten Tochter, die gerade die Weiblichkeit erreicht hatte; und er sah sie mit ängstlichen Augen an, während sie versuchte, ihre versagende Kraft zu sammeln, um ihn zu trösten. Hier wartete ein Diener, bis zum Ende treu, obwohl er im Sterben lag, einem auf, der, obschon er immer noch gesund war, mit sprachloser Angst auf die Vielfalt des Leids um ihn her blickte.

Adrian stand an einen Baum gelehnt; er hielt ein Buch in der Hand, aber sein Auge wanderte von den Seiten und suchte das meine, unsere Blicke begegneten sich verständnisinnig. Seine Augen gestanden, dass seine Gedanken von den leblosen Buchstaben abgeschweift waren, denn Seiten, die bedeutungsvoller und fesselnder waren, breiteten sich vor ihm aus. Am Ufer des Baches, abseits von allen, in einem stillen Winkel, wo der Bach sanft die grüne Wiese küsste, spielten Clara und Evelyn, mal mit großen Zweigen ins Wasser schlagend und mal die Sommerfliegen beobachtend, die auf der Wasserfläche tanzten. Evelyn jagte mal einen Schmetterling – mal pflückte er eine Blume für seine Cousine; und sein lachendes Cherubgesicht und die klare Stirn verrieten das fröhliche Herz, das in seiner Brust schlug. Clara, obwohl sie sich seiner Belustigung widmen wollte, vergaß ihn oft, wenn sie sich umwandte, um Adrian und mich zu beobachten. Sie war jetzt vierzehn und hatte noch ihr kindliches Aussehen behalten, obschon sie bereits zur Größe einer Frau herangewachsen war. Sie spielte die Rolle der zärtlichsten Mutter für meinen kleinen Waisenknaben; wenn man sah, wie sie mit ihm spielte oder sich still und ergeben unseren Wünschen fügte, dachte man nur an ihre bewundernswürdige Fügsamkeit und Geduld; aber in ihren sanften Augen und den geäderten Vorhängen, die sie verschleierten, in der Klarheit ihrer marmornen Stirn und dem zarten Ausdruck ihrer Lippen lagen eine Intelligenz und eine Schönheit, die sofort Bewunderung und Liebe erweckten.

Als die Sonne im Westen gesunken war und die abendlichen Schatten sich in die Länge zogen, bereiteten wir uns darauf vor, den Berg zu erklimmen. Die Aufmerksamkeit, die wir den Kranken widmen mussten, ließ uns nur langsam vorankommen. Der gewundene Weg, obwohl steil, eröffnete uns einen eingeschränkten Blick auf felsige Felder und Hügel, von denen jeder den anderen verbarg, bis unser weiterer Aufstieg sie nacheinander offenbarte. Wir wurden selten vor der untergehenden Sonne beschattet, deren schräge Strahlen eine erschöpfende Hitze ausstrahlten. Es gibt Zeiten, in denen kleine Schwierigkeiten riesenhaft werden – Zeiten, in denen, wie der hebräische Dichter es ausdrucksvoll nennt, selbst »die Heuschrecke eine Last ist«. So war es an jenem Abend mit unserer unglückseligen Gesellschaft. Adrian, für gewöhnlich der Erste, der Mut fasste, und der Letzte, der sich der Erschöpfung und Not ergab, überließ mit erschlafften Gliedern und gesenktem Kopf, die Zügel locker in seinem Griff, die Wahl des Weges dem Instinkt seines Pferdes, sich hin und wieder unter größter Pein straffend, wenn die Steilheit des Aufstiegs es erforderte, dass er fester im Sattel saß. Furcht und

Schrecken ergriffen mich. Bezeugte seine Müdigkeit, dass auch er sich angesteckt hatte? Wie lange, wenn ich auf dieses unvergleichliche Exemplar der Sterblichkeit blicke, darf ich noch erleben, dass sein Gedanke auf meinen antwortet? Wie lange werden diese Glieder dem in ihnen wohnenden freundlichen Geist gehorchen? Wie lange werden Licht und Leben den Augen dieses meines einzigen übrig gebliebenen Freundes innewohnen? So schritten wir langsam jeden Hügel hinauf, und nach jedem stellte sich nur ein anderer dar, der erstiegen werden musste; hinter jedem Felsvorsprung wartete ein weiterer, immer wieder, endlos. Zuweilen führte die Qual der Seuche bei einem unter uns dazu, dass der ganze Zug anhielt; der Ruf nach Wasser, der dringend geäußerte Wunsch, sich auszuruhen, der Schmerzensschrei und das unterdrückte Schluchzen des Trauernden – dies waren die traurigen Begleiter unserer Reise über den Jura.

Adrian war vorausgeritten. Ich sah ihn, während ich durch die Lockerung eines Sattelgurts aufgehalten wurde, wie er mit dem aufwärtsführenden Pfad kämpfte, der unwegsamer schien als jeder, den wir bisher passiert hatten. Er erreichte die Spitze, und der dunkle Umriss seiner Gestalt stand vor dem Himmel. Er schien etwas Unerwartetes und Wunderbares zu sehen, denn er hielt inne, reckte den Kopf, breitete die Arme für einen Augenblick aus und schien einen neuen Anblick zu begrüßen. Von Neugier getrieben, eilte ich zu ihm. Nachdem ich viele langwierige Minuten mit dem Anstieg gekämpft hatte, stellte sich mir dieselbe Szene dar, die ihn in verzücktes Staunen versetzt hatte.

Die Natur, oder der Liebling der Natur, diese schöne Erde, stellte ihre unvergleichlichsten Schönheiten in einer prächtigen und unerwarteten Darbietung zur Schau. Unten, weit, weit unten, gleichsam im gähnenden Abgrund des schwerfälligen Globus, lag die friedliche und azurblaue Weite des Genfersees; von Weinbergen bewachsene Hügel umsäumten ihn, und dahinter dienten dunkle Berge in kegelförmiger Gestalt oder als unregelmäßige Zyklopenmauer der weiteren Verteidigung. Doch darüber hinaus, und hoch über allem, als hätten die Geister der Luft plötzlich ihre hellen Aufenthaltsorte enthüllt, die sich in unermesslicher Höhe im wolkenlosen Himmel befanden, erhoben sich, den Himmel küssend, die Gefährten des unerreichbaren

Äthers, die glorreichen Alpen, die durch die untergehende Sonne in schillernde Gewänder von Licht gekleidet wurden. Und als ob die Wunder der Welt nie erschöpft sein sollten, spiegelten sich ihre gewaltigen Ausmaße, ihre zerklüfteten Felsen und ihre rosige Tönung im unten liegenden See wider und tauchten ihre stolzen Höhen unter die unbewegten Wellen – als Paläste für die Nymphen des friedlichen Wassers. Städtchen und Dörfer lagen verstreut am Fuße des Jura, der mit dunklen Schluchten und schwarzen Felsvorsprüngen seine Wurzeln in die darunterliegende Wasserfläche ausdehnte. Von Bewunderung ergriffen, vergaß ich den Tod des Menschen und den lebenden und geliebten Freund neben mir. Als ich mich umdrehte, sah ich Tränen aus seinen Augen strömen; seine dünnen Hände pressten sich gegeneinander, sein lebhaftes Gesicht strahlte vor Bewunderung. »Warum?«, rief er schließlich. »Warum, o Herz, flüsterst du mir von Leid? Nimm die Schönheit dieser Szene in dir auf und lass dich zu größerer Freude erwecken, als ein sagenhaftes Paradies dir bieten könnte.«

Allmählich gesellte sich unsere ganze Gruppe, die den Steilhang erklommen hatte, zu uns; jeder unter ihnen äußerte sein Entzücken und dass der Anblick alles zuvor Gesehene übertreffe. Einer rief: »Gott offenbart uns seinen Himmel; wir können gesegnet sterben.« Einer nach dem andern bemühte sich mit Ausrufen der Bewunderung, die berauschende Wirkung dieses Wunders der Natur in Worte zu fassen. So verblieben wir eine Weile, von der drängenden Last des Schicksals erleichtert, den Tod vergessend, in dessen Nacht wir bald stürzen sollten; nicht mehr darüber nachdenkend, dass unsere Augen jetzt und für immer die einzigen sein würden, welche die göttliche Herrlichkeit dieser irdischen Aussicht wahrnehmen könnten. Ein Gefühl der Begeisterung, dem Glück ähnlich, brach wie ein plötzlicher Sonnenstrahl in unser verdunkeltes Leben. Welch eine wertvolle Eigenschaft der leidgeprüften Menschheit, dass sie sogar unter jener Egge, die rücksichtslos jede Hoffnung aufwühlt und bloßlegt, Gefühle der Verzückung erhaschen kann!

An jenem Abend folgte ein weiteres Ereignis. Während wir durch Ferney auf dem Weg nach Genf reisten, erhoben sich ungewohnte Klänge von Musik aus der ländlichen Kirche, die von

Bäumen umsäumt, inmitten von rauchlosen, leerstehenden Hütten stand. Die stille Luft wurde vom sanft anschwellenden Klang einer Orgel erweckt, der wogend weitergetragen wurde und sich mit der intensiven Schönheit vermengte, die Felsen und Wälder ausstrahlten.

Musik – die Sprache der Unsterblichen, uns als Zeugnis ihrer Existenz offenbart – Musik, »Silberschlüssel der Quelle der Tränen«, Kind der Liebe, Trösterin in der Not, Anregerin zu Heldentum und strahlenden Gedanken, o Musik, in dieser unserer Trostlosigkeit hatten wir dich vergessen! Weder erheiterte uns am Abend eine Flöte noch die Harmonie der Stimme oder des Saitenspiels; du ernährtest uns jetzt wie die Offenbarung anderer Daseinsformen; und ebenso wie wir verzückt von der Lieblichkeit der Natur gewesen waren und uns vorstellten, dass wir die Wohnstatt von Geistern erblickten, konnten wir uns nun gut vorstellen, dass wir ihre wohlklingenden Mitteilungen hörten. Wir hielten in einer solchen Ehrfurcht inne, wie sie eine bleiche Nonne ergreifen würde, die um Mitternacht einen heiligen Schrein besucht und dort das Bild belebt und lächelnd sähe, das sie anbetete. Wir standen alle stumm; viele knieten nieder. Nach ein paar Minuten wurden wir jedoch von einer vertrauten Melodie zu menschlichem Staunen und Mitgefühl zurückgerufen. Es war Haydns »Schöpfung«, und so alt und welk die Menschheit auch geworden war, mochte die Welt, die noch ebenso frisch war wie am Schöpfungstag, durch einen solchen Lobgesang doch immer noch würdig gefeiert werden. Adrian und ich betraten die Kirche; das Kirchenschiff war leer, doch der Duft des Weihrauchs stieg vom Altar auf und brachte die Erinnerung an große Versammlungen in einst vollbesetzten Kathedralen mit sich. Wir stiegen zur Chorempore hinauf. Ein blinder alter Mann saß am Blasebalg; seine ganze Seele war Ohr; und in seiner Haltung aufmerksamen Zuhörens erstrahlte sein Gesicht vor Vergnügen; denn obschon sein mattes Auge den Strahl nicht widerspiegeln konnte, sprach doch aus seinen geteilten Lippen, aus jeder Linie seines Gesichtes und seiner ehrwürdigen Stirn das Entzücken. Eine junge Frau saß an den Tasten, sie war vielleicht zwanzig Jahre alt. Ihr kastanienbraunes Haar umspielte lose ihren Hals, und ihre schöne Stirn schimmerte in ihrer eigenen Schönheit; aber aus ihren traurigen Augen fielen schnelle Tränen herab, während die Beherrschung, die es sie kostete, ihr Schluchzen und ihr Zittern zu unterdrücken, ihre ansonsten bleiche Wange rötete. Sie war dünn; Mattigkeit und ach! Krankheit krümmten ihre Gestalt.

Wir standen da und betrachteten das Paar und vergaßen bei dem fesselnden Anblick, was wir hörten, bis der letzte Akkord geschlagen war und der Klang in schwächerem Nachhall verebbte. Die mächtige Stimme, unirdisch könnte man sie nennen, denn wir konnten sie in keiner Weise mit dem Mechanismus der Pfeife oder der Taste verbinden, ließ ihren sonoren Ton verstummen, und das Mädchen, das sich umwandte, um seinem alten Begleiter Hilfe zu leisten, nahm uns endlich wahr.

Er war ihr Vater; und sie war von Kindheit an die Führerin seiner verdunkelten Schritte gewesen. Sie waren Deutsche aus Sachsen und hatten, nachdem sie wenige Jahre zuvor dorthin ausgewandert waren, neue Beziehungen zu den sie umgebenden Dorfbewohnern geknüpft. Ungefähr zu der Zeit, als die Pest ausgebrochen war, hatte sich ein junger deutscher Student ihnen angeschlossen. Ihre einfache Geschichte war leicht zu erraten. Er, ein Adliger, liebte die schöne Tochter des armen Musikers und folgte ihnen auf der Flucht vor den Verfolgungen seiner Freunde; aber bald kam der mächtige Gleichmacher mit scharfer Sense, um zusammen mit dem Gras die hohen Blumen des Feldes zu mähen. Der Jüngling war ein frühes Opfer. Sie bewahrte sich selbst um ihres Vaters Willen. Seine Blindheit erlaubte ihr, eine Täuschung aufrechtzuerhalten, die zunächst das Kind des Zufalls gewesen war – und obwohl sie jetzt Einzelwesen, die einzigen Überlebenden im Land waren, wurde er der Veränderung nicht gewahr noch war ihm bewusst, dass, wenn er der Musik seines Kindes lauschte, die stummen Berge, der empfindungslose See und die unwissenden Bäume außer ihm ihre einzigen Zuhörer waren.

An jenem Tage, an dem wir ankamen, war sie von den unverkennbaren Anzeichen der Seuche befallen worden. Sie war vor Schrecken angesichts der Vorstellung, ihren alten, blicklosen Vater allein auf der leeren Erde zu lassen, wie gelähmt; aber sie hatte nicht den Mut, ihm die Wahrheit zu enthüllen, und das Übermaß ihrer Verzweiflung bewegte sie zu überragenden Anstrengungen. In der gewohnten Vesperstunde führte sie ihn zur Kapelle; und obwohl sie um ihn zitterte und weinte, spielte sie, ohne aus dem Takt zu kommen oder eine falsche Note zu spielen, die Hymne, die geschrieben wurde, um die Schaffung jener geschmückten Erde zu feiern, die bald ihr Grab sein würde.

Wir kamen zu ihr wie Boten des Himmels selbst; ihr entschlossener Mut und ihre kaum aufrechterhaltene Festigkeit flohen beim Erscheinen von Erleichterung. Mit einem Schrei eilte sie auf uns zu, umarmte Adrians Knie und, nachdem sie nur die Worte: »O rettet meinen Vater!« ausgestoßen hatte, öffneten sich mit Schluchzern und hysterischen Schreien die lang geschlossenen Schleusen ihres Leids.

Das arme Mädchen! – Sie und ihr Vater liegen jetzt Seite an Seite, unter dem hohen Walnussbaum, wo ihr Geliebter ruht, und auf den sie uns in ihren letzten Momenten hingewiesen hatte. Ihr Vater, der schließlich die Gefahr für seine Tochter erkannt hatte, obschon unfähig, die Veränderungen ihres lieben Antlitzes zu sehen, hielt hartnäckig ihre Hand, bis sie durch den Tod kalt und steif war. Er bewegte sich auch nicht und sprach nicht, bis der freundliche Tod ihn zwölf Stunden später zu seiner ungestörten Ruhe brachte.

Sie ruhen unter dem Rasen, der Baum ist ihr Grabmal, – der geweihte Fleck ist in meiner Erinnerung deutlich zu erkennen, eingefriedet vom zerklüfteten Jura und den fernen, unermesslichen Alpen; die Spitze der Kirche, die sie besuchten, schaut noch immer aus den hoch aufragenden Bäumen hervor; und obschon ihre Hand kalt sein mag, dünken mir noch immer die Klänge der göttlichen Musik, die sie liebten, umherzuschweben, um ihre sanften Geister in Ruhe zu wiegen.

Kapitel 8

Wir waren jetzt in der Schweiz angekommen, die so lange die letzte Etappe und das Ziel unserer Bemühungen gewesen war. Wir hatten, ich weiß nicht, weswegen, mit Hoffnung und freudiger Erwartung auf ihre Hügel und verschneiten Bergkuppen geschaut und mit neuem Mut dem eisigen Wind entgegengeblickt, der schon im Hochsommer mit Kälte beladen vom nördlichen Gletscher herkam. Doch wie konnte sich unsere Hoffnung auf Erleichterung erfüllen? Wie unser Heimatland England und die weite Ausdehnung des fruchtbaren Frankreichs war ja auch dieses von Bergen umringte Land entvölkert. Weder die düstere Bergspitze noch das vom Schnee genährte Rinnsal, weder der eisbefrachtete Wind noch Donner, die Bezwinger der Ansteckung, hatten sie bewahrt – warum also sollten wir auf Verschonung hoffen?

Wen konnte man denn tatsächlich noch bewahren? Welche Truppe hatten wir mitgebracht, die bereitgestanden hätte, um mit dem Eroberer zu kämpfen? Wir waren ein kläglicher Überrest, willens, uns dem kommenden Schlag zu ergeben. Ein Zug, der vor Angst beinahe tot umsank – eine hoffnungslose, widerstandslose, beinahe gleichgültige Mannschaft, die in der windgepeitschten Lebensbarke das Steuern aufgegeben hatte und sich der zerstörerischen Kraft der zügellosen Winde überließ. Wie ein paar Furchen mit ungeerntetem Korn, das, nachdem es auf einem ausgedehnten Feld stehen gelassen wurde, als der Rest in den Getreidespeicher kam, vom Wintersturm schnell niedergeschlagen wird. Wie ein paar umherstreifende Schwalben, die, nachdem ihre Gefährten beim ersten unfreundlichen Hauch des vorüberziehenden Herbstes in warme Gefilde ausgewandert waren, zurückbleiben und vom ersten Novemberfrost niedergestreckt werden. Wie ein streunendes Schaf, das über den schneegepeitschten Berghang wandert, während die Herde im Stall ist, und das vor dem Morgengrauen stirbt. Wie eine Wolke, wie eine von vielen, die sich in undurchdringlichem Gewebe über den Himmel ausbreiten, die, wenn der Hirte im Norden ihre Gefährten vertrieben hat, um »den antipodischen Mittag zu trinken«, verblasst und sich im klaren Äther auflöst – so waren wir!

Wir verließen die angenehmen Ufer des schönen Genfersees und betraten die alpinen Schluchten, stießen auf die rauschende Zirbelkiefer und reisten durch das felsige Tal von Servoz, neben den mächtigen Wasserfällen, und unter dem Schatten der unzugänglichen Berge weiter; während der üppige Walnussbaum der dunklen Kiefer Platz machte, deren Zweige säuselnd im Wind schwankten und deren aufrechte Gestalten tausend Stürme durchgestanden hatten – bis der grüne Rasen, das blumige Tal und der mit Gestrüpp bewachsene Hügel ausgetauscht wurden gegen den hoch in den Himmel ragenden, pfadlosen, kahlen Fels, »die Gebeine der Welt, darauf wartend, mit allem bekleidet zu werden, was notwendig ist, um Leben und Schönheit hervorzubringen«. Wie merkwürdig, dass wir hier Schutz suchen sollten! Wenn wir in den Ländern, in denen die Erde wie eine zärtliche Mutter ihre Kinder ernährte, sie als eine Zerstörerin gefunden hatten, brauchten wir gewiss nicht hier Unterschlupf zu suchen, wo sie unter der äußersten Kargheit in ihren felsigen Venen zu zittern schien. Wir täuschten uns auch nicht in unserer Vermutung. Vergeblich suchten wir die gewaltigen und sich immer bewegenden Gletscher von Chamonix auf, Spalten von hängendem Eis, Meere von gefrorenen Wassern, die blattlosen Haine windgepeitschter Fichten, Täler, bloße Pfade für die laute Lawine, und Bergspitzen, die Heimat des Donners. Selbst hier herrschte die Pest. In jener Zeit, bei Tag und bei Nacht, wie Zwillingsschwestern von gleichem Wachstum, die sich ihre Herrschaft über die Stunden gleichmäßig aufgeteilt hatten, schloss unter den Eishöhlen, neben dem Wasser, das dem aufgetauten Schnee von tausend Wintern entsprang, einer nach dem anderen, noch einer und noch einer vom Überrest der Menschheit seine Augen für immer.

Doch ganz falsch taten wir nicht daran, einen solchen Ort zu suchen, um das Drama zu beenden. Die Natur, getreu bis zuletzt, tröstete uns inmitten des Elends. Die erhabene Größe der Gegenstände um uns besänftigte unsere glücklosen Herzen und stand im Einklang mit unserer Verlassenheit. Viel Leid ist dem Menschen während seines wechselvollen Schicksals widerfahren; und mancher leidende Trauernde hat sich als einziger Überlebender unter vielen gefunden. Unser Elend erhielt seine majestätische Form und Färbung von dem erhabenen Gestein, das ihn begleitete und eins mit ihm wurde. So findet sich auf der lieblichen Erde so manche dunkle Schlucht, die von romantischen Felsen beschattet und von moosigen Pfaden durchzogen ist – doch alle, außer dieser, entbehrten dieses mächtigen Hintergrunds, der hoch aufragenden Alpen, deren Schneedecken oder entblößte Kämme uns von unserer tristen sterblichen Bleibe zu den Palästen der Natur erhoben.

Dieses feierliche Zusammenspiel von Geschehen und Umgebung besänftigte unsere Empfindungen und verlieh unserem letzten Akt sozusagen die passende Bühne. Majestätische Düsterkeit und tragischer Prunk begleiteten das Hinscheiden der elenden Menschheit. Die Begräbniszüge einstiger Monarchen wurden von unseren großartigen Ausblicken übertroffen. In der Nähe der Quellen des Arveiron führten wir die Beisetzungsriten für – nur noch vier ausgenommen – den Letzten unserer Art durch. Adrian und ich ließen Clara und Evelyn in friedlichem, unwissendem Schlaf zurück, trugen die Leiche zu dieser verlassenen Stelle und legten sie in jene Eishöhlen unterhalb des Gletschers, die sich bei dem leisesten Geräusch zerspalten und zerspringen und denjenigen, die im Innern der Spalten sind, den Tod bringen – kein Vogel oder Raubtier könnte hier den gefrorenen Körper entweihen. Mit leisen Schritten und in Stille legten wir den Toten also auf eine Bahre aus Eis, verließen ihn und stellten uns auf die felsige Plattform neben den Flussquellen. So leise wir uns auch bewegt hatten, schon die bloße Aufrührung der Luft hatte genügt, um die Ruhe dieses niemals tauenden Gebiets zu stören; und wir hatten kaum die Höhle verlassen, als gewaltige Eisblöcke sich von der Decke lösten, herabfielen und die menschliche Hülle bedeckten, die wir darin abgelegt hatten. Wir hatten eine schöne Mondscheinnacht gewählt, aber unsere Wanderung dorthin war lang gewesen, und der Halbmond sank eben, als wir unser Vorhaben ausgeführt hatten. Die schneebedeckten Berge und die blauen Gletscher leuchteten in ihrem eigenen Licht. Die raue und steile Schlucht, die eine Seite des Mont Anvert bildete, lag uns gegenüber, der Gletscher auf unserer Seite; zu unseren Füßen stürzte sich weiß und schäumend der Arveiron über die spitzen Felsen, die in ihn hineinragten, und störte mit rauschender Gischt und unaufhörlichem Gebrüll die stille Nacht. Gelbe Blitze spielten um die gewaltige Kuppel des Mont Blanc, still wie der schneebedeckte Felsen, den sie beleuchteten; alles war kahl, wild und erhaben, während das Säuseln der Kiefern in melodischem Gemurmel der rauen Pracht einen sanften Reiz hinzufügte. Mal drang das Geräusch der brechenden und fallenden eisigen Felsen durch die Luft; mal dröhnte der Donner der Lawine in unseren Ohren. In Ländern, deren Merkmale weniger herausragend sind, verrät die Natur ihre lebendigen Kräfte im Laub der Bäume, im Wachstum der Kräuter, im sanften Rauschen der gewundenen Ströme; hier zeigen der Wildbach, der Gewittersturm und die Strömung gewaltiger Wasser ihre mit riesenhaften Eigenschaften versehene Aktivität. Ein solcher Kirchhof, ein solches Requiem, eine solche ewige Versammlung schmückten das Begräbnis unseres Begleiters!

Es war nicht der menschliche Körper allein, den wir in dieses ewige Grab gelegt hatten und dessen Begräbnisriten wir jetzt abhielten. Mit diesem letzten Opfer verschwand auch die Seuche von der Erde. Dem Tod hatte es niemals an Waffen gemangelt, um das Leben zu zerstören, und wir, so wenige und schwach wir geworden waren, waren noch immer jedem anderen der vielen Pfeile ausgesetzt, die in seinem Köcher steckten. Aber die Pest war nicht mehr unter ihnen. Sieben Jahre lang hatte sie auf der Erde gewütet; sie hatte jeden Winkel unseres geräumigen Globus erreicht; sie hatte sich mit der Atmosphäre vermischt, die wie ein Mantel all unsere Mitgeschöpfe umgibt – die Einwohner des heimischen Europas – die schwelgerischen Asiaten – die dunkelhäutigen Afrikaner und die freien Amerikaner – sie alle wurden von ihr besiegt und getötet. Ihre barbarische Tyrannei kam hier im felsigen Tal von Chamonix zu einem Ende.

Die noch immer wiederkehrenden Szenen von Elend und Leid, die Früchte dieser Seuche, machten nun keinen Teil unseres Lebens mehr aus – das Wort Pest klingelte nicht mehr in unseren Ohren – das Aussehen der Pest, wie sie sich im menschlichen Antlitz zeigte, erschien nicht mehr vor unseren Augen. Von diesem Moment an sah ich keine Pest mehr. Sie entsagte ihres Throns und beraubte sich zwischen den eisigen Felsen, die uns umgaben, ihres kaiserlichen Zepters. Sie ließ Einsamkeit und Stille als gleichberechtigte Erben ihres Königreiches zurück.

Meine gegenwärtigen Gefühle sind so sehr mit der Vergangenheit vermischt, dass ich nicht sagen kann, ob die Erkenntnis dieser Veränderung bereits zu uns gelangte, als wir an diesem unfruchtbaren Ort standen. Es scheint mir, dass sie es tat; dass eine Wolke über uns fortzuziehen schien, dass ein Gewicht aus der Luft genommen wurde; dass wir von nun an freier atmeten und unsere Köpfe mit einem Teil der früheren Freiheit erhoben. Doch wir hofften nicht. Wir waren durchdrungen von der Empfindung, dass unsere Rasse zwar aussterben würde, aber nicht mehr jene Seuche unser Zerstörer wäre. Die kommende Zeit war wie ein mächtiger Fluss, auf welchem ein verzaubertes Boot entlangfährt, dessen sterblicher Steuermann weiß, dass die offensichtliche Gefahr nicht diejenige ist, die er fürchten muss, aber dass doch Gefahr nahe ist; der ehrfürchtig durch dunkle und trübe Wasser unter den vorstehenden Felsvorsprüngen schwebt – und in der Ferne noch seltsamere und wüstere Formen sieht, zu denen er unwiderstehlich gedrängt wird. Was würde aus uns werden? O gäbe es nur ein delphisches Orakel oder eine pythische Maid, um die Geheimnisse der Zukunft zu enthüllen! O gäbe es nur einen Ödipus, um das Rätsel der grausamen Sphinx zu lösen! Ein solcher Ödipus sollte ich sein – nicht um einen Wortschwindel zu erraten, sondern einer, dessen quälender Kummer und leidbefleckte Leben die Maschine sein sollten, um die Geheimnisse des Schicksals und die Bedeutung des Rätsels zu enthüllen, dessen Erklärung die Geschichte der menschlichen Rasse beenden würde.

Düstere Phantasien wie diese suchten unsere Gedanken heim und flößten uns Gefühle ein, die nicht gänzlich frei von Vergnügen waren, als wir neben diesem stillen Grab der Natur, von diesen leblosen Bergen erhoben, über ihren lebendigen Adern standen. »So sind wir übrig«, sagte Adrian, »zwei traurig versprengte Bäume, wo sich einst ein Wald wiegte. Wir müssen trauern und dahinwelken und sterben. Doch schon jetzt haben wir unsere Pflichten, zu deren Erfüllung wir uns aufmuntern müssen: die Pflicht, dort, wo wir können, Vergnügen zu schenken, und mit der Kraft der Liebe den Sturm der Trauer mit Regenbogenfarben zu erleuchten. Ich werde auch nicht klagen, wenn wir in diesem gänzlichen Ende bewahren, was wir jetzt besitzen. Etwas sagt mir, Verney, dass wir nicht länger unseren grausamen Feind fürchten müssen, und ich halte mich an dieser orakelhaften Stimme voller Verzücken fest. Obwohl es seltsam ist, wird es schön sein, das Wachstum deines kleinen Jungen und die Entwicklung von Claras jungem Herzen zu erleben. Inmitten einer verwüsteten Welt sind wir alles für sie, und, solange wir leben, muss es unsere Aufgabe sein, ihnen diese neue Lebensweise zu versüßen. Im Augenblick ist das leicht, denn ihre kindlichen Gedanken wandern nicht in die Zukunft und die brennende Sehnsucht nach Zuneigung und aller Liebe, für die unsere Natur empfänglich ist, ist noch nicht in ihnen erwacht: Wir können nicht erraten, was dann geschehen wird, wenn die Natur ihre unaussprechlichen und heiligen Kräfte geltend macht; aber lange vor dieser Zeit mögen wir alle erkaltet sein wie jener, der in diesem eisigen Grab liegt. Wir müssen nur für die Gegenwart sorgen und versuchen, die unerfahrene Phantasie deiner lieben Nichte mit angenehmen Bildern zu füllen. Die Landschaften, die uns jetzt umgeben, so ausgedehnt und erhaben sie auch sind, sind keine, die am besten dazu beitragen können. Die Natur ist hier wie unser Geschick, großartig, aber zu zerstörerisch, kahl und roh, um ihrer jungen Phantasie Vergnügen zu bereiten. Lass uns in die sonnigen Ebenen Italiens hinabsteigen. Der Winter wird bald hier sein, um diese Wildnis in doppelte Trostlosigkeit zu kleiden; wir aber werden die kahlen Hügelkuppen überqueren und sie zu Szenen der Fruchtbarkeit und Schönheit führen, wo ihr Weg mit Blumen geschmückt sein und die heitere Atmosphäre zu Freude und Hoffnung anregen wird.«

Mit diesem Plan verließen wir Chamonix am nächsten Tag. Wir hatten keinen Grund, unsere Schritte zu beschleunigen. Kein Ereignis geschah außerhalb unseres Wirkungsbereichs, das unsere Beschlüsse hätte verhindern können, also gaben wir uns jeder müßigen Laune hin und hielten unsere Zeit für gut angelegt, wenn wir den Lauf der Stunden gelassen verfolgen konnten. Wir wandelten durch das liebliche Tal von Servoz und verbrachten lange Stunden auf der Brücke, welche die Arve-Schlucht überquert und die eine Aussicht auf ihre mit Kiefern bekleideten Tiefen und die schneebedeckten Berge bietet, die sie umgeben. Langsam wanderten wir durch die romantische Schweiz, bis die Furcht vor dem kommenden Winter uns zur Eile antrieb. In den ersten Oktobertagen fanden wir uns im Tal von La Maurienne, das zum Cenis führt. Ich kann nicht erklären, welchen Widerwillen wir empfanden, dieses Land der Berge zu verlassen. Vielleicht betrachteten wir die Alpen als Grenze zwischen unserem früheren und unserem zukünftigen Dasein und hingen so zärtlich an dem Alten, das wir geliebt hatten. Vielleicht, weil wir jetzt so wenig Gründe hatten, uns zwischen zwei Handlungsweisen zu entscheiden, waren wir froh, uns eine Wahl zu erhalten, und bevorzugten die Aussicht auf das, was wir tun sollten, vor der Erinnerung dessen, was getan worden war. Wir fühlten, dass für dieses Jahr die Gefahr vorüber war; und wir glaubten, dass wir einander für einige Monate sicher waren. Es lag eine aufregende, quälende Freude in dem Gedanken – er füllte die Augen mit heißen Tränen, er zerriss das Herz mit ungestümen Schlägen; zerbrechlicher als der »Schneefall im Fluss« waren wir alle – aber wir bemühten uns, dem kometenhaften Verlauf unserer verschiedenen Existenzen Leben und Individualität zu geben und zu fühlen, dass uns kein vergnügter Augenblick entging. So am schwindelerregenden Abgrund schwankend waren wir glücklich. Ja, als wir unter den wackligen Felsen neben den Wasserfällen saßen, nahe

– Wäldern, uralt wie die Hügel,
Und sonnigen grünen Flecken,

wo die Gämsen grasten und das scheue Eichhörnchen seine Vorräte anlegte – uns über den Zauber der Natur ausließen und dabei ihre unveräußerlichen Schönheiten genossen – waren wir, in einer leeren Welt, glücklich.

Doch, o Tage der Freude – Tage, an denen ein Auge mit dem anderen sprach und Stimmen, süßer als die Musik der schwingenden Kiefernäste oder das sanfte Murmeln des Baches, der meinen antworteten – doch, o Tage voller Seligkeit, Tage in geliebter Gesellschaft – verlorene Tage, die mir unaussprechlich teuer sind – vergeht, o vergeht vor mir, lasst mich im Gedenken an euch vergessen, was ich bin. Seht, wie meine strömenden Augen dieses fühllose Papier blenden – seht, wie sich meine Züge durch quälende Pein verzerren, bei der bloßen Erinnerung an euch, jetzt, da allein meine Tränen fließen, meine Lippen beben, meine Schreie die Luft erfüllen, ungesehen, unbemerkt, ungehört! Doch, o doch, Tage der Freude, lasst mich in euren ausgedehnten Stunden schwelgen!

Als die Kälte zunahm, ließen wir die Alpen hinter uns und stiegen nach Italien hinab. Morgens saßen wir bei unserer Mahlzeit und lenkten uns durch heitere Liedchen oder auswendig gelernte Reden von unserer Trauer ab. Den lieben langen Tag schlenderten wir weiter, behielten dabei stets das Ende unserer Reise im Blick, achteten jedoch nicht auf die Stunde ihrer Vollendung. Als der Abendstern zu leuchten begann und der glühende Sonnenuntergang weit im Westen die Lage des teuren Landes anzeigte, das wir für immer verlassen hatten, ließen Gespräche und fesselnde Gedanken die Stunden verfliegen – O, dass wir nur für immer so gelebt hätten! Welche Wirkung hatte es auf unsere vier Herzen, dass sie allein die Quellen des Lebens in der weiten Welt waren? Was uns anbetraf, so wären wir lieber solcherart vereint zurückgeblieben, als wenn jeder für sich allein in einer bevölkerten Wüste unbekannter Menschen bis an sein Lebensende wahrhaft freundlos umhergewandert wäre. Auf diese Weise versuchten wir einander zu trösten; auf diese Weise lehrte uns die wahre Philosophie, vernünftig zu sein.

Es war Adrian und mir eine Freude, Clara aufzuwarten, sie die kleine Königin der Welt zu nennen und uns selbst ihre demütigsten Diener. Wenn wir in einer Stadt ankamen, war unsere erste Sorge, für sie die erlesenste Unterkunft zu wählen und sicherzustellen, dass von ihren früheren Bewohnern keine erschütternden Überreste übrig geblieben waren, um anschließend Nahrung für sie zu suchen und ihr mit eifriger Zärtlichkeit zu dienen. Clara ging mit kindlicher Fröhlichkeit auf unser Spiel ein. Ihr Hauptgeschäft war es, Evelyn Gesellschaft zu leisten; aber es bereitete ihr Vergnügen, sich in prächtige Roben zu kleiden, sich mit funkelnden Edelsteinen zu schmücken und einen fürstlichen Staat nachzuäffen. Ihr tiefer und reiner Glaube lehrte sie nicht, den scharfen Stachel des Bedauerns solcherart zu mildern; ihre jugendliche Lebhaftigkeit ließ sie mit Herz und Seele in diese seltsamen Maskeraden schlüpfen.

Wir hatten uns entschlossen, den folgenden Winter in Mailand zu verbringen, das uns als große und reiche Stadt eine große Auswahl an Häusern bot. Wir waren die Alpen hinabgestiegen und hatten ihre weiten Wälder und mächtigen Felsen weit hinter uns gelassen. Wir betraten das heitere Italien. In seinen Ebenen wuchsen Gras und Getreide, die unbeschnittenen Reben schlangen ihre üppigen Zweige um die Ulmen. Die überreifen Trauben waren auf den Boden gefallen oder hingen purpurn oder bräunlich-grün zwischen den roten und gelben Blättern. Die Ähren des auf den Feldern stehenden Getreides wurden von den verschwenderischen Winden leergeschüttelt; das herabgefallene Laub der Bäume, die von Unkraut gesäumten Bäche, die dunkle Olive, jetzt mit ihrer geschwärzten Frucht gefleckt; die Kastanien, die jetzt allein das Eichhörnchen noch aberntete; all diese Fülle, und doch, ach! all diese Armut zierten in wunderbaren Farben und phantastischen Gruppierungen dieses schöne Land. In den Städten, in den verstummten Städten besuchten wir die Kirchen, die mit Bildern, Kunstwerken oder Galerien von Statuen geschmückt waren – während die Tiere in dieser warmen Umgebung in neu entdeckter Freiheit durch die prächtigen Paläste wanderten und unseren vergessenen Anblick kaum fürchteten. Die taubengrauen Ochsen wandten uns ihre runden Augen zu und gingen langsam an uns vorüber; eine aufgescheuchte Schafherde stürmte mit klappernden Hufen aus einer Kammer heraus, die früher der Ruhe der Schönheit geweiht gewesen war, und hastete an uns vorbei, die Marmortreppe hinunter auf die Straße und wieder hinein in die erste offene Tür, ungestraft den heiligen Zufluchtsort oder die königliche Ratskammer in Besitz nehmend. Wir erschraken weder bei diesen Gelegenheiten noch bei schlimmeren Veränderungen – etwa wenn der Palast zu einem bloßen Grab geworden war, von übelriechendem Gestank erfüllt, übersät mit Toten, oder wenn wir wahrnehmen konnten, wie Pest und Furcht seltsame Streiche gespielt hatten, indem sie die luxusliebende Dame in die feuchten Felder und die ärmliche Hütte gejagt und den rohen Bauer oder die entstellte halbmenschliche Gestalt des elenden Bettlers zwischen indischen Teppichen und Betten aus Seide versammelt hatten.

Wir kamen in Mailand an und quartierten uns im Palast des Vizekönigs ein. Hier stellten wir Regeln für uns selbst auf, indem wir unseren Tag aufteilten und bestimmte Beschäftigungen für jede Stunde festlegten. Am Morgen ritten wir in das umliegende Land oder wanderten durch die Paläste, auf der Suche nach Bildern oder Altertümern. Am Abend versammelten wir uns, um zu lesen oder uns zu unterhalten. Es gab wenige Bücher, die wir zu lesen wagten; wenige, die den neuen Anstrich, den wir unserer Einsamkeit verliehen hatten, nicht grausam verunstalteten, indem sie uns an Ereignisse und Empfindungen erinnerten, die wir nie mehr erfahren wollten. Metaphysische Abhandlungen, Fiktionen, die jeder Wirklichkeit entbehrten und sich in selbstgeschaffenen Fehlern verloren; Dichter aus Zeiten, die so weit entfernt waren, dass es, wenn man sie las, so war, als würde man von Atlantis und Utopia erfahren; oder solche, die sich nur auf die Natur bezogen und die Funktionsweise einer bestimmten Sache; vor allem aber betörte das Gespräch, abwechslungsreich und immer wieder neu, unsere Stunden.

Während wir so auf unserem weiteren Weg in Richtung Tod innehielten, nahm die Zeit ihren gewohnten Lauf. Immer und ewig rollte die Erde weiter, in ihrem luftigen Wagen thronend, von der Gewalt der unsichtbaren Zugpferde der niemals irrenden Notwendigkeit beschleunigt. Und jetzt trat dieser Tautropfen am Himmel, diese Kugel, schwerfällig von Bergen, von Wellen durchflutet, aus der kurzlebigen Tyrannei des Wasserzeichens Fische und des eisigen Widders kommend, in das strahlende Reich des Stiers und der Zwillinge ein. Dort, von Frühlingslüften belebt, erwachte der Geist der Schönheit aus seiner kalten Ruhe und legte mit flatternden Flügeln und sanft dahinschreitenden Füßen einen Gürtel von Grün um die Erde, unter den Veilchen spielend, sich innerhalb des sprießenden Laubes der Bäume versteckend, leichthin die gleißenden Ströme ins sonnige Meer leitend. »Denn siehe, der Winter ist vergangen, der Regen ist weg und dahin; die Blumen sind hervorgekommen im Lande, der Lenz ist herbeigekommen, und die Turteltaube lässt sich hören in unserm Lande; der Feigenbaum hat

Knoten und die Weinstöcke haben Blüten gewonnen und geben ihren Geruch.« So war es in der Zeit des alten königlichen Dichters. So war es jetzt.

Doch wie könnten wir Unglücklichen die Annäherung dieser entzückenden Jahreszeit begrüßen? Wir hofften in der Tat, dass der Tod nicht wie bisher in ihrem Schatten wandelte; doch allein wie wir waren, sahen wir einander mit fragenden Augen ins Gesicht, wagten nicht, unseren Vorahnungen zu trauen, und versuchten zu erraten, wer der glücklose Überlebende der anderen drei sein würde. Wir wollten den Sommer am Comer See verbringen, und dorthin zogen wir, sobald der Frühling herangereift war und der Schnee von den Bergkuppen verschwand. Zehn Meilen von Como entfernt, unter den steilen Höhen der östlichen Berge, am Rande des Sees, befand sich eine Villa, die Pliniana genannt wurde, da sie an der Stelle einer Quelle erbaut worden war, deren periodische Ebbe und Flut von Plinius dem Jüngeren in seinen Briefen beschrieben wird. Das Haus war fast verfallen gewesen, bis im Jahre 2090 ein englischer Adliger es gekauft und mit jedem Luxus ausgestattet hatte. Zwei große Säle, mit prächtigen Wandbehängen verziert und mit Marmor gepflastert, die sich auf jeder Seite auf einen Hof öffneten, von dessen zwei anderen Seiten eine den tiefen, dunklen See überblickte, während die andere von einem Berg begrenzt wurde, aus dessen steinerner Flanke brausend und sprudelnd die berühmte Quelle hervorquoll. Oben krönten ein Gesträuch aus Myrte und Büschel duftender Pflanzen den Felsen, während sich in der blauen Luft die auf die Sterne deutenden Riesenzypressen erhoben und die Ausläufer der Hügel mit dem üppigen Bewuchs von Kastanienbäumen geschmückt waren. Hier richteten wir unsere Sommerresidenz ein. Wir hatten ein schönes Boot, in dem wir segelten, wobei wir uns mal gegen die Wellen in der Mitte stemmten, mal an den emporragenden und schroffen Ufern entlangfuhren, welche dicht mit immergrünen Pflanzen überwachsen waren, die ihre glänzenden Blätter ins Wasser tauchten und sich in so mancher kleinen Bucht in Wassern von durchscheinender Dunkelheit widerspiegelten. Hier blühten Orangenbäume, hier ließen Vögel ihre melodischen Gesänge erschallen; und hier, im Frühling, kam die kalte Schlange aus den Felsspalten hervor und wärmte sich auf den sonnigen Steinterrassen.

Waren wir nicht glücklich an diesem paradiesischen Rückzugsort? Wenn irgendein freundlicher Geist uns Vergessenheit eingeflüstert hätte, hätten wir, wie mich dünkt, hier glücklich sein müssen, wo die steilen, beinahe unwegsamen Berge die weiten Felder der verödeten Erde vor unserem Blick verbargen. Und mit einer kleinen Anstrengung der Einbildungskraft hätten wir uns vorstellen können, dass die Städte immer noch von lärmendem Volk erfüllt wären, der Bauer immer noch seinen Pflug durch die Furche führte, und wir, die freien Bewohner der Welt, ein freiwilliges Exil genössen statt einer unheilbaren Trennung von unserer ausgestorbenen Art.

Niemand unter uns genoss die Schönheit dieser Landschaft so sehr wie Clara. Ehe wir Mailand verließen, hatte sich in ihren Gewohnheiten und Beschäftigungen eine Veränderung vollzogen. Sie verlor ihre Fröhlichkeit, sie gab ihre Zeitvertreibe auf und nahm eine beinahe vestalische Einfachheit der Kleidung an. Sie mied uns und zog sich mit Evelyn in eine entfernte Kammer oder stille Ecke zurück; auch nahm sie nicht mit derselben Lust an seinen Spielen teil wie zuvor, sondern saß da und beobachtete ihn mit einem traurigen, zärtlichen Lächeln und Augen voller Tränen, aber ohne ein Wort der Beschwerde. Sie ging zaghaft auf uns zu, wich unseren Zärtlichkeiten aus und schüttelte ihre Verlegenheit nicht ab, bis eine ernsthafte Diskussion oder ein erhabenes Thema sie für eine Weile aus sich herauslockte. Ihre Schönheit wuchs wie eine Rose, die, dem Sommerwind zugewandt, Blatt um Blatt enthüllt, bis der Sinn von ihrem Übermaß an Lieblichkeit schmerzt. Eine leichte Röte färbte ihre Wangen, und ihre Bewegungen schienen durch eine verborgene Harmonie von äußerster Anmut bestimmt. Wir verdoppelten unsere Zärtlichkeit und unsere aufrichtigen Aufmerksamkeiten. Sie empfing sie mit einem dankbaren Lächeln, das wie ein sonniger Strahl an einem Apriltag aus einer glitzernden Welle floh.

Unser einziger anerkannter Punkt der Übereinstimmung mit ihr schien Evelyn zu sein. Dieser liebe kleine Kerl war uns allen eine Quelle des Trostes und eine Freude, die man nicht in Worte fassen kann. Sein lebhafter Geist und seine unschuldige Unkenntnis unseres großen Unglücks waren Balsam für uns, deren Gedanken und Gefühle in der Unendlichkeit der grüblerischen Trauer gefangen waren. Ihn zu hegen, zu kosen und zu erheitern war die gemeinsame Aufgabe von allen. Clara, die sich in gewisser Weise wie eine junge Mutter ihm gegenüber fühlte, erkannte dankbar unsere Freundlichkeit ihm gegenüber an. Mir, o mir, der die klare Stirn und sanften Augen der Geliebten meines Herzens, meiner verlorenen und für immer geliebten Idris, wiedergeboren in seinem sanften Gesicht sah, mir war er schmerzlich teuer. Wenn ich ihn an mein Herz drückte, dünkte es mir, ich hätte einen echten und lebendigen Teil von ihr ergriffen, der über lange Jahre jugendlicher Glückseligkeit dort verblieben war.

Es war Adrians und meine Gewohnheit, jeden Tag mit unserem Boot auf Vorratssuche in die angrenzende Umgebung auszufahren. Auf diesen Expeditionen wurden wir selten von Clara oder ihrem kleinen Schützling begleitet, unsere Rückkehr jedoch war eine Stunde des Glücks. Evelyn plünderte unsere Schätze mit kindlichem Eifer, und wir brachten stets ein neues gefundenes Geschenk für unsere liebliche Begleiterin mit. Bisweilen entdeckten wir auch schöne Gegenden oder heitere Paläste, wohin wir am Abend alle zusammen gingen. Unsere Segelexpeditionen waren überaus himmlisch, bei leichtem Wind fuhren oder kreuzten wir die sanften Wellen; und für den Fall, dass das Gespräch unter dem Druck der Sorgen erstarb, hatte ich meine Klarinette dabei, die den Widerhall erweckte und unsere sorgenvollen Gemüter auf andere Gedanken brachte. Clara kehrte in solchen Zeiten oft zu ihren früheren Gewohnheiten der unbekümmerten Unterhaltung und der fröhlichen Liedchen zurück; und obwohl unsere vier Herzen allein in der Welt schlugen, so waren diese vier Herzen doch glücklich.

Eines Tages, nach unserer Rückkehr von der Stadt Como mit einem beladenen Boot, erwarteten wir, wie üblich im Hafen von Clara und Evelyn begrüßt zu werden, und waren etwas überrascht, den Strand leer zu sehen. Ich wollte, wie es meine Natur mir vorgab, kein Unheil vorhersagen, sondern es als einen zufälligen Zwischenfall erklären. Nicht so Adrian. Er wurde von plötzlichem Zittern und Besorgnis ergriffen, und er rief mir drängend zu, schnell an Land zu steuern, und als wir nahe am

Ufer waren, sprang er, halb vom Boot ins Wasser fallend, heraus, eilte das steile Ufer hinauf und entlang dem schmalen Gartenstreifen, der einzigen ebenen Fläche zwischen dem See und dem Berg. Ich folgte ihm auf dem Fuße; Garten und Innenhof waren leer, ebenso das Haus, in dem wir jedes Zimmer aufsuchten. Adrian rief laut Claras Namen und wollte gerade den nahen Bergpfad hinaufeilen, als sich langsam die Tür eines Sommerhauses am Ende des Gartens öffnete und Clara erschien, uns aber nicht entgegenging, sondern sich mit bleichen Wangen, in einer Haltung der völligen Verzweiflung, an eine Säule des Gebäudes lehnte. Adrian sprang mit einem Freudenschrei auf sie zu und nahm sie entzückt in seine Arme. Sie zog sich aus seiner Umarmung zurück und trat wortlos wieder in das Sommerhaus. Ihre zitternden Lippen, ihr verzweifeltes Herz wollten ihrer Stimme nicht gestatten, unser Unglück auszusprechen. Der arme kleine Evelyn war, während er mit ihr spielte, von plötzlichem Fieber befallen worden und lag jetzt benommen und sprachlos auf einem kleinen Sofa im Sommerhaus.

Ganze vierzehn Tage lang wachten wir unaufhörlich neben dem armen Kind, während sein Zustand sich unter den Verwüstungen eines heftigen Typhus stetig verschlechterte. Sein kleiner Körper und seine zarten Konturen umschlossen den Embryo des weltumspannenden Geistes des Menschen. Die Natur des Menschen, mit all ihren Leidenschaften und Zuneigungen, hätte in diesem kleinen Herzen eine Heimat gehabt, dessen schnelle Schläge sich dem Ende näherten. Der feine Mechanismus seiner kleinen Hand, jetzt schlaff und ungebeugt, hätte mit herangereiften Sehnen und Muskeln Werke von Schönheit oder Kraft geschaffen. Seine kleinen rosigen Füße hätten in fester Männlichkeit die Lauben und Lichtungen der Erde betreten – diese Überlegungen waren jetzt von wenig Nutzen: Er lag ohne Gedanken und Kraft da und wartete widerstandslos auf den letzten Schlag.

Wir wachten an seiner Seite, und während er vom Fieber ergriffen war, sprachen wir weder, noch sahen wir uns an, sondern achteten nur auf seinen stockenden Atem, die unheilvolle Röte, die seine eingefallene Wange färbte und den Tod, der schwer auf seinen Lidern lastete. Es ist eine trügerische Ausflucht, zu sagen, dass Worte unsere langgezogene Qual nicht ausdrücken könnten. Und doch – wie können Worte Empfindungen beschreiben, deren quälende Schärfe uns gleichsam auf die tiefen Wurzeln und verborgenen Grundlagen unserer Natur zurückwirft, die unser Sein mit dem Beben der Agonie erschüttern, so dass wir uns den gewohnten Gefühlen zuwenden, mit denen uns Mutter Erde aufrechterhält, und uns an eine eitle Vorstellung oder trügerische Hoffnung klammern, die bald in den Trümmern begraben sein wird, die durch den letzten Schock verursacht werden. Ich habe diesen Zeitraum vierzehn Tage genannt, in welchem wir den Fortschritt der Krankheit des süßen Kindes beobachteten – und so mag es auch gewesen sein –, nachts wunderten wir uns, dass ein weiterer Tag vergangen war, während doch jede einzelne Stunde endlos schien. Tag und Nacht wechselten ungezählt einander ab; wir schliefen kaum, und wir verließen auch sein Zimmer nicht, außer wenn ein plötzlicher Anfall von Trauer uns ergriff und wir uns für eine kurze Zeit voneinander zurückzogen, um unser Schluchzen und unsere Tränen zu verbergen. Vergeblich versuchten wir, Clara von dieser beklagenswerten Szene abzuziehen. Sie saß Stunde um Stunde da und betrachtete ihn, sanft rückte sie sein Kissen zurecht und flößte ihm sein Getränk ein, als er noch die Kraft hatte zu schlucken. Schließlich kam der Augenblick seines Todes: Das Blut stockte in seiner Strömung – seine Augen öffneten sich und schlossen sich wieder: Ohne Krämpfe oder Seufzen hatte der geistige Bewohner die zerbrechliche Wohnstatt verlassen.

Ich habe gehört, dass der Anblick von Toten Materialisten in ihrem Glauben bestätigt hat. Ich habe stets anders gefühlt. Ist dies noch mein Kind – diese bewegungslose verfallende Unbelebtheit? Mein Kind war entzückt von meinen Liebkosungen; seine liebe Stimme kleidete seine Gedanken, die sonst unverständlich gewesen wären, in bedeutungsvollen Ausdruck; sein Lächeln war ein Strahl der Seele, und dieselbe Seele saß auf ihrem Thron in seinen Augen. Ich wende mich von dieser Verhöhnung dessen ab, was er war. Nimm, o Erde, was dir gebührt! Gern überlasse ich dir für immer das Gewand, das du bereitgestellt hast. Aber du, süßes Kind, liebenswerter und geliebter Knabe, entweder hat dein Geist eine geeignetere Wohnung gefunden, oder du lebst in meinem Herzen geborgen, solange es schlägt.

Wir legten seine Überreste unter eine Zypresse, der steile Berg wurde aufgegraben, um sie zu empfangen. Und dann sagte Clara: »Wenn ihr wollt, dass ich lebe, so bringt mich von hier fort. Es ist etwas überirdisch Schönes in dieser Landschaft, in diesen Bäumen und Hügeln und Wellen, die mir immer wieder zuflüstern, verlasse dein schwerfälliges Fleisch und werde ein Teil von uns. Ich bitte euch dringend, mich von hier fortzubringen.«

So verabschiedeten wir uns am fünfzehnten August von unserer Villa und den lieblichen Schatten dieser Residenz der Schönheit; von der ruhigen Bucht und dem lauten Wasserfall; auch von Evelyns kleinem Grab verabschiedeten wir uns! Und dann machten wir uns mit schweren Herzen zu unserer Pilgerfahrt nach Rom auf.

Kapitel 9

Nun – halte einen Augenblick inne – bin ich so nahe am Ende angekommen? Ja! Es ist jetzt alles vorbei – noch ein oder zwei Schritte über diese frischen Gräber, und der ermüdende Weg ist getan. Kann ich meine Aufgabe erfüllen? Kann ich mein Papier mit Worten überziehen, welche den endgültigen Abschluss auszudrücken vermögen? Erhebe dich, düstere Schwermut! Entsage deiner kimmerischen Einsamkeit! Bring mit dir finstere Nebel aus der Hölle, die den Tag verschlingen können; bring Fäulnis und giftigen Pesthauch, die, indem sie in die Hohlräume und Luftlöcher der Erde eintreten, deren steinige Adern sich mit Verderbnis füllen mögen, so dass nicht nur das Kraut nicht mehr gedeihen kann, die Bäume verrotten und in den Flüssen Galle fließt – sondern auch die immerwährenden Berge zersetzt werden und der mächtige Ozean vergeht, und die heitere Atmosphäre, die den Globus umgürtet, alle Kräfte der Erzeugung und der Versorgung verliert. Tu dein Werk, trauergesichtige Macht, während ich schreibe, während die Augen über diese Seiten gleiten.

Und wer wird sie lesen? Hüte dich, zarter Nachkomme der wiedergeborenen Welt – hüte dich, schönes Wesen mit menschlichem Herzen, noch unbeeindruckt von Sorge, mit deiner menschlichen Stirn, noch unzerfurcht durch die Zeit – hüte dich, damit der fröhliche Strom deines Blutes nicht stockt, deine goldenen Locken nicht ergrauen, dein süßes Grübchenlächeln nicht in bleibende, strenge Falten verwandelt wird! Lass nicht den Tag auf diese Zeilen schauen, damit nicht der leuchtende Tag dahinsieche, blass werde und sterbe. Suche einen Zypressenhain, dessen seufzende Zweige damit besser harmonieren; suche eine Höhle, die tief in die dunklen Eingeweide der Erde eingebettet ist, in die kein Licht eindringt außer jenem, das rot und flackernd sich durch eine kleine Spalte kämpft und deine Seite mit grimmiger Todesfarbe befleckt.

Es gibt eine schmerzhafte Verwirrung in meinem Geist, die sich weigert, aufeinanderfolgende Ereignisse deutlich abzugrenzen. Zuweilen sehe ich das freundlich strahlende Lächeln meines Freundes vor mir; und mich dünkt, sein Licht dehnt sich und füllt die Ewigkeit aus – dann wieder fühle ich die qualvolle Agonie –

Wir verließen Como, und auf Adrians ernstlichen Wunsch hin reisten wir auf dem Weg nach Rom durch Venedig. Es lag etwas für die Engländer besonders Reizvolles in dieser von den Wellen umgebenen, auf einer Insel thronenden Stadt. Adrian hatte sie noch nie gesehen. Wir fuhren den Po und den Brenta mit einem Boot hinunter; und da die Tage unerträglich heiß waren, rasteten wir tagsüber in den in der Nähe gelegenen Palästen und reisten des Nachts, wenn die Dunkelheit die angrenzenden Ufer undeutlich und unsere Einsamkeit weniger auffällig machte; wenn der wandernde Mond die Wellen erhellte, die sich vor unserem Bug teilten, der Nachtwind unsere Segel füllte und der murmelnde Strom, die wogenden Bäume und das anschwellende Segel ihren Klang harmonisch miteinander vermischten. Clara, die lange von übermäßiger Trauer überwältigt gewesen war, hatte ihre schüchterne, kühle Zurückhaltung zu einem großen Teil abgelegt und empfing unsere Aufmerksamkeiten mit dankbarer Zärtlichkeit. Während Adrian mit poetischer Inbrunst über die glorreichen Nationen der Toten, über die schöne Erde und das Schicksal des Menschen sprach, schmiegte sie sich an ihn und nahm seine Rede mit stiller Freude in sich auf. Wir verbannten das Wissen um unsere Trostlosigkeit aus unserem Gespräch und so weit wie möglich aus unseren Gedanken. Und für einen Bewohner von Städten, für einen in einer geschäftigen Menschenmenge wäre es unglaublich, in welchem Ausmaß wir Erfolg hatten. Es war wie bei einem in einen Kerker eingesperrten Mann, dessen kleiner gefeilter Spalt das trübe Licht zuerst undeutlicher macht, bis das Auge, durch den Strahl gesättigt, sich seiner Dürftigkeit anpasst und er findet, dass strahlender Mittag in seiner Zelle herrscht. So vervielfältigten wir, eine einfache Triade auf der leeren Erde, uns füreinander, bis wir alles in allem wurden. Wir standen zusammen wie Bäume, deren Wurzeln vom Wind gelockert werden, die sich gegenseitig stützen, sich aneinander anlehnen und sich mit erhöhtem Eifer aneinanderklammern, während die winterlichen Stürme heulen.

So ließen wir uns den sich ausdehnenden Fluss Po hinabtreiben, schliefen, wenn die Zikade sang, und wachten mit den Sternen. Wir erreichten das schmalere Flussbett des Brenta und am sechsten September bei Sonnenaufgang die Küste der Lagune. Die helle Kugel erhob sich langsam hinter ihren Kuppeln und Türmen und warf ihr durchdringendes Licht auf die glasklaren Wasser. Wracks von Gondeln, darunter einige wenige unbeschädigte, lagen verstreut am Strand von Fusina. Wir begaben uns in einer von ihnen zur verwitweten Tochter des Ozeans, die verlassen und gefallen, wie verloren auf ihren vorgelagerten Inseln saß und auf die fernen Hügel Griechenlands blickte. Wir ruderten leichthin über die Lagune und erreichten den Canale Grande. Die Flut zog sich mürrisch aus den zerbrochenen Portalen und bedrängten Eingangshallen von Venedig zurück: Seegras und Meereskreaturen blieben auf dem geschwärzten Marmor zurück, während der salzige Schlamm die unvergleichlichen Kunstwerke verunstaltete, die ihre Wände schmückten, und die Möwe aus dem zerbrochenen Fenster flog. Inmitten dieser entsetzlichen Zerstörung der Monumente menschlicher Macht behauptete die Natur ihre Überlegenheit und glänzte noch schöner im Kontrast. Die strahlenden Wasser zitterten kaum, während die plätschernden Wellen die Sonne vielfach spiegelten; die blaue Unendlichkeit jenseits des Lido erstreckte sich weit, ungesprenkelt von Booten, so ruhig, so lieblich, dass sie uns dazu einzuladen schien, das mit Ruinen übersäte Land zu verlassen und in ihrer ruhigen Weite Zuflucht vor Kummer und Furcht zu suchen.

Wir sahen die Ruinen dieser unglückseligen Stadt von der Höhe des Turmes von San Marco, unmittelbar unter uns, und wandten uns mit traurigen Herzen zum Meer, das, obwohl es ein Grab ist, kein Denkmal und keine Trümmer offenbart. Der Abend war angebrochen. Die Sonne versank in stiller Majestät hinter den nebligen Gipfeln der Apenninen, und ihre goldenen und rosigen Schattierungen färbten die Berge des gegenüberliegenden Ufers. »Dieses Land«, sagte Adrian, »das mit den letzten Farben des Tages getönt ist, ist Griechenland.« Griechenland! Der Klang erzeugte einen ansprechenden Widerhall im Herzen Claras. Sie erinnerte uns mit Nachdruck daran, dass wir ihr versprochen hatten, sie noch einmal nach Griechenland zu bringen, zum Grab ihrer Eltern. Warum nach Rom gehen?

Was sollten wir in Rom tun? Wir könnten eines der vielen Schiffe nehmen, die wir hier fänden, und direkt nach Albanien steuern.

Ich wandte die Gefahren des Ozeans ein und die weite Entfernung der Berge, die wir sahen, von Athen; eine Distanz, die wegen der wilden Natur des Landes beinahe unpassierbar wäre. Adrian, der von Claras Vorschlag begeistert war, widersprach diesen Einwänden. Die Jahreszeit sei günstig; der wehende Nordwestwind würde uns quer über den Golf tragen; und dann könnten wir in einem verlassenen Hafen ein leichtes griechisches Boot finden, das für eine solche Navigation geeignet war, die peloponnesische Küste hinunterfahren und ohne viel Landreisen oder Ermüdung über den Isthmus von Korinth kommend uns in Athen wiederfinden. Dies erschien mir wie wirres Gerede; doch das Meer, das in tausend Purpurtönen glühte, sah so klar und sicher aus; meine geliebten Gefährten waren so ernst, so entschlossen, dass ich, als Adrian sagte: »Nun, obschon es nicht ganz das ist, was du wünschst, so stimme doch mir zuliebe zu«, – mich nicht länger weigern konnte. An diesem Abend wählten wir ein Schiff, dessen Größe für unser Unternehmen gerade passend schien. Wir schlugen die Segel an, richteten die Takelage aus und waren uns einig, nachdem wir uns in dieser Nacht in einem der tausend Paläste der Stadt ausgeruht hatten, am nächsten Morgen bei Sonnenaufgang einzuschiffen.

Wenn die Winde, die seine ruhige Oberfläche nicht bewegen,
Das azurblaue Meer aufpeitschen, liebe ich das Land nicht mehr;
Das Lächeln des heiteren und ruhigen Meeres
Führt meinen unruhigen Geist in Versuchung –

So sprach Adrian, eine Übersetzung von Moschus' Gedicht zitierend, als wir im klaren Morgenlicht über die Lagune, vorbei am Lido, ins offene Meer hinausruderten – ich hätte in der Fortsetzung hinzugefügt,

Außer wenn das Tosen
Des grauen Abgrunds des Ozeans hallt, und Schaum
Sich auf dem Meere sammelt, und gewaltige Wellen
zerbersten –

Aber meine Freunde erklärten, dass solche Verse böse Vorahnungen seien, also verließen wir in fröhlicher Stimmung die seichten Gewässer und hissten, als wir auf See waren, unsere Segel, um die günstige Brise aufzufangen. Die lachende Morgenluft erfüllte sie, während das Sonnenlicht die Erde, den Himmel und den Ozean badete – die ruhigen Wellen teilten sich, um unseren Kiel zu empfangen, küssten spielerisch die dunklen Seiten unseres kleinen Bootes und murmelten ein Willkommen. Als das Land zurückwich, gewährte die überaus wellenlose blaue Weite, die Zwillingsschwester des azurblauen Himmels, unserer Barke noch immer eine ruhige Fahrt. So wie die Luft und das Wasser ruhig und mild waren, waren auch wir in Stille versunken. Im Vergleich mit dem klaren Meer erschien die düstere Erde wie ein Grab, ihre hohen Felsen und stattlichen Berge waren nur Denkmäler, ihre Bäume der Schmuck eines Leichenkarrens, die Bäche und Flüsse salzig von Tränen für den verstorbenen Menschen. Lebt wohl, trostlose Städte – Felder mit ihrer wilden Mischung aus Getreide und Unkraut –, lebt wohl, euch stets vermehrende Relikte unserer verlorenen Rasse. Ozean, wir überantworten uns dir – so wie der Patriarch der Alten über die ertrunkene Welt schwamm, so lasse auch uns gerettet werden, wenn wir uns solchermaßen in deine ewige Flut begeben.

Adrian saß am Steuer; ich kümmerte mich um die Takelage, die Brise rechts achtern füllte unser schwellendes Segeltuch, und wir liefen davor über die ungetrübte See. Gegen Mittag flaute der Wind ab; sein müßiger Atem erlaubte uns lediglich noch, unseren Kurs zu halten. Als bequeme Schönwettersegler, unbesorgt ob der kommenden Stunde, sprachen wir fröhlich von unserer Küstenfahrt, von unserer Ankunft in Athen. Wir würden eine der Kykladen zu unserer Heimstatt machen und dort in Myrtenhainen, inmitten des ewigen Frühlings, gefächelt von der gesunden Meeresbrise – würden wir lange Jahre in glückseliger Vereinigung leben. – Gab es so etwas wie den Tod in der Welt? –

Die Sonne überschritt ihren Zenit und begab sich auf ihren Abwärtspfad am fleckenlosen Grund des Himmels. Ich lag im Boot, mein Gesicht hob sich zum Himmel, ich glaubte auf seinem Blau weiße marmorne Streifen zu sehen, so leicht, so substanzlos, dass ich mal sagte: sie sind da – und mal, dass es bloße Einbildung sei. Eine plötzliche Furcht erfasste mich, als ich hinsah, und, mich aufrichtend, zum Bug rannte, – kaum stand ich, wurde mein Haar sanft auf meiner Stirn bewegt – es erschien eine dunkle Linie von Kräuselungen im Osten und kam schnell auf uns zu – meine atemlose Bemerkung zu Adrian wurde gefolgt vom Flattern der Leinwand, als der widrige Wind sie traf, und dem Taumeln unseres Bootes – rasend schnell verdichtete sich das Netz des Sturmes über uns, die Sonne ging rot unter, das dunkle Meer begann zu schäumen, und unser Boot stieg und fiel im zunehmenden Wellengang.

Sieh uns jetzt in unserem zerbrechlichen Gefäß, eingekreist von hungrigen, tosenden, windgepeitschten Wellen. Im tintenschwarzen Osten begegneten sich zwei große Wolken, die in gegensätzliche Richtungen trieben; der Blitz sprang hervor, und der heisere Donner grollte. Wieder im Süden antworteten die Wolken, und der gabelförmige Feuerstrahl, der am schwarzen Himmel entlangglitt, zeigte uns die entsetzlichen Wolkenhaufen, die sich trafen und dann von den wogenden Wellen verdeckt wurden. Großer Gott! Und wir waren allein – wir drei – allein – wir einzigen Bewohner auf dem Meer und auf der Erde, wir drei müssen zugrunde gehen! Das gewaltige Universum, seine unzähligen Welten und die Ebenen grenzenloser Erde, die wir zurückgelassen hatten – das ausgedehnte endlose Meer um uns herum – zogen sich vor meinen Augen zusammen – sie und alles, was sie enthielten, schrumpften auf einen Punkt zusammen, bis zu unserer umhergeschleuderten Barke, die mit der Menschheit beladen war.

Wilde Verzweiflung durchfuhr das liebevolle Gesicht Adrians, während er mit zusammengebissenen Zähnen murmelte: »Und doch sollen sie gerettet werden!« Clara, bleich und zitternd, von allzu menschlichem Schmerz befallen, kroch neben ihn – er sah sie mit einem ermutigenden Lächeln an – »Hast du Angst, liebes Mädchen? O, fürchte dich nicht, wir werden bald an Land sein!«

Die Dunkelheit hinderte mich daran, die Veränderungen ihres Antlitzes zu sehen; aber ihre Stimme war klar und süß, als sie antwortete: »Warum sollte ich mich fürchten? Weder Meer noch Sturm können uns Schaden zufügen, wenn das mächtige Schicksal oder der Meister des Schicksals es nicht erlaubt. Und außerdem habe ich hier nicht die peinigende Angst, ich könnte einen von euch überleben – der Tod wird uns ungeteilt ereilen.«

In der Zwischenzeit holten wir alle unsere Segel ein, außer einem Ballonsegel; und sobald wir dies gefahrlos tun konnten, änderten wir unseren Kurs und fuhren mit dem Wind auf die italienische Küste zu. In der dunklen Nacht vermischte sich alles; kaum bemerkten wir die weißen Wellenkämme der mörderischen Wogen, außer wenn der Blitz kurz alles erhellte und die Dunkelheit verdrängte, uns unsere Gefahr zeigte und uns dann wieder in umso schwärzerer Nacht zurückließ. Wir waren alle still, außer wenn Adrian als Steuermann eine ermutigende Beobachtung machte. Unser kleines Boot gehorchte wunderbarerweise dem Ruder und eilte auf den Wellen dahin, als sei es ein Sprössling der See und die zornige Mutter würde ihr gefährdetes Kind schützen.

Ich saß am Bug und beobachtete unseren Kurs, als ich plötzlich hörte, wie die Wasser sich mit verdoppelter Wut aufbäumten. Gewiss waren wir in der Nähe der Küste – zur selben Zeit, als ich »Dort drüben!« rief, erleuchtete ein heller Blitz den Himmel, zeigte uns für einen Moment den ebenen Strand vor uns, wobei er sogar den Sand und den niedrigen, schlammbespritzten Schilfgürtel enthüllte, der an der Hochwassermarke wuchs. Wiederum war es dunkel, und wir atmeten so sehr auf, wie es nur einer kann, der, während Fragmente von emporgeschleudertem Vulkangestein die Luft verdunkeln, eine riesige Masse unmittelbar vor seinen Füßen in den Boden einschlagen sieht. Wir wussten nicht, was wir tun sollten, – die Brecher umgaben uns hier, dort, überall –, sie tosten, stürzten herab und schleuderten ihre hasserfüllte Gischt in unsere Gesichter. Unter beträchtlicher Schwierigkeit und Gefahr gelang es uns endlich, unseren Kurs zu ändern und uns vom Ufer fortzubewegen. Ich drängte meine Begleiter, sich auf den Schiffbruch unseres kleinen Boots vorzubereiten und sich an ein Ruder oder eine Spiere zu binden, die ausreichen könnten, um sie über Wasser zu halten. Ich selbst war ein ausgezeichneter Schwimmer – der bloße Anblick des Meeres war in der Lage, in mir solche Empfindungen zu erregen, wie ein Jäger sie erlebt, wenn er ein Rudel Jagdhunde Laut geben hört. Ich liebte das Gefühl, wenn mich die Wellen umhüllten und danach strebten, mich zu überwältigen, während ich, Herr meiner selbst, mich trotz ihrer zornigen Angriffe in diese oder jene Richtung bewegte. Adrian konnte ebenfalls schwimmen – doch die Schwäche seines Körpers hatte ihn daran gehindert, Vergnügen an der Übung zu finden oder die Kunst zu vervollkommnen. Aber welche Macht könnte der stärkste Schwimmer der übermächtigen Gewalt des aufgebrachten Ozeans entgegensetzen? Meine Bemühungen, meine Gefährten vorzubereiten, wurden beinahe zunichtegemacht – denn die tosenden Brecher verhinderten, dass wir einander hörten, und die Wellen, die fortwährend über unser Boot brachen, zwangen mich, meine ganze Kraft darauf zu verwenden, das Wasser so schnell wieder aus dem Boot herauszubringen, wie es hineinkam. Indessen umhüllte uns die Dunkelheit so fühlbar wie undurchdringlich, nur durch den Blitz zerstreut; zuweilen sahen wir Blitze feurig rot ins Meer fallen, und in regelmäßigen Abständen ergossen sich starke Regengüsse aus den Wolken, den wilden Ozean aufwühlend, der sich zu ihnen emporhob; während der wilde Sturm das Gewölk weitertrug, bis es sich in der chaotischen Vermischung von Himmel und Meer verlor. Unsere Reling war abgerissen, unser einziges Segel zerfetzt und im Wind davongetragen worden. Wir hatten unseren Mast abgesägt und das Boot von allem, was es enthielt, erleichtert. Clara versuchte mir zu helfen, das Wasser aus dem Laderaum zu schöpfen, und als sie ihre Augen auf den Blitz richtete, konnte ich in diesem kurzen Schimmer erkennen, dass Ergebung jede Angst überwunden hatte. Wir verfügen über eine Macht, die uns in der äußersten Gefahr gegeben wird, die den sonst schwachen Verstand des Menschen unterstützt und uns ermöglicht, die grausamsten Qualen mit einer Seelenruhe zu erdulden, die wir uns in Stunden des Glücks nicht hätten vorstellen können. Eine Ruhe, in Wahrheit schrecklicher als der Sturm, besänftigte die wilden Schläge meines Herzens – eine Ruhe wie die des Spielers, des Selbstmörders und des Mörders, wenn der letzte Würfel im Begriff ist zu fallen – während der vergiftete Becher an den Lippen ist, – wenn der Todesstoß bevorsteht.

So vergingen Stunden – Stunden, die selbst dem bartlosen Jüngling Alter ins Gesicht schreiben und das seidige Haar des Kindes ergrauen lassen könnten – Stunden, während derer der chaotische Aufruhr sich fortsetzte, während jede fürchterliche Bö die vorige an Wut übertraf. Unser Boot hing mal auf der brechenden Woge, mal eilte es ins Tal hinunter und zitterte und drehte sich zwischen den Wellen, die dort am aufgewühltesten schienen. Für einen Moment hielt der Sturm inne, und der Ozean versank in vergleichsweiser Stille – es war ein atemloses Intervall; der Wind, der sich als ein geübter Angreifer gesammelt hatte, ehe er lossprang, wütete jetzt mit schrecklichem Brüllen über dem Meer, und die Wellen schlugen auf unser Heck. Adrian rief aus, dass das Steuer fort sei, – »Wir sind verloren«, rief Clara, »rettet euch – o rettet euch!« Der Blitz zeigte mir das arme Mädchen, das halb im Wasser auf dem Grund des Bootes begraben war; als sie darin versank, zog Adrian sie heraus und hielt sie in seinen Armen fest. Wir waren ohne Ruder – wir stürzten mit dem Bug voran in die gewaltigen Wogen, die sich hoch auftürmten – sie brachen über uns und füllten das kleine Boot. Einen Schrei hörte ich – einen Schrei, dass wir verloren seien, stieß ich selbst hervor. Ich befand mich im Wasser, um mich herum war Dunkelheit. Als das Licht des Sturms aufblitzte, sah ich den Kiel unseres umgestürzten Bootes nahe bei mir. Ich klammerte mich daran und packte ihn mit geballter Hand und Nägeln, während ich mich bei jedem Blitz bemühte, irgendeinen Anschein meiner Gefährten zu entdecken. Ich glaubte, Adrian nicht weit von mir entfernt sich an ein Ruder klammern zu sehen; ich löste meinen Griff und schoss mit einer Energie jenseits meiner menschlichen Kraft durch das Wasser und bemühte mich, ihn zu ergreifen. Als diese Hoffnung fehlschlug, belebten mich die instinktive Liebe zum Leben und die Streitlust, als ob ein feindseliger Wille gegen meinen kämpfte. Ich stürzte mich auf die Wellen und schleuderte sie von mir, als seien sie die gegnerische Front und die geschärften Klauen eines Löwen, die kurz davor waren, in meine Brust geschlagen zu werden. Wenn ich von einer Welle niedergedrückt wurde, stieg ich auf eine andere auf, während ich spürte, wie bitterer Stolz meine Lippen kräuselte.

Seit der Sturm uns in Küstennähe getragen hatte, hatten wir uns nie weit davon entfernt. Bei jedem Blitz sah ich die nahe Küste; dennoch war der Fortschritt, den ich machte, gering, während jede Welle, wenn sie zurückströmte, mich in die weiten Abgründe des Ozeans zog. In einem Moment spürte ich, wie mein Fuß den Sand berührte, und dann war ich wieder in tiefem Wasser; meine Arme begannen ihre Bewegungskraft zu verlieren; mein Atem stockte unter dem Einfluss der erstickenden Wasser – tausend wilde und wahnhafte Gedanken überfielen mich. Soweit ich mich jetzt an sie erinnern kann, war mein vorherrschendes Gefühl, wie süß es wäre, meinen Kopf auf die stille Erde zu legen, wo die Wellen meinen geschwächten Körper nicht mehr peitschen würden, noch das Geräusch von Wasser in meinen Ohren dröhnte – um diese Ruhe zu finden, nicht um mein Leben zu retten, sammelte ich meine Kraft zu einem letzten Versuch – das abfallende Ufer bot meinen Füßen plötzlich Halt. Ich erhob mich und wurde wieder von den Brechern niedergeworfen – eine Felsspitze, an die ich mich klammern konnte, gewährte mir einen Augenblick der Rast; und dann, als die Wellen wieder abebbten, rannte ich vorwärts – erreichte trockenen Sand und fiel besinnungslos auf die schlammigen Schilfrohre, die ihn bedeckten.

Ich muss lange des Bewusstseins beraubt gewesen sein; denn als ich das erste Mal mit einem Übelkeit erregenden Gefühl meine Augen öffnete, begegnete ihnen das Morgenlicht. Inzwischen hatte sich eine große Veränderung vollzogen. Die graue Morgendämmerung hatte die fliegenden Wolken gesprenkelt, die weiter dahinrasten und in Abständen große Seen aus reinem Äther sichtbar machten. Eine Fontäne aus Licht erhob sich in einem zunehmenden Strom von Osten, hinter den Wellen des Adriatischen Meeres, verwandelte das Grau in eine rosige Farbe und überflutete dann Himmel und Meer mit luftigem Gold.

Eine Art Benommenheit folgte meiner Ohnmacht; meine

Sinne waren wach, aber die Erinnerung war ausgelöscht. Die gesegnete Ruhepause war kurz – eine Schlange lauerte neben mir, um mich mit ihrem Biss ins Leben zu rufen – beim ersten Gefühl der Erinnerung wollte ich auffahren, doch meine Glieder weigerten sich, mir zu gehorchen; meine Knie zitterten, die Muskeln hatten alle Kraft verloren. Ich glaubte immer noch, dass ich einen meiner geliebten Gefährten, gestrandet wie ich, halb lebendig am Strand finden würde; und ich bemühte mich in jeder Hinsicht, meinen Körper wieder in meine Gewalt zu bekommen. Ich wrang das Salzwasser aus meinen Haaren, und die Strahlen der auferstandenen Sonne bedachten mich bald mit freundlicher Wärme. Mit der Wiederherstellung meiner körperlichen Kräfte erfasste mein Bewusstsein in gewissem Maße das Universum des Elends, das es fortan beherbergen sollte. Ich rannte zum Wasser und rief die geliebten Namen. Der Ozean verschluckte meine schwache Stimme und antwortete mit unbarmherzigem Gebrüll. Ich kletterte auf einen nahen Baum: Der von einem Kiefernwald begrenzte Sand und das Meer, das bis zum Horizont reichte, waren alles, was ich erkennen konnte. Vergeblich dehnte ich meine Forschungen am Strand aus; der Mast, den wir mit verschlungenen Kordeln und Segelresten über Bord geworfen hatten, war der einzige Überrest unseres Wracks, der das Land erreicht hatte. Zuweilen stand ich still und rang meine Hände. Ich klagte die Erde und den Himmel an – die universale Maschinerie und die allmächtige Kraft, die sie fehlgeleitet hatte. Wieder warf ich mich auf den Sand, und dann verleitete der seufzende Wind, einen menschlichen Schrei nachahmend, mich zu bitterer, falscher Hoffnung. Gewiss hätte ich, wenn irgendeine bescheidene Barke oder das kleinste Kanu in der Nähe gewesen wäre, die wilden Ebenen des Ozeans absuchen, die lieben Überreste meiner Verlorenen finden, und, mich an sie klammernd, ihr Grab teilen sollen.

So verging der Tag; jeder Moment enthielt eine Ewigkeit; obwohl Stunde um Stunde verging, wunderte ich mich über den schnellen Flug der Zeit. Doch selbst jetzt hatte ich den bitteren Trank noch nicht bis zur Neige geleert; ich war noch nicht von meinem Verlust überzeugt. Ich fühlte noch nicht in jedem Herzschlag, in jedem Nerv, in jedem Gedanken, dass ich allein von meiner Rasse geblieben war, – dass ich der LETZTE MENSCH war.

Der Tag hatte sich eingetrübt, und bei Sonnenuntergang setzte ein Nieselregen ein. Sogar der ewige Himmel weint, dachte ich; ist es dann eine Schande, dass der sterbliche Mensch Tränen vergießt? Ich erinnerte mich an die antiken Fabeln, in denen Menschen beschrieben werden, die sich durch das Weinen in immer sprudelnde Fontänen auflösen. Ach, wäre es nur so! Dann würde mein Schicksal in irgendeiner Weise dem Wassertod von Adrian und Clara gleichen. Oh, die Trauer ist phantastisch! Sie webt ein Netz, in dem man die Geschichte seines Leids anhand jeder Form und Veränderung verfolgen kann, sie zeigt sich in aller lebenden Natur, sie findet Nahrung in jedem Gegenstand; wie das Licht erfüllt sie alle Dinge und gibt wie das Licht jedem seine eigene Tönung.

Ich war bei meiner Suche ein ganzes Stück von der Stelle fortgewandert, an der ich an Land geworfen worden war, und kam zu einem jener Wachtürme, die in bestimmten Abständen das italienische Ufer säumen. Ich war froh, einen Zufluchtsort zu haben, froh, ein Werk von menschlichen Händen zu finden, nachdem ich so lange auf die trostlose Ödnis der Natur geblickt hatte. So trat ich ein und stieg die raue Wendeltreppe hinauf in die Wachstube. So weit war mir das Schicksal freundlich gesonnen, dass von seinen früheren Bewohnern keine schreckliche Spur mehr übrig geblieben war; ein paar Bretter, die über zwei Eisengestelle gelegt und mit getrockneten Maisblättern bestreut waren, waren das Bett, das mir präsentiert wurde; und eine offene Truhe, die einige halbverschimmelte Kekse enthielt, erweckte meinen Appetit, den es vielleicht schon zuvor gegeben hatte, dessen Existenz ich bis jetzt aber nicht bemerkt hatte. Auch Durst, gewaltsam und ausdörrend, die Folge des Meerwassers, das ich getrunken hatte, und die Erschöpfung meines Körpers quälten mich. Die liebenswürdige Natur hatte das Stillen dieser Bedürfnisse mit angenehmen Empfindungen versehen, so dass ich – selbst ich! – erfrischt und beruhigt war, als ich von dieser elenden Kost gegessen und ein wenig von dem sauren Wein getrunken hatte, der eine Flasche zur Hälfte füllte, die in dieser herrenlosen Behausung zurückgelassen worden war. Dann streckte ich mich auf dem Bett aus, das von einem Schiffbrüchigen nicht verschmäht werden durfte. Der erdige Geruch der getrockneten Blätter war nach dem verhassten Geruch von Seegras Balsam für meine Sinne. Ich vergaß meinen Zustand der Einsamkeit. Ich sah weder nach hinten noch nach vorne; meine Sinne wurden genügend besänftigt, um Ruhe zu finden. Ich schlief ein und träumte von allerhand lieben ländlichen Szenen, von Heumachern, vom Pfeifen des Hirten nach seinem Hund, wenn der ihm helfen sollte, die Herde in den Pferch zu treiben; von Anblicken und Geräuschen, die dem Leben in den Bergen meiner Kindheit, das ich lange vergessen hatte, eigen waren.

Ich erwachte in qualvoller Agonie – denn ich hatte geträumt, dass der Ozean seine Grenzen sprengte, den festen Kontinent und die tief verwurzelten Berge forttrug, zusammen mit den Bächen, die ich liebte, den Wäldern und den Herden – dass er umhertobte, mit dem fortgesetzten und schrecklichen Gebrüll, das den letzten Schiffbruch der überlebenden Menschheit begleitet hatte. Als mein erwachendes Bewusstsein zurückkehrte, schlossen sich die kahlen Wände des Wachzimmers um mich herum, und der Regen prasselte gegen das einzige Fenster. Wie furchtbar es ist, aus der Vergessenheit des Schlummers hervorzutreten und als Morgengruß das stumme Klagen des eigenen unglückseligen Herzens zu empfangen – vom Land der trügerischen Träume zurückzukehren zum niederdrückenden Wissen des unveränderten Unglücks! – So war es bei mir, jetzt und immerdar! Das Stechen anderen Leides könnte durch die Zeit abgestumpft werden; und selbst ich gab zuweilen während des Tages dem Vergnügen nach, das durch die Einbildungskraft oder die Sinne inspiriert ist; aber ich erblicke nie das Morgenlicht, ohne dass meine Finger sich zuerst auf mein berstendes Herz pressen und meine Seele vom endlosen Strom hoffnungslosen Elends überflutet wird. Jetzt erwachte ich zum ersten Mal in der toten Welt – ich erwachte allein – und das dumpfe Klagelied des Meeres, das sogar im Regen zu hören war, erinnerte mich an das Abbild des Elenden, der ich geworden war. Der Klang tönte wie ein Vorwurf, ein Spott – wie der Stich der Reue in der Seele – ich keuchte – die Adern und Muskeln meiner Kehle schwollen an und schienen mich zu ersticken. Ich legte meine Finger an meine Ohren, ich vergrub meinen Kopf in den Blättern meiner Lagerstatt, ich wäre bis zum Boden getaucht, um das schreckliche Dröhnen nicht mehr zu hören.

Doch ich musste eine andere Aufgabe erfüllen – wieder besuchte ich den verhassten Strand – wieder hielt ich vergeblich weit und breit Ausschau – wieder erhob ich meinen unbeantworteten Schrei, erhob die einzige Stimme, die die stumme Luft je wieder zum Aussprechen des menschlichen Gedankens zwingen konnte.

Was für ein bedauernswertes, verlassenes, trostloses Wesen ich war! Mein ganzes Aussehen und Gewand erzählten die Geschichte meiner Verzweiflung. Mein Haar war verfilzt und wild – meine Glieder mit salzigem Schlamm verschmutzt. Während ich auf See gewesen war, hatte ich jene meiner Gewänder abgeworfen, die mich bedrängten, und der Regen hatte die dünne Sommerkleidung durchnässt, die ich anbehalten hatte. Meine Füße waren nackt, und die kurzen Schilfrohre und die zerbrochenen Muscheln ließen sie bluten – indessen eilte ich hin und her, mal gebannt auf einen fernen Felsen blickend, der im Sande liegend für einen Augenblick eine täuschende Gestalt annahm – mal mit blitzenden Augen dem mörderischen Ozean seine unaussprechliche Grausamkeit vorwerfend.

Für einen Moment verglich ich mich mit dem Herrscher über die Ödnis – Robinson Crusoe. Wir waren beide ohne Gefährten an den Strand geworfen worden – er an den einer einsamen Insel – ich an jenen einer trostlosen Welt. Ich war reich an den sogenannten Lebensgütern. Sobald ich meine Schritte von der mich umgebenden öden Landschaft entfernte und irgendeine der Millionen Städte der Erde betrat, würde ich ihren Reichtum für meine Unterbringung bevorratet finden – Kleidung, Essen, Bücher und eine größere Auswahl an Unterkünften, als einstmals Fürsten zur Verfügung gestanden hatte. Unter allen Klimazonen konnte ich eine wählen, während er für die Beschaffung alles Notwendigen hatte schuften müssen und der Bewohner einer tropischen Insel gewesen war, vor deren Hitze und Stürmen er nur einen unzureichenden Unterschlupf hatte finden können. – Wenn man die Frage so betrachtete, wer würde da nicht die weltlichen Genüsse, über die ich herrschen konnte, die philosophische Muße und die reichlich vorhandenen geistigen

Mittel seinem Leben der Arbeit und der Gefahr vorziehen? Doch er war viel glücklicher als ich; denn er konnte hoffen, noch nicht einmal vergeblich hoffte er – das ersehnte Schiff kam endlich an, um ihn zu seinen Landsleuten und seiner Verwandtschaft zu tragen, wo die Ereignisse seiner Einsamkeit zu einer Kaminfeuergeschichte wurden. Ich hingegen würde niemandem jemals die Geschichte meiner Not erzählen, ich hatte keine Hoffnung. Er wusste, dass jenseits des Ozeans, der seine einsame Insel umgab, Tausende lebten, die von der Sonne erleuchtet wurden, wenn sie auch auf ihn schien – unter der Mittagssonne und dem Besuch des Mondes trug ich allein menschliche Züge. Ich allein konnte dem Denken Ausdruck geben, und wenn ich schlief, gab es niemanden, der wahrgenommen hätte, ob es Tag oder Nacht war. Er war vor seinen Kameraden geflohen und wurde von Gefühlen des Schreckens überkommen, als er den Abdruck eines menschlichen Fußes entdeckte. Ich wäre niedergekniet und hätte ihn angebetet. Der wilde und grausame Karibe, der unbarmherzige Kannibale – oder schlimmer als dieser, der rohe, grausame und unerbittliche Veteran aller Laster der Zivilisation wäre für mich ein geliebter Gefährte gewesen, eine Kostbarkeit, die teuer geschätzt würde – seine Natur würde mit meiner verwandt sein; seine Gestalt in der gleichen Form gegossen; menschliches Blut würde in seinen Adern fließen; eine menschliche Zuneigung müsste uns für immer verbinden. Es kann nicht sein, dass ich niemals wieder ein anderes menschliches Wesen sehen werde! – Niemals! – Niemals wieder! – Nicht einmal in vielen Jahren! – Soll ich erwachen, um mit niemandem zu sprechen, um die endlosen Stunden verstreichen zu lassen, soll meine Seele ein einsamer Punkt sein, gestrandet in der Welt, umgeben vom Nichts? Wird so endlos Tag auf Tag folgen? – Nein! Nein! Ein Gott regiert die Welt – die Vorsehung hat ihr goldenes Zepter nicht gegen einen Vipernbiss ausgetauscht. Fort! Lass mich von dem Meeresgrab fliehen, lass mich von diesem öden Winkel fortgehen, der vor lauter Verwüstung unzugänglich ist; lass mich noch einmal die gepflasterten Städte betreten, über die Schwelle der Behausungen des Menschen treten, und gewiss werde ich diesen Gedanken als ein schreckliches Trugbild empfinden – einen wahnsinnigen, aber vergänglichen Traum.

Ich betrat Ravenna (die Stadt, die der Stelle am nächsten lag, an der ich an Land gespült worden war), bevor die Sonne das zweite Mal über der leeren Welt aufging. Ich sah viele Lebewesen, Ochsen, Pferde und Hunde, aber unter ihnen war kein Mensch. Ich betrat eine Hütte, sie war leer. Ich stieg die Marmortreppe eines Palastes hinauf, die Fledermäuse und die Eulen hatten sich in den Wandteppichen eingenistet. Ich ging leise, um die schlafende Stadt nicht zu wecken: Ich wies einen Hund zurecht, der durch sein Jaulen die heilige Stille störte. Ich wollte nicht glauben, dass alles so war, wie es schien – nein, die Welt war nicht tot, sondern ich war verrückt. Ich war des Sehens, Hörens und des Fühlens beraubt. Ich stand unter der Macht eines Zauberbannes, der es mir erlaubte, alle Anblicke der Erde zu sehen außer ihren menschlichen Bewohnern. Sie verfolgten ihre gewöhnlichen Arbeiten. Jedes Haus hatte seinen Bewohner, nur konnte ich sie nicht wahrnehmen. Wenn ich mich in einen solchen Glauben hätte wiegen können, wäre ich viel zufriedener gewesen. Aber mein Gehirn beharrte auf seiner Vernunft und weigerte sich, sich solche Einbildungen zu gestatten – und obgleich ich mich bemühte, das Spielchen mit mir selbst zu spielen, wusste ich, dass ich, der Nachkomme des Menschen, während langer Jahre einer von vielen – nun als alleiniger Überlebender meiner Art verblieben war.

Die Sonne sank hinter die westlichen Hügel. Ich hatte seit dem vorhergehenden Abend gefastet, doch obschon ich geschwächt und müde war, verabscheute ich jegliche Nahrung, noch ließ ich davon ab, solange mir noch ein Lichtstrahl blieb, durch die einsamen Straßen zu schreiten. Die Nacht kam und sandte jede lebende Kreatur außer mir zu ihrem Gefährten. Es war mein Trost, meine seelische Qual durch körperliche Not abzustumpfen – von den tausend Betten um mich wollte ich nicht den Luxus eines einzigen suchen. Ich legte mich auf den Gehweg, – eine kalte Marmorstufe diente mir als Kissen – Mitternacht kam; und erst dann verbargen meine ermüdeten Lider den Anblick der funkelnden Sterne und deren Widerspiegelung auf dem Pflaster in der Nähe. So verbrachte ich die zweite Nacht meiner Verlassenheit.

Kapitel 10

Ich erwachte am Morgen, als die ersten Strahlen der aufgehenden Sonne auf die oberen Fenster der hohen Häuser fielen. Die Vögel zwitscherten und ließen sich auf den Fensterbänken und verlassenen Türschwellen nieder. Ich erwachte, und mein erster Gedanke lautete, dass Adrian und Clara tot waren. Ich werde nicht mehr von ihrem Guten Morgen begrüßt werden – oder den langen Tag in ihrer Gesellschaft verbringen. Ich werde sie nie mehr sehen. Der Ozean hat mich ihrer beraubt – ihnen das Herz der Liebe aus der Brust gestohlen und der Verderbnis übergeben, was mir lieber war als Licht, Leben oder Hoffnung.

Ich war ein ungebildeter Hirtenknabe gewesen, bis Adrian sich herabließ, mir seine Freundschaft zu schenken. Die besten Jahre meines Lebens waren mit ihm gegangen. Alles, was ich von den Gütern dieser Welt besaß – an Glück, Wissen oder Tugend –, verdankte ich ihm. Er hatte mit seiner Person, seinem Intellekt und seinen außerordentlichen Eigenschaften meinem Leben einen Reichtum verliehen, den es ohne ihn nie gekannt hätte. Mehr als alle anderen Wesen hatte er mir beigebracht, dass reine und einzigartige Güte ein Attribut des Menschen sein kann. Es war ein himmlischer Anblick gewesen, wie er uns in den letzten Tagen der menschlichen Rasse leitete, führte und tröstete.

Auch meine liebliche Clara war mir verloren – sie, die Letzte der menschlichen Töchter, hatte all jene weiblichen und jungfräulichen Tugenden in sich vereint, die Dichter, Maler und Bildhauer in ihren verschiedenen Sprachen auszudrücken versucht hatten. Doch konnte ich, was sie betraf, klagen, dass sie in früher Jugend vor der sicheren Ankunft des Elends bewahrt worden war? Von reiner Seele war sie gewesen, und alle ihre Absichten waren heilig gewesen. Ihrem Herzen jedoch hatte die Liebe innegewohnt, und die Empfindsamkeit, die ihr schönes Antlitz ausgedrückt hatte, hatte viele Leiden vorausgesagt, die nicht weniger tief und trostlos gewesen wären, nur weil sie sie für immer verborgen hätte.

Diese beiden wundersam begabten Wesen waren von dem allgemeinen Untergang verschont geblieben, um während des letzten einsamen Jahres meine Gefährten zu sein. Ich hatte, während sie bei mir gewesen waren, ihren ganzen Wert gefühlt. Ich war mir bewusst, dass jedes andere Gefühl, jedes Bedauern oder jede Leidenschaft sich allmählich zu einer sehnlichen, brennenden Zuneigung zu ihnen gewandelt hatte. Ich hatte die süße Gefährtin meiner Jugend, die Mutter meiner Kinder, meine angebetete Idris nicht vergessen; doch ich sah zumindest einen Teil ihres Geistes in ihrem Bruder wieder aufleben; und danach, als ich durch den Tod Evelyns verloren hatte, was sie mir so sehr in Erinnerung rief, fand ich Ähnlichkeiten mit ihr in Adrians Äußerem und bemühte mich, diese beiden guten Gedanken zu verbinden. Ich erforsche die Tiefen meines Herzens und versuche vergeblich, darin die Worte zu finden, die meine Liebe zu diesen Letzten meines Geschlechts ausdrücken können. Wenn Bedauern und Kummer mich überkamen, wie es in unserem einsamen und unsicheren Zustand geschah, zerstreuten der klare Klang von Adrians Stimme und sein glühender Blick die Finsternis; oder ich wurde durch die sanfte Zufriedenheit und die süße Ergebung, die Claras wolkenlose Stirn und ihre tiefblauen Augen ausdrückten, unwillkürlich aufgeheitert. Sie waren alles für mich – die Sonnen meiner im Dunkeln liegenden Seele – Erholung in meiner Müdigkeit – Schlummer in meinem schlaflosen Leid. Krank, ernstlich krank, mit unzusammenhängenden Worten, nackt und schwach, hatte ich das Gefühl ausgedrückt, mit dem ich an ihnen hing. Ich hätte mich wie Efeu untrennbar um sie gewickelt, damit der gleiche Schlag uns zerstören könnte. Ich wäre in sie eingetreten und ein Teil von ihnen geworden – so dass,

Wär meines Fleisches plumper Stoff Gedanke,

ich sie schon jetzt in ihre neue und sprachlose Ruhestatt begleitet hätte.

Niemals werde ich sie wiedersehen. Ich bin ihres lieben Gespräches beraubt – ihres Anblicks beraubt. Ich bin ein Baum, der vom Blitz gespalten wurde. Niemals wird die Rinde sich über den entblößten Fasern schließen – niemals wird ihr zitterndes Leben, von den Winden zerrissen, auch nur für einen Augenblick Linderung erfahren. Ich bin allein in der Welt – doch jener

Satz barg zunächst weniger Elend als der, dass Adrian und Clara tot sind.

Die Flut des Denkens und Fühlens behält stets ihren Fluss bei, obwohl die Ufer und Formen, die ihren Lauf bestimmen, und das Spiegelbild in der Welle sich verändern. So verflog das Gefühl des unmittelbaren Verlustes in gewisser Weise, während sich das der äußersten, unheilbaren Einsamkeit mit der Zeit in mir verstärkte. Drei Tage wanderte ich durch Ravenna – mal nur an die geliebten Wesen denkend, die in den schlammigen Höhlen des Ozeans schliefen – und mal auf die schreckliche Leere vor mir blickend. Mir graute davor, einen Schritt nach vorn zu tun – innerlich krümmte ich mich vor jeder Veränderung, die das Fortschreiten der Stunden anzeigte.

Drei Tage lang wanderte ich in dieser trübsinnigen Stadt hin und her. Ich verbrachte ganze Stunden damit, von Haus zu Haus zu gehen und zu hören, ob ich nicht irgendein leises Anzeichen menschlicher Existenz entdecken könnte. Zuweilen zog ich an einer Glocke; sie tönte durch die hohen Räume, und dem Klang folgte Stille. Ich nannte mich hoffnungslos, doch noch hoffte ich; und noch schlich sich Enttäuschung in die Stunden ein, die den kalten, scharfen Stahl, der mich zuerst durchbohrt hatte, tiefer in die schmerzende schwärende Wunde drängte. Ich ernährte mich wie ein wildes Tier, das nur dann frisst, wenn es von unerträglichem Hunger dazu getrieben wird. Weder wechselte ich während all dieser Tage meine Kleidung, noch suchte ich den Schutz eines Obdachs. Die in mir brennende Hitze, nervöse Gereiztheit, ein unaufhörlicher, aber verwirrter Gedankenfluss, schlaflose Nächte und von wütender Tätigkeit durchdrungene Tage beherrschten mich während dieser Zeit.

Als das Fieber meines Blutes stieg, überkam mich ein Verlangen zu wandern. Ich erinnere mich, dass die Sonne am fünften Tag nach meinem Schiffbruch unterging, als ich ohne Absicht oder Ziel die Stadt Ravenna verließ. Ich muss sehr krank gewesen sein. Hätte ich mich mehr oder weniger im Delirium befunden, so wäre diese Nacht sicherlich meine letzte gewesen. Denn als ich an den Ufern des Mantone entlangging, dessen Lauf ich folgte, blickte ich wehmütig auf den Strom und gestand mir ein, dass seine ungetrübten Wellen meine Leiden für immer heilen könnten, vermochte aber nicht, mir meine Trägheit zu erklären, die mich davon abhielt, in ihnen vor den vergifteten Gedankenpfeilen Schutz zu suchen, die mich durchbohrten. Ich wanderte einen beträchtlichen Teil der Nacht hindurch, und übermäßige Erschöpfung überwand schließlich meinen Widerwillen dagegen, die verlassenen Behausungen meiner Rasse zu nutzen. Der abnehmende Mond, der gerade aufgegangen war, zeigte mir eine Hütte, deren gepflegter Eingang und ordentlicher Garten mich an mein heimisches England erinnerten. Ich hob den Riegel der Tür und trat ein. Zuerst präsentierte sich mir eine Küche, wo ich, geführt von den Mondstrahlen, alles Nötige fand, um ein Licht anzuzünden. Dahinter lag eine Schlafkammer. Das Bett, das mit schneeweißen Tüchern bezogen war, das Holz, das auf dem Herd lag, und ein gedeckter Tisch hätten mir fast meine Hoffnung bestätigt, dass ich hier gefunden hätte, was ich so lange gesucht hatte – einen Überlebenden, einen Begleiter in meiner Einsamkeit, einen Trost in meiner Verzweiflung. Ich stählte mich gegen die Enttäuschung. Die Unterkunft war leer, es war nur aus Vorsicht geboten, wiederholte ich mir, den Rest des Hauses zu untersuchen. Ich hatte gedacht, ich sei gegen jede Hoffnung gefeit, doch mein Herz schlug hörbar, als ich meine Hand auf das Schloss jeder Tür legte, und mein Mut sank wieder, als ich in jedem Raum dieselbe Leere wahrnahm. Sie waren dunkel und still wie Grabgewölbe. Also kehrte ich in die erste Kammer zurück und fragte mich, welcher unwissende Wirt meine Mahlzeit und mein Bett vorbereitet hatte. Ich zog einen Stuhl an den Tisch und untersuchte, woraus die Speisen bestanden. In Wahrheit war es ein Mahl des Todes! Das Brot war blau und schimmelig, der Käse zerfiel in einen Haufen Staub. Ich wagte nicht, die anderen Speisen zu untersuchen. Ein Trupp Ameisen ging in einer doppelten Linie über die Tischdecke. Jedes Gerät war mit Staub bedeckt, mit Spinnweben und unzähligen toten Fliegen. Diese Gegenstände bezeugten alle und jedes die Irrigkeit meiner Erwartungen. Tränen schossen in meine Augen, dies war gewiss eine mutwillige Demonstration der Macht des Zerstörers. Was hatte ich getan, damit jeder empfindliche Nerv solcherart bloßgelegt wurde? Andererseits – warum sollte ich mich jetzt mehr beklagen als zuvor? Dieses leere Häuschen enthüllte ja keinen neuen Kummer – die Welt war leer, die Menschheit war tot – ich wusste es nur zu gut – warum also mit einer bereits bekannten und schalen Wahrheit hadern? Doch wie gesagt, hatte ich trotz meiner Verzweiflung noch gehofft, so dass jeder neue Eindruck der harten Realität einen frischen Schmerz in meiner Seele mit sich brachte, der mir die noch nicht verinnerlichte Lektion wiederholte, dass weder der Wechsel des Orts noch die Zeit meinem Elend Erleichterung bringen könnten, sondern dass ich so weiterleben musste, wie ich es jetzt tat, Tag für Tag, Monat für Monat, Jahr für Jahr, bis an mein Lebensende. Ich wagte kaum darüber nachzudenken, welchen Zeitraum dieser Ausdruck umfasste. Zwar stand ich nicht mehr in der ersten Blüte der Männlichkeit, doch ich war auch noch nicht weit ins Tal des Alters hinabgestiegen – man nennt die meine die Blütezeit des Lebens: Ich war gerade in mein siebenunddreißigstes Jahr eingetreten; jede Gliedmaße war ebenso gesund, jede Bewegung so geschmeidig, als sei ich ein Hirte auf den Hügeln von Cumberland; und mit diesen Vorzügen sollte ich mein einsames Leben beginnen. Solcherart waren die Gedanken, mit denen ich in dieser Nacht in meinen Schlummer fiel.

Der Unterschlupf jedoch und die weniger gestörte Ruhe, die ich genoss, sorgten dafür, dass ich mich am folgenden Morgen wieder gesünder und stärker fühlte als je seit meinem folgenschweren Schiffbruch. Unter den Vorräten, die ich beim Durchsuchen der Hütte in der vergangenen Nacht entdeckt hatte, befand sich eine Menge getrockneter Trauben; diese erquickten mich am Morgen, als ich meine Wohnung verließ und in eine Stadt weiterging, die ich in großer Entfernung erkannte. Soweit ich weiß, muss es Forli gewesen sein. Ich betrat seine breiten und grasbewachsenen Straßen voller Vergnügen. Natürlich zeichnete sich in allem das Übermaß an Verlassenheit ab; dennoch liebte ich es, mich an jenen Stellen zu befinden, wo meine Mitgeschöpfe gelebt hatten. Ich durchquerte mit Entzücken eine Straße nach der anderen, sah zu den hohen Häusern auf und wiederholte zu mir selbst, dass sie einst Wesen beherbergt hatten, die mir ähnlich waren – ich war nicht immer der Elende gewesen, der ich jetzt bin. Der geräumige Marktplatz von Forli, die Arkaden um ihn herum, sein helles und angenehmes Aussehen munterten mich auf. Mir gefiel der Gedanke, dass, wenn die Erde wieder bevölkert sein sollte, wir, die verlorene Rasse, in den zurückgelassenen Reliquien den Neuankömmlingen keine verächtliche Darstellung unserer Fähigkeiten abgeben würden.

Ich betrat einen der Paläste und öffnete die Tür zu einem prunkvollen Salon. Ich erschrak – ich sah noch einmal mit neuer Verwunderung hin. Welcher wild aussehende, ungepflegte, halbnackte Wilde war das vor mir? Die Verwunderung währte nur kurz.

Ich erkannte, dass ich selbst es war, den ich in einem großen Spiegel am Ende des Raumes sah. Kein Wunder, dass der Geliebte der fürstlichen Idris sich in dem elenden Abbild, das sich dort zeigte, nicht wiedererkennen sollte. Mein zerrissenes Kleid war dasselbe, in dem ich halb lebendig aus dem stürmischen Meer gekrochen war. Mein langes, wirres Haar hing in verfilzten Strähnen in meine Stirn – meine dunklen Augen, jetzt hohl und wild, blitzten unter ihnen hervor – meine Wangen waren verfärbt von der Gelbsucht, die (das Ergebnis von Elend und Verwahrlosung) meine Haut durchtränkte und sich halb unter einem über viele Tage gewachsenen Bart verbarg.

Doch warum sollte ich nicht so bleiben, dachte ich; die Welt ist tot, und diese armselige Kleidung ist ein passenderes Trauerkleid als ein geckenhafter schwarzer Anzug. Und so, dünkt mich, wäre ich auch geblieben, hätte nicht die Hoffnung, ohne die, wie ich glaube, der Mensch nicht existieren könnte, mir zugeflüstert, dass ich in einem solchen elenden Zustand furchteinflößend und abstoßend für jedes Wesen sein würde, das, ich wusste nicht wo, noch existieren mochte und, wie ich zuversichtlich glaubte, schließlich von mir gefunden werden sollte. Werden meine Leser die Eitelkeit verachten, die mich dazu brachte, mich um eines visionären Wesens willen sorgfältiger zu kleiden? Oder werden sie die Launen einer halb verrückten Phantasie verzeihen? Ich kann mir leicht verzeihen – denn die Hoffnung, wie vage auch immer, war mir so teuer und ein Gefühl des Vergnügens so selten, dass ich bereitwillig jedem Gedanken nachgab, der die erstere schürte, oder meinem kummerschweren Herzen eine Wiederholung des letzteren versprach.

Nach dieser Beschäftigung besuchte ich jede Straße, jede Gasse und jeden Winkel von Forli. Die italienischen Städte prägte eine noch größere Trostlosigkeit als jene in England oder Frankreich. Die Pest war hier früher aufgetaucht – sie hatte ihren Lauf eher beendet und ihr Ziel viel früher erreicht als bei uns. Wahrscheinlich hatte der letzte Sommer nirgendwo zwischen den Küsten Kalabriens und den nördlichen Alpen noch einen Menschen gesehen. Meine Suche war vollkommen vergebens, doch ich verzagte nicht. Mich dünkte, die Vernunft sei auf meiner Seite, und die Erwartung keineswegs verachtenswert, dass es in irgendeinem Teil Italiens einen Überlebenden wie mich selbst geben sollte – in diesem verödeten, entvölkerten Land. Als ich so durch die leere Stadt wandelte, schmiedete ich einen Plan für meine zukünftigen Handlungen. Ich würde weiter in Richtung Rom gehen. Nachdem ich mich durch eine gründliche Suche vergewissert haben würde, dass ich in den Städten, durch die ich ging, kein menschliches Wesen zurückließ, würde ich in drei Sprachen jeweils an auffällige Stellen mit weißer Farbe schreiben, »Verney, der Letzte vom Volk der Engländer, hat seinen Wohnsitz in Rom genommen.«

Um dieses Vorhaben auszuführen, betrat ich ein Malergeschäft und beschaffte mir die Farbe. Es ist seltsam, dass eine so triviale Beschäftigung mich getröstet und sogar belebt haben sollte. Doch der Kummer lässt einen kindlich werden und die Verzweiflung phantastisch. Zu dieser einfachen Inschrift fügte ich nur die Aussage hinzu: »Freund, komm! Ich warte auf dich! – *Deh, vieni! Ti aspetto!*«

Am nächsten Morgen, mit etwas Hoffnung auf einen Begleiter, verließ ich Forli auf dem Weg nach Rom. Bis jetzt hatten quälende Erinnerungen und trostlose Aussichten für die Zukunft mich im wachenden Zustand aufgereizt und sogar bis in meinen Schlaf begleitet. Viele Male hatte ich mich der Tyrannei der Qual ausgeliefert – viele Male beschloss ich ein schnelles Ende meiner Sorgen; und der Tod durch meine eigene Hand war ein Heilmittel, dessen Durchführbarkeit mich sogar aufheiterte. Was könnte ich in der anderen Welt fürchten? Wenn es eine Hölle gäbe und ich dazu verdammt wäre, würde ich ein Meister im Erdulden ihrer Folter werden – die Tat wäre einfach, das schnelle und sichere Ende meiner beklagenswerten Tragödie. Doch jetzt verblassten diese Gedanken angesichts der neu entstandenen Erwartung. Ich verfolgte meinen Weg weiter und empfand dabei nicht mehr wie zuvor jede Stunde, jede Minute als ein Zeitalter voller unermesslicher Pein.

Als ich über die Ebene am Fuße der Apenninen – durch ihre Täler und über ihre düsteren Gipfel wanderte, führte mich mein Weg durch ein Land, das von Helden betreten, von Tausenden besucht und bewundert wurde. Sie hatten sich wie eine Flut zurückgezogen und mich nackt und bloß in der Mitte zurückgelassen. Aber warum klagen? Hoffte ich nicht? – Dies schärfte ich mir ein, selbst nachdem der belebende Mut mich wirklich verlassen hatte, und so musste ich die ganze Stärke aufrufen, die ich aufbringen konnte, und das war nicht viel, um eine Wiederkehr jener ungezügelten und unerträglichen Verzweiflung zu vermeiden, die dem elenden Schiffbruch gefolgt war – die jede Angst übertroffen und jede Freude zerschlagen hatte.

Ich stand jeden Tag mit der Morgensonne auf und verließ mein trostloses Gasthaus. Während meine Füße durch das unbewohnte Land streiften, wanderten meine Gedanken durch das Universum, und ich war am wenigsten elend, wenn ich, in Träumereien vertieft, den Lauf der Stunden vergessen konnte. Jeden Abend widerstrebte es mir trotz meiner Müdigkeit, mich in irgendeine Wohnung zu begeben, um dort meinen nächtlichen Aufenthaltsort zu beziehen – Stunde um Stunde saß ich vor der Tür des Hauses, das ich ausgewählt hatte, und war unfähig, den Riegel anzuheben und mich der Verlassenheit zu stellen. Viele Nächte, obwohl die Herbstnebel bereits aufgekommen waren, verbrachte ich unter einer Stechpalme – viele Male habe ich die Früchte des Erdbeerbaums und Kastanien gegessen, ein Feuer nach Zigeunerart auf dem Boden gemacht – weil die wilde Szenerie der Natur mich weniger schmerzlich an meinen hoffnungslosen Zustand der Einsamkeit erinnerte. Ich zählte die Tage und trug einen geschälten Weidenstab bei mir, in den ich, so gut ich mich entsinnen konnte, die Tage seit meinem Schiffbruch eingekerbt hatte; und jede Nacht fügte ich der traurigen Anzahl eine weitere Kerbe hinzu.

Ich hatte einen Hügel erklommen, der nach Spoleto führte. Ringsum lag eine Ebene, umrandet von den mit Kastanienbäumen bedeckten Apenninen. Auf der einen Seite befand sich eine dunkle Schlucht, überspannt von einem Aquädukt, dessen hohe Bögen im darunterliegenden Tal wurzelten und das bezeugte, dass der Mensch hier einmal geruht hatte, Arbeit und Gedanken aufzuwenden, um die Natur zu schmücken und zu nutzen. Die wilde, undankbare Natur, die in ausgelassenem Treiben seine Überreste verunstaltete, breitete ihren sich schnell erneuernden und zerbrechlichen Wuchs von wilden Blumen und Unkräutern über seine ewigen Mauern aus. Ich saß auf einem Felsbrocken und blickte umher. Die Sonne hatte den westlichen Himmel in Gold getaucht, im Osten fingen die Wolken die Strahlen ein und erblühten in vorübergehender Lieblichkeit. Die Sonne ging über einer Welt unter, die mich allein als ihren Bewohner enthielt. Ich nahm meinen Stab hervor – ich zählte die Linien. Fünfundzwanzig waren bereits eingekerbt – fünfundzwanzig Tage waren bereits verstrichen, seitdem die menschliche Stimme meine Ohren erfreut hatte oder ein menschliches Antlitz meinem Blick begegnet war. Fünfundzwanzig lange, beschwerliche Tage, gefolgt von dunklen und einsamen Nächten, hatten sich mit vergangenen Jahren vermischt und waren ein Teil der Vergangenheit geworden – der nie wieder zurückgerufen werden konnte – ein wahrhafter, unleugbarer Teil meines Lebens – fünfundzwanzig lange, lange Tage.

Und dies war noch nicht einmal ein Monat! – Warum von Tagen reden – oder Wochen – oder Monaten – ich musste Jahre vor mir sehen, wenn ich mir wirklich die Zukunft vorstellen wollte – drei, fünf, zehn, zwanzig, fünfzig Jahrestage dieser tödlichen Epoche könnten vergehen – jedes Jahr zwölf Monate enthaltend, von denen jeder länger ist als die fünfundzwanzig Tage, die vergangen sind. – Kann es so sein? Wird es so sein? – Wir waren es gewohnt, zitternd auf den Tod zu sehen – warum, außer weil sein Kommen unbestimmt war? Aber schrecklicher und weit unbestimmter war der entschleierte Lauf meiner einsamen Zukunft. Ich zerbrach meinen Stab; ich warf ihn von mir. Ich brauchte keine Aufzeichnungen über das mühselige Fortschreiten meines Lebens, während meine unruhigen Gedanken andere Reiche schufen als jene, die von den Planeten regiert wurden – und wenn ich auf die Zeit zurückblickte, die vergangen war, seit ich allein war, verschmähte ich es, die Qualen der Agonie, die sie in Wahrheit eingeteilt hatten, als Tage und Stunden zu bezeichnen.

Ich barg mein Gesicht in meinen Händen. Das Zwitschern der jungen Vögel, die zur Ruhe kamen, und ihr Rascheln unter den Bäumen störte die stille Abendluft – die Grillen zirpten – ab und zu rief die Eule. Ich hatte an den Tod gedacht – diese Geräusche sprachen zu mir vom Leben. Ich hob die Augen – eine Fledermaus wirbelte herum – die Sonne war hinter der gezackten Bergkette versunken, und der fahle Halbmond schien silberweiß inmitten des orangefarbenen Sonnenuntergangs und begleitet von einem hellen Stern, der das Zwielicht verlängerte. Eine Viehherde ging unten im Tal unbewacht auf ihre Wasserstelle zu – das Gras raschelte, von einer leichten Brise bewegt, und die Olivenbäume, die im Mondlicht zu sanften Formen geschmolzen waren, kontrastierten in ihrem Meeresgrün mit dem dunklen Laub der Kastanie. Ja, so ist die Erde, es gibt keine Veränderung – keinen Zerfall – keinen Bruch in ihrer üppigen grünen Weite. Sie fährt fort, mit dem Wechsel von Tag und Nacht durch den Himmel zu kreisen, auch wenn der Mensch nicht mehr ihr Gestalter oder ihr Bewohner ist. Warum kann ich mich nicht wie eines dieser Tiere vergessen und nicht länger unter dem wilden Aufruhr des Elends leiden, das ich ertrage? Aber, ach! was für ein tödlicher Bruch gähnt zwischen ihrem Zustand und meinem! Haben sie nicht Begleiter? Haben sie nicht alle ihre Gefährten – ihre geliebten Jungen, ihr Heim, das sie zweifellos, obschon sie es uns nicht sagen können, wegen der Gesellschaft schätzen, die die liebenswürdige Natur für sie geschaffen hat? Nur ich bin allein – ich, auf diesem kleinen Berggipfel, auf Ebene und Berge blickend – auf den Himmel und sein Sternenvolk, auf jedes Geräusch von Erde und Luft und der murmelnden Welle lauschend. Nur ich kann meine vielen Gedanken mit niemandem teilen, nur ich kann meinen pochenden Kopf nicht an die Brust irgendeines geliebten Menschen legen, nur ich kann nicht aus dem begegnenden Blick einen berauschenden Tau trinken, der den sagenhaften Nektar der Götter übertrifft. Soll ich darüber nicht klagen? Soll ich nicht die mörderische Maschine verfluchen, die die Kinder der Menschen niedergemäht hat, meine Brüder? Soll ich nicht jeden anderen Nachkommen der Natur, der es wagt, zu leben und zu genießen, verwünschen, während ich lebe und leide?

Ach nein! Ich werde mein trauerndes Herz zum Mitgefühl für eure Freuden erziehen. Ich werde glücklich sein, weil ihr es seid. Lebt weiter, ihr Unschuldigen, ihr auserwählten Lieblinge der Natur, ich bin nicht viel anders als ihr. Nerven, Puls, Gehirn, Gelenk und Fleisch, aus solchen bin ich komponiert, und ihr seid durch die gleichen Gesetze zusammengesetzt. Ich habe etwas darüber hinaus, aber ich will es einen Mangel nennen, keine Begabung, wenn es mich zum Elend führt, während ihr glücklich seid. In diesem Moment kamen zwei Ziegen mit einem kleinen Zicklein neben der Mutter aus einem nahe gelegenen Wäldchen. Sie begannen, das Kraut des Hügels abzuweiden. Ich näherte mich ihnen, ohne dass sie mich wahrnahmen. Ich sammelte eine Handvoll frisches Gras und hielt es vor mich hin; das Kleine schmiegte sich dicht an seine Mutter, während sie sich ängstlich zurückzog. Der Bock trat vor und richtete seine Augen auf mich. Ich näherte mich, streckte immer noch meinen Köder aus, während er, den Kopf niedersenkend, mit seinen Hörnern auf mich losstürzte. Ich war ein großer Dummkopf, das wusste ich, doch ich gab meiner Wut nach. Ich griff ein großes Felsstück, es hätte meinen voranstürzenden Feind zerquetscht. Ich verharrte – zielte auf ihn – dann verließ mich der Mut. Ich schleuderte den Fels weit weg, er rollte zwischen den Büschen in die Tiefe. Meine kleinen Besucher, alle entsetzt, galoppierten zurück ins Unterholz des Waldes, während ich erschüttert und mit blutendem Herzen den Berg hinabeilte, um durch die körperliche Anstrengung meinem elenden Selbst zu entrinnen.

Nein, nein, ich werde nicht inmitten der Wildnis der Natur leben, als Feind von allem, was lebt. Ich werde die Städte aufsuchen – Rom, die Hauptstadt der Welt, die Krönung der Errungenschaften des Menschen. In seinen historischen Straßen, heiligen Ruinen und gewaltigen Überresten menschlichen Strebens werde ich nicht, wie hier, alles den Menschen vergessend finden, sein Gedenken zertrampelnd, seine Werke verunstaltend, von Hügel zu Hügel und von Tal zu Tal verkündend – von den Wildbächen, die nicht mehr in den von ihnen aufgezwungenen Grenzen fließen – vom Pflanzenbewuchs, der von seinen

Gesetzen befreit ist, – von seiner dem Schimmel und Unkraut preisgegebenen Wohnung –, ich werde nicht finden, dass die Macht des Menschen verloren ist, seine Rasse für immer ausgelöscht.

Ich begrüßte den Tiber, denn das war sozusagen ein unveräußerlicher Besitz der Menschheit. Ich begrüßte die wilde Campagna, weil jeder Flecken dort vom Menschen betreten worden war; und ihre natürliche Unkultiviertheit, die nicht neueren Datums war, kündete umso deutlicher von seiner Macht, da sie einen ehrenwerten Namen und heiligen Titel für etwas erhalten hatte, was sonst eine wertlose, unfruchtbare Gegend gewesen wäre. Ich betrat das Ewige Rom an der Porta del Popolo und begrüßte ehrfurchtsvoll seine altehrwürdige Ausdehnung. Der weite Platz mit den angrenzenden Kirchen, der langgestreckte Corso, die nahe Eminenz der Trinità dei Monti erschienen wie ein Feenzauber, sie waren so still, so friedlich und so überaus schön. Es war Abend; und die tierische Bevölkerung, die noch in dieser mächtigen Stadt existierte, war zur Ruhe gekommen; es gab kein Geräusch, außer dem Murmeln seiner vielen Brunnen, deren sanfte Monotonie Harmonie für meine Seele war. Das Wissen, dass ich in Rom war, besänftigte mich; in jener wundersamen Stadt, kaum berühmter für ihre Helden und Weisen als für die Macht, die sie über die Einbildungskraft der Menschen ausgeübt hat. In dieser Nacht legte ich mich zur Ruhe; das ewige Brennen meines Herzens war erloschen – meine Sinne hatten sich beruhigt.

Am nächsten Morgen begann ich auf der Suche nach Zerstreuung eifrig meine Wanderungen. Ich erklomm die vielen Terrassen des Gartens des Palazzo Colonna, unter dessen Dach ich geschlafen hatte. Als ich den Garten auf dem Gipfel verließ, befand ich mich auf dem Monte Cavallo. Der Brunnen funkelte in der Sonne; der Obelisk darüber stach in die klare, leuchtend blaue Luft.

Die Statuen auf jeder Seite, Werke von Phidias und Praxiteles, wie ihre Inschrift besagt, standen in unverminderter Größe und repräsentierten Castor und Pollux, die mit majestätischer Kraft das sich aufbäumende Tier an ihrer Seite zähmten. Wenn jene berühmten Künstler diese Formen tatsächlich gemeißelt hatten, wie viele vorübergehende Generationen hatten dann ihre riesigen Proportionen überlebt! Und jetzt wurden sie von dem Letzten jener Rasse betrachtet, die sie bildhauerisch darstellen und vergöttern sollten. Ich war in meinen eigenen Augen zur Bedeutungslosigkeit geschrumpft, als ich über die unzähligen Wesen nachdachte, die von jenen steinernen Halbgöttern überlebt worden waren, aber dieser Nachgedanke gab mir meine Würde zurück. Der Anblick der Dichtung, die in diesen Statuen verewigt war, nahm dem Gedanken den Stich und kleidete ihn in poetische Idealität.

Ich wiederholte für mich selbst: Ich bin in Rom! Ich sehe und unterhalte mich sozusagen vertraulich mit dem Wunder der Welt, der unumschränkten Herrscherin über die Phantasie, der majestätischen und ewigen Überlebenden von Millionen von Generationen verstorbener Menschen. Ich versuchte, den Kummer meines wehen Herzens zu lindern, indem ich mich bemühte, mein Interesse daran zu wecken, was ich in meiner Jugend so leidenschaftlich zu sehen gewünscht hatte. Jeder Teil von Rom ist reich an Relikten aus der Antike. Noch die schäbigsten Straßen sind mit abgeschnittenen Säulen, zerbrochenen Kapitellen – korinthisch und ionisch – und funkelnden Granit- oder Porphyrfragmenten übersät. Selbst die Mauern der übelsten Behausungen umschließen eine gerillte Säule oder einen gewichtigen Stein, der einst zum Palast der Cäsaren gehörte; und die Stimme der Vergangenheit strömt in stillen Schwingungen von diesen stummen Dingen aus, die durch den Menschen beseelt und verherrlicht wurden.

Ich umfing die großen Säulen vor dem Tempel des Jupiter Stator, die in dem offenen Raum, der das Forum war, überdauert hatten. Und während ich meine brennende Wange gegen ihre kalte Beständigkeit lehnte, versuchte ich, das Bewusstsein des gegenwärtigen Elends und der Verödung zu vertreiben, indem ich aus meiner Erinnerung lebendige Geschichten aus vergangenen Zeiten hervorkramte. Ich freute mich über meinen Erfolg, als ich mir Camillus, die Gracchen, Cato und zuletzt die Helden des Tacitus vorstellte, die während der düsteren Nacht des Reiches wie Meteore von überragender Helligkeit erstrahlten; – als die Verse von Horaz und Vergil oder die glühenden Sätze von

Cicero sich in die geöffneten Tore meines Geistes drängten, fühlte ich mich von längst vergessener Begeisterung ergriffen. Ich war erfreut zu wissen, dass ich die Szene sah, die sie gesehen hatten – die Szene, die ihre Frauen und Mütter und Massen von Ungenannten miterlebt hatten, während sie diese unvergleichlichen Exemplare der Menschheit gleichzeitig verehrten, ihnen applaudierten oder sie beweinten. Endlich hatte ich einen Trost gefunden. Ich hatte die historischen Viertel Roms nicht vergeblich aufgesucht – ich hatte ein Heilmittel für meine vielen gefährlichen Wunden entdeckt.

Ich saß am Fuße dieser riesigen Säulen. Das Kolosseum, dessen nackte Ruine die Natur in einen grünen und leuchtenden Schleier hüllt, lag im Sonnenlicht zu meiner Rechten. Nicht weit entfernt, auf der linken Seite, stand der Turm des Kapitols. Triumphbögen, die zerfallenden Mauern vieler Tempel, bestreuten den Boden zu meinen Füßen. Ich bemühte mich, ich beschloss, mich zu zwingen, die plebejische Menge und die erhabenen Gestalten der Patrizier vor mir zu sehen, die sich um sie versammelt hatten; und als das Diorama der Zeitalter vor meiner gedämpften Phantasie vorüberzog, wurden sie durch den modernen Römer ersetzt; den Papst, in seiner weißen Stola, der seinen Segen den knienden Anbetern spendete; den Mönch in seiner Kutte; das dunkeläugige Mädchen, verschleiert von seiner Mezzera; den lauten, sonnenverbrannten Bauern, der seine Herde von Büffeln und Ochsen zum Campo Vaccino führte. Die Romantik, mit der wir, indem wir unsere Stifte in die Regenbogenfarben des Himmels und der überragenden Natur tauchten, die Italiener in gewissem Grade umgeben, ersetzte die feierliche Erhabenheit der Antike. Ich erinnerte mich an den dunklen Mönch und die schwebenden Figuren aus *Der Italiener*, und wie mein knabenhaftes Blut von der Beschreibung begeistert gewesen war. Ich rief mir in Erinnerung, wie Corinna das Kapitol erklommen hatte, um gekrönt zu werden, und dachte, von der Heldin zur Autorin übergehend, darüber nach, wie der Zaubergeist Roms souverän über die Gedanken des Phantasiebegabten geherrscht hatte, bis er bei mir innehielt – dem einzig verbliebenen Zuschauer seiner Wunder.

Ich blieb lange in solchen Gedanken gefangen; aber die Seele ermüdet im unaufhörlichen Flug; und als sie in ihren wirbelnden Kreisen um diesen Ort herum innehielt, fiel sie plötzlich zehntausend Faden tief in den Abgrund der Gegenwart – in Selbsterkenntnis – in zehnfache Traurigkeit. Ich raffte mich auf – ich schüttelte meine Wachträume ab; und ich, der ich eben noch die Schreie der römischen Menge hatte hören können und in Menschenmassen verloren gewesen war, sah jetzt die verlassenen Ruinen Roms, die unter seinem blauen Himmel ruhen; die Schatten lagen still auf dem Boden; Schafe weideten unbehütet auf dem Palatin, und ein Büffel stapfte den heiligen Weg hinunter, der zum Kapitol führt. Ich war alleine im Forum, alleine in Rom, alleine in der Welt. Wäre nicht ein lebender Mensch – ein Gefährte meiner beschwerlichen Einsamkeit – all die Herrlichkeit und die Erinnerung an die Macht dieser altehrwürdigen Stadt wert? Verdoppelter Kummer – eine Schwermut aus den Höhlen der Kimmerer, kleidete meine Seele in Trauergewänder. Die Generationen, die ich in meiner Phantasie heraufbeschworen hatte, kontrastierten nur umso stärker mit dem Ende von all dem – mit dem einen Punkt, an welchem, wie auf einer Pyramide, das mächtige Gewebe der Gesellschaft abbrach, während ich auf der schwindelerregenden Höhe um mich herum nur freien Raum sah.

Von solch unbestimmten Klagen wandte ich mich der Betrachtung der Einzelheiten meiner Situation zu. Bislang war es mir nicht gelungen, das einzige Ziel meiner Wünsche, einen Begleiter in meiner Einsamkeit, zu finden. Dennoch verzweifelte ich nicht. Zwar wurden meine Inschriften größtenteils in unbedeutenden Städten und Dörfern angebracht; doch auch ohne diese Denkmäler war es möglich, dass eine Person, die sich wie ich allein in einem entvölkerten Land finden sollte, ebenfalls wie ich nach Rom kommen würde. Je geringer meine Erwartung war, desto mehr beschloss ich, darauf zu bauen und meine Handlungen nach dieser vagen Möglichkeit zu richten.

Es wurde daher notwendig, dass ich mich eine Zeit lang in Rom häuslich niederließ. Es wurde notwendig, dass ich meinem Unglück ins Gesicht sah – ich sollte nicht die Rolle des Schuljungen spielen, gehorsam sein, ohne mich zu unterwerfen; das Leben aushalten und doch gegen die Gesetze rebellieren, mit denen ich lebte.

Doch wie könnte ich mich zurückhalten? Ohne Liebe, ohne Zuneigung, ohne Gemeinschaft mit irgendjemandem, wie könnte ich der Morgensonne begegnen und ihre oft wiederholte Reise zu den abendlichen Schatten verfolgen? Warum lebte ich weiter – warum warf ich nicht die beschwerliche Last der Zeit ab und entließ mit meiner eigenen Hand den flatternden Gefangenen aus meiner gequälten Brust? – Es war keine Feigheit, die mich zurückhielt; denn wahre Stärke bestand darin, Dinge zu ertragen; und der Tod hatte einen ihn begleitenden beruhigenden Klang, der mich dazu verleiten wollte, in sein Reich einzutreten. Aber dies wollte ich nicht tun. Ich hatte von dem Augenblick an, als ich über den Gegenstand erstmals nachdachte, mich dem Schicksal und dem Dienst der Notwendigkeit unterworfen, den sichtbaren Gesetzen des unsichtbaren Gottes. Ich glaubte, mein Gehorsam sei das Ergebnis vernünftigen Denkens, reinen Gefühls und eines erhabenen Sinnes für die wahre Größe und den Adel meiner Natur. Hätte ich in dieser leeren Welt, in den Jahreszeiten und deren Wechsel nur die Hand einer blinden Macht gesehen, nur zu gern hätte ich meinen Kopf auf den Rasen gelegt und meine Augen für immer vor seiner Lieblichkeit verschlossen. Aber das Schicksal hatte mir das Leben geschenkt, als die Pest schon ihre Beute ergriffen hatte – es hatte mich an den Haaren aus den erstickenden Wellen gezogen – durch solche Wunder hatte es mich für sich gewonnen. Ich gestand ihm seine Autorität zu und verneigte mich vor seinen Entschlüssen. Wenn dies nach reiflicher Überlegung mein Entschluss war, so war es doppelt notwendig, dass ich mein Leben weiterführen, meine Fähigkeiten verbessern und ihren Fluss nicht durch endloses Murren vergiften sollte. Doch wie zu murren aufhören, wenn es keine Hand mehr gab, um den mit Widerhaken versehenen Pfeil herauszuziehen, der mein Herz der Herzen durchbohrt hatte? Ich streckte meine Hand aus, und sie berührte niemanden, dessen Empfindungen auf meine reagierten. Ich war umgeben, eingemauert, überwölbt von siebenfachen Barrieren der Einsamkeit. Allein Tätigkeit, so ich mich ihr ergeben könnte, würde in meinem schlaflosen Jammer ein beruhigendes Mittel sein. Nachdem ich beschlossen hatte, Rom wenigstens für einige Monate zu meiner Bleibe zu machen, traf ich Vorbereitungen für meine Unterkunft – ich wählte mein Zuhause aus. Der Palazzo Colonna war gut für meine Zwecke geeignet. Seine Pracht – die wertvollen Gemälde, die prächtigen Hallen waren Dinge, die mich beruhigten und sogar belebten.

Ich fand die Getreidespeicher Roms gut mit Getreide gefüllt, besonders mit Mais; dieses Produkt, das weniger Kunst in seiner Vorbereitung zum Essen erfordert, wählte ich als meine Hauptnahrung aus. Ich stellte jetzt fest, dass die Strapazen und die Gesetzlosigkeit meiner Jugend sich als nützlich erwiesen. Ein Mann kann die Gewohnheiten von sechzehn Jahren nicht abwerfen. Seit diesem Alter habe ich zwar luxuriös oder zumindest von allen Annehmlichkeiten der Zivilisation umgeben gelebt. Aber vor dieser Zeit war ich »ein so ungehobelter Wilder wie der von Wölfen gesäugte Gründer des alten Roms« gewesen – und jetzt, in Rom selbst, gereichte die Neigung zum Räuber und Schäfer, die der seines Gründers ähnlich war, seinem einzigen Einwohner zum Vorteil. Ich nutzte den Morgen dazu, in der Campagna zu reiten und zu schießen. Ich verbrachte lange Stunden in den verschiedenen Galerien. Ich betrachtete jede Statue und verlor mich in Träumereien vor so mancher entzückenden Madonna oder schönen Nymphe. Ich suchte den Vatikan auf und stand umgeben von marmornen Formen göttlicher Schönheit. Jede steinerne Gottheit war von heiliger Freude und der ewigen Erfüllung der Liebe durchdrungen. Sie sahen mich mit ungnädiger Selbstgefälligkeit an, und oft tadelte ich sie in heftigen Worten für ihre äußerste Gleichgültigkeit – denn sie waren menschliche Gestalten, die Göttlichkeit der menschlichen Form war in jeder der schönen Gliedmaßen und Linien sichtbar. Die perfekte Formgebung brachte die Idee von Farbe und Bewegung mit sich; oft, halb in bitterem Spott, halb in Selbsttäuschung, umklammerte ich ihre eisigen Konturen und presste, mich zwischen Amor und seine Psyche drängend, die Lippen auf den unempfänglichen Marmor.

Ich bemühte mich zu lesen. Ich besuchte die Bibliotheken Roms. Ich wählte einen Band aus und setzte mich in einen abgelegenen, schattigen Winkel am Ufer des Tibers oder gegenüber dem schönen Tempel in die Borghese-Gärten oder unter die alte Pyramide von Cestius. Ich versuchte, mich vor mir selbst zu verbergen und in den Inhalt der Seiten vor mir einzutauchen. Wenn man auf dem gleichen Boden ein Nachtschattengewächs und einen Myrtenbaum anpflanzt, werden sie sich beide die Erde, Feuchtigkeit und Luft aneignen, die ihren unterschiedlichen Eigenschaften dienlich sind – so fand mein Kummer Nahrung, Kraft und Wachstum in etwas, das ansonsten göttliches Manna gewesen wäre, um strahlende Gedanken zu erzeugen. Ach! während ich dieses Papier mit der Erzählung dessen fülle, was meine sogenannten Beschäftigungen waren, während ich das Gerippe meiner Tage ausforme – zittert meine Hand – jagt mein Herz, und mein Gehirn weigert sich, mir Ausdruck, Sprache oder Gedanken zu verleihen, mit deren Hilfe ich den Schleier des unaussprechlichen Leids, das diese nackten Wirklichkeiten bekleidete, fortziehen könnte. O, erschöpftes und schlagendes Herz, darf ich deine Fasern zergliedern und erzählen, wie einer jeden unstillbares Elend, entsetzliche Traurigkeit, Klage und Verzweiflung innewohnten? Darf ich meine vielen Rasereien aufzeichnen – die wilden Flüche, die ich der quälenden Natur entgegenschleuderte – und wie ich Tage fern von Licht und Nahrung verbrachte – fern von allem außer der brennenden Hölle, die meiner eigenen Brust innewohnte?

Mir bot sich in der Zwischenzeit eine andere Beschäftigung an, diejenige, die am besten geeignet war, meine schwermütigen Gedanken zu zügeln, die sich in die Vergangenheit verirrten, über manche Ruine und durch manche blühende Lichtung bis in den bergigen Winkel hinein, dem ich in früher Jugendzeit einst entsprungen war.

Während einer meiner Wanderungen durch die Häuser Roms fand ich Schreibmaterial auf einem Tisch im Arbeitszimmer eines Schriftstellers. Teile eines Manuskripts lagen verstreut herum. Es war eine gelehrte Abhandlung über die italienische Sprache; eine Seite enthielt eine unvollendete Widmung an die Nachwelt, zu deren Vorteil der Schriftsteller die Feinheiten dieser harmonischen Sprache gesichtet und ausgewählt hatte – und deren ewigem Nutzen er seine Arbeit vermachte.

Ich werde auch ein Buch schreiben, rief ich – doch wer soll es lesen? – Wem soll ich es widmen? Und dann, mit albernen Schnörkeln (was ist so launenhaft und kindisch wie Verzweiflung?), schrieb ich,

GEWIDMET
DEN BERÜHMTEN TOTEN.
SCHATTEN, ERHEBET EUCH UND LEST VON EUREM FALL!
SEHT HIER DIE GESCHICHTE DES
LETZTEN MENSCHEN.

Doch wird diese Welt nicht wiederbevölkert werden, und werden nicht die Kinder eines geretteten Paares von Liebenden, in einer mir unbekannten und unerreichbaren Abgeschiedenheit, einst zu diesen erstaunlichen Relikten der vorpestilenziellen Rasse reisen, begierig zu erfahren, warum Wesen, so wundersam in ihren Errungenschaften, mit unendlicher Vorstellungskraft und gottähnlichen Kräften begabt, von ihrer Heimat in ein unbekanntes Land gegangen waren?

Ich werde schreiben und in dieser ältesten Stadt, diesem »einzigen Denkmal der Welt«, eine Aufzeichnung dieser Dinge hinterlassen. Ich werde ein Denkmal der Existenz von Verney, dem letzten Menschen, hinterlassen. Zuerst dachte ich daran, nur von der Pest zu schreiben, vom Tod und von der letztlichen Verwüstung; aber ich verweilte doch zärtlich in meinen frühen Jahren und berichtete mit heiligem Eifer von den Tugenden meiner Gefährten. Sie waren bei der Erfüllung meiner Aufgabe bei mir. Ich habe es zu Ende gebracht – ich hebe meine Augen vom Papier – wieder sind sie für mich verloren. Wieder fühle ich, dass ich alleine bin.

Ein Jahr ist vergangen, seit ich diese Beschäftigung aufgenommen habe. Die Jahreszeiten haben ihren gewohnten Lauf vollendet und schmückten diese ewige Stadt mit einer wechselnden Robe von überragender Schönheit. Ein Jahr ist vergangen; und ich denke nicht mehr über meinen Zustand oder meine Aussichten *nach* – die Einsamkeit ist mir vertraut, die Trauer meine verlässliche Begleiterin. Ich habe mich bemüht, dem Sturm zu trotzen – ich habe mich bemüht, mich selbst zur Stärke zu erziehen – ich habe versucht, die Lehren der Weisheit zu verinnerlichen. Es will mir nicht glücken. Meine Haare sind beinahe grau geworden – meine Stimme, die jetzt nicht mehr gewohnt ist, sich zu äußern, klingt seltsam in meinen Ohren. Meine Person, mit ihren menschlichen Kräften und Eigenschaften, scheint mir ein monströser Auswuchs der Natur zu sein. Wie in der menschlichen Sprache ein Leid ausdrücken, das der Mensch bis zu dieser Stunde niemals kannte! Wie einem Schmerz einen verständlichen Ausdruck geben, den niemand als ich je verstehen könnte! – Niemand hat Rom betreten. Niemand wird jemals kommen. Ich lächle bitter über den Wahn, den ich so lange genährt habe, und noch mehr, wenn ich darüber nachdenke, dass ich ihn gegen einen anderen, ebenso trügerischen, falschen eingetauscht habe, an den ich mich jetzt aber mit derselben zärtlichen Zuversicht klammere.

Der Winter ist wieder angebrochen; und die Gärten von Rom haben ihre Blätter verloren – ein scharfer Wind kommt über die Campagna und hat ihre tierischen Einwohner dazu getrieben, ihren Wohnsitz in den vielen Behausungen der verlassenen Stadt aufzunehmen – der Frost hat die sprudelnden Brunnen erstarren lassen – die ewige Musik des Trevi ist verstummt. Mithilfe der Sterne, anhand derer ich den ersten Tag des neuen Jahres feststellen wollte, hatte ich eine grobe Rechnung erstellt. In der alten überlebten Zeit war der Papst für gewöhnlich in feierlichem Pomp losgegangen und hatte die Erneuerung des Jahres gekennzeichnet, indem er einen Nagel in das Tor des Janustempels trieb. An diesem Tag bestieg ich den Petersdom und schnitzte in seinen obersten Stein die Ära 2100, das letzte Jahr der Welt!

Mein einziger Gefährte war ein Hund, ein zotteliger Bursche, halb Wasser- und halb Schäferhund, den ich in der Campagna als Hüter einer Schafherde fand. Sein Meister war tot, aber er erfüllte nichtsdestotrotz in Erwartung von dessen Rückkehr seine Pflicht. Wenn ein Schaf vom Rest abirrte, zwang er es, zur Herde zurückzukehren, und hielt gewissenhaft jeden Eindringling fern. Während ich in der Campagna ausritt, war ich auf seine Schafweide gestoßen und hatte eine Zeit lang beobachtet, wie er die vom Menschen gelernten Lehren wiederholte, die er nicht vergessen hatte, wenn sie auch jetzt nutzlos waren. Er war vor Freude außer sich, als er mich sah. Er sprang an meinen Beinen hoch; er tollte herum und wedelte mit dem Schwanz, mit dem kurzen, schnellen Bellen großer Freude. Er verließ seine Herde, um mir zu folgen, und hat es von diesem Tag an nie versäumt, über mich zu wachen, mich zu begleiten und übermütige Dankbarkeit zu zeigen, wenn ich ihn streichelte oder zu ihm redete. Seine Schritte und meine allein waren zu hören, als wir die prächtige Weite des Kirchenschiffs des Petersdoms betraten. Wir erklommen die unzähligen Stufen gemeinsam, bis ich am höchsten Punkt mein Ziel erreichte und in groben Zahlen das Datum des letzten Jahres notierte. Ich wandte mich dann dem Land zu und verabschiedete mich von Rom. Ich war schon lange entschlossen gewesen, es zu verlassen, und fasste jetzt den Plan, den ich in meinem zukünftigen Lauf verfolgen würde, nachdem ich diesen großartigen Wohnsitz verlassen hätte.

Ein einsames Wesen ist instinktiv ein Wanderer, und ein solcher würde ich werden. Eine Hoffnung auf Besserung geht immer mit einem Ortswechsel einher, der mir die Last meines Lebens erleichtern würde. Ich war ein Narr gewesen, die ganze Zeit in Rom zu bleiben. Rom war für Malaria, die berühmte Handlangerin des Todes, bekannt. Aber noch immer war es möglich, dass ich, wenn ich die ganze Weite der Erde aufsuchen könnte, in einem weiter entfernten Teil einen Überlebenden finden sollte. Ich hielt die Küste für den wahrscheinlichsten Rückzugsort, der von einem solchen ausgewählt werden könnte. Wenn sie in einem Binnenland zurückgelassen worden waren, konnten sie nicht dort bleiben, wo ihre letzten Hoffnungen erloschen waren; sie würden weiterreisen wie ich, auf der Suche nach einem Kameraden für ihre Einsamkeit, bis die Wasserbarriere ihren weiteren Fortschritt hemmte.

An diese Gewässer – Quelle meiner Leiden, vielleicht jetzt ihrer Heilung, wollte ich mich begeben. Leb wohl, Italien! – Leb wohl, du Zierde der Welt, unvergleichliches Rom, der Rückzugsort des Einsamen während langer Monate! – Leb wohl, zivilisiertes Leben – festes Heim und die Abfolge monotoner Tage, lebt wohl! Die Gefahr wird mich jetzt begleiten; und ich grüße sie wie eine Freundin – der Tod wird fortwährend meinen Weg kreuzen, und ich werde ihm wie einem Wohltäter begegnen; Rauheit, schlechtes Wetter und gefährliche Stürme werden meine geschworenen Freunde sein. Ihr Geister des Sturms, empfangt mich! Ihr Mächte der Zerstörung, öffnet eure Arme und umfangt mich auf ewig, sofern eine freundlichere Macht kein anderes Ende beschlossen hat, so dass ich nach langem Ausharren meine Belohnung ernten und wieder fühlen kann, wie mein Herz nahe dem Herzen eines anderen wie ich schlägt!

Der Tiber, jene von der Hand der Natur angelegte Straße, die ihren Kontinent durchschneidet, lag zu meinen Füßen, und so manches Boot war an den Ufern befestigt. Ich würde mich mit ein paar Büchern, Proviant und meinem Hund in eines von diesen begeben und mich mit der Strömung des Flusses bis ans Meer treiben lassen; und dann, in Landnähe bleibend, würde ich an den schönen Küsten und sonnigen Vorgebirgen des blauen Mittelmeeres entlangfahren, an Neapel vorbei, entlang Kalabrien, und würde der Zwillingsgefahr von Skylla und Charybdis trotzen, um dann mit furchtlosem Ziel (denn was hätte ich zu verlieren?) über die Wasserfläche in Richtung Malta und der fernen Kykladen zu gleiten. Ich würde Konstantinopel meiden, dessen Anblick wohlbekannter Türme und Einlässe zu einer anderen Phase meiner Existenz gehörte als meiner gegenwärtigen; ich würde an Kleinasien und Syrien entlangfahren und, indem ich den siebenarmigen Nil passierte, wieder nordwärts steuern, bis ich, wenn ich das vergessene Karthago und das menschenleere Libyen aus den Augen verlöre, die Säulen des Herakles erreichen sollte. Und dann mögen – ganz gleich, wo – die schlammigen Höhlen und geräuschlosen Tiefen des Ozeans meine Wohnung sein, bevor ich diese langgezogene Reise beende, oder der Pfeil der Krankheit mag mein Herz finden, wenn ich einsam auf dem wogenden Mittelmeer treibe; oder ich mag an einem Ort, den ich anlaufe, finden, was ich suche – einen Begleiter. Sollte dies nicht geschehen, wird – alternd und grauhäuptig, denn die Jugend ist bereits mit denjenigen begraben, die ich liebe – der einsame Wanderer noch für endlose Zeit sein Segel entfalten und die Steuerpinne umklammern – und weiter den Winden des Himmels gehorchend, auf ewig ein Vorgebirge nach dem andern umrunden, in einem Seebusen nach dem andern vor Anker gehen, immer weiter den unfruchtbaren Ozean durchpflügen, das fruchtbare Land des heimischen Europas verlassen, zur ockerfarbenen Küste Afrikas hinabfahren; und, nachdem ich die wilden Meere des Kaps bewältigt hätte, könnte ich mein abgenutztes Boot in einem Bach festmachen, im Schatten würziger Haine der wohlriechenden Inseln des fernen Indischen Ozeans.

Dies sind wilde Träume. Aber seitdem sie mir vor einer Woche kamen, als ich auf der Spitze des Petersdoms stand, haben sie meine Vorstellungskraft beherrscht. Ich habe mein Boot ausgesucht und meine spärlichen Vorräte hineingelegt. Ich habe ein paar Bücher ausgewählt, hauptsächlich Homer und Shakespeare. Aber die Bibliotheken der Welt stehen mir offen – und in jedem Hafen kann ich meine Bestände erneuern. Ich erwarte keine Veränderung zum Besseren; aber die gleichförmige Gegenwart ist mir unerträglich. Weder Hoffnung noch Freude leiten mich – es sind unruhige Verzweiflung und heftiges Verlangen nach Veränderung, die mich vorantreiben. Ich sehne mich danach, mich mit der Gefahr auseinanderzusetzen, von der Angst erregt zu werden, eine Aufgabe für jeden Tag zu haben, wie leicht oder müßig sie auch sein mag. Ich werde Zeuge der vielfältigen Erscheinungsformen sein, die die Elemente annehmen können – ich werde das gute Omen im Regenbogen lesen – die Bedrohung in der Wolke – in allem werde ich eine Lektion oder ein Zeugnis finden, das meinem Herzen teuer ist. So werden, wenn die Sonne hoch steht und der Mond zunimmt oder schwindet, Engel, die Geister der Toten und das allsehende Auge des Höchsten vor den Ufern der verlassenen Erde die winzige Barke erblicken, an deren Bord sich Verney befindet – der LETZTE MENSCH.

ENDE.

Zu dieser Ausgabe

Grundlage der Übersetzung ist die Ausgabe:

Mary Shelley: The Last Man. By the Author of Frankenstein. 3 Bde. London: Henry Colburn, 1826.

Wenn nicht anders vermerkt, stammt die Übersetzung der zitierten Werke in den Anmerkungen von Irina Philippi.

Anmerkungen

9,9 *Galatea:* Nymphe aus der griechischen Mythologie, die in künstlerischen Darstellungen oft in einem von Delphinen gezogenen Muschelwagen gezeigt wird.

9,18 *Elysischen Felder:* eigentlich der jenseitige Aufenthaltsort sagenhafter Helden der Antike in der griechischen Mythologie. Hier ist eine Örtlichkeit in der Nähe von Cumae, ein Teil der sogenannten Phlegräischen Felder, gemeint.

9,19 *Lago d'Averno:* Name eines vulkanischen Kraters in der Nähe von Cumae.

9,21 *Sibylle von Cumae:* sehr bekanntes Orakel aus der vorchristlichen Antike. Die Sibyllengrotte nahe Neapel existiert noch heute und kann besichtigt werden.

Lazzaroni: Bezeichnung für Bettler oder Tagelöhner aus der neapolitanischen Unterschicht.

9,35 f. *trockenen Boden für die Fußsohle:* vgl. Gen 8,9.

10,7 *Questo poi, no:* ital. »Dorthin nicht.«

11,34 *sibyllinische Blätter:* Sibylle soll ihre Prophezeiungen auf Blätter geschrieben haben, die sie am Eingang ihrer Höhle für die Ratsuchenden ablegte.

13,1–3 *Von meinen zarten … teurer Schatz:* Francesco Petrarca, *Canzoniere*, 322. Sonett.

13,10 *cumäische Jungfrau:* Prophetin des Orakels.

21,20 *wolfsgesäugte Gründer des alten Roms:* In der römischen Sage wurden die Zwillinge Romulus und Remus, die legendären Gründer der Stadt Rom, von einer Wölfin gesäugt.

22,15 *Guidos:* Guido Reni (1575–1642), ein italienischer Barockmaler.

23,6 *von schreckender … Land:* William Shakespeare, *Othello*, I,3, übers. von Wolf Heinrich Baudissin, Stuttgart 2013 [u. ö.] (Reclams Universal-Bibliothek. 21), S. 25.

28,10 f. *Schloss Windsor:* an der Themse unweit Londons gelegen, das größte durchgängig bewohnte Schloss der Welt. Die Ursprünge des Schlosses liegen in der Zeit Wilhelms des Eroberers – seitdem ist es der Sitz der englischen Könige. Auf seinem Gelände liegt die später erwähnte St.-Georgs-Kapelle.

35,38 *Leier der Seele:* Percy Bysshe Shelley, »To the Lord Chancellor«.

36,3 f. *Man zücke nur ein Schilfrohr:* vgl. Shakespeare, *Othello*, V,2 (s. Anm. 23,6), S. 142: »Zück nur ein Schilfrohr auf Othellos Brust«.

41,38 *Urania … Samsons:* Hier werden zwei Kontexte vermischt:

Urania ist die griechische Göttin Aphrodite Urania. Samsons Locken beziehen sich auf die biblische Geschichte von Samson und Delilah (Ri 16).

43,36 *Passage durch das Rote Meer:* vgl. Ex 14,21 (Lutherbibel 1912): »Da nun Mose seine Hand reckte über das Meer, ließ es der HERR hinwegfahren durch einen starken Ostwind die ganze Nacht und machte das Meer trocken; und die Wasser teilten sich voneinander«.

47,27 *goldenen Stränden:* Thomas Love Peacock, *Rhododaphne*, Canto V.

48,13 *Sprich! – Welche Tür wird geöffnet:* Percy Bysshe Shelley, *The Cyclops*. Mary Shelley zitiert hier aus Percy Bysshe Shelleys Übersetzung von Euripides' *Kyklops*, die sie 1824 in den *Posthumous Poems of Percy Bysshe Shelley* veröffentlicht hatte.

48,20 f. *die Lilien … spannen:* Percy Bysshe Shelley, *Charles the First*, mit einer Anspielung auf Mt 6,28 f. (Lutherbibel 1912: »Schaut die Lilien auf dem Felde, wie sie wachsen: sie arbeiten nicht, auch spinnen sie nicht«).

49,13 *In diesem Akt jugendlichen Vergnügens:* Percy Bysshe Shelley, »Hymn to Mercury«. Mary Shelley zitiert hier aus Percy Bysshe Shelleys Übersetzung der homerischen Hymne »An Hermes«, die sie 1824 in den *Posthumous Poems of Percy Bysshe Shelley* als »Hymn to Mercury, from Homer« veröffentlicht hatte.

50,32 *Abenteurer in den griechischen Kriegen:* Hinweis auf Lord Byron (1788–1824), der als Freiwilliger im Griechischen Unabhängigkeitskrieg (1821–1829) diente und im Zuge dessen starb.

52,35 *Virginia Water:* ein großer See im Park von Schloss Windsor.

54,26 *Kanäle zur Seele:* Augen als Kanäle zur Seele tauchen in mehr als einem zeitgenössischen Text auf, unter anderem in Thomas Sandersons »Ode to the Genius of Cumberland«. Das Zitat hier verweist jedoch vermutlich eher auf Barry Cornwalls (B.W. Procters) »The Broken Heart«.

54,28 f. *beredteste Musik sprechen:* William Shakespeare, *Hamlet*, III,2, übers. von August Wilhelm Schlegel, hrsg. von Dietrich Klose, Stuttgart 2014 (Reclams Universal-Bibliothek. 31), S. 94.

58,11–13 *Tage rufen … Weh:* Pedro Calderón de la Barca, *Der standhafte Prinz*, II, in: *Calderóns ausgewählte Werke*, übers. von August Wilhelm Schlegel, Bd. 2, Stuttgart 1905.

60,25 *helle und grelle Tag:* Percy Bysshe Shelley, *The Cenci*, II,1.

63,30–33 *Ein Veilchen … stehn:* William Wordsworth, »She dwelt among th' untrodden ways«. Dt.: »Lucy«, übertr. von Konrad Bachnan, in: Andreas Baumgartner: *William Wordsworth*, Zürich 1897, S. 110.

75,1 *4[a]:* Kapitel 4 wurde in der englischen Originalausgabe doppelt vergeben.

75,28 f. *Hyazinthe ein Ai:* Die auffallende Schönheit des Hyakinthos, eines Göttergeliebten aus der griechischen Sage, erregte die Aufmerksamkeit von Apoll und Zephyros, dem Gott des Westwindes. Ein verhängnisvoller Unfall beim Diskuswerfen – Apoll traf Hyakinthos mit dem Diskus und tötete ihn dadurch – beendete die Liebe frühzeitig. Aus dem Blut, das dabei vergossen wurde, ließ der trauernde Apoll eine Blume entstehen, deren Blütenblätter jeweils den Klageruf »Ai« bildeten.

76,28 Tiroler Freiheitslied: Es handelt sich hierbei um Thomas Moores »Tyrolese Song of Liberty«, ein Lied, das Lord Byron laut Mary Shelley oft gesungen haben soll (s. Mary Wollstonecraft Shelley, The Journals of Mary Shelley 1814–1844, hrsg. von Paula R. Feldman und Diana Scott-Kilvert, Oxford 1987.)

77,16 f. *Limbus:* bezeichnet in der katholischen Theologie Orte am Rande der Hölle, an denen sich Seelen aufhalten, die ohne eigenes Verschulden vom Himmel ausgeschlossen sind, z. B. wurden lange Zeit ungetauft gestorbene Kinder dazu gezählt.

79,31–35 *der Wechsel … gestimmt werden:* Francis Bacon, *Sylva Sylvarum: or a Natural History*, 1627, Century 2, Tl. 113.

84,23 f. *Daedalus … Labyrinth um Minotaurus:* In der griechischen Mythologie erhält der Baumeister Daedalus vom kretischen König Minos den Auftrag, ein Labyrinth zu bauen, um das gefährliche Untier Minotaurus, das halb Mensch, halb Stier war, wegzusperren. Dieses Labyrinth war so geschickt gebaut, dass nach Fertigstellung selbst Daedalus kaum den Weg ins Freie fand. Schließlich wagte sich Theseus ins Labyrinth, um das Ungeheuer zu töten, und fand anschließend mithilfe eines mitgeführten Fadens wieder heraus, den ihm Ariadne, die Tochter des Königs, zu diesem Zweck gegeben hatte.

86,9–15 *Oh! … bahnen:* Thomas Heywood, *Tale of Daedalus.* Das Gedicht wurde im frühen 19. Jahrhundert William Shakespeare zugeschrieben und war in damaligen Shakespeare-Ausgaben enthalten.

91,20 f. *seinen Thron, den Himmel, und die Erde, seinen Fußschemel:* vgl. Jes 66,1 (Lutherbibel 1912): »Der Himmel ist mein Stuhl und die Erde meine Fußbank.«

94,7–10 *Antigone … Ödipus … Polyneikes' … Miranda … Haidée:* Antigone, Miranda und Haidée haben miteinander gemeinsam, dass sie alle an ihre Väter gefesselte Töchter sind. Antigone, Tochter des Ödipus, ist eine Figur aus der griechischen Mythologie; sie lässt ihren Bruder Polyneikes gegen den Willen Königs Kreon von Theben beerdigen und bezahlt mit ihrem Leben dafür (Sophokles, *Antigone*). Miranda ist die Tochter des Zauberers Prospero in William Shakespeares *Der Sturm*, die gemeinsam mit ihm in dessen Verbannung auf einer einsamen Insel wohnt. Haidée, aus Lord Byrons Gedicht *Don Juan*, ist die Tochter eines Piraten und Sklavenhändlers, die sich in den jungen Juan verliebt und auf tragische Weise stirbt, da ihr Vater gegen die Verbindung ist.

94,26 f. *Nichtsdestotrotz … aß sie nicht:* aus Percy Bysshe Shelleys Übersetzung der homerischen Hymne »An Hermes« (s. Anm. 49,13).

95,34 *Curius:* Marcus Annius Curius Dentatus († 270 v. Chr.) war ein römischer Konsul, der für seine Bescheidenheit und Unbestechlichkeit bekannt war.

95,36 f. *Bestechungsgelder der Sabiner:* Im Krieg gegen die Römer sollen sich die Sabiner Zugang zur Burg auf dem Kapitol verschafft haben, indem sie Tarpeia, die Tochter des Kommandanten, bestachen.

96,1 *Zwillinge von Latona:* Latona ist der römische Name der griechischen Gottheit Leto, die eine Geliebte des Zeus war und die beiden Götter Apollo und Artemis zur Welt brachte.

96,3 *kahle Vorgebirge:* Shakespeare, *Hamlet* II,2 (s. Anm. 54,28 f.), S. 59.

97,1 f. *karmesinroten Blätter:* Percy Bysshe Shelley, *The Cenci*, V,4.

97,9 *Najadenhaar:* Najaden: Wassernymphen in der griechischen Mythologie.

99,33 *Prinzessin von Österreich:* Mary Shelley versah die ehemalige Königin mit vielen Eigenschaften der französischen, aus Österreich stammenden Kaiserin Marie Antoinette. Auch die Wahl diverser Jahreszahlen, die Eckdaten der französischen Revolutionen ähneln – nur 300 Jahre später – ist wohl nicht unbeabsichtigt.

106,11 f. *um der Stirne … stören:* Francesco Petrarca, *Canzoniere*, 236. Sonett. Dt.: F. P., *Italienische Gedichte*, Bd. 2, Wien 1827, S. 27.

110,32–34 *unsere Seelen … zu erinnern:* Frei nach Plutarch, *Moralia*, V,451.

111,1–111,3 *Ich bin … reichlich fließt:* Ludovico Ariosto, *Orlando Furioso*, Canto VI. Dt.: L. A., »Der rasende Roland«, übers. von Alfons Kissner, in: *Sämtliche poetischen Werke*, Berlin 1922, Bd. 1, S. 115.

111,11 *Lordprotektor:* Lord Protector (›Schutzherr‹) lautet der Titel, den sich Oliver Cromwell (1599–1658) während seiner Regierung 1653 bis 1658, der König war bereits 1649 gestürzt worden, geben ließ – die Krone verweigerte er.

114,37 *Cincinnatus:* Lucius Quinctius Cincinnatus (um 519–430 v. Chr.) galt vielen Römern als Musterbeispiel der republikanischen Tugenden, da er dem Staat ergeben diente (zuerst als Konsul, später zeitweise auch als Diktator), ansonsten aber ein zurückgezogenes Leben als Bauer führte. Auch nahm er keine Bezahlung für seine Dienste an.

121,8 *St. Stephen's:* gemeint ist die St. Stephen's Chapel im Westminsterpalast, dem Parlamentsgebäude.

125,3 *Nähe dieses Ortes zu London:* Windsor liegt etwa 30 km von London entfernt.

138,26 f. *Mauer zwischen sich und der Welt:* Thomas Lovell Beddoes, *The Brides' Tragedy*, 4,3.

143,9 f. *Einmal Zweifeln ... entschlossen:* Shakespeare, *Othello* III,3 (s. Anm. 23,6), S. 76.

143,33 *Turm Vatheks:* In dem im Orient spielenden Roman *Vathek* des britischen Autors William Beckford lässt der Kalif Vathek einen 11 000 Stufen hohen Turm als Observatorium erbauen.

151,20 *Hemd von Nessos:* Nessos ist ein Zentaur aus der griechischen Mythologie. Er ließ, im Sterben liegend, ein Hemd mit seinem vergifteten Blut tränken, das später dem untreuen Herkules grausame Qualen bereitete, da es an seiner Haut kleben blieb und er sich beim Ablegen des Hemdes zugleich auch seine Haut mit abriss.

161,33 *nach Coventry geschickt:* »Jemanden nach Coventry zu schicken« ist eine englische Redewendung, die bedeutet, jemanden strafweise auszugrenzen, indem die zu bestrafende Person vollständig ignoriert und angeschwiegen wird.

162,19 *Taci ingiusto core:* ital., »Beruhige dich, ungerechtes Herz«, vgl.: *Don Giovanni* II,2: »Ach, beruhige dich, ungerechtes Herz, / schlag nicht so heftig in meiner Brust – / ruchlos ist er, ein Verführer, / schuldig wird, wer Mitleid hat.« Wolfgang Amadeus Mozart, *Don Giovanni*, Stuttgart 1986 (Reclams Universal-Bibliothek. 7481), S. 92 f.

162,28 *Porgi, amor, qualche ristoro:* ital., »Bring, Liebe, Linderung«, vgl. *Die Hochzeit des Figaro* II,1: »Bring, Liebe, Linderung / meinem Schmerz, meinen Seufzern. / Gib mir meinen Schatz zurück / oder laß mich wenigstens sterben.« Wolfgang Amadeus Mozart, *Die Hochzeit des Figaro*, Stuttgart 1990 (Reclams Universal-Bibliothek. 7453), S. 45 f.

163,7 *bunte Schleier des Lebens:* Percy Bysshe Shelley, »Sonnet« (»Lift not the painted veil«).

165,30–33 *Denn du ... webend:* vgl. Friedrich Schiller, *Wallensteins Tod*, V,3: »Denn e r stand neben mir, wie meine Jugend, / Er machte mir das Wirkliche zum Traum, / Um die gemeine Deutlichkeit der Dinge / Den goldnen Duft der Morgenröte webend –«. F. S., *Wallensteins Tod*, Stuttgart 2017 (Reclams Universal-Bibliothek. 19469), S. 147.

165,34 *Die Schönheit … verschwunden:* vgl. ebd.: »Das Schöne ist doch weg, das kommt nicht wieder«.

166,33 f. *Die Todesbotschaft … aufersteht:* Lord Byron, *Werner*, 1823, III,3.

175,9 *viele Wohnungen … Vaters Haus:* vgl. Joh 14,2 (Lutherbibel 1912): »In meines Vaters Hause sind viele Wohnungen. Wenn es nicht so wäre, so wollte ich zu euch sagen: Ich gehe hin, euch die Stätte zu bereiten.«

176,18–20 *Vermeinest du … mehr geben:* William Shakespeare, *Was Ihr wollt*, II,3, übers. von August Wilhelm Schlegel, hrsg. von Dietrich Klose, Stuttgart 2014 (Reclams Universal-Bibliothek. 53), S. 41.

189,23 f. *Die treffenden Worte … schlichten:* vgl. Hesiod, *Theogonie*, übers. und hrsg. von Otto Schönberger, Stuttgart 2018 (Reclams Universal-Bibliothek. 9763), S. 11: »Er spricht mit Festigkeit und beendet rasch und klug sogar gewaltigen Streit.«

190,5 f. *Unter allen Körpern … folgen:* Edmund Burke, *Reflections on the Revolution in France.*

193,23 f. *Dem Bekenner … Herzen:* Auf Percy Shelleys Grabstein in Rom (er wurde eingeäschert, nachdem er 1822 bei einem plötzlich aufgekommenen Sturm im Golf von La Spezia ertrunken war) ist die lateinische Inschrift *Cor Cordium*, ›Herz der Herzen‹, eingraviert.

198,10 *wie die Frauen in Syrien um Adonis trauerten:* Im Rahmen eines rituellen Festes betrauerten die griechischen Frauen den Tod Adonis', der gemäß der Sage von einem Eber getötet wurde, indem sie ihre Kleider zerrissen und sich auf die Brüste schlugen.

199,24 f. *In Herzen … der Liebe bringt:* Lord Byron, *Childe Harolde*, 4. Canto.

201,6 f. *Kenotaphe:* Kenotaph: Denkmal für einen oder mehrere Tote, das keinen Leichnam enthält.

207,18 *Gräben … Flur:* vgl. William Shakespeare, 2. Sonett, übers. von Stefan George, in: W. S., *The Sonnets. Die Sonette*, engl. und in ausgew. dt. Versübers, mit Anm. und Nachw. hrsg. von Raimund Borgmeier, Stuttgart 2014 (Reclams Universal-Bibliothek. 9729), S. 9.

208,20 *eine Sybaritin:* Sybariten: Völkergruppe aus Sybaris, einer antiken griechischen Stadt in Süditalien, sie wurden als Schlemmer und Völlerer stereotypisiert, ganz ähnlich wie die Bewohner des fiktiven Schlaraffenlands.

211,36 *Meer von Marmara:* Das Marmarameer (in der Antike Propontis genannt) ist ein Binnenmeer des Mittelmeers. Über den Bosporus und die Dardanellen verbindet es das Schwarze Meer mit der Ägäis. Istanbul (das einstige Konstantinopel) befindet sich an seinem Eingang.

214,16–19 *Mürb und zerstoßen … Nacht:* vgl. Shakespeare, 63. Sonett, übers. von Otto Gildemeister, in: W. S., *The Sonnets. Die Sonette* (s. Anm. 207,18), S. 71.

215,21 *Süßen Wasser:* »Süße Wasser« wurden von den Europäern in spätosmanischer Zeit zwei Bäche, der Göksu und der Küçüksu, genannt, die in der Nähe des Anadolu Hisari (die Anatolische Festung) in den Bosporus flossen. Die Wiese dazwischen wurde zu einem beliebten Erholungsort für die Elite der osmanischen und europäischen Gesellschaft.

215,34 *Mahmoud:* Hier ist der osmanische Sultan Mehmet II. (1432–1481) gemeint, der Konstantinopel 1453 eroberte.

216,12 *Hagia Sophia:* Die in Istanbul befindliche Hagia Sophia, griech. ›heilige Weisheit‹, ist eine ehemalige byzantinische Kirche, die später zu einer Moschee umgewandelt wurde.

220,1–4 *Jeder Stein … Skelett:* Pedro Calderón de la Barca, *La vida es sueño. Das Leben ist Traum*, III, 2472–2475, span./dt., übers. und komm. von Hartmut Köhler, Stuttgart 2009 (Reclams Universal-Bibliothek. 18583), S. 191.

221,30 *Stamboul:* alte türkische Bezeichnung für Istanbul.

222,4 f. *Janitscharen:* Das Janitscharenkorps war eine Elitetruppe in der Armee des Osmanischen Reichs.

228,25 *Alexander:* Alexander der Große (356–323 v. Chr.) kämpfte bei seinem Versuch, Indien zu erobern, gegen die Maller und die Oxydraker.

231,26 *Sieben Türme:* Die »Burg der Sieben Türme« ist Teil einer etwa 20 km langen Befestigungsanlage zum Schutz von Istanbul.

231,33 *Mahmoud:* vgl. Anm. 215,34.

235,9 f. *Held der ungeschriebenen Geschichte:* Percy Bysshe Shelley, »The Mask of Anarchy«.

236,4 *Timons letztem Fest:* Anspielung auf William Shakespeares *Timon von Athen*: Der wohlhabende Timon gerät in Geldnot und bittet seine Freunde um Unterstützung – diese weisen ihn jedoch ab. Darauf beschließt er, sich zu rächen. Auf seine Einladung zum Bankett erscheinen viele seiner Freunde; als sie aber speisen wollen, werden ihnen nur dampfendes Wasser und Steine serviert.

238,27 f. *Wüste und Einsamkeit:* Frei nach zwei Texten von Edward Young. Die Formulierung findet sich in ähnlicher Form im Drama *The Revenge* und in dem Gedicht »Night Thoughts«.

255,26 *Janus:* Der zweigesichtige Janus war der römische Gott des Anfangs und des Endes.

257,12 f. *Ekliptik und der Äquator im rechten Winkel:* Anm. der Autorin: Siehe einen geistreichen Essay mit dem Titel *The Mythological Astronomy of the Ancients Demonstrated* von Mackey, einem Schuhmacher aus Norwich, gedruckt 1822.

259,13 f. *das korinthische Kapitell der verfeinerten Gesellschaft:* Edmund Burke, *Reflections on the Revolution in France.*

261,4 f. *Löwen in der Städte Gassen treiben:* William Shakespeare, *Antonius und Cleopatra*, V,1, übers. von Wolf Heinrich Baudissin, Textrev. und Nachw. von Alfred Günther, Stuttgart 1964 [u. ö.] (Reclams Universal-Bibliothek. 39), S. 99.

263,27 *Eton:* Die Stadt mit ihrem berühmten College liegt Windsor gegenüber auf der anderen Themseseite.

264,2 f. *mit seinem Wachstum … würden:* Alexander Pope, *An Essay on Man*, Epistle II.

265,12 *Sphinx:* In der *Ödipus*-Sage der griechischen Mythologie belagerte die Sphinx die Stadt Theben und stellte den vorüberkommenden Thebanern Rätsel. Sie tötete jeden, der falsch antwortete. Einzig Ödipus konnte ihr entkommen.

265,15–23 *die Art der Existenz … geht:* Edmund Burke, *Reflections on the Revolution in France.*

267,7–12 *Solchen sendet … zugrunde:* Hesiod, *Werke und Tage*, griech./dt., übers. und hrsg. von Otto Schönberger, Stuttgart 1996 (Reclams Universal-Bibliothek. 9445), S. 21.

270,12 *Brobdingnager:* In Jonathan Swifts Roman *Gullivers Reisen* ist Brobdingnag das zweite Land, auf das Lemuel Gulliver stößt. Dort sind nicht nur die Menschen riesenhaft, sondern auch die Natur.

273,8 *Neuholland, Van-Diemens-Land:* Neuholland war die damalige Bezeichnung für Australien. Mit Van-Diemens-Land ist Tasmanien gemeint.

275,7 *politische Revolution:* Gemeint ist die Französische Revolution (1789–1799).

279,18 *Laube aus Fleisch:* Frei nach William Shakespeare, *Romeo und Julia*, III,2, vgl.: »O Natur, was hattest du in der Hölle zu tun, als du den Geist eines Teufels ins sterbliche Paradies solch süßen Fleisches einsperrtest?«, W. S., *Romeo and Juliet. Romeo und Julia*, engl./dt., übers. und hrsg. von Herbert Geisen, Stuttgart 1979 [u. ö.] (Reclams Universal-Bibliothek. 9942), S. 149.

281,14 f. *Schmetterling auf dem Rad:* Alexander Pope, *Epistle to Dr Arbuthnot.*

287,4 *Semele:* in der griechischen Mythologie die Geliebte des Zeus, die, als sie darauf besteht, ihn in seiner natürlichen Gestalt zu sehen, in seinen Strahlen verbrennt.

288,7 f. *Die Lerche … am Himmelstor:* Shakespeare, 29. Sonett, in: W. S., *The Sonnets. Die Sonette* (s. Anm. 207,18), S. 37.

288,14 f. *Der Mensch … Geiseln gegeben:* vgl. Francis Bacon, »Über Ehe und Ehelosigkeit«, in: F. B., *Essays oder praktische und moralische Ratschläge*, hrsg. von Levin L. Schücking, übers. von Elisabeth Schücking, Nachw. von Jürgen Klein, Stuttgart 1993 (Reclams Universal-Bibliothek. 8358), S. 22: »Wer Weib und Kinder besitzt, hat dem Schicksal Geiseln gegeben, denn sie sind Hindernisse, wo etwas Großes unternommen werden soll, entweder Gutes oder Böse.«

298,15 f. *Laterna Magica:* Projektionsvorrichtung, die bei Dunkelheit mithilfe einer Kerze und eines bemalten Schirms Silhouetten an die Wand wirft.

299,15 *Horn Amaltheas:* Die Nymphe Amalthea zieht in der griechischen Mythologie den Gott Zeus in Gestalt einer Ziege mit ihrer Milch auf. Ihr abgebrochenes Horn, das »Füllhorn«, gilt als Symbol für reichen Überfluss.

299,17–20 *Was die Zeit will … Güte:* vgl. Calderón de la Barca, *Der standhafte Prinz*, II,3 (s. Anm. 58,11–13).

299,29 f. *Bolter's Lock:* eine Schleuse an der Themse.

301,3 *Defoes Bericht:* Daniel Defoe, *Die Pest zu London*, 1722.

301,4 *Arthur Mervyn:* Charles Brockden Brown, *Arthur Mervyn oder Die Pest in Philadelphia*, 1799.

304,14 *Langen Weg:* The Long Walk (›Der lange Weg‹ oder ›Die Allee des Langen Weges‹) ist ein knapp 5 km langer und 80 Meter breiter Weg, der durch den rund 2000 Hektar großen Park auf Schloss Windsor zuführt.

304,17–20 *Es ist zu spät … zum andern:* Sir Thomas Browne, *Hydriotaphia*, Buch 5.

305,3 f. *tote Erde auf dem Erdball:* Percy Bysshe Shelley, »The Mask of Anarchy«.

308,10–15 *Doch Warnungsstimmen … Morgen:* Friedrich Schiller, *Wallensteins Tod*, V,3, Stuttgart 2017 (Reclams Universal-Bibliothek. 19469), S. 148.

309,37 *Boccaccio, Defoe und Brown:* Giovanni Boccaccio, *Das Dekameron*; Daniel Defoe, *Die Pest zu London*; Charles Brockden Brown, *Arthur Mervyn oder Die Pest in Philadelphia*.

312,27–30 *Immer gehn … beschritte:* Calderón de la Barca, *Der standhafte Prinz*, III (s. Anm. 58,11–13).

313,18 f. *Sich alle gemeinsam … bewegen:* William Wordsworth, »Resolution and Independence«.

315,19 f. *wie ein Dieb in der Nacht:* 1 Thess 5,2 (Lutherbibel 1912).

318,1 f. *Hebt seinen schönen Kopf … Grün:* John Keats, »Sleep and Poetry«.

326,32–327,5 *Ach! armes Land … krank sind:* William Shakespeare, *Macbeth*, IV,3, übers. von Dorothea Tieck, hrsg. von Dietrich Klose, Stuttgart 1970 [u. ö.] (Reclams Universal-Bibliothek. 17), S. 89.

327,24–27 *All die süßen Kleinen … Griff:* Shakespeare, *Macbeth*, IV,3 (s. Anm. 326,32), S. 91 f.

330,1 f. *Wild nach seinen Freuden … Lebens:* Andrew Marvell, »To His Coy Mistress«.

332,35 *Datchet:* ein etwa 3 km von Windsor gelegenes Dorf.

334,35 *La Place:* Pierre Simon, Marquis de La Place (1749–1827), berühmter französischer Astronom.

337,9–11 *Deren kleine Flamme … schwebt:* Percy Bysshe Shelley, *The Cenci*, III,2.

338,5–9 *Wie jemand … hören:* Thomas Lovell Beddoes, *The Brides' Tragedy*, V,4.

345,13 *Vergils ständig wachsendes Gerücht:* In der römischen Mythologie ist Fama die Gottheit des Ruhmes wie auch des Gerüchts. War sie jemandem wohlgesonnen, verliehen ihm ihre Worte Ruhm und Ansehen; im Zorn hingegen verbreitete sie Gerüchte, die rasch zu riesenhafter Größe anwuchsen.

345,14 *Hesperus und Luzifer … Hydra:* Hesperus und Luzifer sind Beinamen des Abendsterns bzw. Morgensterns. Die im Folgenden aufgezählten Wesen entstammen der griechischen Mythologie.

350,37 *Zauber der Medea:* Medea, die Tochter des Königs von Kolchis und Gattin des Jason in der griechischen Mythologie, besaß Zauberkräfte.

351,16 *Geier:* In der Prometheussage ist dies allerdings ein Adler und kein Geier: »Zur Strafe für den Diebstahl des Feuers hatte der Göttervater Prometheus an den Kaukasos schmieden lassen, und täglich fraß der Adler dessen Leber.« *Griechische Götter- und Heldensagen*, nach den Quellen neu erzählt von Reiner Tetzner und Uwe Wittmeyer, Stuttgart 2003 [u. ö.], S. 146.

356,20–22 *Erblickte Proteus … blasen:* William Wordsworth, »The World Is Too Much With Us«.

358,29 f. *war Abra bereit … kam Abra:* Matthew Prior, *Solomon*, Buch 2.

362,24 f. *Büchse Pandoras:* Die unheilvolle Büchse der Pandora aus der griechischen Mythologie enthielt die der Menschheit bis dahin unbekannten Übel wie Mühe, Krankheit und Tod. Sie entwichen in die Welt, als Pandora die Büchse öffnete.

363,3–6 *Ruft nicht die Sonne ... sein:* Aus »An Elegie on Charles I.«; das Zitat wurde fälschlicherweise zu Shelleys Zeiten John Cleveland zugeschrieben und von ihr demgemäß auch als Quelle angegeben.

367,30–35 *Alles andere aber ... Stimme:* Hesiod, *Werke und Tage* (s. Anm. 267,7–12), S. 11.

368,2–5 *Gott hat ihn ... gestellt:* Ps 8,5 f. (Lutherbibel 1912): »Du hast ihn wenig niedriger gemacht denn Gott, und mit Ehre und Schmuck hast du ihn gekrönt. Du hast ihn zum Herrn gemacht über deiner Hände Werk; alles hast du unter seine Füße getan«.

368,33 f. *inmitten der Verzweiflung .... erfüllen:* Edmund Burke, *Letter to a Member of the National Assembly*, 1791.

374,23 f. *bei den Toten ...Weisheit:* Pred 9.10 (Lutherbibel 1912).

374,29 *Peristyl:* von Säulen umgebener Innenhof in der antiken Architektur.

376,2 *Atlas:* Der Titan Atlas ist in der griechischen Mythologie dazu verdammt, das Himmelsgewölbe zu stützen.

376,4 *die Heuschrecke war eine Last:* vgl. Pred 12,5 (Lutherbibel 1912): »wenn man auch vor Höhen sich fürchtet und sich scheut auf dem Wege; wenn der Mandelbaum blüht, und die Heuschrecke beladen wird, und alle Lust vergeht (denn der Mensch fährt hin, da er ewig bleibt, und die Klageleute gehen umher auf der Gasse)«.

377,25–28 *Leb wohl ... gebracht:* Payne Fisher, *Chronosticon*, 1661; im 19. Jahrhundert wurde das Werk fälschlicherweise John Cleveland zugeschrieben.

379,13 *Im umherstreichenden Streben ... Sicherheit:* John Ford, *The Broken Heart*, 1633.

386,10 f. *Octavian und Marcus Antonius:* Octavian, später der erste römische Kaiser Augustus, und Marcus Antonius waren Teil des Triumvirats, das nach der Ermordung von Julius Caesar für politische Stabilität sorgen sollte, entzweiten sich dann aber.

386,12 f. *Raum war nicht ... Welt:* Shakespeare, *Antonius und Cleopatra*, V,1 (s. Anm. 261,4 f.), S. 100.

387,2 *Hic Jacet:* lat. »Hier ruht«.

387,23 *Minories:* Name einer früheren Gemeinde Londons, nahe beim Tower of London.

395,4 *Herz meines Herzens:* vgl. Anm. 193,23 f.

396,28 f. *Epicharis:* († 65 n. Chr. in Rom) war eine Freigelassene, die in die fehlgeschlagene Pisonische Verschwörung gegen den römischen Kaiser Nero eingeweiht war und nach deren Entdeckung auch unter härtester Folter keine Namen ihrer Mitverschwörer preisgab, sondern Selbstmord verübte.

397,35 *Palmyra:* antike Oasenstadt in Syrien, die im Jahre 273 n. Chr. von römischen Truppen zerstört wurde.

414,12–15 *das stolze Schloss ... umkleidet ist:* Edmund Burke, *A Letter to a Noble Lord*, 1796.

414,35 *Ritter des Hosenbandordens:* Der Hosenbandorden ist der höchste Ritterorden des Vereinigten Königreichs, als sein Initiator gilt König Edward III. von England (1327–1377). Der Wahlspruch: *Honi soit qui mal y pense* (»Ein Schelm, wer Böses dabei denkt«) wird auf einem dunkelblauen Band am linken Knie getragen.

415,15 f. *traurigen Unempfänglichkeit des Grabes:* Edmund Burke, *A Letter to a Noble Lord*, 1796.

422,27 *Will Roscius neue Todesszenen spielen:* William Shakespeare, *König Heinrich VI.*, Tl. 3, V,6, in: W. S., *Sämtliche Werke in vier Bänden*, Bd. 3, Berlin 1975, S. 783.

432,20–28 *Wie von überall her ... Nacht:* Chor in Sophokles' *Ödipus auf Kolonos*, übers., mit Anm. und Nachw. von Kurt Steinmann, Stuttgart 1996 [u. ö.] (Reclams Universal-Bibliothek. 341), S. 66.

440,11 *im großen Teich ein Schwanennest:* William Shakespeare, *Cymbeline*, III,4, in: W. S., *Gesammelte Werke in drei Bänden*, Bd. 3: Tragödien, übers. von Dorothea Tieck, Gütersloh 1966.

446,29 *Wolfsschlucht:* bezieht sich auf eine zentrale Szene aus Carl Maria von Webers Oper *Der Freischütz*. Shelley hatte 1824 in London eine Aufführung gesehen und erwähnt in einem Brief ganz besonders die Wolfsschlucht-Szene, in der offenbar unter anderem Schlangen auf der Bühne zu sehen waren.

458,7 *dies ist der Grund ... natürlich:* William Shakespeare, *Julius Cäsar*, I,3, in: W. S., *Julius Cäsar*, hrsg. von Dietrich Klose, übers. von August Wilhelm Schlegel, Stuttgart 1969 [u. ö] (Reclams Universal-Bibliothek. 9), S. 15.

460,25 *von einem Weib Geborenen:* vgl. Shakespeare, *Macbeth*, V,7 (s. Anm. 326,32), S. 108.

462,19 f. *ein wenig niedriger als die Engel:* vgl. Hebr, 2,7 (Lutherbibel 1912): »Du hast ihn eine kleine Zeit niedriger sein lassen denn die Engel«.

462,21 *Vorbild der Lebendigen:* Shakespeare, *Hamlet* II,2 (s. Anm. 54,28 f.), S. 59.

462,22 *Quintessenz von Staub:* Ebd.

464,7 f. *Ihr Gebein ... vermodernd:* vgl. Hesiod, *Schild des Herakles*, *Hesiods Werke*, übers. von Johann Heinrich Voß, Tübingen 1911.

478,6–9 *sie hatte eine imposante ... Titel:* Edmund Burke, *Reflections on the Revolution in France.*

482,24 f. *Themistokles und Aristeides:* Die beiden athenischen Staatsmänner Aristeides und Themistokles standen laut Plutarch (um 45 – um 125 n. Chr.) von Jugend an in einer scharfen Konkurrenz zueinander.

482,25 *Rosenkriege:* Während der sogenannten Rosenkriege im 15. Jahrhundert führten die beiden rivalisierenden englischen Adelshäuser York und Lancaster, die eine weiße bzw. rote Rose in ihren Wappen führten, einen erbitterten Kampf um den englischen Thron.

484,30 *die Heuschrecke eine Last ist:* Pred 12,5 (s. Anm. 376,4).

487,7 f. *Silberschlüssel der Quelle der Tränen:* Percy Bysshe Shelly, »A Fragment: To Music«.

490,36 *den antipodischen Mittag zu trinken:* Thomas Lovell Beddoes, *The Brides' Tragedy* 1,1.

491,11 *die Gebeine der Welt ... hervorzubringen:* Mary Wollstonecraft, *Letters Written During a Short Residence in Sweden, Norway and Denmark* (1796).

494,20 f. *pythische Maid:* Prophetin des Orakels von Delphi.

494,22 *Sphinx:* s. Anm. 265,12.

496,18 *Schneefall im Fluss:* Robert Burns, »Tam O'Shanter«.

496,25 f. *Wäldern, uralt ... Flecken:* Samuel Coleridge, »Kubla Khan«.

499,35–500,2 *Denn siehe ... Blüten:* Hhld 2,11–13 (Lutherbibel 1912).

501,17 *vestalische:* Vestalinnen waren römische Priesterinnen der Göttin Vesta, die für Keuschheit, Demut und Reinheit standen.

506,8 *kimmerischen:* In der *Odyssee* beschreibt Homer die Wohnstatt der Kimmerer am äußersten Rand des Ozeans, nahe am Eingang des Hades. Dort herrschte stete Dunkelheit und Nebel – die ›kimmerische‹ Finsternis. Vgl. Homer, *Odyssee* 11,14, übers., mit Nachw. und Reg. von Roland Hampe, Stuttgart 1979 [u. ö.] (Reclams Universal-Bibliothek. 280), S. 172.

509,13 *Isthmus von Korinth:* Diese Landenge in Griechenland bildet die einzige Landverbindung zwischen der Halbinsel Peloponnes und dem übrigen griechischen Festland.

509,26–31 *Wenn die Winde ... Versuchung:* Percy Bysshe Shelley, »From the Greek of Moschus«.

510,35 *Kykladen:* Inselgruppe vor Griechenland.

523,28 *Wär meines Fleisches plumper Stoff Gedanke:* Shakespeare, 44. Sonett, übers. von Ludwig Fulda, in: W. S., *The Sonnets. Die Sonette* (s. Anm. 207,18), S. 51.

533,34 *Phidias und Praxiteles:* gehören zu den bedeutendsten Bildhauern der griechischen Antike.

533,36 *Castor und Pollux:* Zwillingspaar aus der griechischen Mythologie, die als Sternbild häufig von Seefahrern in Not angerufen wurden.

534,28 f. *Jupiter Stator:* Dem römischen Gott Jupiter wurde in verschiedenen Rollen gehuldigt, Jupiter Stator ist der ›Erhalter‹.

534,35 *Camillus:* Marcus Furius Camillus (um 446–365 v. Chr.) war ein Staatsmann der römischen Republik.

Gracchen: Als Gracchen werden die Brüder Tiberius (162–133 v. Chr.) und Gaius (153–121 v. Chr.) Gracchius bezeichnet, die Rom zu reformieren suchten.

Cato: Marcus Porcius Cato der Jüngere (95–46 v. Chr.) war ein Politiker der späten römischen Republik.

535,19 *Diorama:* Schaukasten, in dem Szenen mit modellhaften Figuren und Landschaften vor einem oft halbkreisförmigen, bemalten Hintergrund dargestellt werden.

535,30 *Der Italiener:* Ann Radcliffe, *Der Italiener*, 1797.

535,32 *Corinna:* Germaine de Staël, *Corinna oder Italien*, 1807.

537,31 *Herz der Herzen:* vgl. Anm. 193,23 f.

540,14 f. *einzigen Denkmal der Welt:* Edmund Spenser, *The Ruins of Rome*, Sonett 29.

543,12 *Skylla und Charybdis:* Meeresungeheuer aus der griechischen Mythologie, die an der Straße von Messina, einer Meeresenge zwischen Sizilien und dem italienischen Festland, gelebt und passierende Schiffe angegriffen haben sollen. Vgl. Homer, *Odyssee* 12,85 ff. (s. Anm. 506,8), S. 195 f.

543,21 *Säulen des Herakles:* Im Altertum wurden zwei Felsen in der Straße von Gibraltar so bezeichnet, auf europäischer Seite der Felsen von Gibraltar und auf afrikanischer Seite der Berg Dschebel Musa in Marokko.

Nachwort: Pest und Politik

Im Februar und März des Jahres 2020 fand ich mich in einer recht merkwürdigen Lage wieder: Ich hatte mich als Literaturwissenschaftlerin mit einem Roman aus dem 19. Jahrhundert beschäftigt, in dem eine Pandemie sich durch Meldungen über den Ausbruch einer tödlichen Seuche in einer entfernten Weltgegend sowie durch das Eintreffen eines Schiffs ankündigt, auf dem die Seuche ausgebrochen ist. Die Meldungen über die Seuche kommen im Roman in der Folge aus immer mehr Teilen der Welt und schließlich von überall her. Niemand kann sich in Sicherheit wiegen. Auch in den ersten Wochen des Jahres 2020 trafen zuerst aus China, dann aus immer mehr Teilen der Welt Meldungen über eine neue, noch unbekannte, aber potenziell tödliche Krankheit ein. Sogar über Ausbrüche an Bord von Schiffen wurde berichtet. In der Wirklichkeit folgten, genau wie im Roman, schwerwiegende globale Auswirkungen für Wirtschaft und Alltag.

Dennoch war es nicht ganz einfach, ein solches Gefühl des Déjà vu in eine auch nur einigermaßen sinnvolle Analyse der Gegenwart zu übersetzen. Zumindest fiel eine Prognose schwer, die über die unbehagliche Vermutung hinausging, dass der Ausbruch einer Krankheit an einem weit entfernten Ort, ein Ereignis also, das einen selbst zunächst nicht betrifft, sehr wohl noch das eigene Problem werden könnte, gerade wenn überall vollmundig verkündet wird, dass die Krankheit ›bei uns‹ sicher nicht ausbrechen werde. Die Welt von Mary Shelleys Roman und nicht zuletzt die Pest, um die es darin geht, unterscheiden sich doch zu stark von Covid-19 und der Welt des 21. Jahrhunderts, als dass eine gründliche Lektüre von *Der letzte Mensch* als erschöpfende Vorbereitung für die Corona-Pandemie hätte gelten können.

Gleiches gilt freilich für jene Pestliteratur, die im Frühling 2020 eine gewisse mediale Konjunktur erlebte. Bei Shelley erscheint Lesenden der Gegenwart, so wie bei Albert Camus (1913–1960) und Daniel Defoe (1660–1731), manches vertraut und anderes überhaupt nicht. Das lesende Wiedererkennen einzelner Konsequenzen der Seuche, vor allem wenn es ihre gesellschaftlichen Auswirkungen betrifft, kann durchaus eine neue Sicht auf die eigene Situation ermöglichen. Gleichwohl wurde Shelleys Roman Anfang 2020 nicht einmal in den englischsprachigen Medien annähernd so oft genannt wie Boccaccios *Dekameron*, Camus' *Die Pest* und Defoes *Die Pest zu London*, in den deutschsprachigen eher gar nicht. Der Roman schien im Vergleich vielleicht doch zu apokalyptisch. Zumindest im deutschen Sprachraum war *Der letzte Mensch* außerdem bislang nicht leicht zu bekommen.

Die Autorin des Romans, Mary Shelley (1797–1851), ist zwar sehr bekannt, verdankt das aber vor allen Dingen ihrem Erstling *Frankenstein* (1818). Shelley ist gewissermaßen eine unbekannte bekannte Autorin. Sie ist jedoch in jedem Fall eine bemerkenswerte Autorin, und das nicht nur durch diesen einen enorm wirkmächtigen Roman. Mary Shelley legte tatsächlich ein weit umfangreicheres Werk vor, von dem unten noch die Rede sein wird. Sie war außerdem eingebunden in wichtige intellektuelle und künstlerische Kreise ihrer Zeit – und das im Grunde von Kindheit an.

Geboren wurde Mary Godwin, verheiratete Shelley, nämlich 1797 als Tochter des politischen Philosophen William Godwin (1756–1836) und der Frauenrechtlerin Mary Wollstonecraft (1759–1797). Beide Eltern waren vielbewunderte, aber auch heftig angefeindete Größen in der intellektuellen Landschaft des ausgehenden 18. Jahrhunderts. Sie bewegten sich in einer Atmosphäre, in der, kurz nach der Französischen Revolution, auf einmal vieles denkbar schien: eine Welt, in der Frauen die gleichen Rechte hätten wie Männer zum Beispiel, oder eine Welt ohne Regierung oder Privateigentum. Ersteres überlegte sich Wollstonecraft in der *Verteidigung der Rechte der Frau* (1792); zweiteres war Godwins Entwurf in *Eine Untersuchung zur politischen Gerechtigkeit* (1793). Alles war zu hinterfragen.

Selbstverständlich sahen das viele Zeitgenossen überhaupt nicht so: konservativere Autoren, etwa der in *Der letzte Mensch* so viel zitierte Edmund Burke (1729–1797), wollten die alten Selbstverständlichkeiten und Hierarchien nach 1789 eher noch festigen – ebenso die britische Regierung. Bekannte kritische Intellektuelle wie Godwin und Wollstonecraft hatten es daher nicht leicht. Der Haushalt, in dem die junge Mary Godwin aufwuchs, unterschied sich deutlich von einem gewöhnlichen bürgerlichen Haushalt jener Zeit, und man war sich dessen auch sehr bewusst. Es war zunächst einmal der Haushalt einer Patchworkfamilie. Denn Wollstonecraft, die bereits eine (uneheliche) Tochter in die Ehe mit Godwin mitgebracht hatte, starb infolge der Geburt ihrer Tochter Mary. Godwin heiratete anschließend ein zweites Mal, und mit der Stiefmutter bekam Mary weitere Geschwister dazu. Darüber hinaus war es ein Haushalt, in dem literarisch wie politisch interessierte Menschen ein und aus gingen, in dem mit Gleichgesinnten und Andersdenkenden debattiert wurde und in dem auch die Töchter der Familie eine ungewöhnlich umfassende Bildung erwerben durften oder sogar sollten – Mary Shelleys Stiefschwester Claire Clairmont (1798–1879) beklagte sich in der Rückschau einmal, dass zu Hause schon nachgerade erwartet worden sei, dass alle Kinder mindestens einen bemerkenswerten Roman schrieben.

Zu den Gästen des Hauses, als Mary Godwin bereits ein Teenager war, zählte der junge Dichter Percy Bysshe Shelley (1792–1822), seines Zeichens glühender Verehrer von Godwin und Wollstonecraft. Percy Shelley und Mary Godwin verliebten sich. Allerdings war der junge Dichter bereits verheiratet, was die beiden nicht daran hinderte, 1814 heimlich zusammen fortzulaufen, zunächst auf den Kontinent. In ihrem Reisebericht, den sie später veröffentlichten, behaupteten sie dann aber doch lieber, zu jener Zeit bereits ein Ehepaar gewesen zu sein. Eine Beziehung mit einem verheirateten Mann war schließlich im England des frühen 19. Jahrhunderts ein moralischer Makel für ein junges Mädchen – und stieß auch im Godwin'schen Haushalt auf keine Begeisterung. Man versuchte dort schließlich, eine Verlagsbuchhandlung zu führen, und hatte außerdem noch zwei jugendliche Töchter. Respektabilität war folglich von Bedeutung. Mary und Percy Bysshe Shelley blieben dennoch zusammen, heirateten Ende 1816 tatsächlich und bekamen mehrere Kinder, von denen jedoch nur eins die früheste Kindheit überlebte.

Die meiste Zeit verbrachte die junge Familie außerhalb Englands. Im Sommer 1816 reisten sie dem (damals selbst skandalumwitterten) Dichter Lord Byron (1788–1824) hinterher an den

Genfersee. Dort entstand der erste Entwurf des Romans *Frankenstein* – unter Umständen, deren spätere Darstellung durch Mary Shelley ein ikonischer Moment der Literaturgeschichte geworden ist. Sie selbst, Byron, Percy Shelley sowie Claire Clairmont und Byrons Arzt John Polidori (1795–1821) saßen bei schlechtem Wetter im Haus fest und lasen Geistergeschichten, bis sie schließlich auf die Idee kamen, selbst welche zu schreiben. Aus dem Wettbewerb ging Frankenstein hervor, außerdem Polidoris *The Vampyre*, ein nicht übermäßig lesenswerter Text, der jedoch am Beginn der zweifellos äußerst erfolgreichen Geschichte der Vampirliteratur steht.

Nahezu alles, wodurch Mary Shelley bis heute einem breiteren Publikum bekannt ist, war bereits geschehen, als sie gerade erst 21 Jahre alt war: die Veröffentlichung des bemerkenswerten ersten Romans, die Heirat mit dem jungen Percy Bysshe Shelley und die Zugehörigkeit zu einem rebellisch gesinnten künstlerisch-intellektuellen Umfeld. Das Weitere ist vermeintlich rasch skizziert: Die Shelleys verbrachten einige Jahre in Italien, bis Percy Bysshe Shelley 1822 bei einem Bootsunfall im Mittelmeer ertrank. Mary Shelley kehrte mit ihrem einzigen überlebenden Sohn nach England zurück. Sie heiratete kein zweites Mal, sondern nahm nun doch noch eine für eine Frau im 19. Jahrhundert respektable Rolle ein: die Witwe eines tragisch früh verstorbenen romantischen Dichters, Bewahrerin seines Nachlasses sowie treusorgende Mutter des gemeinsamen Kindes.

So weit die Überlieferung, die auf viktorianische Biographien der Shelleys zurückgeht und die bis weit ins 20. Jahrhundert fortgeschrieben wurde. Es war Teil dieser geschilderten Tradition, dass Mary Shelley selbst nur wirklich kreativ gewesen sei, solange sie darin von Percy Shelley unterstützt und bestärkt wurde. Ihre weiteren Werke seien zu vernachlässigen bzw. nur des Geldes wegen geschrieben worden. Dieses Bild der Autorin blendet unter anderem aus, dass sie nach dem Tod ihres Mannes noch fast dreißig Jahre gelebt hat, und zwar keineswegs zurückgezogen, sowie dass sie nach *Frankenstein* noch fünf weitere Romane veröffentlicht hat, von ihren anderen literarischen Arbeiten gar nicht zu reden: Sie schrieb Erzählungen, Gedichte, einen zweiten Reisebericht sowie biographische Texte über andere

Autor*innen, und sie gab nicht nur die Werke ihres verstorbenen Mannes heraus, sondern half auch Freund*innen bei der Veröffentlichung der ihrigen. Kurz, sie blieb ihr Leben lang Teil des Literaturbetriebs ihrer Zeit.

Ein leicht wiederzuerkennendes Markenzeichen ihres Schreibens freilich etablierte sie nicht. Neben dem Frankenstein finden sich unter ihren weiteren Romanen zwei historische, *Valperga* (1823) und *Perkin Warbeck* (1830), sowie zwei, die sich mit Verwicklungen in Familien der besseren Gesellschaft des 19. Jahrhunderts befassen: *Lodore* (1835) und *Falkner* (1837). Und schließlich ist da *Der letzte Mensch* (1826), also ein apokalyptischer Roman. Wenn Shelleys Romanen eine Gemeinsamkeit zu bescheinigen ist, dann betrifft sie ganz sicher nicht Genrekonventionen. Vielmehr stellen all ihre Romane grundsätzlich Gedankenexperimente zu gesellschaftlichen und ethischen Fragen in den Mittelpunkt. Victor Frankensteins Weigerung, für sein Geschöpf Verantwortung zu übernehmen, führt im *Frankenstein* in die Katastrophe. Im historischen Roman *Perkin Warbeck* fragt Shelley, ob einer, der weiß, dass er der wahre Thronerbe ist, deswegen auch das Recht hat, einen blutigen Bürgerkrieg anzuzetteln (eher nicht). Und in *Der letzte Mensch* durchdenkt sie mit großer Genauigkeit die gesellschaftlichen Folgen eines weltweiten tödlichen Seuchenausbruchs.

Unter Shelleys Romanen lässt sich diese Dystopie am ehesten in der Nähe des *Frankenstein* einordnen; allerdings enthält der im späten 18. Jahrhundert angesiedelte *Frankenstein* mehr Elemente früher Science-Fiction als der im späten 21. Jahrhundert spielende *Letzte Mensch.* Victor Frankenstein gelingt immerhin die Belebung eines aus Leichenteilen zusammengesetzten Menschen; Lionel Verney und seine Zeitgenossen dagegen leben immer noch in einer Welt, die der des 19. Jahrhunderts weitgehend ähnelt, mit sehr wenigen Ausnahmen: Der Heißluftballon ist in *Der letzte Mensch* steuerbar und damit keine Jahrmarktsbelustigung mehr, sondern ein ernst zu nehmendes Verkehrsmittel. Trotzdem reist man gar nicht selten noch mit der Pferdekutsche. Und nicht genauer bestimmte Maschinen sorgen dafür, dass die Landwirtschaft genug Ertrag für alle abwirft. Gleichwohl gibt es weiterhin Armut und Hunger in der Welt dieses Romans. Das ist insgesamt kein hoher Science-Fiction-Anteil für einen Roman, der von seiner Erstveröffentlichung 1826 aus betrachtet mehr als 250 Jahre in der Zukunft spielt.

Eher hat *Der letzte Mensch* mit *Frankenstein* gemeinsam, dass beide Romane mit Elementen der Gothic Fiction bzw. Schauerliteratur arbeiten. In *Der letzte Mensch* trifft das vor allem im Umfeld der Pest zu: Bereits Verneys Albtraum nach Lord Raymonds Tod macht aus der Seuche ein Gespenst. Später in Frankreich sehen die letzten Überlebenden Geister, sogar wenn sie gar nicht an Geister glauben. Es handelt sich nicht um übernatürliche Elemente im eigentlichen Sinne, sondern immer um Träume, Halluzinationen oder Fehlinterpretationen. *Der letzte Mensch* steht damit in der Tradition des *explained supernatural*, des im Nachhinein wegerklärten Übernatürlichen, das sich in ähnlicher Form in den Schauerromanen Ann Radcliffes (1764–1823) findet, an deren *Italiener* (1897) sich Verney gegen Ende des Romans nostalgisch erinnert. Auch bei Radcliffe werden vorgebliche Geister gesehen, die sich dann jedoch (gern erst viel später im Roman) als einigermaßen banale Sinnestäuschungen herausstellen, die nur deshalb so lange bestehen bleiben können, weil Radcliffes Romanfiguren lieber fortlaufen als das, was sie zu sehen meinen, sofort genauer unter die Lupe zu nehmen.

Der letzte Mensch lässt sich noch in eine weitere Gattung von Texten einordnen, die im frühen 19. Jahrhundert Konjunktur hatte: Literatur, die sich das Ende der Menschheit ausmalt, ohne dass es sich dabei um die biblische Apokalypse handeln muss. Kein Jüngstes Gericht, kein neuer Himmel und keine neue Erde werden entworfen, sondern man stellt sich allein das Aussterben der Menschheit vor. In Jean-Baptiste Cousin de Grainvilles (1746–1805) *Le dernier homme* (1805 auf Französisch veröffentlicht, 1806 in englischer Übersetzung) ist ein biblisch inspirierter Rahmen zwar gerade noch gegeben. Das Aussterben der Menschheit ist darin jedoch einfach durch allgemeine Unfruchtbarkeit bedingt. Anderswo fällt der biblische Rahmen, wie bei Shelley, bereits ganz weg. Byrons Gedicht »Darkness« (1816) beispielsweise entwirft eine zukünftige Welt, in der die Sonne aufgehört hat, Licht und Wärme zu spenden, mit der Folge einer allgemeinen, tödlichen Hungersnot. Schon 1826 braucht Thomas

Hoods Gedicht »The Last Man« das Aussterben der Menschheit nicht einmal mehr zu erklären: Es findet sich darin eben mal wieder ein Mann in einer ansonsten (beinahe) menschenleeren Welt wieder. Diese Vorstellung ist im selben Jahr, in dem auch Shelleys *Der letzte Mensch* herauskommt, offenbar im Grunde bereits vertraut.

Ebenfalls auf Shelleys Zeitgenossen vertrautem Terrain bewegt sich der Roman als Pestliteratur. Der Erzähler verweist mehrfach auf die kanonischen Vorgängertexte: Boccaccios *Dekameron* wird selbstverständlich genannt und auch Defoes *Pest in London*. Der dritte Text, auf den verwiesen wird, Charles Brockden Browns 1799 veröffentlichter Roman *Arthur Mervyn*, dürfte heutigen deutschsprachigen Lesenden weniger bekannt sein. Brown (1771–1810) war ein amerikanischer Autor, der (unter anderem unter dem Einfluss der Schriften Godwins und Wollstonecrafts) Schauerromane verfasste, zu denen auch dieser zählt. Er fällt aber vor allem dadurch ein Stück weit aus dem Rahmen, dass sein Roman gar nicht von der Pest handelt. Er spielt vielmehr während einer Gelbfieberepidemie, die 1793 in Philadelphia grassierte.

Allerdings ist diese aus heutiger Sicht simple Unterscheidung auf den zweiten Blick gar nicht selbstverständlich. In *Der letzte Mensch* trennt Verney nicht zwischen dem Gelbfieber in Amerika und der Pest in Europa. Browns Roman wiederum bekam im 19. Jahrhundert in der deutschen Übertragung einen Untertitel dazu: *Arthur Mervyn oder die Pest in Philadelphia*. Gelbfieber oder Pest, einen wirklichen Unterschied schien das damals nicht zu machen. Und tatsächlich ist die Gleichsetzung der beiden Krankheiten auch in *Der letzte Mensch* nur einer von vielen Hinweisen darauf, dass die Seuche in diesem Roman nicht ganz so funktioniert, wie heutige Lesende es erwarten. Tote Ratten gehören bei Shelley keineswegs zu den Begleiterscheinungen der Pest, zu schweigen von deren Flöhen, die heute als Hauptüberträger gelten. Das für die Pest verantwortliche Bakterium war im frühen 19. Jahrhundert ohnehin noch nicht bekannt; folgerichtig kann es auch in *Der letzte Mensch* keine Rolle spielen.

Der medizinische Rahmen, in dem der Erzähler denkt, ist eine Form der Miasmentheorie, laut der zufolge bei einer ganzen

Reihe von Fiebern, auch bei der Pest, nicht etwa die erkrankten Menschen direkt ansteckend sind, sondern giftige Ausdünstungen in der Luft Fieber verbreiten. Nun gab es im frühen 19. Jahrhundert (wie auch in *Der letzte Mensch*) durchaus unterschiedliche Auffassungen zur Verbreitung von Krankheiten: Es gab zu Shelleys Zeit sehr wohl Wissenschaftler, die von direkter Ansteckung ausgingen, und solche Stimmen äußern sich auch im Roman. Wie genau diese direkte Ansteckung funktionieren sollte, war allerdings ungeklärt.

Im Roman hält Verney die Idee einfach für Volksaberglauben. Er ist damit das, was zu Shelleys Zeit ein Antikontagionist genannt worden wäre: jemand, der die Pest und andere Fieber ausschließlich auf Miasmen in der Luft zurückführt. Adrian, der als Lordprotektor während der Pest die Theater ohne Einschränkungen geöffnet hält, scheint dieser Auffassung ebenfalls zu folgen. Andere Länder und andere Romanfiguren versuchen es stattdessen mit Isolation und Quarantäne – mit ungefähr demselben Erfolg. Ryland, der sich allein auf seinem Anwesen verschanzt, erkrankt an der Pest; Verney in London bekommt sie gleichfalls.

Gerade die Szene freilich, in der Verney meint, sich mit der Pest angesteckt zu haben, liest sich angesichts seiner medizinischen Überzeugungen besonders merkwürdig. Aber auch abseits der Frage, wie genau Ansteckung in *Der letzte Mensch* funktioniert, bereitet diese Szene, in der ein Schwarzer im Pestdelirium Verney angreift, Lesenden des 21. Jahrhunderts Schwierigkeiten – und nicht nur diese. Verneys Weltbild ist grenzwertig rassistisch und ohnehin klar eurozentrisch. Dieser Erzähler stellt sich uns schon in seinen ersten Sätzen vor als jemand, der speziell auf seine englische Herkunft enorm stolz ist, weil er England für den Nabel der Welt hält. Er erweist sich außerdem als Vertreter einer sehr konservativen Weltsicht, gerade auch in Bezug auf Geschlechterrollen. So feiert er besonders das englische Landleben, am liebsten ein ganz traditionell gedachtes, in dem die Männer hinausgehen, um Nahrung zu beschaffen, die dann von den daheimgebliebenen Frauen dankbar zubereitet wird. Verney wird gegen Ende des Romans zweifellos eine tragische Figur. Aber bis dahin kann man dem Erzähler und letzten Menschen in diesem Roman sehr wohl kritisch begegnen. Und das liegt nicht nur am zeitlichen Abstand zur Epoche seiner Erfindung, sondern ist im Roman durchaus angelegt. Da ist zum Beispiel die Tatsache, dass Verney mit zweierlei Maß misst, wenn es um seine eigenen Handlungen geht und die der anderen. Verabreicht die Herzogin von Windsor ihrer Tochter ein Schlafmittel, um sie gegen deren Willen aus England fortzubringen, ist er empört – wenn Verney aber selbst seiner Schwester ein Schlafmittel verabreicht, um sie gegen ihren Willen aus Griechenland fortzubringen, kann er das Problem daran nicht sehen.

Tatsächlich arbeitet Shelley nicht zum ersten Mal mit einem Erzähler, der zwar nicht ganz unzuverlässig ist, aber die Lesenden zumindest ständig dazu herausfordert, seine Werturteile zu hinterfragen. Das Gleiche ist im *Frankenstein* der Fall, einem Roman, der gleich drei solche Erzähler hat: einen Kapitän auf Nordpolexpedition, der nicht einsieht, dass seine Mannschaft seinem wissenschaftlichen Ehrgeiz nicht geopfert werden möchte; den Wissenschaftler Victor Frankenstein, der bis zum Schluss darauf beharrt, dass er keinen Fehler begangen hat, als er ein monströses Geschöpf belebte und dann sich selbst überließ; und schließlich das Monster selbst, das sich durch seinen Ausschluss aus der Gesellschaft dazu berechtigt sieht, zum Mörder zu werden. Keiner der drei qualifiziert sich als moralische Autorität in seiner von ihm selbst erzählten Lebensgeschichte. Ähnlich, wenn auch subtiler, ist Lionel Verney in *Der letzte Mensch* angelegt. Verneys Wertvorstellungen und Handlungen sind im Roman nur eine Möglichkeit unter anderen: Solange es noch andere Menschen gibt, sind diese Menschen äußerst diskussionsfreudig.

Wenigstens die Männer im Roman sind das. Die Frauen fungieren bestenfalls als interessierte Zuhörerinnen, wenn Adrian und Raymond oder sogar Nebenfiguren wie Ryland und Merrival ethische, politische oder kosmologische Fragen erörtern. Die Tatsache, dass sich Idris und Perdita an solchen Gesprächen nicht beteiligen (und selbst die Standpunkte von Evadne und der Herzogin von Windsor randständig bleiben), könnte man, wenn man es sich einfach machen wollte, darauf schieben, dass das ›damals‹ im 19. Jahrhundert nun einmal so gewesen sei. Ganz so einfach ist das allerdings gerade bei Shelley nicht, obwohl im

19. Jahrhundert gesellschaftspolitisches Interesse bei Frauen tatsächlich selten erwünscht war.

Festzuhalten sind zwei Dinge. Erstens: Tendenziell passive Frauenfiguren gibt es bei Shelley zwar auch im *Frankenstein*. Das heißt jedoch nicht, dass das bei ihr grundsätzlich so sein müsste. In ihren übrigen Romanen sieht das Bild nämlich ganz anders aus. Die historischen Romane haben starke weibliche Figuren mit klaren politischen Positionen und mit Handlungsspielräumen, die sie durchaus nutzen. Und die beiden Romane, die ungefähr in der Gesellschaft von Shelleys eigener Gegenwart spielen, *Lodore* und *Falkner*, geben ihren weiblichen Figuren ausführlich Gelegenheit, sich an Diskussionen zu großen ethischen Fragen zu beteiligen und ihren Prinzipien entsprechend zu handeln.

Zweitens: Für die ersten Rezensenten, die *Der letzte Mensch* nach seinem Erscheinen 1826 besprachen (und das meist wenig begeistert), war der Roman mit seinem Entwurf einer Zukunft ohne Monarchie sowie mit seinen politischen Debatten und Kämpfen insgesamt bereits die unerwünschte politische Meinungsäußerung einer Frau, nämlich der Autorin selbst. Sie versuche mit diesem Roman, hieß es, die »visionären Theorien« ihrer Familie weiterhin zu verbreiten – also die Ideen Godwins, Wollstonecrafts und Percy Bysshe Shelleys. Letzterer war der literarisch interessierten Öffentlichkeit nämlich zu Lebzeiten eher als revolutionär gesinnter Atheist und Anhänger der freien Liebe aufgefallen denn als Verfasser von ästhetischen Schriften oder von Gedichten über Lerchen und Mimosen.

Will man daher ein Stück weit der traditionellen Lesart folgen, dass *Der letzte Mensch* als Schlüsselroman zu verstehen sei, nämlich als eine Art Nachruf auf die früh verstorbenen Dichter Percy Shelley (im Roman Adrian) und Lord Byron (im Roman Raymond), dann muss man als Erstes festhalten, dass eine stärker idealisierte Figur als Adrian kaum vorstellbar ist. Anstelle des skandalösen Rebellen, als der Percy Shelley den Zeitgenossen kurz nach seinem Tod in Erinnerung war, präsentiert die Autorin der Öffentlichkeit einen empfindsamen, moralisch integren Mann, der sich im Roman zum Beispiel nicht weniger als dreimal ganz allein zwischen die Fronten wirft, um Blutvergießen zu verhindern. Und: anstelle des Dichters hat sie aus ihm einen Politiker gemacht. Das wiederum lässt sich als Rückgriff auf Percy Shelleys »Defence of Poetry« lesen, eine Grundsatzschrift zur gesellschaftlichen Bedeutung der Dichtung. Die nämlich endet mit der Behauptung, dass die Dichter die wahren Gesetzgeber der Welt seien. Wenn der Prinz und Lordprotektor Adrian im Roman als Alter Ego des Dichters Percy Shelley zu verstehen ist, dann setzt Mary Shelley damit im Grunde diesen Satz in eine Romanfigur um.

Der letzte Mensch ist jedoch in jedem Fall mehr als ein Schlüsselroman. Immerhin geht es nicht allein um die kleine familiäre Gemeinschaft der Hauptfiguren, sondern vor allem um das Ende der Menschheit. Und bevor von der gesamten Menschheit nur ein Teil dieser kleinen familiären Gesellschaft übrig bleibt, zuletzt lediglich Lionel Verney, schildert der Mittelteil des Romans politische Verwerfungen, bewaffnete Konflikte und nicht zuletzt die Pest. Diese Krankheit ist im Roman nie nur ein medizinisches Problem, sondern das Bedeutsame an der Pest im Roman ist vor allem, was sie in der Gesellschaft auslöst, die sie heimsucht, und was das über diese Gesellschaft aussagt.

Das gilt zunächst für die bunte Mischung aus wirtschaftlichen Schwierigkeiten, Solidarität, Fanatismus und dem Begleichen alter Rechnungen, die alle unmittelbare Folgen der Pest sind. Der Handel kommt zum Erliegen, Geflüchtete aus stärker betroffenen Weltgegenden sind zu versorgen, falsche Propheten tauchen auf, die Anhänger für die abstrusesten Ideen finden, und die ehemals Kolonisierten aus Nordamerika und Irland marschieren auf London, ohne selbst so recht zu wissen, wieso sie das eigentlich tun. Rudel verwilderter Haustiere in der halbverlassenen Stadt sind ohnehin ein häufiges Motiv in Seuchendarstellungen der Zeit, ebenso wie die Frage, ob vor der Krankheit soziale Unterschiede eigentlich noch Bedeutung haben. Auch das ist im Übrigen ein Thema, bei dem die Einschätzung des Erzählers mit Vorsicht zu genießen ist: Verney glaubt, die Pest ebne soziale Unterschiede ein, weil vor dem Tod alle gleich seien. Dennoch gibt es bis fast zum Schluss Herrschaften und Dienstboten, die diese Hierarchie nie hinterfragen. Nicht alles, was die Seuche in der beschriebenen Gesellschaft ans Licht bringt, ist unbedingt für den Erzähler sichtbar. Aber sichtbar wird so einiges, und das häufig erst in dem Moment, in dem es aufhört, eine Selbstverständlichkeit zu sein.

Die Genauigkeit, mit der Shelleys Roman die Interaktion von Gesellschaft und Seuche durchspielt, fällt Lesenden in Zeiten tatsächlicher Pandemien besonders ins Auge – und das nicht erst seit Covid-19. In den frühen 1990ern sahen Literaturwissenschaftler*innen Parallelen zwischen der Neigung in *Der letzte Mensch*, die Pest als Phänomen entfernter Weltregionen abzutun, und der Vorstellung, dass AIDS nur bestimmte gesellschaftliche Gruppen betreffe. Die im Roman lange aufrechterhaltene Illusion, dass die Pest im Grunde ein Problem anderer Leute sei, ließ sich damals im Lichte von Susan Sontags (1933–2004) *Krankheit als Metapher* (1978) und *Aids und seine Metaphern* (1989) auf entsprechende Abwehrhaltungen in der Wirklichkeit übertragen. Heutige Leser*innen können dabei daran denken, dass die ersten Berichte über Covid-19 die neue Krankheit tendenziell als rein chinesisches Problem behandelten, und wie lange es gedauert hat, bis man sich vorstellen konnte, dass Covid-19 auch ein europäisches Problem sein könnte.

Das heißt nicht, dass *Der letzte Mensch* jemals unkompliziert als Reflexion moderner Gesellschaften und Krankheiten funktioniert hat. Das war der Roman nicht einmal in Bezug auf die Cholera in Shelleys Epoche. Vieles an diesem Text wird auf heutige Lesende erst recht befremdlich und merkwürdig wirken – auch auf solche, die mit neueren literarischen und filmischen Vorstellungen vom Ende der Menschheit vertraut sind. Die Konjunktur dieses Themas endet bekanntlich nicht mit den 1820er Jahren, und Seuchen sind auch in der Gegenwart, vom Zombie-Film bis hin zu Margaret Atwoods (*1939) *MaddAddam*-Trilogie (2003, 2009, 2013), ein bedeutsamer Teil des Genres. Was sich in *Der letzte Mensch* zum Thema finden lässt, wirkt aus heutiger Sicht mal vertraut, mal gänzlich unvertraut. Der Roman ist jedoch in jedem Fall eine lohnende wie beziehungsreiche literarische Auseinandersetzung mit dem Zusammenspiel von Krankheit und Kultur, Pest und Politik.

Rebekka Rohleder

Das Einzelherz verallgemeinern

Wie Mary Shelleys *Der letzte Mensch* der Epoche ihr Schicksal wahrsagt

I. In mehrdeutiger Gesellschaft

Wenn man ein literarisches Kunstwerk auf eine Warnung zusammenstreichen will, muss man Mehrdeutigkeiten tilgen. Eine Warnung soll man ja beherzigen, nicht deuten. Entfernt man aus einem Text aber alles, was sich in verschiedene Richtungen drehen lässt, macht man gerade das Literarische daran kaputt, die Spieldimension, die Beweglichkeit. Es ist, als schlüge man einem Roboter die Gelenke weg: Übrig bleibt ein starres Standbild, tot.

Mehrdeutig sind viele Stellen in Mary Shelleys *Der letzte Mensch*. Das gilt sogar für Passagen, die sich eignen, heutige Leserinnen und Leser mit Gegenwartsähnlichkeiten aufzuschrecken. Die Gesellschaft, die sie schildert, scheint zum Beispiel wie die unsrige zu glauben, man könne den Erdball mit lauter halbdurchlässigen Filtern versehen, durch die zwar Güter, Gelder, Dienstleistungen und Arbeitskraft im Interesse der Verbilligung von allem Möglichen frei passieren, aber nicht Klimakrämpfe (es gibt Flutnot im Buch), Umweltschäden, Krankheitserreger und vor irgendetwas fliehende oder auf die Teilnahme an irgendeinem neuen Spiel erpichte Menschen. Bitter spöttisch ist bei Shelley davon die Rede, man habe in London offenbar geglaubt, das Meer werde die Seuche und das sie begleitende Elend schon draußenhalten, als unüberwindlicher Wall. Sie spottet, aber in dem Spott ist Mitleid enthalten, wie bei einer Satire. Emotional ist der Abschnitt also mehrdeutig, intellektuell aber verurteilt er die Leute, die so naiv denken. Das Buch, in dem diese Betrachtung über Leute steht, die meinen, Trennlinien zwischen sozialen Funktionssystemen nach Belieben ziehen, lockern und wieder straffen zu können, schrieb die Dichterin vom Februar 1824 bis in den November 1825.

Ihr Mann, der Dichter Percy Bysshe Shelley (1792–1822), war

vor Beginn dieser Arbeit gestorben. Ein ihm wie ihr ebenbürtiger Geist starb während der Niederschrift, der Baron George Gordon Noel Byron (1788–1824). Während die Dichterin also an einem Text saß, in dem sie sich ausmalt, wie es ist, die eigene Gattung zu überleben, das heißt: keine Menschenseele mehr zu kennen, mit der man sich austauschen, einig sein, streiten, schwärmen, Modelle bauen, denken und spekulieren kann, muss sie mit zwei Erlebnissen zurechtkommen, die sie wie Vorboten des Moments erschüttern mussten, in dem sie tatsächlich niemanden mehr kennen würde, der sie versteht. Man kann sich in solcher Lage in den Traum retten, die seltenen Menschen, die nicht mehr da sind, hätten mit ihren Schriften und ihrem Leben wenigstens die Vorarbeit dafür geleistet, dass solche wie sie einmal nicht mehr selten sein werden. Ließe sich das geniale Individuum als Idee, das perfekte Gegenüber für die gebildete, kunstverständige Frau nicht, dem Erbe der Toten gemäß, in einer neuen Gesellschaft verallgemeinern, ließe sich die Mehrdeutigkeit des poetischen Nachlasses der Toten, die eben daher rührte, dass er Poesie war, also einerseits Fragment, andererseits Bild des ersehnt Vollkommmenen, nicht als Vorwegnahme eines neuen, vielseitigeren Gemeinwesens denken?

Der tote Ehemann und der tote Freund finden sich in *Der letzte Mensch* als Adrian (der Percy Bysshe Shelley ähnelt) und Lord Raymond (in dem sich Byron erkennen lässt) porträtiert. Die fiktive Zeit, von der große Teile des Buches berichten, ist ›ihre Epoche‹ in einem Ausmaß, in dem das die reale Ära, in der die Vorbilder dieser Figuren gelebt hatten, nie gewesen war.

Die volle Erfüllung ihrer Hoffnungen finden die aus Mary Shelleys Leben gerissenen Männer indes auch in der Zeit nicht, die sie ihnen zugemessen hat – es ist, als könne sich die Dichterin, von zwei sehr grausamen Schlägen erschüttert, kein Glück mehr vorstellen, und daher phantasiert sie denen, die ihr fehlen, wenigstens einen Untergang in Würde.

Die wahrhaft Großen, sagt das tragisch-historische Empfinden, das Mary Shelley hier so gestaltet hat, wie es schon die antike Tragödie sah, sterben entweder *an* ihrer Zeit – so war's in Wirklichkeit, weil ihre Zeit für Percy Bysshe Shelley und Lord Byron zu klein war – oder sie sterben *mit* ihr, wobei dann wenigstens auch die Zeit groß ist. Zur Größe gehört der bedeutende Sturz; das sieht *Der letzte Mensch* nicht anders als *Prometheus Unbound* (1820), die wichtigste Dichtung Percy Bysshe Shelleys, deren Moral düster sagt: Selbst wenn ein böser Gott oder das Schicksal unendlich mächtiger wären als das denkende und empfindende Bewusstsein, müsste dieses Bewusstsein sich solchen Mächten dennoch nicht blind fügen, denn es kann dasjenige erkennen, kritisieren (wie Prometheus beim Dichter den Göttervater), missbilligen oder verfluchen, was es überwältigt, und eben darin seine Würde wahren.

Die Würde, als Selbstachtung, ist zusammengesetzt aus dem Willen und dem Vermögen, die eigenen Gedanken auch in der entsetzlichsten Ohnmacht selbst zu formen, zu ordnen und mit ihnen die Welt, noch die übelste, auf den Begriff zu bringen. Nichts anderes stellt die dichterische Formarbeit bei Mary Shelley dar. Sie bildet sich die Welt, die sie erkennen kann, sucht darin das, was in der sinnlich wahrnehmbaren Wirklichkeit allein nicht offensichtlich ist, und findet es dann auch, wenn ihr das gelingt, was sie als Formarbeit will, nicht anders als die wissenschaftliche Forschung das findet, worauf sie's abgesehen hat.

Was Mary Shelleys *Der letzte Mensch* poetisch erforscht, ist die Frage, ob die Selbstachtung des besonderen, denkenden, dichtenden Menschen, die der Dichterin so sehr eigen war wie den beiden Männern, die sie verlieren musste, als ein historisches Produkt der Zivilisation (man findet solche Selbstachtung im alten Griechenland, in der Renaissance oder in der Ära der Französischen Revolution, aber zum Beispiel nicht in den dunkelsten Ecken des Mittelalters oder in verschiedenen historisch dokumentierten Zonen der Barbarei) wohl eine Zukunft hatte – von dem Zeitalter aus gesehen, in dem Mary Shelley selbst lebte und litt, und falls nicht: wie genau sie untergehen würde, wenn es denn dieser Sorte Selbstachtung und der Sorte Mensch, die sie ausmachte, bestimmt wäre, zu verschwinden.

Der Versuchsaufbau für diese riskante Untersuchung ist ein spekulativ ersonnenes 21. Jahrhundert. Die Monarchie ihrer Heimat ist in Shelleys Roman am Ende, anderes erweist sich als haltbarer: Man fährt noch im Ballon, hört noch Mozart, liest noch Goethe, und die Griechen zanken sich noch mit den Türken.

Das 19. Jahrhundert, in dem Shelley ihre Zukunftsschau unternahm, sei, so hört und liest man oft, »fortschrittsgläubig« gewesen, es habe nicht erwartet, die vertrauten Übel würden weiterleben. »Man«, so heißt es (wer denn?), habe damals gedacht, »die Wissenschaft« (welche?) werde bald »alles erklären« können, und die vom so gewonnenen Weltverständnis ermöglichte Technik könne dann dazu dienen, sämtliche Ursachen menschlichen Leidens, ja, sogar bloße Beschränkungen menschlicher Willensverwirklichung in Natur und Gesellschaft restlos zu beseitigen.

Dass menschliches Leid manchmal nicht vermeidbar, sondern durchaus notwendig ist, wussten diejenigen, die seinerzeit in der Tat vom Fortschritt überzeugt waren, so gut wie nur je ein Fatalist; aber sie durften eben auch beobachten, wie vor ihren Augen das Reich der Notwendigkeit insgesamt verkleinert wurde, analog einer Sumpftrockenlegung. Auf dem von Notwendigem, etwa von Arbeit, gesäuberten Gelände entstand vielerorts ein Reich der Freiheit, nämlich Zeit und Raum für Wissenschaft, Bildung, Kultur.

Der Philosoph Georg Wilhelm Friedrich Hegel (1770–1831) schrieb daher damals in seiner Rechtslehre: »Die Abstraktion des Produzierens macht das Arbeiten ferner immermehr *mechanisch* und damit am Ende fähig, daß der Mensch davon wegtreten und an seiner Stelle die *Maschine* eintreten lassen kann.«[1] Das stimmt, und mehr: Nicht einmal diese Maschine muss der Mensch, den sie von Arbeit befreit, noch selbst bauen, wenn erst besondere Maschinen da sind, die ihrerseits Maschinen bauen können. Was zu Mary Shelleys Lebzeiten nur erst am Horizont erkennbar war und also allenfalls von Leuten erkannt wurde, die, wie Hegel, aus sehr großer Abstraktionshöhe und mit voll entwickeltem Überblick das Menschenleben betrachteten, fand später, im 20. Jahrhundert, in Gestalt weitverbreiteter Erwartungen, Hoffnungen, Wünsche, Ahnungen und Befürchtungen Eingang ins popkulturelle Massenbewusstsein.

1 Georg Wilhelm Friedrich Hegel, *Grundlinien der Philosophie des Rechts*, hrsg. von Bernhard Lakebrink, Stuttgart 1970 (Reclams Universal-Bibliothek. 8388), S. 341.

So gibt es zum Beispiel eine Comic-Geschichte über eine unter amerikanischen Teenagern bis heute beliebte Heldin, *Supergirl's Greatest Challenge* vom April 1962, verfasst vom Superman-Erfinder Jerry Siegel, in deren Zukunftsvision vom nächsten Jahrtausend »Androiden« vorkommen. Jene künstlichen Menschen können nicht allein Musikinstrumente bedienen oder körperliche Arbeit verrichten, sondern bringen sogar »große wissenschaftliche Entdeckungen« zustande, weshalb diese Scheinpersonen »Millionen wert« sind – in welcher Währung, wird nicht verraten; der vermutlich stolze Preis errechnet sich jedenfalls aus dem Materialwert der Androiden plus dem Nutz- und vor allem Tauschwert ihrer Erkenntnisse. Diese Androiden sind damit mehr als selbst Maschinen, die Maschinen bauen können – sie sind Erfindungen, die Erfindungen erfinden.

Manchmal wird heutigen Computern nachgesagt, sie wären bereits zu Vergleichbarem fähig, denn sie produzieren neue Pläne, Fertigungsformeln, Produktvarianten, ja, ganze Erzeugnisse der Industrie, aber noch wird nicht behauptet, dies geschähe mit Bewusstsein. Sie »erkennen«, so wird das beschrieben, in großen Datenmengen, deren Kenntnis ja die Voraussetzung kreativer Leistungen auch im Menschenhirn ist, Muster schneller als wir und entdecken so nicht nur neue chemische Verbindungen oder Finanzierungsstrategien, sondern auch mathematische Sätze oder neue Beweise für bekannte Theoreme, also Hochabstraktes, das freilich konkrete Anwendungen haben mag. Sie greifen noch nicht in die Welt ein, wie wir Menschen das tun, nämlich mit Willen und Vorsatz, aber sie können mit etwas Anleitung bereits Modelle bauen, wie wir das tun, und an denen dann drehen und basteln, also herstellen, was noch nie da war, lokal oder global – manchmal skalierbar, manchmal nicht, in Fügungen aus kleinen und großen Teilen:

> Computermodelle sind wie gewachsene Städte. Es gibt einen relativ übersichtlichen Kern, an den mit der Zeit immer mehr Siedlungen und Vororte angebaut wurden. Es gibt normalerweise immer ein paar Menschen, die sich, zumindest grob, noch in der ganzen Stadt auskennen, viele kennen aber nur

noch ihren eigenen Stadtteil, und manche wohnen dort und kennen außer ihrer eigenen Wohnung überhaupt nichts. (Sibylle Anderl)[2]

In *Der letzte Mensch* schreibt Mary Shelley von den »Entdeckungen der Wissenschaft« in ihrer ausgedachten Zukunft, diese hätten »in einem Verhältnis zugenommen, das alle Hochrechnungen übertraf« (S. 126 f.). Das ist nun ein Zustand, der *jenseits* des elektronisch oder wie auch immer Berechenbaren liegt, das wir heute erleben. Science-Fiction in Potenz: Selbst vom Entstehungszeitraum des Textes aus gesehen erst noch kommende, noch ungeborene Leserinnen und Leser können den Text nur als Schilderung der Zukunft, nicht ihrer Gegenwart verstehen.

Die Dichterin sprengt damit sogar den Rahmen, in dem Supergirl bei Jerry Siegel sich durch das, was kommen mag, bewegt. Denn bei Siegel bleibt der *Wert* der Entdeckungen, die wieder neue Entdeckungen entdecken, der Wert der exponentiellen Wissensmaschine Technik, die von der exponentiellen Technikmaschine Wissenschaft in die Welt gesetzt worden ist, im allemal abzählbaren Bereich von »Millionen«. Bei Shelley dagegen geht es so zu (nein, spekulative Poesie erzwingt eine andere Grammatik: bei ihr *wird es so zugegangen sein*) wie bei Friedrich Engels (1820–1895), der in den »Grundsätzen des Kommunismus« von 1847 schreibt, man sei nunmehr in einem Äon angekommen, in dem durch »die Entwicklung der großen Industrie« die »Kapitalien und Produktivkräfte in einem nie vorher gekannten Maße erzeugt und die Mittel vorhanden sind, diese Produktivkräfte in kurzer Zeit ins Unendliche zu vermehren«[3]. In der Realität ist es mit dem Unendlichen freilich nichts; der Satz von der Erhaltung der Energie bremst den Weg zu ihm, und noch viel stärker bemerkbar macht sich, wie gerade Engels wusste und in besagtem Text auch sagt, das Eigengewicht der Produk-

2 Sibylle Anderl, *Das Universum und ich. Die Philosophie der Astrophysik*, München 2017, S. 180.

3 Friedrich Engels, »Grundsätze des Kommunismus«, in: Karl Marx / F. E., *Manifest der Kommunistischen Partei*, Stuttgart [8]2020 (Reclams Universal-Bibliothek. 19266), S. 85–110, hier S. 98.

tionsverhältnisse, an deren Beschaffenheit die Menschheit zu jeder Zeit gefesselt war – wie Prometheus bei Shelleys totem Gatten an den Felsen.

Das Geniale an Mary Shelleys Perspektive in *Der letzte Mensch* ist das diesem Befund tief gemäße Ineinanderblenden von Naturrückständen einerseits und rückständigen Gesellschaftsformen andrerseits, das den Text zu einem Musterbeispiel der Gattung des (bürgerlichen) Romans macht, weil diese Gattung von Daniel Defoe (1660–1731) bis Thomas Mann (1875–1955), von Honoré de Balzac (1799–1850) bis Roberto Bolaño (1953–2003) gesellschaftliche Totalität vor den Kulissen des Schicksals erzählt. Es geht in *Der letzte Mensch* nicht um das Einzelherz des letzten Menschen, so liebevoll plausibel die Autorin dessen Regungen schildert, sondern um die Modernität des Schicksalsbegriffs, den sie sich erarbeitet hat, um ihn auf dieses Herz anzuwenden – so wie eine Forscherin im Labor ihre Versuchsparameter einer zu kalibrierenden Messvorrichtung vorschreibt.

II. Macht, Ursachen und Wirkungen

Der letzte Mensch ist, dieser erstaunlichen Leistung ungeachtet, nicht gerade berühmt. Das Buch steht im Schatten von *Frankenstein* (1818), der anderen maßstabsetzenden Blaupause für die Literatursorte ›Science-Fiction‹, die wir derselben Dichterin verdanken. *Frankenstein* gilt selbst bei Leuten, die Shelleys Werk sehr gut kennen, als das bessere Buch, infolge einer leider recht flachen, nämlich rein stoffbestimmten Überlegung: Der heute weltbekannte Text soll, weil er von einem Arzt erzählt, der aus Leichenteilen einen Menschen zusammensetzt (wie *Big Data* aus digitalen Spuren einer Person deren Konsum- oder Leumundsprofil), das angeblich für die Moderne zentrale Problem »Wissenschaft und Technik und ihre unerwünschten Folgen« erörtern, wohingegen *Der letzte Mensch* als Weltuntergangsgeschichte nur eine Sorte Parabel bieten soll, von der es lange vor der Moderne in biblischen, selbst in vorbiblischen Zeiten schon Exemplare gab (die Angst vor der Endzeit reicht ja bis in den Dämmer der Vorzeit).

In Wahrheit ist *Frankenstein* nicht nur das ältere, sondern auch das altmodischere Buch, weil es die Verantwortung Einzelner für Einzelne und Einzelnes behandelt. Es geht darin um Moral und Ethik auf der Ebene individuell schilderbarer Beziehungen wie derjenigen zwischen Schöpfer und Geschöpf, um Gut und Böse als lokale, besondere Ursache-Wirkung-Komplexe. Das Ungeheuer in *Frankenstein* will persönlich für voll genommen werden, sobald es begriffen hat, dass es ein schlagendes Einzelherz und eine Achtung verlangende Einzelseele hat. Victor Frankenstein jedoch verweigert diesem Ungeheuer jede Anerkennung als Subjekt eigenen Rechtes, und so kämpfen sie miteinander und gehen, wie Marx und Engels das im *Manifest der Kommunistischen Partei* von kämpfenden Klassen sagen, die nicht in einer Revolution einen neuen Zustand erreichen können, bei dem das Alte abstirbt, gemeinsam unter. Klassen sind freilich Kollektive, während die Handlungsträger in *Frankenstein* Singularitäten sind. Die Naturnot zurückdrängen kann nun mal auch ein Individuum, etwa, indem es in der Kälte Feuer macht. Gesellschaftlich bedingte Not meistern können dagegen nur Mächtige; ›Macht‹ heißt nämlich: Verfügung übers Tun und Lassen anderer, vor allem größerer Kollektive.

Die Machtfrage ist die moderne Frage schlechthin, die Frage nämlich nach den modernen Produktionsverhältnissen: Warum wird die Arbeitszeit nicht sofort für alle weniger, wo Maschinen arbeiten, ja: wo sie sogar Maschinen bauen? Das ist so, weil die Maschinen nicht ›allen‹ gehören, sondern wirtschaftlich Mächtigen; diese bestimmen über ihren Einsatz, der ihnen etwas bringen muss, nicht ›dem Menschen‹, nämlich Profit, nicht Muße.

Das beständig Faszinierende, ästhetisch Bleibende, Epochale an *Der letzte Mensch* ist, dass in diesem Buch Natursorgen (die Seuche, aber nicht sie allein, sondern auch »die menschliche Natur«, Leidenschaften, seelische Macken) mit Machtbelangen (um die sich etwa die beiden erfundenen Herren kümmern müssen, die Percy Bysshe Shelley und Lord Byron nachempfunden sind) in Konstellationen treten, welche wir noch heute in unserer Welt wiedererkennen können, weil sie eben *nicht* individuell sind, sosehr Shelley sie an großen (und »letzten«) Männern durchexerziert, sondern für jede denkbare Theorie nur mehr statistisch, stochastisch, probabilistisch beschreibbar. Mary Shelley schuf indes keine Theorie, aber dennoch ein Modell. Kunst kann genau das: Modelle bauen auf Hypothesen, die ihr selbst nicht klar sein müssen, geschweige denn zu Theorien durchgeformt. Das Moderne an Shelleys Roman vom letzten Menschen ist aber nicht platterdings, dass die Welt darin ein System ist statt eine Sammlung von Anekdoten. Systeme gab es auch vor der Moderne; etwa mythische. Das Moderne am Buch ist, dass Shelley darin sagt: Wo *abstrakt* sehr viele Dinge gleichzeitig passieren, nämlich weltweite Zusammenhänge sich lebendig auswirken, sieht das *konkret*, für einen Einzelmenschen, wie Zufall oder wie Schicksal aus, ist aber in Wahrheit die Erscheinungsweise eines gewaltigen Systems, sobald es genügend frei bewegliche Teile hat, dass man sie nicht mehr alle überblicken kann, sondern nur noch statistisch beschreiben. Um das poetisch zu gestalten, braucht die Dichterin eine Geschichte, in der das Abstrakte und Vielfältige direkt mit dem Konkreten und Einzelnen konfrontiert werden: ein Weltereignis, das viele, sehr viele (alle?) Menschen betrifft, aber einem ganz bestimmten Menschen das Gefühl gibt, er sei gemeint, er allein, der Einzige, der Letzte, der übrig bleibt, wenn das Ereignis fertig ist. Viele Romane aus der Zeit, in der Shelley das Buch schrieb, versuchen, solche Konstellationen zu fassen zu kriegen, weil sie eben das Thema bilden, das auf der ästhetischen Tagesordnung stand – in russischen Romanen sollte das passende Ereignis oft ein historisch realer, vielleicht nicht allzuweit zurückliegender Krieg sein, in englischen oft das moderne Wirtschaftsleben mit seinen Armen und Reichen. Aber diese Vorlagen erwiesen sich als zu klein, als dass das Problem wirklich in ihnen anschaulich geworden wäre. Es brauchte eben etwas, das buchstäblich die ganze Welt betraf – und im besten Fall etwas, das die gesamte weltweite Gesellschaft betreffen könnte, ohne selbst gesellschaftlich zu sein: eine Seuche oder eine klimatische Naturkatastrophe. Nichts genügend Weitreichendes war bekannt, selbst die mittelalterliche Pest erfasste ja nicht »die ganze Welt«. Man musste sich's also ausdenken. Das hat Mary Shelley getan.

Der letzte Mensch rückt so mit den Mitteln des Erzählens einem spezifisch modernen Wissen auf den Leib – einem Wissen, das Kausalität, den Mörtel des Universums wie des Erzählens (also: dass irgendein A irgendein B verursacht), nur noch als Grenz- und Sonderfall riesiger Prozesse mit Unmengen von Daten im globalen, umfassenden, allgemeinen Maßstab anerkennt. Das Buch sitzt in der Wohnung und träumt dort die ganze Stadt.

Es gibt in der Moderne einiges, was es vorher nicht gab, etwa immense Datenerzeugungsmaschinen im Weltsozialen: Weltmarkt, Weltliteratur, kurz »das moderne Weltsystem«. Der Soziologe Immanuel Wallerstein (1930–2019), der diesen Begriff nicht neutral beschreibend, sondern als historisch-kritischen denkt, sagt sehr richtig, dass zu seinen Voraussetzungen nicht nur die zunehmende Erhebung von Systemansprüchen auf Ressourcen der ganzen Erde und der Natur insgesamt, sondern auch die gewaltsame Unterwerfung von Menschen durch Menschen, etwa von nichteuropäischen durch europäische, gehört, bis hin zur Ausübung von Macht über Leben und Tod im grausigen Grenzfall Massenmord.

Das kapitalistische Tauschwertprinzip macht tendenziell alle allen und alles allem gleich und behandelt das Gleichgemachte dann entlang von Schätzung, Eicharbeit, Gaußkurvenverteilungen und anderen Relationen, in die man Daten zueinander setzen kann, gerade auch an jener hart umkämpften Front zwischen Mensch und Natur, die man ›Medizin‹ nennt. Ende des 18. Jahrhunderts schon griff ein Landsmann Mary Shelleys, der Arzt Edward Jenner (1749–1823), die Pocken mit einer solchen Methode an, die ohne Beobachtung des Infektionsgeschehens in größeren Populationen, also nicht bloß ein paar befallenen Familien oder Dörfern, ohne ein Netzwerk von Ärzten auch, die miteinander über derlei redeten, völlig aussichtslos gewesen wäre: An Melkerinnen, die sich die Kuhpocken eingefangen und diese überstanden hatten, war Unterrichteten aufgefallen, dass diese Frauen von gefährlicheren, für Menschen tödlichen anderen Pockenvarianten nicht mehr erwischt wurden. So gewann man einen Impfstoff. Überblick, Hypothese, Modell, Test: Jenner dachte kausal, aber vor dem Hintergrund von Statistik; seine Kausalität war nur deren Spezialfall.

Wo eine Kausalität sein kann oder nicht und man erst viele Fälle und Verläufe vergleichen muss, um sie behaupten zu können, denkt man in *Wahrscheinlichkeiten* statt starr monokausal. »Wenn so und so viele Ereignisse vorkommen, ist ein so und so großer Teil davon so und so geartet, ein anderer wieder anders usw.« – in dieser Weise funktioniert sehr viel moderne Wissenschaft, auch wenn die meisten Menschen auf der Straße oder im Internet davon offenbar nach ein paar hundert Jahren immer noch nichts mitbekommen haben.

In Wahrscheinlichkeiten statt bloßen Ereignisketten denkt die (v. a. historische, genealogische, genetische) Biologie seit Charles Darwin (1809–1882) und Gregor Mendel (1822–1884), die Chemie seit Ludwig Boltzmann (1844–1906), die Physik spätestens seit dem kühnen Einfall des viel zu wenig bekannten Max Born (1882–1970), gewisse Welleneigenschaften von kleinsten Teilchen so zu erklären, dass das, was da Wellen wirft, die verschiedenen Wahrscheinlichkeiten der möglichen Messergebnisse bei Quantenmessungen sind, im Gegensatz zur alten Punktmechanik, bei der das Punktereignis A wie ein Billardball ein Punktereignis B anstößt, dieses dann ein Punktereignis C und immer so fort.

III. Was bedeutet »Weltuntergang«?

»Wenn die Melkerinnen, die schon Kuhpocken hatten, keine ernsteren Pocken mehr kriegen, dann setze ich jetzt auf die Kuhpocken« – so denkt man im Spielsalon, wenn man aus Mustern Chancen ableitet. Genau so muss aber auch jede Macht denken, die menschliches Leiden vermindern und das Reich der Notwendigkeit eingrenzen will.

Wo ein Virus das Problem ist, zieht man Schlüsse zur Bekämpfung aus dem Wissen über die Ausbreitung des Virus, dann kann man diese Ausbreitung eindämmen; wo Armut das Problem ist, beobachtet man, wie sie sich über Generationen erhält und vielleicht sogar vermehrt (»die Armen werden ärmer, die Reichen reicher«), dann kann man sanftere (Steuerrecht) oder gründlichere (Eingriffe in die Eigentumsformen) Maßnahmen dagegen ergreifen.

Im 20. Jahrhundert haben sich hochseriöse Schwerdenker wie

Thomas S. Kuhn (1922–1996) und Michel Foucault (1926–1984) Gedanken darüber gemacht, warum ausgerechnet in der hochbürgerlichen Epoche, in deren kraftvollstem Abschnitt Mary Shelley schrieb, das statistische, stochastische, probabilistische Arbeiten mit Daten so explosionsartig Raum gewann. Zeitgeist? Morphische Resonanz? Paradigmenmutation? Es steckt gar nichts Mysteriöses dahinter. Die statistische, stochastische, probabilistische Arbeitsweise ermöglicht einfach sehr gute Näherungen bei der Beschreibung und Vorhersage von Natur- und Sozialprozessen und erleichtert damit den willentlichen Eingriff in sie. Ungeheuer gefördert wurde die Ausbreitung der Einsicht dieser Tatsache aber schlicht durch den Ende des 18. Jahrhunderts in Frankreich, Nordamerika und bald vielerorts zu beobachtenden politischen Machtantritt einer Klasse, die zuvor schon ökonomische Macht erworben hatte und auf Instrumente für den willentlichen Eingriff in Natur- und Sozialprozesse verständlicher-, nämlich revolutionärerweise ganz wild war: die Kapitalistenklasse, die Bourgeoisie.

Ihre Stärke war just die von solchen Instrumenten ermöglichte Art Eingriff in die Welt – der Adel, den sie ablöste, hatte auf Tradition (also: Erhaltung der ererbten politischen Macht und Einsatz dieser Macht fürs eigene ökonomische Wohlleben) gesetzt, die Bourgeoisie setzte lieber (und mit Erfolg) auf Profit (also: Mehrung der ökonomischen Macht und Einsatz dieser Macht zur organisierten Erlangung der politischen).

Profit streicht nur ein, wer Gelegenheiten dazu nutzt, und solche Gelegenheiten erkennt am besten, wer Daten sammelt und Muster findet, wer also statistisch, stochastisch, probabilistisch arbeitet.

Kurz bevor Shelley *Der letzte Mensch* schrieb, war 1823 der Arzt Edward Jenner gestorben. Die statistische, stochastische, probabilistische Epoche, die mit Leuten wie ihm begonnen hatte, die Epoche, deren Geschicke bis heute von Menschen wie ihm am besten verstanden werden, Menschen, die in Datenmengen statt in Anekdoten forschen, lebt in den Grenzen des Wahrscheinlichkeitsdenkens, abgesteckt im Denkraum zwischen Thomas Bayes (um 1701–1761) und Andrej Nikolajewitsch Kolmogorow (1903–1987).

Während ich diese Sätze schreibe, versteht beispielsweise niemand die neuesten Nachrichten ohne Kenntnis des entsprechenden Vokabulars und Denkens – alle, die sich in der Weltlage des Jahres 2020 zurechtfinden wollen, sollten wissen, was bei einer Pandemie die ›Inzidenz‹ ist, nämlich die Zahl der jeweiligen Neuerkrankungen geteilt durch die Gesamtzahl der Bevölkerung; alle sollten wissen, was die ›Prävalenz‹ ist, nämlich die Zahl der überhaupt Erkrankten geteilt durch die Gesamtzahl der Bevölkerung; alle sollten wissen, was die ›Letalität‹ ist, nämlich die Zahl der an der jeweiligen Krankheit Gestorbenen geteilt durch die Zahl der daran Erkrankten; alle sollten diese Letalität von der ›Mortalität‹ unterscheiden können, die wiederum die Zahl der Gestorbenen geteilt durch die Gesamtzahl der Bevölkerung ist. Wenn zu wenige Menschen wissen, dass eine Krankheit, die nicht extrem todbringend, aber sehr ansteckend ist, mindestens genauso gefährlich sein kann wie eine, die zwar unbedingt tödlich, aber nicht ganz so ansteckend ist, bedeutet das Stress nicht für manche oder viele, sondern für alle.

Im Gegensatz zum unerforschlichen Ratschluss entrückter Gottheiten ist derlei durchaus verstehbar, aber wenn es zu wenige Menschen verstehen, wirkt sich das auf die Gesellschaft mittelfristig so verheerend aus, als verstünde es überhaupt niemand. Das Empfinden Erwachsener, etwas zu wissen oder zu verstehen, das verallgemeinertes Wissen sein müsste, um Unheil abzuwenden, das aber von zu wenigen geteilt wird, um diese Wirkung zu entfalten, ist das Gefühl, die Gesellschaft, in der man aufgewachsen ist, bereits überlebt zu haben. Und genau dieses Gefühl hat Mary Shelley beim Schreiben von *Der letzte Mensch* aushalten müssen. Das gelang ihr, indem sie es literarisch gestaltet, spekulativ auserzählt, ästhetisch auf die Stufe der Allgemeinverständlichkeit gehoben hat: Stell dir vor, du wärst der letzte Mensch, dann weißt du, wie es mir gerade geht.

Sie hat damit eine unschätzbar wertvolle Brücke gebaut zwischen einerseits denen, die etwas wissen, was alle wissen müssten, um ihre Welt zu retten oder sie auch nur menschenwohnlich einzurichten, und andererseits denen, die es (noch) nicht wissen. Wer etwas (noch) nicht weiß, muss sich nämlich erst einmal vorstellen können, dass man es wissen könnte, um es dann, etwa aus Neugier, auch lernen zu können.

Der wirkliche Weltuntergang wäre auf dem heute erreichten Stand des im Prinzip zugänglichen Wissens über die Welt der Verlust des Zusammenhangs zwischen drei Eckpunkten des zivilisationsstrategischen Dreiecks aus a) Wissen, b) politischer Entschlossenheit zum Kampf gegen natürliche und soziale Not und c) der dafür nötigen Macht. Wer den Sinn für diesen Zusammenhang, der in Shelleys *Der letzte Mensch* pulsiert, nicht teilt oder gering schätzt, steht hilflos vor dem Lärm, mit dem nötiges Wissen heute zunehmend übertönt wird, und ertrinkt im stupiden Krach von Neo-Esoterik, monokausalen Weltbildern des Schwachsinns, Verschwörungsmythen und Hetze.

Mary Shelleys großes Buch vom letzten Menschen gehört, weil es Verstand und Seele genau dagegen impft, in die Schule, zu der die Moderne das ganze menschliche Leben gemacht hat.

Dietmar Dath

Zeittafel

1797	Am 30. August wird Mary Godwin in Somers Town, London, geboren. Ihre Mutter ist die Schriftstellerin Mary Wollstonecraft, die mit *A Vindication of the Rights of Woman* (1792) einen der grundlegenden Texte der Frauenrechtsbewegung verfasst hatte. Die Mutter stirbt kurz nach der Geburt ihrer Tochter am Kindbettfieber. Ihr Vater ist der politische Philosoph William Godwin, bekannt unter anderem für sein Werk *Enquiry Concerning Political Justice and its Influence on Modern Morals and Manners* (1793), der Mary sowie ihre ältere Halbschwester Fanny, die Tochter von Mary Wollstonecraft aus einer unehelichen Verbindung, zunächst allein aufzog.
1801	Als der Vater erneut heiratet, bringt die Stiefmutter Mary Jane Clairmont zwei Stiefgeschwister (Claire und Charles) mit in die Ehe. 1803 wird Stiefbruder William geboren. Das Ehepaar gründet in den Folgejahren eine Verlagsbuchhandlung, in der auch Mary arbeitet.
1808	Mit zehn Jahren schreibt Mary ihr erstes Buch (eine eigene Fassung eines alten Kinderbuches, *Mounseer Nongtongpaw*), das ihr Vater anonym veröffentlicht.
1811	Mary besucht für kurze Zeit ein Mädchenpensionat in Ramsgate. Die meiste Zeit wird sie jedoch von ihrem Vater unterrichtet; im Haushalt gibt es auch eine Gouvernante, einen Tutor sowie die französisch sprechende Stiefmutter.
1814	Beginn der Liebesbeziehung zwischen Mary Godwin und dem verheirateten Dichter Percy Bysshe Shelley. Gemeinsam mit Stiefschwester Claire Clairmont reist das Paar nach Frankreich und in die Schweiz; aufgrund von Geldmangel sind sie gezwungen, wieder nach England zurückzukehren.
1815	Am 22. Februar gebiert Mary ihre erste Tochter Clara, die zwei Monate zu früh auf die Welt kommt und wenige Tage später stirbt.

1816 Am 24. Januar 1816 bringt Mary einen Sohn zur Welt, der nach seinem Großvater William genannt wird. Den Sommer des Jahres 1816 verbringt man gemeinsam mit dem Dichter Lord Byron, dessen Arzt John Polidori und Marys Stiefschwester Claire am Genfer See. Dort entwirft Mary die Idee für ihren Roman *Frankenstein*. Ende 1816, nach dem Suizid von Shelleys Ehefrau, Harriet Westbrook, heiraten Mary und Percy in England. Auch die Stiefschwester Marys, Fanny Imlay, nimmt sich in diesem Jahr das Leben.

1817 Am 2. September bringt Mary ihr drittes Kind zur Welt, das sie wie die bereits verstorbene erste Tochter Clara nennt. Im November erscheint die Reiseerzählung *History of a Six Weeks' Tour*, die Mary auf Basis der überarbeiteten Briefe und Tagebucheinträge ihrer Reisen in die Schweiz geschrieben hatte.

1818 Am 1. Januar wird *Frankenstein; Or, The Modern Prometheus* veröffentlicht. Das Buch erscheint ohne Angabe eines Verfassers, enthält ein Vorwort von Percy Shelley und eine Widmung an William Godwin. Erst in der zweiten Auflage von 1821 wird ihr Name genannt.

1818–22 Gemeinsam mit einem Schweizer Kindermädchen, den, Kindern William und Clara sowie der Stiefschwester Claire, die die uneheliche Tochter Allegra von Lord Byron zur Welt gebracht hatte, verlassen die Shelleys England und leben in unterschiedlichen Orten in Italien. Für Mary ist es eine schwere Zeit, weil kurz aufeinander beide Kinder sterben. Erst die Geburt ihres vierten Kindes, Percy Florence, am 12. November 1819 hilft ihr, sich aus ihrer Depression wieder zu lösen. Trotzdem ist es für die Shelleys eine Zeit kreativen Schaffens: Während Percy eine Reihe seiner wichtigsten Gedichte schreibt, verfasst Mary die Novelle *Matilda*, den Roman *Valperga* und die Theaterstücke *Proserpine* und *Midas*.

1822 Im Sommer erleidet Mary eine Fehlgeburt. Am 8. Juli stirbt ihr Ehemann bei einem Segelunfall vor der Küste der Toskana. Sie kehrt mit ihrem Sohn im folgenden Jahr nach England zurück.

1823 Der historische Roman aus dem italienischen Mittelalter *Valperga: Or, The Life and Adventures of Castruccio, Prince of Lucca* wird veröffentlicht.

1824–46 Um von ihrer Schriftstellerei leben zu können, schreibt Mary Shelley zahlreiche Kurzgeschichten für Almanache und Geschenkbücher, biographische Aufsätze sowie Berichte über ihre Reisen durch Europa. Zudem macht sie das Werk ihres verstorbenen Mannes bekannt. Im Mittelpunkt von Marys Leben steht ihr Sohn Percy Florence, mit dem sie ein gutes Verhältnis hat und Reisen unternimmt.

1826 Der Roman *The Last Man* erscheint.

1830 Der historische Roman *The Fortunes of Perkin Warbeck*, die Geschichte des falschen englischen Thronprätendenten gegen Ende des 15. Jahrhunderts, wird veröffentlicht.

1835 Der Roman *Lodore*, in dem Mary sich mit Erziehungsfragen auseinandersetzt, wird veröffentlicht und erweist sich als Verkaufserfolg.

1837 Der Roman *Falkner* erscheint und soll den Stil und Erfolg von *Lodore* fortsetzen.

1844 Die Reiseerzählung *Rambles in Germany and Italy in 1840, 1842 and 1843* erscheint. Nach dem Tod von Timothy Shelley erbt Percy Florence das Vermögen des Großvaters. Mary und ihr Sohn sind erstmals finanziell unabhängig.

1851 Mary Shelley stirbt am 1. Februar im Alter von 53 Jahren, vermutlich an einem Hirntumor.

Inhalt

Erster Band

Zweiter Band

Dritter Band

Englischer Originaltitel: *The Last Man* (1826)

RECLAM TASCHENBUCH Nr. 20725
2021, 2023 Philipp Reclam jun. Verlag GmbH,
Siemensstraße 32, 71254 Ditzingen
Durchgesehene Ausgabe 2023

Umschlaggestaltung: Philipp Reclam jun. Verlag GmbH
Umschlagabbildung: Eugen Bracht, *Abenddämmerung am Toten Meer* (1884) – akg-images
Umschlagmaterial: PEYVIDA puro 270 g/m², peyer graphic gmbh
Druck und Bindung: GGP Media GmbH,
Karl-Marx-Straße 24, 07381 Pößneck
Printed in Germany 2024
RECLAM ist eine eingetragene Marke
der Philipp Reclam jun. GmbH & Co. KG, Stuttgart
ISBN 978-3-15-020725-3

Auch als E-Book erhältlich

www.reclam.de

FSC
www.fsc.org
MIX
Papier | Fördert gute Waldnutzung
FSC® C014496